The Imperial Government of France

Transmitted by direction of the
Master of the Rolls.

Public Record Office,
Rolls House, London.
11th June 1866.

RERUM BRITANNICARUM MEDII ÆVI SCRIPTORES,

OR

CHRONICLES AND MEMORIALS OF GREAT BRITAIN AND IRELAND

DURING

THE MIDDLE AGES.

THE CHRONICLES AND MEMORIALS
OF
GREAT BRITAIN AND IRELAND
DURING THE MIDDLE AGES.

PUBLISHED BY THE AUTHORITY OF HER MAJESTY'S TREASURY, UNDER THE DIRECTION OF THE MASTER OF THE ROLLS.

On the 26th of January 1857, the Master of the Rolls submitted to the Treasury a proposal for the publication of materials for the History of this Country from the Invasion of the Romans to the Reign of Henry VIII.

The Master of the Rolls suggested that these materials should be selected for publication under competent editors without reference to periodical or chronological arrangement, without mutilation or abridgment, preference being given, in the first instance, to such materials as were most scarce and valuable.

He proposed that each chronicle or historical document to be edited should be treated in the same way as if the editor were engaged on an Editio Princeps; and for this purpose the most correct text should be formed from an accurate collation of the best MSS.

To render the work more generally useful, the Master of the Rolls suggested that the editor should give an account of the MSS. employed by him, of their age and their peculiarities; that he should add to the work a brief account of the life and times of the author, and any remarks necessary to explain the chronology; but no other note or comment was to be allowed, except what might be necessary to establish the correctness of the text.

The works to be published in octavo, separately, as they were finished; the whole responsibility of the task resting upon the editors, who were to be chosen by the Master of the Rolls with the sanction of the Treasury.

The Lords of Her Majesty's Treasury, after a careful consideration of the subject, expressed their opinion in a Treasury Minute, dated February 9, 1857, that the plan recommended by the Master of the Rolls "was well calculated for the accomplishment of this important national object, in an effectual and satisfactory manner, within a reasonable time, and provided proper attention be paid to economy, in making the detailed arrangements, without unnecessary expense."

They expressed their approbation of the proposal that each chronicle and historical document should be edited in such a manner as to represent with all possible correctness the text of each writer, derived from a collation of the best MSS., and that no notes should be added, except such as were illustrative of the various readings. They suggested, however, that the preface to each work should contain, in addition to the particulars proposed by the Master of the Rolls, a biographical account of the author, so far as authentic materials existed for that purpose, and an estimate of his historical credibility and value.

Rolls House,
  December 1857.

ALEXANDER NECKAM

DE NATURIS RERUM

ET

DE LAUDIBUS DIVINÆ SAPIENTIÆ.

ALEXANDRI NECKAM

DE NATURIS RERUM

LIBRI DUO.

WITH THE POEM OF THE SAME AUTHOR,

DE LAUDIBUS DIVINÆ SAPIENTIÆ.

EDITED

BY

THOMAS WRIGHT, ESQ., M.A., F.S.A., &c.,

CORRESPONDING MEMBER OF THE IMPERIAL INSTITUTE OF FRANCE,
(ACADÉMIE DES INSCRIPTIONS ET BELLES-LETTRES.)

PUBLISHED BY THE AUTHORITY OF THE LORDS COMMISSIONERS OF HER MAJESTY'S TREASURY, UNDER THE DIRECTION OF THE MASTER OF THE ROLLS.

LONDON:
LONGMAN, GREEN, LONGMAN, ROBERTS, AND GREEN.
1863.

Printed by
EYRE and SPOTTISWOODE, Her Majesty's Printers
For Her Majesty's Stationery Office.

CONTENTS.

	Page
PREFACE	ix
DE NATURIS RERUM	1
DE LAUDIBUS DIVINÆ SAPIENTIÆ	357
GLOSSARIAL INDEX	507
INDEX	513

PREFACE.

i

PREFACE.

ALEXANDER NECKAM was certainly one of the most remarkable English men of science in the twelfth century; yet, as is the case with so many of the distinguished men of the middle ages, all we know of his personal history is derived from a few allusions of his own, and from a very small number of brief statements scattered through the pages of writers of a somewhat later date. We know the date of his birth from a chronicle formerly existing among the manuscripts of the earl of Arundel, which informed us that "In the month of September 1157 there was born to the king at Windsor a son named Richard, and the same night was born Alexander Neckam at St. Alban's, whose mother gave suck to Richard with her right breast, and to Alexander with her left breast."[1] Richard Cœur-de-Lion was celebrated for his love of literature and learning, and the position which the circumstance here related by the chronicler gave to Neckam in regard to such a prince goes far to explain the brilliant position he gained in after-life. That he was born and passed his boyhood at St. Alban's we have his own assertion in the poem *De Laudibus Divinæ Sapientiæ* printed in the present volume;[2] and he

Date and place of Neckam's birth.

---

[1] "Mense Septembri natus est anno MCLVII. regi filius Ricardus nomine apud Windleshore; eadem nocte natus est Alexander Neckam apud Sanctum Albanum, cujus mater fovit Ricardum ex mamilla dextra, sed Alexandrum fovit ex mamilla sua sinistra."—*James, Coll.* vii. 34, as quoted by Tanner.

[2] See p. 503.

appears from his own account to have received his earlier education in the abbey school. Hence in the manuscripts, as early as the thirteenth century, he is often called Alexander of St. Alban's (Alexander de Sancto Albano). Here Alexander is said to have made such rapid advance in learning, that while still very young the direction of the school at Dunstable, a dependency of the abbey of St. Alban's, was entrusted to him. But the young scholar required a larger field for the expansion of his intellect, and he proceeded to the then celebrated University of Paris, where he was a distinguished professor as early as the year 1180,[1] when he can have been no more than twenty-three years of age. It would appear from his own words that he had attached himself to the school of the Petit Pont (Parvus Pons),[2] which had been established a few years before by his fellow-countryman Adam du Petit Pont, and which was celebrated for the subtleties of its reasoning, to which he alludes directly in one of his writings,[3] and of which he gives examples in his treatise *De Naturis Rerum*.[4] At Paris, he tells us, in the first place he studied and taught the arts (*artes*), that is, the grammatical course, including rhetoric and poetry, and that he also studied biblical criticism, the canon and civil law, and medicine.[5] Perhaps he became

Marginal note: Becomes a distinguished professor in Paris.

---

[1] Budæus, Hist. Univ. Parisiensis, tom. ii. p. 427, 725.

[2] See the poem *De Laudibus Divinæ Sapientiæ*, p. 503 :—
"Vix aliquis locus est dicta mihi
"notior urbe,
"Qua Modici Pontis parva co-
"lumna fui."

[3] He says, "Subtilitati Parvipon-
"tanæ veritatis æquiparetur," in speaking of the properties of good wine, in his treatise *De Utensilibus*, printed in my *Volume of Vocabularies*, p. 103.

[4] See the book *De Naturis Rerum*, lib. ii. cap. 173.

[5] Neckham, *De Laudibus Divinæ Sapientiæ*, p. 503 :—
"Hic artes didici docuique fideli-
"ter, inde
"Accessit studio lectio sacra
"meo.
"Audivi canones, Hippocra-
"tem, cum Galieno,
"Jus civile mihi displicuisse
"neges."

weary and disgusted with the empty subtleties of the scholastic learning, for it is stated, on what good authority I am not aware, that in 1186 he returned to England, and that in the year following he resumed his old position of director or master of the school at Dunstable.[1] He is said, according to some accounts, to have remained here only a year, and at a subsequent period a new change in his position took place.

Modern writers, without any certainty as to the origin or meaning of Alexander's surname, appear to be agreed that the correct mode of writing it is *Neckam*. In some manuscripts it is *Necham*. But as early, no doubt, as his own lifetime it had become customary, apparently as a pun upon his own name, to call him by the Latin word *nequam* (bad), which is curious as showing us what was at that time the accepted pronunciation of the Latin *qu*. According to an anecdote given on the authority of Boston of Bury, a bibliographical writer of the beginning of the fifteenth century, Neckam abandoned his school at Dunstable because he had formed a desire of entering one of the monastic orders, and he first turned his eyes to the great Benedictine establishment in his native town of St. Alban's. He accordingly addressed an application to the abbot in the terms, "*Si vis, veniam; sin autem,* "*&c.;*" to which the abbot, who appears to have been somewhat of a wit, replied, "*Si bonus es, venias;* "*si nequam, nequaquam.*" We are told that Neckam took so much offence at this joke upon his name, that he abandoned the Benedictines, and became one of the Augustinian monks of Cirencester.[2] There is reported, however, to have existed an old and close intimacy between Neckam and the bishop of Worcester, whom

His name.

Puns upon it.

---

[1] Histoire Littéraire de France, tom. xviii. p. 521.

[2] Boston Buriensis, ap. Tanner, sub v. NECHAMUS.

he is said to have accompanied into Italy, which may account for his taking up his residence in that diocese. Neckam was elected abbot of Cirencester in 1213.[1] We have it also upon equally good authority that he died at Kempsey, near Worcester, in 1217,[2] and it is said that, by direction of his friend the bishop, he was buried in Worcester Cathedral.

Made abbot of Cirencester.

A sufficient number of the writings of Alexander Neckam have been preserved to enable us to fix with tolerable accuracy his position in medieval science. Still bound by the old reverence for authority, and quitting it unwillingly, yet we find him eager for something more satisfactory and more solid than that which was usually taught in the schools, and especially he not unfrequently displays a taste for experimental science. His great proficiency, however, evidently lay in that part of the course of school learning which was entitled the arts, and which included grammar, Latin, composition, and poetry, and the study of the ancient writers; and we cannot but feel surprised at the extent of his acquaintance with the latter. He was evidently proud of his own Latin poems, and it must be allowed that his Latin verse often rises above the mediocrity of that age. His prose composition is easy, and less laboured and confused than that of many of his contemporaries. But he constantly obtrudes upon us his grammatical acquirements, and they are often very erroneous and very absurd. Thus, in treating of the various forms of vanity in one of the earlier chapters

Neckam's position in science.

His poetry.

---

[1] "Anno ab incarnatione Christi millesimo ducentesimo decimo-tertio, magister Alexander Nequam in abbatem Cirencestriæ."—*Chron. Prior. de Dunstap.*, ed. Hearne, p. 67.

[2] *Annal. Wigorn.* ap. Wharton, A. S., vol. i. p. 483; *Annal. Waverl.*, ap. Gale, vol. ii., p. 184, and Tanner. Some of the old bibliographers fell into the mistake of making Neckam abbot, or prior, of Exeter.

of the third book *De Naturis Rerum*, he goes out of his way to inform us that the word *cadaver* consists of three syllables, representing three distinct words, which also have their meaning collectively; thus, *ca* must be taken as representing *caro*, *da* as *data*, and *ver* as *vermibus*; i. e., *caro data vermibus*. The following pages will furnish many examples of the absurdity of Neckam's grammatical derivations. Yet most of his larger works run more or less into this sort of doctrine, which he was evidently vain of displaying, and in which, in fact, consisted his great reputation. His works on the books of Scripture and even on theology degenerate into grammatical commentaries. This was, it is true, in a great degree the vice of the age rather than that of the individual; yet, even among his contemporaries, with all their reverence for him, he was considered to have carried his grammatical subtleties beyond reasonable bounds. Roger Bacon, in the book recently published by Professor Brewer under the title of *Compendium Studii Philosophiæ*, after alluding to some of the errors of Alexander Neckam, concludes with the remark that " this Alexander in many things wrote what was true " and useful; but that he neither can nor ought by " just title to be reckoned among authorities."[1]

Among the works of Alexander Neckam now extant, the one best worth printing is certainly that which forms the bulk of the present volume, the treatise *De Naturis Rerum*. There is no direct allusion in it which would lead us to fix the exact period at which it was written; but John of Bromton, who concludes his chronicle with the accession of king John, at which time he appears to have lived, quotes this work in a

---

[1] " Hic Alexander in multis vera " et utilia scripsit; sed tamen inter " auctores non potest nec debet " justo titulo numerari."—*Fr. Rogeri Bacon, Opera Inedita*, ed. Brewer, p. 457.

manner from which we should conclude that it was very well known at the end of the twelfth century.[1] That it was not one of Neckam's earliest writings is, however, clear from the circumstance that he mentions in it some of his most important and largest works, such as the *Corrogationes Promethei*,[2] a large continuous commentary on the books of the Sacred Scriptures, prefaced by several chapters in which the author sets down in a manner his principles of grammatical criticism.

Plan of the book.

The plan of this treatise, in the condition in which it was published by its author, is not very easily understood, for it consists of two very distinct parts, the first two books forming a sort of manual of natural science, as it was then taught, and the other three being simply a commentary on the book of Ecclesiasticus, which has no direct connexion with that which precedes. We can only explain this by supposing that, according to Neckam's original design, they were two distinct works, and that in the latter part of the second book of the treatise on natural science, where he treats of man, having dilated on the subjects of pride, vanity, and other such subjects, he adopted the notion of adding the three books of the commentary on the Ecclesiasticus as a continuation of the subject.

Character of the treatise De Naturis Rerum.

This book in itself was intended to be a manual of the scientific knowledge of the time, and as such would be merely regarded as an interesting monument

---

[1] In Twysden, *Decem Scriptores*, col. 814, Bromton, who quotes the 174th chapter of the second book (p. 308 of the present volume), gives merely a summary of Neckam's statement, and not the words of the original, and in fact quotes him for more than he says; but the writer of the notice of our author in the *Histoire Littéraire de France*, tom. xviii. p. 522, gives the passage of Bromton as the words of Neckham, about whose writings he knew so little that he imagined the treatise *De Naturis Rerum* and the poem *De Laudibus Divinæ Sapientiæ* were one work, written partly in prose and partly in verse.

[2] Alexander Neckam, *De Naturis Rerum*, lib. i. c. 2.

of the history of science in western Europe, and especially in England, during the latter half of the twelfth century; but it derives a still greater value for us from the love of its author for illustrating his theme by the introduction of contemporary anecdotes and stories relating to the objects treated of, as well as the mention of popular facts and articles of belief which had come under his observation or knowledge, many of which offer singular illustrations of the condition and manners of the age. His system of nature is a very simple one, and is that which was commonly accepted in his time. The whole universe reduced itself primarily to the four elements, and as each class of created objects was believed to partake specially of one of the elements more than of the others, it was classified as properly belonging to that element which was the one supposed to predominate in it. Thus, birds belonged to air, fishes to water, animals, vegetables, and minerals to earth. In concluding his brief preface, Alexander Neckam repudiates the supposition that it was his intention to enter into abstruse inquiries into the natures of things; his only design was to collect together a quantity of known facts, and to treat them morally. That singular passion for moralizing upon facts, which, perhaps, had its first foundations in the moralizations which accompanied Æsop's fables, which was carried to such an extent from the eleventh to the fifteenth century, and which was the root of much of the symbolism of the middle ages, finds abundant exemplification in the present volume. There is hardly a single scientific fact which has not a moral or religious application, although these are often extremely far fetched, and their truth by no means very apparent.

The book, indeed, opens with these mystical interpretations, as is plain from the title of the first chapter, which treats of the concordance of the first

His stories and moralizations.

De Nat. Rer. lib. c. 1.

chapter of Genesis in the relation of Moses with that of the opening of the Gospel of St. John. Neckam's object is to show how in each of these two accounts the whole doctrine of the Trinity is concealed under the letter of the text; but this he shows in a still more extraordinary manner when he turns to the explanation of the Hebrew text, and at least shows that he had studied to some extent the Hebrew language, and had, perhaps, picked up something of the mystical spirit of the Hebrew rabbis of his time. For example, in criticising the words used in the Hebrew account of the cosmogony, he pretends that the fact of the Trinity is contained in the very letters of the first word in the Hebrew text of Genesis, בראשית, he created. The two first letters of this word, he says, make בר, which signifies the son; and this important word, he pretends, was included in the narrow compass of two letters, to intimate that the "Word" which was the Creator of all things, was afterwards to be encompassed in the small space of the womb of the Virgin. Now, he says, join together the third and first letter of the word, that is, Aleph and Beth, and you have אב, which means in Hebrew father; and take the third and fourth, that is, Aleph and Shin, and you have אש, pronounced es, that is, fire, which is intended to signify the Holy Ghost. Here, then, you have in the letters of this one word the names of the three persons of the Trinity, and therefore the whole mystery of the Trinity itself. But this is not all. Take the fourth and fifth letters, Shin and Jod, and you have שי, sai, which means an oblation, or offering, and of course refers to the offering of the Saviour for our redemption. Join, again, the fifth letter, Jod, to the fourth letter, Sin, and you have יש, which is the name Jesus. One letter still remains unaccounted for, the last, ת, or Thau, which, says Neckam, is universally known to mean a cross;

The Genesis.

Neckam's Hebrew criticisms.

and the word is composed of six letters, because it was on the sixth day that the creation of the word was completed, and on the sixth day of the week that Christ was crucified. Why, he argues, did the sacred writer use this particular word בראשית at the beginning of his book in preference to several other words in the same language which he might have used no less appropriately, if he did not wish to convey to mankind the mysterious knowledge which was contained in its letters and syllables. Such was the style of theological criticism eagerly snatched at by the scholars of the age of Alexander Neckam.

In the second and third chapters, Neckam treats of the nature of the light which was created in the first day, of the creation and nature of the angels, and of the fall, and character of Satan's sin; and the fourth chapter is devoted to the subject of time, which is treated chiefly in a moral point of view. The more practical subject of astronomy is dispatched in the eleven chapters which follow. The firmament is so vast, according to Neckam, that, in comparison with it, the earth is no more than a point, and it revolves incessantly, each revolution occupying the space of a natural day; but the chapter of which it forms the subject is taken up chiefly with a comparison between the firmament and the Christian Church. The stars and planets are treated in the same manner; and Neckam's scientific notions are not much more advanced. The planets do not appear to sparkle, because they are nearer than the stars. Astronomy was still under the cloud of astrology, and Neckam does not emancipate himself from the belief that each of the planets had its influence on mankind and on the affairs of the world. He notices the different opinions, whether the planets move with the firmament, or in a contrary direction, and illustrates it by the example of the motion of a fly in regard to that

<small>cc. 2–4.</small>

<small>Astronomy.
cc. 5–15.</small>

xviii   PREFACE.

<small>The spots in the moon.</small> of a wheel. He gives rules for the reckoning of hours, days, and weeks; and treats of the changes of the moon. Lastly, he speculates on the causes of the spotted appearance of the moon's surface. Some, he says, believed that the lunar body was cavernous, and that the spots were the caverns, which did not admit the sun's rays, and therefore looked dark. Others believed that the body of the moon was not exactly round, but that it was in some parts higher, and in others lower, and that valleys were thus formed which did not receive the solar light. Others, again, imagined that the surface of the moon was naturally dark, and that some parts, which were still darker than the others, did not receive the solar light at all. Neckam himself considered that God had by design placed spots on the moon, that, as the celestial body nearest to the earth, it might be a sign to man that he also retained spots in his nature contracted from the "prevarication in our first parents." He intimates at the same time that there was a still more popular explanation of this phenomenon,—that the common people believed these spots to represent a rustic who had been condemned to the moon for stealing thorns, and he gives us a Latin version of the popular distich which then existed on the subject in the following words:

<small>The man in the moon.</small>

" Rusticus in luna, quem sarcina deprimit una,
" Monstrat per spinas nulli prodesse rapinas."

This is very curious as being the earliest allusion we have to the popular legion of the man in the moon.[1]

---

[1] See p. 54 of the present volume. The earliest mention previously known in our medieval western literature of the popular legend of the man in the moon, was in an old English song upon that curious personage, composed, probably, about the middle of the thirteenth century, and preserved in a manuscript of English poetry of that century in

Our author next treats of the elements. The world, he considers in common with the philosophers, only exists in its present state by "a certain concordant "discord" of the four elements, which he tries to explain in the sequel. Now, he says, it is known that after the day of judgment, two of these elements, fire and water, will have perished, and that the other two only, air and earth, will remain; and he speculates on the means by which the two elements thus left will be bound together, without the intervention of the others. Of these elements, fire, he says, has, according to Aristotle, three species, light, flame, and carbon; of which light is considered by some as nothing more than lucid air (*aer lucidus*), and carbon is not the matter burnt, but the fire which burns such matter. These questions were open to discussion; and Neckam, in this rather long chapter, has only treated the different qualities of the element fire as he found them capable of moralization. Air is absolutely necessary to the preservation of human life, and, in reference to man's existence, is compared to his soul. From air come wind and storms, which are the perturbators of man's existence, corporeal and spiritual. Air fills space, and among other illustrations of the doctrine that nature allows no vacuum, or at the least allows it only for an exceedingly short time, Neckam introduces a very popular illustration taken from the manners of his own age—the fact that people were in the habit of robbing the wine-casks

The elements. cc. 16-19.

Fire.

Air.

---

the British Museum, MS. Harl., No. 2,253. It commences with the lines,

"Mon in the mone stond ant strit,
"On his bot-forke is burthen
  "he bereth;
"Hit is muche wonder that he
  "nadown slyt,
"For doute leste he valle he
  "shoddreth ant shereth."

This very curious song is printed, along with the greater part of the poetry of the same manuscript, in my "Specimens of Lyric Poetry, "composed in England in the reign "of Edward the First (p. 110), edited "for the Percy Society." It had previously been printed by Ritson, in his *Ancient Songs*, 8vo., 1790, p. 34.

by introducing into them a combination of hollow reeds, so that when, from a comparatively long distance, they sucked out the air from one end, the wine, rushing to fill up the vacuum thus created, came up to their mouths from the other. Three chapters more exhaust the subject of air itself, in treating of the voice, as dependent upon air, of echo, of the chameleon, which lived upon air, and of the theory and construction of bells, with a complete inundation of moralizations and theological applications. In some places, Neckam tells us, the bells, as emblems of the duties of the preacher, were baptized, meaning thereby that no one who had not been baptized was capable of preaching. If by any mischance a bell fell upon a man and killed him, it was the custom to fill it with thorns, as though by way of penitence, until the end of seven years, after the conclusion of which period the thorns were taken out, and it was restored to its former use. It is further stated, as a remarkable characteristic, that the largest bell, if struck with a small thread tied round it, would immediately break, which, with some other qualities of the bell, are explained in an ingenious manner. In further moralization of the qualities of the bell, it is remarked that it is especially an emblem of the preacher, because, as the bell, to ring, is suspended in the air afar from the ground, so the Christian preacher ought to be raised far above the earth and everything earthly.

With the twenty-third chapter of his first book, Alexander Neckam enters upon the curious subject of natural history, in which he takes much of his information from Solinus and Cassiodorus, in especial, as well as from Aristotle and Pliny, among the ancient writers, but to these he adds much very curious information of his own. From the latter we learn how great was the love of animals in the middle ages, how ready people apparently of all classes were to observe and note the peculiarities of animated nature, and especially how fond they were of tamed and domestic animals. We see that the medieval castles and great mansions were like so many menageries of rare beasts and birds of all kinds. It is in the stories told by Neckam, also, that we become more than ever acquainted with the attachment of our medieval forefathers to the chase, and to all the animals connected with it. As Neckam passes from his views relating to air as one of the elements, immediately to the consideration of natural history, we might expect that, in his classification, he would begin with the birds, and they, in fact, take up nearly half the first book, beginning, as might be expected, with the eagle. The king of birds, however, draws from the pen of Neckam no new facts, but is chiefly the subject of numerous moralizations;—it is with the lesser birds of prey, especially the hawk, the different falcons, and the sparrow-hawk (*nisus*), that Neckam becomes communicative of his anecdotes. A hawk (*accipiter*, the goshawk) one day by craft and accident, and not by mere strength, killed an eagle. This occurred in Great Britain, the king of which country with his courtiers were witnesses of the occurrence. The courtiers applauded the ferocity of the smaller and weaker bird, which, too, had only killed its adversary in self-defence; but the king interfered, reproved his followers for expressing sentiments which justified the employ of force by vassals against their sovereigns, and ordered the hawk to be hanged immediately as guilty of treason. Another anecdote of the hawk placed its character in a less objectionable light. It was one of the properties of that bird, as Neckam tells us, in the cold of winter, to seize in its claws a partridge, wild duck, or some other bird, and hold it under its belly all night in order to profit by its warmth; but when the warmth of day returned, the hawk, however it might be hungry, spared the bird

Birds.

The eagle. c. 23.

Hawks, falcons, and sparrow-hawks. cc. 24–33.

in consideration of the service thus derived from it, and displayed the noble nature of the bird of prey,—the fit representative of the feudal baron,—by setting it at liberty. A still more remarkable story is related of the falcon. A pair of falcons took up their residence in a certain part of the country, where they lived long in happiness, having all the birds of the district subjected to their dominion. At length an eagle came into that country, and began immediately to make war upon the falcons, who together were a match for him, but they were obliged to keep together. One day, after many attacks and vicissitudes, the eagle surprised one of the falcons alone, and killed it. The other, overcome with grief at the loss of its companion, abandoned the district to which it had been accustomed, and sought refuge in another part; but it carried the desire of revenge along with it. The falcon soon discovered in a wooden bridge a small hole which might be turned to its purpose of vengeance, and, after a long series of stratagems, it at length succeeded in drawing its ferocious enemy into the trap and killed it. This took place in the neighbourhood of Rouen, the citizens of which place were witnesses of it. A weasel caught a sparrow-hawk, which, as the only means of saving its life, dragged its captor to an adjoining water, and drowned it. Such are, in a few words, some of the stories with which Neckam enlivens his chapters on the birds of prey. He adds some other information on the habits of the birds then used in hunting, and on the method in which they were kept and treated.

<small>The falcon's revenge on the eagle.</small>

We may pass over Neckam's account of the phœnix, which is taken from the ancients; but that which he gives us of the parrot, shows how great a favourite it was as a cage bird even in our islands during the middle ages. He speaks especially of its mischievous cunning and of its skill in imitating the human voice; adding that, for exciting people's mirth, it was preferable even to the

<small>The phœnix. cc. 34, 35. The parrot. cc. 36-38.</small>

jougleurs (*in excitando risu præferendus histrionibus*). It must be acknowledged that Neckam's anecdotes become at times rather legendary, though they were no doubt commonly related, and received in good faith. There was, he says, a knight in Great Britain, who possessed a parrot of high breeding, to which he was much attached. One day this knight was travelling in the neighbourhood of Mount Gilboah, where, for reasons stated by Neckam, parrots were very abundant, and he saw one which closely resembled his own, on which he said to it, "Our parrot, which is shut up in a cage and is very like you, salutes you." To his surprise, the bird no sooner heard this than he dropped down as if dead, and our traveller pursued his journey. After he returned home, he was relating this circumstance to his friends, in the hearing of his parrot in the cage, which immediately dropped down from its perch as though dying, but, when he took it out of the house and laid it down in the open air, it rose up suddenly and flew away, never to return. The middle ages were credulous, and people, astonished at the properties, and especially at the imitative powers, possessed by some of the foreign animals, believed even in the fables which were told of them.

The peacock, the vulture, the pheasant and partridge, and the crane, are the subjects of successive chapters which present less for remark. The often described barnacle (*bernekke*), supposed to be generated from the gluey substances produced on fir timber when immersed in the waves of the sea, also finds its place here. The qualities of the swan, which celebrated its own death in sweet song; the ostrich, said to be devoid of affection for its own offspring; the nightingale, which was so capricious in its choice of habitation, that Neckam tells us there was a well-known river in Wales, on one side of which the song of this nightingale was usually heard, but nobody ever heard it on the other;

The peacock, vulture, pheasant, partridge, crane. cc. 39-47.
The barnacle. c. 48.
Other birds. cc. 49-59.

the swallow, singular for the form of its nest, and for the locality which it selected for building it; the nuthatch (*ficedula*); the butaurus; the ibis of Egypt; the dove; and several birds less known, are chiefly worthy of notice on account of the singular moralizations and symbolical interpretations which are given to them. The sparrow, according to Neckam, is a libidinous bird; light, restless, and "injurious to the fruits of man's "labour." It was very cunning in avoiding the snares of the birdcatcher, and was thus difficult to catch. It robbed the dove of its nest, and adopted it as its own. It was subject to epilepsy. When it saw a house thatched with reeds it made its nest there, to the damage of the roof. The raven was, by its colour and by its habits, emblematical of the clergy: it was easily domesticated. The crow foretold rain by its clamorousness. A story is told of a male stork, which discovered the adultery of its partner, and put her to death.

<small>The sparrow. c. 60.</small>

<small>The raven, crow, stork. cc. 61–67.</small>

<small>The lark. c. 68.</small>

Among more familiar birds, the lark, Neckam says, received its Latin name of *alauda*, from *laus*, praise, because it was always up with the sun to sing the praise of the opening day, rising aloft in the air to gain a sight of the first rays of the sun; and it was pretended that it rose again to announce in the same manner the completion of each hour. The magpie was remarkable for the shortness of its wings and the length of its tail, and on this account it built its nest with two holes, through one of which it thrust its tail when sitting. Moreover, the magpie had this good quality, that it was a safeguard to the poultry-yard (*chore*) in which it built, by the great clamour it made on the approach of a thief or intruder. In a similar manner the parrot, "the jougleur of the birds," gave warning of the approach of thieves, and was sometimes killed by them as a punishment for its watchfulness. The cuckoo did nothing but repeat the words *affer, affer*, i.e., give, give, and on that account it was the type

<small>The magpie. c. 69.</small>

<small>The cuckoo. c. 72.</small>

of avarice, and "sang the old song of those who have "not yet divested themselves of the old man." It deposited its eggs in the nest of the seamew (*fulica*), after sucking the eggs of that bird, which hatched and brought up the cuckoo's young. The saliva of the cuckoo produced grasshoppers. This was, no doubt, a popular explanation of the well-known cuckoo-spit of our fields. The pelican killed her own young, after which, in self-remorse, she tore her own body to shed her blood upon them, by means of which they revived. The cock, by a number of peculiarities, was symbolical of the Christian preacher or doctor of the church; and Neckam gives a rather curious physical explanation of the question why it announces the hour of the day by its crowing, and why it has a comb. The wren was remarkable for its fertility, and for another rather singular quality. When killed, and put on the spit before the fire to roast, it wanted no turning, but turned itself with the utmost regularity. Though the smallest of birds, it claimed to be their king, and hence its Latin name of *regulus*. The ground of this claim is explained in the following anecdote. One day the birds assembled to choose a king, and it was agreed that the throne should be given to the bird which mounted highest towards heaven. The little wren concealed itself under the eagle's wing, and when the eagle, far up above the other birds, made its claim to the prize, the wren started from its hiding place, jumped on the eagle's head, and claimed to be the highest of all, and therefore the winner. The last two chapters in the first book of Neckam's treatise *De Naturis Rerum* contain his solution of two physical questions relating to birds in general, 1, why, among birds of prey, the female is stronger, bolder, and longer lived than the male; and, 2, why birds do not produce urine. With the first book Neckam has completed his account of all he had to say about the element air, and

The pelican. cc. 73, 74.

The cock. c. 75.

The wren. c. 78.

cc. 79-80.

Second Book.

with the second book he proceeds to treat the next of the elements, water, with its occupants, which are of course fishes. All water, he tells us, is naturally white, cold, and insipid, and the saltness of the water of the sea arises only from accident; he supposes it to be caused by the heat of the sun in the torrid zone, where a great part of the sea lies. Neckam enumerates the four rivers of Paradise, but briefly, in order to proceed to that more popular subject, the natures and properties of fountains. It is a subject on which popular credulity has been exercised in all ages, and still there are few superstitions which continue to hold with so much tenacity. There are lists of the marvels of our islands, dating certainly back as far as the twelfth century, and found not unfrequently in manuscripts, in which extraordinary fountains and lakes hold a prominent place, and these are repeated in some of the medieval accounts of Britain.[1] The examples given by Neckam, however, have not the same interest at present, for they are merely borrowed from Solinus, Isidore, and the old writers. The mention of Avernus, Cocytus, Phlegethon, and Styx leads Neckam to speak of the furies Allecto, Tisiphone, and Megæra, of whom he gives rather a singular explanation. He takes this occasion for making the remark which, in the pride of his "grammatical" science, or of his acquaintance with the ancient poets, he is rather fond of repeating, that though the figments of the poets are not to be believed, "yet the diligent investigator will find in them much "utility." He passes over the nature of water very rapidly. He says that water in a well is cold in

<small>Properties of fountains. cc. 3–9.</small>

<small>cc. 10, 11.</small>

---

[1] Hearne published one of these lists of *Mirabilia* in the Appendix to his edition of *Robert of Gloucester*, p. 572. Giraldus Cambrensis gives an account of wonderful fountains, both in the British islands and in foreign lands, in his *Topographia Hiberniæ*, Distinc. ii. cc. 7, 8. A somewhat similar list is given in Neckam's poem *De Laudibus Divinæ Sapientiæ* in the present volume.

summer and warm in winter, like knowledge, which Nature of
moderates us in prosperity and cheers us in adversity; water.
that tepid water abates the warmth of boiling water, cc. 12–15.
and that similarly the meek man mitigates anger; that
water takes naturally a spherical form, as is evident
from the spherical form of rain-drops, and from the
convexity of the sea's surface; and that water is
changed by cold into ice, and that through warmth
ice returns again to water; but he doubts the opinion
of some that it was ever changed into crystal. He The sea.
believes that all rivers run into the sea; but he looks cc. 16–20.
upon the cause of the flux and reflux of the latter as
a *vexata quæstio* which he felt himself unable to resolve.
According to vulgar belief it was caused by the moon.
He dwells upon the danger of trusting to the sea at
any time, and on the temerity of the sailors who
navigate it, and illustrates this by an anecdote. He
had been informed by eye-witnesses that there was a
sailor who frequently crossed the British sea in a
boat, accompanied only by his dog, which had learnt
to manage the ropes with its mouth at the orders of
its master.

It was a great happiness of the ages of antiquity Fishes.
that emperors and kings then loved knowledge, and cc. 21–47.
that they were themselves investigators of nature, for
Neckam remarks that "an illiterate king is a crowned
"ass." He quotes, as examples of royal scholars, Romulus, Numa, Julius Cæsar, Augustus, and Ptolemy, but
especially Aristotle's famous pupil, Alexander the Great,
who was so eager an investigator of natural causes,
that he went down into the sea in a vessel of glass to
observe the manners of the fishes, taking with him only
a cock, by whose crowing he might know when each day
began.[1] "Alas!" exclaims Neckam, "that he did not

---

[1] Alexander the Great was one of the most celebrated of the mythical names in medieval science. A letter purporting to have been written by Alexander to his tutor Aristotle, and containing a wonder-

"commit his observations to writing." Neckam, however, proceeds to give some facts relating to the nature of fishes which he had learnt, but which are mostly taken from the old writers who were then studied in the schools. His system is not a very exact one, for he places the hippopotamus among fishes. The barbel and the pike, like several others, give opportunities for the display of Neckam's grammatical knowledge. The oyster was an emblem of monastic life; within its shell it was safe, but when it opened its shell and ventured out it became a prey to the crab and other enemies; so the monk was safe as long as he remained within the walls of his convent, but when he went out he was exposed to all the snares of the evil one. There was a sea fowl, which, from its haunt near the shore, gave regular notice by its cry of the approach of the tide, which inundated at each flow a large extent of meadow ground covered with flocks. The cry of the bird was a warning to the sheep to make their escape to the higher ground. One day the bird went down to the shore, and seeing an oyster just shutting up its shell darted at it, and was caught by the beak so firmly

Neckam's notions of fishes.

---

ful account of the extraordinary animals he had seen in his expeditions in Asia, was published in Latin at a rather early period, for it was translated into Anglo-Saxon, and copies of it are of very common occurrence in medieval manuscripts. The Anglo-Saxon version and the Latin text have been recently edited by Mr. Oswald Cockayne (8vo., J. Russell Smith, 1861). This fabulous letter formed the groundwork of much of the science of natural history in the middle ages, and was wonderfully popular. The adventures of Alexander also formed the subject of a medieval romance, which appeared in different forms in French, German, English, and, in fact, in all the languages of Western Europe, and of which the letter, greatly extended and improved upon, formed an important feature. In the English romance of Alexander (printed in Weber's Metrical Romances, 8vo., 1801, vol. i.) the story of the great hero's descent to the bottom of the sea in a glass vessel is not told, but it is found in the French romance, and was so well known in western Europe that Neckam here quotes it as though its authenticity admitted of no doubt.

that it could not withdraw, and the sheep, hearing no longer the accustomed cry of warning, remained in the meadows until the tide came in and they were drowned. Shell-fish, in general, open their shells to the air, and drawing it in become pregnant by it. Another fish, the plaice, is the subject of a still more extraordinary story. On the upper side it was dark coloured, and on the lower side white, and it was an old custom to serve the fish to the guests at table with the dark side downwards, and eat only the white side. There was a certain rich citizen, who had three sons, two of whom followed commercial pursuits, and helped to increase the family riches, but the third, having a taste for learning, became a great scholar, but spent his father's wealth instead of adding to it. Thus the father was reduced to poverty, and his two provident sons abandoned him and left him to depend upon the needy scholar. One day the emperor gave a great feast, to which the scholar and his two parents were invited. Now this emperor, who appears to have been very strict in matters of etiquette, had just issued an edict that if any one should presume to turn this fish over in his plate at table, he should be punished with death; and the father, ignorant of this edict, when the plaice was laid on the dish before him, ate the upper side, and then turned it over and ate the other. The old man had only one means of escaping death, and that was by means of his son the scholar, who generously came forward and offered himself to die in the place of his father. His offer was accepted. Now there was a saving clause in this edict, by which the individual who was to suffer death was to hold the imperial throne during three days, and to be allowed to give during that time three orders, which no one should contradict or resist, after which he was to be executed. The first day the scholar ordered half of the emperor's treasures to be distributed among the poor. The second

<small>The scholar and the fish. cc. 40.</small>

he ordered the emperor's daughter to be brought to his bed, and she slept in his arms all night, but he offered her no further injury. We are not told what his third order was, but when the day of execution arrived, the poor who had received his alms, the princess who had fallen in love with him, and everybody else, pleaded so effectually for him, that, as the emperor also had become interested in his favour, instead of being put to death, the scholar was married to the emperor's daughter. Such are the stories with which Alexander Neckam enlivens his treatise on natural science.

Of the earth. cc. 48, 49. After concluding the subject of fishes by a short chapter on the construction of a fishing net, Neckam proceeds to treat of the next element, earth, and introduces it with some general remarks. Earth, he says, is the lowest of the elements, and, as it were, the centre of the world, or universe. Earthquakes are caused by the violent action of winds, confined in the passages and caverns of the earth. The question whether the waters are below the earth is discussed with more seriousness, and shows to what a degree science had become the slave of scriptural phraseology. The prophet has stated that "the Lord had established "the earth upon the waters," from which we might conclude that the waters were lower than the earth, which is contrary to the doctrine of the great Arabian authority in science, Alfraganus, who said that there was one sphere of the waters and earth. Neckam tells us that the ordinary expounders of Scripture overcame the difficulty by alleging that the prophet merely intended to use such a trivial form of phraseology as we use when we say "Paris is founded upon "the Seine," meaning upon the banks of that river. But, he adds, the truth is that the earthly paradise is higher than the waters, and in fact higher than the globe of the moon, and paradise was not touched by the waters of Noah's flood. The sea, he says, is evidently higher than its shores, and is only kept within its limits by the interference of divine providence. Neckam, however, gives it as his opinion that the prophet's statement had a mystical meaning, and that the earth of which he spoke was holy church, which was founded upon the waters of baptism.

As Neckam places coal among the productions of earth, we can hardly think otherwise than that he means mineral coal, though he appears to confound it in some of its qualities with charcoal; but he gives a curious bit of information on its use, which may perhaps startle the modern antiquary. He says that coal, when burnt, would last for ever, and that in placing boundaries of land, it was usual to throw into the hole a certain quantity of half-burnt coal, and then to fix stones upon it, so that ages afterwards the coals remaining incorrupted might give satisfactory evidence of the boundary line. We may thus possibly be deceived in taking the presence of burnt coals at the base of some of the mysterious upright stones, which are often classed indiscriminately as druidical, as always a proof of their being sepulchral in character. Lime, he says, though cold to the touch, contains hidden fire, which is brought into activity by the application of water; and he speaks of it as a singular quality that while water, which in most other things extinguishes fire, excites it into activity in lime; the fire is in this case extinguished by the application of oil, which gives force to fire in other things. Metals were providentially concealed in the depths of the earth, that mankind might not be subjected to the great evils they entail, for they furnish both the causes and the instruments of war, and administer to all the worst passions; but man's cupidity led him to dive into the very bowels of the earth in search of them. However, the picture is not without its good side also, for they lead to the extension of

Coal. c. 50.

Lime. c. 51.

Metals. cc. 52-55.

commerce, and are beneficial to mankind in many ways. By means of metals turned into money, the traveller can carry in a small purse that which will serve for all his support and travelling expenses in the long journey from the west to the east. Gold stands highest in dignity among the metals, both as being most agreeable to the sight, most durable, and the least consumable, besides boasting great qualities as a medicine. According to Neckam, gold becomes humid at the approach of sunrise. Iron is more than any metal retentive of heat; it should be beaten on the anvil, not while it is red hot, but just when it begins to whiten. By smearing it with vinegar or alum it is made to resemble brass. Quicksilver was necessary in gilding; at first the substance of the gold appeared to be totally absorbed by the quicksilver, but afterwards, by the agency of fire, the quicksilver being consumed, the colour of the gold came out in all its brightness. Thus, says Neckam, the mind is not gilt with the gold of wisdom without the agency of tribulation, and sometimes the beauty of the wisdom appears to have entirely disappeared in the tribulation, until it is submitted to the solace of the Holy Ghost, represented by fire, and then the strength of wisdom returns to its brightness.

Plants. cc. 56–74.
Neckam's botany consists chiefly of extracts from the ordinary herbals of his time, selected partly, if not chiefly, for the qualities which are most capable of moralization. He begins by rushing into some of the most obstruse questions of natural science, such as, "Why does a plant grow green?" and, "Why do herbs "of contrary effects grow in the same earth?" As might be expected, his solutions of these questions are anything but satisfactory. A plant named *scelerata* was of such a singular character, that if anybody ate of it unknowingly he would die laughing. If a traveller carried mugwort (*artemisia*) on his person, he

would experience no fatigue. The yew was a poisonous tree, and employed in making poisons; and it was said also to have the effect of exciting enmity and hatred, and hence many people looked upon the place in which it grew as unlucky. The wood of the yew was used for making many objects, and especially bows. Introductory to his account of fruit-trees, Neckam treats briefly of the mysteries of grafting. He says that the apple is more odoriforous than the pear, though the latter was considered the more excellent fruit. Apples swim, but pears sink to the bottom. Pears are injurious, unless they are taken with wine. It is added, as a general rule, that all soft fruit, such as cherries, mulberries, grapes, apples, or the like, should be eaten on a fasting stomach, and not after a meal; and that, on the contrary, pears and quinces are better eaten after eating. The walnut, placed among dangerous herbs or fungi, expels and extinguishes whatever is poisonous in them. The walnut-tree is injurious to all other trees growing under or adjacent to it, contrary to the pine, under which all plants flourish. The fig of Egypt (*ficus sycomorus*, Lin.) was remarkable for its fruitfulness. When old men ate of its fruit it caused their wrinkles to disappear. The fiercest bulls, when bound to the trunk of this tree, became immediately tame. "Oh!" exclaims Neckam, "that this tree would exercise its virtues on our tyrants and on ill-grained companions." Fruit-trees. cc. 75-81.

Our medieval forefathers put implicit faith in the extraordinary virtues of gems and precious stones, and Alexander Neckam is as credulous as the rest. Thus, he says, that the agate (*achates*), carried on the person, renders the bearer amiable, eloquent, and powerful; and he explains the story of Æneas having a faithful companion named Achates [*fidus Achates it comes*], by supposing that he carried with him an agate stone, whereby he acquired the love of many people, and was rescued from many dangers. Gems and precious stones. cc. 85-97.

The loadstone. c. 98.

The loadstone, if placed on a woman's head in her sleep, made her confess her adulteries. The allectory, a stone found in the belly of a cock, when carried in the mouth gives you victory in military combat; "and "hence some kings, having been expelled their king- "dom, not only by carrying it recovered their own "dominions, but conquered those of others also." One of the more remarkable of all these "virtues," and it may be remarked the only one which was true, is that strange property of the loadstone, or magnet, by which it attracts iron.

Its properties.

Neckam is led by it into a rather curious discussion on the various causes of attractive and repulsive forces; and he explains by means of the magnet the then current story of the coffin of Mohammed, which was said to be suspended in the air in the middle of his mausoleum, but which, Neckam suggests, was no doubt made of iron, and held there by the opposite attractive forces of several powerful magnets placed in the walls. The passage which follows this is of much greater importance. Continuing his remarks on the properties of the magnet, Neckam goes on to say, "The sailors, moreover, as they sail over the sea, when "in cloudy weather they can no longer profit by the "light of the sun, or when the world is wrapped up "in the darkness of the shades of night, and they are "ignorant to what point of the compass their ship's "course is directed, they touch the magnet with a "needle, which (the needle) is whirled round in a "circle until, when its motion ceases, its point looks "direct to the north."[1]

---

[1] "Nautæ etiam mare legentes, "cum beneficium claritatis solis in "tempore nubilo non sentiunt, aut "etiam cum caligine nocturnarum "tenebrarum mundus obvolvitur, et "ignorant in quem mundi cardinem "prora tendat, acum super magne- "tem ponunt, quæ circulariter cir- "cumvolvitur usque dum, ejus motu "cessante, cuspis ipsius septentrio- "nalem plagam respiciat."—Alex. Nec. de Nat. Rer., p. 183 (in the present volume).

It is only within comparatively a few years that the increasing study of medieval literature has brought to light the fact that the mariner's compass, in a rude form, was in use among the sailors in Western Europe at an early period, and that instead of being borrowed from the east, as was generally supposed, it seems to have been invented in this part of the world; of course I do not mean to say that it was not invented in other parts also. That the principle of the mariner's compass was well known at the beginning of the thirteenth century is known from a contemporary writer, Jacques de Vitry, who, writing towards 1218, says, "An "iron needle, after having been in contact with the "loadstone, turns itself always towards the northern "star, which, like the axis of the firmament, remains "immoveable, while the others follow their course, so "that it is very necessary to those who navigate the "sea."[1] It is evident from these words that the application of this fact was commonly known to the mariners of that time; and the description of the rude manner in which it was used is disclosed to us in some literary documents of a class in which we should hardly have gone to seek it. The first is a satirical poem in French, supposed to have been completed about the year 1205, by a trouvère named Guiot de Provins under the title of *La Bible Guiot de Provins*, and printed in the Collection of Fabliaux et Contes of Barbazan. This writer expresses the wish that the pope were like the polar star, which remains fixed, and thus serves as a beacon to the mariners to direct them in their right course. These had a means, he says, of knowing its position at all times, for they took a needle, touched the loadstone with it, and then put it in

The mariner's compass.

Alluded to by the early medieval poets.

---

[1] "Acus ferrea, postquam adamantem contigerit, ad stellam septentrionalem, quæ velut axis firmamenti aliis vergentibus non movetur, semper convertitur; unde valde necessarius est navigantibus in mari."—*Jacob. de Vitriac, Hist. Hierosol.*, cap. 89.

The old French poets.

a straw, so that it would float on the surface of the water in a vessel, and they merely watched it till it was still, and it then pointed towards the north star with a certainty that never failed.[1] An anonymous poet, who seems to have been contemporary with Guiot de Provins, has left us a love-song, in which he com-

---

[1] De nostre pere l'apostoile,
Volsisse qu'il semblast l'estoile
Qui ne se muet. Molt bien la voient
Li marinier qui s'i avoient;
Par cele estoile vont et viennent,
Et lor sen et lor voie tiennent.
Il l'apelent la tresmontaigne.
Icele est atachie et certaine;
Toutes les autres se removent,
Et rechangent lor lieus et tornent;
Mès cele estoile ne se muet.
Un art font qui mentir ne puet,
Par la vertu de la manete.
Une pierre laide et brunete,
Où li fers volentiers se joint,
Ont; si esgardent le droit point,
Puis c'une aguile i ont touchié,
Et en un festu l'ont couchié,
En l'eve la metent sanz plus,
Et li festuz la tient desus.
Puis se torne la pointe toute
Contre l'estoile si sanz doute,
Que jà nas hom n'en doutera,
Ne jà por rien ne fausera.
Qant la mers est obscure et brune,
C'on ne voit estoile ne lune,
Dont font à l'aiguille alumer,
Puis n'ont-il garde d'esgarer;
Contre l'estoile va la pointe.
Por ce sont li marinier cointe
De la droite voie tenir.
C'est uns ars qui ne puet faillir.
    Barbazan, tom. ii. p. 527.

[TRANSLATION.]
As to our father the pope,
I wish he resembled the star
Which remains unmoved. Well observe it
The mariners who might be there;
By that star they go and come,
And regulate their direction and route,
They call it the tramontane (polar star).
It is fixed and unchangeable;
All the others remove,
And change their places and turn;
But this star remains fixed.
They employ an art which cannot deceive,
By the property of the loadstone.
An ugly stone and brown,
To which iron joins itself spontaneously,
They have; they pay attention where it points,
After they have applied needle to it,
And they have laid the latter in a straw,
And put it simply in the water,
And the straw makes it swim.
Then the point turns direct
To the star, with such certainty,
That no man will ever doubt it,
Nor will it ever go wrong.
When the sea is dark and hazy,
That one sees neither star nor moon,
Then they put a light by the needle,
And have no fear of losing their way;
The point turns towards the star;
And the mariners are taught
To follow the right way.
It is an art which cannot fail.

pares his lady to the polar star, which, he says, guides the mariners on their route, wherever they may be going; and he adds that, when it is dark, they discover the position of the polar star by sticking a needle through a bit of cork, and rubbed one end on the loadstone, then placing it in a vessel full of water and letting it swim, as soon as it becomes at rest it points invariably to the polar star.[1] These two descriptions are so far identical that one might be supposed to be copied from the other. They are confirmed by a third account, given at a rather later date, by the celebrated preceptor of Dante, Brunetto Latini, in a letter written in England just after a visit to Roger Bacon, in which he says, "He showed me the magnet, an ugly black stone, to "which iron spontaneously attaches itself. They touch "it with a needle, and thrust this into a straw, then "put it in the water, and it swims, and the point turns "towards the star. If the night be dark, and one can "neither see star nor moon, the mariners can thus keep "their right course."[2] These passages describe a very

_{Brunetto Latini.}

---

[1] Son repaire sevent à route,
Quant li tans n'a de clarté goute,
Tout chil qui font ceste maistrise;
Qui une aiguille de fer boute,
Si qu'ele pert presque toute,
En un poi de liege, et l'atise
A la pierre d'aimant bise ;
S'en un vaissel plain d'yave est mise,
Si que nus hors ne la deboute,
Si tost comme l'iave s'aserise.
Car dous quel part la pointe vise,
La tresmontaine est là sans doute.
Fr. Michel, Lais inédits.

[TRANSLATION.]
They know its position for their route,
When the weather is completely without light,
All those who employ this contrivance ;
Whoever thrusts a needle of iron,
So that it remains almost entirely outside,
In a bit of cork, and rubs it
On the brown loadstone ;
If it be put in a vessel full of water,
So that nobody push it out,
As soon as the water becomes quiet,
To whatever side the point turns,
There is certainly the polar star.

[2] "Il me moustra la magnete, "pierre laide et noire; ob ele li fer "volontiers se joint. L'on touche "ob une aiguillet, et en festu l'on "fiche; puis l'on met en l'aigue, et

rude and imperfect application, but in the description given by Alexander Neckam in the passage of the treatise *De Naturis Rerum*, as given above, compared with a passage of another of his treatises, that *De Utensilibus*, which I have published in my "Volume of Vocabularies," although written, there can hardly be a doubt, in the twelfth century, exhibits the mariner's compass in a certainly more advanced state than that described by these popular writers. In this second allusion to it, Neckam says that among the other stores of a ship, there must be "a needle mounted on a pivot, which will oscillate and turn until the point looks to the north, and the sailors will thus know how to direct their course when the polar star is concealed through the troubled state of the atmosphere; for it never disappears under the horizon on account of the smallness of the circle it describes."[1] The passage, as it stands in the manuscripts of Neckam, is not very intelligible, and appears to be corrupt; and, although the corruption does not affect the important information it gives us, yet I have used, in translating it, the very ingenious conjectural emendations of my excellent friend Monsieur D'Avezac, of Paris, well known as one of the most distinguished geographers and scholars of the present day, and who, in a communication to the Geographical Society of Paris, was the first to point out the new light thrown on the early history of the mariner's compass by the passages in Alexander Neckam.[2]

"se tient dessus, et la pointe se tourne contre l'étoile. Quant la nuit fust tenebrous, et l'on ne voit estoille ni lune, poet li marinier tenir droite voie."—*Brunetto Latini*, quoted by M. D'Avezac.

[1] "Habeat etiam acum jaculo suppositam. Rotabitur enim et circumvolvetur acus, donec cuspis acus respiciat orientem, sicque comprehendant quo tendere debeant nautæ cum cynosura latet in aeris turbatione; quamvis ad occasum nunquam tendat, propter circuli brevitatem."—*Neckam de Utensilibus*, in the *Volume of Vocabularies*, p. 114.

[2] This notice was printed in the Bulletin de la Société de Géographie. With Monsieur D'Ave-

It is clear that from an unknown date before the thirteenth century the navigators of the western seas used the mariner's compass in the very rude and primitive form of a needle run temporarily through a cork, straw, or any object which would enable it to swim freely on the water; and that already in the twelfth century the improvement had been introduced, though apparently not generally used, of a needle on a pivot. The next great improvement was made by inclosing the whole in a box, and giving it its present form, and this we appear to owe to Italy in the fourteenth century.

Neckam begins his account of animals with the confession that his knowledge of natural history was imperfect; that he was far from knowing even the names, much more the natures, of all kinds of animals, some of which were known to everybody, while others seemed to be concealed beyond the reach of man's deepest researches; but he proposes to follow a middle course, and give a selection of such as were neither too commonly known to the vulgar nor totally unknown. It is, indeed, a mere compilation, without any particular system or arrangement, and much of it is taken from the old writers, such as Solinus, Isidore, and Cassiodorus, as is the case with the crocodile, which stands first in Neckam's list. Then follow in order an account of a deadly serpent, of the rhinoceros, the viper, and several other snakes. It is singular that Neckam tells the

<small>Animals. cc. 99–162.</small>

---

zac's emendations, the passage would read as follows. His conjectures are printed in italic.

"Habeat etiam acum jaculo *su-*
"*perpositam*; rotabitur enim et
"circumvolvetur donec cuspis acus
"respiciat *septentrionem*, sicque com-
"prehendent quo tendere debeat
"nauta cum cynosura latet in aeris
"turbatione, quamvis en occasum

"nunquam *teneat* propter circuli
"brevitatem."

M. D'Avezac has also suggested a slight emendation in the text of the passage given above from the treatise *De Naturis Rerum*, but it does not appear to me to be necessary, and it is not authorized by any variations in the manuscripts which I have collated.

well-known story of the unicorn being caught by the allurements of a maiden, as belonging to the rhinoceros, so that he evidently confounded the two animals. The spider is introduced among the serpents; and under the head of "the common serpent" (*De vulgari serpente*), Neckam tells a medieval legend how the life of Virgil was saved by a gnat, and speaks of the supposititious poem *De culice*. The natural history of serpents is taken chiefly from the descriptions of Lybia, given in the twenty-seventh chapter of the Polyhistor of Solinus, and in the ninth book of Lucan's Pharsalia. As far as one can judge, indeed, the only reason for the introduction of the serpents into this part of the book must have been the circumstance that he had Lucan and Solinus in his hand at the time he compiled it. Next after the serpents follows the toad, an "animal of horror," as he calls it, which is dangerous to all other animals by its venom, but is especially hostile to the spider, the lizard, and the snake. It is fond of sage, and often infuses its venom into the roots of that plant; whence it happens that, though sage is a salubrious plant, people are sometimes poisoned by eating it. To prevent this, a bed of sage should be surrounded with a border of rue, a plant which is fatal to the toad, and that animal will not approach it. The toad, according to the belief of the naturalists of that age, had in its head a stone which was a perfect preservative against poison; and thus, Neckam tells us, in his moralizing strain, even a venomous toad has some utility in the world, whereas, among men who were created with so many capabilities for good works, there are many who possess no utility at all.

The weasel appears to have been one of the favourite animals of medieval story, for domesticated, like the ichneumon in the east, it took the place of the cat, and this is probably the reason why in early medieval times the cat is less frequently mentioned than we might expect. In Wales, according to the laws of Howel Dhû, a high value was set upon the cat.[1] The weasel, Neckam tells us, was remarkable for its cunning, which enabled it to contend with animals much larger and stronger than itself. Although it had neither been educated in the schools at Salerno or Montpellier, it was well acquainted with the medicinal virtues of plants, and it was believed that it even knew the herbs which, properly applied, were capable of restoring to life its young ones when killed.[2] It was a capital hunter of rats, which of course accounts for its being made a domestic animal; and Neckam adds that it always carried its victims to lay them at the feet of its master or mistress. It was also a vengeful animal, and was believed to be venomous. There was a woman, Neckam tells us, old and poor, who kept a weasel in her house, which had a litter of young. One day, when the mother weasel was absent, the old woman took the little weasels from their nest, and concealed them. When the weasel returned, she hunted in vain over the house to find her offspring, until at length, in despair, she turned her thoughts to revenge, and finding a basin full of milk, she vomited her poison into it, intending that whoever drank of it should be punished for the cruel deprivation she had suffered. But the old woman, who had been watching all the time, had now replaced the young weasels in their

Rarity of the cat.

Story of the weasel.

---

[1] The early Welsh laws fixed the value of a cat at three pennies, a good sum for such an animal at that period. See the *Ancient Laws and Institutes of Wales*, p. 426. Another law informs us that there are "Three "animals which reach their worth "at a year: a sheep, a cat, and a "cur."—Ib., p. 495. In a third we are informed, "This is the compli-"ment of a lawful hamlet: nine "buildings, and one plough, and one "kiln, and one churn, and one cat "(*gath*), and one cock, and one bull, "and one herdman."—Ib., p. 743.

[2] Compare Giraldus Cambrensis, *Topog. Hibern.*, Distinc. i. c. 22, who gives a similar account of the weasel to this of Alexander Neckam. Giraldus says that it was a yellow flower with which the weasel raised its young ones from the dead.

nest. When the mother weasel discovered this, she could not contain her joy, but she also wished to recall her vengeance, and she went and overturned the basin and spilt the milk, so that nobody might drink of and be injured by it.¹ Of course this story provokes the relater to a little more moralizing; but he adds another, illustrative of the hostility between the weasel and the serpent. A serpent had made its den in an island in the river Seine, whence one day in search of prey it swam over to the opposite bank of the river, and found there a nest of weasels, which it killed, and then returned to the island. Some fishermen, who witnessed this proceeding, waited in concealment to see the result. The weasel returned, became furious at the loss of her offspring, discovered who was the depredator, and began to study revenge. The stream was at this time rather violent, and the weather very rough, but the weasel, nothing daunted, repaired to the bank of the water, and, finding a quantity of dried cow's dung, pushed it into the water, and mounted upon it as on a raft, raising up her tail to serve as a sail, and using one foot for an oar. In this manner she reached the island, found the den of the serpent, and drew it out, and, after a severe combat, killed it. Then, exulting in her victory, the old weasel sailed back again to the bank of the river.² Neckam represents the squirrel as crossing rivers in a manner similar to that employed by the weasel in this story.

Hostility between the weasel and the serpent.

The fox was celebrated for its boldness and cunning, and for the tricks which it played upon hunters. By imitating the barking of a dog, it sometimes passed through the hounds unnoticed by dogs or hunters;

The fox. cc. 125–127.

---

¹ This same story, with slight variation, is told by Giraldus Cambrensis, *Itin. Cambrensis*, lib. i. c. 12, as having occurred in the castle of Pembroke; so that it was evidently a well-known story at the time, widely current in Wales and England, and believed to be true.

² Giraldus Cambrensis, *Topog. Hib.*, Distinc. i. c. 22, also tells a story of the cunning displayed by the weasel in its contests with the serpent.

and sometimes, when closely pursued, it hung itself on the branch of a tree to break off the scent. It happened that one day a fox very closely pursued, and driven to desperation, took refuge in the house of a knight, and seeing a number of skins of foxes hanging against the wall, contrived to suspend itself among them. The dogs followed into the chamber, announced sufficiently by their barking that the fox was there, but the hunter, seeing the skins suspended round the room, supposed that they were deceived by these, and would have drawn them off; their perseverence, however, caused him to look again, and he thus discovered the fox. There are many other stories of the tricks of the fox, and the manner in which it deceived its pursuers; and one especially, which tells us how the fox used to deprive the badger of its burrows.

The ape or monkey appears to have been a favourite domesticated animal in the medieval mansion, and furnishes the occasion for some tales which are curiously illustrative of medieval manners. The general characteristics of the ape are told from Solinus. It had, says Neckam, a natural talent for imitating the actions of mankind, advantage of which was taken to entrap and capture it, and when caught, it was preserved as an object which promoted mirth by its strange gestures. Mirth was the supreme happiness of medieval society. The tendency of the ape to imitate man was not unfrequently destructive to itself; but it was also capable of avenging itself. After repeating from Solinus the fact of the extreme love of the ape for its offspring, Neckam tells an illustrative anecdote from life as it existed in the medieval castle. It happened in the court of a certain man of wealth, which was stocked with a great variety of extraordinary beasts and birds, that there were a pair of apes and a bear, the latter chained to an iron stake, which by their tricks gave great entertainment to the inhabitants of the

The ape. cc. 128, 129.

castle. This interest was not lessened, when the female ape gave birth to a young one, of which the mother was very vain, carrying it about and obtruding it upon everybody's attention; but when she presented it to the bear, the ferocious animal seized it and tore it in pieces. The ape, overcome with grief, went to consult with its mate, and together, as they had not strength to contend with their enemy except by cunning, they proceeded to carry wood and pile it beneath the bear, and finally set fire to it and burnt the animal to death. This would look like something more than mere imitative power; but Neckam judges that the ape is not endowed with a great amount of sense of its own, and he gives an example.

The ape in the castle. An ape resided among the battlements of a castle, and amused itself by watching a shoemaker at work at a short distance from the walls in a cottage below. When his other necessary occupations obliged the shoemaker to leave his workshop, the ape would descend, enter the man's house by the window,—which shows that the window was a mere opening, without any means of closing it,—and would then take the shoemaker's knife, cut his leather to bits, and cause him great damage and loss. The shoemaker was greatly provoked, and brooded over revenge. One day, when the ape was at its usual place watching from the battlements, the shoemaker took his knife, and drew the back or blunt side of the blade several times across his throat; then he turned the other edge to it, and so on alternately, like a man sharpening his knife on a whetstone. He then left his shop, and made a longer absence than usual. The ape lost no time in descending from the castle wall, and entering the shoemaker's shop, but this time its proceedings were disastrous, for, in its eagerness to imitate the shoemaker's movements with its knife, it cut its own throat and died.

The ape was sometimes the companion of the minstrel, or jougleur, and took a part in his performances. There was an old jougleur who had reached the decrepitude of age, but who still managed to gain a living by his performances, and who carried about with him an ape, which amused people by its dancing. One day the old minstrel beat his ape immoderately, until it became eager for revenge, though it dissembled its intention. The minstrel rode from place to place on a horse, and as the weather was severe, he had covered himself with a warm capuce and mantle, but still he was so affected by the cold, that he could no longer manage his horse. The ape, who appears to have ridden behind him, no sooner perceived its master's helplessness, than it twisted his mantle round his neck and hurled him to the ground; and he would have perished but for the interference of a traveller who was passing by. Neckam tells of another jougleur who had two apes, which he took to tournaments, that they might observe the practices of the combatants, and then he trained two dogs to serve as horses. The apes were armed with shield, spear, sword, and spurs; and thus accoutred they spurred forward their steeds, broke their lances, and fought with swords, with all the earnestness of gallant knights, to the great delight of all lookers-on, and especially those who might have no objection to see the tournaments turned to ridicule. "Who," says Neckam, "on seeing " it, could restrain his laughter?" *The ape and the old jougleur.*

Of the bear, Neckam has less to say than one might expect, and what he has to say is taken principally from the ancient writers. The animal chiefly furnishes him with subjects for moralization. The young bear is born without form (for which Neckam gives a rather singular reason), and the mother licks it into shape; the bear signifies cruelty, and the cruel man "ill-shapes the innocent with bestial ferocity" *The bear. cc. 130, 131.*

by means of his tongue. When the bear is skinned, it has the exact appearance of a naked man; "so "the cruel man, when he throws off the ferocity "in which he has been living like a beast, appears "in his true character of a human being." And so on with the rest. It is intimated that the wolf was tamed, and used in hunting, but that it often deserted its master to run wild again in the woods. Sometimes, too, the wolves entered into league with the watch-dogs, and they plundered the sheepfold in common and shared the prey. It was believed that the delicious smell and the great beauty of the panther drew the other animals within its power to be devoured. It was said to bear young but once in its life. The hare was believed to possess qualities of a very objectionable character. The account of the stag leads to a rather singular dissertation on the story of Actæon and Diana. The eye of the lynx is so powerful that it can see through nine walls, which had been proved by the fact that, as a man carried about backwards and forwards a piece of raw meat, a lynx, on the other side of so many walls, followed his motions with the utmost exactness. Neckam thinks that this may be accounted for by the acuteness of its smell. The urine of the lynx hardened into a precious stone. The tooth of the boar, he says, when taken out of its head, retains its sharpness as long as the boar to which it belonged remains alive, but when it dies, the tooth becomes blunted. Neckam appears to consider as a vulgar error the favourite medieval story that the beaver emasculated itself in order to escape the hunters. The account of the camel is taken chiefly from Solinus; and that of the elephant in a great measure from Cassiodorus. There was mortal hatred between the elephant and the dragon, the latter pursuing it so incessantly that the elephant was obliged to go into a stream of water for protection while giving birth to its young. The Ethiopians ate the flesh of the dragon, which was of the colour of glass and of an extremely cold nature, to cool themselves.

The lion was one of the favourite animals in the medieval bestiaries, and possessed abundant qualities which were convenient for moralizing. It was believed that the lion slept with its eyes open. The young lion lay three days motionless after its birth, and was then brought to life by the roar of its male parent. The gratitude of the lion was proverbial; and a well-known story on the subject has here taken a peculiarly medieval form. There was a noble, brave, and experienced knight, who was travelling alone, as was his custom, when he heard, in a recess at no great distance from the high road, a lion uttering cries of distress. When he approached the spot, he found the noble animal struggling hopelessly in the folds of an enormous serpent, which held him against a tree. The knight attacked the serpent with his sword, slew it, and set its victim free. The grateful animal displayed its feelings towards its liberator not only by wagging its tail and licking his hands, but, like a dog, it followed him as its master. When the knight lay down to rest, the lion took its place at his feet, and showed itself a faithful guardian; and when he was attacked by enemies, it would rush into the combat, and often saved him from danger. In a word, it followed him wherever he went, to the great astonishment of all who saw it. The knight, however, was not quite satisfied with his companion, though unjustly, and he determined to make his escape from his importunate friendship. Accordingly, he took the opportunity, one day the lion was asleep, to leave the place clandestinely, go secretly on board ship, and sail for his native land. The lion soon missed its friend, and followed him to the beach, but only arrived in time enough to see him putting out to sea. After mani-

The lion. cc. 148, 149.

Story of the knight and the lion.

festing its grief by loud groans and roars, it threw itself into the sea, and was drowned in the attempt to follow its adopted master.

After a couple of chapters of little interest on the onager and the hyæna, Neckam comes to what he frequently designates as the noble animal man, who forms the subject of five long and not uninteresting chapters. The Greek name for man, he says, ἄνθρωπος, means an inverted tree; for, as a tree adheres by its roots to the earth, so a man's roots, that is, his head and hair, are turned up towards heaven, which is the earth on which he ought to take root. He then goes on to explain the medieval doctrine of the proportional mixture of the elements in the formation of man's body, and the effect of this mixture on the different senses. As the sense which presented the most remarkable phenomena of them all, he devotes an entire chapter to the subject of sight. Some of Neckam's remarks on this subject show at least an inclination to observe and to experiment. In general, he says, the farther a thing is off the smaller it seems; but there are exceptions to this rule, caused by moisture (*humor*). The solar body appears larger in the morning, when seen through the remains of the moisture of the night, than at mid-day, when it shines in its full brightness. So a fish, or any other object, seems larger when in the water, than after it has been taken out. In this way he explains why, in the fable, the dog dropped the piece of meat in his mouth in order to snatch at the shadow, namely, because the shadow in the water appeared to him to be a larger piece of meat than that which he held. He then proceeds to explain, by means of a diagram, how there is in geometry something which, the farther it is off, the larger it appears; but his reasoning partakes rather of one of his own scholastic subtleties. A straight rod, he goes on to say, appears curved in the water; which was ascribed

to the reverberation of rays from the surface of the
water. Again, if you put a coin at the bottom of a
basin, a man looking at it from a certain position will
see it distinctly as long as the basin is full of water,
but if the water be taken out, he will see it no longer.
This was explained in more than one way. Some
animals, he says, through the whiteness of their eyes
and the subtlety of the visible spirit in them, can
see in the night but not in the day; and this he
explains as follows. In the day, he says, on account
of the clearness of the air which reverberates the eyes,
the whiteness of the eyes cooperates to cause disgre-
gation, the visible spirit, as being fine and clear, is
easily disgregated and dispersed, and thus sight is
obscured by the loss of the spirit. But in the night,
the visible spirit, congregated and strengthened by the
darkness of the air, enlightens with its brightness the
air between the thing seeing and the thing to be seen,
and thus prepares the way for seeing that which is
opposite. This is the case with owls. In other animals, since the eyes are black and the visible spirit
gross and dark, it requires to be illuminated by the
light of day to effect vision; and this is the case with
man. Similar explanations are given of sight in the
cases of the bat, the lynx, and the eagle. The sight of
the basilisk, he says, kills a man, because the venom
of the ray from the eye infects the air; and he explains in the same manner the effect of the evil eye,
and for this reason, *i.e.*, the venom of the ray, he adds,
nurses lick the face of a child which has been struck
with the evil eye. Other remarkable questions relating
to vision are mooted, which only bespeak Neckam's
credulity. From the general subject of vision, Neckam turns naturally to that of the mirror, which forms a part of it. It is worthy of remark that the mirror of which Neckam treats is the ordinary implement made of glass, whereas we are accustomed to suppose that mir-

The mirror. c. 154.

rors of metal were the only implements of this description then in use.[1] He remarks that while the mirror is whole, it only presents one figure; but when the glass is broken to pieces, there will be as many images as there are fractures. And again, if you take away the lead from the back of the glass, you will see no image at all. The knowledge of optics was not very great, for after observing that, in a concave mirror, the figure appears reversed, but in a plane or convex mirror erect, Neckam exclaims, " who can " assign a sufficient reason for this?"

The vanity of man's pursuits. c. 155.

After a few more physical remarks on man's nature, Neckam proceeds to take man in the moral point of view, and passes in review the various objects which principally engage his pursuits as the things to be valued in this world. These are, long life, health, liberty, nobility, riches, power, peace, beauty, a handsome wife, children, knowledge, and glory. Life, he says, is but the prelude to death, and the longer it is, the more tedious it becomes, as it only makes us wait so much the longer for heaven. Health only gives us greater incitement to sin, and is at the best a precarious possession. Liberty was a mere name, for those who boasted most of it were often the greatest slaves, slaves of the court, slaves of oppressive government, and, worst of all, slaves of their own passions and vices. Nobility, the ornament of liberty, was equally an empty word, as it then existed in the world. Noble and ignoble, all came from the same source. As to riches, he was the greater and the nobler man who could despise them than the man who possessed them.

---

[1] Beckman, in his History of Inventions, gives instances of allusions to glass mirrors as early as the middle of the thirteenth century, but could find no mention of them at an earlier date. We have here a distinct account of them as in use in the twelfth century, and they are not spoken of as being rare. The employment of glass for mirrors was known to the ancients, but appears to have been entirely superseded by metal.

To possess them is of little consequence, but to be possessed by them is most disgraceful of all. Power is a still more uneasy possession, admitting no kindly fellowship, but attended with jealousies and suspicions of everybody. Even in the ecclesiastical state, power everywhere degenerated into tyranny, and even the rectors of churches everywhere tyrannized over the parishes committed to their care. Neckam speaks feelingly of the suffering condition of society in his time. He thinks it even doubtful if peace be better than war, for the evils of war are open and visible, and transitory, but the evils of peace lie under the surface, and are not only deep rooted, but escape that notice which might correct them. "In war, there is bitter "bitterness, but in peace there is most bitter bitter- "ness."[1] Beauty is a superficial advantage, fading, transitory, frail, and continually subject to changes, from the effects of disease, want, and age. A handsome wife is a very insecure possession, not only from the transitory character of beauty, because it exposes her to greater temptation, and therefore brings upon her husband all the pangs of jealousy. Neckam intimates, like all the writers of that time, the low state of female morals in the middle ages. Under the next head he speaks no less despondingly of the relations between children and their parents, intimating that the handsome wife frequently gave her husband children to be his heirs who were not his own, and that the consequence was that the sons, careless of the honours of their parents, wasted their wealth in gambling and dissipation, while the daughters were equally prodigal of their persons, and brought disgrace upon their families. Science itself, procured at great expense, with laborious and long application, night watchings, and much wear of the mind, did little more than make people

---

[1] "Cum igitur in bello sit amaritudo amara, in pace est amaritudo "amarissima."—P. 246 of the present volume.

arrogant and self-opinionated, and was of little real utility to them, while it was itself full of error. Glory, which was the last in this list of objects of human ambition, was nothing more than emptiness and vanity.

<small>Of man's changed position in nature. c. 156.</small>

Neckam returns to the discussion of various questions, partly physical and partly moral, relating to man and to his changed position in nature. All the elements and all created things, he says, were made to be obedient to man or to serve him. The sun shines for man's pleasure and convenience, not for its own; Aurora announces the approach of sunrise, in order to rouse man to his daily labour; the warmth of day and the chill of night were equally made for his advantage; the earth and the waters all administer to his wants. If man had remained in his state of innocence, all animals would have been equally submissive and obedient to him; the lion would have been as tame as the dog; but, as a punishment for his transgression, since man withdrew his obedience from his Creator, the obedience of a great majority of the animals has been withdrawn from him. A small number of animals had been excepted from this judgment, out of compassion for the human race, and to remind man of his changed condition. But, on the other hand, to reprove and abate his pride, the power of tormenting him most has been given to some of the most insignificant of animated beings. Gnats attack him in the eyes, to remind him how he has abused his internal light, which God gave him, to employ it against God himself; fleas disturb his sleep at night and his contemplations by day; flies intrude into the liquors he drinks and into the food he eats. Moreover, if man had not sinned, there would have been no venomous or poisonous thing on the earth. If man had remained in his original state, there would have been no sickness in the world, nor would his health have been exposed to any disturbance; man and animals of all kinds would have lived only on vegetables and fruit; animals would have died, but without any sufferings; but man would not have died, though, after a certain number of years, he would have been removed into heaven. According to Neckam, man did not eat animal food until after the deluge; and before that event there was no rain, but the earth was watered by the dew and by the overflowing of springs. On these and other similar notions, Neckam expatiates through a rather long chapter.

From the consideration of man himself, he proceeds to treat of domestic affairs, and especially of domestic animals, those which had been still left obedient to man for his consolation after his fall. Among these the dog naturally holds the first place. This animal had gained the love of mankind not only by its faithfulness, but by its utility in the chase, for our medieval forefathers were passionately fond of hunting, and they placed game among the greatest delicacies of the table. "The pleasant bark of the hounds," says Neckam, "is more delightful to the ears of our nobles "than the sweet harmony of musical instruments." He tells how the dog was the faithful guardian of the house of the poor man, who had no other followers to protect him from robbers; how, when its master came home, it went to meet him, manifesting its gladness by a variety of antics, and announcing his arrival by its joyful barking, and thus, he adds, "giving warning "to his mistress as she lies in the embraces of the "adulterer," another of the numerous allusions to the low state of domestic morals in the middle ages. The dog was the companion of man in his solitude, for, when accompanied by this faithful animal, he could not be said to be alone. It would face death in defence of its master, follow its master to the tomb when he was dead, and even remain there and refuse to take food; and it had even been known to trace

<small>Domestic animals.</small>

his murderer, and bring him to justice. Its attachment to its master was accompanied with great jealousy, as is illustrated by a remarkable story. There was a knight who had a noble greyhound (*leporarius*), which was so great a favourite that it always slept at night at its master's feet; and whenever he travelled, it was his companion, eager always to rush to his assistance in case of need. Years had passed away in this sort of fellowship, when the knight received a present of two puppies of unusually high breeding, with which he was so much pleased, that he soon began to neglect his old dog, which was now becoming aged (*in senectam vergens*, in the words of the relator of the story). The dog's jealousy was excited, and, watching its opportunity, it killed the two puppies, and fled to the forest, which was not far from the knight's mansion (*curia*), and where it found a safe hiding place. Having taken up its abode in a deep cavern in a wild and inaccessible part of the forest, it found shelter there whenever pursued by the knight and his followers, but when they were off their guard, it issued forth, and did great damage to his flocks, though it never hurt the "boys and girls" (*pueris et puellis*). At length the knight, removing his whole family from one of his farms to another, passed through the forest with a numerous company. The dog, which was on the watch, seeing in the rear the ladies of the household, who had in their charge the infant son of the knight, rushed out upon them, and frightened them so much, that they all fled, leaving the child behind them. The dog, now seizing the child, carried it with great care to its den. The screams of the women carried the first intelligence of this disaster to the knight, who was thrown into the greatest distress; but, after some consultation, he sent his steward, to whom the dog had always manifested a strong attachment, and who succeeded in making an implied treaty

Story of the jealous dog.

with the dog for the return of the heir to the estates. The result was, that the old dog brought back the child unhurt, and was received again into its former favour. The attachment of the dog was such, that it would suffer itself it be beaten by its master, without resisting or repining; in illustration of which Neckam tells another story, which is more amusing than gallant, and sounds rather oriental in its character. A certain wise man was ordered by his lord to bring him the best jougleur, or minstrel, he knew, his most patient servant, his most inveterate enemy, and his most faithful friend; and he came at the time appointed with his own son, a little boy, his ass, his wife, and his dog. When asked to bring forward the jougleur, he exhibited his child, whose pranks and joyous diversions, he said, pleased him better than those of any other performer. The patient servant was his ass. When asked to show his greatest enemy, he produced his wife. When the wife heard this, she broke out into a furious rage, abused her husband, and declared that he was a traitor to his lord, and that she had seen the wise man preparing the poison which he intended to administer to him. "Listen to her," said the wise man, "is not this my "enemy, who is ready to accuse me of treason?" The faithful friend, of course, was his dog; and to show its faithfulness, the wise man beat it severely, and the dog shrunk back weeping, but the moment its master called it back with a gentler voice, it returned with all the marks of attachment it had shown before. Everybody approved the wise man's answers to the demands of his lord. But, Neckam goes on to say, however good and faithful be the nature of the dog, when it goes mad it is the most dangerous of animals, for any one bitten by it can hardly be cured; and he enters upon a rather curious dissertation on hydrophobia. The chapter on the dog concludes with a consideration of this animal as symbolical of the Chris-

The wise man and his lord.

Hydrophobia.

tian preacher, and a discussion of the question why dogs usually see only nine days after they are born.

Horses, cattle, and sheep. c. 158.

The next chapter treats on horses, cattle, and sheep. The description and praise of the horse, with some reflexions on the beautiful feeling of attachment of this animal to its master, lead Neckam to relate a curious legend concerning the death of the celebrated hero of early medieval romance, Ogier le Danois. According to the popular story, Ogier perished along with Roland and Oliver in that memorable battle of Roncevaux, which was one of the best known incidents in the romance of the middle ages; but the monks of the abbey of St. Faron at Meaux (the capital of the ancient province of Brie), in France, told a different story, and it is the one here related by Alexander Neckam.[1]

Story of Ogier le Danois.

According to this story, Ogier le Danois, when he was already advanced in years, abandoned his profession of arms, and, concealing his name, became a monk in the abbey of St. Faron, giving to the monastery not only his arms, which were duly preserved as trophies, but his wonderful steed, named in the romance Broiefort, which, thus entering the service of the church, was employed thenceforth upon all sorts of menial labours. Years thus passed away, Ogier was supposed to be dead, and was almost forgotten, except as the hero of a past age, when the infidels again entered France, met with little resistance, and eventually laid siege to the city of Meaux with a vast army. Louis-le-Débonnaire, who then wielded the sceptre of his father Charlemagne, went with the army of the Franks to the relief of Meaux, but all that he ventured to do was to encamp in a strong position and watch the proceedings of the besiegers, for their numbers were so formidable, that,

---

[1] It will also be found, told a little differently, in the early life of St. Faron, printed by Mabillon, in the *Acta SS. Ordinis S. Benedict.*, sæc. v., part i., p. 665.

now that all Charlemagne's great warriors were gone, the Frankish army did not dare to attack them. Such was the state of affairs, and the people of Meaux, lay and ecclesiastic, were in great alarm, when the spirit of the monk Ogier was stirred up. Every day twelve of the chosen warriors of the Saracens presented themselves before the walls, defied the besieged to send out any number of warriors to fight them, and returned to their own camp without a reply. Ogier went to his abbot, and asked for his permission to go out and fight the twelve champions; and the abbot, seeing in him a man of great strength and power, but totally ignorant of his identity, consented. A number of war-horses were brought for his choice, but none of them were good enough for him until they brought him his old horse Broiefort,[1] which soon recognized its old master, and found all its warlike spirit revived. Mounted on his own horse, and clad in his own rusty armour, Ogier sallied forth to encounter the twelve Saracen warriors, who at first laughed to scorn the clown who had come against them in somebody's old rusty armour, but who soon became conscious of their mistake, for Ogier slew them all. The garrison from the towers and walls of Meaux on one side, and Louis-le-Débonnaire and his army on the other, had witnessed this scene with astonishment; but the latter soon recognized

---

[1] The romance gives a different story about Ogier's horse. According to it, when Charlemagne and Ogier were engaged in bitter hostilities, archbishop Turpin once surprised the latter sleeping unarmed by a fountain, and, in obedience to a general order of the emperor, he caused his followers to bind him hand and foot as a prisoner, and threw him into his prison. Some time afterwards the Christians were hard pressed by the Saracens, and it became apparent that nobody but Ogier could save them. He was accordingly brought out of prison, and his arms restored to him, but no horse could be found fit for him, until it was discovered that his own horse had been given by Turpin to the abbey of St. Faron, where it had been employed for agricultural purposes.

the old hero by his arms, and, animated by his war-cry, for he had now singly attacked the army of the Saracens, they joined in the combat, and the Saracens were entirely defeated. Thus was the city of Meaux saved. Ogier returned to his cell; but the monarch of the Franks, in consideration of his services, enriched the abbey with grants of land, and the arms of Ogier were preserved there in memory of the hero who had passed in it the last days of his life, and had been buried there.[1]

The mule. c. 159. The mule differs much in character from the horse. It is described as a cunning animal, obstinate, disobedient, and revengeful. When it came to the village at which it expected its rider would stay the night, and found that he was going on further, it would pretend to be lame, and unable to go any farther; but when it found that this stratagem was unavailing, it would recover its strength, and push on vigorously to the end of the journey. A youth, travelling on his lord's errand, spurred the mule on which he was riding immoderately, and the animal watched its opportunity for revenge. At length they came to a wooden bridge, thrown across a very impetuous river. Instead of going over the safe part of the bridge, the mule, which seems to have been pretty sure of its footing, went along an outer plank, very narrow and very unsafe, to the great terror of his rider, and of everybody who happened to witness the scene. After having thus exposed his rider to a fright which almost drove him mad, the mule quietly returned to the safe part of the bridge, and continued its route along the king's highway until he came to the place of their destination. But the anger of the youth who rode the mule had been worked up to such a degree, that, on his arrival,

---

[1] See on this legend the article on the romance of Ogier by M. Paulin Paris, in the *Histoire Littéraire de France*, tom. xx. p. 698, and the *Acta Sanctorum Ordinis S. Benedicti*, as quoted above.

he drew his sword and slew it. Neckam goes on to explain why the mule was able to bear so much labour, and why its female was barren.

The ass was valued for carrying burthens, and in comparison of its labours was ill remunerated. It had various characteristics, which were chiefly vicious, and which are here enumerated because they furnished materials for moralizing. The ox was of great use to mankind. Alive, it cultivated the land, and the female furnished man with milk, butter, and cheese. Dead, its flesh was an important article on the table, its skin served a variety of purposes, its horns furnished materials for handles, combs, spoons, knife-cases, lanterns, and such like things, and even its dung was useful as fuel, where wood was not to be had. The sheep furnished man with wool, one of the most valuable materials of dress of every description. The milk of the she-goat was efficacious against many diseases; and the flesh of the kid was a delicious as well as a very wholesome food. The flesh of the kid was much eaten in the middle ages, and it is still one of the delicacies of the table on the continent. Neckam's explanation of the reason why certain animals, such as the ox, the stag, and the goat, chew the cud, would hardly be received by modern science. *The ass, ox, sheep, and goat. cc. 160, 161.* *Why certain animals chew the cud. c. 162.*

Neckam gives us a long chapter on bees, but it is chiefly compiled from the Georgics of Virgil, and contains much less information than we might have expected, considering the importance of bees to our Saxon and Norman forefathers. He appears to consider this useful insect chiefly as a good subject for moralizing, and, taking them as symbolical of the monastic orders, he dwells on the merits of monastic life, and shows a greater indulgence to the Cistercian order than most of the distinguished scholars of his time, such as Walter Mapes, Giraldus Cambrensis, and others, entertained for the Cistercian monks. He believed that the bees were ruled by a king, who excelled the *Bees. c. 163.*

others in magnitude and beauty; and thus, he says, he who is raised over others in dignity ought to excel them in honesty of life. Again, the king differed from the other bees in having no sting; and so those who rule over others should be gentle, and not cruel. "Alas!" exclaims Neckam, "when prelates are agi-"tated with the goads of envy, and vex and perse-"cute with their stings those whom it is their duty "to protect!" Neckam's account of the silkworm is in the main correct. It feeds, he says, upon the leaves of the mulberry tree, and digests them into the material of silk; but, as soon as it begins to work, it refuses all food, and devotes itself entirely to its labour. Industriously it went round and round on the sides of its little panier, winding out the materials of silk, which was first of a saffron colour, but was afterwards washed white, and was finally dyed of whatever colour was thought desirable. When its work was done, the silkworm entered a case in the centre of its work, like a butterfly, and after going through the same transformation, it deposited its eggs, which were preserved during the winter, and were brought to life by the genial breath of spring, to proceed through the same processes in another year.

The silk-worm. c. 164.

A mansion house, in Neckam's time, had an interior public court (*curia*) for the general ceremonies and other objects of the household, and a more private court (*chors*), in which the domestic fowls, &c. were kept, in fact, a poultry-yard. From what has been said in a former chapter about the magpie, it would appear that this yard was not inclosed within the mansion, inasmuch as it was exposed to depredations. The poultry-yard of the time of Alexander Neckam was furnished with capons, cocks and hens, geese, ducks, and peacocks, all which contributed greatly to the furnishing of the medieval table. The medieval garden was planted with a great variety of different herbs, some for beauty, but more for use, according to the

The poultry-yard. c. 165.

The garden. c. 166.

usage made of herbs in those times. "Here," says Neckam, "the garden should be adorned with roses "and lilies, the turnsole or heliotrope, violets, and "mandrake," the latter of which we may suppose to have been rather a rare plant in the garden. "There "you should have parsley, cost, fennel, southernwood, "coriander, sage, savery, hysop, mint, rue, ditanny, "smallage, pellitory, lettuce, garden cress, and pionies. "There should also be beds planted with onions, leeks, "garlic, pumpkins, and shalots. The cucumber, the "poppy, the daffodil, and brank-ursine ought to be in "a good garden. There should also be pottage herbs, "such as beets, herb mercury, orach, sorrel, and "mallows. Anise, mustard, white pepper, and ab-"synth or horehound" were also desirable plants. The fruits to be found in a noble garden "were med-"lars, quinces, warden-trees, peaches, pears of St. Riole, "pomegranates, lemons, oranges, almonds, dates, and "figs." Neckam then enumerates some trees and plants which were not cultivated in the gardens of western Europe, and proceeds to recommend certain medicinal herbs to be planted in the garden, such as saffron, sandyx, thyme, pennyroyal, borage, purselain, and several others here mentioned. The vineyard was another important adjunct to the medieval mansion, and it is much to be lamented that Neckam has used it almost solely as a subject of moralizing, as he might have given us valuable information on the culture of the vine in this country. He intimates the necessity of pruning the vines, and tells us that when the grape-gatherers arrived at the last row of the vineyard they joined in a chant to celebrate the occasion; but this is probably only taken from Virgil,—

The vineyard. c. 167

" Jam vinctæ vites ; jam falcem ambusta reponunt;
" Jam canit extremos effœtus vinitor antes."

Virgil. Georgic., lib. ii. 1. 416.

Agricultural and domestic implements.
cc. 168–171.

A few of the implements used in connection more or less with the household are the next subjects of consideration. The body of the cart, as its construction is here described, was made of wicker-work. The plough was a divine work, for the invention of which we have to thank Heaven itself. Its parts are rather minutely enumerated by Neckam. The baker was an important personage in the household, as well as the weaver, when considerable landholders made their own cloth at home; and the operations of both these manufactures are described.

Buildings.
c. 172.

In treating of buildings, to which one chapter is devoted, Neckam remarks on the extraordinary passion for building immense castles and palaces which prevailed in his time; and in describing their construction he makes a little display of his knowledge of geometry, in informing us that the walls of a house are not parallel to each other, but that they are parts of radii from the centre of the globe, and that they therefore form an angle with each other. For, he says, every heavy body naturally tends to a centre, and therefore the walls must tend to the centre of the earth, and form an angle with each other. This seems to have been a favourite doctrine with Alexander Neckam, for he has stated it again in his treatise *De Utensilibus*, with the additional warning, that, if the walls were built exactly parallel to each other, instead of being built at an angle, the house would fall down.[1] This doctrine, if it reached the ears of the medieval builders, must have caused them considerable alarm, for Neckam forgets to qualify it by further stating that the angle must have been so small in the case

---

[1] Parietes e diversa regione siti, quanto remotius a fundamento surgunt tanto magis distant; alioquin ruinam minabitur tota machina domus, et ita discrimen erit. Neckam de Utensilibus, in the *Volume of Vocabularies*, p. 109.

of a house, that in practice the difference between the walls being parallel to each other or in the line of the radii would be imperceptible.

After considering so many matters relating to man's bodily interests and comforts, Neckam now proceeds to treat him in regard to his mental faculties, and he takes up the very interesting subject of the scholastic studies. These studies, the whole science of the middle ages, were divided into seven parts, which were called the seven arts (*artes*), the word art being in its general sense equivalent with a branch of the scholastic studies. The division was altogether an artificial one; it had gradually developed itself, and in this development had fallen into two great divisions. The old scholastic learning, before the twelfth century, had consisted chiefly in the study of the ancient writers, and it was only a few individuals who sought for any knowledge beyond that which they communicated. The great ambition of the scholar was to be a proficient in Latin grammar and in rhetoric, to be acquainted with the writings of those classical Latin authors who were then in repute, and to be able to write Latin verse. The man who went beyond this, like the philosopher Gerbert (pope Sylvester II.), was looked upon as a magician. These grammatical studies, as they were called, were known by the term of *artes*, or arts. The sciences, to use the modern term, had been learnt as a part of these arts, because they had been only taken upon the ancient authorities, but in the twelfth century they were gaining a new and independent position, and men had begun to study the mathematics, that is, as they were then taken, arithmetic, geometry, and astronomy, with an impulse to leave the old authorities, and follow up by their own research the new fields which were opening before them, and they took in among these the science of music. In popular languages these were called the seven arts, but there was

On the scholastic learning. c. 173.

Cultivation of the ancient writers.

a long struggle between the three old arts and the four new ones, that is, between the old school learning and the new, in which Neckam has evidently a strong prejudice towards the former, while still he shows an eager aspiration after knowledge independent of the old scholastic trammels. The division in scholastic learning had become so strong that a separate title was invented for the two courses, named from the number of each, the old course, consisting of the three grammatical sciences, grammar, dialectics, and rhetoric, being designated as the *trivium*, and the new course, including music, arithmetic, geometry, and astronomy, being included under the title of the *quadrivium*. A well-known medieval couplet commemorates this division of scholastic science,—

" Gram. loquitur, Dia. vera docet, Rhet. verba colorat,
    " Mus. canit, Ar. numerat, Geo. ponderat, As. colit
       " astra."

Neckam's views of scholastic learning.

In his long chapter on the seven arts Neckam shows a certain love for, and at the same time a great distrust of, the scholastic learning. The study of the liberal arts, he says, although it contains great utility, leads people into the vanity of over-curious researches. The arts, he adds, are commendable in themselves, but those who abuse them are worthy of reprehension. He defines the *trivium*, that is, grammar, dialectics, and rhetoric, as a power (*potestas*), because "these arts take " up either side of a question, as though you held a " two-edged sword;" while he calls the *quadrivium*, arithmetic, music, geometry, and astronomy, discipline (*disciplina*), because it only takes things in one point of view, the positive, except when the demonstrator uses the argument of reducing to an impossibility. He makes an ingenious comparison between the seven arts and the seven planets; because, as the latter give light to the world, so the seven arts " adorn and fortify all "science." With the moon, which is nearest the earth, we may compare grammar, which claims the first place in the list of arts. The science of dialectics offered many points of comparison with the sun; while Mercury, who was identified with the art of rhetoric, held like it the third place in the list. With Venus, whose characteristic was beauty, arithmetic might justly be compared, on account of the great beauty of its operations. The diligent investigation of the mystery of numbers was an important part of theology, and sufficiently showed the value of this science. Music had a direct relationship to Mars, for it was by music that soldiers were incited to battle. Geometry might be compared to Jupiter, because its object was immoveable magnitude; while astronomy, which occupied itself with moveable magnitude, might be well compared with Saturn, who was of all the planets the nearest to the stars. Having thus established, evidently to his own satisfaction, a relationship which is certainly more curious than valuable, Neckam proceeds to consider each of the arts separately, and to show how they were all liable to abuse. Grammar, he says, purifies at the same time that it instructs the judgment; but what advantage do we derive from avoiding barbarisms and solecisms in words when we take no care to avoid them in deeds? As grammar teaches to speak correctly, so rhetoric teaches to speak ornately and persuasively; but with all its advantages, people who had learnt it appeared to speak chiefly for purposes of detraction and contumely. The object of dialectics, or logic, was to enable people to distinguish truth from falsehood; yet it was used too often to make falsehood look like truth, in order to deceive people and to gain popularity. Neckam now enters upon a rather long satirical discourse on the logical teaching in the schools of the University of Paris, and especially on the quibbles and falsities into which, in the scholastic teaching,

Grammar and rhetoric.

Dialectics or logic.

logic continually degenerated. It is a most interesting chapter for the history of medieval philosophy, and is well worthy of the careful attention of all who would make that history their study. Neckam is very severe on the reasoning of the dialecticians in the University of Paris, and gives a number of examples in which false and deceptive reasoning is displayed to a very remarkable extent. In the course of this satire—for satire we may well call it—he informs us that it was then the universally received opinion that at the resurrection all mankind, at whatever age they may have died, will arise from the dead at exactly the same age as that at which Christ was crucified, namely, the age of thirty years, although, he adds, they would be of different sizes and appearances according to those which they enjoyed when alive in this world. He shows how, by the train of reasoning employed in the schools, a man— Sortes, the man of straw employed in the language of the scholastic disputations [1]—might be proved to be a stone, or a rose, or a lily, or any other object; how what Sortes or any individual said was at the same time true and false; how Sortes at the same time knows something and knows nothing; and a number of other similar quibbles. Neckam pretends to find similar defects in arithmetic and geometry, two of the exact sciences, and he gives some rather ingenious illustrations

Arithmetic and geometry.

---

[1] This individual is introduced in the curious satirical poem of the earlier part of the 13th century entitled *La Bataille des vii. ars,* printed in M. Jubinal's edition of the works of the trouvère Rutebeuf, vol. ii. p. 415. Dan Sortes there fights on the side of the University of Paris against that of Orleans:—

GRAMMAR.—Puis en fist v. cheoir
    sor l'erbe
Par la pointe de son averbe,
Mès dans Sortes la fist repondre,
Qu'il ne pot pas à toz respondre.
Vers ceus d'Orliens s'est adrecie,
&c.

[TRANSLATION.]

Then made five fall on the grass
By the point of her adverb.
But dan Sortes sent her a reply,
That he cannot reply to all.
He set himself up against those
    of Orleans, &c.

of this position, which, however, are not very much to the purpose. Finally, he considers the scholastic learning as a thing full of vanities, and announces his intention of treating further the subject of human vanities, as introductory to his commentary on the book of Ecclesiasticus.

After having spoken thus rather strongly of the vanities of scholastic learning, he proceeds to speak of the schools or universities which had flourished both in antiquity and in his own time, beginning with the axiom that the glory of every kingdom had increased immensely in proportion to the encouragement given to the study of the seven arts. The patriarch Abraham, he says, taught the *quadrivium* in Egypt, and many great mathematicians arose under his teaching. There were great schools at Memphis, Pelusium, and Canopus, and from thence philosophy was carried into Greece. Plato went to Egypt to learn. Among the schools in Italy in the times of the Romans, one of the most remarkable was that at Naples, where Virgil the Mantuan distinguished himself. By some extraordinary transformation, which we can only imperfectly understand, the poet Virgil was turned in the middle ages into a great necromancer; and Neckam has shown at least the extent of his credulity in repeating some of the legendary stories relating to him which existed in his time. Gervase of Tilbury, a writer of a little later date than Neckam, has also preserved some of these stories,[1] and they were subsequently worked into a fabulous narrative, which appeared in nearly all the languages of Western Europe.[2]

Of universities. c. 174.

Virgil the necromancer.

---

[1] See Gervas. Tilb., *De Otiis Imperialibus*, book iii., cc. 12, 13, 15.

[2] The story of the necromancer Virgil is one of the most celebrated legends of the middle ages. The legends of Virgil are told by Vincent of Beauvais in his *Speculum Historiale*, as well as by Gervase of Tilbury, and they were gradually formed into a historical narrative, which was published, in the earliest ages of the art of printing, in most of the languages of the west. An English version appeared as early

lxviii   PREFACE.

Neckam tells us how, when the city of Naples was visited by a plague of innumerable leeches, Virgil made a leech of gold, which, being thrown into a well, caused all the leeches to disappear immediately, and the Neapolitans were no longer troubled with them, until, ages afterwards, the well was cleaned, and the golden leech found and carried away; the plague of leeches returned, and was only appeased when Virgil's golden leech was found and again thrown into the well. On another occasion the butchers of Naples were in great distress because, in their butchery, the meat could not be preserved from unusually rapid corruption; Virgil immediately laid a spell upon the place, in consequence of which meat remained there uncorrupted for a very great length of time. He condensed the air into a strong wall of defence round his garden. He made a bridge through the air, by which he went to any part of the world he desired to visit. He built in Rome a vast palace; on which he placed wooden images of all the countries belonging to the Roman empire, each holding a bell, so contrived that when any region was about to rise in rebellion the statue representing that region rang its bell, and the emperor was thus early warned of the danger. When anybody asked Virgil how long this palace would stand, he replied, "Until a virgin "should bear a child," which was commonly taken as meaning that the building would last for ever; but on the birth of our Saviour it fell to the ground. Of course, according to the known dates of Virgil's life, his palace must have stood but a short time.

Feats of the legendary Virgil.

Neckam goes on to speak of the medieval universities, but unfortunately in very brief terms. The great schools of medicine, he says, were then at Salerno

Medieval universities.

---

as the year 1510, and has been reprinted in 'Thoms' *Metrical Romances*. It is a curious monument of the intellectual history of the middle ages.

and Montpellier; civil law was studied chiefly in Italy; theology and the seven arts had established their seat in Paris. According to Merlin's prophecies, as far back as his time the seat of learning in Britain was established at Oxford, but it was destined at some remote period to pass over thence into Ireland. Neckam concludes the chapter with further reflections on the vanity of scholastic learning.

The remaining chapters are interesting for the light they throw on the state of social sentiment in the twelfth century. Neckam begins with the knights, or aristocratic class, whose profession was war, and who risked their lives in the search of empty glory. The practice of ransoming prisoners led to great abuses, and he informs us that it was a common practice for a knight to abandon his companion in the hour of combat, and let him be taken prisoner by their opponents, under a secret understanding with the latter that he was to receive a share of the ransom money. Some believed they showed their nobility of blood by affectation of superiority in their manners and voice; while many who boasted of their high birth were in truth but the sons of low menials. Children who were in reality the sons of vagabonds inherited the estates of which the legitimate children were deprived. In illustration of this subject Neckam tells a medieval story which is rather well known under several different forms. There was a rich and noble knight, who had a wife equal in blood with himself, but of depraved manners, for, faithless to his bed, she distributed her favours widely and indiscriminately. The husband had witnessed all this with grief, and on his death-bed he sent for the illustrious earl who was his feudal superior, and begged as a favour that after his death the earl would choose one of his sons to be his heir. We are not told here if the knight himself directed how the selection was to be decided; but he was no

Classes of society.

The knights. c. 175.

The knight and his three sons. c. 176.

sooner dead than the earl caused his body to be hanged up, and, calling the three sons, offered the succession to him who could inflict the greatest wound upon their father's body. The two eldest, who were already experienced knights, thrust their spears through the inanimate corpse without hesitation; but when it came to the youngest, who had not yet been advanced to knighthood, he threw away his weapon, burst into tears, reproached his brothers for their unfilial conduct, and was quitting the scene in indignation, when he was called back by the earl, who declared that his behaviour proved beyond a doubt that he alone was the son of the knight, and he delivered the heritage to him as to the rightful heir.

<small>Court favours and court life. cc. 177, 178.</small>

We have, in following up this subject, the complaint, so often repeated in all ages, that the favour of the great is obtained with difficulty, is retained still more difficultly, and is easily lost; and therefore it was not worth the anxiety which many display in the pursuit of it. Power, even to those who possessed it, was accompanied with more pain than enjoyment. Those who followed the court were doomed only to humiliations and disappointments. Nor did society in its other phases present any more satisfactory picture.

<small>Of mercantile transactions. c. 179.</small>

The dealings of merchants were chiefly remarkable for their fraudulence, of which Neckam offers some illustrations. He declaims at greater length against the vice of flattery, which had a large field for its development in the structure of feudal society. The subjects of detraction, ambition, and avarice, the last illustrated by the story of Midas, who obtained the gift that his touch should turn everything into gold, lead us on to that of gambling, and to two rather interesting chapters on dice and chess. Gambling was a vice which prevailed to a great extent in the feudal ages, and among all classes of society, and we meet with frequent allusions to its pernicious effects. The love of dice,

<small>Of flattery, detraction, and ambition. cc. 180-182.</small>

<small>Of dice. c. 183.</small>

Neckam alleges, led almost invariably to all kinds of dissipation and debauchery; and he describes in strong language the eagerness with which the gamester followed each throw, and the change which each turn of fortune wrought in his countenance, his vows to Heaven, his imprecations, his accusations of unfairness against his opponent, even when he himself was in the habit of using false dice, and the wrangling, and sometimes fighting, which followed. The miserable victim of this vice, when he had lost his money, played away his clothes, and if he had estates he sometimes risked and lost them too. The gain which was made by dice was generally expended in riot and wickedness. Sometimes the young heir, stripped of money and clothes, went home to throw himself at his father's feet, with a promise that he would never handle the dice again; and the confiding father forgave him, and clothed him again in expensive garments. But the youth soon yielded to the same temptation, and repaid the paternal kindness by going on worse than ever. The game of chess, Neckam informs us, was invented by Ulysses. In Neckam's time the footmen were placed in the first row, and the others had their various places assigned to them in the line behind; but this was not originally the case, for in the primitive game, he says, the footmen held the second line, and the pieces of higher rank were placed in front. He describes the different pieces, and their peculiar movements; and to the statement that the king alone could not be taken, he adds an anecdote of Louis le Gros, king of France: When that monarch was defeated in battle by Henry I. of England, in his flight from the field he was closely pursued by a stalworth knight, who at length overtook him, laid his hand on the bridle of his horse, and shouted out that the king was taken. "Begone!" said king Louis, "you ill-"taught and impudent knight; don't you know that

Chess. c. 184.

"it is not lawful to take the king even on the chess-"board?" Neckam speaks rather admiringly of the extraordinary earnestness displayed by the two opponents engaged in a game of chess, as though they were contending for something of vast importance; and while the winner rejoiced as though he had gained a great victory, the other looked as much downcast as if he had sustained some humiliating defeat; nay, sometimes people quarrelled over the game, and even fought, and such a combat occurred at the court of Charlemagne, when Reginald Fitz-Aymon slew one of the great chieftains with a chessman, which was the commencement of long and sanguinary feuds.

Of hypocrisy, inconstancy, &c. cc. 185–188.

The chapters which follow treat of the vice of hypocrisy, of inconstancy, of the uncertainty of wealth and the eagerness of people to obtain it, of those who are greedy after gifts and of bribery, and of the sin of gluttony. If we are to believe all that the old moralists and satirists say on the subject, excessive gluttony seems to have been a very prevalent vice in the middle ages. Neckam tells a story, which he says he considered worthy of being remembered. The count of Pons-Ysaræ was a nobleman of many great qualities, but they were obscured by his indulgence in gluttony. At length he died, and was succeeded by his son, a youth in whom all the noble qualities of his race shone untainted, and who was a mirror of piety and charity. He frequently visited his father's tomb alone, and wept and prayed over it; and he distributed alms to the poor abundantly, asking them in return to pray for his father's soul. One day he gave a great feast to the nobles of his neighbourhood; but, when they were assembled, he desired them, before they began eating, to accompany him to his father's tomb. There he ordered his servants to remove the stone which covered the tomb, and, when this was done, the count's guests beheld the body of the late count with a loathsome toad clinging to its neck, as the offending part through which so much luxurious food had passed into his stomach. The tomb was covered again, and the count, who for the time repressed the outward display of his grief, and his guests placed themselves at table; but early next morning he called together his more intimate friends, and informed them that he had made the king of France his heir, and that he was going to Jerusalem to pass the rest of his life in devout humility. A few further reflections on the uncertainty of all human riches complete this chapter. Men who had treasured up riches, he said, often left it to a very uncertain heir, provided by chance and not by nature; for they buried their treasures in the ground, and, dying without revealing them, there they remained till some accidental excavator came upon them, and made them his own.

In a long chapter upon envy, Neckam tells us that the great philosopher Aristotle was so far tainted with this vice, that he caused some of his most profound writings to be buried with him, in order that the world should not profit by them after his death, although, as it appears, they were to be brought to light again after the coming of Antichrist. He also makes some curious remarks on the practice, among the rich and powerful in his own time, of appropriating graves to themselves and excluding others from being buried in them. Under the head of arrogance, he describes the affected manner of the fops of the twelfth century. Anger forms the subject of another chapter, in illustration of which Neckam tells the well-known fable of the frogs which petitioned for a king, as well as another fable which I have no recollection of having seen elsewhere. The wren, seated on a branch on the first day of March, and feeling the increasing mildness of the weather, began to abuse February in very unmeasured terms. February, offended at this

<small>Of envy. c. 189.</small>

<small>Of arrogance. c. 190.</small>
<small>Of anger. c. 191.</small>

behaviour, went to his brother March, and obtained permission to influence the weather for two days in his month, which he did so effectually, that the wren, battered with hail and storm, began to lament bitterly that the "gentle" February was past. The last chapter of this book is devoted to the sin of excess, which in Neckam's time prevailed to an extravagant degree, and this subject draws forth some interesting illustrations of the manners of the age.

Of excess. c. 192.

The poem of Alexander Neckam *De Laudibus Divinæ Sapientiæ*, is of less importance than the prose treatise I have been describing, and is given here in fact as an appendix to it. In my Biographia Britannica Literaria, I had rather hastily expressed an opinion, which a closer examination of the book has led me to correct, that the compilation of this poem preceded that of the prose treatise *De Naturis Rerum*, and that the latter was a paraphrase of the former. A careful comparison of the two works will be sufficient to convince us that the prose treatise preceded that in verse, which is undoubtedly a paraphrase of the other, and appears to have been written at a considerably later period of Neckam's life. Indeed, Neckam alludes in the poem, which is the only work of his with which I am acquainted in which he gives us any information relating to himself, to the approach of old age.[1] He gives this, and the dislike he felt for distant travel, as his reasons for not visiting Rome and Italy,[2] which seems to contradict the statement alluded to before that he had accompanied thither the bishop of Worcester. In another place he tells us that he had written this book to alleviate the effects of the cares

The poem De Laudibus Divinæ Sapientiæ.

---

[1] See the poem *De Laudibus Divinæ Sapientiæ*, p. 448.

[2] De Laud. Div. Sap., *ib.*

brought upon him by his relations with the court,[1] so that this poem was probably written early in the thirteenth century, during the reign of king John. At its close its author states that it was his intention to offer this book to the abbey of Gloucester, but he intimates a doubt whether it would be received there, and, in case this doubt should be realized, he recommends it to the abbey of St. Alban's.[2] This seems to imply that some intimate relations had existed between Neckam and Gloucester abbey, and it certainly proves, along with several other expressions used by him, that his love and respect for St. Alban's was undiminished. It may also be added that when he was writing this book, the city of Toulouse had become celebrated as the head quarters of the sect of the Albigeois;[3] and that in it he takes occasion to attack the doctrines of the heretic Faustus.

The poem *De Laudibus Divinæ Sapientiæ* is, indeed, a metrical paraphrase of the treatise *De Naturis Rerum*, with some considerable additions, and with the omission of most of the stories. It is divided into ten books, which are called, according to a fashion then in vogue, and adopted by Giraldus Cambrensis, Walter Mapes, and other writers, distinctions (*distinctiones*). In the first of these, Neckam treats of the creation, of heaven and the angels, and of the stars, planets, and constellations, and other celestial bodies. In the second distinction he treats of the four elements, which, as in the prose treatise, are

^{Account of the poem.}

---

[1] Adde quod et curis angor mordacibus, illas
  E thalamo cordis pellere cura mihi.
  * * * *
  Quamvis sit sterilis, generat mihi curia curas;

Hæc mater dici jure noverca potest.
Nec. *De Laud. Div. Sap.*, p. 417.

[2] *De Laud. Div. Sap.*, p. 509.
[3] *De Laud. Div. Sap.*, p. 450.

the foundation of his system of natural history; and, taking air as the first of these, he proceeds to treat of birds, as belonging especially to that element. The third distinction treats of water and of the various phenomena connected with it; and he here gives an account of fishes, and an enumeration and description of the principal rivers in the world, and especially of those of France, Great Britain, and Ireland, with the chief towns situated on their banks. The fourth book is devoted to the subject of fire, the third element, and to various natural phenomena, such as winds and storms, the weather, the relations of the elements to each other, &c. In the fifth book Neckam treats of the earth, and of its various countries, giving long and rather interesting accounts of their principal cities and towns, including an enumeration of some of the wonders of Britain, among which we may note his account of Stonehenge. The sixth book proceeds to the interior of the earth, and describes its metals, and the gems and precious stones, with their natures and wonderful qualities. The seventh distinction contains a much fuller list of plants than we find in the prose treatise, and defines their various qualities and medicinal virtues. The eighth continues this subject, and treats of fruit trees, the plants which produce grain, &c. The ninth is devoted to the natural history of animals, including man. The tenth and last distinction treats of the seven arts, and of science in general, subjects which are here treated much more briefly than in the treatise *De Naturis Rerum.*

The manuscripts. The present text of this latter treatise has been formed upon the collation of four excellent manuscripts. The first of these is a very fine and bulky volume, written in a large scholastic hand of the thirteenth century, and now preserved in the library of Magdalen College, Oxford. I have designated it, in my notes, by the letter A., and, as I consider it superior to any of the others, I have adopted it as the foundation of my text. The second manuscript, which I call B., belongs to St. John's College, Oxford, and is little inferior to the preceding. The two other manuscripts I have used are in the old Royal Library in the British Museum, MSS. Reg. 12 G. xi. (C.), and 12 F. xiv. (D.). They are all either of the thirteenth century, or very early in the fourteenth, are written in English hands (the work appears to have been very little known on the continent), and appear to have been designed for books to read in public lectures. Most of them are accompanied with marginal notes, which are the same in the different copies where they occur, and which therefore belong to the book, and not to any particular manuscript; indeed, one or two of them bear evidence of having come from the author himself. These notes belong to two classes. The first consist merely of indexes to particular subjects, remarks, or phrases to which the attention of the scholar or reader was especially called; and these I have placed in the margin of the pages as they stand in the manuscripts. The other notes, which were more especially intended for the illustration of the text, consist of explanations of names, derivations and interpretations of words and grammatical phrases, and sometimes corrections and notices of contrary opinions, which were intended for the use of the student. As these are generally too long to be introduced in the margin, I have placed them at the foot of the pages. I have printed the poem *De Laudibus Divinæ Sapientiæ* from the only MS. with which I am acquainted, which is also preserved in the Royal Library in the British Museum, MS. Reg. 8 E. ix. It is apparently of the earlier part of the fifteenth century, and, with a few slight errors and imperfections, appears to present a tolerably good text.

In conclusion, I have to state that my most sincere thanks are due to the Presidents and Fellows of St.

John's and Magdalen Colleges for the ready and obliging courtesy with which they acceded to my request for the loan of the two manuscripts from their respective libraries, which have been of very great assistance to me in editing my text.

THOMAS WRIGHT.

Sydney Street, Brompton,
    October, 1863.

ALEXANDRI NECKAM

DE NATURIS RERUM

LIBRI DUO.

ALEXANDRI NECKAM DE NATURIS RERUM

LIBER PRIMUS.

Magister Alexander Nequam de Naturis Rerum et super Ecclesiastem.[1]

FORMA decens admiratione dignis naturæ munifice dotata deliciis modico cultu contenta est, sibi sufficiens ad ornatum. Sic et sententiæ commendabiles, serenitate majestatis radiantes, nimio verborum elegantium ornatu non egent. Numquid enim opus est ut vitis generosa in pampinis luxuriet prodiga, quam deliciosi fructus exuberans commendat lætitia? Fontis purissimi, qui artificio laboris humani non est obnoxius, ex occultis meatibus jugiter scaturiens unda potantis sitim dulcius sedare videtur. Sunt et quædam gemmæ pretiosissimæ, quarum virtus majorem sortitur[2] efficaciam, sed et fulgor scintillans gratiosius radiat, in argento, quam si[3] auro fuerint associatæ. Nonnulli etiam liquores, delectabilis saporis suavitate jocunda commendabiles, melius in poculis murrinis aut etiam samiis probantur quam aureis. Sic et materia tractatus ad morum ædificationem instituendi simpl-

---

[1] The title varies in different MSS. B. has no title; the others have, Incipit opus Magistri Alexandri de Sancto Albano de Naturis Rerum, C. Incipit opus Magistri Alexandri de Sancto Albano. D.
[2] sortitur majorem, C.
[3] quam et si, D.

cibus verbis melius expedietur, exclusis penitus ornatus rhetorici lenociniis. In opusculis igitur[1] tropologiæ deservientibus præsudare decrevi antequam arduarum subtilitatum anagoges apicibus operosam exhibeam diligentiam.[2] Phaeton, levitate puerili currus solis affectans in sui perniciem, voti compos effectus est. Icarus, juvenilis caloris inconsulta temeritate aeriis partibus nimis remotis a facie terræ ausus se committere, impetuosam indiscretæ voluntatis audaciam infelicitate exitus gemebundi, at ha! miser! exsolvit. Cœlum sidereum Atlas sustinuisse perhibetur, sed labor ejus solatio Herculis non est destitutus. Ego vero subsidium Illius imploro, qui non [a] aeris dumtaxat cleos est, sed totius orbis[3] gloria. Verus igitur sol justitiæ, qui de tenebris facit lucem splendescere, tenebras ignorantiæ erroneæ in nobis cum vitiorum caligine expellat. In hoc enim opusculo lectorem ad opera lucis invitamus, ut abjectis operibus tenebrarum demum æterna luce fruatur. Decrevit itaque parvitas mea quarundam rerum naturas scripto commendare, ut proprietatibus ipsarum investigatis ad originem ipsarum, ad rerum videlicet opificem, mens lectoris recurrat,[4] ut ipsum admirans in se et in creaturis suis pedes Creatoris, justitiam scilicet et misericordiam, spiritualiter osculetur. Nolo tamen ut opinetur lector me naturas[5] rerum fugere volentes[6] investigare velle

[a] Alludit etymologiæ vocabuli. Hercules enim, quasi aer cleos, id est, gloria aeris, dicitur. Sol vero gloria aeris est. Hinc est quod nomen Herculis videtur scribendum sine aspiratione. Prævaluit tamen quoad[7] hoc etymologia alia; secundum quam[8] Hercules interpretatur here cleos, id est, dominæ scilicet Junonis gloria.

---

[1] *ergo*, D.
[2] *indulgentiam*, B.
[3] *mundi*, D.
[4] *occurrat*, D.
[5] *naturis*, C.
[6] *volentem*, B.D.
[7] *quod ad*, B.
[8] *secundum quam*, omitted in A.

philosophice aut physice, moralem enim libet instituere tractatum. ᵃAuream igitur Homeri catenam aliis relinquo, qui in libertatem proclamo de qua in Euvangelio dicitur, "Si vos Filius liberaverit, vere liberi "eritis." Invoco itaque subsidium Domini nostri Jesu Christi, ut inceptis nostris manum consummationis apponat, sine cujus nutu nihil honeste inchoatur, nihil feliciter consummatur. Ab ipso igitur[1] qui et initium constitui debet et intentionis et actionum nostrarum et finis laboris nostri, tractatum inchoare[2] dignum duximus, ut ipso annuente et nos proficere et aliis prodesse valeamus.

CAP. I.

Reductio principii[3] Johannis ad initium Geneseos.

"In principio creavit Deus coelum et terram." Profundum et subtile exordii Geneseos mysterium diligenter[4] investiganti certum erit Moysen in monte excellentiæ Sacræ Scripturæ cum Domino familiarissime philosophatum esse. Hic est arduus mons celsitudinis mysteriorum coelestis paginæ, in qua Dominus[5] se transfigurat fere incomprehensibilibus modis. Huic autem transfigurationi interesse[6] digni censentur evangelista[7] Johannes et legislator, qui tanquam tubæ Spiritus Sancti in suis principiis intonant altissime, adeo ut totus orbis admirans, ad fastigium tantæ sublimitatis

---

ᵃ Aurea catena Homeri dicitur philosophica[8] eruditio, quæ nunc in diffinitiva speculatione ad generalissima ascendit, nunc per divisiones ad singularia descendit.

---

[1] *ergo,* D.
[2] *inchoire,* B.
[3] *Evangelii,* D.
[4] *diligenti,* A.

[5] *Deus,* D.
[6] *inter se,* B.
[7] *Evangelia,* B.
[8] *philosophia,* B.

vix queat ascendere. Dum igitur lex Mosaica digito Dei in tabulis scribitur, etiam Ur et Aaron a majestate tanti consilii procul exclusis, Johannes tanquam aquila, alis gratiæ et intelligentiæ alta petens, alto consilio summi Regis interesse meretur. Qui supra pectus Domini in cœna recumbens, de fonte Salvatoris aquas doctrinæ hausit saluberrimas, quibus hortus deliciarum sacrosanctæ matris ecclesiæ dulciter irrigatus est. Johannes itaque thesauros cœlestes super aurum et lapidem pretiosum multum desiderabiles, venerabili fidelium universitati communicare volens, in operis sui felicissimi principio sublimi, nobile principium latoris legis explanat ex parte.[1] Legis igitur lator ait, "In principio creavit Deus cœlum et terram;" Boanerges ait, "In principio erat verbum." Ecce quam expressa veritas. Unus dicit Deum Patrem fuisse in Filio; alter protestatur Filium fuisse in Patre. Simul quippe necessario sunt, unius naturæ sunt, unius potestatis, voluntatis, majestatis, immensitatis. Cum igitur dicitur quia "in principio creavit Deus cœlum et ter-"ram," perinde est ac si dicatur, Deus Pater æternaliter existens in Filio, qui est principium de principio, in Filio creavit cœlum et terram, ut subsit diasirtos[2] sub hoc intellectu. Deus Pater, qui æternaliter fuit in principio, creavit cœlum et terram in principio. Si autem dixeris positionem verborum non sustinere quod subsit diasirtos,[3] esto; oportet tamen necessario quod Deus Pater fuerit in principio, quando quidem cœlum et terram creavit in principio. Deum autem Patrem fuisse aut creasse cœlum et terram in principio, est Deum Patrem fuisse et creasse cœlum et terram in Filio. Ecce quia Deus Pater vere dicitur esse in Filio. Cum vero dicitur quia in principio erat verbum, manifestatur quod Filius æternaliter est in Patre, qui est prin-

---

[1] *experte*, D.
[2] *diasutos*, B. (?); *diasircos*, C.
[3] *diasuros*, B.; *diasircos*, C.; *diasirikos*, D.

cipium sine principio. Pater tamen et Filius unum sunt rerum principium, et non diversa principia creaturarum. Mirabitur vero quis non immerito, quare Johannes de Spiritu Sancto nullam in exordio sui mentionem faciat, cum Moyses ipsum manifeste exprimat, dicens, "Spiritus autem Domini ferebatur super aquas." Sed responderi potest, quod Johannes de Spiritu Sancto aperte tractavit in subsequentibus.[1] Quid? Nonne similiter de Patre et Filio plurima in sequentibus operis sui partibus erat propositurus? In initio tamen operis sui mentionem facit de Patre et Filio. Respondebit igitur quis, quia cum de Patre[2] et Filio Scriptura quandoque loquitur, intelligitur et Spiritus Sanctus, licet non exprimatur, cum ipse spiramen, nexus, amor, donum sit utriusque illorum. Profecto tamen, si virtus locutionis qua utitur Johannes interius consideratur cum dicitur, "In principio erat "verbum," transmittetur animus lectoris ad comprehensionem Spiritus Sancti. Cum enim a Patre sit tam Filius quam Spiritus Sanctus, et ipse Pater a nullo sit, recte quasi per antonomasiam,[3] cum[4] subintellectione articuli quo Latina lingua caret, appellabitur Pater principium sub hoc sensu, in Patre qui est et Filii et Spiritus Sancti principium erat verbum. Quoniam vero a Filio procedit Spiritus Sanctus, et Filius, scilicet secundum quod Filius est Deus, non est a Spiritu Sancto, recte Filius dicitur a Moyse principium, cum dicitur, "In principio creavit Deus coelum et terram." Sed quia Filius, etsi principium sit Spiritus Sancti, generatur a Patre, congrue dicitur Filius principium de principio; cum Pater, eo quod a nullo est, recte ut supradiximus dicatur principium sine principio. Quo-

---

[1] *aperte in subsequentibus tractavit*, C.

[2] A leaf of the MS. is here wanting in C.

[3] *antonomosiam*, D.

[4] The word *cum* is here omitted in D.

niam[1] autem tam a Patre quam a Filio quam a Spiritu Sancto est rerum universitas, verissime[2] dicuntur Pater et Filius et Spiritus Sanctus idem rerum principium et non diversa principia, sicut tres personæ sunt, unus Creator et non plures creatores. Quid est autem quod in Genesi legitur de Deo Patre, quod ipse creavit coelum et terram, et in Evangelio de verbo dicitur, " quoniam omnia per ipsum facta sunt," nisi quia quicquid operatur Pater, operatur Filius, operatur et Spiritus Sanctus? Quanquam et in Genesi innuatur et Filius operatus esse, cum subditur, "Dixit Deus, Fiat lux, et " facta est lux." Cui enim dixit Deus Pater, "Fiat lux," nisi Filio? Filio quippe manifestat et dicit opera sua Pater, ut patet secundum unam expositionem ejus quod legitur in Psalmo, ubi dicitur, "Eructavit cor meum ver- " bum bonum, dico ego opera mea regi." Sunt namque hæc verba Patris, qui opera sua dicit regi Christo, quia quodammodo injungit Filio opera sua, ut ea Filius faciat. Signanter autem dicitur opera mea, ac si dicatur, Opera mea opera sunt Filii. Cum ergo dicitur, "Dixit Deus, " Fiat lux, et facta est lux," sensus est, Deus Pater dixit Filio ut per ipsum Filium fieret lux, et per Filium facta est lux, per quem scilicet omnia facta sunt. Hinc est quod Johannes alibi in Evangelio dicit, "Non potest " Filius quicquam facere nisi quod viderit Patrem facien- " tem." Filius autem dicitur videre Patrem facientem tanquam monstrantem et docentem, quod propter auctoritatem Patris dicere solet Scriptura. Videre autem et audire Filio attribuuntur, quia Filius habet a Patre quicquid habet. Videre item refertur ad intelligentiam, quæ merito Filio convenire dicitur, eo quod[3] sapientia Patris est, etiam in quantum est Deus. Audire vero ad consensum pertinet, quia Filius consentit voluntati

---

[1] *Quia*, B.
[2] *verissimi*, B.
[3] *quia*, D.

paternæ, immo ejusdem voluntatis est cum Patre. Nonne item solet dici quod magister docet, discipulus vero audit et videt, hoc est, intelligit ea quæ magister dicit? Absit tamen, etsi humano more loquamur, ut putemus Filium secundum Deitatem minorem esse Patre. [a] In Genesi item dicitur quod Dominus pluit a Domino, quod Hilarius tangens in libro de Synodis, sub anathematis comminatione præcipit ut de Patre et Filio intelligatur. Constat igitur quod tam Pater quam Filius pluit. Cum igitur dicitur in principio creasse Deus cœlum et terram, a Filio sumit initium[1] Sacra Scriptura, ad quem finaliter tendit. Caput Scripturæ caput est [b] nostrum, de quo in capite libri, hoc est bibliothecæ, scriptum est. Verum etiam est quod in capite Psalmorum de eodem scriptum est, ad honorem cujus psallere et bene operari debemus. Ad id facit quod dicit propheta, "Principium verborum tuorum veritas." Cum enim dicitur, "In principio creavit Deus cœlum et "terram," veritas quæ Christus est in principio tanquam verum principium ponitur. Quid est enim[2] in principio nisi in filio? Mediocriter etiam instructus in lingua Hebræorum advertere poterit, quoniam in principio Geneseos de Filio agitur. Instinctu enim Spiritus Sancti sic inchoavit Moyses egregium opus suum: *Be resiz bara Eloym ez ha samaim uez ha arez.* *Be,* idem est quod in. *Resiz,* idem est quod principium. In hoc igitur principio *be resiz* sex litteræ sunt tantum apud Hebræos, quia vocales sæpissime punctis designant, videlicet, *bez, rehs, alef, sin, joz, thave,* quam ultimam nos vocamus *thau.* Sume igitur primam litteram et secundam, scilicet *bez* et *rehs,* et habebis *bar,* quod

De initio Geneseos secundum Hebraicam veritatem.

[a] Sic probatur distinctio personarum.
[b] Scilicet, Christus.

[1] *initium sumit,* B. [2] This word omitted in D.

apud nos idem est quod filius. Ecce quonammodo in principio Geneseos est verbum inclusum. Verbum igitur quod omnia continet duabus litteris inclusum est, ad designandum quia in utero beatissimae Virginis erat abbreviandum verbum quod pro nobis abbreviatum est. Quod quidem quia operatione Sanctae Trinitatis factum est, ideo in principio dicto ad comprehensionem Trinitatis invitamur. Per primam enim litteram et secundam, ut dictum est, Filius intelligitur. Conjunge tertiam et primam, videlicet *aleph* et *beth*, et proveniet *abe*, quod interpretatur pater. Hebraei tamen pronuntiant *auhe*, quia eadem figura quandoque repraesentat apud eos *beth* et *vahu*,[1] sed punctum in medio figurae collocatum ambiguitatem tollit. Associatis vero tertia et quarta, scilicet *aleph* et *sin*, habebitur *es*, quod interpretatur ignis, qui nobis Spiritum Sanctum designat. Ecce quonammodo mysterium Trinitatis in principio Geneseos reperiri potest ab intelligente. Restat adhuc[2] in eodem principio dulce de Jesu Christo mysterium, mysterium videlicet passionis. Associentur igitur quarta littera et quinta, scilicet *sin* et *joz*, et reperies *say*, quod significat oblationem vel oblatum. Quis autem est oblatus? Ille de quo propheta ait, [a] "Oblatus est, quia "voluit." Adde autem quintam litteram, scilicet *joz*, quartae, quae est *sin*, et habebis nomen Jesu, scilicet *gis*. Dicet autem quis, hanc vocem *gis* non satis aperte exprimere nomen Jesu. Sed et hoc ipsum fateor. Facies enim Moysi velata erat. Sciendum tamen me scripto commendasse *gis*, ubi deberem scripsisse *iis*,[3] ita quod prima figura consonantem repraesentaret, sed malui intelligi, quam sequi analogiam et a lectore non intelligi. Constat autem quod *gis* Hebraice aequipollet

[a] Cum hoc legis, memor esto, lector, hujus vocis rejice, vigila.

---

[1] *vau*, D.
[2] *ad hoc*, D.
[3] *hiis*, B.

in significatione[1] huic verbo est. Et ita, ex litteris suprapositis et recte ordinatis, provenit intellectus significatus hac voce oblatus est. Cui autem convenit vox ista signantius quam Christo, qui in ara crucis oblatus est? Cui melius convenit hoc verbum est quam ei qui dixit, "Antequam Abraham esset, ego "sum?" Quereret autem quis ubinam sit oblatus Jesus. Sed hoc certificat sexta littera, scilicet *thau*, quæ crucis exprimit mysterium. [a] In cruce enim oblatus est ille qui pretium mundi est.[2] Quare vero *thau*[3] mysterium crucis exprimat, in multis locis a sanctis declaratur. Merito autem in principio dicto sexta quæ crucem designat ponitur littera, quia Dominus in cruce sexta feria oblatus est. Sexta etiam die omnia consummata sunt, sicut in sexta feria Dominus manifestavit, dicens, "Consummatum est." Sic sic septimo die quievit Dominus ab omni opere, quia in septimo die quievit in sepulchro. Profecto adhuc aliter potest fieri prædictarum litterarum commutatio, ut intellectus iste resultet, ponam Filium meum. *Alef*[4] namque et *sin* et *joz* et *thau*[5] faciunt *assiz*, quod interpretatur ponam. *Beth* autem et *rehs* et *joz* efficiunt *beri*, quod nos sicut et Hebræi interpretamur Filium meum. Ubi autem positus sit filius, docet sexta littera, ut præostensum est. Potest etiam[6] is esse sensus, Ponam in Filio meo. Unde David ait, "Ponam in salutari." Nec ostenditur quid positurus

[a] Vide tamen quod secundum modum scribendi quo utuntur Græci, *thau*, T, repræsentat crucis signum, sed secundum modum quo utuntur Hebræi, patibulum repræsentat. Unde et ostium[7] in Ægypto sanguine agni litum fuit, sc. super liminare[8] cum postibus. Putant tamen nonnulli Hebræos commutasse figuram *thau* in aliam formam.

[1] *in significatione* omitted in D.
[2] The word *cross* was used as synonymous with money, because it appeared on the reverse of the coinage.
[3] *tau*, D.
[4] *Aleph*, B.D.
[5] *tau*, D.
[6] *autem*, D.
[7] *hostium*, B.
[8] *limminare*, A.

sit Pater in Filio, ut animus lectoris ad multa subintelligenda transmittatur. Pater igitur posuit in Filio carismatum plenitudinem, quia de plenitudine ejus nos omnes accepimus.[1] Ad idem convenienter refertur[2] quod Johannes ait, "Vidimus eum plenum gratiæ et verita-"tis." Et nisi tædiosum esse putarem lectori si diutius in talibus moram facerem, adjicerem prædictis, quia in dicto exordio reperiri potest mysterium ad beatissimam Virginem pertinens sub hoc sensu, ᵃPonam in beata filia. Quanta autem gratia, quanta dulcedo posita sit in beata Virgine, quem etiam fructum protulerit mater Virgo, quis ambigit? *Beth* namque et *thau*[3] faciunt *bath*, quod interpretatur filia. *Beth* vero et *alef* et *sin* et *resh*[4] et *joz* faciunt *bóósri*, quod interpretatur benedicta. Cum igitur Moyses eundem intellectum litteralem multis aliis modis posset expressisse, quare hoc exordii genus elegit, ut diceret *Be resiz*, et cætera, nisi quia vidit in spiritu tantam mysteriorum profunditatem dulcissimam latere in hoc principio? Quare enim non dixit *barissonh*,[5] vel *barissona*, aut *bathehilla*, aut *bicehillaz*,[6] vel *bekezemhe*, aut *bekazemine*, aut *bethereme*?[7] Omnibus enim his modis posset expressisse intellectum quem nos exprimimus hac voce in principio. Certe tam dulce mysterium tum de Trinitate, tum de Filii passione, tum de Filii incarnatione, non latet in prædictis vocibus. Sicut autem hæc vox *beresiz* in principio Genescos pertinet ad Filium, ita eadem vox in Hebraica veritate pertinet ad Filium in Parabolis, ubi dicitur, "Dominus possedit "me in initio viarum suarum," et cætera. Alia autem

---

ᵃ Sed hoc[8] reperies in opere quod edidi in laudem gloriosæ Virginis.

---

[1] *accipimus*, B.
[2] *refertur convenienter*, C.D.
[3] *tau*, D.
[4] *ehs*, B.D.
[5] *barisson*, B.; *barissohn*, D.
[6] *hicehillaz*, D.
[7] *bechereme*, B.D.
[8] *hæc*, B.

translatio[1] habet, "Dominus creavit vel fecit me prin-
"cipium viarum suarum." In principio igitur erat verbum, et in principio creavit Deus cœlum et terram.
Sed ubi, quæso, in Moyse reperiemus quod subjungit
Johannes, "Et verbum erat apud Deum?" Manifestata
enim a Johanne unitate essentiæ Patris et Filii, discretionem in personis declarat, dicens, "Et verbum erat
"apud Deum," ita etiam quod innuit auctoritatem esse
in Patre. Sed attendamus quid sit quod dicitur a
Moyse, "Dixit Deus, Fiat lux." Deum enim Patrem dicere est Deum Patrem generare. Cum ergo Deus Pater
generet Filium, oportet necessario Deum Patrem loqui
seu proferre verbum. Cor enim Patris generat verbum,
sicut, si liceat magnis componere parva, cor humanum
ex se generat intellectum. Cum ergo dicitur, "Dixit
"Dominus Domino meo, sede a dextris meis," est sensus,
Dominus Pater generando Dominum meum, scilicet
Filium, contulit ei ut sederet a dextris ejus. Similiter
cum dicitur, "Dixit Deus, Fiat lux," sensus hic est: Deus
Pater generando Filium contulit ei ut per ipsum fieret
lux. Cum igitur dicitur quod Deus Pater generat
Filium, innuitur manifeste quod Filius est apud Deum
Patrem. Ex eodem autem[2] elici potest quod subditur
a Johanne, "Et Deus erat verbum." Sicut enim vide-
mus quod homo hominem, columba generat columbam,
ita videre possumus quod Deus, ex quo generat, non
potest generare nisi Deum. Cum tamen dicitur Deus
generare[3] Deum, non se transmittat animus ad generationem usitatam, sed potius cogitet quonammodo cor
humanum, ut diximus, ex se generet verbum intel-
lectuale. Absit tamen ut cordis humani generationem,
qua intellectus generatur, consonam esse recte compa-
randam generationi illi qua Pater generat Filium. Sed
doctrinæ causa talia a docentibus in medium proferuntur.

[1] *alia translatio*, D.   [2] *generat*, D.
[3] *etiam*, C.D.

Cap. II.

De luce primæ diei.

Post hæc ad sequentia transeamus. "Terra erat inanis "et [1] vacua." Ad litteram, terra erat inanis, propter inutilitatem et obscuritatem. "Tenebræ enim erant super "faciem abyssi." Unde sequitur, "Dixit Deus, Fiat lux." Vacua erat terra, quia cum statim coelum empireum stellis suis, angelos loquor, esset ornatum, terra ornatu suo carebat. Erat enim aquis undique cooperta. Sed licet aquæ in aitum pertingerent, tamen adhuc tanquam superior ferebatur Spiritus Domini super aquas. Ferebatur, inquam, ratione conservationis operis, etiam super aquas constituti. Coelum enim empireum aquis superius erat. Spiritus ergo Domini, hoc est voluntas summi Artificis, sive consilium, sive diligentia conservatrix, ferebatur super aquas, quia conservavit ea quæ super aquas erant. Hoc autem ad litteram adjunctum est, ne aquæ putarentur supremum sibi locum [2] vendicasse. Sicut igitur lucem creavit Deus ut tenebræ a facie abyssi recederent, ita postea aquæ in locum unum congregatæ sunt, ut appareret arida.

Mystice, quare terra dicitur inanis et vacua. Mystice autem per terram potest intelligi tam incolatus iste quam caro humana, quæ ex [3] terra sumpta, iterato in terram est redigenda. Terra igitur erat inanis, quia nondum verbum caro factum est. Terra vacua erat, quia nondum Deitas habitavit in nobis, hoc est, in natura nostra, ei unita. Terra igitur carnis nostræ erat inanis, quia nondum ei unita fuit Deitas. Terra carnis nostræ vacua fuit, quia nondum eam inhabitavit plenitudo gratiæ et veritatis. Inanis erat, quia nondum firma erat vel stabilis, per unionem Divinitatis. Vacua erat, quia nondum repleta fuit

---

[1] *sed,* C.
[2] *locum sibi,* D.
[3] *est,* B.

soliditate divinæ plenitudinis. Terra etiam habitationis nostræ erat inanis, quia erroris multiplicis legibus ex legibus erat obnoxia. Nondum enim venerat Magister ille qui vanas et erroneas traditiones exterminavit. Nondum de terra orta est veritas, quæ inanes philosophorum assertiones cassavit. Vacua erat terra incolatus istius, quia nondum venerat plenitudo temporis. Vacua erant corda terrigenarum, quia nondum repleverat ea Spiritus Sanctus, qui postea in igneis linguis mittendus in Christi discipulos erat. Et tenebræ erant super faciem abyssi, quia nondum venerat lux vera, quæ illuminat omnem hominem venientem in hunc mundum, quæ[1] de tenebris facit lucem splendescere. Terra item dici potest cor terrenis deditum, sicut cœli nomine designari solet animus cœlestis, qui thalamus est Trinitatis. Cor igitur, curis negotiorum terrenorum implicitum, inane est et vacuum, quia vanitati addictum est, et gratia Sancti Spiritus[2] caret. Dum igitur terra liberi arbitrii inanis est et vacua, tenebræ ignorantiæ erroneæ et vitiorum sunt super faciem abyssi, id est, cordis humani. Attendendum est autem quid sit quod sequitur, "Spiritus Domini ferebatur super aquas." Jam enim præconceperat divina benignitas quod salutaribus aquis sacri baptismatis mundandum erat genus humanum. Jam præviderat Spiritus Sanctus quod Spiritus erat descensurus quasi columba super aquas,[3] ut ait Johannes, in baptismo Christi. "Ille igitur super "quem descendit Spiritus Sanctus et mansit, hic est qui "baptizat in Spiritu Sancto," et baptizavit et baptizabit. Sciendum est igitur quod lucida nubes, quæ ad litteram creata est, cum præcepit Deus ut fieret lux, erat creata in aquis. Per hoc autem datur intelligi quod in aquis lux gratiæ confertur baptizato. Ostenditur etiam sic, quod lux vera quæ[4] illuminat omnem

De aquis baptismalibus.

---

[1] *qui*, B.
[2] *Spiritus Sancti*, B.D.
[3] *super aquas quasi columba*, B.
[4] *quæ* is omitted in D.

hominem venientem in hunc mundum, aquas illustravit, cum Dominus noster tactu sacratissimi corporis sui aquas mundans contulit eis vim regenerativam. Hinc est etiam quod cereus in sabbato sancto[1] in aquas[2] fontis baptismalis[3] ex parte descendit, ut descensus cerei nobis ad memoriam reducat humilitatem Christi, qui a minori baptizari dignatus est. Candela etiam accensa parvuli baptizati manui dextræ[4] aptatur, quia fidem incarnationis Christi in operatione bona tenere debet, cum ad annos discretionis perventum fuerit. Cera enim ad munditiam carnis pertinet Salvatoris, qui ex Virgine natus est et conceptus salvo dignitatis pudicitiæ virginalis[5] honore, sicut apes sine coitu procreantur. Licinium vero designat animam Salvatoris, lux autem Deitatem. Quid est item quod submersis Pharaone et exercitu ejus in Mari Rubro, respexisse legitur in Exodo[6] Dominus super castra Ægyptiorum in columna ignis et nubis, et interfecisse exercitum ipsorum,[7] nisi quia in luce gratiæ collatæ in baptismo, quæ et accendit mentem et protegit, vitia perimuntur a Domino. Quid item est quod legitur in libro Machabæorum, quod ignis reservatus est in aquis et inventus, nisi quod gratia Spiritus Sancti in aquis baptismalibus confertur? Prædicta, itaque diligenter considera, et elucebit in animo tuo causa, quare in sabbato sancto legatur prima lectio, "In principio creavit Deus cœlum et terram." In vigilia namque Paschæ, solemnis antiquitus in sancta ecclesia baptismus celebrabatur ut baptizarentur hi[8] qui in die scrutiniorum catechizabantur.[9]

Sequitur, "Dixitque Deus, Fiat lux, et facta est lux." Audiamus et Johannem, "Verbum caro factum est."

Quare cereus in sabbato sancto in aquas fontis demittatur.

De Pharaone et exercitu ejus submersis in Mari Rubro.

Quid sit quod ignis reservatus est in aquis et inventus.

Quare in sabbato sancto legatur hæc lectio: "In principio creavit Deus cœlum et terram."

---

[1] *in sancto sabbato,* B.
[2] *aquis,* D.
[3] *baptismatis,* B.
[4] *manu dexteræ,* C.; *manu dextra,* B.
[5] *virginitatis,* B.
[6] *in Exodo legitur,* D.
[7] *eorum,* D.
[8] *ii,* A.
[9] *caterizabuntur,* C.; *catechizabuntur,* B.

Quando igitur Deus factus est homo, lux facta est; lux enim æterna facta est ratione humanitatis assumptæ. Factus est in tempore qui semper fuit in æternitate, immo qui est æternitas. "Factus est," ut ait apostolus, " ex muliere" ille per quem omnia facta sunt. Nec miretur quis Deum esse factum, cum credi oporteat Deum esse passum. Cum igitur legitur quod non est creatura per quem facta est omnis creatura,[1] sic intelligatur. Non est ᵃpura creatura ille per quem omnis creatura facta est. "Et vidit Deus lucem quod esset bona, et " divisit lucem ac tenebras." Christus enim, qui est lux vera, et omnes filii lucis qui in libro vitæ scripti sunt, quasi e diversa regione separati sunt a tenebrosis, qui opera tenebrarum exercentes lucem odio habent. Audiamus et Johannem, "Lux lucet in tenebris, et " tenebræ eam non comprehenderunt." Inter infideles enim tenebrosa caligine infidelitatis excæcatos lucebat Dominus tanquam[2] lux vera, sed ipsi, etsi humanam naturam apprehenderent, immo et deprehenderent, tamen quia Deitatem cum ipsa humanitate non perceperunt, recte dicuntur lucem hanc non comprehendisse. Quid enim est comprehendere, nisi unum cum alio prendere? Erat igitur lux lucens in tenebris, quia Dominus noster habitavit cum habitantibus Cedar,

ᵃ In hac locutione[3] non tenetur hoc nomen pura cathegorematice, sed syncathegorematice, sub hoc sensu. Non est pure creatura, et cætera. Hoc est, Non est tantum creatura, et cætera. Consimilis locutio fere est cum dicitur, iste non est simplex claustralis, quia non est simpliciter claustralis. Sæpe quidem ponitur nomen pro adverbio. Ut cum dicitur, Genus prædicatur de pluribus quam species, id est, plurius,[4] ut ita dicam. Amplior enim est prædicatio generis quam speciei.

---

[1] *creatura* omitted in C.; *omnis creatura facta est*, D.
[2] *quasi*, B.
[3] *lectione*, D.
[4] *plutius*, B.

quod interpretatur tenebræ. Lucem etiam divisit Deus a tenebris, quia Dominus noster filios lucis separavit ab iis qui in tenebris gehennalibus permanserunt. Quando igitur Christus ad inferos descendit, "populus " qui sedebat in tenebris vidit lucem magnam, et habi- " tantibus in regione umbræ mortis lux orta est eis." Tunc quidem dici verissime [1] potuit, "lux lucet in tene- " bris, et tenebræ eam non comprehenderunt." Tenebræ enim infernales Christum cum aliis quos detinuerant detinere non potuerunt,[2] quia Samson, qui interpretatur sol eorum, hominum scilicet, tulit portas Gazæ in supercilium montis. Banaias etiam noster tempore nivis, id est infidelitatis, in cisternam descendit, et leonem rugientem peremit. Victus est antiquus hostis, victus est leo rugiens, a Leone de tribu Juda, victus est ab agno innocentiæ leo perditionis. Sequitur, " Et appellavit lucem diem, et tenebras noctem." Lux enim vera dies appellatur, ubi dicitur, "Nonne duodecim " sunt horæ diei?" Qui autem operibus tenebrarum ad- dicti sunt, et ad noctem æternæ damnationis tendunt, de jure noctis nomine censendi sunt. Lucis igitur operibus insistamus, ut lucis æternæ deliciis æternaliter fruamur.

Si quis autem diligentiorem explanationem principii Geneseos inspicere desiderat, legat opus nostrum quod in laudem beatissimæ Virginis scripsimus, et opus morale quod intitulavi *Solatium Fidelis Animæ*. De- siderans vero pleniorem expositionem super initium Johannis, quærat opus nostrum rudes informans in multis, quod nuncupavimus *Corrogationes*[3] *Promethei*. Opuscula itaque nostra alienum nolo laudare auctorem, memor furti Theodectis discipuli Aristotelis, qui Rhe- toricam editam ab Aristotele surripiens, gloriam tam subtilis operis in se transfundere voluit, unius nominis

---

[1] *Tunc enim verissime dici*, C.
[2] *poterant*, D.
[3] *Corregationes*, B.

mutatione. Aliud igitur opus consummavit feliciter Aristoteles, Theodectis ab ipso fraude deprehensa, quod publice in scholis exposuit, quia vitari melius tela secunda solent. Perventum est autem quadam die ad tractatum difficilem, quem Aristoteles dilucidius explanaverat in Rhetorica quam sibi ascripsit Theodectes. Laborans igitur multum Aristoteles in explicanda difficultate illius transitus quem præ manibus habebat, demum ait, " Disseruimus de his plenius in Rhetorica " Theodectis." Ad auctorem igitur proprium reversa est operis nobilissimi gloria,[1] quamquam tractatus elegantis subtilitas et modus loquendi contenderent profiteri auctorem Aristotelem. In scriptis enim suis decisa brevitate plerumque uti consuevit, et ænigmatum argutiis et dilemmatum perplexitate, adeo ut vigilantissimum lectorem scripta ejus desiderent. Sed nos qui jam primitias operis nostri Christo[2] dicavimus, ipsum non solum ducem sed et auctorem operis nostri constituamus, ad cætera progressuri. Initium tamen Geneseos in parte libet adhuc revolvere,[3] ut quonammodo de angelis exponi queat videamus.

Narratio.

Cap. III.

De angelis.

"In principio creavit Deus cœlum et terram." Nomine terræ corporea substantia designatur, sicut nomine cœli angelica natura nuncupatur. Potest etiam congrue cœli nomine designari cœlum empireum, ipsum enim in principio temporis creatum est et angelis ornatum. Est enim cœlum Trinitatis, est cœlum empireum, est et sidereum, est et aerium. Cœlum Trinitatis est celsitudo divina, quæ dicitur cœlum propter occultum mysterium venerandæ Trinitatis, aut propter

---

[1] *gloria nobilissimi,* C.
[2] *de Christo,* C.
[3] *resolvere,* C.

gloriam ipsius. Cum igitur ait ille ille[1] Lucifer, "As-
"cendam in cœlum et ero similis Altissimo," de celsi-
tudine divina hoc intelligendum est, ad quam creatura
impudens impudenter aspirare præsumpsit. Cœlum
ergo Trinitatis est ipse Deus, ut in transitio sit cum
dicitur cœlum Trinitatis, hoc est cœlum Trinitas.
Cœlum autem empireum igneum est et splendidum, in
quo cives superni regnant cum Christo. Cœlum sidereum dicitur firmamentum, aut propter identitatem
motus non erratici, unde et Græce dicitur *aplanos*, id
est, sine errore, aut propter substantiæ ejus firmitatem, aut quia post diem judicii non movebitur[2] localiter. Cum igitur dicitur in principio creasse[3] Deus
cœlum et terram, non est hoc intelligendum de firmamento, ipsum enim secundo die ex aquis factum est.
Cœlum aerium est ipse aer, de quo dicitur, "Volucres
"cœli comederunt illud." Præterea tam animus spiritualis, quam vir cujus conversatio in cœlis est,[4] cœli
nomine designatur. Unde et psalmista ait, "Cœli enar-
"rant gloriam Dei, et opera manuum ejus annuntiat
"firmamentum." Firmamentum dicitur sacrosancta[5]
ecclesia, quæ super firmitatem petræ, quæ est Christus,
fundata est. Cœli ibi dicuntur apostoli, de quibus in
eodem psalmo subditur, "In omnem terram exivit sonus
"eorum, et in fines orbis terræ verba eorum." Cœlum
item solet[6] in cœlesti pagina dici[7] angelica natura, ut
cum dicitur, "In principio creavit Deus cœlum et ter-
"ram. Terra autem erat inanis et vacua." Terram
diximus vocari corpoream substantiam, quæ quidem
inanis est et vacua, respectu habito ad angelicam creaturam. Inanis est terra, hoc est corporea substantia,
quia infinitis subjecta est et exposita alterationibus,
quibus angeli in nullo obnoxii sunt. Vacua est re-

---

[1] The second *ille* is omitted in B. and C.
[2] *commovebitur*, D.
[3] *creavit*, D.
[4] *est in cœlis*, C.
[5] *sancta*, D.
[6] *dici solet*, D.
[7] *dici* omitted, D.

spectu habito ad angelos, quia non est corporea substantia tanta naturæ subtilitate[1] prædita quanta angeli sublimati sunt, nec aliis naturæ dotibus adeo venustata. Quid miri? "Tenebræ erant super faciem abyssi." Nomine abyssi designatur universitas rerum inferiorum quæ tenebris involutæ sunt, inspecta meridiana claritate in qua angeli fulgent. Sequitur,[2] "Et Spiritus Domini ferebatur super aquas." Benignitas namque Spiritus Sancti præcipue effulsit in angelis, qui in coelo empireo fuerunt creati, quod superius aquis erat. Ultra locum autem in quo nunc situm est firmamentum elevatæ fuerunt aquæ, unde et adhuc aquæ supra firmamentum sunt. Tenebræ item sunt super faciem abyssi, id est, incolatus istius, quia tot tot involvimur tenebris ignorantiæ et doloris et miseriæ. Sed Spiritus Domini fertur super aquas tribulationum, ut eas sedet et mitiget et compescat.

Sequitur, "Dixitque Deus, Fiat lux." Istud referendum est ad id quod in initio propositum est, cum dictum est, "In principio creavit Deus coelum et terram." In principio namque[3] temporis, ut diximus, creata est angelica substantia, sed [a]nondum erat virtutum decenti ornatu informata. Libero enim arbitrio et multis privilegiis naturæ insignibus præditi erant, antequam luce donorum gratiæ[4] coruscarent illustrati, ut postmodum limpidius intelligerent quantum distet inter naturæ impotentiam et gratiæ potestatem. Ex bonis enim naturæ occasionaliter oriri solet frequenter fastus elationis, maxime cum bona naturæ virtutum cultu insigni sunt ornata. Lucifer, igitur, cujus omnis lapis pretiosus operimentum

---

[a] Anselmus Cantuariensis et nonnulli alii sentiunt contrarium.

---

[1] *tanta nec subtilitate*, B.
[2] This word omitted in D.
[3] Omitted in C.
[4] *gratiæ donorum*, B.

erat, minus limpide vidit, dum Creatori suo invidit. O quanta sapientia, quam acuto intellectu prius præditus erat? Sed invidia et superbia associatæ ipsum excæcaverunt. O quam præsumptuosa est invidiæ præcipitis temeritas, quæ contra superiorem se erigere præsumit. Sed dum se superciliose erigit, infeliciter incurvatur. Advertens[1] itaque Filium alium esse a Patre, et tamen æqualem Patri, se ipsum turpiter paralogizavit, dum ad æqualitatem talem suspiravit et aspiravit. Filio igitur invidit qui est sapientia Patris, et, dum sapientiæ invidit, stultus effectus est. Opponens se ei qui est veritas, mendax est effectus, et pater mendacii. Per invium erroris distractus est, dum illum qui via est sequi contempsit. Mortis spiritualis incurrit damnationem, dum ab eo qui vita est se ipsum avertit. Diabolus hoc est deorsum ruens, deorsum est præcipitatus, quia nimis ascendere præsumpsit. Et quia nullo impellente cecidit, maxime etiam cum non haberet naturam ad casum proclivem, de jure peccatum ejus esse irremediabile censuit justissimus judex. Non enim dignus est venia, qui ex propria malitia tantum, in se mittens manus, se ipsum perimit. Associentur igitur superbia et invidia et inanis gloria, quæ hostem antiquum sollicitavit, et vitium ingratitudinis, et ambitio præsumptuosa, et præsumptio ambitiosa, cum tanto Creatoris contemptu, et advertes monstrum istud, nulla virtute redimendum. Sed et multos in errorem secum traxit auctor iste scismatis et discordiæ et seditionis et seductionis. Legant ista et intelligant, qui nimiam dignitatem sibi usurpare contendunt, quos angit letalis ambitio, quos cura vigil macerat, et improba spes promotionis sollicitat. O quam felix permansisset Lucifer, si felicitate sua contentus esset. Docemur etiam in his,[2] quia nullus sibi blandiri debet propter loci sanctitatem aut amœnitatem. Quis enim locus cœlo empireo sanctior? quis tantæ amœnitatis? Nonne item Adam victus est in Paradiso? Job vero vicit in sterquilinio? Attenti sitis. Relegata est procul e cœlo invidia cum vitiis supra enumeratis, quia Lucifer cum complicibus suis præcipitatus est. Nonne cœlum est virorum claustralium cœlestis conversatio? Nonne cœlum est animus qui thalamus est Trinitatis? Excludantur igitur monstra præenumerata, et perambulent latitudinem claustri humilitas, patientia, concordia, pax, tranquillitas mentis, cum gaudio spirituali et dilectione Dei et proximi. In claustro sunt angeli lucis, nec exeunt nisi certissima ex causa.[1] Nonne item anima hominis quamdiu est in ergastulo corporis in claustro moratur? Cur moleste fert homo angustias claustri materialis, cum mens bene composita patienter sustineat corporis angustias? Detrusi sunt igitur spiritus elati in ima, quia aerem nobis vicinum inhabitant. Hunc enim aerem inferiorem quasi carcerem acceperunt, qui, respectu ad cœlum habito, infernus dicitur. Ecce qui se exaltat humiliabitur. Misericorditer autem nobiscum actum est, quia quanta nequiores sunt[2] maligni spiritus, tanto a nobis sunt remotiores. Angeli autem qui divinæ voluntati suam supposuerunt, confirmati sunt et in voluntatis honestæ perseverantia et gloriæ perpetuæ stabilitate. Stantes itaque virtutum gratia[3] sublimati sunt, miseris deorsum corruentibus. "Dixitque Deus, Fiat lux, et facta est "lux." Angelica enim natura, licet creata esset subtilis, et multis naturæ deliciosis ornatibus præminens, tamen in creatione sui non erat virtutum perfectione[4] sublimata. Dixit igitur Deus, "Fiat lux," ac si dicatur, Angelica substantia luce gratiæ illustretur, et æternis deliciis lucis veræ fruatur. "Et facta est lux, et vidit "Deus lucem," hoc est, angelicam substantiam, jam in

Quod cœlum sit claustrum angelorum, et corpus claustrum animæ.

Multi contradicunt.

---

[1] *sine certissima causa,* B.
[2] *sunt nequiores,* D.
[3] *gratiæ,* R.
[4] *perfecta,* B.

bono confirmatam, dulciter respexit, eo quod esset bona. "Et divisit lucem ac tenebras." Divisi enim sunt et ratione consensus et ratione habitationis angeli lucis et spiritus maligni. Sed et[1] desideria ipsorum divisa sunt, et ad diversos fines tendentia. Hi enim operosam diligentiam exhibent profectui nostro, illi semper nobis in insidiis[2] sunt. Hi nos in regionem similitudinis ducere student, illi nos in lacum æternæ miseriæ[3] præcipitare moliuntur. Hi nos muro custodiæ suæ cingunt, illi in nos acerrimos insultus faciunt, ut nos ad deditionem compellant. Sequitur, "Appellavitque lucem "diem, et tenebras noctem." Dies enim a *dian*, quod est claritas, dicitur, et nox a nocendo, ut aiunt, nomen sortita est. Angeli ergo lucis, qui in claritate sunt perpetua, recte dies dici possunt, et spiritus maligni nox dici merentur.

Sed difficile est angelis recte aptare[4] quod sequitur, "Factum est vespere et mane dies unus." Sciendum igitur quoniam quicquid habiturum fuit initium ªet finem naturaliter habere potest. Quod enim de non esse ad esse productum est, duci potest a natura summa, si voluerit,[5] de esse ad non esse. Omnis igitur creatura naturaliter habet vespere et mane, vespere finale et mane initiativum.[6] Unde philosophus ait, "Dii deorum "quorum opifex sum ego, natura quidem dissolubiles, "me autem sic volente indissolubiles." Factum est igitur etiam in angelis vespere,[7] hoc est,[8] fieri naturaliter potuit, si summæ id naturæ non displiceret. Naturæ igitur creatæ impotentiam considerans Moyses ait, "Factum est vespere." Sensus igitur hic est, Constat

---

ª Finem naturaliter illud censemus habere, quod potest non esse quod aditio propter infinitatem instantium.

[1] *etsi*, D.
[2] *in insidiis nobis*, D.
[3] *miseriæ æternæ*, B.
[4] *angelis aptare*, C.
[5] *voluit*, B.
[6] *mane in matutinum*, B.
[7] *igitur in angelis etiam vespera*, C.
[8] *hoc fieri*, B.

angelos habuisse et creationis et informationis mane initiale et vespere finale naturaliter. Per quantumcumque igitur[1] spatium in esse conservandi fuissent angeli, non esset in conspectu Dei nisi dies unus. Immo ut accidentius loquar, sicut mundialis machina vix puncti vicem obtinet si conferatur immensitati divinæ, sic et quantumlibet tempus nec instans dici meretur, habito respectu ad æternitatem, quæ Deus est. Planius autem potest exponi[2] quod ultimo propositum est. Ut igitur dictum est, angeli stantes virtutum glorioso ornatu decorati sunt, et luce gratiæ venustati. Solus autem Christus secundum humanitatem dona gratiæ habuit sine mensura, qui plenus erat gratiæ et veritatis. Unde et virtutes angelorum certis limitatæ limitibus sunt, et sua contentæ[3] sunt intensione. Terminus igitur intensioni[4] earum certus præfixus est, qui hoc in loco vespere nuncupatur. Cum igitur sol justitiæ irradiare cœpit in angelis, radiis gratiæ suæ eos illustrans, factum est mane gratiæ in eis. Factum est etiam vespere, id est, terminus virtutum intensioni præfixus, et sic factus est angelis dies unus, hoc est continuus. Continuum enim habent diem gratiæ angelici spiritus in empireo cœlo refulgentes, quibus sol justitiæ jugiter lucet. Sicut enim tenebris æternæ noctis damnati sunt spiritus maligni, et quocumque moveantur ignem quo cruciantur jugiter secum deferunt, ita et angeli lucis quocumque mittantur Deo fruuntur, qui[5] ubique essentialiter est. Præterea sciendum est quoniam etiam virtutes mentes cœlestes informantes justitiæ divinæ comparatæ sunt tanquam " pannus menstruatus," ut dicit propheta. "Astra, etiam," ut dicit Job, "immunda sunt in conspectu ejus." Angelici

---

[1] *ergo*, D.
[2] *exponi potest*, D.
[3] *contenti*, D.
[4] *intentioni*, C.
[5] *quia*, B.

namque spiritus, quibus tanquam astris coelum empireum ornatum est, immundi sunt habito respectu ad munditiam Dei. Conferatur igitur angelica substantia Creatori, qui dies est æternitatis, et quid erit etiam virtus ipsam ornans, nisi vespere? Quoniam igitur[1] initium gratiæ, mane scilicet spirituale, vespere est, claritati divinæ comparatum, recte dicitur, "Factum est "vespere et mane dies unus." Ac si dicatur, Mane ortus gratiæ factum est in angelis, quod tamen inspecto fulgore diei æternitatis vespere dici meretur. Mane igitur spirituali facto, factus est angelis dies unus, hoc est dies primus. Primus enim dies gratiæ est virtutum infusio, sicut secundus dies est gratiæ conservatio, tertius est augmentum virtutum. Plures enim sunt quam septem dies gratiæ. Sed septem esse dicuntur, aut propter septem dona Spiritus Sancti, aut quia septenarius numerus est universitatis et perfectionis. [a]Sciendum etiam est[2] angelos secundum quosdam et in virtutum[3] augmento et in cognitione Dei profecturos esse usque ad diem judicii, quia usque ad illum diem militant et merentur, licet quandoque triumphatores esse dicantur. Spiritus autem beatissimi[4] sanctorum virorum, animæ scilicet quæ in coelo sunt, non merentur, quia ibi non est eis locus merendi sed accipiendi. Sancti igitur qui in hac valle lacrymarum Deo strenue militaverunt, in patria non militant, sed recte triumphare dicuntur. Angeli vero nunquam alium locum merendi habuerunt quam in coelis, ibique militant Deo, et a Deo nunquam recedunt. Quocunque enim, ut diximus, mittantur, gloria Dei fruuntur. Alio autem modo possumus exponere quod dicitur, "Factum est vespere," et cætera, ita tamen

Quod virtus animæ sit quasi vespere, habito respectu ad Deum.

Alia expositio, cum alia distinctione.

[a] Multi contrarium sentiunt.

---

[1] *etiam*, B.
[2] *est etiam*, B.
[3] *et virtutum*, D.
[4] *baptismi*, B.

ut aliter littera distinguatur.[1] Factum est igitur vespere.[2] Divisis igitur angelis tenebrarum ab angelis lucis, factum est in angelis qui corruerunt vespere, habito respectu ad claritatem naturalium qua prius refulserunt. Cum enim se contra claritatem, quæ Deus est, erexerunt, obtenebrata sunt naturalia eorum et deteriorata, ita ut vespere claritatis qua prius fulserunt factum esse in eis recte dici queat. Instantibus autem factum est mane gratiæ, et eis factus est dies unus.

In præmissis docemur, quia perturbatores pacis et tranquillitatis fratrum a consortio ipsorum[3] digni sunt ejici, ne quorumdam pestifera contagione totus grex corrumpatur. Superbia autem, quæ natione cœlestis est, pro dolor! pulverem terræ nostræ consuevit inhabitare. Sed quid pulveri et vitio natione cœlesti? Ut quid intumescit pulvis? Intumescit, et lutum efficitur. Comes superbiæ, sed et soror, est invidia, quæ stimulis suis corda mortalium exagitat. Mira res. Pulvis in pulverem se erigit. De limo enim terræ plasmati sumus, pulvis sumus, in pulverem redigendi sumus. Sed quid? Indignamur recordari originis nostræ, ac si cum Narcisso et Jacincto in flores commutandi simus. Immo certe flos noster citissime marcescit, velocissime pertransit gloria ejus. Ambitio etiam corda mortalia pulsat et sollicitat, quæ cruciatus in animo procreat acerrimos, cruciatuum æternorum prænuntios. Quid pulveri et ambitioni, nisi quia ambitio pulverulenta pulverem quærit? Ambitio, cujus comes est ficta liberalitas, ad libertatem suspirare videtur, sed in servitutem redigitur.

"Serviet" enim "æternum, qui parvo nesciet uti."
Hujusmodi semina attulit[4] secum inimicus homo, de quo in Evangelio dicitur, "Simile factum est[5] reg-

De perturbationibus pacis fraternæ.
Augustinus.

---

[1] *distinguantur*, C.
[2] *Factum est vespere*, B.; *ergo vespero*, D.
[3] *eorum*, D.
[4] *detulit*, D.
[5] *Simile est*, B.

"num cœlorum homini qui seminavit bonum semen in agro suo. Cum autem dormirent homines, venit inimicus ejus, et superseminavit zizania in medio tritici, et abiit. Cum autem crevisset herba et fructum fecisset, tunc apparuerunt[1] et zizania." Suffocant autem hujusmodi[2] zizania felicem virtutum segetem, nisi eradicentur. Sarculo igitur discretionis herbas inutiles succidamus,[3] ut libertate sua gaudens læta seges virtutum fructum bonorum operum producat. Cœlum itaque nobis invidet qui de cœlo cecidit, et ad superbiam nos invitat, et ad alia monstra superius enumerata, quæ in cœlo nata[4] ad cœlum redire non possunt. Stantes igitur angelos divinam colentes majestatem, et ei in omnibus obtemperantes, nos imitari decet, si eorum consortio gaudere volumus. In proposito igitur felici stemus, hilariter viam vitæ currentes, ut illo qui est via et veritas et vita æternaliter frui valeamus.[5] Terra nostra in cœlum sublevabitur,[6] si tamen in terra cœlestis conversationis efficiamur.

Quod mundus quasi quibusdam intervallis sit ornatus.

Nolumus[7] autem omnino intactum relinquere, quonammodo Deus quasi quibusdam gradibus ornatus opera sua consummavit. Mundus enim in initio sui caligine tenebrarum involutus est, sed postmodum fulgore lucis est illustratus. Angeli etiam[8] naturalium ornatu decenti præditi fuerunt in sui creatione, sed non corroborati sunt sanctitatis perfectione. Primi etiam parentis status innocentiæ puritate contentus fuit, sed virtutum gratia sublimium non est venustatus. Secundus autem status sanctitatis effloruit spiritualibus deliciis. Unde et arma spiritualia non deerant ei, quibus hostis insultibus restitisse potuisset. In his instruimur, nos patienter sustinere debere, etsi

---

[1] *aperuerunt tunc*, D.
[2] *hujus zizania*, B.; *et hujusmodi*, D.
[3] *succidimus*, B.
[4] *lata*, B.
[5] *mereamur*, D.
[6] *sublimabitur*, D.
[7] In B. and D. a new chapter commences here.
[8] *enim*, B.

initia nostra non attingant culmen perfectionis. Frequenter namque accidere solet, initium citra[1] perfectionis consummationem subsistere. Per gradus enim in templum veri Salomonis ascenditur, quod et in gradibus illius templi materialis præfiguratum est. Nec hoc latuit ipsum qui graduum cantica[2] distinxit, qui etiam ascensiones in corde suo disposuit. Innixus erat Dominus scalæ visæ a Jacob, per quam angeli ascenderunt. Quod igitur in mundo factum est, quia prius tenebræ erant super faciem abyssi, postea vero lux facta est in nobis, declaratur, " qui fuimus aliquando " tenebræ, nunc autem lux in Domino." Primo enim fuimus filii iræ, sed postea renati adoptati sumus in filios gratiæ. Sed quid est quod cito post creationem angeli ejecti sunt de paradiso cœlesti, sicut et primi parentes de paradiso terrestri ejecti sunt? Quid? Nonne tam hi quam illi et ejectionem et damnationem meruerant?[3] Quare ejectus est Ysmael et exclusus a paterna hæreditate? Numquid quia filius erat ancillæ? Quid? Nonne omnes filii Jacob pro parte virili jure hæreditario patri successerunt? Constat autem quod nonnulli eorum filii erant ancillarum. Ut igitur dicit Augustinus, " Ysmaelem servilis conditionis non fecit " uterus ancillæ, sed cervix erecta." Attenti sitis. Ruben, primogenitus Jacob, cubile patris ascendit, qui licet jus primogeniturae ob tantum facinus jure amiserit, tamen hæreditatis paternæ portione quæ eum contingebat non est destitutus. Quantum igitur sit vitium superbiæ advertatis cum Ysmaelem[4] a paterna hæreditate cervix erecta ejecerit, cum tamen Ruben, qui cubile patris sui ascendit, ab hæreditate paterna non sit exclusus. Ejecta est igitur[5] superbia a terra viventium, quia locus excelsus humilitati se debet, sicut in-

Contra superbos.

---

[1] *circa,* D.
[2] *cantica graduum,* D.
[3] *meruerantur,* D.
[4] *Hismaelem,* B.
[5] *igitur est,* B.

Contra invidos.

fimus locus superbiæ competit. Invidia etiam, quæ morbus est animi, sui ipsius impatiens, a regno concordiæ et pacis ejecta est, tanquam perturbatrix gaudii et tranquillitatis. Infelix quidem est domicilium in quo dominatur, quia stimulis anxietatis animum angit et perturbat, et distrahit et obnubilat. Sibi ipsi molesta est, semper secundis rebus anxia est, etiam bonorum[1] virorum successus videre non sustinet. Has igitur pestes fugiamus, fugientes ad Illum qui factus est nobis refugium. Ignitis jaculis nos impetit hostis antiquus, sed ea clypeo patientiæ elidamus. Tollatur de medio desidis ignaviæ torpor, etiam animum virilem effœminans, quia inter hostes inexorabiles conversamur, immo inclusi obsidemur. Blanditur nobis mundus præferens deliciosas ostentationes, sed fucatus, et ut irrideat arridens, ad spectacula nos invitat, fugitivis obnoxia vanitatibus. Caro autem nostra tanto nos efficacius seducit, quanto nobis familiarior est. Quæ dum animum ad voluptatum illecebras inducit, ipsum seducit, et dum allicit, pellicit, et dum blande nos convenit, circumvenit. Hostes vero invisibiles, subtilibus argutiis et venenatis fraudibus muniti, cingunt nos et obsident, atque tempus idoneum seductioni nanciscuntur, diversis machinis bellicis fidei nostræ murum concutere, immo dejicere, molientes. Quod igitur animæ miseræ dabitur remedium, tot hostibus inexorabilibus, astutis, bene munitis, semper vigilantibus, semper nocere paratis et promptissimis, obsessæ? Ad Deum suum clamet, et dicat, "Usquequo, Domine, "oblivisceris me in finem? Usque quo avertis faciem "tuam a me?" Oremus cum Moyse, manus ad Deum levantes, et pugnabit pro nobis verus Josue, Amalechitas expugnaturus. Verum igitur Josue ducem sequamur, ut nobis tanquam veris filiis Israel terra[2]

---

[1] *et bonorum*, B.   [2] *vera*, B.; *terræ*, C.

supernæ repromissionis per funiculos distribuatur. Tunc dicere poterimus, " Funes ceciderunt mihi in præclaris, " etenim hæreditas mea præclara est mihi."

Cap. IV.

De tempore.

Artificiali usus sum ordine potius quam naturali, prius instituens tractatum de angelis quam de tempore. Est enim tempus quasi quoddam extrinsecum principium creaturarum, licet nonnullis visum sit angelos non esse in tempore, cum sint in statu perpetuitatis. Sed cum angeli mittantur nonnunquam ad completionem edicti summi Imperatoris, et successive per loca intermedia transeant, non posset mihi persuaderi ipsos in spatio temporis non esse. Cum tamen videntur sancti velle quod post diem judicii non sint superni cives futuri in tempore, hoc ideo dictum puta, quia temporalitas non est habitura[1] in eis effectum, ut alterationi tali subjiciendi sint et mutationi, quali nos hoc statu subjicimur. Advertendum est igitur, quia temporalitas velocius effectum suum sortitur in quibusdam rebus quam in aliis. Ad quod quidem faciunt in quibusdam rebus modus elementaris compositionis et humorum dispositio, prout rei natura unius magis est obnoxia dissolutioni naturæ[2] quam alterius. Hinc est quod piscis qui effimera dicitur majoris est ætatis unius diei[3] revoluto circulo, quam sit phœnix transactis vitæ ipsius annis quamplurimis. Falluntur enim tanquam legum naturæ ignari, qui putant ætatum æqualitatem æqualitati temporum sese commetiri. Finge enim quendam hominem certis naturæ legibus incrementa suscepisse, et per triginta tres annos durasse usque ad

---

[1] *non habitura*, C. [3] *cujus*, B.
[2] *maturæ*, B.

diei consummationem quo plasmatus est de limo terræ protoplastus,[1] et eos intellige ejusdem fuisse complexionis, nonne ejusdem ætatis censebuntur esse? Adam tamen unius tantum diei est. Certum item est quod omnes resurrecturi sunt in ætate Jesu Christi, licet non in eadem quantitate. Parvulus igitur unius diei qui decedit, erit cum resurget ætatis tantæ quantæ fuit Jesus immolatus in ara crucis pro nobis. Vis autem certissime videre quod spatium temporis augmentum[2] non conferat necessario ætati? Quicunque enim resurget, in ætate Christi resurrecturus est, nec majoris erit ætatis post judicium quam ante judicium. Juventus enim gloriæ intensionis nesciet incrementum. Spiritus autem incorporei legibus ætatis non subjacere dignantur. Hine est quod multi contendunt extorquere, eos in tempore non esse. Sed quid super hoc sentiamus, ex dictis elucet. Deus autem valde improprie dicitur esse in tempore, quia supra tempus est. In investigatione autem naturæ temporis, exquisita ingenia succumbunt. Unde beatus Augustinus ignorantiam suam non erubuit fateri, dicens, "In tempore "sum, et de tempore loquor, et nescio quid sit tempus." Notificare tamen volens quid esset tempus, ait, "Tempus est mora et motus rerum mutabilium." Quod quidam pro arbitrio suæ assertionis, sic exponunt. Tempus est mora motus rerum mutabilium. Signanter tamen dixit Augustinus tempus esse motum,[3] eo quod est causa quædam mutationis rerum, ita quod[4] et ipsum cum ipsis rebus[5] suo modo movetur. Tullius vero, attendens usitatam temporis acceptionem ab officio oratoris non esse alienam, ait, "Tempus est pars "æternitatis, cum annui, mensurni, diurnive spatii "certa[6] dimensione." Æternitas autem in prædicta

Augustinus.

---

[1] *prothoplaustus,* B.
[2] *amentum,* B.
[3] *tempus est motus,* B.
[4] *itaque,* B.
[5] B. omits *cum ipsis rebus.*
[6] *certa* omitted in B.

temporis assignatione dicitur illud totale tempus, quod cum mundo incepit et cum mundo desiturum est, si tamen desiturum est. Illud enim tempus quasi quædam æternitas[1] est, habito respectu ad tempus vitæ humanæ. Si tamen subtilius consideretur mens Tullii, æternitatis nomen ibi proprie accipitur. Pars igitur æternitatis dicitur esse tempus, quia tempus ab æternitate sumpsit exordium, sicut locus ab immensitate. Id tamen quod est immensitas, est æternitas. Deus namque immensitas est, sicut Deus æternitas est. Dum autem temporis naturam interius considero, incertus sum utrum magis fugiat tempus præterlabendo, an intellectus comprehensionem subterfugiendo. Tanta est autem temporis lapsus velocitas, ut ipsum assequi non valeat intellectus, etiam[2] acutissimi expeditissima meditatio. Putasne sine causa caput imaginis Saturni depictæ nube quadam fuisse obtectum? Saturnus enim temporis figuram gerit, cujus quidem natura occulta est. Hinc est quod Strabus super principium Geneseos dicit, "Quoniam sensum temporis prævenit effectus "divinæ voluntatis." Non quod aliquid creatum esset ante tempus, ut quidam fingunt, sed ideo hoc dictum est, quia manifestum motum temporis, vel etiam effectum quem habet temporalitas in rebus, prævenit Deus effectu suæ voluntatis. Fuere etiam nonnulli philosophi asserentes nullum tempus habiturum fuisse initium. Sed quid? Nonne in principio temporis creavit Deus coelum et terram? Numquid tempus non fuit in sui principio? Nonne tempus creatum est a Deo? Quando creatum est, nisi quando initium habuit? Certum est autem quod cum aliquod tempus incipit esse, ipsum [a] totum erit. O fere incomprehensibilis natura temporis! Tantæ velocitatis est, ut secum

[a] Quia omne tempus compositum.

[1] *trinitas*, B.   [2] *et*, B.

contendere videatur. Ejus semper praesentia instanti simplici se debere videtur. Exile videtur ejus esse, cum de instantis praesentia semper pendere videtur. Numquid illa linea diceretur esse, cujus puncta singula per successionem inesse prodeunt, ita quod ejus nulla pars tota simul est.

Suspiremus igitur ad hoc ut illo fruamur cujus aeternitas tota simul est, ut ita loquar, cujus esse verum est, et omnium creaturarum causa. De non esse nos summa natura produxit ad esse. Sed hoc esse, divinae essentiae collatum, quasi non esse est. De hoc igitur umbratili esse ad verum esse tendamus, a statu temporalitatis aspiremus ad gaudia aeternitatis. *De fuga aetatis.* Ubi, quaeso, est totum vitae retroactae tempus elapsum? Profecto, etsi fuga temporis elabentis insensibilis sit, notabilis tamen est et manifestus temporalitatis effectus in nobis. Marcet nempe in brevi flos deliciarum formae juvenilis, et juventutis strenuitas in torporem senii vergit. Profecto pueritia, quae vitam nuper[1] ingressa est, non minus accelerat ad vitae terminum quam senectus, quae in brevi vitam est egressura. Par est velocitas, etsi dispar sit distantia. Fallitur itaque, fallitur decrepitus, qui multis temporalium rerum sarcinis se onerare videtur, dum cursui inchoato impedimentum praebet onus sarcinarum. Non enim temporis velocitas retardatur ob hujusmodi sarcinas, sed nec aetatis festinantia velocitate cursus[2] sui destituitur propter ipsas. *Contra avaros senes.* Quid? Nonne monstruosa res est senectus frigida, avaritiae ferventis aestibus anhelans? Cum igitur senis mens frigida cupiditatibus ignescit, nonne ignis in aqua accenditur? Acute tamen movebitur quis dicens, "Nestoris avaritiae mancipii non esse "mentem frigidam, sed corpus frigidum esse et mentem

---

[1] *nuper vitam*, B.   [2] *cursus velocitate*, C.

"ignitam." Congreget igitur sibi divitias querulus senex, Ironica in cicadam mutatus, dummodo ignoret cui congreget concessio. ipsas. Quid? Immo non sibi sed aliis eas congregat. Immo, ut verum fateamur, et sibi et aliis; sibi ad perniciem, aliis ad usum. Foveat igitur pullos alienos perdix perditionis, dummodo velit nolit in brevi ipsis destituatur. Merito autem temporalia bona pullis perdicis comparantur, quia bona temporalia bona pennata sunt et fugitiva. Fugiunt temporalia fugiente tempora. Fugit tempus irrevocabile, fugit etiam dum oritur, et quamvis sint[1] fugitiva temporalia, docet fuga temporis stare nescia. Cum tempore igitur fugiente fugimus, cum ipso labente effluimus, et etiam dormientes ad metam destinatam festinamus. Vix initium habemus, et[2] ad finem acceleramus. Immo in ipso initio ad finem accedimus. Nos continue consumit edax temporis vetustas. Hinc est quod a philosophis fingitur Saturnus filios suos devorasse. Ut enim dictum est, per Saturnum tempus intelligitur. Nos absorbet tempus, nec unquam Saturnus saturatur. Est enim nomen Saturni æquivocum ad regem illum et tempus et planetam. Quicquid temporis vitæ nostræ elapsum est, quasi absorptum est. Ubi sunt igitur inanis gloriæ curiositates, non solum voluptuosis sed et superfluis expensis comparatæ, et tam in animæ quam in corporis perniciem molestis emptæ laboribus? Ubi sunt elapsæ voluptates, ubi pompæ seculares? Si quid honesti quod virum deceat, hilariter facimus, illud superest, illud nobis fideliter reservabitur, dummodo felici exitu et honesto vitam terminemus. Opera igitur caritatis spirituali ornatu informata nec etiam edax temporis abolere poterit vetustas, dummodo stemus in illo qui stare nos facit. Temporalibus itaque, cum caduca et transitoria sint, non inhæreamus, sed per ipsa trans-

---

[1] sc̃o, B.   [2] *et* omitted in B.

eamus, tanquam veri Hebræi, hoc est veri transitores. Sic igitur transeamus per temporalia, ut ad bona æterna perveniamus.

Cap. V.

De firmamento.

Tanta est firmamenti quantitas ut ipsi totalis terra collata quasi punctum esse videatur. In multis sui proprietatibus convenientiam habet firmamentum cum sacrosancta ecclesia, quæ super petram justitiæ fundata est et firmata. Sanctæ vero ecclesiæ tanta est majestas, tanta excellentia, ut, respectu habito ad ipsam, nec puncti vicem tenere censendi sunt hi[1] qui terrenis adeo dediti sunt ut nomine terræ recte designentur. Firmamentum item ex aquis et inter aquas factum est, quia per tribulationes firmata est soliditas fidei sanctæ ecclesiæ. Quædam autem tribulationes superiores sunt firmamento ecclesiæ, quædam inferiores, sicut quædam aquæ superiores sunt firmamento, quædam inferiores. Tribulationes igitur super firmamentum ecclesiæ esse dicuntur quæ ad augmentum coronæ sunt, sicut [a] accidit in Job. Illæ item superiores dici queunt, quæ accidunt nobis propter causas honestas, ut cum quis ab antiquo hoste infestatur acerrime, eo quod transtulit se ad frugem melioris vitæ. Cum quis etiam circa opera misericordiæ desudat hilariter et ferventer, sæpe multorum variis subjacet detractionibus, et livoris exponitur morsibus. Dicitur enim ab æmulis, Ecce quod dicit philosophus, quoniam ambitiosos liberales esse oportet. Dum item quis viriliter tyrannidi bona eccle-

---

[a] Quod quidem propter gratiam quæ desuper est intelligendum est, sicut et[2] in prophetia dicitur, "Signatum est super nos lumen vultus tui."

---

[1] *ii*, A.; *hii*, B.C.   [2] *etiam*, B.

siæ dilapidantium[1] ob utilitatem ecclesiæ suæ resistit,[2] tanquam contentiosus et contumax indignationes prælatorum et multas sustinebit persecutiones. Illæ autem tribulationes sub firmamento ecclesiæ esse dici debent, quæ ex causis inferioribus proveniunt. Ingruunt enim sæpissime tentationes ex carnis pruritu, sæpe ex deliciis mundi licet fallacibus, nonnunquam ex terrenis negotiis.

Aquæ item super firmamentum esse dici queunt, quotiens tanta est moles tribulationum ut earum inundatione submergi fere videatur ecclesia. Hinc est quod, Matthæo referente, Dominus ait, "Orate ut non " fiat fuga vestra hyeme vel sabbato, erit enim tunc " tribulatio magna, qualis non fuit ab initio mundi " usque modo, neque fiet. Et nisi breviati fuissent dies " illi, non fieret salva omnis caro." Aquæ vero quæ sub firmamento esse dicuntur, leves tribulationes sunt.

Possunt item per aquas superiores designari virtutes, quia omne donum desursum est, descendens a Patre luminum; per aquas vero inferiores, tribulationes.

Possumus item dicere supra firmamentum esse aquas, ad designandum quod aquæ baptismales ecclesiam mundant.

Volvitur item firmamentum citissime et incessanter, ita quod ejus unica revolutio spatio diei naturalis respondet, exclusis tamen et circumscriptis minutiis. In hoc instruimur quia alterationibus et variis expositi sumus vicissitudinibus, et, una expedita occupatione, in modum capitum hydræ plures oriuntur animum sibi vendicantes occupationum sollicitudines. In tanta autem tumultuum turba spiritualibus sancta mater ecclesia vacat studiis, in quantum temporis sustinet malitia et fructuosis devotarum orationum meditationibus sedula indulget. Revolutio autem spiritua-

---

[1] *dilapidantium bona ecclesiæ*, B. [2] *restitit*, B.

lium studiorum quibus operosam adhibuit ecclesia diligentiam diem serenæ conscientiæ amplius illustrat, augmentum gratia Dei virtutibus præstante, in operationum felicium exercitio ferventi. Nonne item circularis studiorum quibus occupantur claustrales revolutio spatio diei naturalis se commetitur? Advertendum etiam est quod quanto partes firmamenti a centro terræ remotiores sunt, tanto velocius moventur. Sic et quanto a sollicitudinibus terrenorum negotiorum magis elevatæ sunt mentes nostræ, tanto expeditius spiritualis opera militiæ et felicius complemus. Stabit autem firmamentum post diem judicii tanquam emeritum, sed nunc jugiter volvitur motu continuo, sed non erratico. Sic et sancta ecclesia post judicium in tranquillitatis jocundissimæ felicitate perpetua subsistet. Sed quamdiu in statu [1] hujus incolatus militamus, alterationibus et sollicitudinibus variis afficimur. Error autem perniciosus procul recedit, dum illius qui via est vestigia sequi satagimus. Nec est omittendum, quod stellis fulgentibus ornatum videtur esse firmamentum, sicut et ecclesia et virtutibus coruscantibus nitet et fidelium operibus lucidis fulget.

Communia itaque tangimus, et quæ in omnium fere notitiam doctrinæ beneficio devenerunt, quia, si subtiliora prosequeremur, et difficultate nimia et subtilitate ardua lectorem simplicem offenderemus. Quid enim si de ecliptica linea, si de zodiaci obliquitate, si de parallelorum interstitiis, et coluris, et tumore sphæræ, et axibus tractatum institueremus.[2] Profecto aut [3] ostentator scientiolæ meæ viderer, aut promissum non exsolverem fideliter, qui nec physice, nec philosophice, me tractaturum spopondi.

---

[1] *status*, B.
[3] *instrueremus*, B.

[2] *ut*, B.

Cap. VI.

De stellis.

Stellarum fulgor scintillans de nocte gratum mortalibus exhibet solatium. Sic sic et nocte hujus conversationis virorum quorum opera lucent coram Deo et hominibus dulce est solatium. Sicut autem in loco eminenti positæ sunt stellæ, ut multis liberius luceant, sic et viri spirituales, qui luminaria sunt mundi, cum aliis præsunt, multis utiles sunt. Etsi autem sidera de die fulgore suo nativo non destituantur, non tamen ita coruscare videntur, quemadmodum de nocte coruscant. Sic sic quamquam in tempore prosperitatis in se luceant viri luce bonorum operum radiantes, in nocte tamen adversitatis manifestius ex se jubar radiosum emittunt. In tempore autem nubilo gratius esse solet etiam modici luminis beneficium; sic et majorem gratiam promerentur in articulo urgentis necessitatis impensa hilariter beneficia. Nonne cum in boreali constitutione cuncta gelu constricta[1] videntur, gratior est ignis membra califacientis lætitia! Sicut autem stellarum fulgentium dispar est claritas, sic et stellarum terrestrium, viros loquor quorum in cœlis est conversatio, merita disparia sunt. Prædictis adjiciendum est, quoniam stellæ fixæ dicuntur, non quod fixæ sint in firmamento, ut minus instructi opinantur, sed ideo fixæ dicuntur, quia earum motus vix comprehenditur. Sic enim se habere videntur, ac si stent et fixæ sint. Centum enim annorum curricula præterlabuntur, dum unicum gradum firmamenti adquirunt. Docemur in hoc quia spiritualium virorum vita incomprehensibilis est. Dum enim in terra esse videntur, in cœlo conversantur. Fixum est illorum propositum in Domino, et ejus voluntati pro viribus suis obsequuntur. Sciendum vero est quoniam stellæ scintillant, cujus rei

---

[1] *constricta esse videntur*, C. ; *esse constricta*, D.

causa hæc est, ut dicit Aristoteles in *Posterioribus Analecticis*, quia remotissimæ sunt a terra. Planetæ autem non scintillant, quia prope sunt. Simile est videre in candela; quæ enim prope est non scintillare videtur, quæ autem valde remota scintillare videbitur. Sic et mentes fidelium, quia a terrenis desideriis remotæ sunt, luce gratiæ radiant.

Videndum est etiam quia quædam stellæ quasi argenteum colorem habere videntur, si aliis conferantur, aliæ[1] igneo colore rutilare dinoscuntur. Sic et quidam virorum spiritualium eloquiis castis fulgent, quæ nitent ut argentum igne examinatum, quidam auro sapientiæ rutilant, sapore virtutum conditæ. Nec sub silentio pertransire volo, quia nonnunquam visus fallitur, dum putat stellas deorsum ad terram labi et evanescere. Aiunt enim scintillas ignis in superioribus intercepti ex nubium[2] collisione emicare, et impetu venti impellentis eas deorsum tendere. Qui autem magis instructi sunt in rerum naturis censent substantiam quandam uliginosam et humidam, non multum a terra remotam, motu suo et multa agitatione succensam, sic descendere deorsum, et ad ima tendere, sicut visus comprehendit. Quid? Multi virtutum fulgore nitentes animos habere creduntur, qui turpium[3] et enormium vitiorum sordibus obscænis polluuntur. Quidni?[4]

"Pro vitio virtus crimina sæpe tulit."

Sæpe etiam notavi quia quædam stellæ multitudine aliarum coronatæ sunt, quædam vero aliis non associatæ officium sibi injunctum a summo Creatore peragunt. Sic et nonnulli viri spirituales solitariam vitam elegerunt, aliis vero videtur quod in turba tutius militare possunt. Quidam enim turtures[5] sunt, alii

---

[1] *alio*, C.
[2] *nubilum*, B.
[3] *turpicia*, B.
[4] *Quid tu?* B.
[5] *virtutes*, C.

columbæ. Si autem diligenter memoriæ commendetur quod supra diximus, videlicet quod stellæ in centum annorum curriculis unum gradum in firmamento adquirant, patebit, quod stellæ in tribus annorum millibus signum unum[1] pertranseant, cum quodlibet signum in se triginta gradus habeat, et quilibet gradus sexaginta minuta. Cum autem vulgo constet duodecim esse signa in quæ dividitur zodiacus, proveniet stellas in [a]triginta sex millibus annorum cursum suum perficere. Hic est magnus annus, de quo philosophi disserunt. Cum igitur cursum hujus viæ peregerint viri spirituales, nonne ad annum perpetuitatis transferentur?

Solet autem dubitari a viris sublimis intelligentiæ, utrum stellæ sint igneæ naturæ necne. Aristoteles autem in libro *Cœli et Mundi* probat stellas non esse igneas. Si enim, inquit, igneæ essent, naturaliter moverentur sursum, cum locus non sit impedimento. Prævenit etiam Aristoteles objectiones aliorum, dicens, "Splendorem habent stellæ, sed similiter et putredines "quercus. Calefaciunt stellæ, sed et sagitta moto suo "facit plumbum liquescere." Placet item Aristoteli ut nec leve nec ponderosum sit cœlum, sed neque calidum neque frigidum. Hujusmodi enim proprietates elementatis conveniunt.

Cap. VII.

De septem donis et septem planetis.

Septem sunt planetæ qui mundum non solum ornant, sed et effectus suos a summa natura, quæ Deus est, ipsis collatos in inferioribus exercent. Absit autem ut ipsos aliquam inevitabilis necessitatis legem in inferiora

[a] Deceptus fuit Macrobius existimans magnum annum ex quindecim millibus annorum solarium existere.

sortiri censeamus,¹ aut propter ipsorum concursum, aut quia in domiciliis suis quandoque subsistunt. Voluntas enim divina certissima est rerum causa et primitiva, cui non solum planetæ parent,² sed et omnis natura creata. Sciendum etiam est quod, licet superiora corpora effectus quosdam compleant in inferioribus, liberum tamen arbitrium animæ non impellunt in ullam necessitatem hoc vel illud exequendi. Si enim hoc accideret, liberum arbitrium libertate sua esset destitutum. Immo nec animæ illud esset imputandum peccatum, quod necessaria superiorum lege impellente³ committeret.

Saturno igitur existente in Aquario, inundationes fiunt aquarum, dummodo nullus alius planetarum impedimento sit, si ita divinæ voluntati placuerit. Circa omnes igitur⁴ effectus rerum, locum habet hæc additio. Effectum itaque Saturni deprehendit poeta, qui ait:

Lucanus
        "Summo si frigida cœlo
"Stella nocens nigros Saturni accenderet ignes,
"Deucalionæos fudisset Aquarius imbres,
"Totaque diffuso latuisset in æquore tellus."⁵

Effectum vero solis expressit idem poeta, dicens:

"Si sævum radiis Nemæum, Phœbe, leonem
"Nunc premeres, toto fluerent incendia mundo,
"Succensusque tuis flagrasset curribus æther."

Ex accessu igitur et remotione planetarum calorem et frigus procreari, non est ambiguum. Sed sciendum est hæreticum esse quod quidam tradunt, eum furem fore oportere, qui in constellatione Mercurii natus est, aut etiam eum⁶ ᵃtrapezitam futurum esse, qui Mercurio existente in libra conceptus est. Ut enim dic-

---

ᵃ Qui in Evangelio dicuntur nummularii, trapezitæ perhibentur.

---

¹ *sortiti sentiamus*, B.
² *patent*, B.
³ *impletiv*, B.
⁴ *igitur omnes*, B.C.
⁵ Lucani Pharsal. i. 651.
⁶ *cum*, B.

tum est, libertati arbitrii nullum generant præjudicium superiora corpora.¹ Per septem igitur planetas, megacosmum decenter ornantes, et effectus varios in inferioribus sortientes, designantur septem dona Spiritus Sancti, quæ microcosmum venustant ornatu illustri, et effectus suos in naturalibus animæ viribus complent. Adjungendum est præcedentibus quod Saturnus circulum suum describit in triginta annis solaribus, sicut Jupiter cursum suum perficit in annis duodecim, Mars in duobus, Sol vero et Mercurius et Venus in trecentis sexaginta quinque diebus et quarta unius diei fere, sed Luna in mense suum complet cursum. Sapientia vero quæ superiorem videtur tenere locum inter dona, sicut Saturnus inter planetas, maturitatem generat ex se sicut Saturnus in cursu peragendo longum tempus sibi vendicat. Nec sine causa fingitur a philosophis quod Saturnus sit senex, maturi enim pectoris senes esse consueverunt. Sicut autem a senibus relegari procul stultitia debet, ita sapientiæ donum sapore suavissimæ dulcedinis conditum stultitiam exterminat. Providentia vero temporis angusti legibus subjacere dedignatur, nec nimis longi temporis sustinet dispendium. Unde Jovi mediocre tempus in sui circuli De Jove. descriptione vendicanti comparetur intellectus qui providentiam creat et hebetudinem expellit. Hinc est quod fingitur a poetis Jovem regem Cretensem otium a terris expulisse, et artes induxisse quas parit² sollertia, usus diligentia nutrit. ᵃ Tertio autem planetæ De Marte. tempus deliberationis diligentis in cursu peragendo sortienti confertur donum consilii, quod præcipitationem renuit et cautelam procreat. Tertius³ igitur planeta recte Mars dicitur, quia in congressu bellico præcipitatio vitanda est, et ut ordinata sit acies desi-

---

ᵃ Habito respectu ad Saturnum.

---

¹ *tempora*, B.
² *parco*, B.
³ *Tertio*, B.

derat ars militaris. Ubi enim magis necessarium est consilium, ubi magis appetendus est usus cautelæ, quam in re militari? Soli vero aptatur donum fortitudinis, quia ipsum et excludit pusillanimitatem, et creat perseverantiam et fiduciam et magnanimitatem. Hinc est quod a philosophis Hercules sol dicitur, quasi aer cleos, id est, gloria aeris. Sagittis autem Herculis, juxta figmentum poetarum, mysterium veritatis nubilo poeseos obumbrantium, opus erat ad Trojæ subversionem. Quod ideo dictum est, quia radiis solis opus erat, hoc est numerositas dierum desiderabatur, ad tam munitæ civitatis eversionem. Hinc etiam est [1] quod Phœbus fingitur sagittis suis peremisse Phitona, quia radiis suis dissipat et fugat corrupti aeris pestilentiam.

Quintus autem planeta, propter effectus quos exercet in inferioribus, calidus dicitur et humidus, ideoque scientia ei aptatur quæ in sanguineis vigere solet, qui calidi sunt et humidi. Nonne item media cellula capitis, quæ logistica seu rationalis dicitur, calida est et humida, sicut anterior, scilicet phantastica, calida est et sicca, posterior vero, videlicet memorialis, frigida est et sicca? Videtur autem nobis contrarius esse Aristoteles, qui dicit, "Solos melancholicos "ingeniosos esse." Sed hoc dictum est ab Aristotele propter felicitatem memoriæ, quæ frigida est et sicca, aut propter eorum astutiam. Scientia autem fugat ignorantiam, et parit discretionem. Scientiæ autem donum perutile est in hac valle miseriæ, quia docet nos recte conversari in medio hujus pravæ et perversæ nationis. Sicut igitur scientia terram inhabitantibus utilis est, ita et Venus terrenis planeta est benevolus et benignissimus. Hinc est quod sexta feria, in qua Venus dominatur, fere semper aliam faciem prætendere videtur quam cæteri dies hebdomadæ.

Cujus rei ratio hæc est. Omnia corpora inferiora caloris et humoris beneficio nutriri perspicuum est. Si igitur pluviæ abundaverint in aliis diebus, opus est remedio caloris, qui humorem ex parte desiccet et aeri serenitatis gratiam conferens,[1] mortalibus lætitiæ hilaris solatium adducat. Venus itaque, quæ calidus planeta est, caloris effectum exercet, et serenitatem adducit, quæ gratior est post nubilum. Si vero calor in præcedentibus diebus dominatus fuerit, necessaria est humiditas sequens, quam Venus, quæ humida est, die cujus horam primam sibi vendicat, inducit. *tendat faciem aer, quam in aliis feriis.*

Mercurius, qui sextus est planeta, fluviis præest, secundum quod ait Lucanus,[2] *De Mercurio.*

"Cyllenius arbiter undæ."

[a] Dulcibus igitur aquis præbet incrementum, sicut pietatis donum hominibus dulcis conversationis spirituale augmentum gratiæ ministrat. Pietas autem duritiam fugat, et compassionem creat. Sciendum est etiam quod quandoque Mercurius, quandoque Venus, adventum solis declarat, et hi suis vicibus ortum solis præcedunt. [b] Quandoque igitur Luciferi nomen[3] sortitur Mercurius, quandoque Venus. Cursus autem astrorum ignari sunt, quicunque putant idem sidus in uno die naturali et solis præcedere ortum et vespertina[4] crepuscula illustrare. Hic tamen error colorem videtur habere excusationis ex circulorum solis et Veneris et Mercurii perplexitate et sectione mutua. Intersecant enim se circuli trium prædictarum planetarum. Poetæ vero in hac videntur fuisse opinione, ut tradant eandem stellam in diei diluculo ortum solis præcedere et noctis

---

[a] Vulgaris est locutio. Omnis enim aqua naturaliter est insipida.

[b] Quod non sit in uno die naturali eadem stella, Hesperus et Vesper.

---

[1] *offerens,* B.
[2] Lucan. Pharsal., x. 209.
[3] *nomen Luciferi,* C.
[4] *vespiterna,* C.

initium illustrare. Immo etiam Boetius, in libro *De Consolatione Philosophiæ*, hanc opinionem fovisse videtur, dicens:

" Et qui primæ tempore noctis
" Agit algentes Hesperus ortus,
" Solitas iterum mutat[1] habenas,
" Phœbi pallens Lucifer ortu." [2]

Sed hoc ad diversa tempora referendum esse censemus.

De luna.   Luna vero tempore brevi cursum suum perficit, unde et timor ei aptatur, qui negligentiam expellit. Sicut autem luna modico contenta est circulo, ita et timor humilitatem generat, quæ at se modicam esse censet, et modico novit esse contenta.

Cap. VIII.

De magnitudinibus planetarum.

De quantitatibus planetarum paucis nos expediamus. Sol igitur post firmamentum maximum est corporum mundi. Est etiam centies, sexagies, sexies, et fractione major terra. Post solem autem magnitudine præcedunt cætera corpora quindecim stellæ maximæ quæ fixæ vulgo dicuntur. A sole autem tertius in magnitudine est Jupiter, quartus Saturnus, quintum autem locum tenent in suis[3] ordinibus stellæ fixæ aliæ a prædictis. Sextum vero locum a sole in magnitudine sortitur Mars, septimum terra, octavum Venus, nonum luna, decimum Mercurius.

Cap. IX.

De motu planetarum.

Omnes fere philosophi docere videntur planetas naturali motu moveri contra firmamentum, ita ut

---

[1] *mutet*, A.
[2] Boethius de Consol. Philosoph. lib. i. Metr. v. 10.
[3] *in suis tenent*, C.

naturaliter tendant ab occidente ad orientem, rapi tamen a firmamento versus occidentem. Unde Lucanus:

" Segnior oceano, quam lex æterna vocaret,
" Luctificus Titan nunquam magis æthera contra
" Torsit[1] equos currumque polo rapiente retorsit."

Simile autem inducere videntur in musca quæ a rota defertur,[2] motu tamen suo contra rotæ impetum agitatur. Sed numquid hoc simile? Nonne musca quasi voluntarium habet motum, adeo ut membra cooperari videantur? Numquid ita est in planetis? Absit enim ut planetas esse animalia censeamus. Perhibent alii impetum velocissimum firmamenti motui naturali planetarum esse impedimento, quemadmodum plumæ[3] volitantis motus retardatur impetu multo alicujus corporis quod desuper citissime movetur. Sed numquid et hoc simile? Constat namque lunam maximo interstitio distare a firmamento. Sed, ut aiunt, distantia impedimento esse non potest, propter firmamenti magnitudinem et motum velocissimum. Esto igitur quod solis centrum sit in puncto meridionali. Quæro igitur ab his qui hanc fovent opinionem, utrum sol motu suo naturali, cum localis sit, accessurus sit ad punctum orientale. Nonne enim motus ejus naturalis effectum habet in sole? Dabitur ergo centrum solis, naturali motu solis, in hoc die artificiali accedere ad punctum orientale. Sed motu firmamenti rapietur iterum ad punctum meridionale, in quo modo est. Dabitur itaque in hac die artificiali bis, immo infinities futurum esse meridiem apud eosdem. Videbitur etiam secundum hoc accidere, quod centrum solis simul sit in multis punctis locorum diversorum.

---

[1] *Egit equos* is the reading of Lucan, Phars. vii. 3, whence these lines are taken.

[2] *differtur*, B.
[3] *pluviæ*, C.

Placuit itaque acutissimo Aristoteli planetas tantum cum firmamento moveri. Sed quid? Aristoteli audent sese opponere.[1] Sed dum tanto præsumunt se opponere philosopho, perinde[2] est ac si ales Junonius oculos Argi in cauda locatos ostentet coelo,[3] cum stellarum fulgore certaturus. Quid si noctuæ et vespertiliones cum aquila irreverberatis oculis obtutum suum in radios corporis solaris figente de fulgoris meridiani claritate contendant? Si igitur, inquiunt, sol non movetur contra firmamentum, oportet necessario ut, quando est in Ariete, prius intret signum quod dicitur Pisces quam Taurum. Sed utinam advertant magis proprie dici signum moveri ad solem, quam solem moveri ad signum. Profecto si staret firmamentum, aut etiam minus velociter sole moveretur, alicujus esset momenti objectio eorum. Sed firmamentum longe velocius sole movetur, adeo ut signum quod post Arietem intraturus est sol, ipsum solem assequatur, et ita oportet ut post Arietem intret Taurum. Secundum opinionem autem Aristotelis, referendum esse videtur ad modos loquendi quicquid de epiciclis, quicquid de quinque motibus lunæ, dicitur ab astronomicis. Verissima quidem est eorum doctrina, sed debito modo intellecta.

Cap. X.

De viginti quatuor horis diei naturalis.

Sciendum est postea deceptos esse quamplurimos,[4] qui etiam multum tempus in talibus expenderunt, dum opinantur omnes dies naturales esse æquales. [a] Quod

---

[a] Quod non omnes die naturales sint æquales, quamvis vulgus putet contrarium.

---

[1] exponere, B.
[2] per vim, B.
[3] in cauda ostenderet coelo, B.
[4] quamplurimos esse, C.

enim hoc plane falsum sit, docet motus sphæræ, docet et inæqualis ortus signorum. Sed certo certius est quod dies artificialis brumalis æque habet duodecim horas, sicut et æstivalis. Unde et Lucanus:

"Noxque diem cœlo totidem per signa sequetur."[1]

Cum autem nulli dubium sit diem naturalem viginti quatuor habere horas, vendicat sibi unusquisque planetarum in constitutione diei naturalis ad minus tres horas. Accidit igitur necessario ut unusquisque planeta diei unius dominium sortiatur, in hebdomade septem dierum. Dies igitur Solis dicitur feria prima, quia primæ horæ præest sol. Unde oportet ut secundæ feriæ prima hora lunæ assignetur. Hoc autem sic fiet perspicuum. Fingamus nos igitur esse in die Dominica, quam philosophi dicunt esse diem Solis. Cum itaque primam horam datæ diei sibi vendicet sol, dabitur et ei octava, sed et vicesima secunda. Sortietur igitur Venus vicesimam tertiam horam diei naturalis præsentis, Mercurius vero vicesimam quartam. Oportet ergo ut luna vendicet sibi primam horam sequentis diei, quæ erit quasi vicesima quinta. Sicque accidet ut tertiæ feriæ primam horam sortiatur Mars, primam quartæ feriæ Mercurius, primam quintæ Jupiter, primam sextæ feriæ Venus, primam septimæ feriæ Saturnus. Dies itaque solis est et dies solis justitiæ; quia in ea sol verus, ab inferis veniens, mundum illustravit. Horæ autem lunares dicuntur a Lucano, secundum quosdam, illæ quas in die naturali luna sortitur. Ait namque Lucanus:[2]

"Ventus ab extremo pelagus sic axe volutet,
"Destituatque ferens, an sidere mota secundo
"Tethyos unda vagæ lunaribus æstuet horis," et cætera.

Sed hæc lectio stare non potest. Sicut igitur septem dies septem planetæ vendicant, ita[3] quod quisque

Lucanus.

---

[1] Lucan. Phars., i. 91.
[2] Lucan. Phars., i. 412.
[3] *itaque quod*, B.

suum, item septem dona Spiritus Sancti dies suos menti illustratæ conferunt. O quam felix animus qui unamquamque horam usui alicujus septem carismatum gratiæ assignat.

Cap. XI.

De viginti quatuor horis diei naturalis.

Si soli detur præsentis prima diei,
    Luna, tui juris prima sequentis erit.
Si causam[1] quæris, paucis tibi causa liquebit;
    Nonnunquam brevitas utilis esse solet.
Vendicat ergo dies horas sibi bis duodenas,
    Ut claudat luci nox sociata diem.
Has horas septem potes assignare planetis,
    Sic ut ditetur quisque planeta tribus,
Tres superesse vides, tribus has concede planetis,
    Sic potes incœptum claudere rite diem.
Ergo cum primam Phœbus sibi vendicet horam,
    Imperio Veneris gaudeat hora sequens.
Tertia se debet Hermeti, quarta sorori
    Phœbi, sustineat quinta subesse seni.[2]
Sexta Jovis sceptro gaudebit, septima Martis
    Horrebit clipeum, cætera nonne liquent?
Ergo, die Solis elapso, luce sequenti
    Ortus se debet, Cynthia, jure tibi.

Cap. XII.

Quare prima hora quartæ diei cessit Mercurio, cum videtur quod soli potius debuisset[3] cessisse.

Ornatum stellis orbem lux quarta fatetur,
    Sidera nam quartæ gloria lucis erant.
Sed cum luminibus Phœbus præfulgeat orbis,
    Deliciæ, fulgor, et decor, atque decus.

---

[1] *Si tamen quæris*, B.
[2] *Phœbi sustineat has subesse seni*, C.
[3] *debuit*, B.

Ut quid Mercurio quartæ pars prima diei
   Se dedit? Octavam mente revolve diem.
Hæc est lux solis, qua sol processit ad ortum,
   Sol verus, mundi gloria, culmen, apex.
De stellæ gremio sol solis luce refulsit,
   Stella fuit solis lætitiæque parens.
De terra cœlum, de terra Lucifer ortus,
   De terra fulgens prodiit orta dies.
Tellus inclusit cœlum, tellure reclusum
   Solem mireris emicuisse solo.
Samson, sol noster, solari luce relucens
   Confregit portas, impia Gaza, tuas.
Sol noster, verus sol, solis luce beatis
   Delicias veras, gaudia vera dabit.
Hæc est prima dies, qua mundum condidit auctor
   Rerum, qua natus conditor orbis erat.
In qua surrexit devicta morte triumphans
   Christus, sol noster, gloria, vita, salus.
Hæc, octava dies qua Christi membra resurgent,
   Lux semper lucens, nescia finis erit.
Hæc est lux solis qua sol sibi vendicat horam
   Primam, lux Domini, lux sacra, festa dies.
Sic fuit Hermetis qua condita sidera lucis
   Ortus, ut et solis, sit sua prima dies.

Cap. XIII.

De sole et luna.

Eis vero quæ de quantitatibus planetarum supradiximus videtur esse contrarium quod legitur in Genesi, "Fecit Deus duo magna luminaria, luminare "majus ut præesset diei, et luminare minus ut præ-"esset nocti." Luna enim inter magna luminaria, secundum supradictorum seriem non videtur annumeranda. Sed visus judicium et vulgarem opinionem sequitur historialis narratio, quanquam non maxima

Quod in novilunio major pars lunæ sit accensa a sole quam

in plenilunio.

luminaria dixerit Moyses ista duo, sed magna. Fallitur etiam quorundam litteratorum opinio, dum putant lunam tanto magis accensam esse quanto amplius distat a sole. Cum enim per sex signa distat a sole luna, plena seu pansilenos[1] dicitur. Cum vero monoides est, aut dicotomos, aut tricotomos, minus accensa videtur. Revera facies lunæ terram respiciens tota illuminatur quando per sex signa a sole distat. Sed non est ita cum vicina censetur soli. Sciendum est igitur quod quanto luna magis accedit ad solem, tanto major pars ejus illuminatur a sole. Quanto vero magis elongatur a sole, tanto minor pars illuminatur ab eo. Et hoc probatur per theorema quoddam primi libri Euclidis, cujus ratio est irrefragabilis. Sed vulgus superiorem partem lunæ non attendit, nec de ejus illustratione sollicitatur. Per solem igitur[2] superius designata est fortitudo, quamquam et per ipsum caritas recte designari queat, quia fortis est ut mors dilectio. Per lunam vero designatur timor. Sicut ergo lunæ tanto major pars est accensa, quanto amplius ad conjunctionem solis accedit, et tamen minor pars videtur tunc illuminata, ita quanto magis ad intensionem[3] fortitudinis vel caritatis multum intensæ, accedit timoris initialis intensio,[4] tanto magis timor intenditur, licet unus effectuum[5] ejus qui consistit in timore pœnæ minoretur. [a] Quantum enim crescit effectus timoris initialis in amore justitiæ, tantum crescit et ipse timor. Sicut[6] autem, ascendente sole ad punctum meridionale,[7] decrescit umbra corporum, ita quanto amplius crescit in nobis[8] fortitudo spiritu-

[a] Patet hinc deceptos esse eos qui putant initialem[9] timorem nec crescere posse nec decrescere.

---

[1] *pansilenas*, B.
[2] *quoque*, D.
[3] *intencionem*, D.
[4] *incensio*, B.; *intencio*, C.
[5] *effectus*, B.; *effectum*, A.
[6] *Sic*, A.
[7] *meridiona*, B.
[8] *vobis*, B.
[9] *in mare timorem nec crescere post se natura decrescere*, B.

alis, decrescit amor temporalium, per umbram designatus. Sicut vero luna patitur[1] eclipsim per interpositionem umbræ terræ, ita et donum timoris in nobis sæpe deficit per nimium amorem rerum terrenarum. Sciendum est autem lunam in rei veritate pati eclipsim, id est, lucis suæ defectum; sol vero lucis suæ fulgore non destituitur, sed eclipsim pati dicitur quando ad nos non pervenit claritas solis propter objectionem lunaris corporis interpositi inter nos et solem. Hoc quidem non latuit Virgilium, dicentem:[2]

"Defectus lunæ varios solisque labores."

Miraris forsitan, lector, miraris super hoc quod non singula prosequor tropologice, sed numquid vidisti arborem sub cujus quolibet folio fructus lateret? Numquid cum cithara resonat quælibet corda sonum reddit?

Solet item per solem nonnunquam inanis gloria designari, per lunam vero defectus temporalium sive egestas. Unde propheta, "Per diem sol non uret te, "neque luna per noctem." Sicut ergo luna assidue solem sequitur, ita egestas inanem comitatur gloriam.[3] Unde Claudianus:[4]

"Et luxus populator opum, quem semper adhærens
"Infelix humili gressu comitatur egestas."

Quod per solem inanis gloria, per lunam egestas designetur.

Claudianus.

Sicut autem circulus solaris circulus est egressæ cuspidis, est enim eccentricus, ita inanis gloria non habet centrum commune cum stabilitate, per terram designata.[5] Sicut autem, ut jam sæpe diximus, major[6] pars lunæ illuminatur quanto vicinior est soli, licet aliter videatur, ita cum egenus vel privata persona familiaritatem potentis consequitur, major erit ipsius

Contra illos qui nimis solliciti sunt ut gratiam magnatum sibi concilient.

---

[1] *sicut luna non patitur*, B.
[2] Virgil. Georgic., ii. 478, where the received reading is, *Defectus solis varios lunæque labores.*
[3] *inanem gloriam comitatur*, D.
[4] Claudian., in Rufin., i. 35.
[5] *designatum*, B.
[6] *minor*, B.C.D.

egeni egestas, licet aliter videatur. Si enim¹ familiaritatem potentis non assequaris, ut utar verbis Martialis,²

"Gaudebis minus, et minus dolebis."

Naso. "Crede mihi," inquit Naso,

"Bene qui latuit, bene vixit, et intra
"Fortunam debet vivere³ quisque suam."⁴

Ascendente autem sole, ut præmisimus,⁵ decrescit umbra. Sic et quanto magis in te dominabitur inanis gloria, tanto minor⁶ aderit tibi mortis recordatio, per umbram intellecta. Sicut enim quocunque te vertas umbra tui te sequitur, ita furtivo gressu te⁷ mors semper comitatur. Numquid quantumlibet potens umbram a se potest amovere ne ipsum sequatur? Ecce etiam umbra nostra nos instruit, monet nos, suo modo loquens, "Fili, memorare novissima tua, et in æter-"num non peccabis." Non est umbratilis umbræ doctrina, sed verissima. Sicut autem luna præest nocti, ita egestas in adversitate dominari solet. Sol vero præest diei, et inanis gloria ostentatrix esse solet⁸ suarum deliciarum in tempore prosperitatis, per diem designatæ. Quid agis, miser? quid tibi frustra blandiris? In eminenti loco constitutus es, sed certe ut aliis luceas. Quid jubar splendoris inanis gloriæ consideras tibi applaudens? Sol tuus occidet, et non iterum tibi orietur, quando repentine nox mortis tibi superveniet æternæ mortis præambula. Arridet tibi serenitas prosperitatis diei,¹⁰ sed ut quid vespere ipsius infelix non attendis. Forsitan in undecima hora jam constitutus es. Ut quid articulatim annos futuros te judice supputas? Restat unica hora dumtaxat. Tes-

Contra illos qui inani gloriæ se dediderunt.⁹

---

¹ *autem*, B.
² Martial., Ep. xii. 34.
³ *manere* in the received text of Ovid.
⁴ Ovid. Trist., lib. iii. 4, 26.
⁵ *præmissimus*, C.
⁶ *minus*, D.
⁷ *furtivo te gressu*, B.
⁸ *debet*, B.
⁹ *dederunt*, B.
¹⁰ *diei prosperitatis*, D.

timonio meo fidem non adhibes? Esto. Adest mors, adest, testis fidelissima.

Per solem item Christus, verus sol justitiæ, plerumque intelligitur; per lunam autem ecclesia, vel quæcunque fidelis anima. Sicut autem luna beneficium lucis a sole mendicat, ita et fidelis anima a Christo, qui est lux vera. Certe quanto huic soli vicinior est anima, tanto magis illustratur; etsi aliquando secus esse videatur.[1] Sequere, O animula[2] mea, sequere hunc solem, quia qui hunc solem sequitur, non ambulat in tenebris. Sol iste tibi lucem[3] præbebit et calorem. O certe infelix est, qui se abscondit a calore ejus. Non patieris, anima, defectum lucis, nisi umbra terræ se interponat inter te et solem verum. Umbra terræ est quæcunque vanitas illicita. Cum vero ascendit sol iste in nobis, decrescit umbra rerum terrenarum.

Quod per solem Christus, per lunam, ecclesia.

Cap. XIV.

De macula lunæ.

Nonnulli sollicitantur unde umbratilis quædam macula in luna videatur. Placuit ergo quibusdam lunare corpus esse cavernosum, ita quod cavernæ lunæ lucis solaris radios in se non admittant. Aliis visum est corpus lunæ non esse rotundum, sed in quibusdam sui partibus esse eminentius, in aliis depressius. Partes igitur depressæ in modum convallium, beneficium lucis solaris non sentiunt. Hæc autem opinio prædictæ opinioni collimitanea est. Volunt alii lunare corpus in sui natura obscurum esse, ita ut quædam ejus partes obscuriores naturaliter sint aliis, unde et illuminationi non sunt obnoxiæ. Sed sciendum est, in signum et in instructionem nostri hoc factum esse. Merito enim prævaricationis primorum parentum, omnium planetarum et stellarum fulgor dispendium claritatis sustinuit.

---

[1] *secus videtur*, D.
[2] *anima*, B.
[3] *lucem tibi*, O.

Luna vero, quæ citima[1] terris est, et aspectibus humanis familiarius occurrens, maculam in se retinuit,[2] ad denotandum quod quamdiu in statu vitæ præsentis currimus, macula aliqua in sancta ecclesia est. Cum autem omnes planetæ cum stellis etiam stabunt quasi emeriti, stabilis erit status noster, et non erit aliqua macula in luna materiali, sicut nec in sancta ecclesia. Forsitan simplex lector non advertit quid vocem lunæ maculam. Nonne novisti quid vulgus vocet rusticum in luna portantem spinas? Unde quidam vulgariter loquens, ait:

" Rusticus in luna, quem sarcina deprimit una,
" Monstrat per spinas nulli prodesse rapinas."

Quotiens igitur umbram illam dispersam conspicis, revoca ad memoriam transgressionem primorum parentum, et ingemisce. Postmodum vero te ipsum per spem erige, et suspira ad gloriam illius status in quo corpora glorificata clariora erunt sole, qui sicut et cæteri planetæ cum stellis longe clarior erit quam modo sit. Quam felix erit conjunctio corporis et animæ, quæ multo erunt clariora sole? O claritas inenarrabilis, o claritas desiderabilis, o pulcritudo admirabilis.

Cap. XV.

De cœlesti harmonia.

Ad hoc ut perfectam redderet harmonia cœlestis consonantiam, opus erat octava sphæra. Septem enim planetæ perfectam non redderent consonantiam, nisi octava sphæra consonantiam perficeret. Non est enim in septem vocibus dulcis consonantia, sed si octo proponantur, perfecta erit consonantia.[3] Conjunctis enim diapente

---

[1] *vicina*, B.
[2] *detinuit*, C.

[3] *consonantia* omitted in B. and D.

et diatessaron, resultat diapason. Sic sic septenarius virtutum perfectam non reddit consonantiam, antequam ad octavam beatitudinis æternæ perveniatur. Delirare me putas, dum de harmonia octo sphærarum cum philosophis loquor. Esto quod delirem, dummodo aspires, et suspires, ad illam illam[1] supernorum civium melodiam. Quia in supernæ Jerusalem plateis alleluia decantatur, ut legitur in Tobia, "O quanta est dulcedo "astrorum matutinorum laudantium Deum, et dicen- "tium, Sanctus, sanctus, sanctus Dominus Deus Sa- "baoth." Quis illam dulcissonam melodiam concipere, nedum exprimere, posset? Vocalis quidem est laus supernorum civium, secundum Cassiodorum. Constat autem secundum omnes, tantam esse exultationem eorum, quantam[2] decet esse eorum[3] qui fruuntur visione Dei.

Cap. XVI.

De elementis.

Satis probabiliter persuaserunt sibi philosophi mundum subsistere non posse sine quadam concordi elementorum quatuor discordia. Quia ut levium levitas gravium gravitate gravatur, sic gravium gravitas levium levitate levatur. Scito tamen quia post diem judicii neque ignis erit neque aqua, sed aer et terra tantum supererunt. Dic, igitur, philosophe, quonammodo ista duo elementa contraria, sine synzugia[4] vel symbolo alicujus[5] medii connectentur? Terra enim frigida est et sicca, aer vero calidus et humidus. Nonne major est contrarietas inter animam et corpus, quæ tamen sine aliquo medio conjuncta sunt? Major enim est re-

---

[1] The second *illam* is omitted in B. and C.
[2] *quantum*, A.
[3] *eorum* omitted in C.
[4] *scinzugia*, B.
[5] *alius*, B.

pugnantia simplicis ad compositum, quam compositi ad compositum. Scio tamen Aristotelem dixisse in *Topicis*, quia ignis est id in quo primo anima nata est fieri. Sed quod, quæso, erit medium, cum aer et terra conjungentur? Si mihi fidem non adhibes, crede saltem principi apostolorum Petro idem dicenti in epistola canonica. Quidnam dicenti? Quod scilicet ignis et aqua non erunt post diem judicii. "Nonne "ergo sapientia hujus mundi stultitia est apud Deum?"

Sciendum est postea, quia, ut dicit Aristoteles, vera species elementorum in terminis reperitur. In sphærico autem corpore, illud quod medium est infimum est. Unde quod medium est in terra infimum est. Hinc est quod si terra in centro suo intelligatur esse perforata, ita quod magnus sit ibi hiatus, et descenderet maximum plumbi pondus sine omni obstaculo, quiesceret motus ejus in terræ centro. Quidni? Si enim plumbum illud centrum transiret, non jam descenderet, sed ascenderet. De igne autem[1] quæstio est, ubinam vera species ignis reperiri queat. De aliis enim elementis perspicuum est, quia in medio sui vera natura elementorum reperitur. Extremitates enim alterationi expositæ sunt, propter mutuam elementorum reciprocitatem.[2] Ignis autem superior pars alterationi non videtur obnoxia. Æther enim continuus nulla alterationis specie ignem immutare videtur, cum secundum veritatem Aristotelis, neque æther, neque corpora superiora elementata[3] sint. Nonne item quanto ignis pars remotior est a centro, tanto est purior? Nonne igitur terminus ignis erit in superiori parte sui? Credo sic esse, licet magnis viris aliter visum sit.

Aristoteles.

---

[1] *autem* omitted in C.
[2] *recuperationem*, B.; the word is omitted in C.
[3] The word *elementata* is omitted in B.

Cap. XVII.

De igne.

Ut dicit Aristoteles in *Topicis*, tres sunt species ignis, lux, flamma, et carbo. Multis autem visum est lucem nihil aliud esse quam aerem lucidum. Sed secundum hoc aer ignis est, cum sint res differentes specie. Carbo autem non dicitur materia accensa, sed ignis qui materiam talem accendit. Unde Vulcanus est iste ignis inferior, qui ideo dicitur claudus, quia quasi uno pede materiæ adhæret, altero quasi in altum prout flammæ natura desiderat nititur. Ignis autem duo principales dicuntur esse effectus, illuminare scilicet et calefacere. Sed ut de superiori igne, qui a multis bene instructis lux esse dicitur, omittam. De natura inferioris ignis aliqua in medium proponamus. Ignis itaque, ut dicit Aristoteles in *Posterioribus Analecticis*, in multiplici analogia est. Multiplicatur enim in se, et sine suæ substantiæ dispendio in plures ignes dividi videtur, adeo ut dici possit, *[Primus effectus ignis. Aristoteles.]*

"Mille licet sumant, deperit inde nihil."

In hoc gerit ignis similitudinem cum sapientia, quæ in plures distributa, nullam sui suscipit diminutionem. Nonne idem in amore reperies? Extendit enim se caritas etiam ad inimicos, et hoc non solum fit sine ipsius detrimento, immo ad majorem ipsius gloriam cedit. Ignis vero visibilis quandam habet similitudinem cum igne Spiritus Sancti. Spiritus enim Sanctus in omnibus gratiæ filiis unus et idem est. Unde et Spiritus Sanctus dicitur spiritus Moysi, ut ibi, "Su- "mam de Spiritu tuo." *[De caritatis efficacia. De igne.]*

Secundum autem diversas ignis naturas et varios effectus, similitudinem habet cum diversis. Ecce enim ignis materiam pascentem ipsum consumit, etsi sine *[Secundus.]*

beneficio materiæ subsistere non queat. Sic se habet insolens potestas, quia cum sine consilio stabiliri nequeat, destruit tamen consilium aliorum, tum ut magnus et prudens in oculis aliorum videatur qui potens est, tum ut suam assequatur voluntatem. Indignatur enim aliorum consiliis regi, qui alios regit.

Tertius. Ignis item solatium et augmentum lætitiæ præsentibus affert, nisi in immensum excrescat. Si enim nimis multiplicatus in immensum excrescat, horrorem potius inducit quam lætitiam. Sic et ipsa lætitia, quamdiu debitos limites non excedit, res est delectabilis. Si vero luxuriet[1] in excessum tendens, insaniæ prætendit imaginem.

Quartus. Ignis item ex se fumum generat, sed eum lucis suæ non constituit hæredem. Sic sæpe clari nobilitas sanguinis Thersitem degenerantem ex se[2] producit.

De scientia. Quid dicere opus est quod candela accensa lucet aliis, aliis utilis est, sed cum sui dispendio? Sic nonnunquam scientia, fideliter auditoribus impressa, ipsis non mediocrem usum affert, domino tamen proprio nullum allatura profectum, adeo ut dici possit,

"Non prosunt domino quæ prosunt omnibus artes."

Sed quid? Non culpa est[3] vini, sed culpa bibentis.

Sextus. Ignis item remedium præbet dolori quem ignis intulit adustio. Sic, cum verbis læsus est amor, verbis iterum reconciliandus est amor, adeo ut dici queat,

"Vulnus Achillæo quæ quondam fecerat hosti,
"Vulneris auxilium Pelias hasta tulit."

Nec[4] mireris, si verba igni contulerim, nonne enim verba animum accendunt et urunt.

---

[1] *luxuriat*, B.
[2] *ex se degenerantem*, D.
[3] *est culpa*, B.
[4] *Non*, B.

Adde prædictis, quia ex silicibus ignis excuditur[1] scintilla, sed evanescit nisi arida nutrimenta circumposita ignem suscipiant, ut sic fomite nutriatur flamma. Sic et opportuna correptio doctoris scintillam devotionis elicit ex corde etiam lapideo, sed citissima effugit, nisi lenis consolatio adhibita ignem devotionis suaviter nutriat. Utrum autem ignem in ipsis silicibus contineant abditi quidam naturæ sinus, an aer interclusus vi collisionum et silicis[2] igniatur, discutere nolo. Quid tamen sentiat super hoc Virgilius docet in libro *Georgicorum*,[3] ubi ait,

De doctoris correptione.

" Ut silicis venis[4] abstrusum excluderet ignem."

Videtur tamen potius quod ex violentia motus et collisione corporum igniatur aer.

Ignis item virtutem habet[5] uritivam et consumptivam, et materiam sibi subjectam, nisi inobediens sit materia, et virtuti ignis contradicens et reluctans, in favillam et cinerem redigit. Quid vultum avertis, lector?

De consumptione hominis.

" Mutato nomine, de te
" Fabula narratur."

Audi ergo fabulam non fabulam. Nescis, ha! nescis, ignis in sinu tuo est. Calor qui tecum oritur te consumit paulatim et paulatim. Mors multos præmittit nuntios, adventum dominæ[6] nuntiantes. Mors corpus tuum in pulverem rediget, corpus tuum vermium esca erit. In turribus cœlo minantibus palatium construxisti, sed esto. Sic fiet, ut a turribus in foveam dejiciaris. Purpura commutabitur in cilicium, coopertorium martricibus vel cisimis[7] decoratum, in cespitem mutabitur.

---

[1] Altered to *excutitur*, B.
[2] *in collisione silicis*, B.; *vi collisionum igniatur*, D.
[3] Virgil. Georgic., i. 135. Neckam read *excuderet* for *excuderet*.
[4] *venum*, B.
[5] *habet virtutem*, D.
[6] *domini*, C.
[7] *cismis*, C.

Propter virtutem ignis uritivam et sensibilem laesionem quam corporibus infert, accidit ut in igne non nutriantur animalia, sicut in aliis elementis. Putant tamen nonnulli salamandram non solum flammas igneas ex se emittere, sed in igne deliciose commorari. Certum autem esse putant,[1] quia cingula seu cinctoria ex pelle hujus animalis artificiose parata puriora et decentiora fiant[2] in ignem missa. Hujusmodi autem corrigiis quidam sermocinatores, nummorum venatores, simplicitatem multorum eludunt, asserentes aliquem sanctum usum esse cingulo quod in medium proferunt. Et ut fides dictis ipsorum adhibeatur, in praesentia assistentium cingulum in ignem mittunt. Quo sine omni laesione extracto ab igne, turba nimis credula, oborto[3] imbre lacrimarum, in gratiarum actiones vocem exaltat. Et sic voti compotes efficiuntur seductores, pecunia multo sudore adquisita onerati. Dicit tamen Cassiodorus quod salamandra est animal subtile ac parvum, lumbricis[4] associum, flavo colore vestitum. Constringitur etiam, ut dicit, tanto frigore ut flammis ardentibus temperetur. Ut autem docet Isidorus, ipsa non solum non uritur, sed etiam extinguit incendium. Haec si arbori irrepserit, omnia poma veneno inficit, et eos qui ederint occidit. Quae si etiam in puteum cadat, vis veneni potantes interficit. Dum autem de salamandra tracto, constituo prae oculis cordis mei potentem igneis flammis iracundiae accensum, verba ignea nimis acerbe proferentem, adeo ut delicias reputet in ira jugiter[5] versari. Sed nonne hujus salamandrae corpus ignem sentiet gehennalem? Ha, miser! totus ignitus es, totus igneus es; jam ignis iste perambulus est cruciatuum ignis gehennalis. Numquid totiens iracundiae cor inflammantis ignescit incendiis, ut con-

De potente iracundo.

---

[1] *ideo putant*, D.
[2] *fient*, C.
[3] *aborto*, C.
[4] *lubricis lumbricis*, D.
[5] *jugiter in ira*, D.

suetudinis subsidio leviora tibi videantur ignis infernalis incendia? Quid? Consuetudo ista acriores reddet cruciatus ignis gehennalis.

Quid de luce solaris fulgoris disseram, cum lux ipsa vitrum penetrare videatur? Sic et gratia Spiritus Sancti cor illustrat radiis præsentiæ suæ? *De gratia Spiritus Sancti.*

Quid luce præclara visu pulchrius? Quid vita hominis jocundius homini? Extinguitur autem de facili candelæ accensæ lux. Sic et citissime vita humana fugit. Sæpe luce extincta fœtor quidam aerem inficit, sic et anima de corporis ergastulo recedente, fœtorem sine mora generat cadaver. *De vita hominis.*

Vidi sæpius luce extincta candelæ, Vulcano tamen adhærente licinio, iterum leni flatu lucem rediisse. Sic et gratia, peccatis hominis exigentibus, eidem subtracta, leni flatu Spiritus Sancti lux gratiæ cor accendentis revertitur. Anima etiam quæ a corporis contubernio recedit, in futuro ad ipsum redibit. *Item de gratia.*

Volens nolens dictis adjicio, quia sicut sub favilla latet ignis, sic nonnunquam sub habitu humilitatis nutritur superbia. Pro dolor! sub habitu Christi libentissime latet infelix elatio. Pro dolor! sub habitu seculari quiescit humilitas, et sub habitu claustralium tumet fastus superbiæ. *De superbia.*

Quis autem est qui non deprehenderit sæpius lumen solaris radii tremulum effici, cum ad humorem perveniens, *De luce et animo humano.*

" Omnia pervolitat late loca, jamque sub auras
" Erigitur, summique ferit laquearia tecti?"[1]

Sicut igitur, aqua tremulo sub lumine splendente, ludere videtur errans et circumvolitans lux, sic animus in diversas partes distractus, certam stabilitatis sedem reperire non potest, cum variarum perturbationum imagine eluditur.

---

[1] Virgil. Æneid., lib. viii. l. 24.

Cap. XVIII.

De aere.

Usus aeris tam necessarius est sustentationi vitæ nostræ, ut sine ejus beneficio nec respirare valeamus. Est autem aer superior, qui a poetis Jupiter dicitur; est et inferior, quem Junonem dixerunt. Unde finxerunt solum Mercurium tantam gratiam novercæ suæ esse consecutum, ut ejus uberibus lactaretur. In hoc autem figuratum est, vocem per Mercurium designatam beneficio aeris inferioris attrahi. Dicitur enim Mercurius quasi mentis currus.

De vento. Ventus autem, ut dicit Aristoteles in *Topicis*, est motus aeris. Nolo autem discutere utrum venti ex refluxionibus maris proveniant, an ex nubium perturbatione, cum dicat Scriptura, " Qui posuit ventos " in thesauris suis." Sed hoc sciendum, quod superior aer hujusmodi caret perturbationibus, juxta illud Lucani :[1]

" Pacem summa tenent."

Unde philosophi cineres supra cacumen Olympi, montis eminentissimi, posuerunt, et in eis figuras litterarum protraxerunt,[2] et revoluto anni circulo reversi ordinem litterarum non perturbatum repererunt. Aer igitur persæpe in multis sui qualitatibus similitudinem habet cum animo. Sicut enim aer nunc arridens lætam prætendit faciem cum nubes abeunt in vellera, nunc aeris facies obnubilati variis perturbationibus perturbatur, ita et animus humanus nunc gaudiis[3] serenatur, nunc doloris passionibus exponitur. Sicut autem ventus suis agitatur turbinibus, ita et animus procellis suis. Possunt et per ventos mun-

De aere et animo humano.

---

[1] Lucan. Pharsal., ii. 273.
[2] *protraxerint*, B.
[3] *gaudii*, B.C.D.

danæ persecutiones designari. Sicut enim unus ventus succedens alii vendicat sibi dominium in aere, ita fortunæ insidiæ sibi invicem mutuo succedunt. Gallus autem ecclesiæ superpositus caput suum vento flanti opponit, in quo instruuntur prælati, quia viriliter pro domo Domini, quam regendam susceperunt, stare debent, et tyrannorum insidiis et alienatoribus bonorum patrimonii Crucifixi resistere.

De vento et persecutionibus. De gallo et prælato.

Vides sæpius aerem prius obscurum et obnubilatum radiis solaribus irradiari, sic et animus prius vitiis deformatus, radiis solis justitiæ serenatur.

Ventorum etiam raucum murmur et terror tonitruorum potentiam loquuntur Creatoris,[1] et ad devotionem mentes prius perterritas perducunt. Nonne etiam fœtorem exterminant[2] flatus ventorum? Sic sic persecutiones devotionem nutriunt in animo, secundum quod beatus Gregorius ait, " Tribulatio adjutrix est " virtutum." Certe nimis obnoxii essent desidiæ filii Adæ, immo nimis otiis torpentibus subjicerentur, nisi tribulationibus variis excitarentur. Tribulationes itaque peccata quæ fœtent in conspectu Altissimi exterminant, et otiis mentem effœminantibus novercantur. Vis scire quam necessariæ sint nobis tribulationes? Audi sententiam Job. Ubi enim habemus, " Militia est vita " hominis super terram," habet alia[3] translatio, " Temptatio vita hominis est[4] super terram."

Quod necessaria sit tribulatio.

Cap. XIX.

Quod nullus locus sit vacuus, vel diu vacuus.

Nullum locum esse vacuum philosophorum quorundam fuit traditio, sed quod nullus diu sit vacuus, si

---

[1] *Salvatoris,* D.
[2] *exterminat,* B.
[3] *Item alia,* D.
[4] *est vita hominis,* C.

tamen aliquis vacuus,[1] certis potest doceri experimentis. Hinc est enim quod ventosa seu situla, in qua reponitur arida stirparum[2] materia igne accensa sanguinem allicit, quia aere incluso in situla ignis edacitate consumpto, ne relinquatur locus vacuus, adest sanguis. Sic et cor tumidum et impatiens diu non potest carere rixis et jurgiis. Consumpta igitur levi ira qua cor aliquantisper accensum fuit, subintrat cor inquietum major indignatio. Vel[3] per ignem nutritum fomento aridorum nutrimentorum designari potest devotio, qua extincta sanguis delectationis illicitæ cor subintrat. Per sanguinem enim delectatio peccati intelligitur, ut ibi, "Sanguis sanguinem tetigit."

De iracundo.

Ad propositum etiam facit experimentum etiam vulgo notum. Humore impleatur urceus habens fundum multis foraminibus distinctum et orificium superius. Quamdiu os superius pollice tenentis vas obturabitur, non exibit per foramina inferiora humor in vase contentus, sed si amoveatur pollex, exibit humor. Aer enim subintrans exire cogit humorem. Sic et homo plenus rimarum, qui vas futile[4] est, non effundit quod in mente concepit quamdiu circumstantiam apponit labiis suis. Hac vero amota, effundit quicquid in animo concepit.

Qui etiam vinum furtim educunt per calamorum plurium conjunctorum confœderationem, etiam ad locum valde remotum, fidem ei quod in medium proposuimus faciunt. Instrumentum igitur concavum ex arundinibus contentum ori dolii superponitur, ultimam vero partem fur ori admovens aerem intra arundineum instrumentum contentum extrahit. Recedente ergo aere incluso, necessarium est aliquid loco ipsius subintrare. Sicque humor in dolio contentus extrahitur, quia subintrat

---

[1] The words *si tamen aliquis vacuus* are omitted in C.
[2] *stipparum*, C.D.
[3] *Ut*, B.
[4] *fictile*, B.C.D.

partes ab aere derelictas. Fur iste typum gerit illius qui, blanda quadam et adulatrice verborum utens forma, a corde alterius secretum elicit, ut sic pelliciat.

Quoniam igitur nullum locum esse vacuum[1] verisimile est, videtur aer poris carere. Si enim poros haberet, quid esset in poris illis? Numquid aer? Sed si poris caret, quomodo lux solis aeris partes subintrat?

Dum autem de aere loquor, reduco ad memoriam ventorum conflictum obviis impetibus sibi concurrentium. Videsne quonammodo hæc mundi pars inferior vicissitudini variarum perturbationum exposita sit? Nonne item elementa coloris spoliatione et transpositione partium et formæ substantialis novæ adventu in se reciprocantur? Pacem autem, ut dixi, summa tenent, cum aer iste nobis familiaris diversis subjaceat et alterationibus et conflictibus. Sic et corda humana sollicitudinibus rerum infimarum, terrestrium scilicet, obnoxia, immo deservientia, conflictum curarum cor urentium sentiunt. Corda vero quietæ dulcedini contemplationis devotæ indulgentia pacis, etsi nondum perfectæ, tranquillitate potiuntur. Turbetur igitur Martha cura plurima; profecto Maria optimam partem elegit, quæ non auferetur ab ea. Absit tamen ut Marthæ consortes esse se æstiment[2] qui turpi quæstui invigilant. Hi namque infelicem partem elegerunt, sed Martha felicem, Maria vero felicissimam.

Cap. XX.

De voce.

Dum autem de aere aliqua congero, pauca de voce dicere libet. Etsi enim vocem non credam esse aerem, tamen sine aeris beneficio nec proferri potest nec audiri.

---

[1] *vacuum esse*, B.D.   [2] *existiment*, C.D.

Vox itaque a multis sine sui dispendio auditur, adeo ut quadam naturæ munificentia usum sui multorum cuilibet sine invidia aut diminutione concedat. Unde et verbum Patris toti mundo sufficit, totum se ecclesiæ toti concessit, commune solatium, communis salus. Verbum Patris sapientia est. Sapientia autem thesaurus nobilis est, quia sine sui detrimento omnibus se offert, omnibus sufficit. Vox item affectus animi exponit, adeo ut littera quædam esse videatur voluntatis interioris. Adde quod vox viva efficacius imprimit mentibus auditorum sententiarum characterem quam mortui apices. Nescio enim quid latentis energiæ, id est interioris operationis, habet in se viva vox. Vox etiam, cum jam proferri desiit, interius tamen in anima auditoris adhuc loqui videtur. Verba item sunt sagittæ acutæ, ex intimis cordis sanguinem quendam devotionis elicientes. Verba namque penetrant usque ad[1] penitiores partes animi, adeo ut nunc aculeo doloris animus pungatur, nunc imagines lætitiæ lætus sibi depingat. Numquid enim frustra in virga Mercurii quædam pars esse vivificans, quædam esse mortifera, fingitur? Nonne enim in manibus linguæ mors et vita? O dolor! O dedecus! O res exemplo perniciosa! Multi sunt qui in modum apis mel habent in ore, sed in tergo aculeum. Scorpio facie blanditur, sed cauda pungit.

De echo. Multi etiam quadam sciendi curiositate solliciti sunt ad inquirendum quid sit echo. Echo igitur nihil aliud est quam quædam resultatio aeris informati repercussione vocis prolatæ. Aer igitur repercussus, et rediens[2] propter obstaculum in quo stat cursus aeris, ultimæ vocis sonum ad audientiam provehit. Per echo autem designantur quidam nimis proni ad loquendum, immo extrema locutione uti desiderant isti nobiles triumpha-

---

[1] *ut ad*, B.   [2] *residens*, B.

tores. O quam male abutuntur illa Salomonis auctori- *Ironia.*
tate, quæ legitur in Ecclesiaste, "Melior est finis
" orationis quam principium." Nec sine causa a poetis
dictum est, echo amore Narcissi accensam esse. Per
Narcissum enim inanis designatur gloria, quæ umbra
sui ipsius fallitur. Vanitate enim sui ipsius decipitur
inanis gloria, dum se ipsam nimis miratur et nimis
commendat. In aquis autem resultat imago Narcissi,
qua accenditur sui ipsius nimis vehemens amator;
quia dum in rebus transitoriis pompam sui umbratilem
admiratur obstupescens gloria, nimio sui amore infeliciter ignescit. Tandem in florem mutatur, quia evanescit mundana gloria, et ipsum nomen solum superest.
Ubi est gloria Cæsarum? Ubi Cleopatræ voluptatibus
exquisitissimis et adinventionibus superfluis deditæ
deliciæ singulares? Ubi plumæ Sardanapali, adeo
remissioris vitæ illecebris expositi, ut sub habitu
muliebri fœminam mentiens, nisi quia totus effœminatus
erat, pensa puellis distribueret? Pro dolor! sexus sui
dignitatis immemor, Tiresiare desideravit. Mas erat
beneficio naturæ, sed in fœminam optavit turpiter
degenerare. Ubi Orphei naturæ hostis miserrimæ
voluptates, qui usus venereæ voluptatis in teneros transferens mares, ausus est ætatis breve ver et primos
carpere[1] flores? Ubi Lacenæ species, per quam nobile
Ilion subversum est? Ubi illa sanguinis nobilitas,
non ab Adam dignata originem sumere, sed cygnum
generis sui laudans[2] principium? Ubi Macedonis
Pellæi trophæa inclita, successos suos semper feliciter
urgentis? Ubi Nabugodonosor, illa imperiosa et erecta
cervix, qui postea ut bos fœnum comedit? Quid? de
Mario omnia passo,

" Quæ pejor fortuna potest, atque omnibus uso, *Lucanus.*
" Quæ melior?"

---

[1] *capere,* A.   [2] *laudant,* B.

Quid opus est de Nerone interponere, qui in seipso experiri voluit quicquid monstruosa libido excogitare ausa est?

Sed ad propositum tempus est remeare, ut de voce prædictis aliqua abjiciamus. Quam sublimis igitur sit vocis dignitas, quanta utilitas, patet, si consideres[1] grammaticum, dialecticum, rethorem, musicum, vocis usum sibi vendicare, licet variis de causis. Quam dulce autem sit melos, quam concors vocum harmonia, ad quantam excitet, immo perducat, animos lætitiam vocum consonantia, vix verbis exprimi potest. Chromaticum tamen genus cantilenæ præ diatonico et enharmonico, mentes non solum compellit ad lætitiam, sed viriles animos fere effœminat. Unde et propter sui voluptuariam[2] delectationem, ab usu sanctæ ecclesiæ relegari debet. Nonnulla de chamæleonte, quia animal est aerium, scripto commendare nos monet ratio tractatus suscepti de aere instituendi.

Cap. XXI.

De chamæleonte. Solinus.[3]

Chamæleon plurimus[4] abundat in Asia, animal quadrupes, facie quasi[5] lacertæ, nisi crura recta et longiora ventri jungerentur; prolixa cauda, eademque in vertiginem torta. Ungues hamati subtili aduncitate.[6] Incessus piger, et fere idem qui testudinum motus. Corpus asperum, cutem qualem in cocodrillis deprehendimus. Subducti oculi, et recessu concavo introrsum recepti, quos nunquam nictatione obnuit visus.[7] Denique non circulatis[8] pupillis, sed obtutu rigidi orbis intentat. Hiatus ejus æternus, ac sine ullius usus

---

[1] *consideret*, B.
[2] *voluptariam*, B.C.
[3] Solini Polyhistor, c. xl.
[4] *plurimus*, D.
[5] *qua*, Solinus.
[6] *aduncitate*, B.
[7] *obnubit visum*, Solinus.
[8] *circumlatis*, Solinus.

ministerio; quippe cum neque cibum capiat, neque potu alatur, nec alimento alio quam haustu aeris vivat. Color varius et in momenta[1] mutabilis, ita ut cuicunque rei se conjunxerit, concolor ei fiat. Colores duo sunt quos fingere non valet, rubeus[2] et candidus; cæteros facile mentitur. Corpus pæne sine carne, vitalia sine liene, nec nisi in corculo pauxillum sanguinis deprehenditur. Latet hyeme, producitur vere. Impetibilis est coraci, a quo cum interfectus est, victorem suum perimit interemptus. Nam si vel modicum ales ex eo ederit, illico moritur. Sed corax habet præsidium ad medelam natura manum porrigente. Nam cum afflictum se intelligit, fronde laurea recuperat sanitatem.

Chamæleon tibi designet adulatorem, qui cum pluribus se conformet, innocentibus tamen et justis se non conformat. Albedo innocentiam, rubor ignem caritatis[3] designat.[4] Si autem vitium istud te infecerit, esto corax, ut ad laurum sapientiæ recurras.

CAP. XXII.

De campana.

Campana prædicatoris repræsentat officium. Unde in[5] quibusdam locis baptizatur campana, ad designandum quod nulli licet prædicare nisi baptizato. Si vero aliquo casu, immo infortunio, campana ruens hominem perimat,[6] spinis intus replebitur, quasi in signum pœnitentiæ. Septennio autem revoluto, iterum pristino officio, ut scilicet pulsetur, accommodabitur. Campana autem maxima si pulsetur, filo circumdata etiam tenui, findetur. In hoc instruimur quia[7] mini-

---

[1] *momento*, B.
[2] *rubrus*, Solinus.
[3] *caritatis ignem*, B.
[4] *designet*, C.
[5] *et*, D.
[6] *perimerit*, B.
[7] *quod*, D., altered to *quia* in a later hand.

De prædi-catore.

mum quid obesse solet prædicanti; immo vero si laqueo minimo secularium negotiorum implicetur prædicator, aut prorsus perit ejus utile studiosum negotium, aut minuitur. Sicut autem campana a terra remota in aere pendet, sic et prædicatoris intentio suspensa esse debet[1] a terrenis, adeo ut dicere possit de jure, "Suspendium elegit anima mea." Sicut autem lignum campanæ adhæret, sic et fide passionis insigniri debent prædicatores, immo constantiæ stabilitate firmari. Funis autem ligno aptæ et firmiter connecti et associari[2] debet, ut possit campana pulsari. Quid enim prodest scientia doctoris, nisi quandoque detur aliis et copia et facultas illius.

Ratio vero quare campana circumligata filo tenuissimo frangatur pulsata, hæc est. Campana siquidem solidum corpus est et porosum. Cum ergo feritur interius,[3] alliditur aer, qui exire deberet per poros, ut sonum audientibus repræsentaret. Sed cum ibi invenit obstaculum, immoratur in poris ipsius, et ex sua propria allisione frangit campanam. Præterea, si campana superius rotundum foramen habeat, non ideo minus resonat, cum aer allisus libere et quasi rotunde et integre possit exire. Si vero campana sit[4] fissa, non resonat, quia aer colligitur[5] in fissura, et confunditur. Clarior item censetur sonus campanæ suspensæ juxta aquarum fluenta. Sic et prædicatio commendabilior est quæ super aquas gratiæ fundatur.

Cap. XXIII.

De avibus.

Quoniam autem aves ornatus aeris dicuntur, de avibus aliqua in medium proponemus. Notandum ergo

---

[1] *debet esse*, C.D.
[2] *associare*, D.
[3] *uterius*, B.
[4] *fuerit*, D.
[5] *alliditur*, B.

inprimis quod quidam rebus servandis præfecti moleste ferunt aliorum consortium. Quos eleganter notat Cassiodorus,[1] hac verborum utens forma :[2] "Aves grega-
"tim volant, quæ innoxia voluntate mitescunt. Canori
"turdi amant sui generis densitatem, strepentes[3]
"sturni compares sequuntur indesinenter exercitus.
"Murmurantes palumbi proprias diligunt cohortes, et
"quicquid ad simplicem pertinet vitam adunationis
"gratiam non refutat. Contra, animosi accipitres,
"aquilæ venatrices, et supra omnes alites acute[4] in-
"tuentes, volatus solitarios concupiscunt, quia rapaces
"insidiæ innoxia conventicula non requirunt. Ambi-
"unt enim aliquid[5] soli agere, qui prædam cum
"altero non desiderant invenire."

Aquila igitur ovis suis propter sui calorem lapides interponit frigidissimos, ut frigiditatis remedio calor ova non dissipet. Sic et verba nostra si ex inconsulto calore primitus prolata sint, postmodum quadam temperantia discretionis moderari debemus, ut finis locutionis conciliet gratiam quam perturbasse visus est sermo initialis. Aquila item alta petens prædam conspicit in imis usui suo idoneam. Sic et nos arcanas rerum sublimitates perscrutantes, etiam in terrenis et infimis[6] rebus aliquid eligere debemus, quod in utilitatem auditorum retorqueamus. Posset et hoc etiam divitibus adaptari,[7] qui in fastigiis dignitatum constituti, etiam in rebus exilibus captiose prædam vel exiguam venantur. Aquila etiam pullos suos radiis solaris fulgoris exponit, ut illos qui irreverberata luminum acie jubar solare sustinent, educet et sibi reservet tanquam avitæ nobilitatis imitatores. Eos vero quos natura potenti efficacia acuminis visus desti-

De natura aquilæ.

De circumspectione verborum.

Alia natura aquilæ. Adaptatio.

Tertia natura aquilæ.

---

[1] Cassiodori Variar. viii. 31.
[2] *sub hac forma verborum*, D.
[3] *serpentes*, Cassiodor.
[4] *acutius*, Cassiodor.
[5] *aliqui*, Cassiodor.
[6] *et in infimis*, C.
[7] *adaptari divitibus*, C.

tuisse visa est, nido preturbat[1] mater quasi degeneres et contemnit. Natura autem provida recompensare volens eis tantæ detrimentum jacturæ alimenta eis ministrat.[2] *Adaptatio.* Sic sic viros contemplativos in lucis æternæ gloriam oculos considerationis et devotionis figentes, commendat divinæ benignitatis miseratio. Sed nec etiam aliis[3] prorsus munificentiæ suæ subtrahit usum, providens unicuique prout[4] res desiderat. *Similitudo.* Philosophia etiam, quæ aquilæ nomine designari potest, tam propter aciem luminum, quam propter multas sui proprietates commendatione dignas, eos reputat contemptibiles, qui in arduas rerum subtilitates mentis oculos dirigere nequeunt. Illos vero suos esse gloriatur, *Quarta.* qui rerum arcana subtili penetrant intuitu. O quam sedula diligentia pullos suos aquila[5] provocat ad volandum, cum naturalis vigor facultatem ipsis præstat aera remigio alarum secandi. Postea aerii soli immensitatem illis relinquit, tanquam fundum paternæ hæreditatis. *Adaptatio.* Sic et prælati subditos suos amica et frequenti exhortatione commonere debent, ut studiis spiritualis militiæ hilariter indulgeant, ut cohæredes Christi fiant. *Quinta.* Refert etiam Gamaliel, quod dum aquila sagittariorum reformidat insidias, pullos suos asportat in sublime tergo suo insidentes, ut si forte teli mittendi celeritas matrem assequatur, pulli serventur illæsi materni corporis beneficio, clipei fungentis officio. *Adaptatio.* Discant hinc utinam tam parentes naturales quam spirituales quanta *Sexta.* vigilantia filii educandi sint. Vulgo item notum est aquilam jam incommoda senectutis sentientem renovare ætatem suam beneficio caloris aerii tam plumas quam pennas exurentis. Quid quod rostri curvitatem, tam adunci ut escas sumere nequeat, ad petram elidit, immo comminuit et conterit, ut usibus cibariorum in-

---

[1] *perturbat*, B.
[2] This sentence is omitted in B.
[3] *aliis etiam*, C.
[4] *sicut*, D.
[5] *aquila* omitted in C.

corporandorum aptius et magis idoneum rostrum ei
conferat naturæ munificæ provida benignitas? Sic sic Adaptatio.
quantum in nobis est veterem hominem nos decet
exuere, ut novitate gratiæ innovemur. Hujusmodi[1]
tamen innovatio ad petram, hoc est cum stabilitate
animi, fieri debet, quia soli[2] perseveranti datur corona.
Nec item fieri potest hujusmodi renovatio, nisi per
petram justitiæ, quæ est Christus. Oportet etiam nos[3] Septima.
arduum iter virtutum aggredi, sicut aquila desiderans
renovari, in sublime fertur adeo ut hominum aspectui
se prorsus subtrahat. O quam nociva est oculorum De lascivo
curiositas! O quotiens mors subintrat per fenestras aspectu.
oculorum! O quam perniciosa sunt detrahentium
susurria, quam vitanda turpium obscœna colloquia!
"Corrumpunt enim bonos mores colloquia prava." O
quotiens lilium, densissima veprium[4] turba coronatum,
aculeis spinarum perforatur! Quo se vertet lilium
istud? Undique insidiis spinarum expositum est. Impetus auræ tenuis non sine detrimento nitoris[5] ful-
gentissimi lilium vel exiliter impellit. Sed ad aquilam Octava.
revertamur. Aquila jejunium diuturnum multa cibi
sumpti quantitate recompensat. Cui nonnulli assimi- Adaptatio.
lantur qui longa jejunia esculentorum lautiorum deliciosa redimunt varietate. Beatus autem Hieronimus
hujusmodi[6] non approbat jejunia, nec nos approbamus.
Mediocri igitur sive parca ciborum sustentatione unius
diei relevetur jejunium, ita quod etiam[7] a vitiis
jejunetur. Ferunt etiam ad imperiosum aquilæ clan- Nona.
gentis clamorem retardari impetum celeritatis motus
volantis cujusque alterius avis. In quo instruimur Adaptatio.
tam edictis Cæsarum quam indictis pontificum obtem-
perandum esse. Raptus vero Phrygii adolescentis aquilæ De Phryge
ascribitur, propter celeritatem raptus. Quanquam se- et Aquario.

---

[1] *Hujus*, B.
[2] *soli* omitted in B.
[3] *nos etiam*, C.
[4] *veprium densissima*, D.
[5] *nitoris detrimento*, D.
[6] *hujus*, B.
[7] *ita etiam quod*, D.

cundum astrologiæ fabulosam traditiunculam, aquila signum sit sidereum¹ Aquario oppositum. Cum igitur oritur² aquila, occidit Aquarius. Secundum veritatem autem astronomiæ, Leo signum est oppositum Aquario, juxta illud Lucani:

Lucanus.
"Nec plus leo tollitur urna."³

Quoniam vero Aquarius signum est pluviale, fingitur quod Phryx pincerna est Jovis, per quem aer intelligitur. Ales vero iste de quo inpræsentiarum⁴ agimus, dicitur esse armiger Jovis, quia aquila tonitrui non reformidat horrorem. Secundum historialem vero intelligentiam, aquila signum fuit Jovis regis Cretensis. Romani vero urbi suæ formam præbuere leoninam, pro signis vero aquilas gestaverunt;⁵ leo enim regio fastu bestias premit, aquila inter aves dominium sortitur. Ferunt etiam nonnulli aquilam vexillo primipilarii⁶ Jovis insedisse, eo die quo patrem suum Saturnum regem inclitum devicit. Propter obsequium igitur quod aquila exhibuisse fertur Jovi, putant ipsum armigeri Jovis nuncupationem sortitam esse. Nonnulli etiam aquilas Romulo comparuisse in fundatione urbis perhibent, sed utrum vultures vocent⁷ aquilas ipsi viderint.ᵃ Scito etiam quia quod dicitur aquila Jovi fulmen ministrasse, ad historiæ consistentiam referendum est. Jovi enim congressuro cum Saturno apparuit aquila, et exercitum ejus secuta est. Qui eventus auguribus Jovis victoriæ dedisse visus est auspicium. Certam igitur nanciscens spem vincendi, Jupiter, in exercitum Saturni fulminans, hostes in fugam convertit et patrem confecit. Quibusdam placet,

ᵃ Constat secundum annales vultures apparuisse Romulo in fundatione civitatis suæ.

---

¹ *sit sidereum signum*, C.
² *oritigur*, C.
³ Lucani Pharsal. ix. 537.
⁴ *inprentiarum*, C.
⁵ *gestaverant*, C.
⁶ *primipularii*, D.
⁷ *nocent*, B.

hoc ad immensitatem caloris, quo abundat hæc avis, referendum esse. Ferunt item mortiferam pecudum *Decima.* luem cessare si aquila cadaveris unici refecta fuerit esu. Hanc namque indemnitati loci quem inhabitat prospicere autumant. O utinam sisteret quorundam avaritia votis potita! Sed, pro dolor! crescit in immensum, *Adaptatio.* stare nescia. Virtutem autem corrosivam habere perhibentur pennæ aquilæ adeo ut si hujuscemodi pennas *Undecima.* colimbis¹ aut sagittis aptaveris alarum officio fungentes, et colimbos² hos aut sagittas cum missilibus aliarum volucrum pennis munitis sociaveris, pennæ æmulatrices naturæ aquilæ corrodunt alias pennas et consumunt. Quid? victricis avis ornatus se³ fuisse contendunt, et dominium inter aves de jure vendicare sibi aquilas pennæ earum evincere velle videntur. Sic sic potentum satellites dominia inter minores usur- *Adaptatio.* pant impudenter, et naturam ᵃOpici⁴ muris imitantur ex parte.

CAP. XXIV.

De accipitre suspenso.

Quam verum sit autem illud philosophi, necesse est ut multos timeat qui a multis timetur, narratiuncula subdenda docebit. In Britannia igitur majore rex quidam, venationi aeriæ indulgens, accipitris cujusdam generosi pernicem volatum, conatus strenuos, agiles flexus, et felices successus admiratus est. Sed ecce aquilæ quædam repentinis insidiis in modum turbinis impetuosi accipitrem persecuta est. Qui fugam arripiens septa caularum latitandi gratia inter oviculas providus elegit. Aquila autem terræ se commendans,

---

ᵃ Ops enim terra dicitur, quam mus inhabitat.

---

¹ *columbis*, B.
² *columbus*, B.
³ *sese*, C.
⁴ *Opicis*, D.

ovile sæpius exterius circumivit,[1] attemptans utrum aliquo casu voti sui compos effici posset. Tandem caput intra cratem ex viminibus contextam intrudens violenter, præda fit accipitris, caput aquilæ unguibus acriter arripientis. Admittunt igitur equos certatim tam milites quam adolescentes nobiles, quam satellites regii, variis studiis, quidam ut accipitri subsidium conferant, quidam ut exitum rei contemplentur. Et ecce in tanto cœtu lætus oritur clamor, et accipitrem aquilæ victorem summa dignum commendatione protestantur. Rex vero solus dolens regiam avem ignobiliter tractari, accipitrem proditionis arguit, censens eum reum læsæ majestatis, eo quod dominum suum interemisset; et, ut[2] genti suæ timorem incuteret, accipitrem suspendi jussit. Ad hoc enim præcipue tendunt potentes ut timeantur, ut vel sic timorem quo alios timent velare queant.

Cap. XXV.

De accipitre.

Inter varias accipitris proprietates unam præcipue admiror, quam scripto commendare mihi minime molestum erit. In brumali igitur tempore, dum gelu cuncta constringi videntur, sibi volens accipiter prospicere, perdicem, vel anatem, aut avem quam sors votis ejus obtemperans obtulerit, tota nocte pedibus armatis unguibus tenet inclusam, ut sic frigoris evadat incommoditatem. Postquam vero dies sequens beneficio solis ascendentis incaluerit, avem officio suo functam avolare permittit, quasi reddens eam libertati pro timore servitii nocturni. Eam vero persequi non dignatur, memor nobilitatis propriæ, etsi etiam ipsi

---

[1] *circuivit*, B. | [2] *ut et*, B.

occurrat meticulosa prædæ seu venationi suæ indulgenti. Quidam tamen non claris nobilitatis ejus titulis hoc ascribunt, dicentes accipitrem nosse avem illam nocturno timore adeo macilentam esse affectam, ut delicias aviditati appetitus accipitris desideratas ministrare non queat. Hoc ipsum alii generositatis insigne esse perhibent, aut naturæ nobilis pietatem munificam seu piam munificentiam, docentis, non solum miseris esse subveniendum, sed et exiguum[1] dignum esse remuneratione servitium. Hinc etiam addiscere possumus Adaptatio. quantum iis[2] quibus beneficia conferre cepimus, in urgentis articulo necessitatis vel parcere debemus. Docemur etiam in dictis, quoniam sæpe nocte ad- Alia adaptatio. versitatis nonnulli turpibus vacant quæstibus, quibus abrenuntiant postmodum illucescente prosperitatis die. Accipiter autem a capiendo nomen accepit, sicut nomen austurconis ab australi plaga contraxit quæ Austria dicitur.

Cap. XXVI.

De falcone.

Falconi etiam mensæ magnatum delicias suas debere se fatentur sicut et accipitri. Sed cum accipiter[3] in primo impetu conatus sui aut voti compos efficiatur, aut desiderio destituatur, falco successos suos urgens prædam insequitur strenuissime. Multis igitur flexibus falcatis miles aerius lætus indulget, unde et nomen falconis sortitus est. Vel, ut aliis videtur, a falce nomen contraxit, propter impetum ictus quo fugientem dejicit. Secundum Isidorum dicitur falco eo quod curvis digitis sit. Girofalcones a giro dicti sunt, eo quod in girum et circuitus multos tempus expendunt. Tam expeditis autem motibus, tam pernicibus agilitatis

---

[1] *sed exiguum*, D.
[2] *hiis*, C.D.
[3] *accipiter cum*, D.

flexibus, prædam insequuntur, ut ªTrojana agmina, quæ vulgo torneamenta dicuntur, quæ a puerulis hastiledia, ad differentiam hastiludiorum,¹ dici solent, quæ Alexander tertius detestabiles nundinas vocat, ab exercitio falconum militari initium sumpsisse videantur. Tanta autem virtute nunc gruem, nunc ardeam, nunc ciconiam perturbat falco, ut Ajacem inter oviculas ensem Hectoreum vibrare credas, salvo eo quod Ajax pœnitentia ductus dicto mucrone seipsum miserabiliter transverberavit. Nunquam oves tantum hostem habuerunt, sed et² nunquam tantum mortis suæ habuerunt ultorem. Mira res. Falco unica circulatione collum girat circulariter, pectore immoto, adeo ut oculi ipsius duo centum Argi luminibus, ratione usus cujusdam naturalis discretionis, videantur ex æquo respondere, prædæ quæ post tergum est providus invigilat, et insidias si quæ imminent vitare satagit. Hinc ergo probitatis nobis est exemplar, hinc providentiæ monitor.

Cap. XXVII.

De commendabili fraude falconis aquilam seducentis in ultionem³ mortis sui comparis.

Si tantum res quæ in nullius vel paucorum notitiam deveniunt scripto commendarem, vix fidem relatiunculis meis lector adhiberet. Si nota dumtaxat prosequerer, subsannatione digna censerentur. Ea igitur varietate opus istud distinxi, ut nunc notorum appositio fidem

ª Virgilius in Æneide,⁴

"Trojaque nunc, pueri Trojanum dicitur agmen," et est⁵ ibi duplex themesis.

---

¹ *hastilediorum,* C.
² *et* omitted in B.
³ *ultione,* B.
⁴ Virg. Æn. v. 602.
⁵ *cum,* B.

cæteris promereri queat, nunc minus notorum relatio in mente lectoris attentionem generet. Falcones igitur gemini, nidificationi aeriæ instinctu legis naturæ indulgentes, in regione qua nidificaverunt dominium inter aves cæteras vendicasse visi sunt. Tandem aquila in illam se transtulit regionem, indignationis regiæ non immemor, repentinum potestatis usurpans privilegium. Orta igitur invidia inter aquilam et falcones dictos, aquila, pro regiæ dignitatis arbitrio, falcones expellendos esse aut sponte cessuros censuit. Illis vero sedem propriam retinendi fiduciam ministravit innatæ probitatis strenuitas, indignantibus se tueri longævi temporis præscriptione. Huic virtus roboris cum audacia pectoris animosi victoriam spondere ausa est, illos animavit ex fideli consortio securitas procedens cum agilitate discreta. Ipsis enim pariter aera secantibus aquila intercepta nonnunquam crebris sed et continuis vexabatur insultibus acerrimis, sed et quandoque perturbabatur. Ad conflictus igitur fere cotidianos istarum avium tanquam ad insigne spectaculum consueverunt indigenæ oculos convertere, et labores susceptos spectandi gratia intermittere. Si vero aliquis casus emergens falcones dissociasset ad horam, tempore desiderato utens aquila, falconem interceptum persequi et infestare variisque propulsibus[1] affligere consuevit, usque dum alterius adventus intercepto subsidium gratum conferret, aut fugæ celeritas arreptæ ei remedium præberet. Tandem alterum, solatio comparis sui destitutum, pro dolor! interceptum aquila victrix interemit. Nec latuit superstitem rei eventus, sed dolorem alto in corde reposuit. Regionem itaque notam exul gemebundus dereliquit, in remotas se transferens partes. Foramen igitur in ligneo ponte notavit,[2] tantæ quantitatis ut pervium esset corpori ipsius, aliquantisper autem majus corpus non[3] admitteret. Leni-

---

[1] *variis propulsibus*, B.C.
[2] *vacavit*, C.
[3] *non* omitted in C.

ter postea descensibus quibusdam quasi introductoriis, et rudis sui ipsius discipulus et magister, e vicini aeris partibus se demittens, nunc intra dicti foraminis angustias sese recipere, nunc per ipsum foramen in partes inferiores descendere consuevit. Hanc lectionem cotidie pluries repetens, descensus solitos iteravit. Demum de sublimi pernicibus descensibus audacissime, relegato procul timore, officium consuetum exercens, foramen jam notum adiit celeriter, jam bene a consuetudine, quæ in multis optima magistra est,[1] instructus. Temporis tandem nanciscens opportunitatem, aquilam insequitur acerrime, et pectore audaci præpes[2] eam fere perturbat. Quæ indignans illum persequitur;[3] sed ille fugæ se tuetur patrocinio. Sed ecce subito iterum aquilam impetit,[4] et acrioribus solito eam infestat insultibus. Avis igitur regia indignanti pectore acerrime persequitur falconem, cui pernicis volatus remedium confert subsidium. Sæpius igitur attemptato congressu, tandem post multas fugas simulatas veram fugam inire cogitur sæpedictus falco. Impetu namque fulmineo arctat eum aquila nimis in iram præcipitem provocata, et vix artis notæ beneficio tantum evadit præpes fugitivus discrimen. Ad familiare igitur receptaculum se transfert falco noster, et timens et sperans, tam odio plenus quam amore, nunquam sui comparis[5] immemor; quem Jovis armiger impetuose persequitur, jam jam prendenti similis. Sed raptor Phrygis, optatis carens successibus, ad angustias foraminis supradicti pontis præcipiti conatu impetus proprii tam elusus quam elisus ruit confractus in partes, adeo ut credere queas pontem hostis falconis sui sentientem adventum opem suo præpeti contulisse. Eventus autem quem jam scripto commendavi testes sunt invictissimi cives Rotomagenses, quibus falco genero-

---

[1] optima magna est, B.
[2] præceps, C.
[3] prosequitur, B.
[4] impetu, B.
[5] comparis sui, B.

sus, regiæ victor avis, certum visus est præsagium dedisse Francorum insidias evadendi potenter.

Addiscamus hinc defunctis fidem esse servandam, et amoris insigne in superstitibus superesse debere. Et, ut a parvis ad magna transeam, ubi locorum vel unicum par amoris reperitur? Ubi sunt Tydei et Polynicis fides et amoris indissolubile vinculum? Mortui sunt Pylades et Orestes, nec in successoribus hæreditario jure fides amoris successit. Quando vel ubi Nisum et Euryalum reperiemus, aut Patroclum et Achillem? Quis amorem David et Jonathæ cum lacrimis non recolat? Quis in amore Petri et Pauli fide constantiaque non glorietur? *Adaptatio.* *De amore.*

Cap. XXVIII.

De girofalcone.

Etiam iis[1] qui parum in naturis rerum instructi sunt notum est girofalconem cum cohorte multarum aucarum silvestrium de transmarinis adventare partibus, et cum auræ diu expectatæ salubri opportunitate transfretare. Qualibet vero nocte girofalco, nunc civis pacifici legibus obnoxii, nunc hostis seu prædonis exlegis consuetudinem imitantis,[2] unam aucarum eligit, quam pro pellendæ frigiditatis causa inter ungues detinet, cui die sequenti parcit, aliam arripiens usibus suis idoneam, ut famis appetitui satisfaciat. Sic sic quidam sunt inter Adæ filios nunc usum pietatis prætendentes, nunc quæstui temporalis emolumenti avidissime ne dicam turpiter inhiantes. Sciendum est etiam falcones renes habere debiles, sed pectore robusto gloriantur. Hinc est quod propensiori diligentia[3] quam cæteræ rapaces aves a bene instructis falconariis portantur, licet minus deliciosis escis contenti sint. Sic *Adaptatio.* *Adaptatio.*

---

[1] *his, B.C.D.*
[2] *imitans, C.*
[3] *propensiori et diligentiori diligentia, B.*

sic quidam subditi leniter et benigne in multis tractari desiderant, etsi lautitiam cibariorum non quærant.

CAP. XXIX.

De accipitre et niso.

Avium carnibus vescentium hæc est natura, ut masculus compari pullos teneros foventi in nido cibos horis certis afferat et ministret. Accipiter vero et nisus masculi multo minoris sunt virtutis comparibus suis, sed et ad ipsas appropinquare reformidantes, carnes afferunt suis comparibus, pipando adventum suum protestantes, et escas allatas linquentes. Matres ergo[1] aviculas suas dulcibus alis increpantes, cibos a masculis allatos recipiunt, maritis ipsis[2] perniciter fugam arripientibus. Sic sic subveniendum esse infirmioribus aves ipsæ docent, nec non et prædicatores stipendiis propriis non esse militaturos nos instruit natura volucrum. Providentia etiam tercelli et nisi digna est admiratione. Locum enim certum eligunt in quo aves captas deplumant singulis diebus, quamdiu ovis compares incubant, et multa diligentia carnes mundant et decenter[3] præparant antequam eas aliis ministrent. In hoc instruimur beneficia aliis conferenda sincero danda esse affectu, et locum cum debita opportunitate requirendum esse. Felices etiam[4] sunt qui locum honestæ religionis eligunt, in quo carnes suas mundificent.

Adaptatio.

Adaptatio.

CAP. XXX.

De falconibus leporariis.

Dum varias volucrum naturæ dotes ad memoriam revoco, occurrit menti meæ quoddam intuentium, de-

---

[1] *vero,* C.
[2] *maritis ipsarum,* B.
[3] *diligenter,* B.
[4] *ergo,* B.

liciosum spectaculum. Leporem enim insequuntur falcones fugientem, quem multitudine ictuum continuorum attonitum et obstupefactum adeo reddunt, ut fugæ immemor quo se vertat ignorat. Retinetur igitur vagitu dolorem contestans, cocorum manibus reservandus. Quid quod fugam ineuntes volucres rapaces, a magistris illius professionis edoctæ, [a] lurcisca revocantur? O dedecus! filii Adæ nulla exhortatione, nulla doctrina, quandoque a suo errore revocantur.

Cap. XXXI.

De gripibus.

Gripes aurum jugiter leguntur effodere, atque hujus metalli inspectione gaudere. Quibus quoniam[1] non est ambitus lucri, cupiditatis crimine non dicuntur accendi, scilicet quia omnis actus in qualitate propositi est, et non est vituperandum quod nulla fuerit voluntate lascivum.[2] Cassiodorus.

Cap. XXXII.

De niso et mustela.

Nisum quendam humi residentem mustela clandestinis insidiis arripuit, quæ dum exitio capitis illius immineret, ille uno pede non segniter apprehendens eam, arctissime eam constrinxit. Sed cum illa tam agilitatis beneficio quam artis fraudulente subtilitate victoriam esset consecutura, nisus multo nisu eam reluctantem ad fluvium propinquum detulit, volitanti nunc similis, nunc tra-

---

[a] Lurcire[3] est avide cibos consumere. [A later hand has written in A. Lurcisca, Anglice, *a luyre*.]

[1] *quantum*, B.
[2] *lascivium*, C.
[3] *lucire*, B.

henti, nunc salienti. Ipsam ergo totiens subtus aquas mersit, quod eam prorsus submersit. Nec profuit inductrici fraus innata, nec ut juris est ei patrocinatus[1] est dolus. Hinc addiscant dolosi fraudem conceptam nonnunquam proposito suo destitui. Non enim

Adaptatio moralis.

"Semper feriet quodcunque minabitur arcus."

Cap. XXXIII.

Quomodo mutari possunt aves generosae.

Etiam vulgo notum est aves generosas mutari in casis ex virgis compactis. Sunt autem[2] quaedam quae vix etiam operosa diligentia veteres plumas exuunt. Qui ergo in hujusmodi arte, seu curialitate, comiter instructi sunt, hoc utuntur artificio. Serpens in frumento tractu temporis longo decoquitur, dehinc frumentum dictum gallinae datur in esum. Hac vescitur avis mutanda, et plumis renovatis renovatur et ipsa, majoremque gratiam formae decentis nobilitas in oculis intuentium promeretur.

Cap. XXXIV.

De phœnice.[3]

Solinus.

Apud Arabes nascitur phœnix avis, aquilis par magnitudine, capite honorato in conum plumis extantibus, cristatis faucibus, circa colla fulgore aureo, postera parte purpureus, nisi quia in cauda roseis pennis caeruleus interscribitur nitor. Probatum est

---

[1] *patricinatus,* B.
[2] *etiam,* C.
[3] This chapter is taken from Solinus, Polyhist. c. xxxiii. 11.

quingentis et quadraginta eum durare annis. Rogos suos struit cinnamis quos prope Practeam[1] concinnat in Solis urbem strue altaribus superposita.

Cap. XXXV.

Item de phœnice.

Phœnix post multa annorum curricula struem parat ex variis aromatibus et speciminibus seu speciebus, in quam in modum rogi accensa se de sublimi descendens projicit. Deliciosi igitur busti constructor totus in pulverem consumi videtur. Nec mora, quin quadam arcana lege naturæ, reparetur[2] avis. Renovatur sic phœnix, Virbius alter, et cum ipsa perpetuitate contendere videtur. Fidem ergo facit resurrectioni natura phœnicis, quamquam et in virtutum aromatibus renovari nos oportere sic instruamur.

De resurrectione.

Ovidius in libro Metamorphoseos.[3]

"Una est quæ reparat[4] seque ipsa reseminat ales,
"Assyrii Phœnica vocant, non fruge, nec[5] herbis,
"Sed thuris lacrymis et succo vivit amomi.
"Hæc, ubi quinque suæ complevit sæcula vitæ,
"Ilicis in ramis, tremulæque cacumine palmæ,
"Unguibus et puro[6] nidum sibi construit ore.
"Quo simul ac casias, et nardi lenis aristas,
"Quassaque cum fulva substravit cinnama myrrha,
"Se super imponit; finitque in odoribus ævum.
"Inde ferunt, totidem qui vivere debeat annos,
"Corpore de patrio parvum Phœnica renasci."

---

[1] *Panchajam*, Solinus.
[2] *reperetur*, C.
[3] Ovid. Metamorph. xv. 392.
[4] *reparet . . . reseminet*, Ovid.
[5] *neque*, Ovid.
[6] *et pando*, Ovid.

Claudianus de phœnice.[1]

" Oceani summo circumfluus æquore lucus
" Trans Indos Eurumque viret, qui primus anhelis
" Sollicitatur equis, vicinaque verbera sentit
" Humida roranti resonant cum limina[2] cursu.[3]
" Unde rubet ventura dies, longeque coruscis
" Nox afflata rotis refugo pallescit amictu.
" Hæc fortunatus nimium Titanius ales
" Regna colit, solisque plaga defensus iniqua.
" Possidet intactas ægris animalibus horas,
" Sæva nec humani patitur contagia mundi.
" Par volucer superis; stellas qui vividus[4] æquat
" Durando, membrisque terit redeuntibus ævum.
" Non epulis saturare famem, non fontibus ullis
" Assuetus prohibere sitim; sed purior illum
" Solis[5] fervor alit, ventosaque pabula libat
" Tethyos,[6] innocui carpens alimenta vaporis.
" Arcanum radiant oculi jubar; igneus ora
" Cingit honos; rutilo cognatum vertice sidus
" Attollit cristatus apex, tenebrasque serena
" Luce secat; Tyrio pinguntur crura veneno.
" Ante volant Zephyros pennæ,[7] quas cærulus ambit
" Flore color, sparsoque super ditescit in auro.
" Hic neque concepto fœtu, nec semine surgit;
" Sed pater est prolesque sibi, nulloque creante
" Emeritos artus fœcunda monte reformat,
" Et petit alternam totidem per funera vitam.
" Namque ubi mille vias longinqua retorserit æstas,
" Torruerint[8] hyemes, totiens ver cursibus actum
" Quas tulit autumnus, dederit cultoribus umbras.
" Tum multis gravior tandem submergitur annis;[9]

---

[1] Claudiani Eidyll. i.
[2] *lumina*, B.
[3] *curru*, Claudian.
[4] *inundus*, B.
[5] *Solus*, B.
[6] *Thenos*, B.; *Thetyos*, A.
[7] *pinnæ*, Claudian.
[8] *Toi ruerint*, Claudian.
[9] *subjungitur annis*, Claudian.

"Lustrorum numero victus.
"Jam breve decrescit lumen, languetque senili
"Segnis stella gelu.
"Jam solitæ medios alæ transcurrere nimbos
"Vix ima tolluntur humo, tum conscius ævi
"Defuncti, reducitque parans exordia formæ,
"Arentes trepidis[1] de collibus eligit herbas.
"Et tumulum[2] texens pretiosa fronde sabæum
"Componit, bustumque sibi partumque futurum.
"Hic sedet, et solem blando[3] clangore salutat
"Debilior, miscetque preces, ac supplice cantu
"Præstatura novas vires incendia poscit.
"Nam[4] sponte crematur,
"Ut redeat, gaudetque mori, festinus in ortum.
"Fervet odoratus tædis[5] cœlestibus agger,
"Consumitque senem.
"Continuo dispersa vigor per membra volatus[6]
"Æstuat, et venis[7] redivivus sanguis inundat.
"Victuri cineres nullo cogente moveri
"Incipiunt, plumaque rudem vestire favillam.
"Qui fuerat genitor, natus tunc[8] prosilit idem,
"Succeditque novus; geminæ confinia vitæ
"Exiguo medius discrimine separat ignis."

CAP. XXXVI.

De psittaco.[9]

Psittacus, qui vulgo dicitur papagabio, id est, principalis seu nobilis gabio, eoas inhabitat oras. Unde Ovidius:

"Psittacus,[10] eois ales mihi missus ab oris."[11]

---

[1] *tepidis*, Claudian.
[2] *timulum*, C.; *cumulum*, Claud.
[3] *blando solem*, Claud.
[4] *Jam*, Claud.
[5] *telis*, Claud.
[6] *volutus*, Claud.
[7] *venas*, Claud.
[8] *nunc*, C.
[9] *phitaco*, and below *phitacus*, B.
[10] *pithacus*, B.; *psitachus*, D.
[11] Ovid. Amor. lib. ii. 1. The

Vel interpretatur mirabilis gabio. Papæ enim admirantis est. Sed numquid venit interjectio in compositionem? Ferunt etiam multam psittacorum cohortem in montibus Gelboe nidificationi indulgere, eo quod super ipsos nec ros nec pluvia descendit. Quod ad petitionem David factum esse perhibetur. Constat enim in montibus dictis interfectos esse Saulem et Jonatham, super quo eventu nimis contristatus David oravit ut super ipsos nec ros descenderet nec pluvia. Cito enim quod psittacus in fata cedit, cute ipsius multum aquis madefacta. Ad locum igitur dictum se dictam ob causam transfert, siccitatis alumnus. Forma corporis aliquantisper falconem vel hobelum repræsentat, sed plumis intentissimi viroris decoratur. Pectore rotundo et rostro adunco munitur, tantæ virtutis, ut cum in cavea recluditur, effectus etiam domesticus, ex virgis ferreis domuncula ejus contexatur. Duris enim ictibus et corrosioni rostri non possent resistere virgæligneæ. Linguam habet spissam, et formationi soni vocis humanæ idoneam. Miræ calliditatis est, et in excitando risu[1] præferendus histrionibus. Tantæ etiam adulationis est, ut hominem osculari sibi notum frequenter velit cum domesticus est. Admoto autem speculo instar Narcissi propria deluditur imagine, et nunc lætanti similis nunc dolenti, gestus amantis prætendens, coitum appetere videtur. Ingenium autem habet ad fraudis inventa pronissimum, ut subjicienda docebit relatiuncula.

---

reading now received in the best texts of Ovid, is
"Psittacus, Eois imitatrix ales ab
 "Indis."

But that here given by Neckam is one of the commonest in the MSS. of Ovid.

[1] *usu*, C.; *risu excitando*, D.

Cap. XXXVII.

Item de psittaco.

Erat igitur in Britannia Majore miles psittacum habens magnæ generositatis, quem tenerrime diligebat. Peregre autem proficiscens miles, circa montes Gelboe psittacum vidit, et sui quem domi habebat recordatus inquit, " Psittacus noster cavea inclusus te salutat, tibi " consimilis." Quam salutationem audiens avis, morienti similis corruit. Indoluit miles, fraude deceptus aviculæ, et itinere peregrinationis completo domum revertens, visa retulit. Militis vero psittacus diligenter relationi domini sui aurem adhibuit, et dolorem simulans e pertica cui insidebat morienti similis cecidit. Miratur tota domus familia, super casu repentino ingemiscens. Jubet dominus autem [1] sub divo reponi, ut salubri aura frueretur, quæ temporis nanciscens [2] opportunitatem evolat [3] perniciter haud reversura. Ingemuit dominus, et se delusam esse tota domus conqueritur. Reducunt ad memoriam multiplex solatium quod eis psittacus conferre consueverat, et avi montanæ tantæ fraudis repertrici sæpius imprecantur.

Erubescere debet rationale animal eo quod totiens a rebus rationis expertibus seducitur. Docet autem eventus jam scripto commendatus, non semper gestibus exterioribus fidem esse adhibendam. Vultus namque, etsi quandoque speculum seu certus videatur esse mentis nuntius, nonnunquam proditor esse solet. *Instructio moralis.*

---

[1] *Jubet autem dominus,* B.C.
[2] *narciscens,* B.
[3] *evolavit,* C.D.

Cap. XXXVIII.

Item de psittaco.[1]

Solinus: "Sola India mittit avem psittacum, colore "viridem, torque puniceo. Cujus rostri tanta duritia "est, ut cum e sublimi præcipitat in saxum, nisu se "oris excipiat, et quodam quasi fundamento utatur ex- "traordinariæ firmitatis. Caput vero tam valens, ut "si quando ad discendum plagis sit admonendus, nam "studet ut quod homines adloquatur, ferrea clavicula "sit verberandus. Dum in pullo est, atque adeo intra "alterum ætatis suæ annum, quæ monstrata sunt et "citius[2] discit[3] et retinet tenacius. Paulo senior[4] et "obliviosus est, et indocilis. Inter nobiles et ignobiles "discretionem facit numerus digitorum. Qui præstant, "quinos in pedes[5] habent digitos, cæteri ternos. Lin- "gua lata, multoque latior quam cæteris avibus, unde "perficitur ut articulata verba penitus eloquatur."

Cap. XXXIX.

De pavone.

Pavo decentium insigni colorum varietate picturatus quædam deliciosa videtur esse naturæ ostentatio, ingenii sui vires aspectibusque humanis ostentare volentis. Dicitur autem Junonius ales, quia inferiori tantum aeri per Junonem designato, volatus ejus obnoxius est. Poetæ etiam mysterium veritatis obvolvebant fig- mento fabulosarum relationum, intelligentibus loquentes. Finxerunt igitur Argum habuisse caput cinctum[6]

Quare pavo dicatur Junonius ales.

De Mer- curio et Argo.

---

[1] This chapter is taken from So- linus, Polyhist. cap. lii.

[2] *titicius,* C.

[3] *discet,* C.

[4] *Major pullo,* Orosius.

[5] *impedes,* B.

[6] *cinctum* erased, and changed into *centum,* B.; *cinctum luminibus centum,* D.

centum luminibus, ideoque ei a Junone datam esse custodiam Io pellicis suae. Mercurius autem fistulae suae dulcedine soporem oculis inducens, caput ipsius praecidit. Oculi vero ejus in cauda pavonis locati sunt, unde et Junonius ales dicitur. Per Argum igitur designatur *Adaptatio.* quicunque filius hujus saeculi, pollens scientia saeculari, quae stultitia est apud Deum. Unde et fortuna ei res suas custodiendas committit.[1] Dicitur autem fortuna Juno, quasi juvans novos. Novus autem dicitur quilibet subito ditatus, aut repentino eventu in dignitatis apicem sublimatus. Unde Hildebertus: *Hildebertus.*

" Virgo seni, generosa novo, praelarga tenaci,
" Jungitur impar ei sanguine, gente, manu."

Martialis item inquit, sermonem dirigens ad senem de *Martialis.* amicis:[2]

" Orbus es, et locuples, et Bruto consule natus,
" Esse tibi veras credis amicitias?
" Sunt verae; sed quas juvenis, quas pauper habebas;
" Qui novus est, mortem diligit ille tuam."

Sed dum quis secularis scientiae totum se dedit exercitio, eloquentia quae sine sapientia multum nocet, intellectum, per caput designatum cum usu discretionis ei aufert et adimit, ita quod oculi ejus inani gloriae dediti sunt. Per oculos intellige intentionem. Per pavonem igitur superbia designatur, cujus cauda inanis *Una pavo-* gloria est, ornatuum variorum ostentatrix pomposa. *nis natura.* Sicut enim

" Laudatas ostendit avis Junonia pennas,
" Si tacitus spectes, illa recondit opes."[3]

Sic gloriae venatrix elatio, popularis aurae captans *Ovidius* gratiam, suffragia ventosae plebis ostentationibus suis *de Arte Amandi.*

---

[1] *committat*, B.
[2] Martial. Epig. xi. 44.
[3] Ovid. Ars Amat. i. 627. The modern editors of Ovid adopt generally the reading of *ostentat* for *ostendit*.

Adaptatio.	venatur laudis avara. O quot sunt quorum oculi, considerationes scilicet sive¹ intentiones, in cauda pavonis collocati sunt, quia actionum suarum finem constituunt inanem gloriam. Sicut autem vox pavonis horrida est, ita cum superborum imperia superciliosa eduntur, superbe intonant. Pavo item suspenso gressu et furtivo utitur, sic et superbia vix vestigia pedum solo imprimere dignatur. Licet autem pennis decoris sit insignitus decenter, in articulo tamen etiam urgentis necessitatis non effugit alarum remigio insidias insequentium. Sic nec superbia in altum volat, sed cum aliquando volare videtur, ad terram cito relabitur, vel invita. Sicut enim ascendit humilitas, sic et superbiæ est descendere. Ova comparis suæ Junonius ales consumit, dummodo detur ei facultas accedendi ad ipsa.² Sic et superbia rerum etiam familiarium consumptrix est. Vidi etiam potentes indesinenter filiis propriis insidias machinari, pœna tamen in parentes cum ingenti discrimine reversa est. Quid quod pavo prolem non dignatur agnoscere, antequam eam insigni cristæ titulo decoratam conspexerit? Sic nec superbia aliquem commendat, vel ad gratiæ suæ favorem conciliat, priusquam in ipso certa elationis indicia reperiat. Qui etiam ob formæ præconia et naturæ munificæ³ præclaras dotes insolescunt, quia

Margin notes: Adaptatio. Alia adaptatio. Tertia adaptatio. Instructio moralis. Quarta. Adaptatio. Quinta. Adaptatio.

"Fastus inest pulchris sequiturque superbia formam,"

Junonii alites ab iis⁴ qui sales proferunt dicuntur. Unde et quidam cynicus⁵ reprehensor ait:

"Qui legit in claustro paucos habet ille sodales,
"Et tamen hos paucos dat ei Junonius ales."

Sexta natura. Cum vero legibus naturæ obsecundantes procreandæ sobolis gratia coire volunt pavones, instinctu naturæ

---

¹ *seu,* D.
² *ipsam,* B.
³ *mirificæ,* B.
⁴ *his,* B.C.D.
⁵ *unicus,* B.

motus ipsorum regentis, cursibus retrogradis sibi obvi- *Adaptatio.*
ant[1] caudis erectis. Sic sic superbia portentuosa in
adinventionibus suis voluntati propriæ satisfaciens,
legem communem sequi dedignatur. Caro item pavonis *Septima*
diu putrefactioni reluctatur, et digestioni inobedientis- *natura.*
sima est. Sic et superbia jugo obedientiæ sese sub- *Adaptatio.*
ponere[2] dedignatur. Inter eos autem qui bene instructi *Quæstio*
sunt in physica quæstionis est utrum pavo ponderosus *physici.*
sit et levis, et utrum magis ponderosus quam levis.
Cum enim frigidæ et siccæ complexionis sit, gravia in
eo dominari elementa verisimile est. Sed cum avis
sit, videtur quod levia elementa in ipsa prædominen-
tur. Ut enim dicit Ysaac, ex superioribus superficie-
bus levium elementorum prædominantium in earum
compositione factæ sunt aves. Dicunt nonnulli illud
Ysaac ratione spirituum et plumarum[3] dictum esse.
Aliis placet respectu aliorum animalium hoc dictum
esse.[4] Superficies enim levium prædominantur[5] in
avibus respectu natatilium et ambulabilium et repti-
lium. Nam in ambulabilibus media levium dominantur. Ultima levium in reptilibus. Et ita præabundant
levia elementa in omnibus, secundum magis et minus.
Præterea, si pavo ponderosus est et levis, videtur
quod naturaliter tendat sursum et naturaliter deorsum.
Dicit tamen Aristoteles quod nihil habet duos motus
contrarios. Nonne autem pavo implumis[6] eandem *Quod qui-*
etsi minus intensam[7] levitatem habet quam habuit[8] *dem accidit*
vestitus plumis? Superbia quidem in se ponderosa *tione spiri-*
est, quia descendere ipsius est. Levis tamen est quoad *tuum.*
quid, quia inconstans. Ascendere nonnunquam nititur,
sed deciduo volatu instar pavonis ad ima labitur.

---

[1] *oviant,* C.
[2] *supponere,* C.D.
[3] *ratione plumarum et spirituum,* D.
[4] *esse dictum hoc,* C.
[5] *prædominatur,* C.D.
[6] *in plumis,* B.C.D.
[7] *patensam,* D.
[8] *quem habuit,* C.; *quam fuerit vestitus plumis,* D.

Cap. XL.

Item de pavone.

Admirationem autem parit oculis intuentium varietas colorum quibus pavonem nobilitavit natura. Sed sciendum quod in pavone regnat melancholia. Ex hoc autem quod avis est dominantur in eo[1] suprema[2] levium, et ita in pavone dominantur igneæ partes et terrestres. Ascendit igitur ignis ad partes leves, scilicet pennas, ita quod in pennis suum sortitur ignis effectum. Ex nigro siquidem colore qui naturaliter est terrestrium partium, et ex rubeo qui est ignearum, fit color medius, scilicet viridis. Ubi autem prædominantur terrestres, fit niger color, quod quidem accidit in medio pennæ, ratione terrestrium tendentium ad centrum. Ubi vero prædominantur partes igneæ, fit color rubeus, et ille circumfusus est, ratione ignearum partium sese circumferentium. Venetus color fit ex albo et nigro, et ita ex aquosis et terrestribus prædominantibus. Et in istis coloribus, scilicet veneto et viridi, quia medii sunt, multum delectantur sensus humani. Omnes enim sensus delectantur in mediis, et contristantur in extremis, præter odoratum.

Cap. XLI.

De vulture.[3]

Cassiodorus. Vultur, cui vita est cadaver alienum, tantæ magnitudinis corpus, nec exiguis alitibus probatur infestus. Sed magis accipitrem vitas plumigerum avium persequentem, alis credit, ore dilaniat, totoque suo pondere

---

[1] *ea,* C.
[2] *summa,* B.
[3] *De vulture Cassiodorus,* B.D.

periclitantibus nititur subvenire. Et homines hominibus[1] parcere nequeunt. Hinc addisce parcendum esse humilibus, superbis resistendum.

CAP. XLII.

De phasiano.

Phasianus ab insula quæ Phasis dicta est nomen habet. Unde Martialis cocus,[2]

"Si Libyæ[3] volucres, aut si mihi Phasidos essent,
"Acciperes; at nunc accipe [a]cortis aves."

Carnes ejus in prima specie sunt delicatæ et deliciosæ. *Una natura phasiani.* Masculi certo tempore pares eligunt, et illo duntaxat tempore quo commiscentur simul habitant masculi cum suis comparibus. Alio enim tempore per totum annum seorsum habitant gallinæ, seorsum galli. O si *Instructio moralis.* usum phasianorum in hac parte imitarentur mulieres nostri temporis, quæ cotidianis gaudent nuptiis! Sed, pro dolor! malunt imitari columbas quam palumbes. Nec adeo tempestive ornat natura rubricatis barbis *Alia proprietas.* gallos phasidos, nec munit calcaribus, ut gallos domesticos. Quia molles non ita virilitati et strenuitati *Adaptatio.* addicti sunt, ut ii[4] qui viriles animos in forti pectore gestant. Tractu vero temporis supplet defectum prætaxatum munificentia naturæ in gallis phasidos. Eos vero sic seducunt aucupes. Operiunt se panno *Qualiter capiuntur phasiani.* habente phasianum depictum artificiose, et ad phasianum seducendum seductores accedunt. Qui imagine avis pictæ provocatus ad certamen, irruit in aucupem retrocedentem sponte. Audacter igitur illum insequitur

---

[a] Hæc cors, hujus cortis, curia est rustici.

---

[1] *hominibus* omitted in B.
[2] Martial. Ep. xiii. 45.
[3] The printed text of Martial has: "Si Libyæ nobis volucres, et Phasides essent."
[4] *hii*, B.C.D.

et infestat phasianus quandoque accedentem quandoque recedentem, usque dum rete expandat super avem capiendam socius aucupis in[1] insidiis latitans. Præda igitur nobilis mensam ditat, et temeritate propria delusa temerarios ausus arguendos esse docet.

Cap. XLIII.

De perdice.

Perdix ova perdit, et clamorem patris pulli ejus agnoscunt Sic et perversa consuetudo nonnunquam ab usu infelicium operum desistit, sed cum excitatur quæ prius erat sopita, usus illiciti ad ipsam revertuntur. In hac etiam ave libido flagitiosa reperitur. Insurgunt enim in se masculi, et certamen ineunt, sed victum victor ignominiose commaculat. Unde etsi pectus cum superiori regione esui delicias ministret, natura injurias suas ulcisci videtur in partes inferiores, quæ sapore destituuntur delicioso. Partes indecenter pollutas saporis gratia destituit sui ultrix natura, quæ deliciarum suarum prodiga, etiam hosti suo in superioribus partibus deliciosam saporis jocunditatem ministrat.

Contra flagitium natura.

Cap. XLIV.

De perdice.[2]

Cassiodorus.

Perdicibus mos est ova perdita per alterius matris damna sarcire, ut adoptione alienæ sobolis incommoda suæ orbitatis reparent. Sed mox ut nati ceperint fiduciam habere ambulandi, ad campos exeunt cum nutrice. Qui ut fuerint materna voce commoniti, ovorum suorum potius genitricem petunt, quamvis ab aliis furtivis fotibus[3] educentur.

---

[1] *in* omitted in C.
[2] *De perdice Cassiodorus*, B.D.
[3] *focilius*, B.; *fœtibus*, C.D.

Cap. XLV.

Item de perdicibus.[1]

Plerumque fœminæ transvehunt partus, ut mares fallant, qui eos sæpissime affligunt impatientius adulantes. Dimicatur circa connubium, victosque credunt fœminarum vice venerem sustinere. Ipsas libido sic agitat, ut si ventus a masculis flaverit, fiant prægnantes odore. Tunc si quis hominum ubi incubant propinquabit, egressæ matres venientibus sese sponte offerunt, et simulata debilitate vel pedum vel alarum, quasi statim capi possint, gressus fingunt tardiores. Hoc mendacio sollicitant obvios et eludunt, quoad provecti longius a nidis avocentur. Nec in pullis studium segnius ad cavendum. Cum visos[2] se persentiscunt, resupinati glebulas pedibus attollunt, quarum[3] obtentu tam callide proteguntur ut lateant deprehensi.

Solinus.

Cap. XLVI.

De grue.

Grues in volatu litteram in aere depingere videntur, unde et ab ipsis nomen congrui exortum esse dicitur. Unde Martialis:[4]

Martialis.

" Turbabis versum, nec littera tota volabit,
" Unam perdideris si Palamedis avem."

Gruem autem dicit avem Palamedis, quia ipse figuras in Græco idiomate adinvenit, et grammaticam in multis feliciter adauxit. Quoniam igitur in volatu decenti figuram grues efficere videntur, ideo Palamedis aves dicuntur. Indemnitati item cohortis suæ volentes pro-

Quare grus dicatur avis Palamedis.

---

[1] *De perdicibus Solinus,* B.D. This chapter is taken from the Polyhistor of Solinus, cap. vii. 30.

[2] *nisos,* C.D.

[3] *quorum,* B.

[4] Martial. Ep. xiii. 75.

Commendabilis est consuetudo ista.

spicere, vigilem sibi præficiunt de nocte, qui lapidem in vola inclusum tenet, ut ad ejus casum excitentur cæteræ grues, si forte quis adest tranquillitatis [1] earum perturbator. Addiscat vel hinc custos gregis dominici quod in affectu mentis stabilitatis gratiam retinere

Adaptatio.

debet, ut insidias propellat pervigil. Rigorem etiam postponere debet pro tempore, ut æquitate observata, quæ stricto juri præferenda est, subditos suos securos efficiat. "Vicissim," inquit Cassiodorus, "vigilant, com-
"muni se cautela custodient, ipse passus est alternus.
"Sic honor nullus adimitur, dum omnia sub commu-
"nione servantur." Quid quod avis ista legibus usuum humanorum in multis se de facili conformat, cum do-

Moralis instructio.

mestica efficitur. Unico pedi stat innixa, reliquum sub plumis calefaciens. In quo docemur quod terram tangere debemus, ut naturæ satisfiat, affectum vero amoris divini a terrenis elongare. His etiam avibus, ut dicit Cassiodorus, volatus vicaria æqualitate disponitur, ultima fit prima, et quæ primatum tenuit esse posterior non recusat. Utinam istud attendant qui ad dignitatum apicem promoventur, nec in abyssum doloris sese præcipitent, licet ad vitam redeant privatam. Qui item se conqueritur esse postremum in choro, advertat quia secundum veritatem logicorum, qui extremus est uno respectu, primus est alio respectu. Nonne item is qui ultimus est in choro tanto vicinior est altari? Adde quod hi [2] qui primi sunt in choro, extremi sunt in processione.

Cap. XLVII.

Item de grue. [3]

Solinus.

Manifestum est in septentrionalem plagam hieme grues frequentissimas convolare. Nec piguerit memi-

---

[1] *tantæ tranquilitatis*, B.
[2] *ii*, A.; *hii* B.C.D.
[3] *Item de grue Solinus*, B.C.D. See Solini Polyhist. cap. x. 12.

nisse quatenus expeditiones suas dirigant. Sub quodam militiæ eunt signo, et ne pergentibus ad destinata vis flatuum renitatur, arenas devorant, sublatisque lapillulis ad moderatam gravitatem saburrantur. Tunc contendunt in altissima, ut de excelsiori specula metentur quas petant terras. Fidens meatu præit catervas, volatus desidiam castigat, voceque cogit agmen. Ea ubi obraucata est, succedit alia. Pontum transituræ angustias captant. Cum contra medium alveum adventasse se sciunt,[1] scrupulorum sarcina pedes liberant. Ita nautæ prodiderunt,[2] compluti sæpe ex illo casu imbre saxatili. Arenas non prius revomunt quam securæ sedis suæ fuerint. Concors cura omnium pro fatigatis adeo, ut si quæ defecerint, congruant universæ, lassatasque sustollant, usque dum vires otio recuperentur. Nec in terra cura segnior. Excubias nocte dividunt, ut exsomnis sit decima quæque. Vigiles pondiuscula digitis amplectuntur, quæ, si forte exciderint, somnum coarguant. Quod cavendum erit, clangore indicant. Ætatem in illis prodit color; nigrescunt senectute.

Cap. XLVIII.

De ave quæ vulgo dicitur bernekke.[3]

Ex lignis abiegnis salo diuturno tempore madefactis originem sumit avis quæ vulgo dicitur bernekke.[4] A superficie itaque ligni exit quædam viscositas humorosa, quæ tractu temporis lineamenta corporis aviculæ plumis vestitæ suscipit, ita quod a ligno dependere videtur avicula per rostrum. Hac quidem minus discreti etiam tempore jejunii vescuntur, eo quod ex ovo non prodierit beneficio maternæ incubationis. Sed

---

[1] *adventas se sciunt,* A.
[2] *prodierunt,* C.
[3] *bernack,* B.
[4] *bernehe,* C.

quid? Constat quod prius fuerint aves quam ova. Numquid ergo aves quæ ex ovis non eruperunt potius legem piscium quoad esum sequuntur, quam illæ quæ ex sementina traductione ortæ sunt? Nonne item aves ex aquis originem sumpserunt, secundum cœlestis paginæ doctrinam irrefragabilem? Unde et bernekke[1] non nascuntur nisi ex lignis salo obnoxiis, aut ex arboribus consitis in marginibus riparum.

Cap. XLIX.

De cygno.

Quanquam inter cygnum et olorem nonnullis videatur esse distinguendum, nonnunquam tamen indiscrete his utimur appellationibus. Olor ergo præco mortis instantis dulcissimo concentu adventum ipsius protestatur. *Bernardus.* Quod et Bernardum Silvestrem non latuit dicentem:

"Et solus qui sentit olor discrimine quanto
"Vivitur, et spreto funere cantor obit."

Adaptatio. Perfectorum autem statum repræsentare videtur, qui diem obitus instare cernentes, Deo dulcissimas gratiarum actiones devoti persolvunt. Si vero videatur alicui, quod lamentationes funereas planctu repræsentet, *Ovidius.* Nasonem secundum nonnullos auctorem suæ opinionis laudare poterit dicentem:[2]

"Sic, ubi fata vocant, udis abjectus in herbis,
"Ad vada Mæandri[3] concinit albus olor."

Visum est nonnullis quod olor cantu suo jacturam carminis epitaphii recompenset. Fallitur autem, fallitur, si tertiam Parcarum, quæ Atropos dicitur, dulce-

---

[1] *bernek*, C.; *berneke*, D.
[2] Ovid. Ep. Heroid. vii. 1.
[3] *Mæandri*, R. D.

dine melodiæ suæ ab officio suo revocare studeat. Non enim prece leniri, nec cantu demulceri, nec pretio vinci, poterit. Quid quod cygnus in ætate tenella fusco colore vestitus esse videtur, qui postmodum in intentissimum candorem mutatur? Sic sic nonnulli caligine peccatorum prius obfuscari,[1] postea candoris innocentiæ veste spirituali decorantur. Sic et grues dum parvulæ sunt subrufi coloris plumis vestiuntur, sed postea partim aerium partim subcinericium colorem suscipiunt.

Adaptatio.

Cap. L.

De struthione.

Struthio ova sua in sabulo aut arena[2] linquens, diligentiam maternæ sollicitudinis ignorare videtur. Volatu brevi utitur, licet alis munita sit hæc avis, volatui multo quantum est in judicio visus satis idoneis. Repræsentat autem hypocritam, qui licet contemplativi faciem prætendat, volatu tamen spirituali tanquam superstitiosus destituitur. Actiones clandestinas in arena sterili constituit, sed et publicas exponit ostentatui, laudis alienæ venator improbus. Quid? Immo tanquam protervus exactor favorem popularis auræ contendit ab inspectoribus extorquere, sed ingeniosus seductor seducitur turpiter. Alios circumvenit, sed a se miser circumvenitur Thraso pomposus. Quid quod ferri duritia a virtute struthionis digestiva superatur? Quid quod hypocrita corda etiam ferrea ad favorem sui conciliat? Nota quod mira est virtus radiorum visualium struthionis, qui visu solo ita fovet ova sua in arena recondita, ut ex illis egrediantur pulli in lucem. In hac quidem renotatur hypocrita, cujus omnia opera visui et inani gloriæ sunt obnoxia.

Contra hypocritam.

---

[1] *obscurari*, B.; *obfuscati*, C.D. | [2] *aut in arena*, C.

Cap. LI.

De philomena.

De contemplativo. "Dulcius in solitis[1] cantat philomena rubetis."
Sic et affectuosius dulcedini contemplationis vir contemplativus vacat in locis consuetis fructuosarum meditationum studio deputatis. Et ut poeticis alludamus figmentis, muta fuit quamdiu memor extitit injuriarum Terei, sed postea in avem mutata avibus in melodiæ *Martialis.* dulci varietate præponenda censetur. Unde Martialis:[2]

" et quæ
" Muta puella fuit, garrula fertur avis."

Sic sic a laudibus divinis obmutescit rancorem[3] fraterni odii quis nutriens in corde,[4] sed postmodum tranquillitati vitæ contemplativæ deditus, hilariter os in laudes divinas aperit. Quid quod noctes tota[5] ducit insomnes,[6] dum delicioso garritui pervigil indulget? Nonne jam vitam claustralium præ oculis cordis constituis,[7] noctes cum diebus in laudem divinam expendentium? Loca multo frigori obnoxia, dum amoris vacat illecebris, avicula ista reformidat, quæ si interim aliquo casu visitat, modulationibus dulcissimis operam non impendit. Est igitur in Cambria fluvius notissimus, in cujus ripa Britanniæ majori viciniore avis ista cantat. Si vero ultra ripam dictam se transferat,[8] a cantu prorsus desistit.

Sed o dedecus! quid meruit nobilis volucrum præcentrix, instar Hippolyti Thesidæ, equis diripi? Miles enim quidam nimis zelotes philomenam quatuor equis distrahi præcepit, eo quod secundum ipsius assertionem

---

[1] *Dulcis sonitis*, B.; *insolitis*, C.
[2] Martial. Ep. xiv. 75.
[3] *rancor*, B.
[4] *qui nutritus est in corde*, B.
[5] *totas*, D.
[6] *in sompnis*, C.
[7] *constituitis*, B.
[8] *transfert*, D.

animum uxoris suæ nimis demulcens, eam ad illiciti amoris compulisset illecebras. Sed quid? O zelotypia excandescens, et in sævitiam tyrannidis transiens! Nonne unicus equus protervæ improbitati voluntatis tuæ in aviculam, sed et innocentem, sed et gratiæ singulorum reconciliatricem, posset suffecisse? Sed quid? Animum excæcatum ruere cogit in præceps impetus habenis moderaminis non coercitus, et sibi male blandiens commentatrix mendax est voluntas inhonesta.

Cap. LII.

De hirundine.

Minturniens hirundo cruore Terei respersa, fugæ pristinæ non immemor, pernicibus utitur alis. Inter volandum modicis vescitur prædis, culicum et muscarum et apecularum infestatrix. Sic et avaritia de- *Adaptatio.* lectatur etiam minimarum rerum quæstu, et quandoque modici lucri sectatrix est. Adde quod compositio nidi hirundinei luto obnoxia est. Sic et in terrenis *Adaptatio.* avari versatur intentio, et in limo profundi fixæ sunt ejusdem cogitationes. Sunt autem hirundinum diversæ varietates. Quædam enim domos inhabitantes in eis nidificant, quædam in fenestris vitreis nidos limo oblitos artificiose suspendunt, quædam in abruptis montium mansionem eligunt. Sed et variis secernuntur notis, et in quantitate nonnulla est discretio. Quid quod lapis multis utilitatibus deserviens in interioribus hirundinis latere perhibetur? Sic et avaritia thesau- *Adaptatio.* ros recondit, et sibi perniciosa et aliis inutilis. Sicut autem stercus hirundincum oculos excæcat, ut per Tobiam patet, sic et fœtor avaritiæ rationis usum extinguit.

Mirabitur quis me nomine hirundinis avaritiam designare, cum dicat Ezechias, "Sicut pullus hirundinis "sic clamabo, et meditabor ut columba." Sed sciendum quoniam juxta diversas qualitates et usus varios, res aliqua nunc similitudinem gerit cum re commendabili, nunc cum re detestatione digna. Constat item quod in coelesti pagina idem nomen nunc tetris litteris scribitur, nunc aureis. Pullus ergo hirundinis avide clamat, sic et[1] poenitens affectuose clamare debet[2] ad Dominum. Pullus item hirundinis jejunus clamat, refici desiderans, et mens sobria vacare debet orationibus. Adde etiam quod pullus hirundinis de nocte clamat. Sic et poenitens nocturno tempore orare debet. Sicut autem hirundo in ipso volatu cibo utitur, sic et contemplativus in ipsa contemplatione, qua pennis virtutum ad superna ascendit, cibo spirituali, scilicet suavitate conscientiæ, delectatur. Sicut item hirundo lapidem pretiosum in interioribus sui partibus gestat, sic et contemplativus gemmis virtutum interius decoratur, quamquam et per lapidem pretiosum specialiter virtus constantiæ queat designari. Inter cætera habere hirundines quiddam præscium[3] inde noscitur, quod lapsura non petunt culmina, et aspernantur peritura[4] quoquo modo tecta.

Alia prædictarum proprietatum explanatio.

Cap. LIII.

De ficedula.

Ficedula avis est quæ pretiosis et deliciosis fructibus vescitur, utpote ficubus et uvis. A ficu autem nomen sortita est hæc avis. Unde Martialis:[5]

Martialis.

"Cum me ficus alat, cum pascar dulcibus uvis,
"Cur potius nomen non dedit uva mihi?"

Adaptatio. Sic et dulci spiritualique[6] refectione recreari debet anima fidelis, rejectis iis quæ noxia sunt saluti ipsius.

---

[1] *et sic*, B.
[2] *debet clamare*, D.
[3] *precium*, B.D.
[4] *pitura*, B.
[5] Martial. Ep. xiv. 49.
[6] *et spirituali*, B.

Cap. LIV.

De butauro.

Butaurus quasi bootaurus dicitur, eo quod mugitum tauri imitari videtur, rostrum defigens in terra paludinosa. Exclusos autem pullos statim mater sub ascellis collocat, ita quod unum sub una constituit, alterum sub altera. Rostra autem juxta alarum extremitates corpori materno adhærentes pulli producunt prominentia, aut beneficio doctrinæ matris aut instinctu naturæ. Incedit vero mater pullos sub alis fovens, et rostris natorum prominentibus, cibos dulciter materno affectu commendat. Sic et misericordia divina nos sub alarum *Adaptatio.* suarum protectione benigne fovet, et multiplici refectione cibat. Hinc addiscant prælati, quia et ipsi subditi sunt, subditos suos dulciter tractare, et revocent ad memoriam judices quia et ipsi judicem habent.

Cap. LV.

De ibice.[1]

Ibis serpentum populatur ova, gratissimamque ex his *Solinus.* escam nidis suis defert,[2] sic rarescunt proventus fœtuum noxiorum. Nec tamen aves istæ tantum intra fines Ægyptios prosunt. Nam quæcunque[3] Arabicæ paludes pennatorum anguium[4] mittunt examina, quorum tam citum virus est, ut morsum ante mors quam dolor insequatur; sagacitate qua ad hoc valent aves excitatæ in procinctum eunt universæ, et prius quam terminos patrios externum malum vastet, in aere occursant cater-

---

[1] This chapter is copied from Solinus, Polyhist. c. xxxii.
[2] *refert,* B.
[3] *quacunque,* Solinus.
[4] *augurum,* C.

vis pestilentibus; ibi agmen devorant universum. Quo merito sacræ sunt, et illæsæ pariunt.[1] Nigras solum Pelusium mittit, reliqua pars candidas.

Cap. LVI.

De columba.

Columbæ proprietates Sacra Scriptura variis in locis latissime prosequitur. Unde et tanto brevius eas tangere libet, quanto diffusius ab aliis explicantur. Columba siquidem gemitum habet pro cantu, sanctæ ecclesiæ vel etiam cujuscunque fidelis animæ typum gerens. In hac namque valle lacrimarum gemere debemus, ut ad locum exultationis veniamus. Non vescitur cadavere, sed purissimum granum eligit. Sic et sancta ecclesia grano illo vescitur de quo scriptum est, "Nisi "granum frumenti cadens in terra mortuum fuerit, "ipsum solum manet." Nec cadaveribus voluptatum fœtentium sacrosancta allicitur ecclesia, sed reficitur deliciis spiritualibus. Felle carere dicitur; sic et amaritudinis fraterni odii ignara est ecclesiæ caritas. In grege volat, unde per eam designatur grex fidelium in societate spirituali degentium, sicut per turtures nonnunquam solitarii designantur. Super aquarum fluenta residet, ut accipitris effugiat insidias. Sic et fidelis anima Sacra Scriptura quasi speculo utitur, ut tuta sit a circuitu hostis antiqui. Sicut etiam columba in foraminibus petræ secure latitat, sic et anima piis meditationibus vacans in vulneribus Jesu Christi meditatur et quiescit. Sicut item

"Accipitrem fugiens penna trepidante columba
"Audet ad humanos fessa venire sinus."

---

[1] In Solinus this sentence stands: "Quo merito sacræ sunt et illæsæ "ova pariunt."

Sic homo antiquum fugiens hostem, caput libertatis suæ jugo servitutis subdere audet, hominem sibi præponens homo, qui major est mundo. Unde Hieronimus, "Quid facit in mundo qui major est mundo?" Comparatur nec non sanctæ ecclesiæ columba, propter fœcunditatem et simplicitatem. Caret enim ecclesia duplicitate rugæ fœcunda sacramentorum et virtutum.

Adaptatio.
De converso.
Octava.
Adaptatio.
Objectio.

Sed quid est quod columbæ felle carere perhibentur, cum inter se dira usque ad sanguinis effusionem ineant certamina? Placet nonnullis non mediocriter in naturis rerum instructis, fel per corpus ipsarum diffundi adeo ut caro ipsa amaritudine quadam respersa sit, aut certe delicioso sapore destituta. Dicuntur autem felle carere, eo quod cisti[1] fellis careant.

Solutio quorundam.

Dicitur autem columba a coloris colli varietate decenti. Putant tamen aliqui nomen sumptum esse a cultu lumborum. Sic a palumbes dici volunt eo quod lumbis parcant.

Cap. LVII.

De strofilo.[2] Solinus.

Strofilos[3] avis parvula est, quæ dum escas affectat,[4] os cocodrilli paulatim scalpit,[5] et sensim[6] scalpurrigine blandiente aditum sibi usque in fauces facit, populatisque vitalibus erosa exit alvo. Sic et adulatio, fraus blanda, venenum dulce, plures seducit.

---

[1] *usti*, C.; *cista*, D.

[2] *strophilo*, B. The chapter is taken from Solinus, cap. xxxii where the name of the bird is *trochilos*.

[3] *Strofilos*, corrected to *strofilus*, B.; *strofiles*, C.; *strophilos*, D.

[4] *ca reduvias escarum dum affectat*, Solinus.

[5] *scalpsit*, B.

[6] *sensum*, C.D.

Cap. LVIII.

De aurifrisio.

Aurifrisius, auram frigidam sequens, altero pede prædonem repræsentat, altero mitissimam avem mentitur. Habet namque unum pedem uncis armatum unguibus, reliquus vero natatui idoneus est. Hæc igitur avis opus est naturæ aut ludentis, aut prodigiosæ, aut providæ. Giro enim multiplici utitur in aere, nunc more ludentis, nunc more insidiantis, usque dum prædam in aquis cernens, impetuose descendat, altero pede prædam rapiens, reliquo arte natandi opem socio conferente.

Adaptatio. Sicut itaque pede sustentatur corpus sic et proposito mens innititur. Unde et per pedem propositum mentis[1] designatur. Aurifrisius igitur potentum aurifrigiatorum typum gerit, qui unum habent propositum, ut rapiant bona pauperum, sed et ipsorum intentio est vultu blando palliare fraudem suam. Cerne igitur oculis mentis aurifrigiatum potentem, quasi pedem natatui idoneum prætendere, sed et reliquum prædæ habilem abscondere, et aurifrisii duos cernes pedes.

Cap. LIX.

De turture.

Etiam vulgo notum est turturem et amoris veri prærogativa nobilitari et castitatis titulis donari. Mortuo igitur compare suo, viroris[2] aspernatur delicias. Quasi ergo unum par turturum sunt anima casta et hospes ejus, corpus loquor. Cum itaque corpus mundo est mortuum, adeo ut idem habitus religionis susceptæ protestetur, non interest animæ curiositatibus mundanæ gloriæ capi seu delectari.

---

[1] *mens*, D.   [2] Omitted in C.

Cap. LX.

De passere.

Passer avis est libidinosa, unde et a patiendo nomen sortita est. Levis est, et vaga et astuta, et fructibus humani laboris nociva. Laqueos autem aucupis deprehendit gnara, et deprehensos evitat. Per hanc avem versipellis astutia designatur, quæ laqueos fraudis deprehendit. Dolus enim dolo eliditur, et clavus clavo retunditur. Aufert autem hæc avicula columbæ nidum suum fraude turpi, et astutia simplicitatem subplantare novit. Nonnunquam tamen in Sacra Scriptura nomen passeris aureis scribitur litteris, propter fœcunditatem et agilitatem et commercium quoddam familiaritatis, quod cum hominibus contraxisse videtur. Sunt tamen tres species passerum. Quidam enim sunt domestici, quidam montani, quidam arundineta inhabitant. Morbo autem epilemtico[1] frequenter hæc avis vexatur. Sed etiam, quod vulgo notum est, commendare scripto non erubesco, dummodo lectoris informem mores quantum in me est. Cernens igitur passer aliquam domum[2] arundinibus esse coopertam, ibidem nidificare cupit. Multa tandem adunata passerum cohorte, vel unum calamum extrahere molitur, ut propositum exequatur. Sic et castri gnarus obsessor vel unum eruere lapidem arietis ictu crebro studet. Uno namque educto facile cedet lapidum compages. Sic et infelix prælatus unitati subditorum moliens insidias, unius favorem sibi conciliare satagit, quo ab unitate fratrum subducto et sic seducto, residua multitudo vacillet. Sic sic tunicam Domini inconsutilem scindere præsumunt quidam, militibus Pilati sæviores. O utinam advertas quia titio

Instructio.

---

[1] *epilenticæ*, D.   [2] *domum aliquam*, D.

in strue lignorum materiam igni præbentium accensus, lucis solatium cum aliis præstat, qui a comparibus separatus fumum ex se mittit.

CAP. LXI.

De corvo.

Nigredo tantæ excellentiæ est inter alios colores, ut cum alii aliis se supervestiri coloribus permittant, niger color alium mutuari dedignetur. Hinc est quod viri religiosi quidam nigro utuntur habitu, ut per hoc designetur se ad secularem vitam reverti non posse, licet et nigredo pœnitentiæ sit designativa. Corvus ergo præ sui multa calliditate et propter quasdam alias sui proprietates, doctorem aliis præpositum in sancta ecclesia repræsentat. Pullos enim suos non sustentat alimentis antequam in colore patrissent. Sic nec sancti viri subditorum suorum delectantur conversatione, priusquam mores ipsorum subditi imitentur. Certissimus item nuntius est corvus mutationis aeris, et alia crocitationis modulatione prophetat auram salubrem fore, alia tempestatem futuram prædicit. Sic et doctor aliis utitur auctoritatibus, sed et alium assumit loquendi modum cum de gaudiis sermonem facit supracœlestibus quam cum de pœnarum acerbitate gehennalium disputans horridum terrorem mentibus auditorum incutit. Turres item inhabitat, et ibidem nidificat corvus, docens ad superna erigendam esse cogitationum nostrarum intentionem. In turri item constantiæ nidificant quicunque sobolem spiritualem, usus loquor virtutum, in propositi honesti stabilitate firmiter locat. In arce etiam contemplationis pias fovere debemus meditationes, ut terrenis despectis ad superna suspiremus.

Propter multas autem sui proprietates nomen corvi

tetris meretur scribi litteris. Cadavere enim allicitur   Contra
et eo vescitur, repraesentans eos qui voluptatibus illi- libidinem.
citis alliciuntur et pelliciuntur. Corvus autem emissus
ab arca reverti noluit, significans eos qui a felici
claustralium collegio exeuntes, ad inhonestos usus se
transferunt.

Corvus etiam longaevi temporis citissime domesticus
efficitur, et silvestres corvos retinet invitos et seducit.
Sic et grues domesticae alias grues seducunt et capiunt.
Ad corvum autem sermonem dirigens Martialis, ait:[1]   Martialis.

"Corve, salutator,[2] quare ªfellator haberis?
"Nam caput intravit mentula nulla tuum."

Secundum judicium majorum, naturae placuit institutis
ut corvus a potu sese abstineat quamdiu ficus dulcedine sui fructus gloriatur. Unde Ovidius:[3]

"At tibi[4] dum lactens pendebit[5] in arbore ficus,
"A nullo gellidae fonte bibentur[6] aquae."

Cap. LXII.

De cornice.

Cornix etiam, pluviae praesaga futurae, multo eam[7]
clamore praenuntiat. Undis etiam caput spargit velut
occupet imbrem et instabili gressu metitur littora,

ª Nolo scripto commendare quid sit fellare, propter juniores.

---

[1] Martial. Epig. xiv. 74.
[2] *sallitator*, B.; *salvator*, D.
[3] Ovid. Fast. ii. 263.
[4] *ubi*, B.
[5] *pependit*, B.; *haerebit*, Ovid.
[6] *bibantur*, Ovid.
[7] *etiam*, B.

Cap. LXIII.

De ardea.

Jovem consulere de statu aeris videtur ardea, cum volat sublimis, pennae confisa natanti. Unde et ardea, quasi ardua dicitur.

Cap. LXIV.

De ciconia.

Ciconia, quae et crotalistria, rostris crepitantibus crotolans, horas diei distinguere perhibetur crepitatione sua. In hieme autem latet in aquis, sed verno tempore Naiadum regna linquens,[1] sub divo degit clementioris aurae laeta salutatrix. Sic et viri sancti singulis horis Deo quod suum est persolventes, in hieme hujus vitae latitant sub humili habitu, aestatis futurae delicias expectantes. Ranarum et locustarum et serpentum hostis est, in quo instrueris ut vitiorum infestator sis. Rostro alvum purgare[2] dicitur. Unde et natura usum instrumenti quod dicitur clistere[3] docuisse credenda est. " Nihil est enim," ut ait Tullius, " quod aut ars primum " aut natura postremum invenerit."

Natura vero nos in multis informat, ut in subjicienda continebitur relatiuncula. In [a]indagine igitur magna, quae vulgo vivarium dicitur, duae nidificaverunt ciconiae, super cratem quandam huic usui idoneam. Masculo autem absente certis ex causis, adulter cum ciconia expectante furtivos coitus super

Prima natura.
Adaptatio.
Secunda. Instructio.
Tertia.

[a] Est enim indago piscium vivarium, ferarum, quamvis vulgus putet contrarium.

---

[1] linquens regna, D.
[2] purgare alvum, C.
[3] distere, A. In the medieval MSS. cl is often changed to d.

dictam cratem coire consueverat. Re autem peracta, adultero avolante, solebat adultera statim sese aquis immergere, ne a marito furtiva culpa deprehenderetur. Nec latuit res militem dominum illius fundi, qui et uxorem suam ad inspectionem furtivorum coituum adduxit frequentius. Tandem, evoluto aliquo temporis spatio, cum adultera ad consueta balnea se transferre speraret, invenit misera impedimentum a milite præparatum, rei exitum cum uxore et familia expectante. Gestus[1] ergo multum dolentis prætendente ciconia, obstaculum quod immersioni ejus erat impedimento amovisset militis uxor, si non domini inhibitio obstitisset. Sed quid moror? Maritus adulteræ, facti nescius, ad habitaculum suum remeans, virtute odoratus crimen deprehendit. Qui sociam, sed jam hostem, linquens,[2] et multam ciconiarum adducens secum cohortem, adulteram deplumavit et dilaniavit. Qua dilaniata, altera comes marito associatur.

Cap. LXV.

Item de ciconia.[3]

Ciconia, lætitiam verni temporis introducens, magnum pietatis tradit exemplum. Nam cum parentes eorum pennas senio coquente laxaverint, nec ad proprios cibos quærendos idonei potuerint inveniri, plumis suis genitorum frigida membra refoventes, escis corpora lassa reficiunt, et, donec in pristinum vigorem ala grandæva redierit, pia vicissitudine juvenes reddunt quod a parentibus parvuli susceperunt. Et ideo non immerito longa vita servantur, qui pietatis officia non relinquunt.

Cassiodorus.

---

[1] *Gertus,* C.
[2] *derelinquens,* B.
[3] Copied verbally from Cassiodorus, Variar. lib. ii. ep. 14.

Ferunt quod dum ciconiæ collecto agmine in Asiam pergunt, cornices eas duces præcedunt, et ipsæ quasi exercitus prosequuntur.

Cap. LXVI.

Item de ciconia.

Solinus. Pithonoscomos[1] est in Asia locus in campis patentibus, ubi primo adventus sui tempore ciconiæ advolant, et eam quæ ultima advenerit ᵃlancinant universæ. Aves istas ferunt linguas non habere, verum sonum quod[2] crepitant oris potius quam vocis esse. Eximia illis inest pietas. Etenim quantum temporis impenderint foetibus educandis, tantum et ipsæ a pullis suis invicem aluntur. Ita enim impense nidos fovent, ut incubitus assiduitate plumas exuant. Noceri eis omnibus quidem locis nefas ducunt.

Cap. LXVII.

De anate.

De anate Martialis ait :[3]

"Tota quidem ponatur anas; sed quæ[4] pectore tantum
"Et cervice placet,[5] cætera redde coco."

ᵃ *I.e.*, laniant.

---

[1] *Pithoscomos*, B. The reading is *Pythonos coma* in Solinus, from whom (Polyhist. c. xi.) this chapter is taken verbatim.

[2] *quo*, Solinus.

[3] Martial. Epig. xiii. 52.

[4] *quæ* is not found in Martial, and it is in fact superfluous to the line. It is omitted in D.

[5] *sapit*, Martial.

Cap. LXVIII.

De alauda.

Alauda a laude diei nomen sortita est. Nunquam ipsam ortus auroræ etiam accelerantis fallit, sed in præconia diei lætabunda exsurgit præcentrix. In sublime volat, gyris proportionalibus ascendens, sed et auroram salutans, varietate dulci commendabile melos modulatur. Horis diei singulis fertur lætis modulationibus præconia decantare. Et dum laudibus se totam dedit, nomen a laude jure sibi impositum protestatur. Hæc igitur avis[1] desides arguit somnolentiæ, et contemplativorum studia ex parte repræsentat. Nunquam impuris vescitur, nec in rebus inhonestis vir honestus delectatur. Galeata autem alauda, quæ a nonnullis [a] cirrita dicitur, cæteris alaudis præferenda est, in [b] systematum argutis distinctionibus. *Instructio moralis.*

Hæc est Scylla Nisi, quæ ideo patri suo dicitur furata esse aureum crinem, quia in diluculo, cujus quasi custos est alauda, subtractus est furto thesaurus Nisi. Ad litteram etiam ipsa furata est[2] patri divitias suas, et optulit Minoi, a quo repudiata[3] est. Commentatores dicunt eam ideo dici repudiatam a rege Cretensi, quia in Creta rara avis est alauda.

Cap. LXIX.

De pica.

Pica loquax, garrulæ repræsentatrix jactantiæ, in recompensationem brevitatis alarum, cauda longiore

---

[a] Cirros idem est quod crinis.
[b] Systema secundum musicos est minutissima vocis particula.

---

[1] *Hæc avis igitur*, C.
[2] *est furata*, C.
[3] *trepudiata*, C.

munitur, languido ipsarum motui subsidium conferente.
Sic et jactantia successus fortuitos urgere non novit, nisi inanis gloria, per caudam designata, proposito ipsius adminiculum præstet. Nidum itaque sedula providentia cum duobus construit foraminibus, ut sine indemnitate pennarum caudæ per alterum exeat, reliquum ingressui ejus deserviat. Sic et jactantia, ostentatrix pomposa, plura sibi constituit remedia subterfugiorum, ut, si in altero deprehendatur frivola ejus loquacitas, reliquo errorem suum tueatur.

Commendabilis tamen est pica in hoc, quod curiæ vel ᵃcortis in qua nidificat prospicit indemnitati, et insidias latitantium multo prodit clamore, adeo ut a proposito infelici territi nonnunquam revocentur. Sic et anser capitolinus insidias Senonum fertur prodidisse tam volatu quam multi clamoris indiciis. Sic et gabio, volucrum histrio, vespilionum latebras clamore valido detegit, sed quandoque dat poenas, mucrone sagittæ missæ perforatus.

Cap. LXX.

De coturnicibus.[1]

Æstate depulsa cum coturnices,[2] quas ortygias[3] Græci vocant, maria tranant, impetus differunt, et metu spatii longioris vires suas nutriunt tarditate. Ubi terram præsentiscunt, coeunt catervatim, deinde globatæ vehementius properant. Quæ festinatio plerumque exitium portat navigantibus. Accidit enim in noctibus ut vela incidant, et præponderatis sinibus alveos vergant.[4]

ᵃ Curia potentum, cors villanorum, unde supra.

---

[1] This chapter is copied from Solinus, Polyhist. c. xi.
[2] conturnias, C.
[3] ortygas, Solinus.
[4] vertant, Solinus.

Austro nunquam exeunt, nam metuunt vim flatus tumidioris. Plurimum se aquilonibus credunt, ut corpora pinguiuscula, atque eo tarda, facilius provehat siccior et vehementior spiritus. Ortygometra dicitur quæ gregem ductitat. Eam terræ approximantem[1] accipiter speculatus rapit, ac propterea opera est universis, ut sollicitent ducem generis externi, per quem frustrentur prima discrimina. Cibos gratissimos habent semina venenorum, quam ob causam eas[2] damnavere prudentium mensæ. Solum hoc animal præter hominem morbum patitur comitialem.

Salva pace Solini, passer vexatur eodem morbo.

Cap. LXXI.

De ansere.

Anser vigilias noctis assiduitate clangoris testatur. Nullum autem animal ita odorem hominis sentit. Unde et clangore 'us Gallorum ascensus in Capitolium deprehensus est.

Cap. LXXII.

De cuculo.

Cuculus frequenti ejusdem soni inutili repetitione tædiosus nugator avaritiæ typum gerit, proclamantis et dicentis, "Affer, affer." Vetus cantat canticum, quale cantant[3] et hi[4] qui veterem hominem nondum exuerunt. Ovis propriis non incubat, sed unicum ovum in nido fulicæ ponens, ejusdem ova sugit. Illa ergo ovum cuculi, eventus futuri ignara, sedula nutrix fovet, sed a cuculo excluso, et postmodum adulto, nutrix a nennul- *De avaritia.*

---

[1] *proximantem,* Solinus, and C.
[2] *eam,* Solinus.
[3] *canunt,* C.
[4] *hii,* B.C.D. ; *ii,* A.

Item de avaris.

lis quandoque devorari perhibetur.[1] Sic sic non sustinet avarus familiam propriam sustentare, sed et sibi opem pro tempore ferentes male remunerat. Sic etiam, sic, pro dolor! antiquus hostis suggestiones suas in corde humano quasi in nido relinquit, quas stultitia humanae considerationis fovet et nutrit; sed cum hae cogitationes in actum prodeunt, quasi ova in aves transeunt. Mentem itaque dictarum cogitationum miseram nutricem devorat vitium effectui mancipatum, dum abysso desperationis animus infelix absorbetur infeliciter.

Item de avaris.

In aestate volat cuculus et lascivit, sic et avaritia in prosperitate regnat et gloriatur. In hieme vero jacet quasi languens et deplumatus, bufoni similis. Sic et vitium avaritiae, licet in adversitate languere videatur, venenum tamen malitiae suae retinet in corde venenoso.

Cuculorum salivae cicadas gignunt.

CAP. LXXIII.

De pellicano.

Pellicanus avis est solitudinis, dicta sic eo quod pellis ejus tractata canere videatur propter sui asperitatem. Pullos occidit Medeae[2] nimis expressa imitatrix. Naturae virtus demum in ea expergiscitur, mater enim incipit esse affectu quam prolis interemptae interitu, matrem secundum consistentiam veritatis esse non sinit. Naturae majestatem offendisse visa est, cui satisfacere satagit natorum ultrix. Se ipsam veste plumarum exuit,[3] dolore non modico affecta. Et quae in natos ausa est nimis desaevire, se ipsam acriter impetit. Rostro latus aperit, et se prodiga sanguinis proprii cruentat. Sanguine perfunduntur pulli, et sic revi-

---

[1] *prohibetur*, C.D.
[2] *inediae*, C.
[3] *palmarum exeunt*, B.

viscunt. Natura in his hominem repræsentat, qui per peccata sua opera bona mortificat; qui postmodum pœnitentia ductus, ornatum respuit vestium, et se ipsum crucians, gemitibus dolorem manifestat interiorem. Cor aperit in confessione, et fervore dilectionis opera priora quæ facta erant in caritate reviviscunt. *De pœnitente.*

Cap. LXXIV.

Iterum de pellicano.

Rerum naturæ varias admittunt morales interpretationes. Unde et de pellicano alio modo tractare libet quam tractaverimus, sed succincte. Diximus igitur per pellicanum designari pœnitentem, quod quidem maciei dictæ avis competit. Est enim avis ista macilenta; sic et pœnitens macerare debet corpus suum. Avis etiam ista solitaria est. Sic et pœnitens colloquia, sed et consortia, malorum vitare debet. Natura vero et consuetudines istius avis ad ipsum Christum referri solent. Occidit hæc avis pullos suos, et præcepti dati a Domino primis parentibus transgressio eos mortem incurrere fecit. Tota etiam posteritas Adæ occisa est, quia et penalitatibus dedita et morti tradita. Triduo luget pellicanus natos suos,[1] et Dominus triduo passionis quodammodo suos luxit. Latus aperuit hæc avis, et sanguine respersos pullos excitat. Sic et de Domini latere aperto effluxerunt sacramenta nostræ redemptionis. *Prima natura. Adaptatio. Secunda. Adaptatio. Tertia. Adaptatio. Quarta. Adaptatio. Quinta. Adaptatio.*

" Vita æterna, Deus, mortem gustavit ad horam,
  " Ut miser æternum vivere posset homo."

---

[1] *pullos suos,* B.

Cap. LXXV.

De gallo gallinaceo.

Minus instructi putant gallum gallinaceum esse illum cui subtracti sunt testes sexus. Sed in legibus Justiniani reperitur quod gallus gallinaceus est qui gallinis praeest.

De doctore ecclesiae. Gallus igitur crista insignitus docet praedicatorem galea spei munitum esse debere. Barba galli maturitatem praedicatoris designat. Regimini plurium sufficit iste gallinarum, in quo monetur doctor se plurium utilitati deservire debere. Expeditus est gallus et strenuus, in quo praelati arguitur[1] desidia. Leni susurrio suas vocat ad esum grani puri. Sic et rector ecclesiae dulci commonitione subditos monere debet ad audiendum verbum cohortationis, quod est fructuosa refectio credentis animae. *Prima Adaptatio.*

Secunda Adaptatio. Seipsum gallus alis verberat ante cantum. Sic et praedicator seipsum excitare debet[2] ad bene agendum, antequam officium praedicationis assumat.

Tertia Adaptatio. Praeco diei diem laetis salutat praeconiis, somnolentos arguens desidiae. Praedicator etiam praenuntiare debet diem aeternae gloriae, ut per spem erigantur subditi ad superna.

Quarta Adaptatio. Nonnunquam vero, imagine propria delusus resultante in speculo apposito, vires inaniter consumit. Sic et praedicator, dum se, pro dolor! nimis admiratur, inani gloria seducitur, labores plurimos inutiliter exercens.

Quinta Adaptatio. Cum item in senium vergit gallus, quandoque ovum ponit, quod bufo fovet, et ex ipso prodit basiliscus. Sic qui in senio avaritiam colit, rebus indulget congregandis, has res fovet sollicitudo multa, et ex hujus-

---

[1] *arguitur praelati,* C.   [2] *excitare debet seipsum,* B.

modi rebus turpiter adquisitis nascitur nimius animi dolor, sollicitudinis infausta proles. O quot sunt qui in senio degenerant, et quanto pauciores restant dietæ, tanto majus viaticum desiderant.

Solet quæri ab iis quos agitat talis labor, quare gallus cantu suo horas distinguat. Ad hoc respondent, quod ex multo calore recipiunt humores dictæ avis ebullitionem, et ex ebullitione salsedinem. Salsedo facit pruritum, et ex pruritu nascitur titillatio, ex qua provenit delectatio. Ex delectatione autem excitatur ad cantum. Natura vero statuit certos terminos motibus humorum, unde et certis horis cantat gallus. *Quæstio physica. Responsio.*

Quæritur item unde crista galli proveniat. Galli enim habent cristas, gallinæ vero non. Ad hoc respondent, quia[1] galli cerebrum habent humidissimum. Et item, in eorum cerebro sunt quædam ossa in summitate, quæ non firmiter conjuncta sunt. Fumus ergo grossus nascens ex humiditate exit per foramina, et quia grossus est dum in superiori parte intercluditur, cristæ efficiuntur. Non est autem facile assignare unde palearia rubricata, quæ vulgo dicuntur barbæ, proveniant. *Alia quæstio. Responsio.*

CAP. LXXVI.

De ave quæ ex herba marina nascitur.

Perhibent autem ex herba in fundo maris crescente sumere originem occulti naturæ legibus. Hæc avis volatu suo tempestatem instare prædicit nautis mare legentibus, et proditionis expers maternum prodit filia maris consilium. Per mare mundus iste figuratur. Avis dicta mundi vanitatem transitoriam et alatam[2] designat. Hæc statum mundi detegit, qui cum etiam *Instructio.*

---

[1] *qui,* C.
[2] *allatam,* B.

blanda facie arridet, aspera minatur. Immo tunc præcipue seducit, quando osculum cum Juda proditore tibi videtur porrigere.

CAP. LXXVII.

De ave quæ dux est multitudinis allecium.

Ferunt avem albam ducatum præbere multitudini allecium, quæ famem suam sedat esu ipsorum allecium. *Instructio.* Sic sic multi sunt qui, dum officio rectorum abutuntur, tyrannidem in subditos exercent. Candor avis dictæ habitum repræsentat religionis. O dedecus! cum sub habitu Christi prædo latitat.

CAP. LXXVIII.

De regulo.

Regulus, qui et parra dicitur, quasi parva scilicet avis, numerositate prolis gloriatur. Sed et in tam exili corpore garritum tantæ sonoritatis quis non miretur? Quam parca videtur fuisse natura in quantitate corporis, tam prodigam eandem censere audebit quis in quantitate soni. In talibus docemur rerum exiguarum virtutes non esse contemnendas. Unde Polynici conferens poeta Tydeum,[1] ait:

"Major in exiguo regnabat corpore virtus."

Ferunt corpus parræ veru affixum, dum igne assatur, non indigere manu giratoris, quia per se circumvolvitur regulus, etiam post fata, regiæ non immemor nobilitatis.

Qua vero astutia secundum fabulosam narrationem regiam dignitatem inter aves visa sit sibi adquisivisse, vulgo notum est. Condixerunt enim inter[2] se aves ut

---

[1] Statius, Theb. i. 417.
[2] *condixerunt inter*, B.; *aves inter se*, C.

illa regiæ celsitudinis gloriam sortiretur, quæ sublimi volatu omnes alias vinceret. Parra, igitur, sub ascella aquilæ latitans, opportunitatem ex tempore nacta est. Cum enim aquila, Jovis penetralibus vicinior, dominium sibi vendicaret, ausa est parra capiti aquilæ insidere, victricem se esse asserens. Sicque nomen reguli obtinuit. Hæc relatio fabulosa illos tangit qui aliorum labores intrantes, gloriam aliis debitam in se præsumunt transferre. "Et," ut ait philosophus, "nos sumus "quasi nani stantes super humeros gigantum."[1] Prædecessoribus itaque nostris ascribere tenemur ea quæ in gloriam laudis nostræ nonnunquam transferre audemus, similes parræ quæ levi labore, immo nullo, aquilam vicisse protestata est.

Instructio moralis.

Cap. LXXIX.

De avibus rapacibus.

Solet dubitari a quibusdam qua de causa inter aves rapaces fœminæ sint majores et audaciores masculis, et diutius durent. Adverte igitur aves viventes ex rapina cholericas esse et ita multum calidas. Masculi vero de complexione sunt calidi et sicci. Siccitas autem facit ad constrictionem et parvitatem, quia ejus motus est ad centrum. Fœminæ sunt calidæ et humidæ, et ita habent utramque causam dilatationis, quia calor dissolvit, humiditas ampliat. Utriusque enim motus est a centro. Unde et fœminæ sunt majores et audaciores. Est enim in eis humiditas fomentum caloris, et ideo non in eis cito aduritur cholera, humiditate resistente. In masculis vero innata siccitate, tum sexu, tum ex complexione, cito aduritur in eis cholera, et transit in melancholiam. Unde cito fiunt pigri et timidi, et parum durant.

---

[1] *gigantium* is the reading of both A. and B.

Cap. LXXX.

Quare aves non faciant[1] urinam.

De avibus multa diximus, et utinam utilia. Causa autem quare urinam non faciunt est multa siccitas quæ in eis viget. Adde, quod humorositatis suæ multum ad nutrimentum plumarum[2] mittunt. Quid quod vesica carent?

---

[1] *faciunt*, B.D.   [2] *pluiarum*, B.

ALEXANDRI NECKAM DE NATURIS RERUM
LIBER SECUNDUS.

Prologus libri secundi.

ERUCTAVIT cor Patris verbum quod bonum est, immo etiam ipsa bonitas est. De plenitudine enim substantiæ suæ genuit ab æterno Pater verbum, per omnia sibi simile et in omnibus æquale. Verbum istud lingua est Patris, quia " dixit et facta sunt." Disponit enim sapientia Patris, et præcipit res in esse produci. Est etiam verbum istud calamus scribæ velociter scribentis, quia sapientia Patris omnia inscribit, ita quod in rebus sapientia Dei elucet. Mundus ergo ipse, calamo Dei inscriptus, littera quædam est intelligenti, repræsentans artificis potentiam, cum sapientia ejusdem et benignitate. Sicut autem totus mundus inscriptus est, ita totus littera est, sed intelligenti et naturas rerum investiganti, ad cognitionem et laudem Creatoris. Nec hoc propter figuram mundi rotundam dixerim,[1] quamquam et in hoc perfectio conditoris eluceat, sed quia quælibet creatura repræsentat potentiam Dei et sapientiam et benignitatem. Potentiam enim Patris loquuntur ea per quæ res potens est. Substantiales autem proprietates potentem esse rem[2] faciunt. Sapientiam autem Dei enarrant color rei, et pulchritudo, et forma, cum figura et dispositione partium et numero. Benignitatem autem artificis summi loquuntur conservatio rei

---

[1] *dixerim rotundam,* C. [2] *rem esse,* B.

in esse et utilitas ejusdem. Non est enim vel herba communis quæ multas non habeat in se utilitates. Ad hæc, inspice tot avium species, quælibet ab alia suo garritu differt. Considera diversitates animalium, reperies quamlibet speciem suum genus soni vocalis sibi vendicare. Rugitum dant leones, rudit asinus, balatum dat ovis, mugit taurus, coaxat rana, et ita in aliis reperies quamlibet speciem animalis suo discerni sono. Nobilem creaturam attende, hominem loquor, vix aliquos expresse similes reperies. Diversitates igitur facierum animalium, formarum, vocum, nonne sapientiam Dei loquuntur? Adde, quia superiora corpora quodammodo accedentius potentiam et sapientiam et benignitatem, sed et[1] immensitatem et æternitatem, Dei exprimunt quam ista inferiora. Non enim tantæ alterationi subjiciuntur illa quantæ et ista. Majora item sunt superiora inferioribus. Ut enim de firmamento omittam, quod multo majus est sole, constat solem esse centies sexagies[2] sexies et fractione majorem terra. Quantitas igitur solaris[3] corporis et splendor et pulchritudo tractu temporis non imminuta, docent ea parte quanta sit potentia conditoris, quanta sapientia, quanta benignitas. Sol enim in eminenti loco constitutus est ut multis luceat. O homo, tibi servit solaris splendor, et tu tenebris vitiorum involvi dignaris. Cum autem majora sint superna inferioribus, fidelius loquuntur Dei immensitatem. Cum diutius in esse subsistant, accedentius declarant Creatoris æternitatem. Adde, quod cum pacem summa teneant, ista autem infima multiplici sint obnoxia perturbationi, docent nos ipsæ creaturæ ad superna tendere, pacem quærere. Quid enim dulce, suave, tranquillum, sine pace? Superiora item multo elegantioris sunt venustatis et dignioris formæ quam

---

[1] *sic et*, B.
[2] *censies sexagesies*, C.
[3] *solis*, B.

inferiora ista. In his igitur quid amœnitatem, quid jocunditatem quærimus? Nonne sol multo clarior est et decentior rebus infimis? Deus vero infinito decentior est omni specie quam condidit, major omni quantitati. Hunc constituamus finem actionum nostrarum, præmium laborum. Ipse enim quies est vera. Ipsum igitur qui omnia inscribit ducem operis hujus et finem constituo, dum hæc scribo.

Postquam autem de aere et ornatu ejus tractavimus, desiderare videtur ordo naturalis ut de aquis et ornatu ipsorum, pisces loquor, agamus.

Incipit Liber Secundus.

Cap. I.

Quare aqua marina salsa sit.

Secundum veritatem doctrinæ Aristotelicæ omnes aquæ sunt indifferentes secundum speciem. Unde aqua salsa, et quæ vulgo dulcis dicitur, est enim omnis aqua naturaliter insipida, ejusdem speciei sunt. Cum autem omnis aqua sit naturaliter tam frigida quam alba, et salsedo sit ex accidentali calore, verisimile est quod omnis aqua sit naturaliter insipida. Unde et aquæ salsæ diligenti depuratione dulces redduntur. Putant autem aquam marinam salsam esse ex calore solis et aliorum planetarum. Verus enim oceanus sub torrida zona constituitur. Quare et ipsum calefieri oportere verisimile est.

Cap. II.

Quod de Horto Deliciarum quatuor emanant flumina.

De Horto Voluptatis Paradisi terrestris quatuor derivantur flumina, Phison, qui et Ganges, Gion, qui et

Nilus,[1] Tigris, et Euphrates. Sic et ex dono Spiritus Sancti quatuor virtutibus irrigatur hortus sanctæ ecclesiæ, scilicet justitia, temperantia, fortitudine, prudentia. De his alibi in opusculis nostris reperies. Nec possum stylum continere, quin illos commendabiles versus Claudiani de Nilo mentionem facientis scripto commendem:

"Lene fluit Nilus, cunctis tamen amnibus[2] extat
"Utilior, nullas confessus murmure vires."

Quæ quidem sententia illos respicit qui lenes et benigni sunt, et aliis utiles.

Cap. III.

De duobus fontibus contrarios effectus habentibus.

In Sicilia duo perhibentur esse fontes, quorum alter oves albi velleris nigras reddit, alter[3] nigras efficit[4] albas. Sic et sapientia hujus sæculi mentes candore innocentiæ fulgentes nonnunquam in pejus commutat, sapientia autem vera mentes tenebris vitiorum involutas reddit serenas.

Cap. IV.

De fonte crescente si pannus rubeus accedat.

Ferunt esse[5] fontem qui sensibile suscipit incrementum quotiens aliquis accedit veste indutus rubei coloris. In assignatione autem causæ unde hoc proveniat multi laboraverunt, nova figmenta et inutilia proponentes. Dicunt enim similia gaudere similibus. Fontem ergo scaturientem in terra rubea ex accessu ruboris

---

[1] *Nilis*, C.
[2] *sed cunctis amnibus* in the printed text of Claudian, de Mallii Theodori Consulatu, v. 232.
[3] *aliter*, B.
[4] *reddit*, B.
[5] *esse etiam*, B.

fervere autumant. Sed quam exilis sit hæc ratio intelligentem non latet. Quis autem naturæ operantis consiliarius fuit? Sed moraliter instruimur in dicto eventu, quoniam familiare hominis consortium iracundi nimis vitandum est. Mentes enim prius pacatæ nonnunquam perturbantur ex accessu hominis furore accensi. Ruborem itaque iracundiæ confero. Poteris et per ruborem comprehendere caritatis fervorem, ex cujus accessu felix mentes humanæ accipiunt incrementum donorum spiritualium.

Contra iracundum.

Nec mireris si nunc per aquam sapientiam, nunc mentem humanam designem. Sunt enim ejusdem rei variæ significationes.

Cap. V.

De fonte qui erumpit etiam propter modicum susurrium loquentis.

Scripto commendaverunt viri fide digni fontem esse qui multo stridore erumpit ebulliens, ac si indignari videatur, propter loquelam hominis etiam leniter loquentis. Sic et mens humana nonnunquam in indignationem prosilit propter verba etiam dulciter prolata. Mens enim sui impatiens materiam perturbationis ex levi reperit occasione, in sui ipsius perniciem commentatrix perniciosa. Sed quoniam dulcius ex ipso fonte bibuntur aquæ, verba ipsius Cassiodori in medium proferamus.[1] " Est, ut dicitur, sub pede collium supra
" maris arenam fertilis campus, ubi fons vastus egre-
" diens cannis cingentibus in coronæ speciem riparum
" suarum ora contexit, amœnus admodum et arundi-
" neis umbris et aquarum ipsarum virtute mirabilis.
" Nam cum ibi tacitus homo et studiose silentiosus
" advenerit, aquas fontis irrigui reperit sic quietas, ut
" in morem stagni non tam currere quam stare videan-
" tur. At ubi concrepans tussis emissa fuerit, aut
" sermo clarior fortasse sonuerit, nescio qua vi statim

I

"aquæ ibidem concitatæ prosiliunt. Os illud gurgitis
"ebullire videas graviter excitatum, ut putes aquam
"rigentem succensæ ollæ suscepisse fervorem, silenti
"homini tacita loquenti strepitu et fragore respondens,
"ut stupescas sic subito perturbatam, quam nullus
"tactus exagitat. Nova vis, inaudita proprietas, aquas
"voce hominum commoveri, et quasi appellatæ respon-
"deant, ita ut hominum sermonibus provocatæ nescio
"quid immurmurent."

Cap. VI.

De fonte facem accensam extinguente et extinctam accendente.

Perhibent fontem esse in quo intincta fax accensa statim extinguitur; si vero fax extincta intingitur in illo, accenditur. Fons iste repræsentat largitatem. Fax accensa designat ardorem prodigæ mentis, qui extinguitur si in fonte largitatis intingatur. Ardor enim prodigalitatis ad inordinatam rerum effusionem mentem accendit. Largitas vero cuncta ad debitum ordinem reducens, fervorem indiscretionis extinguit. Fax extincta typum gerit mentis frigiditate avaritiæ congelatæ. Fons autem munificentiæ mentem talem accendit ad amorem dandi danda prout tempus et locus desiderant.

Cap. VII.

De fonte cujus aqua hausta si super lapidem projiciatur, tempestas oritur.

Asserunt esse fontem de quo hausta aqua[1] si projiciatur super lapidem illi fonti[2] vicinum, oriri videtur tempestas ex ipso lapide. Constat autem multam oriri

---

[1] *aqua* omitted in A.; *aqua hausta*, D. [2] *fonti* omitted in B.

pluviam repente, cum grandine et vento vehementi. Sed unde generetur hæc tempestas quis definire præsumet? Lapis figurat mentem obstinatam, quam si aquis doctrinæ Sacræ Scripturæ vel humilitatis refrigerare aut lenire volueris, indignatio orietur repentina, sed et tumultuosa. Nonne laici murmurant, si de decimis persolvendis in sermone instituto vel mentio fiat? Nonne succensent prælati, si quod sit ipsorum officium, quantave debeant pollere scientia, quantave meritorum prærogativa præminere cæteris, prædicator ostendere voluerit? Nonne indignantur subditi, si vel dulci exhortatione prædicator eos invitare satagat ad devotionem obedientiæ debitæ? Quid? Sed nec ipsa vitia condemnare audemus. Habent enim, pro dolor! et ipsa suos defensores et patronos. Væ ei qui hujusmodi clienti patrocinium præstare non erubescit.

Instructio moralis.

CAP. VIII.

Item de fontibus.

Refert Solinus[1] in regione quadam esse duos fontes, de uno si sterilis sumpserit fœcunda fiet, de altero si fœcunda hauserit vertitur in sterilitatem. Est et in eadem fons alias quietus et tranquillus cum siletur, si insonent tibiæ exultabundus ad cantum elevatur, et quasi miretur[2] vocis dulcedinem, ultra margines intumescit.

In Epiro fons est frigidus ultra omnes aquas. Ardentem si in eum demergas facem, extinguit, si procul ac sine igni admoveas, suapte ingenio inflammat.

Est et fons qui ab occasu solis ita incipit incalescere, ut ni tactu abstineas, noxium sit contigisse. In fervore diei sic hiemales evomit scaturigines ut hauriri

---

[1] Solinus, Polyhistor, cap. v. Most of this chapter is taken from Solinus and Isidore.

[2] *meretur*, C.

etiam a sitientibus non queat. Quis non[1] stupeat fontem qui friget calore, calescit frigore.

Refert Isidorus quod in Italia est fons Ciceronis, qui oculorum vulnera curat.

In Æthiopia lacus est, quo perfusa corpora velut oleo nitescunt.

Zenia fons est in Affrica, canoras voces efficit.

Ex Clitorio[2] lacu Italiæ[3] qui biberint, vini tædium habent.

In Chio fons est quo hebetes fiunt.

In Boetia duo sunt fontes, alter memoriam, alter oblivionem aufert.

Cicizi[4] fons amorem Veneris tollit.

Boetiæ lacus Furialis est, de quo qui biberit ardore libidinis exardescit.

In Campania sunt aquæ quæ sterilitatem foeminarum et virorum insaniam abolere dicuntur.

Ex Æthiopiæ fonte rubro qui biberit limphaticus fit.

Lethnus fons Arcadiæ abortus fieri non patitur.

In Aspaltite lacu Judææ, nihil mergi potest quod animam habeat.

In India Siden vocatur stagnum in quo nihil innatat, sed omnia merguntur.

Et contra in Alce lacu Porcidanio[5] omnia fluitant.

Cap. IX.

De fontibus ligna in lapides consolidantibus.

Instructio moralis. Constat etiam vulgo quamplures esse fontes qui ligna injecta in lapideam substantiam convertunt. Fiunt vero ex hujusmodi lapidibus cotes optimæ. Sic[6] doctrina coelestis paginæ quosdam constantissimos in pro-

---

[1] *enim*, B.
[2] *Exditorio*, C.
[3] *Italiæ* omitted in C.
[4] *Cizia*, C.
[5] *Porcidinio*, C.
[6] *Sic et*, B.

posito honesto reddit, adeo ut et ipsi fungantur vice cotis, alios qui prius hebetes[1] erant exacuendo. Sed, o dedecus, o pudor, o jactura animarum! Multi sunt qui instar cotis alios exacuunt, sed ipsi non efficiuntur acuti. Sed væ illi qui et sibi perniciosus est, et omnino aliis inutilis. Quid? Dii bene, si omnino inutilis existeret, dummodo non omnino aliis noceret. Sunt enim nonnulli qui triumphatores se[2] reputant, dum aliis gravem inferunt jacturam. Sed, ah,[3] nesciunt quia nemo prius nocet alii quam sibi. Qui enim alii nocere contendit, similis est ei qui gladio se transverberat ut alium interficiat.

Cap. X.

De Averno, et Cocyto,[4] et Phlegethonte,[5] et Styge.

Avernus est lacus in Italia, nebularum procreator, multæque parens caliginis. Et dicitur Avernus quasi sine vere. Hinc est quod transumitur vocabulum ad designationem inferni. Cocytus vero et Phlegethon putantur esse fluvii in Ægypto. Quoniam vero loca permeant horrida, finguntur a poetis fluvii esse infernales. Nec mireris etsi de talibus agamus, cum beatus Job in opere tam nobili mentionem de talibus faciat. Cocytus autem luctum designat, sed et interpretatio vocabuli significationi rei congruit. Phlegethon autem ardor interpretatur. Styx autem palus est in Ægypto, juxta quam multa commissa sunt prœlia, multique interfecti. Styx vero interpretatur tristitia. Talia in inferno reperientur,[6] scilicet luctus, ardor, tristitia.

---

[1] *hebetis*, C.
[2] *qui se triumphatores*, B.
[3] *ha*, MSS.
[4] *Cochito*, MSS.
[5] *Flegetonte*, MSS.
[6] *reperiuntur*, B.

Cap. XI.

Incidentur de Allecto, Tisiphone, et Megæra.

In figmentis quidem poetarum a diligenti investigatore multa reperietur utilitas. Sicut igitur non sine causa multa de fluviis infernalibus dixere, sic non sine certa causa tres esse furias finxerunt, quas Allecto, et Tisiphonem, et Megæram dixerunt. Allecto est inquietudo mentis, proveniens ex variis cogitationibus. Et dicitur Allecto, ab [a] alliciendo, quia voluptas in cogitatione consistens, mentem allicit ad consensum. Putaverunt quidam[1] Alecto dici, quasi sine lecto, eo quod vanitas cogitationum quiete carere videatur. Tisiphone est mala locutio, thesis enim positio, phonos est sonus. Megæra est malus actus, quasi mene geros, id est, deficiens actus. Mene enim defectum sonat. Unde et mensis nomen sortitur, quia luna, quæ mensi præest, singulis mensibus deficere videtur in luce. Sed et ipsa luna mene[2] dicitur. Geros est actus vel opus. Unde et ergastulum dicitur, quasi operantium statio. Vel Megæra dicitur quasi megos hera, id est, magna domina. Megos enim magnum. Unde megacosmus,[3] major mundus. Similiter otomega[4] fidem dictis facit. Quod autem hera domina sit, vulgo notum est. Magna autem domina est consuetudo mala, quæ sæva tyrannide miseros premit. Sic igitur tres furiæ sunt mala cogitatio, mala locutio, malus actus, aut secundum aliam intelligentiam mala cogitatio, malus actus, perversa consuetudo. Secundum hoc igitur Tisiphone malum actum designat. Mala enim locutio mala ope-

---

[a] Minus circumspecte videtur hoc dictum, cum Allecto nomen sit Græcum.

---

[1] *quidem,* C.
[2] *mente,* C.
[3] *megafosmus,* B.
[4] *ortomega,* C.

ratio est. Nonne tibi jam occurrunt puella a Domino in conclavi suscitata, et filius viduæ in platea suscitatus, et Lazarus. Unde Hildebertus: *Hildebertus.*

" Mens mala, mors intus, malus actus, mors foris,
  " usus,
" Tumba, puella, puer, Lazarus, ista notant."

Cap. XII.

De aquis in puteo contentis.

Aquæ existentes in puteo æstate frigidæ sunt, hieme vero calidæ. Sic et scientia in prosperitate refrigerium præstat, in adversitate solatium. Recte autem aquis in puteo existentibus comparatur scientia, ut enim ait Plato, "Veritas in puteo latet."

Cap. XIII.

De aqua tepida.

Aqua tepida ferventis aquæ calorem[1] remittit. Sic et mansuetus iracundiam mitigat.

Cap. XIV.

Quod aqua naturaliter in sphericam tendat[2] formam.

Liquor in cipho contentus in tumorem ascendit in medio. Mare etiam e litoribus ascendere videtur, secundum judicium visus. Fidem etiam facit proposito, videlicet quod aqua in sphericam formam tendat, guttæ

---

[1] *colorem*, C. [2] *tendit*, B.

pluvialis concavatio in petra. Nisi enim rotunda esset gutta, non esset concavatio rotunda. Ros etiam matutinus,[1] qui rotundus est, verum esse docet quod diximus. Per rotunditatem autem perfectio intelligitur. Unde mens humana, per aquam designata, tendere habet ad perfectionem.

Cap. XV.
De aqua congelata.

In glaciem aqua constringitur, et rursum in aquam glacies resolvitur. Perhibent autem glaciem in crystallum consolidari; sed quis crystallum in glaciem redire perpendit. Quod autem natura vix sustinet, divinæ miserationis dulcedo adimplet. Quippe mittit crystallum suam sicut buccellas, vel, ut alia translatio habet, sicut frusta panis. Eos enim qui prius obstinati erant, mittit Dominus ad prædicandum et reficiendum alios, ut sint sicut frusta panis, scilicet[2] in suavitate et delectatione[3] refectionis. Paulus crystallus fuerat, et postea multos pavit, tanquam panis deliciosus.[4] Multi igitur congelati sunt gelu aut infidelitatis aut avaritiæ, sed flabit spiritus et fluent aquæ. Aquilo, a quo panditur omne malum, aquas constringit, sed Auster, qui perflat hortum dilectæ, glaciem resolvit.

Cap. XVI.
Quod flumina in mare fluant.

Dulces aquæ in mare fluunt. Sic et potestates minores a potestate regia absorbentur. Sic etiam voluptates mundanæ, quæ falsam dulcedinem prætendunt,

---

[1] *matutinis*, C.
[2] *scilicet* omitted in B.C.D. It is underlined in A., perhaps as an erroneous addition to the text.
[3] *dilectione*, B.
[4] *deliciosus panis*, C.

in amaritudinem commutantur. Dulcium enim voluptatum exitus amarus est. Per mare siquidem quandoque secularis vita, quandoque amaritudo, quandoque pœnitentia, quandoque potestas multa designatur. Vis, o homo, statum vitæ tuæ agnoscere? Aquam respice fluentem, intuere locum scaturiginis, et occurret tibi ortus tuæ nativitatis. Cursum attende tam rivi quam fluminis, et velocem fugam tam pueritiæ quam ulterioris ætatis recognosces. Pisces in aquis perambulantes semitas fluviorum videbis, et curas cor humanum vexantes advertes. Quid est autem mare nisi quoddam, ut ita loquar, sepulcrum aquarum? O homo, agnosce vel sic sepulcrum tuum, in quo corpus tuum quiescet.[1] Quid? Immo non quiescet, insultus enim vermium sustinebit, a quibus dilacerabitur. Exequetur putredo suum officium,[2] et in pulverem caro, quæ nunc florere putatur, redigetur. Sed quo transibit anima prius ad suum perventura domicilium quam corpus ad sepulcrum? O dolor! si in æternas descensura[3] est miserias. O misera! si ad æternos[4] transitura es[5] dolores. O si circa animæ, quæ facta est ad imaginem et similitudinem Dei, commoda tam solliciti, tam providi, essemus, quam seduli sumus circa corporis utilitates! Quid? Certe multa censentur corporis commoda quæ in perniciem corporis vergunt. Non solum hiemem submovemus tectis, sed etiam voluptuosas[6] curiositas[7] humana superadjicit expensas. De animæ receptaculo quem repperis sollicitum? Lautitiam cibariorum quærimus, dicentes, nisi corpus curetur mollius, recedit deliciosus hospes spiritus. Sed quis de spirituali animæ refectione sollicitatur? Quis esurit verbum Dei? Etiam cum sanctorum expositiones audimus, eos etiam qui nobis laboraverunt prolixitatis arguimus judices teme-

---

[1] *quiescit*, C.
[2] *officium suum*, C.
[3] *decensura*, B.
[4] *æternus*, C.
[5] *est*, D.
[6] *voluptuosa*, B.
[7] *voluptuosas et curiositas*, D.

rarii. Quid est quod dixi audimus. Ubi enim est[1] cor nostrum, cum nobis talia recitantur? Immo ubi non est cor nostrum? Sed quid moror? Dum de aquarum fluxu loquor, fluit et vita nostra. Immo effluit. Absit ut in poenis pereffluat.

Cap. XVII.

De accessu maris et recessu.

Unde fluxus marini et refluxus perveniant, quæstio est nondum soluta perfecte.[2] Sed non solum modernos vexat, sed et antiquos vexavit. Unde et Lucanus ait:[3]

Lucanus.

" Ventus ab extremo pelagus sic axe volutet,
" Destituatque ferens, an sidere mota secundo
" Tethyos[4] unda vagæ lunaribus æstuet horis,
" Flammiger an Titan ut alentes hauriat undas,
" Erigat oceanum, fluctusque ad sidera tollat.
" Quærite, quos agitat mundi labor. At mihi semper
" Tu, quæcumque moves tam crebros causa meatus,
" Ut superi voluere, lates."[5]

Utrum autem secundum sidus hic dicatur luna an Mercurius, disceptatio est. Fuere etiam qui dicerent hujusmodi maris redundationem pervenire ex violento concursu brachiorum oceani, brachii scilicet orientalis et occidentalis. Aliis videtur causam hujus rei ascribendam esse cavernosis quibusdam abyssis, nunc aquas evomentibus, nunc absorbentibus. Vulgus vero lunæ accessui et recessui causam attribuit. Sed quis assignabit causam unde æstus maris proveniat? Sed attende, lector, quia nunc redundant fluctus maris, nunc in se redeunt. Ne igitur persecutiones nimis te exterreant.

---

[1] *Ubi est enim,* C.
[2] *perfecte soluta,* B.
[3] Lucani Pharsal. i. 412.
[4] *Thethios,* B.
[5] *late,* Lucan.

Etsi enim quandoque ascendant, sustine, subsident, et retro cedent. Quanto aquæ magis in altum tendebant in cataclysmo, tanto a terra remotior erat archa Noe. Crescunt fluctus persecutionum, et elevatur in altum ecclesia. Non est orandus Deus ne temptemur, sed ne inducamur in temptationem.

Cap. XVIII.

Quod suspectum debeat esse mare, etiam cum videtur tranquillum.

Quantumlibet blandiatur maris facies, et Æoli carceribus intrusi videantur venti, intus tamen latitant insidiæ. Timorem incutere possunt rupes latentes, Ceraunia, Scylla, Charybdis, ᵃEuripus, repentina aeris mutatio. Sic quantumlibet arrideat fortuna, lætum et jocundum vultum præferens, noli tibi securitatem promittere. Nunquam fallacior est quam cum adest prosperitas; nunquam inconstantior est quam cum stare videtur. Eo solo constans est, quod inconstans.[1] De fortuna.

Cap. XIX.

De navi et nautis mare legentibus.

Quanta sit temeritas hominis docet tabula vel etiam asser navis, cui vitam suam ausus est miser homo committere. Quis in terris tutus esse poterit, ne dum in mari? O quam prodigus fuit animæ propriæ,

"Inventa secuit primus qui nave profundum,
"Et rudibus remis sollicitavit aquas."

ᵃ Fervor maris.

---

[1] *quod inconstans est*, B.

Immo longe majoris temeritatis censendi sunt qui hodie mari se committunt, nisi in articulo urgentissimæ necessitatis. Detectæ sunt enim insidiæ Neptuni, quæ primitus Jasonem latuerunt. Nondum Nereides in humanum genus conjuraverant. Aer etiam non tantæ inconstantiæ erat quantæ nunc est. Protea[1] jam vincit maris instabilitas. Crescente scelere humanæ fraudis, crescunt et pericula marina. Cur igitur insidias Neptuni vocavi debitam scelerum ultionem?[2] Muto sententiam, Neptunum pronuntians dignum commendatione, cum scelerum ultor sit[3] humanorum. Et ut figmentis utar poetarum, Minoi, et Æaco, et Rhadamanthi multos transmittit Neptunus, censuram districti examinis non evasuros. Crescit et in hoc labor Charontis, sed spes mercedis qua donandus est murmur ejus sedat et querelam. Quid quod navis quandoque vitiata est [a]teredine, quæ solidissima esse videbatur? Quid quod caries furtivis undarum cedit meatibus? Nonnunquam ventorum violentia rumpuntur rudentes, nonnunquam fluctibus inundantibus navis operitur, nonnunquam veli sinus tumentes aquam in multa quantitate hauriunt. Quid si prora in rupem offendat? Quid si ratis robur dissolvi in compagibus cogatur nimio ventorum impulsu? Quid si clavum tenenti somnus obrepat nimis expresso imitatori Palinuri? Longum esset enumerare fortuitos eventus, quibus emergentibus flebilis erit conditio mare legentium. Sed cæca cupiditas hominem nimis sui oblitum tanta cogit contemnere pericula. Adeo, ut ait philosophus, "Homini nihil vilius est se "ipso."

[a] Ovidius de Ponto,[4]

"Estur ut occulta vitiata teredine navis."

---

[1] *Prothea*, MSS.
[2] *unccionem*, B.
[3] *scelerum sit ultor*, D.
[4] Ovid. I. de Ponto, Ep. i. v. 69.

Cap. XX.

De nauta et cane cymbam[1] *regentibus.*

Relatu eorum qui testimonium de visu perhibuerunt accepi, nautam, sola canis ope contentum, mare Britannicum sæpius transfretare consuevisse. Solebat autem canis funes ore trahere ad imperium magistri sui, merces suas in cymba transvehentis. Nonne visus est tibi nauta iste pericula et procellas maris contempsisse, adeo ut secundum jam reperisse te censeas [a]Amyclam? Sed nonne sui et prodigus et temerarius fuit contemptor?

Cap. XXI.

De [b]*Pellæo in vase vitreo naturas piscium addiscente.*

Felicia antiquorum censeo fuisse tempora, dum summos principes recolo naturis rerum investigandis operosam diligentiam adhibuisse. Tunc locum habuit quod dicitur, "Rex illiteratus, asinus coronatus." Nonne artes liberales antiquitus solis liberis servierunt? Ingenuis ingenuarum facultatum usus concessus est, mechanicarum sive adulterinarum ignobilibus. Romulum et Numam literatissimos fuisse quis neget?[2] Julius Cæsar in cursu astrorum peritissimus fuit, unde et, errores antiquorum corrigens, compotum certissima tradidit eruditione. Augustum scriptorem egregium fuisse docet liber quem de morte Maronis composuit. Quis Ptolomæi[3] nobile opus non miretur? Aristotelis discipulum

---

[a] Docet Lucanus quis fuerit Amyclas.
[b] Magnus Alexander Pellæus dictus est a loco.

---

[1] *cumbam*, C.
[2] *negat* or *negeret*, B. (doubtful).
[3] *Tholomei*, MSS.

fuisse Macedonem certum est, cujus causa *Logicam* elaboravit. Tam sedulus autem naturarum indagator extitit Macedo, ut in vase vitreo naturas et consuetudines piscium deprehenderet. Gallum etiam secum habuit, ut super diluculo[1] per gallicinium certificaretur. In vase dicto didicit Alexander quonammodo insidiæ clandestinæ præparandæ sint contra hostes in re militari, dum exercitum piscium contra alios insurgere inspexit. Pro dolor! naturas piscium scripto non commendavit. Paucissima vero de eorum natura in notitiam mei devenerunt, quæ ad communem utilitatem interserere mihi non erit molestum.

Cap. XXII.

De piscibus in genere.

Pisces non respirant, ut ex doctrina *Posteriorum Analecticorum* liquet. Nec tracheam habent. Palpebris etiam carent, usum quarum supplet aquarum obumbratio. Extremos item secernunt colores, et non medios. Rubeum autem colorem inter extremos annumerabis. Hinc est quod piscatores in arte sua instructi, rubeis non utuntur colobiis, nec albis nec nigris, sed pannis medio colore coloratis, ne scilicet territi pisces fugam ineant. Per pisces, curiosæ cogitationes et vagæ intelliguntur. Hæ non permittunt hominem respirare, tanta ipsum fatigant sollicitudine. Per palpebras, intellige discretionem, eo quod visum regant et dirigant; per aquas mutabilitatem et inconstantiam. Sicut igitur pisces carent palpebris, quarum jacturam recompensat usus aquarum, sic vanæ meditationes judicium non attendunt discretionis, sed loco discretionis discursu utuntur vagarum cogitationum. Curiosi etiam sæpe viribus et acumine naturalis ingenii destituti sunt, sed

Instructio moralis.

---

[1] *dilucido,* C.

beneficio doctrinæ redimunt defectum subtilitatis. Et secundum hoc, palpebræ figurabunt acumen ingenii, aqua doctrinam. Sicut vero[1] pisces discernunt[2] extremos colores, sed non medios, sic qui perambulant semitas hujus maris[3] magni, in quo tot sunt reptilia cogitationum, quæ manifeste bona sunt aut manifeste mala discernunt, sed in media detestatione digna sese præcipitant. Stulti etiam felicitatem pro ipsorum arbitrio subsistentem in secularibus rebus[4] et inopiam rei familiaris attendunt, ad mediocritatem vero, cum in se sit aurea, respectum non habent.

Cap. XXIII.

De seminibus piscium.

Semina piscium in aquas mitti non ambigit quis. Sed natura[5] summa, quæ præcipit ut arena calefaciat ovum struthionis ut formetur avis, jubet ut seminibus piscium natura cooperetur, quæ in multis suam arcanam occultat operationem. Diversitatem autem piscium in sementina procreatione testantur lactes et ovula. Putat autem vulgus ex tribus granulis ovulorum piscem formari, ita ut secundum ipsius judicium duo granula oculis formandis debeantur, unum vero formationi ipsius corporis. Isidorus. In piscibus autem foeminæ aliæ commixtione masculi concipiunt et pariunt catulos, aliæ ponunt ova sine masculi susceptione concepta, quæ idem insidens sui seminis jactu perfundit, et quæ hoc munere fuerint afflata, genitalia fiunt. Quæ vero perfusa non fuerint, aut sterilia perseverant, aut putrescunt.

---

[1] *Sicut enim*, D.
[2] *non discernunt*, A., by an evident error.
[3] *maris hujus*, C.
[4] *in rebus secularibus*, C.D.
[5] *natura* omitted in C.

Cap. XXIV.

De pisce habente unum oculum in fronte habentem formam clypei.

In mari septentrionali reperitur piscis habens in fronte oculum habentem formam clypei trianguli. Piscis iste et ursus albus, qui et mare inhabitat, sese persequuntur. Ursus enim marinus piscibus vescitur.

Cap. XXV.

De monstruosis piscibus.

Habent et pisces sua monstra, in quibus natura ludere visa est, nisi quia sua utilitate non destituuntur, etsi nobis minus nota sit.[1] Est enim ut perhibent in marinis aquis piscis armatus in modum militis. Monachum repraesentat piscis alius. Quid quod

"turpiter atrum
"Desinit in piscem mulier formosa superne?"

In omnibus his admirationem parit potentia divina. Profecto, si per pisces accipere velis cogitationes, reperies in eis monstruosas imaginationum notas. Cogitationum namque figmenta prodigiosa audaciam pictorum et poetarum excedunt, de quibus dicitur:

"pictoribus atque poetis
"Quidlibet audendi semper fuit aequa potestas."

Pictor tamen est animus, sed nec solum depingit, immo et fingit formas, quas nec naturae potentia dignaretur in lucem proferre.

---

[1] *sint*, C.

Cap. XXVI.

De turdis.

Turdus nomen est æquivocum ad volucrem et piscem. Unde Martialis :[1]

"Texta rosis fortasse tibi, vel divite[2] nardo,
"At[3] mihi de turdis facta corona placet."

Turdus[4] per transennam lubricum[5] petit.[6]

Cap. XXVII.

De delphinibus.

Delphines sunt velocissimi, et ideo dicuntur trahere currum Thetidis. Subsidium autem naufragantibus exhibuisse dicuntur, et instrumentorum dulcedine capi et delectari perhibentur. Feruntur etiam plorare quando capiuntur.

Cap. XXVIII.

Item de delphinibus.

Nihil delphinibus velocius habent maria, sic ut plerumque salientes transvolent vela navium. Quoquo eant, conjuges evagantur, catulos edunt. Decimus mensis maturum facit partum. Lucinam æstivus dies solvit. Uberibus fœtus alunt, teneros in faucibus receptant. In tricesimum annum vivunt; ora non quo cæteræ belluæ loco habent, sed in ventribus. Pro voce, gemitus est, similis humano. Certum habent

---

[1] Martial. Ep. xiii. 51.
[2] divide, B.
[3] Ac, B.
[4] Turdis, C.
[5] lumbricum, C.
[6] In D. this line is placed as a side-note. In A. it is given in the margin as an omission.

vocabulum, quo accepto, vocantes sequuntur. Nam proprie sinomones[1] nominantur. Voces hominum Aquilonis flatu celerius hauriunt. Contra Austro spirante auditus obstruuntur. Mulcentur musica, gaudent cantibus tibiarum, ubicunque symphonia est gregibus adventant.

Cap. XXIX.

Item de delphinibus.

Est et delphinum genus in Nilo, quorum dorsa serratas habent cristas. Hi delphines cocodrillos studio eliciunt ad natandum, dimersique astu fraudulento, tenera ventrium subternatantes secant et interimunt.

Cap. XXX.

De hippotamo.

Hippotamus in Nilo nascitur, equino et dorso et juba et[2] hinnitu, rostro resupino,[3] ungulis bifidis, aprinis[4] dentibus, cauda tortuosa. Noctibus segetes depascitur, ad quas pergit aversus astu doloso, ut fallente vestigio revertenti nullæ ei insidiæ præparentur.

Facile erit istud adaptare exquisitis fraudibus perfidorum. Contra castrimargos autem facit quod de dicta bestia subdit Solinus. Idem cum distenditur nimia satietate arundines recens cæsas petit, per quas tam diu versatur, quod ac[5] stirpium acuta pedes vulnerentur, ut profluvio sanguinis levetur sagina.[6] Plagam deinde cœno oblinit, usque dum vulnus conducatur[7] in cicatricem.

---

[1] *simones* in Solinus, from whom (cap. xii.) much of this description is taken. *Simomones*, D.

[2] *et* omitted in B.

[3] *resimo*, Solinus, from whom (cap. xxxii.) this account is taken.

[4] *aprugineis*, Solinus.

[5] *quoad*, B.D. and Solinus.

[6] *sagina levetur*, B.

[7] *concludatur*, D.

Cap. XXXI.

De mullo.[1]

Mullus fimo bovis delectatur, adeo ut sic ipso diu jaceat, et tincturam[2] caro piscis ex fimo mutuetur.[3] Sic et nonnulli obscœnis rebus et turpibus gloriantur.

Prodigalitatem autem cujusdam qui mullum quatuor libris comparaverat Martialis civiliter declarat, dicens:[4]

"Non[5] bene cœnasti; mullus tibi quatuor emptus
"Librarum, cœnæ pompa caputque fuit."

In hoc addiscere poterit quis congruam esse locutionem talem, hæc res emitur quatuor denariorum.

Cap. XXXII.

De lucio, et perca, et brenna.[6]

Lucius, qui et lupus aquaticus dicitur, in aquis tyrannidem exercens, popularium piscium populator est. Senecias ejus quis evadet? Ipse nempe a sui dominatione quam inter pisces exercet, senes senecis dicitur. Unde et fauces ejus dicuntur seneciæ.[7] Invidus igitur qui aliorum successibus tabet, senecias comedere dicitur, præ nimia sui anxietate. Fagolidori igitur dicuntur tales, ut in procemio Hieronymi super Ezechielem reperies. Placuit tamen quibusdam senecias esse amaras reprehensiones, sive sales acerrimos, qui dicuntur Græce lidoriæ, lidorin enim Græce est maledictio. Unde fagolidori dicuntur illi qui comedunt senecias, id est, delectantur in verbis plenis maledictione, qualibus senes

Qui sint fagolidori.

---

[1] This chapter is displaced in C.
[2] *cincturam*, C.
[3] *mutuentur*, C.
[4] Martial. Ep. x. 31.
[5] *Nec*, Martial.
[6] *berna*, D.
[7] *senesciæ*, C.

irati uti solent. Decepti sunt igitur qui putant duo genera reprehensionum quæ Macrobius in libro *De Saturnalibus* distinguit esse lædoriam, a lædendo, et scomma. Lidoriam enim dicere debemus. Audivi quosdam dicentes senecias esse labia inferiora, quæ dentibus suis atterere solent [1] invidi.

Cap. XXXIII.

Item de eodem.

Lucius autem tantæ aviditatis est, ut etiam piscem quem totum deglutiri non sustinet quantitas ipsius, dimidium incorporet. Perca autem videns lucium sibi imminere, hirtis horret pinnis, quarum asperitate voracitatem hostis evadit. Brenna vero hostis declinans[2] insidias, ad loca cœnosa fugit, aquarum limpiditatem quas a tergo habet perturbans, sicque delusa tyranni spe, ad alios pisces se transfert. Jam tibi occurrit facies alienatorum bonorum ecclesiæ, qui non solum degrassantur sed debacchantur in res pupillares. Felices sunt qui manus ipsorum effugiunt. Lupi sunt, harpyæ sunt; et licet vocem habeant Jacob, manus tamen eorum sunt manus Esau. Pro dolor! Subditi nec percarum similes sunt, nec brennarum. Quid ergo? De turba gobionum[3] sunt. Immo, ut verius loquar, habent se sicut umbræ inter pisces. Earum tamen commendabilis est usus, ut ex sequenti capitulo perpendi poterit.

Contra alienatores bonorum ecclesiasticorum.

Umbra est nomen piscis.

---

[1] *solent atterere*, B.
[2] *hostis est declinans*, B.
[3] *gabionum*, D.

Cap. XXXIV.

De echinis.[1]

Echini, qui sunt mella carnalia croceæ deliciæ divitis maris, quia in illis[2] pro levitate corporis nulla est fiducia nandi, lapillos quibus pares possunt esse complexi, quasi quadam anchorarum ponderatione librati, scopulos petunt, quos fluctibus vexandos esse non credunt. ^{Cassiodorus.}

Cap. XXXV.

De umbra.

Umbra nomen traxit[3] a locis umbrosis, quæ libenter inhabitat. Umbra talis non est umbratilis, cum discum obumbrat. Sapidus est piscis, et saporis jocunditate etiam epulonis gratiam sibi conciliat.

Cap. XXXVI.

De ostreo et cancro.

Ostreum quandoque testam aperit, ut clementioris auræ deliciis glorietur. Sed cancer ei prætendit insidias repentinas, et lapidem inter testas ostrei projicit, ne eas conjungere piscis interceptus possit. Sicque fit præda alterius pisciculus qui in lare recluso tutius latuisset. Sic et vir claustralis intra septa murorum tutus erit, qui multas reperit insidias, dum paradisi sui, claustrum loquor, tranquillitatem parvipendit. Antiquus igitur[4] hostis viro insidiatur intra septa constantiæ et stabilis propositi latitanti, usque dum ^{De claustrali.}

---

[1] *Cassiodorus de echinis,* D., which MS. places this chapter after the chapter *De umbra.*

[2] *quia illis,* D.
[3] *trait,* C.
[4] *ergo,* B.

lapidem obstinationis injiciat intra claustra rationis. Habeat igitur se vir claustralis in modum illorum qui circulis includuntur, diligentibus incantationibus munitis. Si enim exeant circulis inclusi, a dæmonibus, ut fertur, arripiuntur, a quibus tuti sunt quamdiu intra circumferentiam circuli includuntur.

Libet autem referre et ostrei successum. Juxta pascua autem maritima erat avis marina quæ cotidie certis indiciis accessum maris sive refluxum prædicere consuevit. Clamorem igitur ipsius oves juxta litus maris pascentes agnovere, et certis horis ad locum eminentem confugere solebant. Accidit autem ut avis dicta ostreum testas reserans juxta litus reperiret, quo cum vesci appeteret, testas claudens ostreum avis rostrum intercepit. Unde nec gregem ovium solito modo præmunivit. Cursus itaque sui mare non immemor, gregem ovium submersit, successusque ostrei in perniciem ovium cessit.

Cap. XXXVII.

De conchis.

Solinus.   Conchæ[1] certo anni tempore, luxuriante conceptu, sitiunt rorem velut maritum, cujus desiderio hiant, et cum maxime liquitur lunaris imber,[2] oscitatione quadam hauriunt humorem cupitum. Sic concipiunt, gravidæque fiunt, et de saginæ qualitate reddunt habitus unionum. Nam si purum fuerit quod acceperint,[3] candicant orbiculi;[4] si turbidum, aut pallore languent,[5] aut rufo innubilantur. Ita magis de cœlo quam de mari partus habent. Denique quotiens excipiunt matu-

---

[1] This chapter is taken nearly verbatim from Solinus, Polyhist. c. liii.
[2] *cum maxime lunares liquuntur aspergines,* Solinus.
[3] *fuit quod acceperant,* Solinus.
[4] *orbiculi lapillorum,* Solinus.
[5] *languescunt,* Solinus.

tini aeris semen, fit clarior margarita; quotiens vespere, fit obscurior; quantoque magis[1] hauserint,[2] tanto magis proficit[3] lapidum magnitudo. Si repente micaverit coruscatio intempestivo metu comprimuntur, clausæque subita formidine vitia contrahunt abortiva. Aut enim perparvuli fient[4] scrupuli, aut inanes. Conchis ipsis inest sensus. Partus suos maculari timent; cumque flagrantioribus radiis excanduit dies, ne fucentur lapides solis calore subsidunt in profundum, et se gurgitibus ab æstu vendicant. Huic tamen providentiæ ætas opitulatur, nam candor senecta disperit, et grandescentibus conchis flavescit margarita.[5] In aqua mollis est unio, duratur exemptus.[6] Nunquam duo simul reperiuntur, inde[7] unionibus nomen datum. Semiunciales inventos negant.[8] Piscantium insidias timent. Unde[9] est ut aut inter scopulos aut inter marinos canes delitescant. Gregatim natant. Certa examini dux est. Illa si capta sit, etiam quæ evaserint in plagas revertuntur.

Cap. XXXVIII.

De sicca.[10]

Sicca[11] unico osse contenta est, extremitatibus pluribus in modum fimbriolarum aut resticulorum munita, quibus cauti[12] adhæret firmiter, orta tempestate procellosa. Sic et nos petræ justitiæ, Christo scilicet, multis amoris vinculis indissolubilibus adhærere de-

---

[1] *quanto magis*, C.
[2] *hauserit*, Solinus.
[3] *profuit*, B.
[4] *fiunt*, Solin.
[5] *flavescunt margaritæ*, Solin.
[6] *Lapis iste in aqua mollis est, duratur evisceratus*, Solin.
[7] *unde*, Solin.
[8] *ultra semunciales inventos negant*, Solin.
[9] *Inde*, Solin.
[10] *suta*, C. (?)
[11] *suita*, C. (?)
[12] *cautæ*, B.

bemus. Sit ipse solus os nostrum, fortitudo nostra. Maledictus enim qui ponit hominem brachium suum.

Piscis iste æstus libidinis reformidantibus confert, infrigidat enim ipso vescentes.

Cap. XXXIX.

De capitone et truta.[1]

Nomen traxit capito a capite, tum ratione eminentiæ quantitatis capitis, tum ratione commendabilis saporis ipsius capitis. Unde et in proverbio vulgari censet capito se ratione etiam capitis solius toti trutæ præferendum esse. Dicitur autem truta a trudendo,[2] impetuose enim movetur, ut aiunt.

Cap. XL.

De pectine.

[a] Pecten a dispositione ossium dispositorum in modum dentium instrumenti illius quo crines discriminantur, quod et pecten dicitur, nomen accepit. Pars piscis istius superior nigredine vestitur, pars aquis vicinior candore nitescit. Sic et fortuna geminam habet faciem, nubilam et serenam. Dum vultum prætendit obscurum, latet facies serena, quia fortuna quæ adversa censetur tuta tranquillitate felix est, interius inspecta. Fortuna vero quæ prospera censeri solet, multis molestiarum insidiis respersa est.

Utitur autem consuetudo quorundam observantia hac, ut piscis dictus in disco repositus in mensa non

[a] Pectinibus Paulus jactat se molle Tarentum.

---

[1] *De capite et turta,* B.   [2] *trutendo,* B.

vertatur, ne nigra parte ostensa, fieri videatur pisci injuria. Consuetudo autem ista longævi temporis auctoritate se munit, prout in relatione subjicienda continebitur.

Erat igitur civis, cui fortunæ clementioris diu arrisit prosperitas, tribus filiis felicissimus reputatus. Duo ejus filii, lucro et quæstui temporalium diligentem operam adhibentes, patris auxerunt divitias. Tertius artium ingenuarum studio nobili feliciter eruditus diminuere parentum suorum facultatem potius visus est[1] quam augere. Indignantes duo filii emancipari voluerunt, suis familiis provisuri. Sub umbra alarum parentum latuit scholaris, de rebus ipsorum sustentatus, qui ad inopiam arctissimam vergentes, latebras in partibus remotioribus quærere compulsi sunt. Duo namque filii opem parentibus prorsus negavere, sed tertius filius eis ministravit. Tandem festivis epulis cujusdam imperatoris nobilissimi interfuit scholaris cum utroque parente. Appositus est pecten, piscis scilicet prænominatus, seni patri scholaris, edicti communis ignaro. Exierat enim edictum ab imperatore, ut si quis pectinem in mensa reversaret, capitalem subiret sententiam. Insufficientiæ enim argui videretur mensa imperatoris, si alba portio piscis dicti discumbentibus non sufficeret. Edicti tamen rigor temperatus fuit cujusdam legis adjunctione, qua institutum est, ut damnandus tribus diebus imperatoria majestate gloriaretur, et tria præcepta ad nutum ipsius executioni sine aliquo obstaculo mandarentur. Damnati igitur patris sententiam in se subiit sponte filius, tribus diebus imperatoris fungens dignitate. Primo itaque die jussit dimidiam partem thesauri imperatoris dari pauperibus, ut pro ipso Dominum exorarent. Secundo die præcepit sibi filiam imperatoris adduci, ut ipsa pro voto uteretur. Tota nocte fovit puellam inter amplexus suos, sed honorem virginitatis deflorare[2] noluit. Quod cum pater

Narratio.

---

[1] *est visus*, B.   [2] *deflorere*, B.

relatione virginis didicisset, acceptum habuit. absolutionem juvenis affectuose desiderans. Die tertio imperavit illum suspendi, qui patrem suum piscem vertisse conspexerat. Inficiantibus singulis, deliberativum genus causæ tractant magnates, et deficiente accusatore absolvendum esse tam senem quam juvenem pronuntiatum est. Exultat animus imperatoris, et filiam libens et lætus nubere jussit juveni. Fit ovantis concursus populi, et mendici quibus munifice thesaurus distributus fuerat se exauditos esse a Domino lætantur. Hinc consuetudo inolevit, ut piscis dictus dignitatem singularem obtineat.

Cap. XLI.

De murena.

Quanta sit gulæ ambitio docet murena, quæ inter delicias mensæ jam reputatur. Refert Basilius viperam sibilo blandienti ab aquis murenam vocare, usque dum coeant. Sed quid? Nonne viperam sapiet proles ejus? Adde quod ideo libentius murena potentes vescuntur, ut vino in multa quantitate sumpto sibi mederi compellantur, tanquam inviti. Immo et medici nonnulli physicis astruere laborant rationibus, quod murena cibus sit sanissimus. Sed in hac parte ingeniosi sunt, dum aliorum ægritudinem sibi in lucrum cedere conspiciunt. Dum forma murenæ maculis respersæ conspicitur, nonne viperæ germana videri videtur? Horrorem multis generat color cum formæ dispositione.

Murenam inquit Isidorus tantum esse fœmini sexus tradunt, et concipere a serpente; ob id a piscatoribus, tanquam a serpente,[1] sibilo vocatur et capitur. Animam eam[2] in cauda habere certum est; nam capite percusso vix eam interimi, cauda statim exanimari.

---

[1] The words from *ob* to *serpente* are omitted in A.

[2] *etiam,* B.

Cap. XLII.

De salmone.

Salmonem a saltu nomen sumpsisse autumant. Caudam enim ori replicat et reflectit, firmiter eam ore tenens, dehinc saltus agilitate locum etiam abruptum conscendit.[1] Simile in virga reperies, quæ in formam circularem ducta impetuosum et agillimum motum et violentum dat, cum propriam habere permittitur libertatem, tendens in linearem rectitudinem. Sed nec coloris intensi gloria, nec saporis deliciis nobilitatur salmo, antequam marinas aquas gustaverit. Ad mare igitur tendens contra fluminis impetum sese præparat, et a proposito non desistit, usque dum salo reficiatur. Postea ad domicilia nota revertitur victor, refectus amplius solito et longe jocundioris saporis. Sic sic vir prudens finem negotii sic aptare debet initio, ut expedite propositum suum exequi valeat. Tunc felix erit exitus negotii, tunc per arduum virtutum iter facilius ad superna conscendet.[2] Per mare autem amaritudo qua mundus iste respersus est designatur. Nisi autem per experientiam didicerit quis, quid[3] sapiat amaritudo mundi, non erit usquequaque in patientiæ exercitio corroboratus. Adjutrix est virtutum tribulatio, et torporis desidiæ ignaviam excutit. Nutrix est strenuitatis persecutio, et adversa non reformidat patientiæ sustinentia. Opponit se audacia spiritualis fluctibus procellosis adversitatum, et eas contemnit spes, certam evadendi fiduciam præstans. Feruntur pisciculi cum fluminum impetu, sed salmoni cedit aquarum cursus impetuosus. Vide, lector, ne diu gobionem imiteris, qui nunquam in salmonem mutabitur. Dicuntur etiam salmones isici. Isicia vero dicitur jus in quo coquuntur pisces, aut carnes, et reservantur.

---

[1] *ascendit*, B.
[2] *conscendat*, B.
[3] *quis*, C.

Cap. XLIII.

De pisciculo cursum navis impediente.

Ferunt esse pisciculum in mari qui virtute occulta navis cursum retardat, dum aut fundo carinæ aut lateri firmiter adhæret.[1] Sic et parva nonnunquam suggestio felix animi propositum impedit, et cursum inchoatum retardat.

Cap. XLIV.

De pisce qui narcos dicitur.

Narcos piscis est tantæ virtutis, ut dicit Aristoteles, quod mediante lino et calamo ad manum piscatoris calamum tenentis accedit stupor et insensibilitas. Immo et totum corpus obstupescet, nisi citius hamum dejiciat. Hinc est etiam quod stuporifera, ut papaver et hujusmodi, dicuntur narcotica. Sic sic, si vitium aliquod, maxime si luxuriam, tibi associare volueris, obdormiet et operatio per manum designata, et tota congeries operum, quæ per corpus accipi solet.

Cap. XLV.

De pisce qui nitidis delectatur corporibus.

Mare Mediterraneum quandoque æstivo tempore tantæ tranquillitatis est, ut legentes mare vestibus depositis balneandi causa mari se committant, ut excitata[2] aura motu corporum vel exilem ventum procreet. Est autem piscis marinus magnæ quantitatis, qui nitidissimum corpus eliget et cum illo diutius ludet, sed demum, si facultas suppetit, idem devorabit. Sed nautarum as-

---

[1] *adhæreret*, C. [2] *excitati*, C.

tutia insidias piscis illius nonnunquam eludit. Accidit enim aliquando puerum rudentes ascendentem ope manuum destitui, et in mare præcipitari; quandoque vero aliquis nautarum in mare sponte descendit, ut anchoram eruat terræ adhærentem. Adest hostis importunus, piscis videlicet dictus, et corpus humanum amplexatur, ludenti similis. Nautæ vero in navi existentes funes ejiciunt in mare, ut illis adhæreat firmiter tanto discrimini commissus. Interim vero dum funibus se circumligat altera manu ut potest periclitans juvenis, nautæ fœnum aut stramen formam humanam mentiens, lintheo candidissimo velatum in mare projiciunt. Nitorem considerans piscis, illo citissime natat, prædamque veram relinquit imaginaria delusus. Hospitem maris sodales vigilantissime in navem trahunt, et insidias hostis prædam inanem amplexantis effugiunt remigio. Piscis iste hostem humani generis repræsentat, cujus ludibrium est peccator infelix, postea nisi resipiscat, in abyssum miseriæ præcipitandus. Diligentia igitur adhibenda est ut fraus ejus eludatur, cujus ludus fraus est.

Cap. XLVI.

De thymallo.

Thymallus ex flore nomen accepit, thymum quippe flos appellatur. Nam cum sit specie gratus et gustu jocundus, tamen sicut flos fragrat, et corpore odores aspirat. Isidorus.

Cap. XLVII.

De reti.

In reti quædam sunt quæ naturaliter ad ima tendant, ut plumbum, quædam levia quæ rete ab imis elevant, et natare faciunt, ut sic idonea fiat dispositio retis ad capturam piscium. Sic et in sermone ad solatium[1] et ædificationem auditorum componendo quædam proponi debent pertinentia ad pœnas gehennales, quædam ad gaudia supracœlestia,[2] ut hinc timor incutiatur auditoribus, inde ad superna erigantur. Considera et gladii artificiosam compositionem, et in ea[3] quandam materiam reperies flexibilem, quandam rigidam et flecti nesciam, ut sic instrumentum ictui[4] inferendo et sectioni habile[5] et obediens fiat. Oritur igitur ex discordia rerum quædam confœderatio. Mundus enim ipse, megacosmus scilicet, ex elementis constat in quibus concors[6] discordia reperitur. Microcosmus etiam, hominem loquor, constat ex iis[7] in quibus est discordia, sed concors.

Cap. XLVIII.

De terra et terrenis, et primo de motu terræ.

Terra infimum est elementorum, et quasi mundi centrum. Unde cum ponderibus sit librata suis, mirum est unde motus terræ proveniat. Perhibent quod subterraneos meatus et cavernas venti violentia subintrat, qui cum libertatem non habeat exeundi, furit in se et multiplicatur. Erigitur igitur terræ superficies et movetur. Sciendum est enim impossibile esse totalem terram moveri localiter. Per terram designatur sancta ecclesia, eo quod laboribus et pressuris teritur, vel a stabilitate sic dicitur. Licet igitur in multis tribulationes sustineat ecclesia, tamen semper aliqui in ecclesia tranquillitate gaudent. Tunditur Tyrus fluctibus, sed non submergitur. Volvitur Arcturus, sed

De sancta ecclesia.

---

[1] *adulantium*, C.
[2] *super cœlestia*, C.
[3] *eam*, B.
[4] *istui*, A.
[5] *et habile*, B.
[6] *consors*, B.
[7] *his*, B.D. ; *hiis*, C.

non occidit. Sicut autem ventus interceptus et inclusus in cavernis terræ civitates dejicit, ita indignatio superba, diu in corde regnans, virtutum arcem prosternit.

Cap. XLIX.

Quod aqua non sit inferior terra.

Movebitur aliquis super hoc quod dicit propheta, "Dominum firmasse terram super aquas." Ex hoc enim videbitur[1] haberi posse aquas esse inferiores terra, cum tamen Alfraganus dicat, unam esse sphæram aquarum et terræ. Sancti igitur expositores referunt illud prophetæ ad cotidianum usum loquendi quo dici solet Parisius fundatam esse super Secanam. Rei tamen veritas est, quod paradisus terrestris superior est aquis, cum etiam lunari globo superior sit. Unde et aquæ cataclysmi paradiso nullam intulere molestiam. Enoc, qui in paradiso jam tunc erat collocatus, aquarum non sensit diluvii incrementa. Mare vero superius est litoribus, ut visus docet. Unde divinæ jussioni attribuendum est, quod metas positas a Domino non transgreditur mare. Mystice vero illud prophetæ intellectum, planum erit. Terra namque sanctæ ecclesiæ fundata est super aquas baptismales, super aquas etiam donorum Spiritus Sancti mentes fidelium irrigantium. Fides etiam sacrosanctæ ecclesiæ firmata est super aquas, id est, doctrinas prophetarum. Judæi vero litteratores dicunt aquam esse infimum elementum, et aquas audent asserere fuisse ab æterno.

Quod vero in rubrica dixi nullus perperam intelligat, credens me docere velle aquam non esse sub terra eo loquendi genere quo vulgus uti solet. Nonne enim et

---

[1] *videtur*, B.

antipodes sub pedibus nostris esse dicuntur. Si tamen philosophice loqui volueris, non magis sunt sub pedibus nostris quam nos sub pedibus eorum. Sed numquid de primis parentibus descenderunt antipodes? Secundum Augustinum, non sunt antipodes, sed doctrinæ causa aut figmenti ita dici solet.

Cap. L.

De carbone.

Carbo, dum interisse creditur, majoris fit virtutis, nam iterum incensus, majori virtute calescit; cujus tanta est etiam et sine igne firmitas, ut nullo humore corrumpatur, nulla vetustate vincatur. Extinctus enim tam incorruptibiliter durat, ut ii [1] qui limites figunt, eum infossum terra substernant, et lapides desuper figant, ad convincendum litigatorem post quantalibet sæcula, fixumque lapidem limitem esse agnoscant. Ista referri queunt ad eum qui mundo mortuus est, et ad resurrectionem corporum.

Cap. LI.

De calce.

Calcem vivam ferunt ocultum continere ignem, etsi tactu sit frigida; unde si perfundatur aqua, statim latens ignis erumpit. Mira res! Postquam arserit, aquis incenditur quibus solet ignis extingui, oleo extinguitur. Sic et humilitas tribulatione bene nutritur, quæ nonnunquam prosperitate perit.

---

[1] *hii*, B.C.D.

Cap. LII.

De metallis.

Solertis naturæ providentia metalla, quæ materia sunt præliorum et seminaria jurgiorum, in secretis suis recondit penatibus, molestiis multis in hac parte consulere volens. Sed avaritiæ sitis imperiosa, nullis coercitæ terminis, hominem coegit rimari viscera terræ, in perniciem propriæ salutis nimia diligentem perscrutatorem. Originem divitis venæ auri et argenti certis homo sequens indiciis, lucis superioris solatium dulce fugiens, tenebris imis sese immergere ausus est. Ducit avaritia nobilem creaturam captivatam et animam liberam servile cogit esse mancipium. Mira res. Avaritia prodigum animæ esse facit, sui ipsius contemptorem, et quæ prodigalitatem exosam habet secundum quid prodiga esse convincitur. Fugienda sunt lucra, quæ in exitium salutis vergunt. Licet autem metalla occasionem præbeant mali, nonnunquam tamen instrumenta sunt munificentiæ, maxime cum hilariter egentibus conferuntur. Laudabilis item[1] usus providentiæ humanæ cum expensa sufficiens itineri arripiendo ab occidente in orientem in exiguo locatur marsupiola. Numisma forma insignitum victui succurrit, dum in contractibus consuetis, emptio et venditio suis complentur legibus. Sicut igitur lapidicinæ ædificiis succurrunt construendis, ita metallorum venæ[2] commerciis peragendis materiam ministrant. *De providentia.*

---

[1] *item est*, C. ; *laudabilis item usus est p.*, D.
[2] *verie*, B.

Cap. LIII.

De auro.

Inter metalla primatum dignitatis se gloriatur habere rutilans aurum, quod et visum juvat, et in cibariis sumptum virtuti cooperatur digestivæ. Confortativum est, et consumptionem non reformidat. Situ non ducit rubiginem, nec vetustatis longævæ perhorrescit invidiam. Ignis non pertimescit edacitatem, sed et absque sui detrimento vertitur in liquorem. Recte igitur comparatur aurum sapientiæ, quæ temporis vetustati non est obnoxia. Hinc est quod Apollo fingitur esse semper imberbis, quamquam et hoc ipsum possit ad solis naturam referri. Sicut autem aurum madefit appropinquante aurora, sic et cor sapientis madefit imbre lacrimarum, cum ipsum[1] gratia visitat. Eadem est auri et plumbi gravitas, sed virtus dispar. Sic et nonnullorum par est dignitas, mores vero dissimiles.

Instructio moralis.

Cap. LIV.

De ferro.

Rigorem ferri generat terrena mollities. Sic et indisciplinatum animum reddit justitiæ remissio. Diligentia autem fabri mallei beneficio super incudem ferrum emollit, et in formam debitam ducitur rude metallum. Sic rectoris prudentia, usu disciplinæ secundum regulas orthodoxorum, cor durum reddit lene, et ad instituta vitæ melioris reducit. Hinc crebris opus est tunsionibus, inde opus est diligentibus exhortationibus. Ignis virtus vix ferri penetrat duritiam, quod tamen cum calefactum fuerit, diu vim caloris retinet. Sic et cor humanum nonnunquam repellit

---

[1] *ipsam*, B.

doctrinæ beneficium, quod tamen cum admissum fuerit, feliciter conservatur. Ferrum accensum igni, nisi duretur ictibus, corrumpitur. Rubens non est habile ad tundendum, neque antequam albescere incipiat. Aceto vel alumine illitum ferrum fit æri simile. Æs omne frigore magno melius funditur.[1]

Cap. LV.

De vivo argento.

Tanta est virtus vivi argenti, ut sine ejus beneficio non possit fieri deauratio. Mira res. In primis videtur auri substantia tota esse absorpta a vivo argento, sed postmodum per calorem ignis, consumpto vivo argento, revertitur color aureus qui prius omnino periisse visus est. Sic sic nonnunquam sine tribulatione non deauratur animus auro sapientiæ. Tanta quidem aliquando est vis tribulationis, ut sapientiæ jocunditas prorsus evanuisse videatur, sed solatio Spiritus Sancti, per ignem designato, redit virtus sapientiæ ad statum debitum. Et vide quia si super[2] sextarium argenti vivi centenarium saxorum superponas, oneri statim resistit; sin vero, auri scrupulum levitatem ejus raptim sinu recipit. Ex quo intelligitur, non pondus sed naturam[3] esse cui cedit. Servatur autem melius in vitreis vasis, nam cæteras materias perforat. Potui autem datum, interficit ponderis causa.

Cap. LVI.

Quare herba oriatur viridis.

Etsi herbarum diversæ sint differentiæ, sunt enim quædam calidæ secundum magis et minus, quædam

---

[1] *tunditur*, B. [3] *natura*, B.
[2] *Et vide si super*, D.

autem frigidæ, de gremio tamen telluris herbæ procedunt viridi pascentes visum colore. Ex aquatico siquidem humore et terræ qualitatibus hunc mutuantur colorem. Cum enim terra sit frigida et sicca, color ejus naturalis erit nigredo. Color aquæ, quæ est frigida et humida, est albedo. Inter hos colores mediastinus est viror. Hinc est quod virides nascuntur herbæ. Sicut autem quæ visum dilectant, viridia scilicet, libenter aspicimus, ut visus solatio suo recreetur, ita solliciti esse deberemus in consideratione illorum quæ visum interiorem, scilicet intellectum, juvant.

Cap. LVII.

Quare in eadem terra herbæ nascantur contrariorum effectuum.

Vera species elementorum, ut docet Aristoteles, in terminis reperitur. Circa centrum terræ vera est terra. Facies autem[1] ista terræ quam terimus, non est vera terra. Habet enim in se quasdam partes igneas, quasdam aerias, et ita de aliis. Hinc est quod in eodem territorio herbæ calidæ et frigidæ crescunt. In quibusdam etiam locis felicius crescunt leves avenæ, in quibusdam hordea. Unde Virgilius:[2]

" Hic segetes, illic veniunt felicius uvæ,
" Arborei fœtus alibi, atque injussa virescunt
" Gramina. Nonne vides croceos ut Tmolus[3] odores,
" India mittit ebur, molles sua thura Sabæi."

Has leges, æternaque fœdera, certis imposuit natura locis. Audi et Nasonem:[4]

" Tristia deformes pariunt absinthia campi,
" Terraque de fructu quam sit amara docet."

---

[1] *autem* omitted in B.
[2] Virgil. Georgic. i. 54.
[3] *Tmolus*, A.B.; *Thmolus*, C.
[4] Ovid. lib. iii., de Ponto, viii. 15.

Sic et quibusdam hominibus laetior arridet fortuna in una regione quam in alia. Saepe tamen

"Coelum, non animum, mutant qui trans mare
"currunt."

Sed quid, o homo, loca fugis? Te ipsum primo fuge.

"Omne solum forti patria est, ut piscibus aequor."

Nonnullos tangit fabula referenda vice apologi. Ardeae remigio alarum veloci utenti nisus obvius venit. Qui cum certificatus esset ab ardea, quod transmarinas partes ipsa adire destinasset, subintulit quaerens, "Num"quid igitur et posteriorem tui regionem tecum feres? "Quid igitur loca permutas?" inquit nisus.

Quo vultum, lector, avertis?[1] De te fabula narratur. Quid loca permutas, qui mores non mutas? Audi. Calidius est nasturtium aquaticum quod in aquis crescit quam hortolanum. Locus tibi pacem non dabit, nisi tu tecum foedus ineas.

Cap. LVIII.

De sponsa solis.

Herba quae sponsa solis dicitur plures sortitur nuncupationes. Dicitur enim intiba,[2] cichorea, dionysia, sponsa solis, solsequium,[3] heliotropium. Haec herba flosculos suos reserat in ortu solis, nec claudit eos quamdiu est sol super faciem terrae. Quod licet et quaedam aliae herbae faciant, in solsequio tamen notabilius est. Per solem nonnunquam in coelesti pagina designatur inanis gloria. Sponsa igitur solis est curiosa ambitio, quae deliciarum suarum ostentatrix est, dum ei lucet sol inanis gloriae. Per solem etiam intelligitur verus sol justitiae. Esto Attende. igitur, o lector, solsequium, ut ipsum prae oculis cordis

---

[1] *avertis, lector*, B.
[2] *intuba*, C.
[3] *obsequium*, C.

constituas in actionibus tuis. Sequere Christum verum solem, vestigia illius sequere, et erit anima tua sponsa solis. Felicissima est anima quæ amplexibus tanti sponsi gaudet.

CAP. LIX.

De malva.

Malva, sole existente in oriente, in orientem se vertit, eo existente in occidente, in occidentem se flectit. Cum vero sol meridionalem plagam tenet, directe stans solem conspicit. Illa enim pars malvæ quæ soli est objecta, radiis solis repercussa, humiditate minuitur. Unde de siccatione illius partis contracta,[1] ex ea parte inclinatur, sive in orientem sive in occidentem. Sic et in floribus, puta solsequio et aliis, sole repercutiente superficiem, folia eorum tenui humiditate exhausta, contracta flectuntur. In nocte vero humiditate infusa, clauduntur laxato foliorum[2] ambitu.

CAP. LX.

De raphano.

Quod raphanum Græci, nos radicem vocamus, eo quod totum deorsum nititur, dum reliqua magis in summum olera prosiliunt. Cujus semine macerato quisquis manus suas infecerit, serpentes impune tractabit. Siquidem ex ipsius radice etiam[3] ebur albescit. In cibo quoque venenis resistit. Nam contra venena nuces, radices, lupini, citrum, apium, prosunt, sed contra futura, non contra accepta. Unde eo apud veteres ante alias epulas hæc solebant mensis apponi.

---

[1] *contventa*, C.
[2] *filiorum*, C.
[3] *et*, B.

Cap. LXI.

De betonica.

Herba betonica a jejuno[1] bibita, aut etiam comesta, aciem oculorum reddit meliorem, et lacrimas aufert. Demum caliginem extenuat, et claritatem procreat. Sic et virtus humilitatis diligenter inspecta, mentis oculos illuminat, et peccata lacrimis digna aufert; Tenebras vitiorum expellit, et aciem oculorum mentis serenificat. Virtutes autem betonicæ tot et tantæ sunt, ut enumerari non queant. Quis autem humilitatis gratiam digne commendare sufficeret? Quid? Quis cujuscunque herbæ vires sufficienter distingueret? Quis virtutis cujuscunque utilitates scripto comprehendere posset?[a]

Cap. LXII.

De herba quæ scelerata dicitur.

Vitia sæpe se esse virtutes mentiuntur. Unde et per quarundam herbarum effectus vitiorum usus designari possunt. Sceleratam igitur siquis ignorans manducaverit, ridendo exanimabitur.[2] Sic et[3] inanis gloria quadam delectatione nociva mortem adducit spiritualem, siquis eam nimis coluerit, delectando in ipsius familiaritate. Comestionem namque in cœlesti scriptura ad delectationem referimus. *Contra inanem gloriam.*

[a] Hoc[4] ideo proponitur,[5] quia herba confertur virtuti.

---

[1] *jejunio,* C.
[2] *exanimatur,* C.
[3] *et* omitted in C.
[4] *Hæc,* B.
[5] *præponitur,* B.

Cap. LXIII.

De artemisia.

De obedientia. Artemisiam siquis iter faciendo potaverit, non sentiet itineris laborem. Obedientiam observa hilariter, tu qui viator es, et non senties laboris molestiam.

Cap. LXIV.

De cynoglossa.

Cynoglossa quartanis medetur. Sic et temperantia luxuriæ febrem fugat.

Cap. LXV.

De basilisca.

De fide. Si quis basiliscam secum portaverit, a serpentibus omnibus tutus erit. Sic et fides insidias aeriarum potestatum arcet. Est autem basilisca herba quæ crescit ubi basiliscus nascitur. Non est aliquid naturæ nocivum, cui natura summa remedium non paraverit.

Cap. LXVI.

De rosa.

De providentia. Rubus spinis armatus rosam generat, quæ tactu suavis est et lenis. Sic et providentia aculeis sollicitudinum pungens animum, statum reddit jocundum et delectabilem. Rosa autem, etsi sit rubea et aromatica et amara, non tamen simpliciter calida censeri solet, sed frigida naturaliter. Potest autem rosa tam aromaticitate quam ruboris gratia destitui, si diu superponatur fumositati sulphuris accensi. Sic et fœtor libidinis spoliat castitatem verecundam honore privilegiatæ gratiæ. Consortia item malorum etiam verecundo subtrahunt verecundiam. Consuevimus etiam quandoque per rosam designare voluptatis teneritudinem. Sicut autem sub rosa latitat spina pungens, sic et voluptatem comitatur pœnitudo sollicita. *Contra libidinem.*

CAP. LXVII.

De lilio.

Stipes lilii, cum sit viridis, florem procreat nitidissimum, qui a virore commutatur in candorem. Sic et nos mores in melius commutare debemus, ut qui minus maturi sumus candorem innocentiæ consequamur. Sicut autem candor floris hujus in virorem non revertitur, sic et continentia nostra in illecebras vitæ remissioris degenerare non debet. *Instructio moralis.*

CAP. LXVIII.

De lolio[1] et lappa.

Sæpe triticum degenerat in lolium, sicut et[2] lolium in triticum nobilitatur. Sic et boni nonnunquam consortio malorum aut suggestione inimici corrumpuntur, mali vero exemplo et exhortatione bonorum in viros honestos evadunt. Lappa vero, in altum crescens et sese extendens, fructus perimit. Sic et vitium bonas meditationes suffocat. Sed sicut sarculo vel falce herbæ inutiles exciduntur, ita discretione opus erit, ut vitia eradicentur; sic et prelatus degener honestis subditis nocivus est. Sed aderit[3] mors, æquissimus judex.

---

[1] *lilia,* C.
[2] *et* omitted in B.
[3] *adherit,* B.

Cap. LXIX.

De myrrha.

Sponte manans ex myrrha sudor pretiosior est; elicitus corticis vulnere vilior est. Maxima altitudo extollitur ad quinque proceritatis cubitos. A simili videtur quod disciplina spontanea pluris sit quam injuncta, cum tamen Anselmus Cantuariensis contrarium asserat.

Cap. LXX.

De lauro et taxo.

Laurus viroris gloria nec in hieme[1] nec in æstate destituitur, nec coruscantis aeris fulgure uritur. Hinc est quod hæc arbor amicissima Jovi perhibetur, eo quod insidias aeris non sentit. Phœbus etiam eam amasse fingitur, eo quod per ipsam designatur sapientia, quæ nec in adversitate fortunæ læditur injuriis, nec in prosperitate vincitur illecebris. Per hiemem namque accipimus adversitatem, per æstatem designari solet prosperitas. Laurus vero baccis nobilitatur, quæ medicorum usibus perutiles esse dinoscuntur. Sed, ut supradiximus, vitia sæpius se mentiuntur esse virtutes, et

" Pro vitio virtus crimina sæpe tulit."

Taxus enim[2] arbor venenosa, de qua et toxicum aliquando fieri solet, nec hieme nec æstate virore destituitur. Fertur etiam inimicitiarum esse procreatrix, usque adeo ut locum in quo crescit putetur a multis reddere infaustum. Ligni tamen hujus arboris materies multorum artificiorum usibus accommoda est et habilis,[3]

---

[1] *nec hieme,* D.
[2] *est,* B.
[3] *basilis,* C.

unde et arcus taxei dicuntur. Sic et nonnullorum privata consortia vitanda sunt pro vitæ enormitate licet aliquando in aliquibus utiles aliis reperiantur.

Cap. LXXI.

De balsamo.

Balsami similes vitibus stirpes habent, aqua gaudent, amant amputari, tenacibus foliis sempiterno inumbrantur. Lignum caudicis attactum [1] ferro sine mora moritur. Ea propter aut vitro aut cultellulis osseis, sed in solo cortice artifice plaga vulneratur, e qua eximiæ suavitatis gutta manat. Post lacrimam, secundum in pretiis locum poma obtinent, cortex tertium, ultimus honos lignum. Per ferrum, accipe rigorem austeræ severitatis, cui aliquid subtrahendum est pro loco et tempore, maxime in novitiis. Per vitrum aut cultellulum osseum, intellige disciplinæ regularis mansuetudinem.

Cap. LXXII.

Item de balsamo.

Balsami guttam adulterant, admixto oleo cyprino vel melle. Sed sincera probatur a melle, si cum lacte coagulaverit, ab oleo, si instillata aquæ aut admixta, facile fuerit resoluta. Præterea, etsi laneæ vestes ex ea tactæ non maculantur, adulterata autem neque cum lacte coagulat, et ut oleum in aqua supernatat, et vestem maculat. Balsama si pura fuerint, tantam vim habent, ut si sol excanduerit, sustineri manu non possint.

---

[1] *ac tactum*, B. *attrectatum*, Solinus, cap. xxxv., from whom chiefly this account of balsam is taken.

Cap. LXXIII.
De cinnamo.[1]

Æthiopes legunt cinnamum.[2] Id frutectum situ brevi nascitur, ramo humili et represso, nunquam ultra duas ulnas altitudinis. Quod gracilius provenerit, eximium magis dicitur. Quod in crassitudinem exuberatur, despectui est.

Cap. LXXIV.
De palma.

Palma fructu generoso gloriatur, dactylis videlicet et elatis decoratur, et folia sine ulla successione conservat. Victores vero in triumphis suis palmam gestare consueverunt, eo quod hæc arbor oneribus quantumlibet magnis impositis, non[3] vincitur nec frangitur. Quanto vero hæc arbor amplius a terra sursum crescit, tanto amplius dilatatur. Non enim stipitis amplissima grossities est terræ vicina, ut in aliis arboribus accidere solet. Ut autem testatur Hieronimus, brachia Salvatoris in cruce pro nobis suspensi, in palma extensa sunt, cujus, ut ait Hieronimus, fructus dactyli erant, id est, digiti Domini nostri Jesu Christi. Dixit[4] hoc Hieronimus non solum veritati serviens, sed interpretationi vocabuli alludens, dactyli enim digiti interpretantur. Victor igitur gloriosus, triumphator eximius, in palma vicit, vinctus, ut soluti simus.[5] O crux, nullis peccatorum ponderibus victa, mundi salus. Adde quod palma in partibus inferioribus asperitate quadam munitur, sed superior portio in planitiem decenter tendit. Sic et crux pœnitentiæ in sui initio dura et aspera videtur, sed postea commutantur aspera in vias planas.

---

[1] *cinamomo*, C.
[2] *cinamomum*, C.
[3] *nec*, B.
[4] *Dicit hoc*, C.
[5] *essemus*, C.

Cap. LXXV.

De arboribus in genere.

Quædam sunt arbores quæ[1] nec floribus ornantur nec fructum faciunt. Non est opus exemplum proponere, quia multa suppetunt exempla. Quædam flores producunt ex se, visu delectabiles, et suavitate odoris gratissimos, et esui idoneos, dummodo coci in arte sua periti non desit diligentia, sed in fructu degenerant, ut sambucus. Quædam et florum gloria commendabiles sunt, et fructus jocundissimi saporis deliciis commendabiliores, ut pirus et malus. Quædam reperiuntur in fructu nobili generosæ, quæ tamen flores non generant, ut ficus. Consimilem in hominibus est videre dis- *Attende.* tinctionem. Sunt enim quidam de quibus in flore juventutis nulla spes honestæ conversationis concipi potest, sed nec fructum dant bonarum operationum cum ad majorem ætatem perveniunt. Alii sunt feliciter inchoantes, adeo ut de ipsorum profectu spes haberi queat, sed cum tempus expectationis adest, in moribus,[2] pro dolor! degenerant. Nonnullos reperies et in ætate tenera et in ætate matura exactissimæ esse conversationis. Sunt et nonnulli per campos licentiæ in ætate minori discurrentes, quos tamen gratia pietatis divinæ dulciter in tempore accepto respicit.

Cap. LXXVI.

De insita et trunco.

Tempore insitionis inseritur ramus olivæ oleastro et spinæ ramus piri, ut quod per se non potest stipes facere, alio mediante faciat. Videre potes solem directe

---

[1] *quæ* omitted in C.   [2] *mitioribus,* C.

in quosdam homines radios claritatis suæ mittere, sed eorum beneficium alii sentiunt per reverberationem cujuscumque lucidi corporis. Sic et quosdam gratia sola visitat, ut apostolos, alios solatur gratia mediante doctrina apostolorum. Et vide quia truncus quod sibi contrarium est appetit, non ut sibi retineat, sed ut in insitam transferat, sic et bonus prælatus quod corpori suo molestum est sustinet, ut subditis felicius et melius provideat.

Cap. LXXVII.

De pomis et piris.

Magis odorifera sunt poma quam pira, cum tamen pira sint præstantiora. Sic et quidam minus honesti majorem famæ gloriam consequuntur, et, ut ait Hieronimus, viles virgæ pretiosa sudant balsama. Præterea poma natant, sed pira aquarum ima petunt. Sic quidam de facili tribulationum evadunt pericula, cum tamen alii longe illis honestiores summis miseriis fere submergi videantur.

Cap. LXXVIII.

De piris.

Solet quæri quare nociva sint pira, nisi vino conficiantur. Pira quidem sunt duræ substantiæ,[1] et digestioni repugnantia, et frigidæ complexionis. Si itaque post esum pirorum aqua frigida sumatur, augmentabitur eorum frigiditas, quæ repugnat virtuti digestivæ, unde crudi et grossi generantur humores, ex quibus multæ nascuntur ægritudines. Ideo accipi debent cum vino, ut caliditate vini temperetur eorum frigiditas.

---

[1] *substantiæ duræ*, C.

Et notandum quia omnes fructus molles, ut cerasa, mora, uvæ, et etiam poma, et hujusmodi, jejuno stomacho debent exhiberi, et non post cibum. Facile enim propter habilitatem suam putrefiunt, et cito corrumpuntur, et in fumum resolvuntur. Pira vero et coctana, quæ post cibum sumpta laxant ponderositate sua, ante cibum constipant.

CAP. LXXIX.

De arboribus incisis in plenilunio.

Omnia medullosa in plenilunio inplentur medullis, in semilunio vero minorantur in eis medullæ. Similiter arbores incisæ in plenilunio, quia in eis humiditas abundans laxat poros, non diu servantur a putredine. In semilunio autem humiditate sublata, suarum partium majori cohærentia induratæ, incisæ[1] longo tempore sine corruptione perdurant. Pannus vero in semilunio aqua infusus, naturali glutinosa sui humiditate[2] prorsus sublata, exsiccatus, de facili teritur et perforatur. Per plenilunium plenitudo potestatis intelligitur. *Instructio.* Arbores vero sunt potentes erecti per superbiam, qui si in magna sui potestate ad iracundiam provocantur, nimis indignantes, in se tabescunt, præ nimia tumoris[3] indignatione. Cum vero in semilunio, id est, in diminutione claritatis suæ potestatis, aliquando compelluntur ad iram, non adeo de facili perturbantur, sed sustinent.

---

[1] *inciso*, C.
[2] *humiditate sui*, B.
[3] *timoris*, C.

Cap. LXXX.

De ficu Ægyptia.[1]

Solinus.

Ficus Ægyptia[2] foliis est moro comparanda, poma non ramis tantum gestitans, sed et caudice, usque adeo foecunditatis angusta est. Uno anno fructum septies sufficit; unum pomum decerpseris, alterum sine mora protuberat. Materia[3] ejus in aquam missa subsidit. Deinde cum diu desederit in liquore, levior facta sustollitur, et versa vice quod natura in alio ligni genere non recipit, fit humore sicca. A senibus sæpius in cibo sumptæ[4] ficus, rugas eorum feruntur distendere. Tauros quoque ferocissimos, ad fici arborem colligatos, repente mansuescere dicunt. O si hanc virtutem in tyrannis et in sodalibus discolis arbor ista sortiretur.

Cap. LXXXI.

De nuce.

Pomum nucis, quam juglandem vocant, tantam vim habet, ut missum inter suspectos herbarum vel[5] fungorum cibos, quicquid in eis virulentum est excutiat, rapiat, et extinguat. Sicut autem umbra vel stillicidium foliorum ejus proximis arboribus nocet, sic pinus prodest cunctis quæ sub ea servantur.

---

[1] *Ægyptiaca,* D. The first part of this chapter is taken from Solinus, Polyhist. cap. xxxii.
[2] *Ficus Ægyptiaca,* D.
[3] *Materies,* Solinus.
[4] *sumpto,* B.
[5] *velis,* C.

Cap. LXXXII.

De junipero.

Juniperus dicitur a pir, quod est ignis; sive quod ab amplo in angustum finit ut ignis; sive quod diu conceptum teneat ignem, adeo ut si prunæ[1] ex ejus cinere fuerint coopertæ, usque ad annum perveniant.

Cap. LXXXIII.

De ebeno.

Ebenus cæsa durescit in lapidem, cujus lignum nigrum est, cortex levis ut[2] lauri. Ignis virtute dissolvi dedignatur.

Cap. LXXXIV.

De hedera.

Hedera hædis abundantiam lactis præbet. Hederæ frigidæ terræ sunt indices; nam antipharmacon ebrietatis est, siquis potus hedera coronetur.

Cap. LXXXV.

De lapidibus achate et medicon.

In verbis et herbis et lapidibus multam esse virtutem compertum est a diligentibus naturarum investigatoribus. Certissimum autem experimentum fidem dicto nostro facit. Unde Æneas Achatem socium habuisse dicitur familiarem, eo quod virtute illius lapidis gratiam multorum adquisivit, et a multis ereptus est periculis. Portatus namque lapis achates portantem amabilem et facundum et potentem facit. Sic et

---

[1] *plue*, C.   [2] *ant*, C.

serenitas conscientiæ securum reddit verbis veritatis confidenter utentem, et potentem[1] coram illo a quo omnis est potestas. Similiter medicon est lapis dictus a Medea, eo quod ipso uti solebat in incantationibus suis.

Cap. LXXXVI.

De asbesto.

Detestabilis est ira,[2] similis lapidi asbesto, qui semel accensus nequit extingui.

Cap. LXXXVII.

De chelidonio.[3]

Chelidonius[4] in ventriculis hirundinum invenitur. Sic et constantiæ soliditas in pectoribus virorum spiritualium regnat. Chelidonius autem rufus portantes se gratissimos facit; niger vero gestatus optimum finem negotiis imponit, et ad iras potentum sedandas idoneus est. Sic et constantiæ virtus fervore caritatis accensa, homines constantes reddit, gratissimos Deo et hominibus. Constantia autem, insignita gratia humilitatis, negotia ad exitum lætum feliciter perducit, et iram summi judicis sedat.

De constantia.

Cap. LXXXVIII.

De magnete.

Magnetes si capiti uxoris dormientis supponatur, incestum ejus viro ab ea detegi compellit. Sic et fortitudo torporem et desidiam[5] sensualitatis manifestat rationi et condemnat.

De fortitudine.

---

[1] *potente,* B.
[2] *ita,* C.
[3] *collidonio,* C.
[4] *collidonius,* C.
[5] *desideria,* B.

Cap. LXXXIX.

De lapide qui allectorio[1] dicitur.

Allectorio,[1] qui invenitur in ventribus gallorum, invictum facit portantem se. Nam gladiator eum habens in ore, invictus permanet, et sine siti. Similiter et reges, eum habentes in ore, fortiter dimicabant. Sæpe etiam aliqui expulsi a regno, non solum propriam dominationem, verum et alienam, receperunt, portantes ipsum. Per hunc usus discretionis designari potest, *De prudentia.* qui in pectoribus prælatorum præcipue reperiri debet, et eo si utantur resistent tam tenebrarum principibus quam tyrannis, quam vitiis. In ore etiam portari debet, ut verbis circumspecte prolatis assit discretionis moderamen. Sæpe etiam illi qui in regionem dissimilitudinis abierunt, per usum discretionis majorem solito in conspectu altissimi gratiam adepti sunt, gratia discretionem præveniente.

Cap. XC.

De beryllo.

Beryllus vitio oculorum medetur. Sic et meditatio *De meditatione mortis.* mortis tutissimum est remedium contra malum curiositatis, quam visus nutrire solet.

Cap. XCI.

De smaragdo.

Smaragdus substantiam pecuniæ[2] adaugere solet. *De misericordia.* Sic et misericordiæ effectus regnum cœleste adquirit. Bona igitur temporalia ad hunc usum habenda sunt, ut

---

[1] *allecterio,* A.; *allectario,* C. [2] *pecuniam substantiæ,* B.

pauperibus pro tempore fideliter erogentur, ut bonorum temporalium fideles dispensatores felici commutatione æterna bona recipiant.

Cap. XCII.

De adamante.

Adamas ferro vinci non potest, rumpitur autem in fusione aceti et sanguinis hircini. Sic et cor avarum, cum[1] vix vinci queat, vincitur tamen quandoque acutis verbis usque ad medullam cordis penetrantibus, et dulcedine morali, quæ de fœtore vitiorum instituitur. Sanguis enim dulcis est. Hircus vero fœtorem vitiorum nonnunquam figurat.

Cap. XCIII.

Item de adamante.[2]

Solinus. Indicorum[3] lapidum in adamantibus dignitas prima, utpote qui lymphationes abigunt, venenis resistunt, mentium vanos[4] metus pellunt. Iterum

Cap. XCIV.

De adamante et magnete.

Inter adamantem et magneten est quædam naturæ occulta dissensio, adeo ut juxtapositus non sinat magneten rapere ferrum; vel si admotus magnes ferrum traxerit, quasi prædam quandam adamas magneti rapiat atque auferat.

---

[1] *cum* omitted in C.
[2] The following short chapters are taken from Solinus, ch. lii., vii., xv., xxii.
[3] *In dictorum*, C.
[4] *varios*, B.

Cap. XCV.

De galactite.[1]

Galactites lapis est ater, si teratur, reddit succum Solinus. album ad lactis saporem. Fœminis nutrientibus illigatus, fœcundat ubera. Subnexus parvulis largiusculos haustus facit salivarum. Intra os receptus, liquescit; cum solvitur tamen, memoriæ bonum perimit.

Cap. XCVI.

De crystallo.

Putant glaciem coire, et in crystallum corporari. Solinus. Sed frustra; nam si ita foret, nec Albanda Asiæ, nec Cypros insula, hanc materiam procrearent, quibus ad modum calor jugis est.[2]

Cap. XCVII.

De gagate.

Si decorem gagatis requiras, nigro gemmeus; si na- Solinus. turam, aqua ardet, oleo restinguitur; si potestatem, attritu calefactus applicita detinet, atque succinum; si[3] beneficium, hydropicis illum portantibus beneficium præstat.

Cap. XCVIII.

De vi attractiva.

Rerum[4] aliæ trahuntur ex natura, aliæ ex accidenti. Ex accidenti, dupliciter, aut ex necessitate, aut

---

[1] galectite, A. and C.
[2] quibus regionibus incalatissimus calor, Solinus.
[3] Sed, B.
[4] Verum, B.

accidentali similitudine. Necessitate, ut cum natura corporis pro dissimilitudine respuenda trahit, fame coacta. Unde membra famelica ex cibi inopia, ut in furfure aut etiam nocivis herbis sibi trahunt nutrimentum. Accidentali similitudine, utpote cum res non nutribilis, nutribili admixta, accidentalem contrahit amicabilitatem, qua potest nutrire subjectum. Unde aliquando membra aquam conditam ad sui nutrimentum attrahunt. Hac accidentali qualitatum similitudine, interfecti vulnus, infectum spiritibus interficientis, aerem rursus infectum interfectore transeunte trahit, quo intercepto, sanguis extra manat. Natura enim corporis adhuc viventis sanguinem ut sibi amicum attraheret, aerem vero infectum tanquam inimicum excluderet. Similiter cornu serpentis aerem veneno infectum accidentaliter quadam similitudine trahit, ipsumque densando in sudorem commutat. Ex natura multipliciter fit attractio, aut vi caloris, aut virtute, aut naturali qualitatum similitudine, aut lege vacuitatis. Vi caloris, ignis attrahit oleum ad sui fomentum. Virtute dupliciter fit attractio, vel occulta, vel manifesta. Occulta virtute, non tamen sine aliqua qualitatum similitudine, ut scamonia choleram, helleborus melancholiam attrahit. Virtute manifesta, id est, sensibili, adamas vel magnes trahit ferrum, lapis gagates paleam. Qualitatum naturali similitudine, nec tamen sine virtute trahente, calidus stomachus calida, frigidus frigida attrahit nutrimenta. Et nota, quod sicut amica similitudine fit attractio, ita dissimilitudine inimica sequitur expulsio. Unde acetum aquæ commixtum, radicibus arborum injectum, dissimilitudine expellitur, aqua vero attrahitur, quia arbori amicatur. Sic et magnes ex parte similitudinis trahit, ex parte quadam dissimilitudinis repellit. Sic et virtus appetitiva similitudine amica trahit; expulsiva, dissimilitudine inimica repellit. Notandum est tamen, quod ad hoc ut fiat attractio, oportet rem agentem violentiorem esse in attrahendo re attrahenda.

Nam si æqualis in attrahendo eorum esset potentia, æquali contradictione nulla fieret attractio. Inde est quod magnes trahit ferrum, et non alium magnetem, licet cum eo majorem habeat similitudinem, quia magnes magneti mutua et æquali contradictione contradicit. Ferrum[1] vero, cum sit debilioris virtutis, ipsi cedit. Vacuitatis lege cucurbita attrahit sanguinem, fovea vel samida aerem, scutella aquæ summersa aquam.

Ex prædictis de facili constare potest intelligenti, unde statua Machometi ferrea in aere[2] stet sine aliquo vinculo vel basi. Sunt enim in parietinis templi plures lapides adamantini, æquales in quantitate et virtute, reconditi, qui æquali vi proportionis ferrum in medio collocatum sustinent. Non enim vergere potest in dextram partem propter vim adamantis in sinistra regione repositi, ferrum ad se attrahentis. Ima petere non potest, propter adamantem in superiori regione constitutum.

Nautæ etiam mare legentes, cum beneficium claritatis solis in tempore nubilo non sentiunt, aut etiam cum caligine nocturnarum tenebrarum mundus obvolvitur, et ignorant in quem mundi cardinem prora tendat, acum super magnetem[3] ponunt, quæ circulariter circumvolvitur usque dum, ejus motu cessante, cuspis ipsius septentrionalem plagam respiciat. Sic et prælatus in hoc mari suos subditos dirigere debet, ut ratio ejus Aquiloni illi sese obviat,[4] de quo scriptum est, "Ab Aquilone pandetur omne malum." Illi igitur qui præsunt regimini sanctarum animarum, vi quadam attrahere debent alios ad cultum religionis, ut instent opportunæ importuniæ.[5] Vim quidem patitur regnum cœlorum, et violenti diripitur illud. Paterna correptio, vis quædam est; exhortatio, vis quædam

De prælato.

---

[1] *Ferro*, C.
[2] *in aera*, B.
[3] *magnatem*, C.
[4] *objiciat*, D.
[5] *importunæ*, B.D.

est. Hinc est quod baculus prælati formam habet in parte superiori recurvam, ut attrahere sciat prælatus ad se alios. Sed utinam etiam attendat, quod ipse baculus in ipsum ferentem reflectitur, ut crucem Domini non in angaria cum Simone Cirenæo portet, sed in propriis humeris cum Jesu. De baculo autem pastorali ait quidam:

"Attrahe per prima, medio rege, punge per ima."

Virtutem habuit attractivam ille qui ait, "Cum exal-"tatus fuero a terra, omnia ad me traham." Quid causaris, lector, debilem te esse, et infirmum, et impotentem sequi gigantem geminæ substantiæ? Leni manu et dulcissima trahet te secum. Feret et te sicut aquila fert pullos suos. Quid reformidas? Securus esto eum eo qui est ipsa securitas.

Cap. XCIX.

De animalibus.

Non est mihi turpe fateri, nec etiam nomina singularum specierum animalium me nosse, nedum naturas me nosse fatear. Multæ etiam sunt naturæ rerum tam cotidiano usu quam experientia compertæ, quas scripto commendare superfluum esset, eo quod notæ vulgo sunt. Quædam vero adeo sunt occultæ, ac si dicat natura, "Secretum meum mihi, secretum meum mihi!" Media igitur via incedamus, ut nec vulgaria nisi raro in medium proferre velimus, nec ea quæ subtilioribus egent inquisitionibus enucleaturos nos fore, spondere præsumamus.

Cap. C.

De crocodrillo.[1]

Crocodrillus, malum[2] quadrupes, et in terra et in flumine pariter valet. Linguam non habet, maxillam movet superiorem. Morsus ejus horribili tenacitate conveniunt, stipant se pectinatim serie dentium. Plerumque ad viginti ulnas magnitudinis evalescit. Æqualia anseris[3] edit ova. Metatur locum nido naturali providentia, nec alibi fœtus premit, quam quo crescentis Nili aquæ pervenire non possunt. In partu fovendo mas et fœmina vices servant. Præter hiatum oris, armatus est etiam unguium immanitate. Noctibus in aqua degit, per diem humi adrequiescit.[4] Circumdatur maxima firmitate cutis, in tantum ut ictus quovis tormento adactos tergo[5] repercutiat. Secundum Isidorum, dicitur crocodrillus a croceo colore. — Solinus.

Cap. CI.

Item de crocodrillo.

Crocodrillus est serpens aquaticus, bubalis infestus, magnæ quantitatis. Hoc autem singulare habet inter animalia, quod comedendo non movet nisi molam superiorem. Sæpe diximus quod per comestionem designatur delectatio in cœlesti pagina. In Sacra autem Scriptura delectari debemus, ita ut et[6] æterna spere- — Prima natura. Adaptatio.

---

[1] *cocodrillo*, B.; *cocodrillo*, corrected to *corcodrillo*, C.; *crocodillo*, D. This chapter is taken from Solinus, Polyhist. cap. xxx.

[2] *animal*, B.; *malum*, D.; *malum*, in Solinus. In B. the original word, which was probably *malum*, has been erased, and *animal* written over it.

[3] *Qualia anseres*, Solinus; *qualia anseris*, D.

[4] *adrequiescet*, B.; *adquiescit*, C.D.

[5] *adacto tergo*, Solinus.

[6] *et* omitted in B.

mus, et formidanda vitemus. Per molam superiorem accipe spem, per inferiorem, timorem. Associentur simul spes et timor, ne spes sine timore luxuriet in præsumptionem, timor vero sine spe degeneret in desperationem. Sunt autem quidam præsumptuosi per crocodrillum designandi, qui timorem Dei non ponunt ante oculos suos, sed quadam temeritate sibi blandiuntur, semper sibi læta et prospera promittentes. Ili quasi mola superiore tantum utuntur comedentes, dum sperant præsumptuose, ex quo spem illorum timor non castigat. Et vide quod crocodrillus hominem vorat, et plorat. Sic et sunt quidam qui devoti videntur esse in ecclesia, rapinis tamen et turpibus lucris et questibus inhiant.

Cap. CII.

De glandosa.

Morsus glandosæ putidus[1] est. Qui hunc serpentem occidit, odor ejus putidus[1] fit, et omnem odorem perdit nisi solius illius odoris. Glandosa repræsentat invidiam, cujus detractio[2] putida[3] est. Quid autem invidiam interficit, nisi ipsa invidia? Sui enim ipsius peremtrix est, et aculeis propriis succumbit. Odorem autem rei honestæ non percipit, sed ea tantum quæ invidiæ sunt odoratur.

De invidia.

Cap. CIII.

De rhinoceronte.[4]

Solinus. Rhinocerontis color est buxeus, in naribus cornu unicum et repandum, quod subinde attritum cautibus

---

[1] *putidus,* C.
[2] *detractatio,* C.
[3] *putidu,* C.
[4] Solinus, cap. xxx.

in mucronem excitat, eo quod adversus elephantes[1] præliatur, par ipsis longitudine, brevior cruribus, naturaliter alvum petens, quam solam intelligit ictibus suis perviam.

Cap. CIV.

Item de rhinoceronte.

Refert autem Isidorus quod tantæ est fortitudinis, Isidorus. ut nulla venantium virtute capiatur. Virgo autem proponitur puella, quæ venienti sinum aperit, in quo omni ferocitate deposita ille caput ponit, sicque soporatus, velut inermis capitur. Nonnulli istud adaptaverunt Christo et ecclesiæ. Sed non solum ad Saulum spirantem minarum hæc queunt referri, sed ad quemcumque transeuntem ad liberam et spontaneam servitutem. Hunc enim sapientia sinu suo fovet, et amplexibus refovet spiritualibus.

Cap. CV.

De vipera.

Vipera nomen sortita est eo quod vi pariat. Nam et cum venter ejus ad partum ingemuerit, catuli non expectantes naturæ maturam resolutionem, corrosis ejus lateribus, vi erumpunt cum matris interitu.[2] Infelix est ista fœcunditas, quæ in exitium fœcundatæ[3] vergit. Sic sic invidia sui ipsius excruciatrix[4] est, sibi[5] ipsi pestis lætifera. Dum infaustam[6] sobolem procreat, motus videlicet ex ipsa nascentes, exitio proprio fœcundatur mater venenosa.

---

[1] *elephantos*, Solinus.
[2] *matris cum interitu*, B.
[3] *circumdatæ*, B.
[4] *cruciatrix*, C.
[5] *sibi* omitted in C.
[6] *infaustum*, C.

Reducere autem debet homo ad memoriam maledictionem divinam serpenti datam, quociens ad memoriam revocat partum viperæ. Fuit enim serpens materialis, organum antiqui serpentis, a[1] quo venenum infusum in radicem ramos in posteritate infecit. Non dico tamen viperam fuisse organum seductoris nostri, sed in genere sto cum Sacra Scriptura. Nec a me extorquebis paræan primæ parenti comparuisse, etsi[2] nonnulli hoc evincere[3] contendant.[4] Sumunt autem argumentum ex eo quod legitur in Genesi, "Super "pectus tuum gradieris." Conjiciunt enim ex hoc, serpentem illum erectum fuisse, juxta quod Lucanus ait:[5]

"Et contentus iter cauda sulcare paræas."

Cap. CVI.

De nepa.

Item de invidia.

Nepa dicitur serpens quidam eo quod, in coitu ex nimio furore accensæ et æstuantis libidinis, caput sui comparis dentibus præcidit. Sic sic invidus sodalibus nocere promptissimus est, pestis in claustro exitialis, lætifera tabes, monstrum horribile, monstrum nulla virtute redemptum.[6] Placet autem nonnullis nepam esse viperam, quia fœmina marem necat, et ipsa pariens moritur. Unde dicitur:

"Concipiens morte, parit æqua vipera sorte."

---

[1] *ei*, B.
[2] *et*, C.
[3] *hoc enim vincere*, B.
[4] *contendat*, B.
[5] Lucani Pharsal. lib. ix. v. 721.
[6] *monstrum n. v. redemptum* omitted in C. and D. In A. it is written in the margin.

Cap. CVII.

De dentibus anguis in modum seminum terrae commissis.

Sub fabulis poetarum latet nonnunquam instructio moralis. Fabulosa igitur Nasonis morphosis dentes anguis in milites armatos et ad invicem dimicantes, sed et se mutuis vulneribus perimentes, commutans, docet ex venenosis detractionibus non solum jurgia et pugnas, sed mortem spiritualem procreari. Nata est ferrea seges ex seminibus laetiferis, et ex dentibus detractionis bella[1] plusquam civilia orta sunt. Seruntur verba detractoria, et fratres, dum capulo[2] manus admovent, fratricidae efficiuntur. Lites ad lituos compellunt etiam fratres, et pugna vocalis pugnae realis mater est. Quicumque igitur cum Cadmo anguem invidiae in aliquo interfecit,[3] videat ne dentes reserventur, sed potius adnihilentur. Sacrosancta ecclesia Arii perfidiam interemit, videat tamen ne haereses ipsius in terra liberi arbitrii alicujus seminentur, sed potius destruantur.

Cap. CVIII.

De tiria.

Tiria est genus serpentis, de qua et toxicum fit, et tiriaca contra malitiam toxici praebens remedium. Sic et ab illo procedere debet satisfactio, a quo orta est et injuria. Ab eodem ore exit aer refrigerans et aer calefaciens.[a] Diversis tamen modis varia complentur officia. Comprimitur namque os, cum aer emittitur

Adaptatio.

---

[a] Ratio quare nunc ex ore aer emissus calefaciat, nunc frigidum quid reddat.

---

[1] *fella,* B.
[2] *capitulo,* C.
[3] *interfecerit,* B.; *interficit,* C.

aliquid refrigeraturus, et quadam sibilatione agili educitur. Cum vero spiritus aerius exit ab ore beneficium caloris alicui corpori impertiturus, emittitur ab ore semiulco non adeo compresso, ita quod et aer leniter exsufflatur, et corpus calefaciendum ori admovetur. Alio etiam modo placandus est animus læsus quam eo quo conturbatus est. Ab eodem ore a quo fraterna læsio processit, egrediatur et consolatio. Virga Mercurii, quam caduceum dicunt,[1] ex una parte lætalis fuit, ex altera vitæ collativa. Mors enim et vita in manibus linguæ. Mercurius nunc descendit ad inferos, nunc redit ad superos.

Cap. CIX.

De vulgari serpente.

Serpens vulgaris homini dormienti dat inducias, sed cum expergiscitur homo a serpente pungitur. Virgilius igitur repatrians, dulcibus Athenis, in quibus propter studium philosophorum Pallas coli dicebatur, relictis, non animo sed corpore fatigatus ex itinere, locum amœnum in recessu quodam elegit, ut somno artus recrearet, ignarus serpentis qui domicilium ibidem elegerat. Dormientis autem labro culex insedit, custos vitæ tanti hospitis. Dum enim os patens[2] philosophi, jam semiexcitati et aliquantisper adhuc somni deliciis torpentis, serpens intrare moliretur, culex acerrime labrum pungens, Maronem a somno prorsus excitavit, et manu velociter adducta, liberatorem cui vitam debuit nescius interemit. Beneficio itaque manus os obtegentis exclusus est hostis, et eadem peremptus. Advertens[3] autem gloriosus vatum apex se conservatorem vitæ suæ neci dedisse, manum propriam sceleris arguit, et dum feliciter a culice se conservatum deprehendit, infelicem se in nece

---

[1] *ducunt*, C.
[2] *patens* omitted in C.
[3] *Avertens*, C.

custodis sui censuit. Honoris autem gratiam quam potuit culici suo[1] retulit, dum ipsum in loco delicioso recondit, et epitaphium nobile, materiam eventus continens, in laudem ejus conscripsit. Immo et libellum edidit, quem " *De culice* " inscripsit; matura namque pectora seriis ludicra interserere norunt, recreationis gratia. Cato circumintrasse legitur, Ulyxes calculis lusisse, Achilles pila, Orpheus fidibus canoris se recreasse perhibetur.

Sed quid? Rara fides ideo est, quia multi multa loquuntur. Hoc adjicio, quia postquam librum Virgilii *De culice* inspexi, alium esse tenorem relationis adverti. Ut enim refert Virgilius, pastor quidam locum sibi amoenum elegit, ut artus somno reficerit. Dum autem serpens ei necem moliretur, culicis interempti beneficio evasit. Nocte igitur sequenti culex in somno[2] apparuit pastori, male sibi[3] recompensatum esse tantum beneficium asserens. Excitatus pastor a somno, locum adiit in quo suum liberatorem morti dederat, sepelivitque culicem sub lapide, in cujus fronte scripsit elogium istud:

" Parve culex, pecudum custos tibi tale merenti[4]
" Funeris officium vitæ pro munere reddit."

Serpens antiqui serpentis typum gerit, qui somnolentos et[5] desides et otio effoeminatos persequi dedignatur, sed vigilantes infestat. Si torporem ignaviæ excutis, qui prius somno desidiæ torpuisti, aderit serpens antiquus, paratus venenum suggestionis infundere. *Adaptatio.*

Rerum tamen[6] plurium typum gerit serpens, secundum diversarum naturarum schemata. Capiti namque servando summam adhibet diligentiam, in quo prudentiam repræsentat, quæ dignitatem rationis conservare

---

[1] *suo culici*, B.
[2] *a somno*, C.
[3] *male igitur*, B.
[4] These are the concluding lines of the poem ascribed to Virgil under the title of *Culex*.
[5] *et* omitted, C.
[6] *Veruntamen*, B.

satagit. Ancillatur enim ratio, dum blanditiis sensualitatis illicitis consentit. Dignitatis vero suæ gloriam conservat, dum sedens pro tribunali vanitates spernit. Sicut igitur serpens caput sedulus conservat illæsum, ita et nos rationis dignitatem conservare jubemur, cum dicitur, " Estote prudentes sicut serpentes."

Ægyptii vero annum repræsentabant per serpentem depictum caudam ore tenentem, ac si annus in se revolvatur.

Quid quod Dominus ipse Jesus Christus serpenti comparatur? Plures autem causæ super hoc queunt assignari. Sicut enim in deserto respicientes filii Israel in serpentem æneum erectum in palo liberati sunt ab ignitis morsibus serpentum,[1] ita respicientes oculis fidei et devotionis in Christum in ligno crucis pro nobis erectum, ab insidiis antiqui hostis liberabuntur. Christus etiam tiriaca est et antidotum, ad expellendum malitiam veneni infusi ab antiquo hoste. Christi item caput illæsum erat, quia Deitas impassibilis erat. Christus etiam erat serpens per prudentiam, dum in humilitate astutiam principis hujus mundi elusit.

Cap. CX.

De venenosis animalibus in genere.

Adaptatio. Animalia venenosa in hieme venenum habent, sed eorum venenum tunc temporis torpet. In æstate vero veneno nocent, cum tamen venenum naturaliter frigidum sit. Sic sic nonnulli sunt qui venenum suæ perfidiæ in hieme adversitatis occultant, sed in æstate prosperitatis fraudes quæ prius latuerant ostentant.

---

[1] *serpentium,* A.B.D.

Cap. CXI.

De anguibus.[1]

Anguibus universis hebes visus est. Raro in ad- Solinus. versum contuentur; nec frustra, cum oculos non in fronte habeant, sed in temporibus, adeo ut citius audiant quam aspiciant. Omnes autem serpentes frigidæ sunt natura, nec percutiunt nisi quando calescunt. Unde et venena earum plus die quam nocte nocent. Dicit autem Plinius quod serpentis caput, si cum duobus evaserit digitis, nihilominus vivit; unde et totum corpus objicit pro capite ferientibus.

Cap. CXII.

De hypnale.

Hypnale, quod somno nocet, teste etiam Cleopatra, Solinus. emitur ad mortem. Aliarum virus quoniam [2] medelas admittit, minus famæ meretur.

Cap. CXIII.

De aranea.

Seipsam eviscerat aranea, ut materia non desit cassibus contexendis. Venationi indulget infructuosæ, muscarum sedula venatrix. Tumorem vero ex morsu araneæ provenientem sedat emplastrum de muscis factum loco doloris superpositum. Sic sic multi seipsos eviscerant, in quæstu rerum inutilium. Quidam enim casses fraudium subtilium contexunt, ut muscas rerum temporalium consequantur. Alii ingenium divitis venæ circa quæstiones inutiles consumunt, pro dolor! et

---

[1] Taken from Solinus, Polyhist. cap. xxvii.

[2] quem, C.

Adaptatio. ipsi, muscarum venatores, sophisticas importunitates aucupantur in syllabis et verborum inutilibus cavillationibus exagitantur. Nonne autem morsum araneæ sedat emplastrum de muscis factum, dum instantia sophistica conatum sophistæ elidit? Morsus item araneæ morsus est cupiditatis venenosæ,[1] sed malagma de muscis compositum cupiditati mederi videtur, dum misera cupiditas votum suum in adeptione rerum temporalium consequitur. Quid venatur ambitio nisi muscas? [a] Sophistica item casses suos in inani suspendit, ut inanem prædam consequatur. Mentitur dialecticam tanquam casus ejus, et Thesea in Labyrinthum ducit erroris. Ausa est Arachne[2] cum Pallade certamen inire, sic et Thrasonica sapientiam ad congressum provocare temeraria præsumit. Mutatur in araneam, et artem exercet inutilem, sibi ipsi in materiæ cassium[3] eductione operatrix perniciosa.

Cap. CXIV.

De aspide.

Instructio moralis. Vulgo notum est quod aspis unam aurium terræ committit firmissime, alteram[4] caudæ extremitate obturat; ne vocem incantantis audiat. Per aures intellectum et rationem accipe. Sunt enim aures interiores, secundum quod Dominus ait in Evangelio, "Qui habet " aures audiendi, audiat." Prædicantis itaque vocem qui sapienter animam incantat, terrenis sollicitudinibus deditus audire renuit, quia meditationes suas et rationem, qua abutitur, circa terrena versari compellit. Finali etiam proposito suo, per caudæ extremitatem

[a] Logicis notum est quod sophistica dialectica vitans est.

[1] *cupiditatis venendæ,* B.
[2] *Aragne,* MSS.
[3] *cassum,* C.
[4] *alteram,* B.

designato, vim intelligentiæ obstruit, ne quæ salubria sunt animæ cor subintrent.

Lucanus vero[1] vocat aspida[2] somniferam, quia vulneratus ab illa somnum morti continuat. De ipsa etiam subjungit Lucanus,[3] dicens:

" Ipsa caloris egens gelidum non transit in orbem
" Sponte sua, Niloque tenus metitur arenas.
" Sed quis erit nobis[4] lucri pudor? inde petuntur
" Huc Libycæ mortes, et fecimus aspida mercem."

Cap. CXV.

De serpente qui[5] dicitur hæmorrhois.[6]

Hæmorrhois est serpens sic dictus a sanguine, nimium enim sanguinem emittit quis ab ea punctus. Unde etiam mulier patiens profluvium sanguinis hæmorrhoissa dicitur. De hoc serpentis genere ait Lucanus:[7]

" Et[8] non stare suum miseris passura cruorem,
" Squamiferos ingens hæmorrhois explicat orbes."

Designatur sic obstinatio animi, quæ sanguinem sanguini accumulat, id est, peccatum peccato. *De obstinatione.*

Cap. CXVI.

De serpente qui dicitur dipsas.[9]

Dipsas torrida dicitur, quia vulneratus ab ipsa tanto fervoris accenditur æstu, ut nulla aquarum abundantia sitim ejus compescere queat.

---

[1] *vero* omitted in B.
[2] *aspidam*, C.
[3] Lucani Pharsal. ix. 704.
[4] *erit pudor nobis lucri*, B.
[5] *quæ*, B.
[6] *emorrois*, MSS.
[7] Pharsal. ix. 708.
[8] *Ai*, Lucan.
[9] *dipsas*, D.

De ambitione.

Hæc est ambitio, cujus sitis nulla divitiarum copia sedari potest, adeo ut dici possit.

" Dumque sitim sedare[1] cupit, sitis altera crescit."
" Quo plus sunt potæ plus sitiuntur aquæ."[2]

Naturam autem serpentis hujus ita exprimit Lucanus, ut ad pestem ambitionis versus commendabiles possint signanter referri.[3]

" Ecce subit virus tacitum, carpitque medullas
" Ignis edax, calidaque incendit viscera tabe."

Quod vero de juvene vulnerato a [a]dipsade Lucanus proponit, ad illum qui servile mancipium est ambitionis, competenter potest retorqueri.

" Ille vel in Tanaim missus, Rhodanumque Padum-
" que,
" Arderet, Nilumque bibens per rura vagantem."[4]

Cap. CXVII.

De serpente qui dicitur prester.

Prester est serpens fumum exhalans, et in morsu suo tumorem tantum adducens homini læso, ut humana forma prorsus recedat. Utrumque Lucanus manifestat. Dicens enim,[5]

" Oraque distendens avidus fumantia prester,"

exhalationem fumi indicat. Secundum vero declarat, dicens,[6]

---

[a] Lucanus proponit ad illum qui servile mancipium . . . [B.]

---

[1] sedari, B.
[2] Ovid. Metamorphos. iii. 415, und Fast. i. 216.
[3] Lucani Phars. ix. 741.
[4] Lucan. Pharsal. ix. 751.
[5] Lucan. Phars. ix. 722. The text of Lucan reads spumantia.
[6] Lucan. Pharsal. ix. 799.

" Nasidium Marsi cultorem torridus agri
" Percussit prester; illi rubor igneus ora
" Succendit, tenditque cutem, pereunte figura,
" Miscens cuncta tumor."

Prester superbiam designat, quæ aliis præesse appetit. Hæc ignem evomere naribus videtur, et fumum exhalare. Tumorem fovet superciliosum, et hominis figura perire videtur, dum homo monstrum induit elationis. *De superbia.*

Cap. CXVIII.

De amphisibœna.

Amphisibæna est serpens duo habens capita, unum in una extremitatum, alterum in altera. Unde Lucanus,[1]

" Et gravis in geminum vergens caput amphisibæna."[2]

Sic et multi sunt qui duo contraria habent proposita. Sunt enim nonnulli sibi ipsis blandientes, et in proposito habentes vitæ remissioris illecebris juventutem suam se exposituros fore, sed maturiorem ætatem maturioribus spondent se daturos esse consiliis. Videlicet, anni ipsorum in dispositione eorum[3] sunt, et vitam suam ad nutum suum protelare queunt. Non sic, impii, non sic, sed tanquam pulvis quem projicit ventus a facie terræ. *Adaptatio.*

Cap. CXIX.

De serpente qui dicitur seps.

Ut docet Lucanus, illius quem vulnerat seps totum corpus liquitur et dissolvitur, adeo ut ossa cum cor-

---

[1] Pharsal. ix. 719.
[2] *amphisbæna*, Lucan.
[3] *videlicet anni eorum in dispositione sua sunt,* D.

De invidia. pore totali dissolvat. Sic et invidiæ venenum membra invidi decoquit, et animam miseram tabe non solum inficit sed corrumpit.

Cap. CXX.

De basilisco.[1]

Solinus. Basiliscus in terris malum singulare. Serpens est pene ad semipedem longitudinis, non hominis tantum vel aliorum animantium exitiis datus, sed terræ quoque, quam polluit et exurit, ubicunque ferale sortitur receptaculum. Denique extinguit herbas, necat arbores, ipsas etiam corrumpit auras, ita ut in aere nulla alitum impune transvolet. Cum movetur, media corporis parte serpit, media arduus est et excelsus. Sibilum ejus etiam alii serpentes perhorrescunt; et cum acceperint, fugam quæque quoquo potest properant. Quicquid morsu ejus occiderit, non depascitur fera, non attrectat ales. A mustelis tamen[2] vincitur, quas homines inferunt cavernis in quibus delitescit. Vis tamen nec defuncto deest. Denique basilisci reliquias ampliore sestertio Pergameni comparaverunt, ut ædem Apellis manu insignem nec araneæ intexerent nec alites involarent.

Cap. CXXI.

De bufone.

Bufo, horroris animal, armatum veneno, nunc cum[3] aranea, nunc cum lacerta, quandoque cum colubro, aut etiam serpente, certamen subit, multis infestus, multa animalia infestans. Salvia libenter vescitur, cujus radicem nonnunquam venenositate sua inficit. Hinc est

---

[1] Solin. Polyhist. cap. xxvii. 50.   [3] *cum* omitted in C.
[2] *tantum*, Solinus.

quod etsi salvia in se salubris herba sit, multis tamen infecta[1] non solum perniciosa sed et lætalis extitit. Area igitur salviæ corona rutæ[2] cingi et ambiri debet, cujus ros bufoni mortis collativus est. Munditia igitur, per rutam[3] designata, seipsum homo muniat, ut venenum luxuriæ excludat.

De munditia.

Utilis tamen est bufo in multis, sed præcipue in lapide quem in capite ipsius reperire poteris. Hostis veneni, in animali venenoso a natura producitur. Lapis enim iste, ab homine gestatus, veneni arcet malitiam. Numerat autem[4] lapis iste virgis seu lineis annos bufonis, quia quot sunt ejus anni tot distinguetur lapis protractionibus, sicut et in distinctionibus cornuum pecorum anni ipsorum[5] numerari solent. O pudor! o dedecus! Multi reperiuntur homines, ad imaginem ipsius Dei conditi, vix in aliquo aliis utiles, et bufo in multis commendabilis est. "Vidit Deus cuncta quæ "fecit, et erant valde bona." Homo igitur, qui de natura bonum est, malus vitio proprio efficitur. O nobilis creatura homo, qui cunctis de dignitate naturæ præes animatis, erubesce, dum venenosis animalibus vilior efficeris, veneno non materiali sed spirituali. Habet enim invidia suum venenum, veneno materiali longe detestabilius. Læsus bufo veneno alterius venenosi animalis, confugit ad herbam quæ vulgo plantago dicitur, quæ sub nomine quinquinerviæ æquivocatur alii herbæ, et sibi nescio quo instinctu naturæ medetur. Quid igitur, o homo, qui veneno antiqui serpentis infectus es, ad herbam medicinalem et salutiferam non fugis? Paratus est tibi summus medicus opem sed et salutem conferre, sed, pro dolor! vulnus lætale occultas.

Adaptatio et instructio moralis.

---

[1] *infesta,* C.D.
[2] *rutha,* B.C.
[3] *rutham,* B.
[4] *eorum,* B.
[5] Omitted in C.

Cap. CXXII.

De talpa.

Subterraneos fodiunt cuniculos talpæ oculis capti, solisque radios effugere dinoscuntur. Terram effodiunt, sub divo eam relinquentes, et domicilia sibi construunt operosa diligentia. Sic et ambitio cæca nihil relinquit absconditum, circa terrena semper occupata. Hæc est quæ cogit homines discrimina subire, dum in penetrale telluris beneficio artis intratur, et velut in thesauris suis natura locuplex inquiritur. Et, ut ait Cassiodorus,[1] " cameris ingeniosa præsumptione revolutis, talpinum " animal homines imitantes, itinera fodiunt quæ nullis " antea patuerunt. Intrant homines caligines profundas, " vivunt sine superis, exulant a sole, et dum sub terris " compendia quærunt, nonnunquam lucis gaudia derelin" quunt. Est illis aliquando ruina via sua, et reditus " procurare nequeunt, qui pedibus suis semitas operosis " manibus effecerunt. Sed quibus cautior ars, vita felicior " est, intrant egentes,[2] exeunt opulenti. Sine furto divi" tias rapiunt, optatis thesauris sine invidia perfruuntur, " et soli sunt hominum qui absque ulla nundinatione " pretia videantur adquirere. Mox enim ut supernæ luci " fuerint restituti, minuta quæque ac graviora discernen" tibus aquis a genetrice terra separant, et fictilibus " recondita, vasta fornace decoquunt, donec solvantur in " liquorem, rivosque de flamma venientes tanto igne " depurgant, quousque pulcritudinem sui prodant, quam " terrena viscera ne cuperentur absconderant. Vincitur " natura, dum eam meliorat industria. Origo quidem " nobilis, sed de flamma suscipit vim coloris. Sed cum " auro tribuat splendidum ruborem, argento confert albis" simam lucem, ut mirum sit unam substantiam tradere, " quod rebus dissimilibus possit aptari."

De ambitione.

Cassiodorus.

---

[1] Cassiodor. Variar., lib. ix. cp. 3.

[2] Two leaves apparently of MS. C. are wanting here.

Cap. CXXIII.

De mustela.

Mustela et arguta sub brevitate sapit, et ingentes animos angusto in pectore versat. Cum majoribus animalibus ausa est inire certamen, sed tam corporis agilitate, quam beneficio innatæ astutiæ, quam efficaci animositate, victrix efficitur. Falso autem opinantur qui dicunt mustelam ore concipere, aure effundere partum. Læsa veneno animalis venenosi, sibi virtute herbarum salubrium succurrit festinanter, sed et fœtibus suis fere contritis beneficio herbarum opem confert. Virtutem herbarum novit, natura docente, etsi nec Salerni in medicina studuerit, nec apud Montem Pessulanum in scholis militaverit. Tantum autem habet herbarum medicinalium delectum, ut fœtus suos reanimare ab imperitis putetur; sed revera ipsis mederi novit, etiam cum fere usque ad mortem læsi sunt. Gnara venatrix est murium, quantitate corpusculum mustelæ excedentium. Sed et prædam suam ante pedes domini aut dominæ constituere solet cujus domum inhabitat. Pro se realiter allegat, dum supplicatione uti videtur, ut sibi et suis fœtibus[1] parcatur. Hostes se debellare domicilii quod inhabitat ostentat, sed et facto probat. Porro injuriarum suarum memor, eas ulcisci promptissima est, tam argute quam nocive. Accidit igitur vetulam pauperculam in casa sua catulos mustelæ absentis clandestina manu surripuisse, et eos in loco secreto ad quem mater,[2] licet ingeniosa, accessum habere non potuit, leniter reposuisse. Iter[3] autem solitum legens mater fœtus desideratos non reperit, multiplici circuitu loca plurima materna sollicitudine perlustrans anxia. Sed dum labore multo incassum

---

[1] *fœtibus suis,* D.
[2] *matri,* B.
[3] *Item,* D.

vexata esset, sui impatiens effecta, ad artem consuetam furibunda confugit. Urnam postmodum lacte repletam veneno evomito ab ore suo infecit, ut pœnas persolveret quicunque lac dictum gustaturus esset. Vetula prudens rem tacita consideravit, et latenter fœtus ad locum pristinum reportavit. Quibus repertis mater læta factum, proprium in irritum revocare voluit, urnam prædictam agilitate sua sponte perturbans, ne venenum infusum alicui conferret nocumentum.

De invido. Erubescat invidus rancorem indignantis[1] animo fovens, adeo ut nulla satisfactione a proposito suo resilire velit. Mitigatur mustela, et vincitur blanditiis, sed homo, pro dolor! in malitia concepta procaciter persistit. Serpens, ut refert Beda, diligentia industriæ humanæ efficitur mansuetus, sed homo nonnunquam, etsi sit animal mansuetum natura, mansuescere non novit.

Libet et paucis referre quonammodo mustela in serpentem injurias suas ulta sit, et ingeniose et strenuissime. In quadam Secanæ insula serpens latebras suas subterraneas elegerat, qui, aut malitia innata aut fame coactus, ripam oppositam appetiit, aquas tractibus suis sulcans. Fœtus mustelæ absentis, temporis opportunitatem nactus, hostis venenosus invadit et perimit. Fugam postmodum velocissime arripit, latebras notas repetens. Piscatores eventum rei contemplantur taciti, et ecce mater prole jam orbata, furenti similis, sagaci nare vestigia hostis sui[2] legens, ad marginem ripæ se transfert, et misera et consilii ignara, opem namque natandi ei invidit tam fluminis impetus quam tempestas procellosa. Post multos tandem recursus, fimum reperit bovinum, calore aeris desiccatum, et illum tum ore vehit ad ripam tum pedibus impellit usque ad crepidinem alvei. Quid[3] non excogitet vis materni doloris? Nova cymba utitur, et pro velo cauda elevata contenta

---

[1] *indignationis,* D., *indignatis,* A.   [3] *Quis,* B.
[2] *hostis sui vestigia,* D.

est mustela, sed et pes quandoque remi sortitur officium. Demum applicat in terra infesta, in qua domicilium praedo sibi elegerat. Latebras hostis sui repperit diligens indagatrix, nunquam libentius artis suae fungens industria, nunquam agilitatis suae expeditius usa suffragio. Cogitur hostis hospitium, immo domum, linquere, et ad certamen dubium perventum est. Post multos tandem insultus, post varios congressus, post plurimas laesiones, dat poenas quas meruit serpens in partes sectus. Remeat ad notum domicilium nautae repetens artem victrix voti compos, jam et felicem se reputans et miseram. Temperata est tamen vis doloris felicitate successus, aut laetitiae abundantia dolorem penitus exclusit.

Leporem etiam agilitate [1] et astutia vincere perhibetur. Verecundetur homo desidiae languens otio, qui nec in urgentissimae necessitatis articulo sibi succurrere sollicitus est. Animalia ratione carentia solerti industria utuntur cum res desiderat, et miser homo incertitudini fortunae nutantis sese committit, sui nimis immemor. Degenerat nobilis creatura, dum nec ratione propria feliciter utitur, nec consilio alterius innititur.

Cap. CXXIV.

De scurulo.

Arguitur etiam desidiae ignavia hominis torpens, dum scuruli providam solertiam non attendit. Nautam ipsum facit naturae instinctus, dum caudae erectae latitudinem pro sinu veli habet, pro nave autem cortice [2] cui firmiter adhaeret utitur, aut assere tenui. Quis ei certitudinem stabilis aurae monstravit? Flumina latissima [a] lintre sua transit, ripa potitur optata.

[a] Linter navicula est.

[1] *agilitate sua*, B.   [2] *corticem*, D.

Scurulus autem a cursu nomen accepit, sed et ipsum nonnulli nuncupant hesperiolum, ab Hesperia.

Mansuescit autem tam mustela quam scurulus, et necessitatem commutat in voluntatem. O dedecus! Multi sunt homines qui vix feros exuunt mores, vix etiam multa diligentia mutantur in melius. Sed quod homini aut impossibile aut difficile est, Deo omnipotenti facile est.

Cap. CXXV.

De vulpe.

Dolosa vulpes fraudibus innatis armatur, sed etiam intercepta ad dolos refugit exquisitos; tanta autem munita est versutia, ut ingenium humanum quandoque eludere videatur. Venatoris quandoque evadit insidias, dum inter canes minus cautos vulpes latrans canem se latratu mentitur, aut etiam dum ramo alicujus arboris suspensa canes errare cogit, quæ vestigia sequi habeant incertos. Accidit autem vulpem quandam in venatione diutius vexatam fugæ subsidio jam fere destitutam, domum militis intrare latitandi gratia; cameram dehinc subintrans, vidit multas pelles vulpium ibidem suspensas in venatione captarum. Vulpes igitur parieti adhærens, et seipsam ut potuit a terra suspendens, inter pelles latitans, mortuæ similis effecta est. Canes autem sagaci nare vestigia vulpis legentes, cameram dictam petiere, certis latratus indiciis vulpis præsentiam prodentes. Intrat venator cameram, et pelles vulpium ibi suspensas cernens, delusos esse canes autumat. In se domum rediens, deceptricem advertit, mortuam se esse mentientem, et captæ dolus non est patrocinatus. Sæpe etiam deludit tam artem venatoris quam operam odorinsecorum, dum ad gregem caprarum domesticarum se transferens, unam eligit, cujus dorso insiliens vehiculi novi beneficio evadit. Exterrita enim capra onere infesto fugam init citissimam, quam totus grex caprarum fugientium insequitur, quas si forte insequuntur odorinseci, a venatore turbato revocantur indignanter.

Sed quis fraudes tam dolosi animalis scripto commendare sufficeret? Ramusculos filicis[1] jam arescentis et rubeum mutuatæ colorem legens ore, in ripa latitans, mittit in aquam, in qua anates abundant, et in descensu ramusculorum natantium aves exterrentur. Dehinc alios in eandem aquam immittit sæpius, usque dum ipsa assuefactione minus terreantur anates. Sæpius itaque legatos suos præmittit, usque dum securitatem sibi promittant aves minus providæ. Tandem et ipsa vulpes fluctibus se committit, levi et repentino captu unam anatum arripiens. Capta[2] item in pedica, quandoque pedem morsu præcidit, ut sic evadat. Eligit etiam quandoque sibi nidum picæ in arbore suspensum, ut sic insidias venatoris evadat, et diligentiam cum labore ipsius eludat. Cum vero nulla fuga patet, simulat se mortuam, ut extracta fugam arripiat. Quandoque captæ popliti perforato funis innectitur, quem si dentibus vincere non potest, popliti os vicinum dentibus consumit.

Catuli in utero materno unguibus pelliculam ventris materni penetrant, et dum jam matrem infestant asperitatem subsecuturam prænuntiant. Secundum Isidorum, dicitur vulpis, quasi volupis. Est enim volubilis pedibus, et nunquam rectis itineribus, sed tortuosis amfractibus, incedens, fraudulentum animal, semperque insidiis decipiens. Nam dum non habuerit escam, fingit mortem, sicque descendentes quasi ad cadaver aves rapit et devorat.

Quid igitur melius per vulpem quam dolositas accipitur. Hæc quidem foveas habet, et multa fraudium diverticula. Multos fallit fallax, sed quandoque falli- *De fraude.*

---

[1] A. appears to read *salicis*, but the word has been altered, and it is uncertain whether from *filicis* to *salicis*, or the reverse.

[2] *Apta*, B.

tur versutiarum ingeniosa repertrix. Herodem veritas ipsa vocat vulpem ob multiplicia dolosarum fraudium commenta.

Cap. CXXVI.

De corvo et vulpe.

Refert in apologo quodam[1] Apuleius, quoniam corvus et vulpecula ad quandam carunculam tendebant pari voto, sed dispari celeritate. Corvis enim pernicium alarum fretus subsidio carnem in arborem cui insedit detulit. Vulpes dolositatis innatæ non immemor, adulationibus corvum cœpit demulcere, asserens Apollinem duabus avibus felicem censendum esse, corvo scilicet et cygno. Adjecit etiam quia in nulla naturæ dote præferendus esset cygnus corvo, nisi quia cantu dulciori cygnum natura nobilitavit. Audiens hæc corvus, insolitis præconiis efferri cœpit, indignans tamen secum quod vel in cantu cygno reputaretur inferior, et dum cantare debuit, crocitare cœpit. Sic igitur avis delusa carnis quam ore gestitavit inductricem compotivit.

Advertes in his [a] ostium circumstantiæ ori necessarium esse. Est enim tempus tacendi, est et tempus loquendi. Discere etiam potes in apologo[2] isto non De adula- omni spiritui credendum esse. Excæcat enim mentem tione. adulatio, et dum animum impudenter extollit in propriæ infirmitatis oblivionem hominem adducit.

[a] Sine *h* scribendum. Derivatur enim ab hoc nomine os, oris.

[1] *quædam*, B.   [2] *apologo*, B.

Cap. CXXVII.

De taxo et vulpe.

Taxi mansiones[1] subterraneas sibi parant labore multo. Unum enim sibi eligunt taxum terrae pedibus ipsorum effossae vectorem, et oneri tali ex longa consuetudine idoneum. Supinatur quidem, et cruribus extensis et erectis, super ventrem ipsius terra effossa accumulatur. Oneratus satis per pedes ab aliis exportatur, tociensque labor assumptus iteratur usque dum capacitas domus habitatoribus suis sufficiat. Latitans interim in insidiis animal dolosum, vulpem loquor, sustinet usque dum mansio subterranea parata sit, et tempus absentiae taxorum sibi reputans idoneum, signum turpe inditium hospitum novorum ibidem relinquit. Revertentes melotae, lares proprios indignantur inhabitare, et alias sibi construentes aedes, foedatam domum foedo hospiti, sed praedoni, relinquunt.

Sic sic multi sunt qui turpiter res alienas invadunt, Adaptatio. jus sibi dicentes, cum nemini liceat jus sibi dicere. Turpiter acquisita detinent injuste, et dominium usurpant sibi illicite. Difficile est autem ut laetum sortiantur exitum, quae inhonesto inchoata sunt principio. Fundum sibi jure haereditario competentem linquere coguntur veri domini, et in remotis partibus agentes nova vix demum sibi aut construunt aut conducunt tuguria.

Cap. CXXVIII.

De simia.[2]

Dum simiae venantium gestus avide affectant, relicta Solinus. consulto visci unguilla, quod mendacio factum vident,[3] oculos suos oblinunt.[4] Ita visu obducto pronum est,

---

[1] *habitationes*, D.
[2] This chapter is taken from Solinus, Polyhist. cap. xxvii. 56.
[3] *viderit*, B.
[4] *obliviunt*, B.; *obliniunt*, D.

eas corripi. Exsultant nova luna, tristes sunt cornuto et cavo[1] sidere. Immoderate fœtus amant, adeo ut catulos facilius amittant, quos impendio diligunt, et ante se gestant, quoniam neglecti pone matrem semper hærent.

Cap. CXXIX.

Item de simia.

Simia non solum gestibus sed et lineamentis hominem mentiens, ipsum in multis imitari satagit. Dum vero hominem in insidiis positum manibus chirothecas et pedibus calciamenta aptantem et corrigiis firmiter ligantem pedes infelix conspicit, eventus rei ignara, vehementer desiderat sic ornari; fraudis igitur instrumenta dicta relinquit homo sponte, et ad latebras fugit quem dum fideliter imitari studet misera, detinetur, fugam frustra arripiens. Capta vero vanis servit curiositatibus, ad risum ridiculis[2] gestibus compellens intuentes.

Accidit curiam cujusdam divitis tam bestiarum quam avium nobilium varietate nobilitatam esse, sed et duæ simiæ domesticæ cum urso in multis spectaculis vulgo solatia conferebant. Dictis autem simiis simiolam dedit natura, quam mater, sicut se habet simiarum consuetudo, cunctis et hominibus et bestiis ostentabat lætissima. Tandem et urso, palo ferreo ligato, fœtum suum ostentavit misera, quem ursus famelicus in partes dilaceravit. Mater vultu lugubri doloris anxietatem confessa est, murmure crebro vice verborum utens. Compari suo rem gestam quibusdam indiciis enarrare visa est, et quibusdam mussationibus quid facto opus esset deliberare cœperunt. Demum lignorum aridorum strue orbiculariter ursum cinxerunt, et ignem subponentes et

---

[1] *cano*, B.   [2] *ridiculosis*, B.

fomentis flatuque crebro nutrientes, ursum combusserunt. Dominus namque loci,[1] de eventu rei a servientibus instructus, præcepit ne simiæ aliquod sentirent impedimentum quo minus propositum suum adimplerent. Sic pignoris lethum lætæ ultæ sunt simiæ prædictæ.

Licet autem multis calliditatibus naturaliter prædita sit simia, absit tamen ut hominis ratione nobilitati possit ingenio parificari. Simia igitur quædam in cancellis castelli residere consueverat, artem et laborem sutoris pauperculi juxta castrum manentis diligenter inspiciens. Cum autem sutorem res familiares exire foras compulerunt, subito per fenestram apertam intrare consuevit simia, tenensque cultellum sutoris, corium scindens et deturpans, non solum molestias sed et gravem jacturam absenti rustico contulit. Qui alta mente dolorem reponens, ardet ulcisci injurias suas. Dum igitur simia in propugnaculo more solito sederet in insidiis, sutor cultelli partem hebetem collo proprio sæpius impressit, quandoque vero aciem leniter admovit gutturi, similis exacuenti ferrum in cote. Dehinc fenestram apertam linquens, domum sponte egressus est, moram procurans. Simia vero domum sibi relictam ingrediens, sutoris dolos minus fideliter repræsentans, aciem ferri collo apposuit, et, dum exacuentem imitari voluit, ferrum nimis acutum sensit. Pœnam solvit imitatrix ridicula, damnaque priora parvipendens sutor, solatio mortis hostis suæ recreatus est.

Fuit et histrio quidam jam jam decrepitæ ætatis, artis ope mimicæ paupertatis onus allevians, qui simiam saltatricem circumducere consuevit. Quadam die nimis vexavit simiam, quæ conceptam indignationem dissimulavit usque ad tempus quod ultioni sumendæ reputavit idoneum. Equifero igitur suo senex insidens, aeris intemperiem caputio exclusit, sed adeo

---

[1] *leti*, B. ; omitted in D.

frigoris penetrantis molestiis erat arctatus, ut regimini caballi non sufficeret. Simia vero, locum manticæ tenens, tam imbecillitatem magistri sui quam et temporis et loci opportunitatem attendens, per caputium senem acriter arripiens, ipsum equo dejecit; et nisi ope viatoris cujusdam liberatus esset miser, suffocatus pœnam pro transactis injuriis dedisset.

Quid quod simia in agmine etiam denso calvum licet pileatum deprehendit, pileumque arripiens, ruborem calvo, cæteris materiam confert risus? Quid quod dominum suum, post multa annorum curricula, revertentem agnoscit?

Adaptatio. Simia itaque, naturæ ludentis opus, hominem mentiens, vitii typum gerit, nonnunquam virtutis similitudinem falso prætendentis. Nonne superstitio fallax seu hypocrisis mendax religionem veram in multis mentitur? Habitu, gestibus, nutibus, verbis, operibus venalis hypocrisis repræsentare studet veritatem religi- *Contra hypocrisim.* onis. Sed Baal interius luteus erat, etsi exterius aureus esset vel argenteus. Quid est hypocrisis, nisi paries luteus dealbatus exterius, aut sterquilinium nive coopertum? Nonne item histrio nunc lugentis vultum prætendens nunc ridentis, vultumque in diversa commutans, ut inspicientes[1] ad risum compellat vel invitos,[2] simiæ officium gerere videtur? Væ, væ! Nobilis creatura homo videri simia laborat. Naturæ dignitatem dehonestat histrionatus, ob infelicis lucelli turpem quæstum.

Natura etiam simiæ adeo prompta est imaginationes rerum visarum gesticulationibus repræsentare ridiculis, curiosæ tamen vanitati secularium in communibus spectaculis solatia procreantibus, ut militarem conflictum audeat imitari. Diligentia igitur histrionis duas simias ad exercitia militaria quæ vulgo torneamenta dicuntur ducere consuevit, ut frequenti inspectione labor docentis

---

[1] *ut insipientes,* B.   [2] *invitas,* C.

minueretur. Duos canes postmodum instruxit, quibus simiæ insidebant, armis sibi competentibus munitæ. Nec defuerunt eis calcaria quibus canes acriter urgebant. Lanceolis confractis, gladios eduxerunt, quibus super galeas ictus multos consumpserunt. Quis hæc conspiciens risum compesceret? Bernardus igitur simiam compendiose et subtiliter describens, ait, — Silvestris.

"Prodiit in risus hominum deformis imago,
"Simia, naturæ degenerantis homo."

Cap. CXXX.

De urso.

Ursus fœtum suum lingendo informat, et corpori informi formam diligentia materna dare videtur. Per ursum accipe crudelitatem; homo enim crudelis insontes bestiali feritate male informat, linguæ procacis turpi magisterio. — Prima natura ursi. Instructio moralis.

Ursus murmure quodam utens, pedes sugit, tanquam quædam alimenta ex ipsis sumat. Sic et raptor quodammodo ungues suæ rapacitatis exacuit, totus prædæ inhians. Etsi autem remurmuret scinderesis[1] naturaliter bonum appetens, obtinet tamen illicita voluntas limites debitos excedens. — Alia natura. Adaptatio.

Quid quod ursus excoriatus expresse videtur hominem nudum repræsentare? Exuat et crudelis feritatem suam qua bestialiter vivit, et hominem ipsum esse censendum humana mansuetudo faciet. — Instructio moralis.

---

[1] *scindensis*, B.; *sinderesis*, D.

Cap. CXXXI.

Item de ursis.[1]

Solinus.
"Numidici ursi forma cæteris præstant, rabie dumtaxat et villis profundioribus. Nam genitura par est quoquo loco genitis; eam protinus dixero. Coeunt non itidem quo quadrupedes aliæ, sed capti[2] amplexibus mutuis, velut humanis conjugationibus, copulantur. Desiderium Veneris hiems suscitat; secreti honore reverentur mares gravidas; et in iisdem[3] licet foveis, partitis tamen per scrobes secubationibus dividuntur. Lucinæ illis properatius tempus est; quippe uterum tricesimus[4] dies liberat. Unde evenit ut præcipitata foecunditas informes creet partus. Carnes pauxillulas edunt. Quibus color candidus, oculi nulli,[5] et de festina immaturitate tantum rudis sanies, exceptis unguium lineamentis. Has lambendo sensim[6] figurant, et interdum adpectoratas fovent, ut assiduo incubitu[7] calefactæ[8] animalem trahant spiritum. Interea cibus nullus. Sane diebus primis quatuordecim, matres in somno ita concidunt, ut nec vulneribus excitari queant. Enixæ quaternis[9] latent mensibus. Mox egressæ in diem liberum tantam patiuntur insolentiam lucis, ut putes obsitas cæcitate. Invalidum ursi[10] caput; vis maxima in brachiis et in lumbis, unde interdum posticis pedibus insistunt. Insidiantur alvearibus apum,[11] maxime favos appetunt, nec avidius aliud quam mella captant. Cum gustaverint[12] mandragoræ mala moriun-

---

[1] Copied from Solinus, Polyhist. cap. xxvi. 3.
[2] *apti*, Solinus.
[3] *hisdem*, B.; *eisdem*, D.
[4] *trigesimus*, Solinus.
[5] *oculi nulli, colori nulli*, B.
[6] *sensum senum figurant*, B.
[7] *incubatu*, Solinus.
[8] *calefacere*, B.
[9] *quatenus*, C.
[10] *ursis*, Solinus.
[11] *apium*, Solinus.
[12] *gustavere*, Solinus.

" tur. Sed eunt obviam, ne malum in perniciem
" convalescat, et formicas vorant¹ ad percipiendam²
" sanitatem. Si quando tauros adoriuntur, sciunt qui-
" bus potissimum partibus immorentur, nec aliud quam
" cornua aut nares petunt. Cornua, ut pondere de-
" fatigentur; nares, ut acrior dolor sit in loco tene-
" riore." Ursa est animal cholericum et calidum valde,
quod docet motus ejus continuus. Est igitur matrix
ejus calida multum et sicca. Unde ex caliditate et
siccitate desiccantur cotillidones quibus fœtus alligatur
matrici et abrumpitur, et ita nascuntur fœtus non
formati. Placet tamen quibusdam matricem ursæ esse
multum humidam; unde et pro multa humiditate
rumpi dicunt cotillidones. Nec potest, ut³ aiunt, im-
primi forma fœtibus propter multam humiditatem, et
ita nascuntur informes.

Cap. CXXXII.

De lupo.

Luporum catuli venatorum diligentia mansuescunt,
adeo ut mensas potentum lautitia pinguis ferme nobi-
litent. Sed dum genus suum quandoque magistrorum
suorum artificiosa industria sectantur, vincitur ars a
natura, et elusa venatorum fiducia ad silvas cum aliis
tendunt.

Sic sic:

Adaptatio.

" Naturam expellas furca, tamen usque recurret."

Degenerantes animi, licet ad tempus morum venustate decorari⁴ videantur, ad consuetudinem tamen, quæ
altera natura est, in brevi revertuntur.

---

¹ *devorant*, Solinus.   ³ *ut*, omitted in C.
² *recipiendam*, Solinus.   ⁴ *decorare*, C.

Vide quod non solum sanguis lupi, sed etiam et fimus, confert colica passione vexatis. Hinc est quod dicitur, quoniam si duæ sorores ex lana ovis a lupo strangulatæ zonam contexant, et ea cingatur colicam sustinens passionem, mitigabitur doloris acerbitas.

Nonnunquam canis et lupus quadam amica societate confœderantur, adeo ut et ipsi fures in noctis furvo *Adaptatio.* incedentes caulas subintrent, ovesque strangulent. Sic sic adulator et bonorum ecclesiæ dilapidator quandoque in unum veniunt consensum, ut bona ecclesiæ subtrahant in perniciem simplicium claustralium. Lupi toto anno non amplius quam dies duodecim coeunt.

Cap. CXXXIII.

De panthera.

Panthera minutis est orbiculis superpicta, ita ut oculatis ex fulvo circulis, vel cerula vel alba distinguatur tergi [a] suppellex. Nobilitat hoc animal natura tam odoris deliciosa suavitate quam coloris venustate, ita ut et fragrantiæ jocunditas et decoris admiratio cæteras attrahat bestias. Quoniam vero et minax et terribilis est forma capitis, ideo capite abscondito quæ corporis reliqua sunt spectanda præbet panthera, ut armenta secura vastatione populetur. Sic et fraus venativa lucri, cujus odor judicio vulgi bonus est, et aspectus commendabilis, multiplici versutiarum varietate coloratur. Novit autem fraus caput, id est principale propositum, abscondere, ut multos circumveniat. Potes et in dexteram lora flectere, ut panthera figuret vitam claustralium, quæ decenti varietate studiorum spiritualium insignita est. Principales vero institutiones maxime in initio reservant in posterum, ne disciplinæ severioris austeritas novitios exterreat. Hircani veneno

---

[a] I.e. pellis.

carnes illinunt, et eas per compita semitarum spargunt, ut earum esu pantheræ seducantur. Sed hæ, dum excrementa humana devorant, evadunt. Sic et remedia humilitatis patrocinium præstant claustralibus contra insidias hostium invisibilium.

Ferunt quod panthera semel omnino parturit. Nam cum in utero matris coaluere catuli maturis ad nascendum viris[1] pollentes, odiunt temporum moras, et oneratam[2] fœtibus alvum, tanquam obstantem partui, unguibus lacerant. Effundit illa partum, dolore cogente. Ita postea corruptis et cicatricosis sedibus genitale semen infusum non hæret acceptum, sed irritum resilit. Nam Plinius dicit animalia cum acutis unguibus frequenter parere non posse; vitiantur enim intrinsecus moventibus se catulis.

Cap. CXXXIV.

De lepore.

Ferunt leporem characterem sexus nobilioris habentem lepusculos in utero gestitare. Numquid eum[3] hermaphroditum prodigiosa natura fecit? Addunt etiam in utero materno cum lepusculis tenellis grandiusculos tempore priori conceptos contineri, in quo derogari videtur legi naturæ inferioris. Lepores imitari dicuntur qui jus naturæ offendunt effœminati, majestatis summæ[4] naturæ rei. Non immerito Tiresias indignationem [a]Saturniæ[5] sensisse perhibetur, lumine privatus. Divinæ enim potentiæ indignationem incurrunt, exlegem legem[6] adolescentis Phrygii sequentes,

Contra flagitium naturæ.

[a] Junonis, scilicet.

---

[1] *virilibus*, C.; *viribus*, D.
[2] *onustam*, C.
[3] *enim*, C.D.
[4] *summæ* is omitted in C.
[5] *Saturnæ*, C.
[6] *ex lege legem*, C.

et, dum lumine gratiæ privantur, in tenebras exteriores mitti promerentur.

Quid quod lepus, timoris animal, nunquam securus est? Quonammodo, qua fronte, sibi securitatem promittit temerarius naturæ impugnator? Poma illorum qui ostium domus Loth invenire non potuerunt, etsi exterius decorem habere videantur, tractata tamen quasi in cinerem resolvuntur.

Cap. CXXXV.

De cervo.

Prima natura cervi. Cervus annuatim sese renovans cornibus cadentibus et naturæ relictis, cornua singulis annis nova recipit felicibus aucta crementis, quasi in recompensationem *Adaptatio.* tributi naturæ soluti. Sic et vir honestus, fortitudine spirituali augmentata, innovatur innovatione Spiritus Sancti.

Secunda. Cervus item saltu cursum juvat. Sic et sancti cur- *Adaptatio.* sum hujus vitæ peragunt transiliendo spineta sollicitudinum mundi.

Tertia. Cum item cervorum agmen vadum fluvii ingentis transire disponit, prænatat fortior, ita quod caput sequentis præcedentis clunibus innititur. Qui autem in illo agmine minor est viribus in ordine ultimus *Instructio moralis.* est. In hoc monemur ut unusquisque nostrum alteri condescendat, secundum quod dicitur: "Alter alterius "onera portate."

Quarta. Notum est etiam quod cervus infectus veneno ser- *Adaptatio.* pentis ad fontes aquarum tendit. Sic et discretus vir, veneno suggestionis antiqui serpentis spiritualiter infectus, ad lacrimas pœnitentiæ confugere debet.

Cap. CXXXVI.

Item de cervis.[1]

Fœminæ licet prius conserantur, non concipiunt ante Solinus, Arcturi sidus. Mirantur cervi sibilum fistularum. Si maria tranent,[2] non aspectu petunt litora, sed olfactu. E cornibus quod dextrum fuerit, efficacius est ad medelam. Si fugare angues gestias, utrum velis, uras. Quæ ustrina præterea nidore vitium aperit ac detegit, si cui inest morbus comitialis. Pro ætate ramos[3] augent; id incrementum in sexennes perseverat. Deinceps numerosiora non possunt fieri cornua, possunt crassiora. Quæ quidem castratis nunquam crescunt, nec tamen decidunt. Serpentes hauriunt, et spiritu narium extrahunt de latebris cavernarum. Dictannum ipsi prodiderunt, dum eo pasti, excutiunt accepta tela. Herbam quam cinerem[4] vocant contra noxia edunt gramina. Adversus venena mirificum est hinnuli corculum[5] occisi in matris suæ utero. Patuit nunquam eos febrescere; quam ob causam confecta ex medullis eorum unguina sedant calores hominum languentium. Legimus plurimos matutinis diebus cervinam carnem degustare solitos, sine febribus longævos fuisse. Quod demum proderit, si uno vulnere fuerint interempti, vivaces sunt.

Cap. CXXXVII.

De Actæone.

Poetæ, sub poesi sua moralem velantes instructionem, fingunt Actæona, mutatum in cervum, a canibus

---

[1] Taken from Solinus, Polyhist. cap. xix. 10.
[2] tranant, Solinus.
[3] ramulos, Solinus.
[4] cynaren, Solinus.
[5] hinnulei coagulum, Solinus.

Instructio moralis. suis dilaceratum esse. In hoc voluptuosa venatio repraehenditur. Per Actæona autem designantur illi qui fundos amplos et patrimonia lata inutilibus expensis consumunt, venationibus illicitis et commessationibus et ebrietatibus et fœdis dediti voluptatibus. Mutantur in cervos hi[1] quorum amor totus et intentio tota in venationibus detinentur. Dilacerantur a canibus illi quorum opes in studio venationis inutiliter[2] consumuntur. Aut certe mutantur in cervos qui, rebus suis prodiga manu expensis, fugam ineunt, in remotis partibus latitantes. Nonne item magnates dentibus aulicorum canum exponuntur, et facta ipsorum ab illis impudenter dilacerantur. Frustra clamat potens:

"Actæon ego sum; dominum cognoscite vestrum."[3]

Minime videntur dominum cognoscere, qui eum verbis turpibus dehonestant. Quid est autem quod Actæon deprehendit nudam Dianam, nisi quia multi venatoriam artem advertunt venatores efficere pauperes et egentes? Quis est enim qui nesciat silvis præesse Dianam? Hæc mutavit Actæona in cervum. Studium quidem venationis multos in ferales mores et leves commutat. Designet itaque cervus levitatem et inconstantiam, ejusdem enim rei plures sunt significationes. Si igitur per Dianam accipis sapientiam, et hoc planum. Voluptatibus enim dedito et curiositatibus videtur quod sapientia nuda sit et ornatu decenti careat.

Sed libet subtilius ista contueri. Diana enim quasi *dios neos*, id est, per dies innovata, seu innovans, dicitur. Hæc est sapientia. Ista dum corpus suum aquis lavat, nullum admittere vult qui se ingerat importune. Nymphæ Dianæ sunt hi[4] qui sapientiæ diligentem dant operam. Cum de mysteriis et arcanis sapientiæ disseritur, non est passim quilibet admittendus.

---

[1] *ii*, A.; *hii*, B.D.
[2] *inutile*, C.
[3] Ovid. Metamorph. iii. 230.
[4] *ii*, A.; *hii*, B.D.

"Ejice," inquit Salomon, "derisorem, et exibit jurgium cum eo." Iste est Actæon qui importune secretis colloquiis prudentium se ingerit. Sed in cervum mutandus est, ut scilicet fugam cogatur arripere.

Cap. CXXXVIII.

De lynce.

Lynx acumine visus perspicui novem fertur parietes penetrare, adeo ut siquis novem interpositis parietibus carnem crudam deferat incedens juxta parietem, lynx incedentem sequatur incedens, stet et ipsa stante illo qui carnem defert. Nonnulli tamen, in rerum naturis instructi, virtuti olfactus hoc ascribunt, potius quam potentiæ visus. Per lyncem subtilis ingenii acumen intelligitur, quod rerum naturas abditas consequitur fugere volentes. Competenter etiam per ipsam designari potest potestas ambitiosa, semper prædæ, semper quæstui inhians.

Urinam lyncis converti dicunt in duritiam pretiosi lapidis qui ligurius appellatur. Lynces egestum liquorem ilico arenarum tumulis quantum valent contegunt, invidia scilicet, ne talis egeries transeat in nostrum usum. Dolores renum placat, medetur regio morbo. Lyngurium[1] Græce dicitur.

Cap. CXXXIX.

De apro.

Aper frendens dente fulmineo vulnus hosti lethale[2] confert, in venatione tamen agitatus, cum fugam arri-

---

[1] *Ligurium*, B.   [2] *letali*, C.

pere cogitur, ictum non repetit. Porca[1] vero morsu sævior venatori occurrit, ictus cum morsu acerrime iterans. Sed hoc præcipue tractantibus de rerum naturis parit admirationem, quod dens apri ab apro separatus acumen suum retinet quamdiu aper superstes est; quo mortuo, dens hebes efficitur. Per aprum figuratur potens, per dentem sævitia. Quamdiu igitur tyrannus in apice dignitatis constitutus est, exercet sævitiam nimis sibi familiarem, cum vero fastigio destituitur, perimitur et fastus.

Adaptatio.

Cap. CXL.

De castore.

Fertur castorem testes sexus dentibus præcidere, et venatori opes optatas relinquere, ut libertatem fugæ pretio dato redimat. Unde Bernardus:

" Prodit item castor proprio[2] de corpore velox
" Perdere quas sequitur hostis avarus opes."

Imitetur castorem castus esse desiderans, et materiam voluptatum obscænarum dente discretionis præcidat. O quot sunt occasiones, quot incitamenta, quæ ad titillantes illecebrarum pruritus nos invitant. O quot nobis prætendit laqueos fallaciæ antiquus ille robustus venator Membroth.[3] Non debet quis membra pudoris realiter abscidere, Origenis enim factum in hac parte non est ad consequentiam trahendum. Castrare nos spiritualiter debemus propter regnum cœlorum, ut non solum lumbos cingulo abstinentiæ cingamus, sed et pectus aureo cingulo continentiæ voluntarie ornemus.

---

[1] *Porcha*, A.C.
[2] *proprie*, A.C.
[3] *Memroth*, B.D.

Qui tamen fidelius in naturis rerum instruuntur, Bernardum potius ridiculam vulgi opinionem imitatum quam rei veritatem assecutum esse astruunt.

Quid autem sentiat Solinus[1] de hoc animali audiamus. "Animal est," inquit, "morsu potentissimum, "adeo ut cum hominem invasit,[2] conventum dentium "non prius laxet quam concrepuisse persenserit fracta "ossa. Testiculi ejus appetuntur in usum medelarum; "idcirco cum urgeri se intelligit, ne captus prosit, ipse "geminos suos devorat." — Solinus.

Cap. CXLI.

De camelo.

Surgit in tumorem nodosi gibbi dorsum cameli, et est gibbus ille quasi limes inter sarcinas quibus camelus oneratur. Per camelum oneriferum designatur sollicitudo super rebus terrenis habita, unde et Rebecca, antequam gauderet amplexibus Ysaac, de camelo descendit. Linque et tu sollicitudinem onere[3] curarum pressam, si amplexibus veri Ysaac frui desideras. — Adaptatio.

Cap. CXLII.

Item de camelo.[4]

Cameli Arabici bina tubera in dorso habent, singula Bactriani; nunquam pedes atterunt. Alii sunt oneri ferendo accommodati, alii perniciores; sed nec illi ultra justum pondera recipiunt, nec isti amplius quam solita spatia volunt egredi. Geniturae cupidine efferantur adeo ut saeviant. Cum Venerem requirunt, oderunt — Solinus.

---

[1] Solin., Polyhist. cap. xlii. 2.
[2] *invadit*, Solinus; *invaserit*, D.
[3] *oneri*, C.

[4] This chapter is taken from Solinus, Polyhist. cap. xlix. 8.

equinum genus. Sitim etiam in quatriduum tolerant; verum cum occasio bibendi data est, tantum implentur quantum et satiet desideria præterita et in futurum diu prosit. Lutulentas aquas captant, puras refugiunt; denique, nisi cœnosior liquor fuerit, ipsi assidua proculcatione limum excitant ut turbidetur. Durant in annos centum, nisi forte translati in peregrina insolentia mutati aeris morbos trahant. Ad bella fœminæ præparantur, inventumque est ut desiderium coitionis eis quadam castratione exsecaretur. Putant enim fieri validiores si coitibus arceantur.

Cap. CXLIII.

De elephante.[1]

Refert Cassiodorus quod dum elephas arte hominum succisis arboribus ingentia membra committit, tanto pondere supinatus nequit propriis viribus surgere, quia pedes ejus nullis articulis inflectuntur. Humano solatio consurgit, cujus arte jacuit. Bellua tamen suis gressibus restituta, novit memor esse beneficii. In magistrum quippe recipit quem sibi subvenisse cognoscit; ad ipsius arbitrium gressus movet, ipsius voluntate cibos capit. Et, quod omnium quadrupedum intelligentiam superat, non dubitat primo aspectu adorare quem cunctorum intelligit esse rectorem. Cui si tyrannus appareat, inflexa permanet, nec imponi potest belluæ, hoc et malis pendere, quod a se novit bonis principibus exhibere. In vicem manus promuscidem tendit, et magistro profutura gratanter accipit, quia se ipsius vivere cura posse cognoscit. Nam cum sit altum animal, brevissimam tamen cervicem habet,[2] nec

---

[1] The greatest part of this chapter is taken *verbatim* from Cassiodorus, Variar. lib. x. epist. 30.

[2] *brevissima cervice compositum est*, Cassiodorus.

ab humo cibos capere posset, nisi ministerio promuscidis. Temptando solum cautus semper incedit, retinens initio captivationis suæ sibi noxiam fuisse ruinam. Flatum suum, quia dolori capitis humani mederi dicitur, rogatus exhalat. Hic dum ad aquas hauriendas venerit, per cavum promuscidis in modum pluviæ imbrem postulatus effundit, et sic agnoscit quod patitur, ut libens faciat quod rogatur. Motu corporis a diversis postulat, quod magistro porrigit, et nutritoris compendia, sua putat alimenta. Quod si aliquis præbere contempserit postulata, vesicæ collectaculo patefacto, tantam dicitur alluvionem egerere, ut in ejus penates quidam fluvius videatur intrasse, contemptum vindicans de fœtore. Nam et læsus servat offensam, et longo post tempore ei reddere dicitur a quo injuriatus esse sentitur. Oculi quidem parvi, sed graviter se moventes. Credas aliquid regium ejus intendisse conspectum. Despicit scurriliter ludentes, honestum aliquid gratanter attendit. Cutis ejus ulcerosis vallibus exaratur, a qua [a] transpontanorum [1] nefanda passio nomen accepit. Cutis in tantam duritiam solidatur, ut cutem esse osseam putes. Hæc nulla vi transmittitur, nullo ferri acumine penetratur; ideoque Persarum reges hanc belluam ad bella traxerunt, quod et nullis ictibus pulsata cederet, et adversarios sua mole terreret. Et, ut testatur Cassiodorus, elephas supra millenos annos vivit.

Inprimis arguitur ingratitudinis homo ingratus acceptis beneficiis, cum animal ratione carens suo benefactori in his [2] quæ potest voluntarie obsequatur. Imitatur quidem homo libenter dictam belluam in injuriarum irrogatione; sed exterminetur prorsus vin-

Adaptatio.

---

[a] Sic vocat leprosos, quia extra civitatem habitant.

---

[1] *transpontaneorum*, Cassiodorus. | [2] *iis*, B.D.; *iis*, A.

dictæ livor, cum cœlestis dicat Scriptura, "Ne sis "memor injuriæ civium tuorum." Unde et Tullius Cicero Cæsarem commendans ait, "Nihil obliviscitur "Cæsar nisi injurias."

Cum solus incedit elephas, regimini gressuum diligentiam adhibet, per se enim resurgere non potest. Hinc est quod malo esse columba quam turtur, malo in grege vivere quam solitarius. Væ enim soli! Sed etiam cum in consortio constitutus es, vagos vita recursos. Sed et affectus mentis compesce, ne mens vaga sit corpore quiescente. Lapsum vita, si sapis, homo enim est spiritus vadens, et non rediens per se.

Beneficium flatus animal istud gratis et hilariter usui aliorum impertit, et avaritia humana beneficia consolationis proximo pro quo Christus passus est invidet.

Attende etiam quia cum multis naturæ dotibus insignitum sit hoc animal, cutis tamen ejus adeo ulcerosa est, ut ab ipsa dicatur lepra morbus elephantiosus. Etsi igitur homo multis gratiarum muneribus præditus sit, fragilitatem tamen suam agnoscat.

Proposito fallaci non innitaris, sed ligno crucis, ligno fidei, ligno stabilitatis. O quot sunt amici fallaces, quibus si innitaris, cades cum elephante.

Cap. CXLIV.

Item de elephante.[1]

Solinus. Elephanti juxta sensum humanum intellectus habent, memoria pollent, siderum servant disciplinam. Luna nitescente, gregatim amnes petunt; mox respersi[2] liquore solis exortus motibus quibus possunt salutant. Deinde in saltus revertunt.[3] Candore dentium intel-

---

[1] *Solinus de elephantibus*, D. From Solinus, Polyhist. cap. xxv. 2.

[2] *exspersi*, Solinus.

[3] *revertuntur*, Solinus; and B.

ligitur juventa.[1] Oberrant agminatim. Natu maximus ducit agmen, ætate proximus cogit sequentes. Flumen transituri minimos ante mittunt, ne majores[2] ingressu alveum atterant, et profundos gurgites depressis vadis faciant. Venerem ante annos decem fœminæ, ante quinque mares nesciunt. Biennio coeunt, quinis nec amplius in anno diebus, non prius ad gregarium numerum reversuri quam vivis aquis abluantur. Propter fœminas nunquam dimicant, nulla enim noverunt adulteria. Inest illis clementiæ bonum; quippe si per deserta vagabundum hominem forte viderint, ductus usque ad notas vias præbent. Si quando pugnatur, non mediocrem habent curam sauciorum,[3] nam fessos vulneratosque in medium receptant. Gratissimas in cibatu habent palmas. Odorem muris maxime fugiunt. Pabula etiam quæ a musculis contacta sunt recusant. Si casu chamæleontem devoraverint, vermem scilicet elephantis veneficum, oleastro sumpto pesti medentur. Inter hos et dracones jugis discordia. Dimicationis præcipua causa est, quod elephantis, ut aiunt, frigidior inest sanguis, et ob id a draconibus avidissime torrente captantur æstu. Crura elephantorum nodis illigant dracones, et dum ruunt belluæ, dracones obruuntur. Sic utrimque fusos cruor terram imbuit, fitque pigmentum quicquid soli tinxerit, quod cinnabarim vocant.

Cap. CXLV.

De elephante et dracone.

Odio se persequuntur naturaliter elephas et draco, adeo ut cum elephas instare tempus partus advertit, aquas petat, ut insidias draconis effugiat. Fœtum ergo suum enititur elephas in aquis, et aquæ securum effi-

---

[1] *juventas*, Solinus.
[2] *majorum*, Solinus.
[3] *suciorum*, Solinus.

Adaptatio. ciunt animal terrestre,[1] quod terræ soliditas pavidum redderet. Sic sic antiquus draco hominem persequitur, sed ad aquas gratiæ se transferat homo, ut ejus insidias vitet. Tunc est tempus partus, cum honestum propositum quod homo concepit in lucem vult edere ut executioni mandetur. Tunc tunc præcipue nos hostis infestat, cum studiis honestis nos invigilare perspicit. Vide iterum quia elephas castum animal est et frigidæ naturæ, et raro soboli procreandæ tempus impendit. Ebur etiam, quod est os elephantis, castitatem in Sacra Scriptura significat.

Cap. CXLVI.

De draconibus.[2]

Solinus. Veris draconibus ora parva et ad morsus non dehiscentia, et arctæ[3] fistulæ per quas trahant spiritus, et linguas exerant,[4] quippe non in dentibus vim sed in caudis habent, et verbere potius quam rictu nocent. Exciditur e cerebris draconum dracontias lapis, sed lapis non est nisi detrahatur viventibus. Nam si[5] obeat prius serpens, cum anima simul evanescit, duritie soluta. Usu ejus orientales reges præcipue gloriantur. Graminibus medicatis dormire coguntur dracones, sicque lapis adquiritur.

Cap. CXLVII.

De dracone.

Draconis caro vitrei coloris est, et refrigerat ipsa vescentes. Hinc est quod Æthiopes in fervida plaga

---

[1] *terrestrie,* B.
[2] Solini Polyhist. cap. xxx. 15.
[3] *ora nulla sunt ad morsum dehiscentia, sed arctæ,* Solinus.
[4] *exserunt,* Solinus.
[5] *si* omitted in C.

degentes refrigerii gratia carne draconis libentur vescuntur, et eam multo pretio comparant. Adeo autem sitis avaritiæ crevit in immensum, ut institores[1] carminibus quibusdam draconem mansuetum ad tempus reddant, et tergo ipsius incidentes fræno ipsum regant, usque dum in Æthiopiam perveniant, et ibi multam pecuniæ summam pro dracone accipiant. Unde et ad litteram Judæi intelligunt quod in propheta legitur, " Tu confregisti capita draconis, dedisti eum in escam " populis Æthiopum."

Per carnes draconis desideria illicita quæ suggerit nobis antiquuus draco accipi possunt. His vescuntur Æthiopes, quia qui tetris moribus deformati sunt in illicitis delectantur. Confringit igitur Dominus Deus capita antiqui draconis, id est, principalia vitia destruit, in iis[2] qui super nivem dealbati sunt. Permittit autem ipsum esse escam Æthiopum, dum vitiis deturpati in iis[3] quæ sunt principis hujus mundi delectantur. Vel Dominus dat antiquum draconem in escam populis Æthiopum, id est, eorum qui Æthiopes fuerunt per vitiorum deformationem, dum ipsi jam dealbati delectantur in victoria sua, quia principis hujus mundi insultus viriliter devicerunt. Et sicut Simon, a lepra mundatus, nomen leprosi etiam tunc retinuit, ita Æthiopum nomine censentur et hi[4] qui Æthiopes fuere prius. Nec abhorreas nomen Æthiopum, duxit enim Moyses Æthiopissam in uxorem. Nigra est sponsa, sed formosa.

Adaptatio.

Cap. CXLVIII.

De leone.

Leo dormiens apertos habet oculos. Sic et potestas, cum somno se recreare videtur, dispositioni negotiorum

Prima natura leonis.

---

[1] *institores quidam*, C.; *quidam* crossed out in A.
[2] *his*, B.D.
[3] *his*, B.C.D.
[4] *ii*, A.

Adaptatio. invigilat. Vix vera[1] gaudet quiete potens, cujus cor curarum pondere premitur. Christus etiam dormiens secundum humanitatem, vigilavit in natura divinitatis.[2]

Secunda. Leo etiam rugitu suo catulum suum excitat. Sic et
Adaptatio. regia potestas armata sceptro justitiæ prolem suam exhortatione imperiosa a desidiæ torpore expergisci facit. Christus etiam a patre excitatus est tertio die, quando a mortuis resurrexit.

Qui autem in naturis rerum instructi sunt, causam assignant quare fœtus leonum quasi mortui jaceant, neque motum localem accipiant, usque ad tertium diem, et tunc rugitu patris moveantur. Leones, ut inquiunt, calidissimi et siccissimi sunt natura, quod probant eorum mobilitas et fortitudo cum audacia et iracundia. Fœtus autem humiditatem habent ex tempore generationis, quæ ex siccitate et caliditate complexionis in fœtu viscosior et glutinosior redditur, et maxime circa cerebrum, siccitate animalis et spiritu ibi cooperante. Unde cum nervi oppilentur, spiritus ingredi non possunt, neque virtutes moveri ad suas peragendas actiones. Parentibus igitur rugientibus circa fœtum, spiritus per os et aures et per poros capitis ingredientes motum præbent fœtui.

Tertia. Leo etiam neuter est in tertio significato, quia in æstate qualibet febricitat, in hieme sanus esse videtur.
Adaptatio. Sic et superbus in diebus prosperitatis impatientia vexatur, sed in adversitate non detegitur ejus impatientia. Neuter in primo significato est pœnitens, qui jam a morbo animæ incipit convalescere, nec enim justus censetur absolute, nisi cum serenatur conscientia post dignos fructus patientiæ. Neuter in secundo significato est is cujus quædam actiones deformes, quædam vero de genere bonorum sunt.

Quarta. Notum est autem quod

"Parcere subjectis scit nobilis ira leonis."

---

[1] *vere*, B. ; *vis vera*, C. [2] *deitatis*, B.

Etsi enim fame acerrima agitetur, et occurrat ei homo provolvens se ad pedes ipsius, parcit ei. Sic et regia nobilitas supplicibus veniam erogat. Nonne etiam et ipse Dominus superbis resistit, et humilibus parcit. *Adaptatio.*

Rugitu suo cæteras feras terret, et caudæ descriptione super faciem nivis protractæ circulum describit, cujus circumferentiam transire non præsumunt bestiæ inclusæ. Sic et imperiosa majestas regnantis terminos certos præfigit subditis. *Quinta. Adaptatio.*

Cum vero leonem exagitant armati venatores, cauda vestigia sua obliterat. Sic et timorem conceptum simulat prudentia, domicilium tutum[1] quærens. Venatores sunt hostes invisibiles qui nos sectantur. Prudens autem finali saltem pœnitentia vitæ prioris delicta tegit. *Sexta. Adaptatio.*

Compendiose rem gestam stilo commendare libet, ut doceam quandoque bestias majoris esse fidei et amoris certioris quam sit nobilis creatura, cum dignitatis naturalis immemor efficitur. Erat igitur miles et generosus sanguine et in re militari exercitatus et strenuissimus. Solus vero iter emensus, ut consuetudinis erat, audivit leonem in recessu quodam non multum a strata regia pro rugitu edentem gemitum, et doloris acerbitatem lacrimabiliter protestantem. Serpens enim quantitatis horrendæ sinuosis caudæ voluminibus collum leonis cinxerat, pectore vero et pedibus arbori proceræ firmiter adhæsit, adeo ut leo vinctus staret juxta dictæ arboris stipitem. Attendens miles gemitus leonis, per compendium semitæ directe lineam sequens, monstrum cernit indignans in ejus adventu et ad certamen ipsum provocans. Miles vero audacissimus gladium exerens irruit in monstrum, quo neci dato, solutus leo libertate solita gaudet.[2] Sed et caudæ motu liberatori suo blandiens, et lingua manum lingens, in modum canis nunc dominum suum cursu læto processit, nunc ad

---

[1] *tuum*, B.   [2] *congaudet*, B.

eundem vultu hilari et jocundo reversus est. Cum vero miles somno artus recreavit, leo ad pedes ejus quiescens custos domini sui fidelissimus est effectus. Frequenter in congressu militum [1] armatorum dimicantium domino suo opem contulit, liberatori suo vices recompensans. Sæpe a lethi discrimine illum liberavit, cui vitam suam debuit. Quocunque pergebat miles, sequebatur eum assecla fidelis. Tanta familiaritas, tam affectuosus amor, feræ tam superbæ de natura, sed jam mansuetissimæ,[2] singulos rem attendentes non solum in admirationem sed in stuporem adduxit. Sed et ipsi militi tantus amor suspectus fuit, unde et leonem suum fallere ausus est, sui nimis immemor. Natale igitur solum adire volens, suspenso gressu et clandestino fallens leonem dormientem intrat mare. Excitatus postea a somno leo, et fide et virtute præstantissimus, sinus carbasi tumentes cernens, nunc gemitum edit nunc rugitu implet littora. Quid fidus non cogat amor? Fluctus marinos et procellarum indignationes inundantium contemnit, mari se committit animal generosum. Invidit audaciæ ipsius Neptunus, et procellosis inundationum impetibus pro dolor! submersit. Præfero leonem meum Cleoneo, quem figmenta poetarum in signum cœleste commutaverunt.

Dum [3] de leone loquor, occurrit mihi illud apologicum. Vidit enim vivus leo depictum leonem cujus fauces dilaniavit homo pictus. Cernens hoc leo vivus, quæsivit ab homine quodam, eandem inspiciente picturam, quis illam fecisset. Cui, cum respondisset quod homo illa depinxisset, " Si leo," inquit, " pictor esset, aliud pic- " tura contineret."

---

[1] *militis*, B.
[2] *mansuetudine*, B.
[3] *Cum*, B.D.

Cap. CXLIX.

Item de leonibus.[1]

Leones[2] fœtu primo catulos quinque educant,[3] deinde per singulos partus numerum decoquunt annis insequentibus; sed postremum cum ad unum materna fœcunditas recidit, steriliscunt[4] in æternum. Cum premuntur a canibus, contemptim recedunt, subsistentesque interdum ancipiti recessu dissimulant timorem. Id agunt si in campis nudis ac patentibus urgeantur. Nam silvestribus locis quasi testem ignaviæ non reformident, quanta possunt se fuga subtrahunt. Cum insequuntur, nisum saltu adjuvant; cum fugiunt, non valent salire. Septi a venantibus obtutu terram contuentur, quo minus conspectis venabulis terreantur. Nunquam limo vident, minimeque se volunt aspici. Cantus gallinaceorum et rotarum timent strepitus, et ignem magis.

Solinus.

Cap. CL.

De onagris.[4]

Africa onagros habet, in quo genere singuli imperitant gregibus fœminarum. Æmulos libidinis suæ metuunt; inde est quod gravidas suas servant, ut expositos mares,[6] si qua facultas fuerit, truncatos[7] mordicus privent testibus. Quod caventes fœminæ, in secessibus partus occulunt.

Solinus.

---

[1] This chapter is taken from Solinus, Polyhist. cap. xxvii. 17.
[2] *Leænæ,* Solinus.
[3] *edunt,* Solinus.
[4] *steriles fiunt,* Solinus.
[5] From Solinus, cap. xxvii. 27.
[6] *maris,* B.
[7] *truncatus,* B

Cap. CLI.

De hyæna.[1]

Hyænam mittit Africa, cui cum spina riget collum continua unitate flecti nequit, nisi toto corpore circumacto. Multa de ea mira. Primum, quod sequitur stabula[2] pastorum, et auditu assiduo addiscit vocamen, quod exprimere possit imitationis[3] vocis humanæ, ut in hominem astu accitum nocte sæviat. Vomitus quoque humanos mentitur, falsisque singultibus sollicitatos sic canes devorat; qui forte si venantes umbram ejus, dum sequuntur, contigerint, latrare nequeunt, voce perdita. Eadem hyæna inquisitione corporum sepultorum busta eruit. Præterea pronius[4] est marem capere; fœminis enim ingenita est callidior astutia. Varietas multiplex inest oculis, colorumque mutatio, in quorum pupillis[5] lapis invenitur, hyænam[6] dicunt, præditum illa potestate, ut cujus hominis linguæ fuerit subditus prædicat futura. Verum hyæna quodcunque animal ter lustraverit, movere se non potest; quapropter magicam scientiam inesse ei pronunciaverunt. Transferre de facili potes ista ad fraudes hostis invisibilis.

Cap. CLII.

De homine.

Anthropos interpretatur arbor inversa. Arbor enim radicitus terræ adhæret, sed hominis radices eminentissimam partem tenent, quia propositum hominis figi debet et stabiliri in terra viventium. Sunt autem capilli humani instar radicum habentes, qui ornant

---

[1] From Solinus, cap. xxvii. 23.
[2] *fabula*, B.
[3] *imitatione*, Solinus.
[4] *promptius*, Solinus.
[5] *pupulis*, Solinus.
[6] *hyænium*, Solinus.

caput, sicut virtutes mentem ornant. Capilli etiam cogitationes minutas et subtiles designant. Unde veritas ait, "Non peribit capillus capitis vestri." Minuta namque cogitatio ordinata recte remunerabitur. Cogitationes autem nostræ ad superna tendere debent. Hinc est quod radices cordis humani cœlum respiciunt,[1] ut ibi corda nostra sint fixa, ubi vera sunt gaudia.

Notandum est quod diversæ naturæ simplex et composita, incorporea scilicet et corporea, sunt associatæ in constitutione hominis, in quo præsignata est conjunctio Deitatis et humanitatis in unitate personæ. Unde legitur, "Sicut anima rationalis et caro unus "est homo, ita Deus et homo unus est Christus." Anima igitur humana non est ex traduce, sed caro ex traduce est. Anima nobilis est creatura, facta ad imaginem Dei in naturalibus et ad similitudinem in gratuitis. Corpus vero protoplasti est ex terra formatum virginea, non corrupta, non maledicta, in typum secundi Adæ, cujus corpus ex virgine incorrupta sumptum est. Sciendum est tamen quatuor elementa convenisse in compositionem[2] corporis primi Adæ, sed ex terra dicitur esse plasmatum, quia terra prædominatur quantitative et in multis effectibus in corpore humano. Hinc est quod tactus, qui terræ est obnoxius, in corpore animalis certum non vendicat sibi locum sicut cæteri sensus, quamquam in vola manus, quæ a quibusdam dicitur *ir*,[3] præcipuum sibi domicilium et potestatem putetur tactus elegisse. Visus vero tanquam igneus supremum tenet locum, prævidens toti corpori tanquam speculator e specula prospiciens. Auditus aerius est, secundum inter sensus tenens locum in summo, sicut aer secundum est elementum ab igne. Olfactus vero partim est aerius, partim aqueus, magis[4] tamen aerius quam aqueus. Gustus vero magis se debet aquæ quam aeri.

---

[1] *repetunt*, B.
[2] *compositione*, B.
[3] *u*, B.
[4] *mage*, B.

Quoniam vero multa naturæ miracula circa visum accidunt, aliqua de visu proponenda sunt.

Cap. CLIII.

De visu.

Generale est quoniam quanto res remotior est, tanto videtur minor. Humor vero impedire potest et solet generalitatem hanc. Solare namque corpus ex reliquiis humoris nocturni de mane videtur majus quam cum fulget in meridie. Piscis etiam immo et quæcunque res in aqua posita major videtur in aqua quam extra aquam. Unde et canis nans in aqua ferens in ore frustum carnis, umbra inspecta delusus, carnem quam ore gestavit dimisit, majorem se consecuturum fore sperans, sed inaniter. Per aquas accipe tribulationes. Martyres in tribulationibus positi majores erant quam tempore pacis. Per solem designatur potestas, quæ quanto remotior est tanto videtur major. In geometricis etiam speculationibus accidit quiddam admiratione dignum. Est enim aliquid quod quanto remotius est tanto videtur majus. Angulus enim contingentiæ quanto propinquior est, tanto videtur minor. Cujus rei hæc est causa. Quanto circulus major est, tanto angulus contingentiæ est minor. Et quanto circulus minor, tanto angulus contingentiæ major est, ut est videre in subjecta figura. Sed quanto circulus est remotior, tanto videtur minor. Quanto namque est remotior, tanto sub minore angulo videtur. Quanto autem circulus videtur minor, tanto angulus contingentiæ videtur major. Igitur quanto angulus contingentiæ remotior est, tanto videtur major. Sic sic familiaritas potentis, quanto est a notitia remotior, tanto censetur

Adaptatio. (margin, at "cuturum fore sperans")

Adaptatio. (margin, at "tior est")

commendatione dignior. Efficere familiaris potenti tanto minus appetenda ejus familiaritas tibi videbitur.

Videtur tamen quibusdam quod hæc argumentatio non valeat. Quanto circumferentia est minor, tanto angulus contingentiæ est major, ergo quanto circumferentia videtur minor, tanto angulus contingentiæ videtur major.[1] Quia sicut decrescit angulus sub quo videtur circulus per elongationem ipsius ab oculo, ita decrescit angulus sub quo videtur angulus contingentiæ per remotionem. Sed quid? Sub quo angulo videtur angulus contingentiæ? Item, virga recta in aqua videtur curva. Quod ascribi solet reverberationi radiorum a superficie aquæ. Per aquas significantur tribulationes; per virgam rectam, opera bona. Sæpe igitur opera justorum, qui tribulationibus vexantur, curva esse putantur, etsi recta sint. Item, qui in obscuro loco est, videt eum qui constitutus est in loco claro, sed non e converso. Sic sic minores quorum fortuna obscura est, deprehendunt facta magnatum; sed non e converso.

Mirum autem videri poterit alicui minus in talibus instructo, quoniam nullæ lineæ æquidistantes videntur æquidistantes.

Positus item denarius in fundo pelvis aqua repletæ, videbitur a procul stante, a quo aqua subtracta non videbitur. Sic quamdiu tribulatio est in anima, multa *Adaptatio.* perspiciuntur et advertuntur, quæ tribulatione sublata non deprehenderentur. Sicut autem prosperitatis luxus superfluus mentem excæcat, ita tribulatio visum mentis reddit acutiorem. Contendet[2] aliquis volens asserere non denarium videri, sed aquam ipsam talem formam repræsentem oculis inspicientis. Alii videbitur umbra ex repercussione facta in lucido corpore videri. Sed Aristoteli magis credendum esse reor quam vulgo.

[1] *videtur esse major,* B.   [2] *Contendit,* B.

Adaptatio. Aquam item inspicienti videbitur turris non multum remota ab aqua esse eversa, cum tamen recta sit et erecta. Acquiesce et tu rerum vanitatibus, et videbuntur tibi qui bene agunt non directe stantes sed eversi.

Adaptatio. In aqua turbida non resultat imago, sed in limpida. Sic et mens turbata se ipsam non attendit. Impedit ira animum, ne possit cernere verum.

Adaptatio. Solare item corpus, cum sit rotundum, non videtur elevatum in superficie, quod ex impotentia visus et nimio splendore solis accidit. Sic sic[1] magnatum status splendore inanis gloriæ lucentium, non videtur talis qualis est. Volubilitati obnoxius est, etsi minus prudentibus aliter videatur. Porro multi sunt animo elevati, qui videntur ad unguem plani. Quem enim magis oportet dissimulare meditationes suas quam potentem? Necesse est ut multos timeat qui a multis timetur.

Vide quod quædam animalia pro albedine oculorum et subtilitate visibilis spiritus in nocte vident et non in die. In die namque, pro aeris claritate oculos reverberante, cooperante oculorum albedine ad disgregationem, visibilis spiritus, utpote subtilis et clarus, facile disgregatus[2] dispergitur, sicque visus spirituum perditione obtenebratur. In nocte vero, aeris obscuritate congregatus et confortatus, aerem inter rem videntem et rem videndam sui claritate illustrat, et sic ad rem oppositam cernendam iter parat. Hoc in noctuis est manifestum. In aliis animalibus, quia nigri sunt oculi et visibilis spiritus grossus est et obscurus, diei claritate illuminatus ad visum operatur in die. In nocte vero multiplici obscuritate obtenebratus, visum non perficit, sed confundit. Quod in hominibus aperte videtur. In vespertilionibus autem, quia instrumenta sunt varia et visibilis spiritus inter claritatem et obscuritatem

---

[1] The second *sic* omitted in B.   [2] *disgregaturus,* B.

mediocris est, visus tantum mane vel sero propter aeris mediocritatem perficitur. Nam in die pro nimia claritate spiritum disgregante, vel in nocte pro nimia obscuritate spiritum obfuscante, visus illis subtrahitur quoad exercitium. In lynce vero tanta visibilis spiritus claritas est et subtilitas, ut irradiatione sui obscurum aerem in poris parietis contentum illustrando, ad videndum rem ultra parietem positam moveatur. Aquila autem, licet clara habeat visus instrumenta, tum quia spiritus visibilis ejus fortis est, tum quia pupilla est angusta, unde parum de spiritu extra diffunditur, radiis solis oculos objicit, et sine offensa ad videndum figit. In nobis vero quia nec tantus est visibilis spiritus et oculi pupilla est ampla, solem diu conspicere non valemus pro spirituum nimia disgregatione.

Basiliscus solo visu hominem necare perhibetur; inficit enim aerem malitia radii. Lupi radius visibilis stuporis collativus est, visusque homo subitus a lupo loquelam perdit ad tempus. Unde fascinum ex malitia radii rei videntis autumant provenire. Hinc est quod nutrices lingunt faciem pueruli fascinati.

Sed si radius exit, mirum est quomodo superficiem solaris corporis comprehendat. Est enim sol centies sexagies[1] sexies[2] et fractione major totali terra. Hinc est quod multæ inquisitionis viris visum est solem non videri, sed aerem vicinum terræ suppositum soli videri. Numquid autem radius qui exit revertitur? Numquid idem est radius heri emissus et hodie, an singulis instantibus novus ab oculo emittitur radius? Præterea, sedente aliquo homine e diversa regione alii, numquid sese videbunt illi homines, si radii ab oculis eorum emissi sibi occurrant?[3] Numquid item alter radiorum cedet reliquo, aut duo radii insimul erunt? Item, cum

---

[1] *sensies sexagesies*, C.
[2] *sextias*, B.
[3] *occurrunt*, B.

stellæ multo sint remotiores a nobis quam sit sol, quonammodo radiolus in tam remotum locum sese extendet, nisi tanto gracilior efficiatur quanto remotius adit obstaculum? Radium autem visibilem a folliculo cerebri mitti per opticum nervum ad fenestram oculi dubium ei non est, qui fideliter in physicis est instructus.[a] Et vide quod duo radii ad oculos missi ex transverso se secant in modum crucis, et sicut sine fide crucis non bene videt homo interior, ita nec sine figura crucis visus exterior perficitur. Notandum etiam quod fumositas grossa quandoque radio sese associat visibili, unde et quandoque quædam corpuscula nigra volitare videntur ante oculos humanos.

Et dum de radio loquor, reduco ad memoriam quandam radii lunaris efficaciam, qui dum per angustum foramen parietis intrans, pervenit ad ulcus caballi redorsati, mortem equifero adducit stanti in stabulo. Si vero idem equus sub divo staret, et radius lunaris ad ulcus ipsius perveniret, nullum incurreret periculum. Diffunditur enim radius et evanescit vis humiditatis,[1] dum libere per inane discurrit. Sed dum per angustum subintrat foramen, vires collectas in unum retinet; maximeque nocivus est radius si quodam impetu foramen intrat. Nonne jam tibi in mentem venit, lector, quoniam[2] nonnunquam occultæ detractiones magis nocivæ sunt quam in publicum prolatæ? Serpit virus latitantium detractationum, et eo magis nocivæ sunt, quod temeraria assertio, dum clandestina est, argui falsitatis non metuit. Repelluntur convitia publicata, et confunditur iniquitas sibi mentiens.

Adaptatio.

[a] Multi tamen in physica sentiunt contrarium.

---

[1] *humilitatis*, C.   [2] *quantum*, B.

Cap. CLIV.

De speculo.

Dum integrum est speculum, unica uno solo inspiciente resultat imago; frangatur in plures vitrum, quot sunt ibi fractiones, tot resultabunt imagines. Sic *Adaptatio.* et in Sacra Scriptura, quot sunt expositiones, totidem relucent intelligentiæ. Sed, mira res! subtrahe plumbum suppositum vitro, jam nulla resultabit imago inspicientis. Subtrahe et fundamentum fidei, jam teipsum in Sacra Scriptura non videbis dilucide. Potest et per plumbum intelligi peccatum. In speculo igitur Sacræ Scripturæ minus limpide teipsum cernes, nisi te esse peccatorem fatearis. Si enim dixerimus quia peccatum non habemus, nos ipsos seducimus, et veritas in nobis non est.

In speculo concavo videtur inspicientis imago eversa, in plano et convexo recta. Quis rationem super hoc sufficientem assignabit?

Pupilla etiam quæ pusilla est substantia speculum est, in quo imago hominis inspicientis relucet. Triduo autem ante obitum hominis adeo jam obtenebratur claritas pupillæ, ut in ea per tres dies imago inspicientis non resultet.

Conformare se videtur imago resultans in speculo ei cujus est imago. Ridenti arridet, et dum flet inspiciens flere videtur imago. Animæ igitur speculum est sui conditoris, et Christo patienti compati debet, resurgenti et gaudenti congaudere. Secundum diversitatem igitur temporum diversæ facies sunt assumendæ, dummodo semper habeamus faciem euntium in Hierusalem.

Arridet tibi, o homo, blandientis fortunæ prosperi- *Adaptatio.* tas, applaudet tibi favor popularis, fragilitatis tuæ memor sis. Venustate elegantis formæ præditus es, vide ne cum Narcisso propria forma deludaris. Crede mihi, non mutabitur corpus tuum cum Narcisso in florem, sed in cinerem. Vis igitur expressum conditionis tuæ speculum intueri, intuere testam capitis hominis jam putrefacti et in pulverem redacti. Vultum fratris tui in infirmaria in fata cedentis diligenter inspice, et memorare novissima tua. Frater moriens sit speculum tuum, in hoc teipsum agnoscas.

Cap. CLV.

Item de homine.

Dum[1] nonnullæ vanitatum humanæ conditionis varietates sponte scribentis officio se committere videntur, effugiunt pleræque operam nostram tanquam fugitivæ. Ipsæ etiam quæ nunc sese offerunt, repente elabuntur tanquam fallaces et instabilitatis propriæ non immemores, et quæ in lucem prodeunt confestim umbram appetere videntur. Tot autem alterationibus subdita est humana fragilitas, tot emergunt casus repentini, tot minantur discrimina, tot circumstant insidiæ, ut cum propheta libeat exclamare, "Heu mihi! quia incolatus " meus prolongatus est, habitavi cum habitantibus " Cedar, multum incola fuit anima mea." Fœtum in alvi maternæ latentem angustia, plures inveniunt incommoditates, quas inclusus nequit effugere. Insunt passiones intrinsecus natæ, assunt extrinsecus illatæ, et jam admissis associantur intrantes molestiis molestiæ. Cum enim cotillidonum nexu familiari fœtus adhærens matrici quodammodo pars sit ipsius matris,[2] plurimas ab ipsa contrahit infectiones corpus tenellum, sed corpusculum, importunis alterationum injuriis impotens resistere. Sumptum a prægnante ciminum fœtum reddit pallidum, apium epilenticum, fœniculum oris generat fœtorem, mel certa sui in corpore tenero relinquit

---

[1] *cum*, B.   [2] *piatris*, B.

indicia. Post crebras immutationes cum instat tandem dies quo proles in lucem nititur, nonnunquam, pro dolor! nomen Agrippæ sibi vendicans puerulus, matricis januam pedibus præambulis egreditur, nec sine quadam naturæ erubescentia, nec sine parientis dolore pene intolerabili, nec sine multo nascentis discrimine. Ut autem de secundina et aliis naturæ secretis omittam, o quam operosam oportet esse diligentiam obstetricis tam in leni puerilium artuum contrectatione[1] quam in artificiali decentis formæ productione. Etiam vulgo notum est, quia labor sedulus, cura pervigil, sollicitudo propensior, diligentia exactissima, filiorum Adæ educationi debet adhiberi. Sed o quam velox, quam repentinus nonnunquam adest interitus, qui si differtur non aufertur. Sed esto, post pueritiæ teneritudinem, post adolescentiæ lubricum, post ausus juventutis inconsultæ temerarios, ad robur virilis ætatis perventum est. Sed quid confert ætas maturior, nisi mores assint maturi? Præstantior est juventus moribus honestis informata quam senectus vitiis deformata.

Veniamus autem ad ea quæ posteritas Adæ inter bona connumerat. Hæc sunt vitæ diuturnitas, sanitas, libertas, nobilitas, divitiæ, potestas, pax, decor, uxor formosa, cum prole,[2] scientia, gloria, et hujusmodi. Sed quid est vita præsens, nisi fantasticum mortis[3] præludium, aut ejus expectatio tædiosa? Numquid vita longævi temporis præscriptione mortis actionem poterit elidere? Quid est vitæ diuturnitas nisi quædam mortis prolixitas? Quid est diu vivere nisi diuturnis exponi tribulationum molestiis? Quid est diu vivere, nisi diu carere dulci fruitione Salvatoris? *De diuturnitate vitæ.*

Sanitatem[4] censebis esse spiritualis militiæ dulcibus exercitiis accommodam; sed nonne securitatem præbet *De sanitate.*

---

[1] *contractatione*, B.
[2] *sobole*, C.
[3] *mentis*, B.
[4] *Vanitatem*, B.

peccandi et mortis oblivionem adducit? Nonne et ipsa multis est amaritudinibus respersa, sed et morborum insidiis exposita? Numquid sanus segnius tendit ad vitae terminum quam aegrotans? Quid quod eum qui a vulgo sanus esse perhibetur, vexant febres iracundiae et luxuriae? Si brevis ira, brevis est furor. Nonne ira nimis inflammans subjectum ingens est furor? Nonne ergo qui nimis irascitur insanit? Nonne insania morbus rite censebitur? Quae febris detestabilior febre libidinis aestuantis? Febris ista, raro est omothona, rarius epaugmastica,[1] sed frequenter est augmastica. Praeterea, cum animus aeger est qui a dolore vexatur, acerbo aut igneo succenditur indignationis calore, corpus autem sanum est, numquid homo ipse neuter est? Numquid haec neutralitas est in primo significato, aut secundo, aut tertio? Quae demum sanitas tuta esse poterit a furtivo ingressu apoplexiae?

De libertate. Commendabilis est libertas, sed quae est in Christo Jesu. Si enim Christus vos liberaverit, vere liberi eritis. Quid est autem libertas qua mundo militantes gloriantur, nisi quaedam palliata servitus? Nulli magis exagitantur protervis exactionibus quam qui liberos sese jactitant. Nec magni aestimanda est libertas, qua captus ab hostibus tam subito privatur. Etsi enim secundum quorundam arbitrium in pendenti sit utrum ab hostibus detentus effectus sit servus, necne; mentem tamen legum Justinianarum interius legentibus constat talem esse censendum servum. Sed quid? Revertenti restituenda esse omnia jure postliminii asseverabis. Esto, dummodo etiam certo certius sit, illum qui cedit in fata apud hostes servum in decessu extitisse. Quanti censenda est libertatis donatio, quam manumissus Vindecius, a quo vindictae nomen sumpsit initium, assecutus est? Si respondeas Vindecium manumissione[2]

---

[1] *eupaugmastica*, B.; *opagmastica*, D.

[2] *in amnissione*, B.

dignissimum tanquam declaratorem conjurationis utilitati reipublicæ perniciosæ, quid de servis laceratissimæ opinionis pronunciabis, etiam cum Barbario Philippo[1] judiciariam[2] consecutis[3] potestatem? Quæro item utrum generaliter verum sit, quod docent legisperiti, videlicet quoniam conditionem matris sequitur filius et familiam patris. Servum enim, ut dicit Augustinus, non fecit Ismaelem uterus ancillæ, sed cervix erecta. Uterus enim Agar accommodatus fuit, sed Saræ accessit auctoritas. Juris ergo interpretatione Ismael Saræ fuit filius. Sed quid? Quid, inquies, tam generale, cui per speciem non derogetur? Sed si Ismaelem a paternæ hæreditatis aditione pro parte virili cervix exclusit erecta, quam multi sunt[4] qui ob superciliosum tumentis arrogantiæ fastum consimile merentur? Infelix item est libertas quæ male dominantium vitiorum tyrannide premitur. Male liber est, qui libere malus est; immo et serviliter et liberе, serviliter, dum vitiorum barbariei[5] subjugatur, libere, dum sine fræno et obice per campos licentiæ discurritur. Si autem angariæ et perangariæ et munus pro plaustris serviles sunt operæ, nonne annuæ tributorum et vectigalium solutiones reges ipsos efficiunt servos? Si item censum capitis solventes servilis sunt conditionis, nonne in descriptione orbis facta ab Augusto soli Romani libertate gloriari potuerunt? Nonne Dominus rerum et auctor Christus censum solvit? Numquid terrarum principes certis indictionibus nunc aurum, nunc æs, nunc ferrum, urbi Romanæ transmittentes servos censebis?

Adde quod neque libertas, neque nobilitas ornans libertatem, vitæ diuturnitatem aut sanitatem confert, quæ duo præsertim ulnis desideriorum amplexatur opinio

De nobilitate.

---

[1] Sic MSS. for Barbatius Philippicus.
[2] *judiciariam*, C.D.
[3] *consecutus*, C.
[4] *sunt* omitted in B.
[5] *barbarei*, B.

communis. Nec libertas nec nobilitas consistentiæ veritatis innititur, sed fallaci hominum opinioni:

" Omne enim hominum genus in terris
" Simili consurgit ab ortu."[1]

Sed objicies, quia eidem radici sunt obnoxii rami nobiles et ignobiles. Excipienti vero respondeo replicans, quia non ad nobilitatem animi sed sanguinis nostra inpræsentiarum se transfert consideratio. Si qui igitur superstites essent de genere Karoli, utrum censendi essent nobiles an ignobiles? Cain utrum nobilis fuerit an ignobilis, tu videris. Sed et ipse protoplastus nonne ante lapsum nobilis fuit? Nonne tamen mater ejus terra? Sed quid? Pater ejus, Deus. Conditionem quidem matris secutus est, dum tanquam terra in terram redactus est. Sed o si familiam patris secutus fuisset. Si ignobilem primum extitisse parentem post transgressionem fatearis, unde ergo in hæredes tam culpæ quam pœnæ transfusa est nobilitas? Si nobilem ipsum etiam post prævaricationem fuisse non diffitearis, quo pacto in posteros irrepsit ignobilitas? A quo item suam contraxit nobilitatem, nisi a Deo, qui summa est natura? Quicunque ergo summi Patris filii sunt, nobiles esse censendi sunt. Volet autem quis astruere nobilitatem generis dignam esse commendatione, eo quod in legendis sanctorum inter titulos præconiorum ponatur. Sic quidem invitantur viri spectabiles ad illustrium morum insignia. Sed quid est quod novorum successores nobilibus orti natalibus perhibentur, cum eorum prædecessores abjectissimæ fuerint conditionis?

De divitiis. De divitiis quid dicam, nisi quod gloriosius est eas contemnere quam possidere? Hæ sunt blandæ mortalium seductrices, et dum felicitatem audent spondere, nimis fallaces sunt. Quidam autem possident divitias

---

[1] Boetius, De Consolat. Philos. lib. iii. met. 6.

ut possideant, ut avari; quidam possident ut non possideant, ut prodigi; quidam non possident ut possideant, ut ambitiosi; quidam possident ut sibi aliisque provideant, ut providi; quidam nec possident nec possidere volunt, ut perfecti. Possidere quidem divitias, indifferens, sed ab eis possideri, turpissimum est. Novi nonnullos appetere divitias ut deliciis utantur, ne dicam abutantur; sed delicatus est miles, qui in expeditione frui desiderat deliciis in desideriis carnis. Nonne in expeditione sumus? Nonne vita hominis militia est super terram? Modico contenta est natura. Quid quod status divitum multo gravioribus sed et pluribus expositus est molestiis quam pauperum? Tunc enim minus tuta est fortuna cum tutissima putatur. Qui in incerto divitiarum stabile se putet jecisse[1] fundamentum, similis est ei qui in inani picturam facere molitur.

Ad potestatem a divitiis transeo, non interventu pecuniæ, sed officio stili. Potestas igitur consortis est impatiens, cum consortium res sit jocunda, salubris, et tuta. Anxiis item cingitur sollicitudinibus, curis mordacibus atteritur, sibi ipsi suspecta est. Qui ergo sui ipsius impotens est, numquid de jure potentis vocabulum sibi vendicare poterit? Quid dicam de regibus in tyrannos degenerantibus, qui dum sanctæ matris ecclesiæ jura confundunt, regni gloriam amittunt? Sed, o dolor! o dedecus! o morum subversio! cum ecclesiarum rectores in oppressione subditorum rabiem excedant tyrannorum. Pro propriæ voluntatis arbitrio jus sibi dicunt, majorum instituta subvertunt, in res ecclesiæ pupillares degrassantur. Reverentiam cum obedientia humili sibi impendi a subditis volunt, quam tamen superioribus et ipsi negant. De apostolis dicere consuevimus quod intonabant minis, coruscabant miraculis, compluebant doctrinis, unde et nubes dici merebantur; sed nostri temporis prælati, revera minis in-

De potestate.

---

[1] *esse,* B.

Ironia. tonant, sed nec miraculis coruscant, nec compluunt doctrinis. Scilicet gloriosius[1] est tonitruis æquiperari quam nubibus.

De pace. Ut autem tam de pace pectoris quam de pace æternitatis ad præsens omittam, de pace temporis pauca perstringamus. Cum igitur in bello sit amaritudo amara, in pace est amaritudo amarissima. Tempore belli, manifesta est impugnatio; in pace, occulta, tantoque molestior, quanto latentior. O quam subtiliter, quam diserte, de bello et pace disserit Augustinus in tertio libro *De Civitate Dei*. Loquens enim de Syllanis in Marianos nimis sævientibus, ait, "Pax cum bello de "crudelitate certavit, et vicit. Illud enim prostravit "armatos, ista nudatos. Bellum erat, ut qui feriebatur, si posset, feriret; pax autem, non ut qui evaserat viveret, sed ut moriens non repugnaret." Adde, quia pax languentis nonnunquam mater est ignaviæ, manifesta impugnatio strenuis legem quandam necessitatis indicit exercitiis. Vultus, amicitiæ simulator, proditor est.

De decore. Decori prætendunt insidias morbi sollicitudines, rei familiaris inopia, annorum accessus. Sed et in se consideratus, superficialis est, deciduus,[2] fugitivus, fragilis, variisque alterationibus obnoxius. Quid rosæ vernantis rutilanti fulgore gratius aspectibus intuentium?

Virgilius.
"Quam tamen modo nascentem rutilus conspexit eous,
"Hanc veniens sero vespere vidit anum.
"Collige, virgo, rosas dum flos novus et nova pubes,
"Et memor esto ævum sic properare tuum."

De uxore formosa. Liquet igitur quia uxor formosa cito desinet esse formosa. Quid ergo gloriatur maritus de pulcritudine uxoris, cujus gloria tam exilis? Cito marcescet flos decoris, cito marcescet decor floris. Adde quod quanto

---

[1] *gloriosus*, B.   [2] *decidius*, B.

formosior est uxor, tanto viro et suspectior et molestior. Quidni?

" Fastus inest pulcris, sequiturque superbia formam."

Numquid item mulier erit casta, quia formosa? Turba procorum¹ formosam sollicitabit tam prece quam pretio, ferventer instans et orans, fere dixerim perorans.

Uxoris ergo species marito substituet hæredem, alterius filium. Sed et *De sobole.*

" Filius ante diem patrios insurgit in annos."

Torquebuntur viscera, cruciabuntur corda parentum, dum prolem a titulis avitæ probitatis degenerare conspicient. Forte filius aleator erit, et rerum paternarum prodigus. Filia sui ipsius prodiga. Adde, quod et furtivis gaudebit amplexibus, antequam nuptui tradatur. Si autem juncta² cuipiam fuerit matrimonii vinculo, fidem marito non servabit. Deprehensa, remeabit ad paternos lares et infamis et confusa.

Scientia, multis sumptibus, crebris vigiliis, temporis *Descientia.* diuturnitate, laboris seduli diligentia, vehementis animi applicatione comparatur. Cum vero divitis venæ potentia, artis virtute, usus beneficio, versa fuerit in habitum et in thesauris memoriæ recondita, nescio quo pacto, infaustam procreat occasionaliter sobolem, scilicet arrogantiam. Tractu vero temporis, hebetatur acumen ingenii, abit in desuetudinem exercitium, memoria, jam malefida, depositum fidei suæ commissum non restituit. Dum enim quædam conservat, pleraque fugam ineunt, nec revocat fugientia virtus artis jam languens, non in se, sed in subjecto. Quid quod scientia quævis ænigmatica quædam est ignorantia? Quid quod servus sciens voluntatem domini sui, et non faciens, vapulabit multis? Minori nimirum subjacet repre-

---

¹ *porcorum,* B. ² *vincta,* B.

hensioni erroris anfractus legens, cum ignorantiæ tenebris sit involutus, quam sponte per invium aberrans, cum noverit qua via directe ad metam debitam sit incedendum. Quid quod potentissimus rerum subtilium indagator, in facultatis quam profitetur principiis succumbit, et in minimis deficit? Quis in investigationibus suis proprium non legat defectum? Sæpius a seipso, ab aliis sæpissime, paralogizatur, qui alios sæpissime paralogizat.

De gloria. Scientia item laudis est humanæ venativa, quæ, dum gloriam quærit, umbram sequitur. Quid est autem inanis gloria nisi quædam vanitas? Gloria, ergo, gloriæ, vanitas est vanitatis. Sed censebit quis gloriam nihil aliud esse quam popularem favorem. Sed quid est ventosæ plebis favor, nisi ventus? Si autem gloriam in spectaculis et ostentationibus pomposis subsistere dixeris, fateberis triumphos esse quosdam apices gloriæ. Quidni? Nonne laureatio deliciosa *Ironia.* fuit victoriæ remuneratio? O res ardua, o res viris spectabilibus summis appetenda desideriis, exultationis clamor applausorius! Siccine deluditur humana ratio, ut hanc æstimet terrenæ summam felicitatis?

Ecce quibus involvitur incommodis status humanæ conditionis! ecce quibus exponuntur vanitatibus bona ad quæ terrigenæ suspirant! Migrabit tandem anima ab hospitio suo, quod vermium erit esca, priusquam ipsum efficiatur domus animæ.

CAP. CLVI.

Iterum de homine.

Ad tractandum iterato de homine, stilus volens relabitur. Quid miri, si scribentis officium homini servire non renuit, cui elementa serviunt? O si nobilis creatura dignitatem suam, patriæ terram desiderabilem, Deum suum, recognosceret! Sol non sibi lucet, sed homini, cujus accessui et recessui obnoxia est quatuor temporum varietas. Sol motu continuo zodiaci partes peragrat, nunc superius, nunc inferius illustrans hemisphærium. Aurora vultu roseo adventum solis prænunciat, hominem invitans ad opera diurni laboris. Luna stellarum ordini præest, homini multiplex commodum conferens. Calor diurnus et humor nocturnus beneficia sua rebus largiuntur, solisque quadriga, cum biga lunari, humanis deserviunt utilitatibus. Fertilitatem suam terra commodis humanis se debere non diffitetur, cum labori agricolæ feliciter respondet. Arbores fructuum lætitiam homini non invident, mare et flumina ei divitias suas ministrant. Serviunt eidem pecudes et jumenta, ut primitivæ dignitatis gloriam, quam ante peccatum habuit, ad memoriam reducat. Si non peccasset homo, non segnius pareret jussioni humanæ leo quam canis. Sed juri consentaneum erat, ut homo, qui usum debitæ Deo servitutis surripere voluit domino suo, dominium amitteret in rebus sibi a Domino subjectis. Miserationis tamen divinæ dulcedo concessit homini in solatium usum quorundam animalium, ut Deum etiam iratum fateatur homo sibi propitium. Ad repressionem vero superbiæ, et ut homo memor esset suæ prævaricationis, etiam minuta animalia multas homini molestias inferunt. Unde et culices et cinifes oculorum hominis aciem molesto ingressu perturbant repente, ut reducat ad memoriam se lumine interiori a Deo dato in ipsum Deum abusum esse. Pulex, pestis importuna, quietem somni perturbat, ejusque tranquillitatem jocundissimæ contemplationis qua deliciis supernis fruebatur infeliciter contempsit. Infausta prole carnis pedum multitudine in proprium parentem munita[1] molestatur homo, ut cogitet quod corpus

Attende, o homo.

---

[1] *in proprium parentem munita.* These words are omitted in A.

ipsius hæreditas est vermium. Musca intempestive liquoribus et escis se ingerit, ut agnoscat homo quam importuna pestis sit cogitationum turba inordinatarum. Animum molestis occupationibus inquietant cogitationes importunæ et perturbant.

Sciendum est etiam quod, si non peccasset homo, nullum venenum nocivum esset. Esset item omne animal temperatæ complexionis in suo genere. Nihilominus tamen esset aliquod animal temperatioris complexionis alio. Ante peccatum enim primæ prævaricationis temperatæ complexionis erat Eva, sed Adam temperatissimæ. Si igitur non peccasset homo, nihil esset gradus; est namque gradus elongatio a temperantia. Nonne igitur in physicis instructo videbitur quod complexiones mutatæ sint, quamvis hoc multi censeant esse impossibile? Vigilanter item oportet intelligi quod dicitur homo solus esse animal mansuetum natura. Si enim non peccasset homo, omne animal pareret jussioni hominis. Dicet quis hoc ex natura animalium non provenire, sed ex mera voluntate divina. Sed quid? Cum in nullo humore esset excessus aut caliditatis aut humiditatis aut frigiditatis aut siccitatis, unde oriretur aut fervor iræ aut impetus indignationis? Quod igitur dicitur homo esse animal mansuetum natura, ad primitivum statum naturæ dignitate sua gloriantis referendum non est, sed ad statum naturæ jam læsæ et perturbatæ. Medicorum siquidem subtilis inquisitio et operosa diligentia statum primæ naturæ non respiciunt, sed secundæ. Nulla itaque ægritudo, nulla sanitatis perturbatio fuisset, si in statu gloriæ suæ homo stetisset. Solis herbis et fructibus contenta esset natura tam hominum quam bestiarum; unde nec nisus alaudam, nec leo taurum, nec lupus agnum persequeretur. Unde et in Genesi dicitur, " Ecce dedi vobis omnem herbam afferentem semen " super terram, et universa ligna quæ habent in " semetipsis sementem generis sui, ut sint vobis in

" escam et cunctis animantibus terræ, omnique volucri
" cœli, et universis quæ moventur in terra et in qui-
" bus est anima vivens, ut habeant ad vescendum."
Super quem locum dicit marginalis, "Patet quod ante
" peccatum hominis nihil noxium terra protulit, non
" herbam venenatam, non arborem sterilem. Omnis
" enim herba et ligna data sunt hominibus et volati-
" libus et animantibus terræ in escam." Unde patet
quod tunc animalia animalium esu non vivebant, sed
concorditer herbis et fructibus ^a vescebantur.

Et vide quod ante diluvium non vescebantur homines carnibus, nec ante diluvium erant pluviæ. Fœcun-
data est autem terra ex rore et fontium inundatione.

Notandum etiam quod si permansisset homo in sua
felicitate, nullum animal dolorem aut amaritudinem in
dissolutione animæ et corporis sentiret. Homo vero
nunquam moreretur, sed peracto et completo numero
aliquot annorum raperetur in cœlum, et corpus ejus
gloria æterna supervestiretur.

Sed nec prætermittendum est quod ob peccatum
prævaricationis primæ, tam planetarum quam stellarum
fulgor diminutus est. Si igitur velit homo attendere,
quantæ mutationi res ob transgressionem ejus subditæ
sint, quantæque alterationi obnoxiæ, conteri poterit
et humiliari. Reducere etiam debet ad memoriam quod
de limo plasmatus est, ut elatio ejus prematur. Sed
et agnoscat quod anima ipsius ad imaginem Dei creata
est, ut ad illum tendat cujus ipsa est imago.

Nutritur etiam humilitas in homine, si attendat se
natum de muliere, quæ sola animal menstruale est,
cujus profluvia inter monstrifica merito numerentur.
Contactæ his fruges non germinabunt, amittent arbores fœtus, ferrum rubigo corripiet, nigrescent æra.

---

^a Lamech igitur venationi indulsit, non ut carne vesceretur,
sed ut pellibus tegeretur.

Siquid etiam canes inde ederunt, in rabiem efferabuntur, nocituri morsibus, quibus lymphaticos faciunt. Bitumen in Judæa, quod Asphaltites lacus gignit, quod separari nequit, apposito cruore illo dissolvitur. Cæterum ipsæ fœminæ, quamdiu sunt in sua lege, non innocentibus oculis contuantur. Aspectu specula vitiant ita ut hebetetur visu fulgor offensus, et solitam æmulationem vultus extinctus splendor amittat, faciesque obtusi nitoris quadam caligine nubiletur. Attendat *Moraliter.* homo quia menstruo sanguine in utero materno nutritus est. Cruor enim dictus in lac matris convertitur. Primum aiunt cor hominis fingi, quod in eo sit vita hominis et sapientia.

Cap. CLVII.

De cane.

Ut supradiximus, ad solatium homini concessus est usus quorundam animalium, quorundam vero subtractus ut suæ memor sit prævaricationis. Sed præ cæteris animalibus familiarius obsequitur jussioni humanæ canis, quod voluntati divinæ attribuimus, quamvis dicat Bernardus:

"Morato canis ingenio vel amitior [1] usu
"Pertulit humanas extimuisse minas."

In rebus quidem variis [a] utilissimus est canis domino suo. Ditat namque pinguis ferinæ deliciis mensas potentum post jocundum artis venatoriæ exercitium. Odorinsecorum delectabilis latratus amplius delectat aures magnatum quam instrumentorum musicorum

[a] Falluntur qui putant dicendum esse utillimus.

---

[1] *amicitior*, C. ; *amicitio*, D.

harmonia dulcis. Narium sagacitate legunt ferarum vestigia, et certis indiciis produnt ipsarum latebras. Est et canis custos tugurii pauperis domini, nocturnas furum arcens insidias. Venienti domino occurrens, tam latratu quam caudæ blandimento lætitiam declarat, et tam saltu læto quam vultus hilaritate domino blandiens, loquelæ indiciis quibus potest supplet defectum. Præcurrens, nonnunquam domini prænuntiat adventum, et dominam amplexibus adulteri gaudentem ignarus præmunit. Homini consortio hominum destituto solatium tantum præbet, ut homo solus non censeatur, gaudens canis obsequio fideli. Tanto autem fidelis amoris vinculo homini colligatur, ut in defensione hominis mortis incurrat discrimen. Nonnunquam domini sui defuncti cadaver usque ad tumulum secutus, tam vehementi doloris anxietate oppressus est, ut tumulo incumbens tam potus quam cibi renueret solatium. Accidit etiam ut interfectorem domini sui manifestis persequeretur indiciis, adeo ut in discrimine duellii singulare certamen cum ipso subiens victoriam consequeretur. Tanta item calliditate præditus est, ut exterioribus indiciis nunc iratum esse dominum agnoscat, nunc lætum.

Miles igitur quidam canem nobilem qui vulgo leporarius dicitur studio diligenti educavit, qui adultus, tanquam fidelis educatoris sui custos, singulis noctibus super pedes domini sui jacere consuevit. Quotiens vero dominus iter arripuit, canis ut assecla fidelis ipsum comitans, opem ferre domino suo promptissimus fuit. Nunquam tam latenter, tam tacite, dominus a lecto surgere potuit, ut vel semel canis vigilantissimi falleret industriam. Evolutis autem aliquot annorum curriculis, dati sunt militi duo catuli gemelli, generositatis titulis insigniti, quorum familiaritatem amori canis jam in senectam vergentis præposuit. Conceptum dolorem canis dissimulavit, usque dum tempus desiderio suo nancisceretur idoneum, peremptisque duobus

Narratio.

catulis fugam iniit clandestinam, in silva non multum a curia militis remota tuta quærens latibula. Locum elegit meatibus subterraneis hinc munitum, inde abruptis montium et silicum tutum, undique vepribus et dumetis cinctum. Quotiens miles multa stipatus turba canem persequebatur, ad notum domicilium fugere consuevit. Jumentis vero et pecoribus militis gravem jacturam intulit, pueris tamen et puellis parcens. Accidit autem ut miles familiam suam ab uno prædiorum suorum ad aliud traducere disponens, per dictam silvam cum multo comitatu transiret. Hoc quidem canem latentem in insidiis non latuit; cœtum autem puellarum quibus custodia pueruli filii militis deputata fuit compulit acerrimo insultu ut infantulum projicerent fugam arripientes. Canis, voti compos, leniter puerulum asportans, ad receptaculum suum se lætus transtulit. Ululatus dolentium eventum militi indicavit, dolorque repentinus totius cœtus corda invasit. Tandem post multos gemitus ad se rediens miles, senescallum suum, quem præ cœteris canis prædo novus amaverat, accersivit, qui ad latebras generosi prædonis tendens, notis et solitis adulationibus ipsum demulcere cœpit. Quid moror? Canem tanquam animal rationale dulcibus verbis convenit, spondens et paciscens quod ipsum domino suo reconciliaret, si puerulum ei redderet. Canis [a] conquiniscens, visus est annuere quod senescallus petebat. Redditum igitur [1] infantulum lætus patri læto restituit procurator domus militis, pacti tenorem edisserens; reversusque canis ad dominum sub senescalli ducatu, gratiam domini sui uberiorem solito promeruit.

Indicium est etiam amoris fidelis et argumentum multæ sustinentiæ, quod canis a domino suo læsus,

[a] Conquiniscere est capite annuere [vel inclinare, D.]

[1] *sibi*, B.; *ergo*, D.; *Redditum infantulum*, C.

virgis cæsus, aut etiam baculatus, immo etiam et[1] fustigatus, redit ad dominum suum, ab ipso vocatus, nunc similis petenti veniam, nunc blandiens tam vultus hilaritate quam blandimento caudæ. Unde quidam sapiens Narratio. jussus a domino suo secum adducere histrionem quem præ cæteris histrionibus suis approbandum censeret, et servum majoris sustinentiæ, et hostem sibi præ cunctis hostibus infestum, et amicum fidelissimum, adduxit filium proprium puerulum et asinum et uxorem et canem. Requisitus autem vir maturi pectoris ubi esset histrio quem adducere debuit, puerulum in medio statuit, dicens, "Nullius histrionis sales, gesticulationes, scomata, "lidoriæ, adeo placent mihi ut istius infantuli. Cum "[a] affectat, lætitia afficior, cum tympanizat, tripudiare "mihi videtur animus meus. Cujus risus, cujus [b] sene-"ciæ, adeo me delectarent ut istius?" Servum ostensurus, asinum adducit, qui inter servientes minus gratiæ consequitur, et plus laboris sustinet. Hostem jussus ostendere, uxorem propriam producit in medium. "Cer-"nite," inquit, "hostem inexorabilem." Quod intelligens uxor, in modum ferri igne accensi excanduit, et similis debacchantibus inter [c] orgia[2] Bacchi, in verba contumeliosa prorupit,[3] vocans maritum proditorem domini sui ibidem præsentis; addidit etiam se interfuisse quando maritus potionem toxicatam multa diligentia paravit, ut domino suo lethum propinaret. "Au-"dite," inquit sapiens, "o viri diserti, nonne hæc est "hostis mea, quæ me proditionis arguere parata est?" Amicum vero fidelem jussus adducere, canem ad se

[a] Affectare, est affectus animi vultus mutatione declarare. Tympanizare est pectus manibus ludendo ferire.
[b] Seneciæ sunt infantilia verba, sententias tam maturas habentia, ut senum dicta esse videantur.
[c] Festa, scilicet.

[1] *et* omitted in B. [3] *prorupto*, B.
[2] *orgea*, B.

vocavit, dans ei ictum. Ingemuit canis retrocedens, sed dulcibus et blandis verbis ipsum compellante domino, exultans reversus est, saltu frequenti lætitiæ interiori attestans. Laudatur vir ab omnibus, et qui citatus fuerat ut condemnaretur interceptus, recessit muneribus ditatus.

Patet quoniam[1] multis naturæ dotibus præditus est canis, sed cum in furorem vertitur, ab eo morsus vix curari poterit. Salubre tamen consilium est, ut vulnus per annum patulum sit, ita ut cicatricibus non superinduatur. Mira res! Morsus quis a cane rabido quandoque catulos parvos mingit et latrat. Hæc autem malitia provenit ex cholera calida quæ multum abundat in cane tempore æstivo, sed parum in hieme. Si autem dinoscere volueris utrum morsus sit canis rabidi necne, hac utere industria. Morsui superponatur emplastrum factum de nuce bene pistata, et super locum vulneris* maneat per unam diem et unam noctem. Deinde sublatum detur ad manducandum gallo vel gallinæ esurienti, si post esum biberit, non est morsus rabidi canis; si autem e contra, moritur. Oportet autem ut nocte illa et die expectetur, quia non statim morietur gallus vel gallina.[2] Alii dicunt quod si frustum panis accipiatur et ungatur sanguine exeunte a plaga, canique sano projiciatur, nullatenus comedet, si morsus fuerit canis rabidi. Canis autem rabidus lymphas reformidat, eo quod aquaticus[3] humor secundum quorundam judicium superabundat in [a]phantastica. Hinc est quod morbus hominis vulnerati a cane rabido lymphaticus dicitur. Unde Ovidius:[4]

" Tollere nodosam nescit medicina podagram,
" Nec formidatis auxiliatur aquis."

* *I.e.* collula.

---

[1] *quod*, B.
[2] *gallina vel gallus*, B.
[3] *reformidat, coquit aquaticos humor*, B.
[4] Ovid. Epist. de Ponto, lib. i. ep. iii. l. 23.

Ut enim docetur in Pantegni, cum timor aquæ venerit, morsus a cane rabido non potest evadere. Aliis placet morbum lymphaticum esse, cum quis nullum sustinere potest humoris tactum. Cum autem urinam faciunt, fere mortem incurrunt. Si offam sentiunt beneficio tactus abjiciunt eam. Potare nequeunt, nisi virtute herbarum stuporiferarum quodammodo tactus in ipsis sopitus reddatur. Putant nonnulli morbum lymphaticum esse hydropisim. Unde quidam interrogatus quid faceret hydropicus ad solem, respondit, "Aquam calefacit."

Nomen canis in cœlesti pagina et aureis et tetris litteris scribitur. Canis namque dicitur doctor, qui linguam habere debet medicinalem, ut dulcibus exhortationibus subditos ad amorem cœlestium invitet. Pro tempore etiam caninos dentes habere debet, ut vitia in modum cynici reprehendat. Personas in prædicatione publica reprehendat in genere, ita ut non fiat descensus ad aliquam certam personam. Vitium vero nominet secure ut ipsum reprehendat, ut libidinem, avaritiam, superbiam, et cætera monstra. Sed, pro dolor! habent vitia patronos suos, sed ªsalario¹ non sunt digni patroni talen. Non debetur honorarium illis, qui honore indigni sunt. Præterea, nonne servi vitiorum sunt servi? Servus autem cum postulare non possit nisi in casibus certis, puta in eis quæ circa libertatem vertuntur, sublati sunt enim de medio publici ᵇassertores, numquid patroni maxime in turpi causa

De prædicatore.

ª Salarium est honorarium quod patronis datur in causa.
ᵇ Ovidius, in libro *De Remedio Amoris*,²

"Publicus assertor vitiis suppressaᵃ levabo
"Pectora, vindictæ quisque favete suæ."

Tempore enim Nasonis erant assertores qui pro quocunque in libertatem reclamante causas agebant. Non enim audiebatur

---

¹ *solario*, B.   ᵃ *dominis oppressa*, Ovid.
² Ovid. de Remed. Amor. v. 73.

esse queunt? Sed hæc[1] hactenus. Præsides vero prælati et non exercentes officium prædicationis, dicuntur canes muti, non valentes latrare. Canis etiam dicitur adulator, qui cum insanit, rabidus efficitur, per vitium detractionis. Vix potest morbus talis curari, vix potest detractor in morbo detractionis inveteratus convalescere.

Nec mihi molestum est dictis adjicere id quod proponit Aristoteles in *Prædicamentis* de catulo, etsi vulgo notum sit. Catulus non videt ante nonum diem. Videt tamen quandoque ante sextum, quandoque impeditur visus ejus usque ad decimum sextum diem, quod ex pinguedine contracta ex matris pinguedine accidere potest. Sed Aristoteles, ut frequentius accidere solet, loquitur. In catulis igitur est caliditas remissa, et abundat in eis humiditas grossa et viscosa, unde et capitibus phreneticorum apponuntur ad humectandum cerebrum eorum. Viscosa igitur humiditas grossa quæ conglutinatis palpebris catulorum adhæret, debili calore consumi non potest, usque dum beneficio ætatis calore validiore consumatur illa viscositas. Impeditur nimirum consideratio intuitus animi in eo cujus oculos inferiores conglutinat perversæ consuetudinis viscositas, usque dum calore spirituali recreetur visus interior.

Cap. CLVIII.

De jumentis, et armentis, et pecoribus.

Placuit etiam divinæ miserationis benignitati, ut homini et solatium et subsidium in multis sustentationi

quis detentus in servitute. Sed Justinianus hanc legem abrogavit, statuens ut reputatus quis servus reclamans in libertatem staret in causa propria, usque dum super[2] veritate rei instrueretur judex.

---

[1] *hæc* omitted in B. | [2] *super* omitted in B.

humanæ necessariis præberent tam jumenta quam armenta quam pecudes. Providet illis homo, laborem illorum et utilitatem sollicitudinis debitæ diligentia remunerans. Equo, et mulo, et asino stabulum paratur, bostar bovi, ara porco, ovibus caula.

Equi utilitates commodas quis stilo comprehenderet? *De equo.* Nunc enim equus nobilem strenui triumphatoris currum trahit, tam in ovationibus quam in[a] laureationibus, nunc in bello armatus, nobilitatem generosi pectoris et audaciam lætitia membrorum et agilitate motus hilaris manifestat. Ingentes tollit animos, nunc carpere gyrum gaudet, gradibusque sonare compositis, sinuatque alterna volumina crurum, similis laboranti. Cum vero cursibus auras provocat, ac per aperta volat, ceu liber habenis æquora, vix summa vestigia ponit arena.[1]

O quotiens assessori suo subveniens, in hostem irruit impetuosus. Cum vero militem urgentissimæ necessitatis articulus compellit fugam arripere, aura promtior evolat. O quotiens diem clauderet extremum eques, nisi cornipedis velocitas ipsi tutum conferret præsidium. Magnus Pharsalicas fugiens clades beneficio equi mortis evasit discrimen. Unde nobilis vates Lucanus:[2]

" Jam super Herculeas fauces nemorosaque Tempe
" Cornipedem[3] exhaustum cursu, stimulisque negantem,
" Magnus agit."

Nunc bigæ, nunc quadrigæ vehiculum trahit equus laboris patiens, nunc aratri utilem sustinet laborem, nunc manticam cum assessore[4] vehit. O quotiens venatoris spe delusi iracundiam luit, dum et stimulorum frequenti exhortatione vexatur, et per abrupta

---

[a] Minores triumphi ovationes, majores laureationes.

---

[1] The preceding lines are slightly altered from Virgil. Georgic. iii. 191.
[2] Pharsal. viii. 1.
[3] *Corrupedum,* B.
[4] *assertore,* B.

montium cursu præcipiti transire cogitur. Parent igitur in variis officiis dominis suis equi tam nobiles quam ignobiles. Parcitur dextrario itineranti, ut ad laborem majorem reservetur. Palefridus, sic dictus quasi passu leni frænum ducens, decenti gaudet ornatu phalerarum. Campanulis pectoralis dulce tinnientibus delectatur, et decentis lupati fulgor ipsum juvat. Strepæ sive scansilia assessori[1] tergum equi prementi juvamen præbent, et cingula sellam regit, maxime cum assessor rudis est in equitandi peritia.

Pullum vero generosum Mantuanus vates egregie describit in *Georgicis*,[2] dicens:

" Continuo pecoris generosi pullus in arvis
" Altius ingreditur, et mollia crura reponit.
" Primus inire viam, et fluvios tentare minaces
" Audet, et ignoto sese committere ponto.
" Nec varios horret strepitus, illi ardua cervix,
" Argutumque caput, brevis alvus, obesaque terga;
" Luxuriatque toris animosum pectus. . . .
   " Tum si qua sonum procul arma dedere,
" Stare loco nescit, micat auribus, et tremit artus,
" Collectumque fremens volvit sub naribus ignem.
" Densa juba, et dextro jactata recumbit in armo.[3]
" Et[4] duplex agitur per lumbos spina, cavatque
" Tellurem, et solido graviter sonat ungula cornu."

O utinam nunquam vir honestus ascenderet equum cespitantem, aut succussantem, aut recalcitrosum, aut retrogradum, aut repente stationarium, aut stimulis negantem, aut umbras expavescentem, aut genu frequenter flectentem.

Ferunt equam, cum copia masculi ei deest, ex flatu auræ venti borealis concipere, sed fœtus paucis diebus

---

[1] *assessori*, B.
[2] Virgil. Georgic. iii. 75.
[3] *anno*, B.
[4] *At*, B.

superstes erit. Sic et gallinæ,[1] dum pulveris fomento et crebra respersione fungente vice balnei delectantur, sine coitu ova apala ponunt, sed prolis gratiam non consequuntur. Apala autem dicuntur ova, quasi sine pelle, et quandoque sorbilia hoc nomen sortiuntur. Proprie tamen dicuntur apala, quæ in ventriculis gallinarum sunt, et sine testa reperiuntur.

Feruntur autem[2] equi generosi multitudine lacrimarum[3] mortem dominorum suorum[4] prænuntiare. Sed certo certius est ipsos dominos suos affectuose diligere. Solum enim equum præter hominem constat lacrimari. Rem igitur gestam libet officio stili commendare, ut certum sit lectori equos diligere dominos suos amore certo et firmo.

Mortuo igitur invictissimo triumphatore Karolo Magno, placuit Ogero Daco,[a] militi acerrimo et strenuissimo, gloriosi principis prædicti primipilo, transire ad frugem melioris et tutioris vitæ. Qui igitur in conflictu militari semper fugæ ignarus fuerat, mundum fugere decrevit, et qui nobilissimi regis Francorum vexillum ferre consueverat, fugit ad vexillum crucis, bajulans crucem Domini in processionibus dierum dominicorum. Qui hostibus visibilibus terribilis fuerat in acie ordinata, tanquam par Rollando,[6] aut certe major, factus est terribilis hostibus invisibilibus. Miles igitur gloriosus, quo præsente exercitus Karoli semper victoriam consecutus est, factus est miles Christi Meldis, pro lorica militari colobio monachi indutus. Suspensum est[7] generosi ducis scutum in monasterio

De commendatione equorum et exemplum de Ogero.[5]

[a] Tradunt multi Ogerum mortuum fuisse in Hispania cum Rolando et Olivero, sed Meldenses tumba ejus gloriantur.

---

[1] *gallina,* B.
[2] *autem* omitted in B.C.; *fertur autem equi,* D.
[3] *in lacrimarum,* B.
[4] *dominorum suorum mortem,* D.
[5] *De Oyero le Danois,* D.
[6] *Tollando,* B.
[7] *Suspensum est igitur,* B.

Meldensi, reservata sunt arma bellatoris incliti, cujus jussione equus insignis laborem insolitum subiit, vehens lapides ad reparationem ecclesiæ illius qui est lapis justitiæ. Evolutis postea aliquot annorum curriculis, ausi sunt pagani, qui Saracenos se mentiuntur cum [a] Agareni sunt, partes Galliarum infestare, urbes destruere, moenia subvertere, ecclesias martyrum incendio consumere. Quid moror? Civitatem Meldensem obsidere ausi sunt, ad cujus tuitionem Lodovicus, rex Francorum, se cum exercitu suo transtulit. Sed tanta erat cingentium urbem multitudo, ut nullatenus Franci præsumerent cum paganis congredi, sed intra muros, pro dolor! pavidi et exterriti insomnes noctes ducebant. Nesciebat rex Francorum ducem invictissimum sub habitu monachali latere, sed nec fratribus suis quis esset notum fecerat. Militem ipsum fuisse sciebant, sed militum gloria nomen Ogeri, mundo notissimum et celebre, fratribus suis non indicaverat. Singulis autem diebus duodecim milites electi armati ad illos qui cancellis et turribus præerant exclamare imperiose solebant, ut de latebris suis exirent et certamen cum eis subirent. Quod cum ad aures Ogeri pervenisset, concepit altum in corde dolorem, et abbatem suum dulci convenit eloquio, ferventi instans petitione, ut ei liceret egredi, et cum duodecim militibus congredi. Intuens eum prælatus, vultus perpendit audaciam, et proceri corporis membra elegantia, exercitio rei militaris idonea notavit, votis ejus annuens pro temporis angustia. Adducuntur in præsentiam ducis equi qui tunc temporis generosi videbantur, sed cum vir magnæ virtutis manu militari spinas equorum tangeret, impotentes erant impressionem manus sustinere. Jubet igitur adduci equum suum robur pristinum cum animi nobilitate adhuc retinen-

---

[a] Possunt tamen se dicere Saracenos, cum sint filii Agar, eo quod, ut dicit Augustinus, uterus Agar accommodatus est, sed Saræ accessit auctoritas.

tem, licet longe minor solito diligentia nobilis equi custodiæ adhiberetur. Cum vero dux inclitus violenta manus impressione dorsum equi generosi attrectaret, equus robustus spinam elevans dominum suum agnovit, hinnitu crebro et agilitate motus lætitiam cordis protestatus.[1] Armis postmodum suis armatus, per posticum egressus est, rege Francorum rem prorsus ignorante. Indignati sunt duodecim milites ex adverso stantes, rubiginem armorum suorum militi inclito improperantes. Sed cum gladio evaginato fulminavit in hostes, tantum robur, tantam virtutem strenuitatis in uno corpore regnare admirati sunt. Nec militem longa pace dedicerat, nec erat aliquis qui ictus ipsius fulmineos sustinere posset. Conatus vero ipsorum et insultus parvipendens, etsi milites essent electi, duodecim illorum milium animabus [a] Ditis cœtum ditavit. Fama autem velociter vires adquirens, militis cujusdam ut cum hostibus confligeret egressi audaciam regi Francorum detexerat. Qui felices habens ad vota successus, eventum tam lætum per fenestram turris eminentissimæ ex ordine intuitus erat. Dux vero Ogerus cœptis felicibus feliciter insistens, insigne Francorum genti notissimum alta voce proclamat, Montem Jovis crebro nominans. Nobilis ducis gestus præclaros videns rex Francorum, et signum nobile tam imperiosa voce proclamatum intelligens, "Arma, arma,[2] viri Francigenæ," exclamat, et foribus reseratis egressus cum exercitu hostes insequitur, quos jam Ogerus in fugam converterat. Persequitur dux Ogerus idolatras, et non solum turbam multam sed turmas multas prostravit. Arma ducis agnoverunt milites Francigenæ jam fere emeriti, et hostibus cunctis

[a] Plutonis, scilicet.

[1] *protestatur*, B.
[2] The word *arma* not repeated in B.C.; *arma, veri, arma, Francigenæ*, D.

jam letho deditis, Ogero jam agnito de jure ascripta est victoria. Humiliavit se ad pedes ejus totus Francorum exercitus, et rex præ cunctis eum honore dignissimum censuit. Ob ducis autem singularem strenuitatem, contulit coenobio Meldensi quatuor prædia ditissima regalis munificentia. Dominus autem Jesus ipsum in vita sanctissima diu conservavit incolumem, usque adeo ut in dulci senio in coriis cervinis sanctissime vivens consueretur. Obdormivit tandem in Domino dux inclitus, monachus sanctissimus.

Adaptatio. Equus superbiæ secularis pompam significat, unde prohibiti sunt filii Israel multiplicare equos. Subdita est comminatio poenæ, videlicet ne in Ægyptum redirent, id est, in ignorantiæ tenebras erroneæ. Ambitus enim secularium pomparum hominem inducit in oblivionem sui. Per equum item accipitur superbia, quia cor fervens erexit equum. Audi prophetam: "Nolite fieri sicut equus et mulus," hoc est, superbus et stolidus.

Cap. CLIX.

De mulo.

Mulus tamen animal est astutum et versutiis dolosis argutum, quod mulionem non latet. Recalcitrando ipsi insidias protendit, et pede magistrum suum stimulo frequenti ipsum vexantem percutit. Vehens autem ascensorem et stimulis inobediens est, cum villam cernit in qua se pernoctaturum putat, et claudicans repente, impotentem se esse ulterius progredi mentitur; sed ascensor, cui notæ sunt et satis familiares fraudes ipsius, calcarium crebra iteratione potentiam pristinam ei restituit. Cum vero ultra villam aut urbem ducitur invitus, in qua quietem nocturnam sibi sed frustra promiserat, frænum surripiens aures erigit, absque ulla simulatione iter carpens.

Accidit autem adolescentem quendam, mandato domini sui iter arripientem, mulum cui insidebat stimulorum hortatoriorum crebra percussione vexare. Indignationem animi reservavit animal dolosum usque in tempus quod sibi videbatur opportunum. Cum igitur pontem ligneum adolescens pertransiret ab una ripa fluminis impetuosi ad oppositam ripam sese extendentem, mulus injuriarum sibi irrogatarum non immemor, plancham elegit ultra limitem aliarum sese extendentem in medio pontis, itinerisque lineam obliquans, fræno surrepto, per dictam plancham [1] juvenem evehens arctissimam et gressibus muli vix sufficientem, ad extremam partem pervenit, tanquam in quendam recessum secessisset [2] ad stillandum. Urinam ergo faciens in loco importuno,[3] tantum ascensori timorem intulit, ut idem expallescens mente fere alienatus esset. Oritur dolentis clamor populi ut mulo liberam daret fræni potentiam commonentis.[4] Tandem gressu retrogrado leniter et quasi furtim superficiem plutei metitur animal dolosum, et lineam stratæ publicæ sequens, sessorem ad locum destinatum vexit. Iram vero conceptam non dissimulans adolescens, vectorem suum gladio transverberavit.

Ut docet Aristoteles, omnis mula sterilis est. Concipere quidem non potest, tum propter angustos matricis meatus, tum propter formam matricis debita naturalis monetæ impressione carentem. Adde quod mula est animal siccum et durum, quod patet per membra et carnem et nervos. Unde et multum laboris potest tolerare. Unde tam parva est decisio seminis in mula, quod non sufficit semen ad conceptum. Si autem aliqua concipit, degenerat semen propter multam matricis siccitatem, quæ semen exurit.

---

[1] *planctam*, B.
[2] *recessisset*, B.; *successisset*, C.
[3] *oportuno*, B.
[4] *commoventis*, B.

Cap. CLX.

De asino.

Asinus animal oneriferum, mancipium servituti addictum, respectu multitudinis laborum quos sustinet, parum gratiæ consequitur. Sicut autem in equitio quidam equi sunt emissarii, sic et asini quidam prolis indulgent procreationi. Cum vero asino non suppetit facultas accedendi ad asinam, equam in foveam adducit ut parvitati ipsius succurrat marginis altitudo. Sic sic multi sunt pondus et æstum dierum et noctium sustinentes, subditi jugo servitutis, parum gratiæ in oculis Altissimi promerentes. Petulantiæ namque serviunt et lasciviæ, sese in foveam pertinaciæ cum concupiscentia carnis præcipitantes.

Prima natura:
Adaptatio.

Asinus item in anteriori parte debilis esse fertur, sed clunibus ejus natura robur contulit. Sic sic in studiorum spiritualium exercitiis ad æterna gaudia tendentibus multi reperiuntur desides et debiles, qui circa carnis desideria peragenda promti sunt et expediti. In renibus quippe delectatio consistit. Per anteriora vero æterna designantur; unde apostolus: " Posteriorum " obliti, in anteriora nos extendamus."

Secunda.
Adaptatio.

Cap. CLXI.

De bove, et ove, et capra.

Usibus humanis multipliciter subveniunt boves et oves et capræ. Bovis vero tot et tantæ sunt utilitates, ut secundum legem veterem is qui furatus est bovem in quincuplum puniatur, quod quidem de furto manifesto intelligendum est. Bos terram colit, lac, butirum, et caseum ministrat. Mensas caro ipsius ditat; corium rerum familiarium necessitatibus succurrit. Quid?

Fimus etiam multis in locis jacturam lignorum recompensat. Cornua sunt manubriorum, pectinum, cochlearium, thecarum novaculæ, lanternarum materia.

Ovis lanam dat, tantæ vestium varietatis materiam, et in quibusdam regionibus

" Bis venit ad mulctram, binos alit ubere fœtus."[1]

Quid quod urina ejus cum tertiæ digestionis purgamine, lætaminum more, terram fœcundant.[2]

Lac caprarum contra multas ægritudines remedium præbet, et ex pilis earum saga fiunt et cilicia. Hœdus sapore commendabilis est, et caro ejus sanissima.

Cum autem capra sit animal melancholicum, et ita frigidum et siccum, ovis vero sit calida et humida, quæritur quare capra abundet lacte magis quam ovis, cum lac ex sanguine generetur, qui est calidus et humidus. Sed sciendum quod capra, cum sit frigida et sicca, multum appetit. Secundum id quod legitur in Tegni, " Frigidus stomachus bonus est appetere. Frigiditas " enim comprimit et detrudit cibum inferius, unde " superior pars remanet vacua." Et præterea, " Paucæ " fumositates generantur in frigido stomacho, frigiditate " impediente." Cum vero stomachus ovis sit calidus, ex generatione et dilatatione[3] cibariorum provenientes fumositates replent stomachum, unde minus appetit. Ex majori igitur cibo plus sanguinis in capra generatur, et ita plus lactis. Adde quod capra vescitur hedera et aliis quæ lac abundanter ministrant.

---

[1] Virgil. Bucol. iii. 30.
[2] *fœcundantur*, B.
[3] *dilatione*, B.

Cap. CLXII.

Quare quædam animalia ruminent.

Quædam animalia, ut boves, cervi, capræ, cibum ad dentes revocant, propter[1] defectum caloris, ut iterato comminuti[2] facilius digerantur. Quandoque tamen ruminationis causa est instrumentorum penuria, ut in bidentibus. Præterea, tam modici caloris sunt, ut sepum admodum melancholicorum animalium habeant. Alia quæ calidiora sunt, pinguedinem habent molliorem, utpote magis decoctam, quam communi usu unctum vocant.

Cap. CLXIII.

De apibus.

Apes cunctis [a] totalis præminent dignitate et utilitate, præclaris naturæ dotibus nobilitatæ vigent agilitate, strenuitate, animositate, ingenii subtilitate, laboris sedulitate. Sine pedibus nascuntur, unde et nomen suum sortiuntur. Tractu temporis pedibus et alis decorantur, quibus in altum tolluntur. Spiculis etiam muniuntur, quæ rostris exacuunt tempore conflictus.

Prima natura.

Adaptatio.
Per apes, viri contemplativi designantur, qui utilibus exercitiis quandoque invigilant. Transeunt quandoque a dulci otio contemplationis ad activæ sudores. Pedibus affectuum, quibus anima per plateas supernæ

---

[a] Omne hujusmodi volatile, ut apis, et vespa, et scarabæus, totalum dicitur. Totalum, quasi totum alterum, quia scilicet duo corpora videtur habere.

---

[1] *cibum addentes propter,* B.   [2] *comminita,* B.

Hierusalem deambulat quando jam ad contemplationis dulcedinem pervenit, caremus in primis, quia prius quod animale est, deinde quod spirituale. Alis etiam virtutum in altum feruntur mentes, ad sublimium rerum spectacula raptæ. Nec desunt viris prudentibus stimuli exhortationis, quibus et se et alios excitant contra vitiorum insultus.

Apes item solatium lucis nobis exhibent, et dulcis edulii copiam ministrant. Sic et doctores beneficio doctrinæ tenebras ignorantiæ excludunt, et discipulos cibo spirituali reficiunt. *Secunda Adaptatio.*

Audiamus autem Mantuanum vatem diversa apum studia disertissime distinguentem, quæ competunt varietati officiorum virorum apostolicam vitam in multis sequentium:[1]

" [a]Solæ, communes natos, consortia tecta
" Urbis habent, magnisque agitant sub legibus
 ævum;
" Et patriam solæ et certos novere penates,
" Venturæque hiemis memores æstate laborem
" Experiuntur, et in medium quæsita reponunt.
" Namque aliæ victu invigilant, et fœdere pacto
" Exercentur agris; pars intra septa domorum
" Narcissi lacrimam, et lentum de cortice gluten,
" Prima favis ponunt fundamina, deinde tenaces
" Suspendunt ceras. Aliæ, spem gentis, adultos
" Educunt fœtus. Aliæ purissima mella
" Stipant, et liquido distendunt nectare cellas.
" Sunt quibus ad portas cecidit custodia sorti,
" Inque vicem speculantur aquas et nubila cœli,
" Aut onera accipiunt venientum, aut agmine facto
" Ignavum fucos pecus a præsepibus arcent.

[a] Apes.[2]

---

[1] Virgil. Georg. iv. 153.
[2] The word *apes* is inserted in the text in B. and C.

" Fervet opus, redolentque thymo fragrantia
    mella. . . . . . .
" Crura thymo plenæ, pascuntur et arbuta passim,
" Et glaucas salices, casiamque, crocumque rubentem,
" Et pinguem tiliam, ferrugineosque hyacinthos.[1]
" Omnibus una quies operum, labor omnibus unus."

Adaptatio. Facile erit ex ordine ista assignare dispositionibus virorum quibus omnia communia. Nonne enim novitii, sed et minus instructi, communes sunt nati majorum, quoad curam paternam, et diligentiam, et consolationem, et protectionem? Nonne religiosi vitam ducunt sub legibus certis et regularibus observantiis? Profecto secularibus negotiis omnino dediti et fallacibus vitæ remissioris blandimentis expositi, nec patriam noverunt, nec certos penates qui in coelis sunt. Sed hi qui faciem habent euntium in Hierusalem, tendunt ad patriam, scientes se non habere hic certam mansionem, venturæque hiemis memores, id est, tempestatis quam sustinebunt damnandi, æstate tribulationum vitæ præsentis labores sustinent. Nonne etiam in medium quæsita reponunt, qui utilitati publicæ deserviunt fideliter, ut viri Cistercienses? Patet etiam quod victui invigilant qui rerum exteriorum curam gerunt. Alii vero intra septa domorum pias effundunt[2] lacrimas, et fructuosis indulgent meditationibus. Alii sunt qui cum Paulo filiolos parturiunt et spiritualibus alimentis nutriunt. Alii justitiæ formam sequuntur, insidias ecclesiam[3] infestantium et perturbantium arcentes. Qui item bona ecclesiæ dilapidant, nonne fuci sunt, nonne ignava pecora, immo pessimæ bestiæ sunt? Flores autem suavissimos legunt, qui sanctorum expositorum sententias commendabiles excerpunt.

---

[1] *jacinctos*, MSS.
[2] *effundunt*, B.
[3] *ecclesias*, B.

Viris item honestis congruit, quod prædictus vates de apibus subjungit,[1] dicens,—

" Illum adeo placuisse apibus mirabere morem,
" Quod nec concubitu indulgent, nec corpora segnes
" In venerem solvunt, aut fœtus nexibus edunt."

Sed nec id sub silentio prætereundum est, quod cum aer procellosis flatibus ventorum agitatur, apes lapillos tollunt, quibus sese per inania nubila librant. Sic et nos lapidem constantiæ portare debemus, ut temptationum et tribulationum procellas evitemus.

Admiratione etiam dignum est et illud, quod—

" Rege incolumi mens omnibus una est ;
" Amisso, rupere fidem, constructaque mella
" Diripuere ipsæ, et crates solvere favorum.
" Ille operum custos, illum admirantur."

Sic sic quamdiu prudentia regit aliquos commorantes, mens omnibus una est. Recedente vero prudentia, ordo pervertitur, bona dilapidantur, et quæ multo sudore feliciter sunt parta, infeliciter dissipantur. Sciendum est quod apes ex corio taurino recondito in terra creantur, ex corio aut etiam carne[2] asini vespæ, ex stercore muscarum menta, ex atriplicibus ranæ, ex aere infecto anhelitu hominis cimices. Nemo igitur desperet, quia sicut apes ex carne taurina, aut etiam ex corio, procreantur, sic ex superbis et petulcis fiunt viri honesti et spirituales. Sed nec præsumat aliquis, quia sicut ex atriplicibus, quæ sunt herbæ commendabiles, procreantur ranæ, sic nonnunquam viri honesti degenerant.

Et vide quia apum examen fugam iniens tinnitu ferri revocatur, sic et mens vagari incipiens exhortatione ad statum debitum reducitur.

Notandum etiam quod rex et magnitudine et forma præstantior est cæteris; in quo instruimur, quoniam De prælato. qui aliis præest dignitate, præcellere debet vitæ ho-

---

[1] Virgil. Georg. iv. 197.
[2] *aut in carne*, B. ; *aut etiam ex carne*, D.

nestate. Et, ut asserunt nonnulli, rex spiculo caret, cum cæteræ apes stimulis sint munitæ. In quo instrui debet rector, quia sævitia regiam non decet mansuetudinem. Ha! cum prælatus stimulis agitatur invidiæ, et quos tueri teneretur aculeis vexat et exagitat!

Cap. CLXIV.

De bombice.

Materiam vestium sericarum contexit vermis qui bombex dicitur. Foliis celsi, quæ vulgo morus dicitur, vescitur, et materiam serici digerit; postquam vero operari cœperit, escam renuit, labori delicioso diligentem operam impendens. Calathi[1] parietes industrius textor circuit, lanam educens crocei coloris, quæ[2] nivei candoris efficitur per ablutionem, antequam tinctura artificialis superinduatur. Consummato autem opere nobilis textoris, thecam in opere proprio involutam centonis[3] in modum, subintrat jamjam similis papilioni. Semina postea minuta ejicit ex naturæ penatibus secretis, quæ per hiemem reservantur. Cum vero aeris aura clementior rerum procreationi favere videtur, semina dicta carni humanæ admota in sinu fomenta suscipiunt, usque dum naturæ operatricis potestas motum seminibus conferat animatis animalem. Incrementa postea suscipiunt tam virtute naturæ quam ciborum beneficio.

Sic et viri spirituales honestis exercitiis tempus impendunt, et naturam tempore debito cibariorum usu sustentant. Frequenter autem tam seduli sunt circa ea quæ Dei sunt, ut naturæ obliti toti ad superna anhelent. Cum etiam prædicationi doctoris auditum accommodant, tam dulciter spirituali alimonia reficiuntur, ut corporalia alimenta postponant. Quidni?

---

[1] *Chalathi*, B.
[2] *qui*, B.
[3] *centoriis*, B.

"Ad citharæ sonitum grex obliviscitur esum."

Nonne autem lanam contexunt, dum vestiendis pauperibus invigilant? Operibus autem misericordiæ diligentiam exhibentium si fuerint peccata sicut coccinum, tanquam nix dealbabuntur, antequam tinctura glorificationis corpus superinduatur. Sed quid prodest homini laborum sedulitas, nisi cellam tranquillitatis ingrediatur, ubi oratione et devotione tanquam alis spiritualibus alatus conscendat in arcem contemplationis, volanti similis? Semina etiam felicium operum quasi prolem quandam post se relinquat, puta[1] in ædificiis construendis aut scriptis egregiis multa diligentia elaboratis. Tolerabilis fuisset Didoni recessus Æneæ, si ei relinqueretur parvulus Æneas in aula ludens.

De operibus misericordiæ.

Cap. CLXV.

De avibus chortis.

Curia spectaculis communibus[2] deservire debet, sed [a]chors[3] secretior vestiatur[4] altilibus, gallis, gallinis, aucis, et anseribus,[5] et anatibus, et alite Junonio, licet casis culmo tectis nocivus sit. Aves dictæ multiplicem utilitatem dominis suis ministrant, et mensas ditant. De altile autem ait quidam:

"Altilis una mihi quæ desinet altilis esse,
"Turbat olus, turbat pocula, turbat herum."

[a] Martialis cocus. De quodam alloquenti hospitem suum et [b] convivam.

"Si Libyæ volucres, vel si mihi Phasidos essent,
"Acciperes; at nunc accipe chortis aves."[6]

---

[1] *pura,* B.
[2] *communis,* B.
[3] *chors,* C.
[4] *vescatur,* C.
[5] *gallis, et gallinis, et anseribus,* D.
[6] Martial, Ep. xiii. 45. See before, p. 25, where the same lines are quoted in the text.

Cap. CLXVI.

De herbis et arboribus et floribus horto crescentibus.

Hortus ornari debet hinc rosis et liliis, solsequio, violis, et mandragoris, inde petrosilino, et costo, et maratro,[1] et abrotano, et coriandro,[2] salvia,[3] et satureia, hysopo, menta domestica, ruta, ditanno, apio, piritro,[4] lactuca, nasturtio hortolano, pionia. Fiunt et areæ ditatæ cepulis, porris, alliis, peponibus, [a]hinnulis. Nobilitant etiam hortum hinc in ventrem crescens cucumis, et stuporiferum papaver, inde narcissus et acanthus.

Nec tibi desunt[5] olera, si suppetit tibi facultas, betæ,[6] mercurialis, atriplicis, et acedularum, et malvæ.

Anisum, et sinapis, et piper album, et absinthium, nonnullam hortolano conferunt utilitatem.

Dabit tibi et nobilis hortus mespila, cidonia, seu coctana, volema,[7] persica, pira sancti Reguli, malagranata, poma citrina, aurea mala, amygdala, dactylos, qui sunt palmarum fructus, et ficus. Taceo de gingibere,[8] et gariofilis, et cinnamomo, et liquoritia, et zituala, et virgis Sabæis thus sudantibus, et myrrha, et aloe, et stacte, et resina, et storace, et balsamo, et galbano. Taceo et de cipra et nardo, gutta,[9] et cassia fistula.

Crocus[10] et sandix non tibi deerunt, si consilio nostro uti volueris. Quis est autem qui serpilli et pulegii

---

[a] Hæc hinula est scalonia. Hic hinnulus est fœtus cervæ.

---

[1] *marotro*, D.
[2] *coriancro*, C.
[3] *silvia*, A.
[4] *piretro*, B.; *et piretro*, D.
[5] *desint*, D.
[6] *bathæ*, D.
[7] *volentia*, B.
[8] *gingebre*, B.
[9] *et gutta*, D.
[10] *Circus*, D.

virtutes non senserit? Quis boraginem et portulacam esui deservire non novit? Quis asaram bacharam, quæ vulgago¹ dicitur, leniter educere² per superius orificium cibaria patremfamilias, stomachum loquor, perturbantia, non intelligit? Eruca autem et satyrion excitant venerem, sed huic morbo præbet remedium mira psilii³ frigiditas. Myrtus etiam amica est temperantiæ; unde et ea ratione deæ⁴ quæ Cypris dicitur offerri solet, qua⁵ Nycti deæ noctis cristatus cæditur ales, qua etiam ratione caper immolatur Baccho, et sus Cereri.

Distingunt autem hi⁶ quos agitat talis labor inter solsequium et solsequium nostrum quod calendula dicitur, sicut et inter artemisiam et artemisiam nostram quæ febrifugium dicitur. Constat autem quod alia herba est Jovis barba, alia est barba Jovis.

Iris purpureum florem gerit, irios⁷ album; gladiolus croceum, sed spatula fœtida nullum. Marrubium, cynoglossa, petrosilinum, macedonicum, colubrina, senecion, angelica, quæ et regina, coriandrus, tres astrologiæ species, herbæ notæ sunt. Effectus autem herbarum et proprietates diligenter prosequuntur⁸ Macer et Dioscorides, et multi alii. Unde ad alia transire volumus.

Cap. CLXVII.

De vinea.

Vinea non putata in labruscam silvescit. Est igitur vitis naturæ munificæ deliciosum munus, quod usibus humanis læta concessit. Quandoque vero artis humanæ diligentia sollerti thalamos aspectu decoros vitis præ-

---

¹ *vulgato*, B.; *vulgo*, C.
² *educere leniter*, C.
³ *persilii*, C.
⁴ *unde et Caronæ deæ*, B.
⁵ *quia*, D.
⁶ *ii*, A.C.; *hii*, B.D.
⁷ *ivos*, B.
⁸ *persequuntur*, B.

bet, dum confœderatis nexibus errantes sese dulciter amplexantur palmites, quos virgæ aut arundines leniter sustentant. Onerantur vero idem lætitiæ fructu, dum botri¹ racemis ditantur. In uva autem latet glarea, cum acino inclusa vinatio, quæ quidem ingeniosa naturæ operatione agentis, cooperante beneficio caloris aeris,² in liquorem deliciosissimum et jocundissimum et cor hominis lætificantem mutatur feliciter. Pampinus latitudine sua excipit aeris insultus, cum res ita desiderat, et fenestra clementiam caloris solaris admittit. Lætum celeuma decantant vinitores cum ad extremos ᵃ antes perveniunt.

Adaptatio. Sic sic in terra liberi arbitrii crescit læta virtutum vitis, quam summus agricola colit. Hæc jocundos thalamos habet, quibus anima sponsum suum exultans suscipit. Sustentant autem quodammodo virtutes ipsas naturalia bona animi, in quibus virtutes quiescunt. Sicut autem vitis fœcundatur botris, sic et virtutum vinea usibus meritoriis vitæ. Vinum autem spirituale est spiritualis mentis jocunditas, qua mens sobrie debriata amoris rerum mundanarum obliviscitur, fervens in amore dilecti. Pampinus est divina protectio,³ quæ⁴ insidias Aquilonis excludit, et clementiam miserationis Spiritus Sancti admittit. Exultant angelici cives, cum feliciter diligentiam custodiæ suæ consummant, quam vitibus observandis ne eas vulpeculæ demolirentur adhibuerunt. Sicut namque maceria vineæ cinguntur, sic et mentes virtutibus ornatæ muniuntur custodia supernorum spirituum.

Solet item per vitem designari sancta ecclesia, quæ palmitibus honestarum operationum, et pampinis verborum contra vitiorum æstum refrigerium præstantium,

---

ᵃ In *Georgicis.*

¹ *boni,* B.
² *aeris caloris,* B.
³ *protestio,* B.
⁴ *qui,* B.

et botris fructuosarum meditationum decoratur. Quod autem ligni genus palmite generosius, quod sarmento abjectius? Ad[1] quid utile est sarmentum, nisi ut ignis pabulum fiat? Sic sic quamdiu es de unitate ecclesiæ et nomine et numine, quasi palmes viridis es, virens virore gratiæ. Cum vero separaris a corpore unitatis ecclesiasticæ, tanquam sarmentum effectus es, ignique gehennali reservaberis. Sed o dulcedo miserationis divinæ! O copiosæ divitiæ bonitatis misericordiæ Christi! Sarmentum materiale semel præcisum a corpore vineæ, non redit in generositatem palmitis entis in constitutione vitis, sed homo, meritis suis malis exigentibus, ab unitate ecclesiastica præcisus, postea de munificentia benignitatis Christi revertitur in unitatis ecclesiasticæ unitatem. De sarmentis fit cinis quo caput pœnitentis in capite jejunii aspergitur, ut recolat homo se non nisi per humilitatem et sui abjectionem posse fieri palmitem in constitutione vineæ sanctæ ecclesiæ. Templum Domini in cinerem redactum est per combustionem, sed honeste reædificatum est. Præterea, sicut palmes efficitur sarmentum, et sarmentum in cinerem redigitur, sic corpus animatum in cadaver, quod in pulverem convertitur. Hæc recolat pœnitens, si pœnitens est. Et vide quod aqua seu lacrima vitis, ut norunt medici, oculis confert. Sic et devotio sanctæ ecclesiæ mentes illuminat.

Vitis item Christus, cujus palmites fideles. Hæc vitis in terra virginea crescens, verno conceptionis tempore floruit, fructumque tempore suo dedit. Botrus hujus vitis botrus est Cypri, botrus floritionis. Vitis ista nobilis, vitis generosa, vinea Soreth, effudit ex se in ara crucis vinum meracissimum, vinum spirituali lætitia lætificans cor hominis. Effluxit et ex hac vite aqua salutis, aqua veræ vitis, quæ cordis oculos spiritualiter illuminat. O dulcis lacrima dulcissimæ vitis,

---

[1] Aut, B.

cum Dominus noster super civitatem flevit, dicens, "Si cognovisses et tu;" ac si diceret, "Si cognovisses causam fletus mei, et tu fleres sicut et ego." O civitas virtutum propugnaculis munita, ad te sermonem dirigo, o anima humana, si cognovisses jam dudum teipsam, et tu fleres sicut et ego. Descendit de cœlis nothis elithos,[1] id est, cognosce teipsum; ad te loquor, o homo. Si item cognovisses me fontem vitæ, qui pro te lacrimas effundo, o anima, fleres et tu. Imago resultans in speculo conformat se illi cujus est imago. Arridere videtur arridenti, flere videtur ipso cujus est imago flente. Tu igitur, o anima, cum sis imago Dei tui, si cognovisses te conditam ad imaginem et similitudinem Dei tui qui pro te lacrimatus est, fleres et tu. O nobilis creatura, cur tui nimis immemor es, cur et Dei tui immemor existis? O iterum dulcis lacrima vitis veræ, cum Dominus noster in suscitatione Lazari lacrimatus est. Lacrimatus est Jesus noster in suscitatione quadriduani jam fœtantis; et tu, miser homo, inveterate dierum malorum, cum sis non quatriduanus sed centenarius fœtens et computrescens in vitiorum fœtore, lacrimari desistis ut tu suscíteris? O rursum dulcis lacrima generosæ vitis, cum Dominus imminente passionis tempore in monte orans lacrimatus est. Transi et tu ad montem celsitudinis contemplativæ vitæ, et cum dulcissimo Jesu tuo lacrimare. Beati enim qui nunc lugent, quoniam ipsi ridebunt. Profecto in redemptione generis humani non lacrimam dedit vera vitis, sed copiose aquam effudit sanguine purpureo rubricatam. Apud quem enim copiosa fuit redemptio, copiosa etiam fuit mundatio, dum mundum mundavit munditia. Vitis itaque dicta palmites suos extendit usque in fines terræ. In utero autem virginali umbraculum præstitit gloriosæ virgini. Dulce sit animæ amanti sedere sub istius umbra vitis, et tum odore

---

[1] A corruption of γνῶθι σεαυτόν.

jocundo quam suavitate deliciarum floris ipsius recreari. Ut vero pro libertate scribentium, immo et pro lege materiæ assumptæ, a magnis ad minima sine præcipitio descendamus, dabit tibi qui aliorum[1] malitiam reformidas vitis solatium, tam in agresta quam in turionibus et propaginibus.

CAP. CLXVIII.

De rheda.

Diversa sunt instrumenta rebus familiaribus deservientia, sed de singulis disserere nec suppetit facultas, nec res desiderat. Rheda autem in multis servit usibus humanis, quæ inventioni Triptolemi se obnoxiam esse non diffitetur, quemadmodum circinus se Perdici Dædali filio, linum filiæ Inachi, quæ Isis[2] ab Ægyptiis dicta est, se debet. Desiderat hujus vehiculi compositio limones, cum sepe vel crate ex virgis contexta, temones etiam cum gerulis. Transeat et axis per modiolos sive tympana, cavilla gemina coercitus, ita ut modiolis inserti radii canthis firmiter connectantur.[3]

In rheda autem rotunditas cum quadratura reperitur, ut moneamur a quatuor virtutum politicarum quadratura pervenire ad coronam immarcescibilis gloriæ. Hic quadramur, ut in futuro rotundemur; diademate perpetuæ gloriæ coronandi. Quadrent[4] alii circulum, dummodo nos circulemus quadratum. Potest et per axem designari stabile propositum, quod discretionis clavo tanquam cavilla regi debet. Per modiolum accipiatur fides operans per dilectionem. Circumvolvitur modiolus, et fides in exercitio esse desiderat. Nescit fides esse otiosa, quam condit sapor Spiritus Sancti. Ex modiolo oriuntur radioli ad rotas tendentes,

Adaptatio.

---

[1] *alliorum*, A.
[2] *Ysis*, MSS., except B.
[3] *connectatur*, B.
[4] *Quadrant*, C.

et ex fide procreantur sanctæ meditationes tendentes ad statum perpetuitatis.

Possunt et per duas rotas designari amor sanctus et timor discretus, qui nos per regiam stratam præceptorum trahunt ad metam quæ Christus est.

Cap. CLXIX.

De aratro.

Aratrum, opus divinum, ingenii cœlestis inventioni se debet, cujus utilitas stili officio comprehendi[1] non potest. Diximus tibi Dodona, vale, regnat longe lateque Cereris gratiosa munificentia. Desiderat autem aratrum ad sui constitutionem burim, stivam, temonem, aures binas, cultrum, vomerem. Aratro prædicationis et doctrinæ coluerunt terram sanctæ ecclesiæ orthodoxi patres.

Cap. CLXX.

De pistore.

Pollen volitello excutitur, postea farinam aqua conspersam pinsit pistor et malaxat, demum pasta ministerio palæ in clibanum mittitur.

Adaptatio. Videsne quanto sudore fiat panis corpus refecturus? Porro sæpe cum multo labore efficitur quis cibus Domini, qui fideles in unitatem ecclesiæ trajicit. O quantum sudorem vera desiderat pœnitentia, magnis nempe cruciatibus recompensanda est pœna æterna. Cui vult tamen misereatur Dominus, qui non solum misericors est, sed et misericordia.

---

[1] *apprehendi*, B.

Cap. CLXXI.

De textore.

Juxta liciatorium orditur textor, duplicique ordine[1] distincto stamini trama interjecta maritabitur. Navicula autem intercurrens, pannum habebit in medio sui, spola vestitum, quæ penso seu glomere materiam operi ministraturo operietur. Inde[2] textrix telam stantem percurret pectine,[3] aut mataxa circumvoluta globum filorum ministrabit, aut dulci carmine tædium excludet, colum tenens læva, dextraque nunc leniter lanam colo circumvolutam carpet, nunc filum[4] subtiliter educet, usque dum fusum debita pensi quantitate rotundetur. In carpendo lanam, et quandoque in fili eductione, succurret læva sorori, pollexque et index lineam fili producent, cæteris tribus opem debitam non negantibus.

Cap. CLXXII.

De ædificiis.

Quanta sit curiositas humana, docent ex parte voluptuariæ expensæ quas ostentatrix gloria inanis consumit et prodigit in ædificiorum superfluo apparatu. Turres sideribus minantes eriguntur, Parnassi cacumina excedentes. Miratur apex [a] Nisæ fastigiis artificii humani laboris se ex æquo respondere non posse; natura se ab arte superari conqueritur. Numquid constructores turrium sublimium[5] spiritibus, quorum domicilium est aer caliginosus iste, loca sua seu habi-

---

[a] Nisa, mons arduus. [Parnassus, mons arduus, similiter et Nisa. D.]

---

[1] *duplici ordine*, C.
[2] *bide*, C.
[3] *pictine*, B.
[4] *filium*, C.
[5] *sublimium* omitted in C.

tacula auferre moliuntur? Numquid eis bella indicunt, quorum et ipsi servi sunt? O curiositas! o vanitas! o vana curiositas! o curiosa vanitas! Homo, morbo inconstantiæ laborans,

"Diruit, ædificat, mutat quadrata rotundis."

Nunc areæ facies æquatur chelindro, nunc inæqualitas superficiei ariete crebro vincitur, nunc palis in viscera terræ missis soliditas fundamenti exploratur. Surgit et erigitur altitudo muri ex cemento et lapidibus constructi, secundum legem amussis[1] et [a]perpendiculi. Debet se superficiei muri æqualitas levigaturæ et perpolitioni trullæ cæmentariæ. Sciendum est autem quod nulli parietes, etiam ex asseribus ligneis constructi, faciunt lineas æquidistantes. Esto enim quod parietes lignei ita proportionaliter constructi sint, ut non majoris spissitudinis sint in imo quam in summo, tamen superficies non erunt æquidistantes. Oportet namque necessario ut quanto amplius parietes a terra surgunt, tanto major distantia inter ipsos reperiatur. Cum enim omne ponderosum naturaliter tendat ad centrum, intellige parietes ad centrum terræ tendere, et reperies ipsos parietes angulariter sibi sociari. Videsne igitur quonammodo radii ex modiolo bigæ procedentes majori et majori distantia se jungantur, usque[2] dum rotæ ipsi maritentur? Sic et parietes elevantur, cœli convexa respicientes.

Superponitur tectum, tignis et laquearibus obnoxium. Quid de cælaturis et picturis dicam, nisi quia stultitiam patiuntur opes? Sufficerent tecta hiemem summoventia. Sed ex quo luxus populator opum, læthalisque[3] ambitus urbi, homines jugo miseræ servitutis

[a] Perpendiculum est plumbum cæmentarii, quod descendens deorsum rectificat parietis assensum, et lapidem recte sedentem in muro dijudicat (D.).

---

[1] *amissis*, C.
[2] *utque*, B.
[3] *litalisque*, B.

oppressere, tot et tam illicitæ adinventiones excogitatæ sunt, ut nullus eas enumerare sufficiat. Scilicet opus erat ut cælaturæ epistyliorum aranearum casses sustinerent. Attende superfluas et vanas adinventiones in ædificiis, in vestibus, in cibariis, in phaleris, in supellectilibus, in variis demum ornatibus, et merito dicere poteris, O vanitas! o superfluitas! Ironia.

Cap. CLXXIII.

De septem artibus.

Artium liberalium studia, etsi in se maximam contineant[1] utilitatem, curiosis tamen inquisitionibus multam ingerunt vanitatem. Artes tamen in se commendabiles sunt, sed abutentes ipsis digni sunt reprehensione.

Facultatum autem alia est potestas, alia est disciplina. Potestas est, quæ in utramque partem disserit, ac si gladium teneat ancipitem,[2] ut grammatica, dialectia, rhetorica. Disciplina est quæ in alteram tantum partem disserit, nisi quandoque demonstrator utatur syllogismo ad impossibile, ostensivo relicto, ut arismetica, musica, geometria, astronomia. Sicut igitur mundum illuminant septem planetæ, sic omnem scientiam ornant et muniunt artes ingenuæ. Luna terris est citima, cui comparatur grammatica, primos vendicans limites. Sol, secundum quorundam assignationem, secundum locum tenet, cui consimilem in multis studiosus lector reperiet dialecticam. Mercurio tertium locum tenenti confertur rhetorica. Venus gratiosa est aspectu, cui arismetica, ob multam hujus

---

[1] *conferant*, B.
[2] *accipitem teneat*, B.; *ansipitem*, D.

disciplinæ venustatem, comparatur. Hujus utilitatem novit theologia, mysterium numerorum diligenter investigans. Martem respicit musica, non humana, non mundana, sed instrumentalis. Lituorum namque et tubarum[1] clangentium concentus varius invitat armatos ad conflictum. Jovi se obnoxiam esse fatetur geometria, quæ circa immobilem magnitudinem versatur. Saturno, astris vicinior planetis cæteris, militat astronomia, quæ circa mobilem magnitudinem versatur.

Habet grammatica tam judicium instruens quam judicium purgans. Sed quid prodest vitare barbarismum aut solœcismum[2] in vocibus, et incurrere barbarismum et solœcismum in rebus? Quid prodest figurativas locutiones excusare, et virtutum schemata operibus damnare? O quam eleganter adjectivum depingit substantivum, cum honesti mores naturalia ornant! Sicut autem grammatica docet recte loqui, ita rhetorica docet loqui ornate et apposite ad persuadendum. Sed numquid recte loquitur, qui viris honestis libenter detrahit? Numquid ornate loquitur, qui turpia in contumeliam proximi proponit? Vix admittas quempiam loqui ornate, nisi loquatur ordinate.

Dialectica docet discernere verum a falso. Sed numquid dialectici nomen meretur, qui scienter falsa proponit ob popularis auræ favorem? Numquid artis finem consequitur, qui falsa refert ut seminet inter fratres discordiam?

Parmenides, in rupe Ægyptiaca vehementi studio operam diligentem impendens, primus maximas adinvenit; Plato tentativam edocuit; Aristoteles primus syllogismos distinxit, et rationibus adjutus geometricis, artificiosam medii termini inventionem tradidit. Idem Aristoteles theoremata decimi libri Euclidis invenit,

---

[1] *tibiarum*, B.   [2] *solœcismum*, B.

et primus artificiosissime colores rhetoricos distinxit. Audiens enim Xenocratem eleganter perorare, indignans ait, "Turpe est Aristotelem tacere, Xenocratem "vero pati dicere." Cum autem in omni doctrina philosophica primatum teneret, solam tamen medicinam professus est. Apodicticam autem et dialecticam restricto vocabulo et sophisticam scripsit, ut petitioni discipuli sui Alexandri Macedonis satisfaceret. Architam Tarentinum laudat auctorem denaria prædicamentorum[1] distinctio. Theophrastus vero et Eudemius, discipuli Aristotelis, multa superaddiderunt inventioni magistri sui super iis[2] quæ ad artem syllogizandi pertinent, et præcipue locorum divisiones distincte et manifeste assignaverunt. Marcus autem Cicero et Boetius distinctius et enucleatius locos diviserunt. Andronicus, diligentissimus senex, divisionum species distinxit; Boetius supremam manum apposuit. Sed, o pie lector, qui benigne interpretaris quæ legis, responde mihi, divisio seu separatio corporis et animæ utrum erit per se aut per accidens? Quid dicam de animo, in tot curarum sollicitudines diviso? Et ut ludam, serius tamen, fallacia antiqui temptatoris, cum sit extra dictionem, num cadit in septenariam divisionem fallaciarum quæ sunt extra dictionem? Si tamen interius attendatur hostis invisibilis fallacia videbitur in multis conformari posse fallaciæ secundum consequens. Multa etiam proponit quæ videntur esse causæ, cum non sint. Cum vero ad priores mentem revocat illecebras, adest vitiosa petitio principii. Quis varietates fallaciarum ejus deprehendere posset? Quis distinguere? Felix est qui eas novit vitare. Ha! quotiens infelix ille sophista animam sic convenit ut circumveniat. Deus justus judex est, ergo pro momentanea delectatione non puniet æternaliter. Et iterum, Juvenis es, potes ergo satis tempestive duci pœnitentia. Et

---

[1] *prædimentorum*, B. [2] *hiis*, C.

iterum, Nonne leo robustior est homine, sed non resurget leo, ergo nec homo. O versutiæ! o dedecus! cum nobilem dialecticum tam exilis phantasia decipit. Assit ergo ratio, et cum proponitur quoniam Deus justus judex est, revocet ad memoriam id quod veritas proponit in Evangelio, "Omnis homo primum bonum "vinum ponit," quare et inimicus homo primum bonum vinum ponit. Cum vero infertur, ergo pro momentanea delectatione non puniet æternaliter, respondeat ratio, ita est, si homo ducatur pœnitentia; sin autem, quia impœnitentia finalis æterna erit, erit et peccatum momentaneum juris cœlestis interpretatione æternum. Impœnitentiæ itaque finali pœna debetur æterna. Et delectationi non quia momentanea est pœna debetur æterna, sed reatui animæ in quo anima impœnitens decedit, qui quidem erit æternus, pœna debebitur[1] æterna. Nolo[2] autem hic discutere utrum delectatio sit idem peccatum cum reatu, sed cum reatus sit æternus, quia nunquam delebitur per gratiam, quid miri si pœna illi reddatur æterna? Nonne item ex vulnere momentaneo mors sequitur irrevocabilis? Si igitur ex ictu momentaneo illato corpori leonis provenit vitæ destructio sempiterna, quid miraris si ex vulnere animæ illato temporali mors animæ proveniat sempiterna? Si tamen Medicus cui natura servit manum operatricis gratiæ dignetur apponere, convalescet anima. Sed et tibi loquor, Sathana. Nonne voluntas qua voluisti ponere sedem in Aquilone et esse similis Altissimo fuit temporalis? Tu tamen indesinenter cruciaris, et æternaliter cruciaberis. Proponis item, juvenis es. O adulatrix verborum forma! o circumventio in ipsa propositione! Sed infers, Potes ergo satis tempestive duci pœnitentia. Sed, o miser, non possum per me pœnitere, sine auxilio illius qui ait, "Sine me "nihil potestis facere." Spiritus hominis per se vadit

---

[1] *debetur*, B.   [2] *Nola*, C.

in regionem dissimilitudinis,¹ sed non potest per se sine gratia redire. Per se potest homo se præcipitare in puteum profundissimum vitiorum, sed sine fune gratiæ extrahi non potest. Sed quid? Dicis etiam quod satis tempestive possum pœnitere? Quid? ᵃClarigator es, et inducias spondes? Caduceatoris hoc esset. Hostis es, et tuo utar consilio? Ha! quonammodo satis tempestive ducar pœnitentia, qui in tempore intermedio hostis ero Dei mei, qui ipsius usum temporis mihi dabit? Interim vita abutar, abutar et tempore. Parum est quod dico. De quolibet enim instanti temporis intermedii redditurus sum rationem, si mecum districte agatur. O homo! Nonne momentum quo tuum Jesum impugnas, quo hostis es totius curiæ cœlestis, millennium a te reputari debet? Juvenis sum. Hoc ipsum mihi contulit Altissimus. Numquid muneribus, quæ nobis divina confert munificentia, ipsum datorem impugnabimus? Sed dicet aliquis, "Nunquam impugnamus Dominum, nisi armis ipsius." Formosus est iste, ex hoc in Veneris pronus est illecebras. Formam item sequitur ᵇsuperbia. Rursum, dives et potens est ille, sed dum potestate sibi data a Domino abutitur, nonne dono Dei ipsum infestat? Litteratus est quis, elatus efficitur, nonne aut ingratus est Domino, aut etiam ipsum Dominum infestat quantum in ipso est, dum ex dono Dei in Deum superbit? Dicimus autem, quia quod dicitur scientia inflat, non ideo dictum est quia scientia, cum sit bonum, sit causa inflationis, sed potius occasio. Stultitia enim hominis ipsum inflat. Donis igitur Dei ipsum impugnamus occasionaliter. Malitia enim qua Deum impugnat quis, non est donum Dei, nec est a Deo, nec aliquid est causa efficiens malitiæ; si veræ doctrinæ Augustini

---

ᵃ Clarigator est ille qui vulgo dicitur diffiduciator. Caduceator, induciator, seu pacis reformator.

ᵇ Fastus inest pulcris, sequiturque superbia formam.

¹ *similitudinis*, B.

fidem adhibere volueris. Illi autem fantasiæ qua prætenditur fortitudo leonis, qui quidem non resurget, quare nec homo, indignum duximus respondere. Numquid enim fortitudo leonis magis facit ad hoc ut resurgat leo, quam debilitas agni ad hoc ut agnus resurgat? *Ironia.* Scilicet potentius resurgent homines qui in hac vita robustissimi sunt, quam qui debiles? Sed, o ineptiæ! Quando quidem nullum animal irrationale resurget, nec homo. *Ironia.* Ecce mira subtilitas! Quia nullum animal irrationale rationatur, nec homo. Nullum animal brutum meretur pœnam gehennalem, quare nec dives ille evangelicus supplicio dignus fuit. Quia porcus non resurget, non resurrexit Christus, primitiæ resurgentium.[1] Sed ut ad loquendum de dialectica revertamur, vide multis placuisse illam positionem qua positum est, nihil crescere. Sed secundum hanc assertionem, in quo corpore resurget Petrus? Illud quod jacuit in cunis non resurget. Quo deveniet? Nonne in altari convertitur panis in corpus quod sumptum est de virgine? Nonne corpus quod sumptum est de virgine suspensum est in cruce? Nonne jam in illo resurrexit Christus? Præterea, docet sacrosancta ecclesia corpusculum parvuli qui decedit eodem die quo editus est in lucem, futurum in resurrectione tantum[2] quantum futurum esset si ad ætatem Domini Jesu Christi pervenisset. Numquid in alio corpore resurget ille qui decessit infantulus, et resurget juvenis? Omnes enim resurgemus in mensura ætatis Christi, sed non omnes in eadem mensura magnitudinis. Erunt enim quidam statura majores aliis.

Miror etiam quosdam damnare opinionem dicentium, ex impossibili per se quodcunque sequi enuntiabile. Quod cum plurimis astrui queat rationibus, vel paucæ prodeant in lucem. Nonne igitur si Sortes est homo, et Sortes non est homo, Sortes est homo? Sed si Sortes

---

[1] *dormientium*, B.   [2] *tamen*, B.

est homo, Sortes est homo vel lapis; ergo, si Sortes est homo, et Sortes non est homo, Sortes est homo vel lapis; sed si Sortes est homo, et Sortes non est homo, Sortes non est homo; ergo si Sortes est homo, et Sortes non est homo, Sortes est lapis. Consimili deductione, probabitur quod si Sortes est homo et Sortes non est homo, Sortes est capra, et ita de singulis rebus, puta rosa, lilio, et cæteris rebus. Videsne igitur quonammodo ex hoc impossibili quod est, Sortem esse hominem et Sortem non esse hominem, sequitur quidlibet? Item, si Sortes dicit se mentiri, et nihil aliud dicit, dicit aliquod enuntiabile, ergo verum vel falsum; ergo si Sortes dicit tantum se mentiri, dicit verum vel falsum, sed si Sortes dicit tantum id quod est Sortem mentiri, et dicit verum, verum est Sortem mentiri, et si verum est Sortem mentiri, Sortes dicit falsum; ergo si Sortes dicit tantum id quod est Sortem mentiri, et dicit verum, dicit falsum; sed si Sortes dicit tantum id quod est Sortem mentiri, et dicit falsum, falsum est Sortem dicere falsum, et si falsum est Sortem dicere falsum, Sortes non dicit falsum; sed si Sortes dicit tantum se mentiri, dicit verum vel falsum; ergo si Sortes dicit se mentiri, dicit verum; ergo si Sortes dicit tantum se mentiri, et dicit falsum, dicit verum; sed si Sortes dicit tantum se mentiri, dicit verum vel falsum; ergo si Sortes dicit tantum se mentiri, dicit verum et dicit falsum. Præterea, si solum hoc enuntiabile est, falsum esse, illud est verum vel falsum; sed si est verum, verum est falsum esse, quod si est, aliquod falsum est; ergo si solum hoc enuntiabile est, falsum esse, et illud est verum, aliquod falsum est;[1] sed si solum hoc enuntiabile est, et aliquod falsum est, hoc enuntiabile est falsum, ergo si solum hoc enuntiabile est, et ipsum est verum, ipsum est falsum. Similiter facile est probare quod si solum hoc enuntiabile est et ipsum est falsum, ipsum est verum, sed si solum hoc enuntiabile est, ipsum est

---

[1] *esse*, B.

verum vel falsum, ergo si solum hoc enuntiabile est, ipsum est verum et ipsum est falsum, sed si ipsum est verum, ipsum non est falsum, et si est falsum, non est verum, ergo si solum hoc enuntiabile est, ᵃipsum nec est verum nec falsum. Item, si verum est nihil esse, nihil est. Sed si hoc est verum, aliquod verum est, et, si aliquod verum est, aliquid est; ergo si verum[1] nihil esse, et nihil est et aliquid est; sed si nihil est, nullum enuntiabile est; ergo si verum est nihil esse, nec hoc enuntiabile est; ergo si hoc est verum, ipsum non est; sed si hoc est verum, hoc est; ergo si verum est nihil esse, et hoc enuntiabile est, et hoc enuntiabile non est. Rursum. Si tantum duo sunt, verum est tantum duo esse; sed si verum est tantum duo esse, a est verum; sit a nomen enuntiabilis hujus tantum duo esse; ergo si tantum duo sunt, a est verum; sed si tantum duo sunt, duo sunt; et si duo sunt, verum est duo esse; ergo si duo sunt, b est verum; sit b duo esse; ergo si tantum duo sunt, et a est verum, et b est verum; ergo si tantum duo sunt, utrumque istorum est verum; ergo si tantum duo sunt, verum est utrumque istorum esse verum;[2] ergo si tantum duo sunt, c est verum; sit c utrumque istorum esse verum; ergo si tantum duo sunt, tam a, quam b, quam c, est verum; ergo, si tantum duo sunt, tria sunt. Ex hoc patet verum esse mille esse si unum solum est. Cæterum utrum enuntiabile sit aliquid quod sit, non tantum logica sed et theologica est quæstio. Item, si Sortes scit se nihil scire, verum est quod nihil scit; et si hoc, nihil scit; ergo si Sortes scit se nihil scire, Sortes nihil scit; sed si Sortes scit se nihil scire, scit hoc, ergo aliquid; ergo si Sortes scit se nihil scire, et aliquid scit, et nihil scit. Nec solvit ad orationem qui dicit instrumentum dicendi non subesse suæ dictioni. Sed dices, O vanitas! Vide tamen, ne veritatem conscas vanitatem.

ᵃ Quod aliquod enuntiabile sit indifferens.

[1] *si verum est*, B.

[2] *verum esse*, B.

Frustra etiam blandiuntur sibi asserentes genera et species non esse, eo quod Aristoteles in *Posterioribus Analecticis* utitur hac forma verborum: "Gaudeant[1] "genera et species, monstra enim sunt; et si sunt, nihil "ad rationem sunt." Sed ibi invehitur in Platonem dicentem hanc speciem homo esse verum hominem, et esse ideam in mente divina existentem. Dicebat etiam hanc speciem hircocervus esse ideam, et esse hircocervum. Unde insultans ait ironice, "Gaudeant genera Aristoteles. "et species, monstra enim sunt," secundum doctrinam Platonis; et si sint, non sunt ad rationem, id est, non subsunt judicio rationis, neque comprehenduntur ratione, sed intellectu. Ratio enim vis est animæ concretiva, maritans formam subjecto. Intellectus est vis animæ abstractiva, separans formas a rebus ipsis. Hoc quidem modo comprehendebat Plato genera et species, vocans ipsa[2] formas quas asserebat esse, etsi res non essent. Nos vero rationis usu genera et species comprehendimus tanquam communes rerum naturas. Sicut autem non est aliquid album nisi albedo sit, ita non potest aliquid esse homo, nisi hæc natura communis homo sit.

Sunt igitur principia homogenea, unius scilicet naturæ cum iis[3] quorum sunt principia; homos enim unum, unde et tres personas homousion dicimus, id est, unius naturæ. Sunt et principia heterogenea, sive exeleogenea, id est, alterius naturæ, quam sint ea quorum ipsa sicut principia. Heteros enim diversum, unde heteroclita, id est, diversi clinia. Exeleos sive xenos, peregrinum, unde et xenodochium, et Ulixes, et exenium dicuntur. Sunt et principia de quibus, sunt et principia ex quibus est ars; illa simplicia, ista censentur composita.

Sed quis etiam in arte dialectica subtiliter instructus novit utrum ars ipsa sit unum an plura? Si enim

---

[1] χαίρετο, valeant. Marginal note of the sixteenth century.
[2] *ipse*, B.
[3] *his*, B.C.

censeatur esse unum, dic quid est illud? Simplex an compositum? De quo iterum genere est illud? Si plura, numquid finita, cum infinita sint finita, quia omnia sunt finita? Numquid aliqua sola sunt ars dialectica? Datæ sunt tamen multæ descriptiones artis, sed quæstionem dictam non absolvunt. Artem namque quidam sic descripsit. "Ars definitum infinitatis com-
"pendium, rationis insigne miraculum, imperiosum
"naturæ consilium, quod si per se consideres, minimum
"quantitate, si ad subjecta applices, maximum reperies
"potestate."

Errant autem multi in syllogismorum quadrimembri divisione, putantes hunc syllogismum esse demonstrativum: de quocunque inferius et superius, sed omnis species est inferior suo genere, ergo de quocunque species et genus. Sed hæc argumentatio est dialectica, cum sit ex propriis dialecticæ. Propria autem dialecticæ communia sunt. Syllogismus vero demonstrativus est ex propriis alicujus specialis disciplinæ, vel ex terminis, quos plures disciplinæ sibi vendicare possunt. Est enim demonstrativus iste. Omnis[1] triangulus habet tres angulos æquales duobus rectis, sed omnis scalenos est triangulus; ergo omnis scalenos habet tres angulos æquales duobus rectis. Similiter et iste. Omnia in continua proportionalitate constituta, transmutata proportionantur; sed isti quatuor numeri sunt in continua proportionalitate constituti; ergo, et cætera. Habent enim [a] disciplinæ subalternæ terminos sibi mutuo deservientes.

Est autem tentativus syllogismus casus demonstrativi sicut sophisticus dialectici. Cadit namque a dignitate illius, cum falso illum repræsentet.

---

[a] Disciplinæ subalternæ dicuntur, quarum una adminiculatur alii, ut arismetica et musica.

[1] Omnis enim, B.

Sed quid est quod Aristoteli placet huic argumentationi subesse fallaciam secundum accidens, omnis triangulus habet tres angulos æquales duobus rectis,[1] omnis triangulus est figura, ergo quædam figura habet tres angulos æquales duobus rectis? Sed sciendum, fallaciam secundum accidens non semper cogere argumentationem cadere a necessitate syllogistica, sed quandoque id efficit ut argumentatio cadat a dignitate demonstrationis, ut in dicto exemplo. Cum igitur infertur, ergo quædam figura habet tres angulos æquales duobus rectis, vera quidem est illatio, sed non assignatur ibi prædicamentum causæ. In propositione vero observatur lex accidentis, id est prædicati, convenientis naturæ subjecti. Triangulus namque in quantum est triangulus, habet tres angulos æquales duobus rectis; sed non in quantum est figura habet tres angulos æquales duobus rectis. Ideoque fallit ibi lex prædicati, qualem demonstrativus syllogismus causalis habere desiderat. Et ideo est ibi fallacia secundum accidens.

Quis autem sciret quæ demonstratio esset in primo organo, seu primo metro, quæ in secundo, nisi per beneficium *Posteriorum Analecticorum?* Antequam legeretur liber ille, asserebant doctores Parisienses nullam negativam esse immediatam. Sed hic error sublatus est de medio per beneficium apodixeos. Docet etiam apodixis Aristotelica quatuor esse genera quæstionum. Quæstionum namque alia est si est, alia est quid est, alia est quale est, alia propter quid est. Primo enim investigat animus rationalis de aliqua re utrum sit. Secundo, quid sit ex quo constat rem esse. Tertio, qualis sit, ut sub hoc nomine qualis comprehendantur et cæteræ affectiones, ut quantitas, relatio, et aliæ. Demum quæritur causa rei. Nihil enim est cujus ortum

---

[1] *duobus crectis*, B.

non præcesserit legitima causa. Et ut tropologiæ stilus noster deserviat, subtilitate inquisitionis logicæ ad præsens relicta, utinam homo attendat utrum sit. Mali enim homines in quantum mali non sunt. Malitia enim non est aliquid de rerum universitate. Tantæ etiam vicissitudini et vanitati subditus est homo, ut quodammodo vix subsistat. Cum tamen constet quod homo nobilis secundum originem animæ sit creatura, quærat animus humanus quid sit homo. Quid est considerata materia corporis homo, nisi limus? Quid est considerata vanitate ejus nisi fumus, umbra, vapor ad modicum parens, somnus? . Qualis est homo, quantæ alterationi expositus, quot insidiarum laqueis perplicitus? Nunc vernat rosa ætatis puerilis, sed citissime languet purpurei coloris gloria. O utinam consideret homo propter quid sit, ut Deo videlicet serviat, et cum eo regnet æternaliter. Hunc finem præ oculis cordis constituat homo, ad hunc finem suspiret et aspiret.

Sed o curas hominum, o sollicitudines, o studia[1] et sudore et vanitate plena! Exercitia tamen liberalium artium utilia sunt ad certiorem comprehensionem eorum quæ theologicæ subsunt speculationi. Ingenium etiam subtiliatur felici collatione et amica, et causæ[2] rerum dilucidius investigantur et perfectius comprehenduntur. Sorores nempe sunt artes, et mutuum sibi præstant subsidium. Quis[3] enim illud Aristotelicum intelligeret, si diameter est costæ symmeter,[4] erunt abundantia æqualia perfectis, sine intelligentia geometricæ disciplinæ? Sensus quidem hic est. Posito hoc impossibili, quod diameter sit numerali proportione commensurabilis costæ, dabitur quod impar numerus est æqualis pari. Aristoteles enim vocat imparem numerum, abundantem, propter excessum unitatis intermediæ. Perfectum vero numerum vocat parem. In arismetica vero, aliter

---

[1] *stultitia*, C.
[2] *causa*, B.
[3] *Quid*, C.
[4] *cemiter*, B. ; *simeter*, A.C.D

utimur his appellationibus. ᵃNumerorum enim alius est perfectus, alius diminutus, alius superfluus sive abundans. Perfectus numerus est cujus partes multiplicativæ reddunt summam æqualem toti, ut senarius, quia unitas et binarius et ternarius senarium perficiunt. Diminutus est, cujus partes multiplicativæ reddunt summam minorem toto, ut octonarius; unitas, enim, et binarius, et quaternarius, quæ sunt partes octonarii multiplicativæ,¹ septenarium reddunt. Superfluus vel abundans est, cujus partes multiplicativæ reddunt summam majorem toto, ut duodenarius, quia unitas et binarius et ternarius et quaternarius et senarius constituunt sexdecim. Auctoritate tamen sua vocat Aristoteles abundantem imparem, perfectum parem. Tu igitur qui sustinere vis diametrum esse costæ symmetrum, da diametrum esse quatuor pedum, costam trium. Erit igitur quadratum descriptum juxta diagonalem lineam sexdecim pedum, ducto videlicet numero latitudinis superficiei in numerum longitudinis. Quater enim quatuor sexdecim sunt. Erit autem quadratum descriptum juxta costam novem pedum, quia ter tria novem. Sed probat Pythagoræ ᵇdulcarnon quadratum descriptum juxta diametrum esse duplum ad quadratum descriptum juxta costam. Cum igitur, ut datum est, sit quadratum descriptum secundum costam novem pedum, erit quadratum descriptum juxta diametrum decem et octo pedum, cum prius sit datum ipsum esse sexdecim pedum. Ergo medietas ejus erit octo pedum juxta hypothesim, et erit novem pedum secundum theorema Pythagoræ

ᵃ Hæc divisio proponitur secundum quod arismetici utuntur appellationibus istis.

ᵇ Dulcarnon nomen est figuræ, sed et theorematis quod ponitur in primo libro Euclidis. Et dicitur a dulia, id est, a servitute carnis, tauri scilicet, quem immolavit Jovi ob inventionem dictæ speculationis.

---

¹ *multiplicatæ*, B.

positum in primo Euclidis. Ergo novenarius est æqualis octonario. Ergo abundantia sunt æqualia perfectis. Quare si diameter est costæ symmeter, erunt abundantia æqualia perfectis.

Ex dictis patebit intelligenti,[1] unum arpennum [a] habentem sexdecim pedes in longitudine, sexdecim in latitudine, esse duplo majorem[2] duobus arpennis[3] insimul acceptis, quorum uterque habet octo pedes in longitudine, octo in latitudine. Pactus est igitur justo pretio dives cum paupere, ut pauper fodiat ei duos puteos, quorum uterque sit et[4] in latitudine et in longitudine[5] octo pedum, sed profunditas sit[6] triginta pedum. Sub duplo majore pretio paciscitur cum alio, ut fodiat ei puteum unicum habentem et in longitudine et in latitudine sexdecim pedes, in profunditate sexaginta. O quam acerbior est conditio fodientis unicum puteum! male enim circumventus est.

Quis item legem Romanam voluntati testatoris satisfecisse intelliget, nisi in proportionum naturis instructus sit? Quidam igitur lecto doloris detentus, videns animam suam solvendam esse legibus humanæ servitutis, testamentum condidit sub[7] hac forma verborum: "Si "uxor mea prægnans rem melioris sexus enitatur, do "lego[8] puero duas partes hæreditatis, uxori tertiam; "si fœminea prole fœcundetur, gaudeat uxor duabus "portionibus, filia tertiam percipiat." Viro itaque solvente debitum naturæ tributum, uxori ejus Lucina favens masculam et fœmineam prolem concessit. Quæsitum est, quid juris? Statutum est a viris [b] pragmaticis, hære-

---

[a] Terræ.
[b] Pragma est idem quod causa, unde pragmatici dicuntur viri consulti juris.

---

[1] *intelligi*, C.
[2] *majorem duplo*, B.
[3] *arpentis*, B.
[4] *et* omitted in B.
[5] *in longitudine et in latitudine*, B.D.
[6] *sit* omitted in B.
[7] *super*, B.
[8] *delego*, B.D.; *do ego*, C.

ditatem in septem portiones esse dividendam. Assignatæ sunt autem quatuor partes puero, duæ uxori, una puellulæ.[1] Liber enim debet esse supremæ voluntatis stilus, et liberum quod iterum non redit arbitrium. Prætulit autem testator ea portione masculam prolem uxori, qua prætulit uxorem proli fœmineæ, videlicet in dupla. Ideoque recte dictatum est judicium familiæ [a]herciscundæ.

Audi etiam quantum valeat rhetorica persuasio. Scholaris igitur quidam, laborans Parisius in extremis, asseruit se nunquam crediturum esse resurrectionem futuram, nisi ei probabiliter persuaderetur. Accessit ad eum socius ejus fidelis, conveniens eum talibus. "Si credis resurrectionem futuram, aut erit aut non "erit resurrectio. Si credis eam fore, et non erit, non "nocebit tibi hæc fides. Si credis eam fore, et erit, "prodesse tibi poterit hæc fides. Sed si non credis, et "resurrectio futura sit, aderit tibi væ æternum. Melius "est ergo tibi credere quam non credere." Hac audita allegatione, credidit scholaris, et credens diem clausit extremum. O res commendabilis, honesta societas! Delictorum vero turpis et fœda est communio.

Sicut autem in ingenuis[2] artibus multa reperiuntur [b]analoga, ita et multa aloga seu paraloga. Accidit enim id quod continetur ab alio, continere et illud. Cum enim dicitur accidentium aliud est separabile, aliud inseparabile, divisum est accidens inseparabile, et dividentia sunt accidentia inseparabilia. Accidens igitur quod significatur hoc nomine accidens, cum sit accidens

---

[a] Her Græce, divisio Latine, unde hæresis, et hæretici, et hercio, hercis, hercivi, hercire, quod idem est quod dividere, et inde hercisco, herciscis. Inde dicitur in legibus judicium familiæ herciscundæ, i.e. dividundæ. Sic enim dicebant antiqui pro herciscendæ et dividendæ.

[b] Analoga, sunt regularia. Aloga, sive paraloga, sunt irregularia.

---

[1] *puellæ*, B.   [2] *Sicut enim ingenuis*, B.

inseparabile, continetur sub hoc accidente inseparabile. Accidentium enim inseparabilium, aliud est hoc accidens aquilus,[1] aliud est hoc accidens [a]ricum, aliud est hoc accidens simum, et ita de aliis. Unde putaverunt quidam, hoc accidens, accidens, esse prius et posterius se, quia est prius priore se. Quod tamen non provenit. Ultimus enim in hoc scamno est prior priore se, quia est prior primo, non est tamen prior se, cum non referatur ad se. Secundum Augustinum tamen, Christus est major se, quia in quantum est Deus major est quam sit in quantum est homo. Sed hoc alterius rationis est. Secundum doctrinam autem Nominalium, consimilis oritur objectio in his terminis. Sermonum alius est complexus, alius incomplexus. Sic enim dividitur sermo incomplexus in sermones incomplexos.

" Sed fugit interea, fugit irreparabile tempus,
" Singula dum capti circumvectamur amore."

Non mihi suppeditare queo id otii ut distinguam quis hypotheticus syllogismus sit in priori forma, quis in posteriori, ut doceam quare hoc problema censeat Aristoteles de accidente, estne Sortes animal. Boetius vero dicat ipsum esse de genere. Recte tamen sensit uterque. Vidit enim Aristoteles omnia problemata quæ sunt de simplici inhærentia prædicati cadere sub unam methodum, quam accidentalem dixit a natura prædicati. Unde et omnes tales quæstiones, quæ sunt de simplici inhærentia prædicati, accidentales nominavit. Boetius vero locos assignaturus in suis *Topicis*, specialem nuncupationem prædicati attendit. Unde cum hic dicat locum a genere non est animal, ergo non est homo, debuit quæstionem hanc dicere de genere, estne homo animal?

[a] Ricus est qui habet crus cav[u]m.[2] Simus, qui habet nasum curvum. Aquilus,[3] qui habet nasum recurvum.

---

[1] *hoc accidens accidens*, A. and C.
[2] *vacuum*, B.
[3] *Agilus*, C.

Quidam vir, tempore suo magnus, ausus est publice in scholis suis dicere, aut Boetium non intellexisse Aristotelem, aut si intellexit indignatum imitari.

Cum item primum theorema geometriæ, secundum artificiosam Euclidis dispositionem, sit super datam lineam triangulum æquilaterum posse collocari, quidam satis acute illi theoremati ausus est obviare, dicens, super diametrum mundi non posse collocari triangulum æquilaterum, eo quod extra mundum non sit locus. Sed, ut dicit Aristoteles in *Posterioribus*, intellectus est principium principiorum, quod tamen multiplicem recipit expositionem. Etsi igitur non sit locus extra mundum, intellectus tamen super diametrum mundi triangulum æquilaterum collocabit. Aristoteli vero placuit mundum esse infinitum. Unde dixit mundum esse Acute. sphæricam soliditatem, cujus centrum ubique, circumferentia nusquam.

Proportionalem numerorum connexionem quibus animam putant corpori conjunctam esse, tanquam satis notam relinquo. Sed quis assignare præsumet quare luna[1] potius dominetur in connexione animæ et corporis quam diesis? Cum vero ad musicam humanam pertineat hæc[2] inquisitio, quis sufficientem causam assignabit quare homo decem digitos habeat? Quæ est lex hujus proportionalitatis? Quare habet cor formam pyramidalem? Quare acuta pars cordis interiora respicit? Et, ut pauca de mundana musica proponam, quare sunt tantum septem planetæ? Possentne plures esse? Possentne et hi[3] qui sunt esse minores quam sint? Posset esse velocior fuga temporum quam sit? Numquid posset firmamentum duplo velocius moveri quam moveatur? Quod si esset, moverenturne planetæ minus velociter quam modo moveantur? Possetne medius motus ex æquo respondere æquato? Sed nonne vanitas est de voluntate et potentia Dei disputare?

---

[1] *limu*, A.
[2] *hoc*, B.
[3] *ii*, A.

Multa est in inquisitionibus vanitas. Cum autem secundum dispositionem[1] et concursum superiorum corporum, varietur status inferiorum, quæri potest utrum necessarium sit bellum aut famem futuram esse, si Mars in suo domicilio sit, et Mercurius et Saturnus sint in eodem hemisphærio cum Marte, remotis benevolis planetis. Numquid igitur[2] hujusmodi judicia de ipsa arte sunt, aut ad artem?

Sed ad notiora descendamus, censentes illos esse geometriæ ignaros qui putant ad assignationem æqualitatis formæ similitudinem desiderari; unde non opinantur pilam rotundam et lanceam esse æquales. Sed eorum supina ignorantia convincenda est hoc modo. Fiat rotundum cereum corpus, ita ut quantitas ejus ex æquo se commetiatur quantitati[3] pilæ rotundæ. Deinde cera dicta producatur extensa in parilitatem lanceæ. Patet igitur quod hæc cera est æqualis lanceæ, sed quantacumque fuit hæc cera, est hæc cera, et e converso, prius igitur fuit æqualis lanceæ. Amplius, ut patet instructo in geometria, omnis triangulus est æqualis quadrato, et e converso. Ut item patet per superiora, quadratum descriptum juxta diametrum duplum est ad quadratum propositum quod est A. Sit autem quadratum duplum B. Est igitur B duplum ad A, sed triangulus, scilicet C, est medietas B; ergo C est æquale A; ergo triangulus est æqualis quadrato; quod patebit lippis et tonsoribus per subjectam figuram. Probatum est item in primo Euclidis, quod superficies super eandem basim constitutæ inter lineas æquidistantes sunt æquales. Unde aliqua superficies protenditur ab oriente in occidentem, quæ est æqualis superficiei minimæ acus. Cum igitur dicitur aliquid esse bicubitum in longitudine, hoc dicitur propter lineam

---

[1] *dispositionum*, B.
[2] *ergo*, B.
[3] *quantitate*, B.

quæ emphatice dicitur longitudo. Quoniam igitur terminus corporis est bicubitus, dicitur et[1] corpus bicubitum in longitudine, quod tamen bicubitum non est, immo forte heptacubitum. Secundum soliditatem igitur corporis, dijudicanda est et quantitas ejus, non secundum longitudinem, neque secundum latitudinem. Quilibet item angulus rectilineus, est in infinitum major angulo contingentiæ, non tamen est infinito major eo. Angulus namque rectus qui fit ex concursu diametri et lineæ contingentis, tantum tanto est major angulo contingentiæ, demonstrato angulo circuilineo. Quippe angulus rectus constat ex circuilineo et angulo contingentiæ. Constat item quod inter lineam contingentem et circulum, non potest aliqua linea recta intercipi contingens usque ad punctum terminale diametri. Si enim hoc esset, accideret angulum rectum esse partem recti. Accideret etiam angulum rectilineum partem esse anguli contingentiæ.

Dum autem diligentiam adhibui talium comprehensioni, non mediocriter sollicitabar de compositione anguli et compositione proportionis. Non enim stare potest opinio putantium angulum esse superficiem. Omnis enim superficies, quantumlibet parva, habet cujuslibet formæ superficiem partem sui. Haberet igitur angulus contingentiæ partem sui, etiam angulum rectum. Præterea, accideret obtusum angulum partem esse acuti. Præterea, si acutus angulus est superficies, dabitur quod triangulus erit pars illius anguli. Habebit igitur ille angulus tres angulos æquales duobus rectis, partes sui.

Sciendum igitur quod in omni disciplina mira reperiuntur. Hic vero accidit rem in infinitum divisibilem, totam in puncto contineri. Proprietas enim composita est angulus, et non protenditur usque ad aliquod punctum. Hoc namque dato, superiora acciderent inconve-

---

[1] *et* omitted in B.

nientia. Nonne scientia aliqua composita est? tota tamen est in anima, quæ simplex est.

Videtur autem geometria sibi contraria esse, in proportionum compositione. Cum enim dupla sit, ut videtur, pars triplæ erit tripla, major dupla. Erit igitur subtripla minor subdupla, quia magis vincitur subtriplum a triplo quam subduplum a duplo, quia illud ter continetur, istud bis. Sed, ut videtur, subtriplæ pars est subdupla, ergo pars major est suo toto. Præterea, omnes duplæ sunt æquales, ergo dupla quæ est binarii ad unitatem, par est illi quæ est quaternarii ad binarium ; sed hujus partes sunt sexquitertia et sexqualtera, illius autem nullæ videntur esse partes. Ideo visum est quibusdam unam solam esse duplam, et ita de aliis. Sed si hoc, dabitur quod multæ sunt species, quarum nulla potest habere nisi unum individuum. Aiunt etiam circa hæc accidere, partem esse majorem suo toto. Quod quidem videtur contrarium geometriæ dicenti, omne totum esse majus qualibet parte sui. Hoc ipsum tamen habet objectionem, secundum dicentes corpus esse partem hominis. Videtur enim corpus hominis esse æquale homini. Animæ namque additio nihil adjicere videtur quantitati hominis. Sed posito hoc impossibili, videlicet quod ex linea et puncto sit aliquid, nonne illud erit majus linea? Dicit tamen Boetius quod si punctum puncto adjicis, nihil majus efficis quam si nihilum addideris nihilo.

O tempora, o mores, o studia, o inquisitiones! Docuere Parisius quod propositis duobus exercitibus, quorum unus unicum contineat in se album hominem, ita quod omnes reliqui sint nigri, alter contineat unicum nigrum, ita quod omnes reliqui sint albi, iste exercitus est similis illi. Quod quidem tunc a multis censebatur mirum; hodie autem adeo notum est et vulgare, ut etiam parvuli hoc audire indignentur.[1]

---

[1] *indigentur*, B.

Docuere ex necessario sequi contingens in consequenti hujus copulativæ aliquid est, et si ipsum est, Sortes est. Nec aliud sustinere censeo facile, dummodo dicatur hæc oratio ipsum est, esse propositio.

Docuere idem enuntiabile omni tempore fuisse verum, et omni tempore fuisse falsum. Tota enim hac die fuit verum et fuit falsum hoc enuntiabile, aliquam partem hujus diei terminatam ad ultimum instans hujus diei desinere esse. Quod quidem ex hoc accidit, quia cujuslibet aliquotæ pars est non aliquota, et cujuslibet non aliquotæ pars est aliqua aliquota.

Docuere infinitam esse lineam, et nullam lineam esse infinitam, salva pace Aristotelis. Ab asserentibus vero aliquam lineam esse infinitam, quæri potest utrum aliqua linea infinita major sit alia. Habet enim secundum eos linea infinita lineam infinitam partem sui. Nonne enim totum majus est sua parte? Sed cum tam[1] totalis linea infinita quam ejus pars linea infinita,[2] habeat infinitas tantas in sui constitutione, sume lineam bipedalem, oportet necessario lineam totalem quæ est infinita esse æqualem partiali lineæ quæ est infinita. Præterea, proponantur duæ lineæ secundum assertionem istorum infinitæ, quarum utraque terminum habet ex altera parte, ita quod una excedat alteram uno pede. Si igitur dicatur quod una est major reliqua, ponatur quod ambæ sese girent in oppositam partem, et accidet quod illa quæ prius fuit major dabitur esse minor. Et vide quod aliqua quies erit in infinitum, impossibile tamen est aliquem motum duraturum esse in infinitum, sed in infinitum durabit motus. Sciendum est item, quod in æternum erit mora, sed non ab æterno fuit mora, nec mora erit in æternum. Æternitas tamen, quæ est mora sine mora, erit in æternum.

---

[1] *sed tamen totam*, B.
[2] *linea scilicet infinita*, B.; *scilicet* is given in A. merely as an interlinear gloss.

Docuere item pedem[1] hominis esse majorem mundo, ea videlicet ratione qua[2] centum sunt pauciora duobus, quia pauciora sunt centum ad ducenta quam sunt duo ad tria. Rationem autem efficacem esse non advertes, nisi intellexeris quinquaginta esse æque pauca duobus, quod syllogismo proportionali sic ostenditur. Quamcunque[3] pauca sunt duo respectu aliquorum, tam pauca sunt quinquaginta respectu aliquorum, sed quamcunque[4] pauca sunt duo respectu aliquorum, tam pauca sunt duo, et quamcunque[5] sunt pauca quinquaginta respectu aliquorum, tam pauca sunt quinquaginta; ergo quam pauca sunt duo, tam pauca sunt quinquaginta. Hinc patebit intelligenti hanc esse falsam, quam remotus est iste paries a me, tam propinquus est mihi. Magis enim accedit propinquitas hujus parietis ad summam propinquitatem quam accedat ejus remotio ad summam remotionem. Eodem modo et hæc falsa, quam strictus est Sequana[6] Parisius, tam latus est Parisius. Veriorem tamen postea advertere responsionem dicentes,[7] quod hoc nomen pauca absolute positum aliud significat quam cum ponitur respective; unde tuta erit solutio per interpretationem hujus, Quam pauca sunt ista respectu aliquorum tam pauca sunt.

Dixere item viginti homines esse viginti populos, quia sunt populi subjecti vicenario, et secundum hoc, quicumque habet viginti quatuor denarios, habet viginti quatuor solidos, et tamen non habet viginti solidos. Item, cum constet quælibet differre a se, patet quia si una turba est, et una turba est, et alia turba est.

Dixere quoniam si scis istos homines esse, scis quot sunt isti homines, quia si scis istos esse, scis istum et illum et illum esse istos, et ita habebis propositum.

---

[1] *pedum*, C.
[2] *quia*, B.D.
[3] *Quantumcunque*, B.
[4] *quantumcunque*, B.
[5] *quantumcunque*, B.
[6] *Secona*, B.
[7] *responsionem esse dicentes*, C.

Docuere quod non scis istum esse, demonstrato illo qui a peregrinatione reversus est. Credis enim Sortem esse mortuum, posito quod iste sit Sortes, et reversus est statu mutato. Esto etiam quod Sortes interfecerit patrem tuum [1] te præsente, et reversus habitu mutato serviat tibi per multos annos, tu vero nihilominus putas Sortem agere in remotis partibus. Numquid igitur diligis istum, qui adeo officiose servit tibi? Numquid Sortem odio habes? Nonne igitur eundem diligis et odis? Nonne odium est in te? Erga quem? Nonne erga Sortem? Sed nonne dilectio inest tibi? Nonne igitur aliquem diligis? Quem nisi Sortem? Dicunt, quod eundem diligis et odis, et diligis Sortem, sed non scis te diligere Sortem. Antiquis placuit odium inesse tibi, sed non respectu alicujus.

Ex dictis constat quod Magdalene non scivit istum hominem [2] esse hortolanum demonstrato Jesu, nec putavit istum hominem esse hortolanum, sed putavit hominem visum a se esse hortolanum. Si igitur Magdalene sciret istum hominem esse vivum, et scivit istum hominem fuisse mortuum, ergo tunc scivit istum [3] hominem resurrexisse. Quidam dicunt quod istum sciunt esse, sed nesciunt Sortem esse. Sed eis propono istam, istum scis esse, quem nescis esse. Placuit etiam quibusdam quod statim re visa sciunt de quo genere rerum ipsa sit. Viso enim cupro, dicunt se scire hoc esse cuprum, quia dicunt se scire hoc esse hoc. Sed [4] secundum ipsos, mentiuntur tam canones quam leges Justinianæ, in quibus de errore personæ certa datur doctrina. Error enim personæ impedit matrimonium, quia impedit consensum. Impedit etiam contractum, ut in illo qui emere se putat aurum, et emit auricalcum. Secundum istos autem nihil est error personæ. Unde et secundum ipsos, Jacob scivit se

---

[1] *suum*, B.
[2] *hominem istum*, B.
[3] *istum* omitted in B.
[4] *Et*, B.

prima nocte cognoscere Liam, quia secundum istos scivit se cognoscere istam, demonstrata Lia. Sed quæro ab istis, quare Jacob dixerit mane visa Lia ad Laban, "quare imposuisti mihi?" Dicimus quod Jacob erravit in persona, putans se cognoscere Rachelem, nec putavit se cognoscere istam, demonstrata Lia, immo istam, demonstrata Rachele. Opinio item dicentium de quacunque re visa se scire ipsam esse, sic improbatur. Nescis ista duo ligna esse continua, demonstratis duabus medietatibus hujus ligni, ergo nescis ista duo constituere aliquod totum. Eodem modo fiat processus, sumptis aliis medietatibus ejusdem ligni, igitur nescis hoc lignum esse compositum, et ita nescis hoc lignum esse. Subtilius sic. Nescis an hoc lignum sit concavum, nescis igitur utrum tanta pars desit interius, quanta destructa destruatur totum; nescis igitur quid demonstrem cum dico, " Hoc " lignum est." Præterea, proponantur duo poma expresse similia. Numquid scis hoc pomum demonstrari a me, cum dico, " Hoc pomum est?" Recondatur illud, et proferatur aliud, "Numquid[1] scis hoc pomum nunc " primo visum esse a te? Numquid scis duo poma " demonstrata esse tibi, quia scis hoc et hoc esse de-" monstrata tibi?" Rursum, esto quod appropinquet homo, sed putas asinum esse quod accedit. Numquid putas hoc animal esse asinum, demonstrato homine? Absit. Putas quidem animal quod venit esse asinum, sed non animal quod venit putas esse asinum.

Docuere item quia quicquid scitur ignoratur. Cum enim aliquam sciam causam vel etiam aliquas causas ob quas dicor scire quid, constat quod plures sunt causæ quas ignoro.

Docuere item quoniam et grammaticam et musicam sciens est unum solum sciens, nihil tamen et grammaticam et musicam sciens est unum solum sciens.

---

[1] *Numquid* omitted in B.

Docuere argumentum esse habitudinem præmissi, vel præmissorum, ad illatum, licet Parvipontani, quorum fuit unus Ethion, dicant argumentum esse dictum conditionalis transformatæ ab argumentatione.

Docuere syllogismum, qui dicitur ad impossibile esse ostensivum.

Docuere hunc syllogismum, omnis homo est animal, omne animal est substantia, ergo omnis homo est substantia, non esse obnoxium alicui trium figurarum ab antiquis distinctarum.

Docuere, salva pace Aristotelis, plures esse diffinitiones ejusdem.

Sed ecce vanitas curiositatis, vanitas elationis, vanitas inanis gloriæ! Solent autem aliquando hæ vanitates parturire vanitatem iniquitatis, adeo ut dicant arrogantes, "Labia nostra a nobis sunt, quis noster dominus est?" Sed absit hoc a me, dulcissime Jesu. Si quid enim in me boni est, a te est.

Pro dolor! Quosdam in tantum obumbrat vanitas inanis gloriæ, ut præcipue ad hoc omnis ipsorum suspiret intentio, ut post fata vivant memoria, scilicet *Ironia.* memoria talis multum conferet iis[1] qui in inferno sepeliuntur. Desiderium autem istorum nonnunquam cassatur. Perit enim memoria ipsorum cum sonitu pompæ secularis, sed et ipsi, væ! væ! pereunt. Nosti, bone Jesu, quia dum scribo, utilitati multorum servire volens, timeo ne vanitas inanis gloriæ partes suas interponat, immo, quod absit, totum laborem meum sibi vendicet. Quid quod tot opus meum sortietur judices? quot inspectores, sed et quot auditores? Sed quid? Sustinebo patienter tetrici lectoris examen, dummodo aliquis assit judex candidus.

Antequam igitur Ecclesiasten aggrediar, libet de nonnullis vanitatum speciebus mentionem facere.

---

[1] *his,* B.C.D.

Cap. CLXXIV.

De locis in quibus artes floruerunt liberales.

Cujuslibet regni gloria crevit in immensum quamdiu artium ingenuarum in ipso floruerunt studia. Qui enim hostes illi regno resisterent, quod artes triumphare potuit? Quæ hostium versutia subtilitati illorum non cederet, qui rerum subtilium[1] fugas in sinu naturæ latentes assecuti sunt? Quid moror? Semper majestas regni munita est armis, quod præclaris studiorum titulis decoratum est. Abraham igitur patriarcha in Ægypto docuit quadruvium, et sub tanto doctore multi mathematicis invigilantes disciplinis in nobiles evaserunt philosophos. Plato etiam, gloria academicorum, in Ægypto discendi gratia diutius stetit. Floruit Memphis nobilium studiorum exercitiis; floruit et Pelusium; floruit et Canopus. Nondum Palamedes usum pergameni adverterat in expeditione Trojana, unde et a Pergamo nomen traxit, præcessit usum membranæ papyri materia. De qua Cassiodorus, vir eloquentissimus, sic commemorat. "Pulcrum plane opus Memphis
" ingeniosa concepit, ut universa scrinia vestiret, quod
" unius loci labor elegans texuisset. Surgit Nilotica
" silva; silva[2] sine ramis, nemus sine frondibus, aqua-
" rum seges, paludum pulchra cæsaries, virgultis mollior,
" herbis durior,[3] nescio qua vacuitate plena et plenitu-
" dine vacua, bibula teneritudine spongium lignum."

Evolutis postea multorum annorum curriculis, nobilitari cœpit Græcia celebri philosophorum frequentia. Consecratæ sunt Athenæ Palladi, deæ sapientiæ, cujus nutu terra fructiferam protulit olivam, signum videlicet pacis, cum e telluris gremio, percussæ virga

---

[1] *subtilium rerum*, B.
[2] The second *silva* omitted in B.
[3] *dulcior*, B.

Neptuni, equus armatus exiliisset. Obnoxia quidem erat civitas tanta divitiis per mare allatis, sed plus debuit glorioso philosophorum studio. Septem sapientibus, tanquam septem numinibus terrenis, sublimata est civitas, quorum responsis tanquam cœlestibus oraculis totus est certificatus orbis, immo tanquam septem planetis non erraticis totus est illustratus. Quid dicam de Socrate, qui disputationes de supracœlestibus habitas ad ethicam transtulit? Platonis in cunis jacentis et adhuc vagientis ori apes mel infuderunt, eloquiorum[1] prænuntiatrices suavium super mel et favum. Nocte præcedente ortum diei quo Plato parvulus adductus est in præsentiam Socratis, visum est Socrati quod cygnus nivei fulgoris ei offerretur. Ingenium Aristotelis commendare superfluum esse censeo, quia supervacuis laborat impendiis qui solem nititur facibus juvare. Zenonis divitem venam, pectus divinum, subtilitatem inexhaustam, quis non miretur? Asseruit ille acutissimus inquisitor impossibile esse lineam pertransiri. Putavit etiam digito suo moto totum aerem moveri. Sed nec in hoc ei consentimus, dicentes quod digito moto non movetur aliquid aer, quo major non moveatur, non tamen digito moto quantuslibet aer movetur. Anaxagoram, Xenocratem, Theophrastum, et Eudemium, commendabiles reddunt scripta ipsorum.

Sed quid? Diebus nostris nec in Ægypto nec in Græcia vigent scholarium exercitia. Floruit in Italia studium, dubiumque est utrum plus armis debuerit an litteratoriæ professioni. Julii Cæsaris virtus orbem subjugavit; Tulliana eloquentia totum mundum illustravit. Sed o felicia antiquorum tempora, in quibus et ipsi imperatores mundum subhastantes, seipsos[2] philosophiæ subdiderunt. Senecam et Lucanum nobilis genuit Corduba. Mantuano vati servivit Neapolis,[3] quæ, cum infinitarum sanguisugarum peste lethali vexaretur, liberata

---

[1] *et eloquiorum*, B.
[2] *sed ipsos*, B.
[3] *Neapolis*, MSS., with the exception of C.

est projecta a Marone in fundum putei hirudine[1]
aurea. Qua evolutis multorum annorum[2] curriculis a
puteo mundato et eruderato extracta, replevit infinitus
hirudinum[3] exercitus civitatem, nec sedata est pestis
antequam sanguisuga aurea iterato in puteum suum
mitteretur. Notum est etiam quia macellum[4] Neapo-
litanum[5] carnes illæsas a corruptione diu servare non
potuit, unde et carnifices summa vexati sunt inedia.
Sed hanc incommoditatem excepit Virgilii prudentia,
carnem nescio qua vi herbarum conditam in macello
recludentis,[6] quæ quingentis annis elapsis recentissima
et saporis optimi suavitate commendabilis reperta est.
Quid quod dictus vates hortum suum, aere immobili
vicem muri obtinente, munivit et ambivit? Quid quod
pontem aerium construxit, cujus beneficio loca destim-
nata pro arbitrio voluntatis suæ adire consuevit?
Romæ item construxit nobile palatium, in quo cujuslibet regionis imago lignea campanam manu tenebat.
Quotiens vero aliqua regio majestati Romani imperii
insidias moliri ausa est, incontinenti proditricis icona
campanulam pulsare cœpit. Miles vero æneus, equo
insidens æneo, in summitate fastigii prædicti palatii
hastam vibrans, in illam se vertit partem quæ regionem
illam respiciebat. Præparavit igitur expedite se felix
embola Romana juventus, a senatoribus et patribus
conscriptis in hostes imperii Romani directa, ut non
solum fraudes præparatus declinaret, sed etiam in
auctores temeritatis animadverteret. Quæsitus autem
vates gloriosus quamdiu a diis conservandum esset
illud nobile ædificium, respondere consuevit, "Stabit
" usque dum pariat virgo." Hoc autem audientes
philosopho applaudentes, dicebant, "Igitur in æternum
" stabit." In nativitate autem Salvatoris, fertur dicta
domus inclita subitam fecisse ruinam.

---

[1] *hirundine*, C.D.
[2] *annorum multorum*, C.
[3] *hirundinum*, C.D.
[4] *marcellum*, C.
[5] *Neopolitanum*, MSS.
[6] Omitted in B.

Quid de Salerno et Montepessulano loquar, in quibus diligens medicorum solertia, utilitati publicæ deserviens, toti mundo remedium contra corporum incommoditates contulit? Civilis juris peritiam vendicat sibi Italia; sed cœlestis scriptura et liberales artes civitatem Parisiensem cæteris præferendam esse convincunt. Juxta vaticinium etiam Merlini, viguit ad Vada Boum sapientia tempore suo ad Hiberniæ partes transitura. Sed o vanitas! dum novellis adinventionibus nomen sibi student nonnulli adquirere, veramque doctrinam subtilitati postponunt. O si tantam diligentiam adhiberent morum ædificationi quantam apponunt nocturnæ lucubrationi. O si ita pallerent præ desiderio patriæ cœlestis, quantum pallent pro vehementi animi applicatione, dum circa verborum cavillationes tempus et ætatem consumunt. Subtilitates quas assequi nequeunt, ^a examussim comprehendere volunt. Et quod anni Nestoris non consequerentur, modico tempore exsuperare proponunt.

Quid autem vanius quam tempus totum[1] expendere circa quædam inutilia et frivola? Quid vanius quam verbis ampullosis, quæ jam abierunt in desuetudinem,[2] operosam diligentiam impendere? Numquid minus perfectus es logicus, etsi nescias quis syllogismus sit ostigeloricon, quæ prædicatio fiat secundum dinaldim,[3] quæ secundum energiam?[4] Nonne venies in numerum legistarum, etsi non scias quod dicitur procenetica nomine philontrophi jure peti possunt, aut nisi scias quid emplatin, quæ res parafernales? Nonne corporibus mederi poteris, nisi scias quid vertebrum, quid scia, quid ancha? Non eris philosophiæ laribus educatus, nisi scias quid horoscopus, quid decanus, quid augis solis? O vanitas ostentationis! o laudis ambitus! o inutilis curiositas!

^a *I.e.* certissime. Amussis enim est perpendiculum.

---

[1] *totum tempus*, B.

[2] *dissuetudinem*, B.

[3] A corruption apparently of the Greek δύναμιν.

[4] *enargiam*, C.

Cap. CLXXV.

De militibus.

Quid dicam de militibus, qui vitam cupiunt pro laude pacisci, qui, animæ propriæ prodigi ob auram inanis gloriæ, supremis sese periculis exponunt? Præludium Martis serii colunt, et in imagine belli sese exercent, ut in conflictu rei militaris idonei reperiantur. Exercitium istorum species est horribilis, aut horror speciosus. Quid quod quidam suos commilitiones aliis ex opposito militantibus vendunt, maxime illos qui tyrones sunt et adhuc rudes in congressibus militaribus? Sustinent abduci socios suos nuper cingulo militiæ donatos, in participium secuturæ redemptionis. O turpis proditio! o latens simultas! o militis gregarii consimilis [a] plagiario turpis contractus! o avaritiæ servile mancipium, gloria dignitatis militaris prorsus indignum! Quid quod quidam superciliosos gestus prætendunt, et verbis intonant fastu plenis, ut generosi videantur? Quid quod multi operibus inhonestis vitam commaculant, ut curialium damnabilem curialitatem, immo fœdam scurrilitatem, imitentur? Nonnulli sibi de sanguinis generositate gloriantur, qui lixarum sordidorum filii sunt. Sed quid?

" Malo pater tibi sit Thersites, dummodo tu sis
" Æacidæ similis Vulcaniaque arma capessas,
" Quam te Thersitæ similem producat Achilles."[1]

Sæpe prædiis amplis et fundis ditissimis ditantur histrionum nati, exclusis ab hæreditate filiis legitimis.

---

[a] Plagiarius est, qui liberum hominem vendit. Plagium est crimen ipsum.

[1] Juvenal, Satir. viii. 269.

Cap. CLXXVI.

De adolescente qui nobilitate animi nobilitatem generis declaravit.

Erat igitur miles strenuus, rebus abundans, maturi pectoris, nobilitate animi, genus geminans. Qui cum in multis felices haberet ad vota successus, uxorem duxit nobilem genere sed moribus ignobilem. Prætulit enim adulterinos amplexus amplexibus mariti, et remissioris vitæ turpibus illecebris corpus exposuit. Advertit autem miles quod uxor ejus, soluto pudicitiæ fræno, per campos licentiæ discurreret impudenter. Sed rem dissimulans altum concepit mente dolorem. Detentus igitur lecto doloris, accersiri fecit ad se comitem illustrem, dominum fundi, cui lacrimosis quæstibus et petitione affectuosa supplicavit, ut filium suum constitueret hæredem. Mirari cœpit tacitus comes quo sermo militis tenderet, eo quod duos milites exercitatos in re militari filios haberet miles pro communi assertione, et adolescentem strenuum nondum cingulo militæ donatum. Claudente igitur milite diem supremum, cadaver emortuum erigi jussit comes, exploraturum se asserens quis trium paterna dignus esset hæreditate; adjecit etiam illum tanquam hæredem patri successurum qui in cadavere ibidem suspenso validissimum ictum præberet. Milites duo præcepto comitis obtemperantes, vibrantes hastas, corpus emortuum vulneraverunt, ictibus robustissimis ipsum perforantes atrocissime. Adolescens autem lanceam quam manu tenuit abjecit, oborto imbre lacrimarum, protestans se tantum facinus non aggressurum; sed et domino suo et fratribus comminans audacter, indignanter recessit. Qui vix tandem revocatus hæreditatem paternam consecutus est.

Cap. CLXXVII.

De magnatibus.

Magnatum gratia, molestis empta laboribus, difficile adquiritur, difficillime retinetur, de facili amittitur. Cotidie novis opus est adinventionibus, quibus aut gratia reconcilietur in aliquo læsa, aut conservetur fugitiva. Non se novit in tot figurarum diversitates transfigurare Proteus quot exposita est potentis gratia alterationibus. O amor venalis! o ignis semper novis pascendus fomentis! o umbra fugitiva, stare nescia! In expensis pomposis simulata prodigalitas, in privatis expressa tenacitas, in necessariis ficta liberalitas. Consiliis utuntur potentes, sed illis adquiescunt quæ in propriam vergunt utilitatem. Timeri gaudent, sed illos a quibus timentur amplius timent. Quis fastus ipsorum superciliosos ferret, quis molestias, nisi quia et potestas a potestate premitur, et mors æquo pede pulsat et divitum turres et pauperum tuguria? Quid quod quandoque in tantam prosiliunt dementiam, ut, humanæ fragilitatis immemores, cum Herode se permittant adorari?

Cap. CLXXVIII.

De iis[1] qui curiam sequuntur.

Tot et tantis vanitatibus dediti sunt qui curiam sequuntur, ut vita ipsorum quædam vanitas dici queat. Displicet ipsis conditio sua, quia spes morosa mentes ipsorum cruciat. Cum vacant redditus aliqui, offert se spes multis blandiens, arridens, sed irridens. Sed quot curarum aculeis pungitur animus, cum desideria ipso-

---

[1] *hiis*, B.D.

rum effectu destituuntur? Jurant se libertate sua uti velle, nec jugo se miserae servitutis ulterius premendos. Sedat tamen indignationem tantam blanda potentis compellatio, asserentis virum tam litteratum tantillis indignum esse redditibus. Magnos, inquit, magna decent, nec aufertur quod differtur. Quanta autem sit vanitas in spectaculis, in vanis confabulationibus, in cynicis detractionibus, in adulationibus demulcentibus, in voluptatibus foedis, noverunt ii quos, ductos poenitentia, divina respicit misericordia. Dum enim placent vanitates ipsae vanitatum amatoribus, seducuntur, nec advertunt quantis exponantur[1] vanitatibus umbra vanitatis obvoluti.

Cap. CLXXIX.

De ementibus et vendentibus.

Ad contractus cotidianos me transfero, in quibus fraus totiens partes suas interponit illicite. Ha! quotiens testis invocatur Deus, qui, cum veritas sit, falsitatis testis esse non potest, cum bonitas sit testis non vult esse malitiae. Ha! quotiens multiplicantur perjuria, ut fides fiat seducendo. Constat autem quod, si quis promittens se venditurum tibi aurum, vendat tibi auricalcum pro auro, non tenet emptio. Similiter, si quis emat acetum, putans se emere vinum, non est emptio. Si tamen aliquid habuit in se vini, tenet. Sed prorsus acuit, non tenet. Similiter, si illud quod pro auro venditur, habet aliquid auri, emptio est; sed tenetur ad interesse in re, et ad interesse extra rem, si sciens vendidit. Dicunt quidam quod si alter errat ab altero, non est emptio. Si a veritate, ut si uterque credit esse aurum, cum sit cuprum, est emptio. Si autem tanta est iniquitas rei, ut non possit tolerari aequitate pacti,

---

[1] *exponuntur*, B.

ut cum in duplum excedit emptio justum rei pretium, debet aut justum pretium refundi, aut res alii reddi, ut pecunia numerata recipiatur ab eo qui eam tradidit. Porro, si emis agrum quem putas fertilem, non potest rescindi venditio, etsi fertilis non sit. Si tamen emat quis agrum habentem herbas pestibulas, non tenet. Si quis etiam emat corruptam, volens emere virginem, non tenet. Secus est in contractu matrimonii. Ducente enim aliquo corruptam, cum putet se ducere virginem, non ob hoc celebrabitur divortium. Secus est, secundum canones, cum a libero ducitur ancilla putante se ducere liberam.[a] Error enim conditionis quandoque dirimit matrimonium. Sed de his alias diffusius.

Cap. CLXXX.

De adulatoribus.

Adulatio venenum est melle litum, vel mel venenatum. Hujusmodi mel prohibetur in lege offerri super altare, eo quod præcipue ab iis[1] rebus quæ ad cultum sanctæ religionis pertinent, procul relegari debet vitium adulationis. Relinquant viri habitu religioso decorati palatinis et aulicis vitium quod ab aula nomen traxit. Mira res! Impugnare se videntur quodammodo vitium adulationis et detractio; quicunque tamen adulator est in præsentia illius quem seducit, palpo illo absente cynici reprehensoris incurrit impudenter officium. Semper novellas excogitare studet adinventiunculas effrons adulator, nunc histrionem gesticulationibus repræsentans, nunc commentatorem mendaciorum induens, nunc pulverem, etsi nullus erit, excutiens. In colloquiis Proteus est, in consiliis Achitofel, in executione man-

---

[a] Multi sentiunt contrarium.

[1] *his*, B.D.; *hiis*, C.

datorum Doech,[1] in responsis Nabal, in successibus Aman. O quantis quam desiderabilibus divitiis destituitur, qui non solum sanam amisit conscientiam, immo et læsæ conscientiæ incessanter verme corroditur, tanquam Megæræ incendiis agitatus. Gloria nostra, inquit apostolus, hæc est, testimonium conscientiæ nostræ. O palpo, te accusat conscientia tua, excæcatus es; palpas in meridie. Excæcari meruisti, qui summo studio excæcare alios satagis. Utrum quæso mavis aut latere prorsus adulationem tuam, aut manifestari? Si latet omnino ita quod non intelligitur, quid tibi confert, cum finem intentionis suæ non assequatur? Si manifestatur, jam vitium erubescibile detectum est. Perit adulatio, inquit philosophus, si deprehenditur. Immo perit adulatio, respondit alter, si non deprehenditur. Utri istorum philosophorum assensum præbes? Reor te reum responsurum.

"Si latet ars, prodest; confert deprehensa pudorem."

O acuta responsio, Hercule! nosti quod turpia operiri desiderant. Jussus est enim a lege secedens ad requisita naturæ palo humo fossa egesta recondere. Facies rugis arata cerussam desiderat, et Jezabel jam decrepita oculos stibio pingit. Sed vide ne tibi consimilis debeatur exitus, præcepto enim Jehu a turri præcipitata pedibus equinis conculcata est regina, sed meretrix, sed prophetarum Domini impudentissima persecutrix. Quid? Jezabel interpretatur sterquilinium. Quorsum hæc? Nonne adulator est sterquilinium nive opertum, aut, ut castigatius loquar, lutum deauratum?[a] Deauretur lutea testa, nihilominus testa erit. Exuviis leonis indutus asellus rudit, non rugit. Vulpes sub pelle ag-

---

[a] "Auri nobilitas luteam si vestiat ollam,
"Non ideo sequitur hanc minus esse lutum."

---

[1] *Dohech*, B.

nina latitans, argutiis se vulpem esse probabit, seipsam prodens. Patroclus armis Achillis utens, Achillem mentiens, dum temerarius phalanges Phrygias in fugam vertit, ab Hectore interceptus est et interfectus. O adulatio præceps et temeraria, quid in executione officii divini partes interponere præsumis? Ut quid Dagon juxta archam Domini collocatur? Quid Christo Domini et adulationi? Morbus palatinus regnet in palatio. Fistula Mercurii claudat Argi lumina, sed vigilent pastores super gregem suum. Dicat palponi prælatus, "Clavum teneo, et ad somnum me invitas." Infeliciter seductus est Palinurus, ramo lethæo respersus, dum proditor latenter somnus irrepsit. Nunquam excidat a memoria prudentis illud evangelicum, "Ap"propinquavit Judas Jesu, ut oscularetur eum. Jesus "autem dixit ei, Juda, osculo filium hominis[1] tradis?" Adulatio nempe osculum est Judæ proditoris. Sed quid? Meliora sunt vulnera amici quam oscula inimici. Nonne inimicus tuus est, qui gladio melle lito te transverberat?

Adulator est quartus mortuus, ad quem Dominus invitatus noluit accedere, dicens, "Dimitte mortuos "sepelire mortuos suos; tu me sequere." Quid est, "tu "me sequere," nisi veritatem sequere? Christus enim via, veritas, et vita. Adulator veritatem non sequitur, magis volens placere prolatione mendacii, quam displicere protestatione veri. Viam non sequitur, erroribus labyrinthi perplicitus. Vitam[2] non sequitur, qui[3] jam inter mortuos reputatur, dum sepulcrum patens est guttur ejus, dum vermes corrodentes scatent interius. De talibus ait propheta, "Sepulcrum patens est guttur "eorum, linguis suis dolose agebant; vindica illos, "Deus. Decidant a cogitationibus suis, secundum "multitudinem impietatum eorum, expelle eos. Quo-

---

[1] *Filium Dei*, B.
[2] *Viam*, C.D.
[3] *quia*, B.

" niam non est in ore eorum veritas, cor eorum vanum
" est. Filii igitur hominum usque quo gravi corde, ut
" quid diligitis vanitatem et quæritis mendacium?"

Quid moror? Quotiens adulatorem præ oculis cordis constituo, videor mihi videre Janum bicipitem. Omnis enim adulator diversarum facierum est. Nunc palponis nomen meretur, nunc detractoris. Molliti sunt sermones ejus super oleum, et ipsi sunt jacula. Qui publice adulatur, clandestinus est susurro. Videsne, lector,[1] quonammodo[2] stella quæ canis dicitur, quæ fulget ad morbidum pedem Orionis,[3] repentina quadam variatione et notabili nunc niveum præfert colorem aut lacteum, nunc roseum vel igneum? Poena legalis est qua percelluntur diminuti capite, dum eis ignis et aqua interdicitur. Sed qui melius hac poena plectendi sunt quam qui, ut vulgo dici solet, ignem in una portant manu, aquam in altera? Quid? Naturas rerum perscrutantur isti, et ego nesciebam. Considerant quod ejusdem oris flatu nunc infrigidatur, nunc frigus expellitur. Timeo ne Tiresiam imitentur cum Nerone, qui utriusque sexus conditionem nosse desiderans, flagitium naturæ incurrit, hostis ejus effectus.

Sed utinam audiat lector consilium Salomonis. "Fili
" mi," inquit, "si te lactaverint peccatores, non ad-
" quiescas eis." Mira res! Qui adquiescit adulatori jam illectus, jam effectus est adulator, dum sibi ipsi adulans, sibi ipsi blanditur. Adulatio est illa meretrix, de qua Salomon ait in Proverbiis, "Favus distillans
" labia meretricis, et nitidius oleo guttur ejus. No-
" vissima autem illius amara quasi absinthium, et
" acuta quasi gladius biceps." Ubi autem habemus nitidius oleo guttur ejus, habet alia translatio blandius oleo guttur ejus.

---

[1] *o lector*, C.D.; *o* as an interlinear gloss to mark the case in A.

[2] *quonam*, B.; *quomadmodum*, D.

[3] *Cirionis*, B.

Vates autem satiricus vitium istud expresse notificavit, ubi ait:[1]

"Itur ad Atriden, tunc Vicens,[2] 'accipe,' dixit,
"Privatis majora focis; genialis agatur
"Iste dies; propera stomachum laxare saginis,
"Et tua servatum consume in sæcula rhombum.
"Ipse capi voluit. Quid apertius? Et tamen illi
"Surgebant cristæ. Nihil est quod credere de se[3]
"Non possit, cum laudatur diis[4] æqua potestas."

Cap. CLXXXI.

De detractoribus.

Præceptum est in lege, ne surdo maledicatur. Nomine surdi quilibet absens intelligitur. Detractores igitur legem transgrediuntur qui absentium vitam corrodunt dente cynico, et vas sincerum incrustant. Istis competit illud prophetæ, "Acuerunt linguas suas sicut "serpentes, venenum aspidum sub labiis eorum." Sedent in insidiis, singula pervertunt, omnes habent suspectos. Vitia quæ in ipsis regnant, aliis imponunt. Colloquia etiam honestorum virorum reprehendere præsumunt, figmentorum commentatores, in sinistram partem vergunt semper ipsorum sententiæ. O mira, o erubescibilis vanitas! Quæ finxisse se norunt, audent in publicum proferre. Poetas se esse gaudent, sed dum nimia abutuntur licentia, legibus metricis non sese coartant. In problematibus Sphyngos enucleandis Œdipos se esse spondent. Tam istorum quam adulatorum lingua dolosa est. Sed quid detur tibi, aut quid apponatur tibi, ad linguam dolosam? Audi salubre consilium. Contemnantur tum adulatores quam detractores,

---

[1] Juvenal, Satir. iv. 65.
[2] *Pisces*, C.; *Piscens*, A.D.
[3] *de se credere*, B.
[4] *dis*, Juvenal.

ut ipsorum irritetur intentio. Fovet vitium susurronis qui eum audire dignatur. Providus esto, mors enim intrat per fenestras sensuum. Relinquatur hoc vitium iis[1] qui spectaculis theatralibus obnoxii sunt.

Cap. CLXXXII.

De ambitiosis.

Quam fuerit lætalis ambitus urbi Romanæ, ingentes docent ruinæ. Quid Catilinam, quid Marium, quid Syllam, quid Graccos, quos curio venali lingua comitatur, referam? Iste est de quo dicitur, "Emere omnes, "hic vendidit urbem." Qui igitur dignitates ambiunt, simulatam prætendunt liberalitatem, singulis arrident, singulis obsequia promittunt, salutationibus et gratiarum actionibus referti. O quam compendiose tangit istos Aristoteles; ambitiosos, inquit, liberales esse oportet. Notum est quonammodo Absolon aspirans et suspirans ad solium patris, mane consurgens, stabat juxta introitum portæ in via, et omnem virum qui habebat negotium ut veniret ad regis judicium vocabat ad se et dicebat, "De qua civitate es tu?" Qui respondens aiebat, "Ex una tribu Israel; ego sum servus tuus." Respondebatque ei Absolon, "Videntur mihi sermones "tui boni et justi, sed non est qui te audiat consti- "tutus a rege." Dicebatque Absolon, "Quis me con- "stituat judicem super terram, ut ad me veniant omnes "qui habent negotium, et juste judicem?" Sed et cum accederet homo ut salutaret eum, extendebat manum suam, et apprehendens osculabatur eum. Faciebatque hoc omni Israel qui veniebat ad judicium ut audiretur a rege, et sollicitabat corda virorum in Israel. Omnes itaque ambitiosi adulatores sunt, simulatores sunt, cupidi sunt.

---

[1] *hiis*, B.; *his*, D.

O quam competenter avaritiæ vota damnat illud antiquorum figmentum, fingentium Midam[1] optasse ut quicquid tangeret fulvum verteretur in aurum.[2]

> " Annuit optatis; nocituraque munera solvit
> " Liber, et[3] indoluit quod non meliora petisset.
> " Lætus abit, gaudetque dato[4] Berecynthius heros,
> " Pollicitique[5] fidem tangendo singula tentat.
> " Ilice detraxit virgam, virga aurea facta est.
> " Tollit humo saxum, saxum quoque palluit auro.
> " Contigit et glebam, contactu gleba potenti
> " Massa fit; et astantes[6] Cereris[7] decerpsit aristas,
> " Aurea messis erat. Demptum tenet arbore pomum,
> " Hesperidas donasse putes. Si postibus altis
> " Admovit digitos, postes radiare videntur.
> " Unda fluens palmis Danaen[8] eludere posset.
> " Vix spes ipse suas animo capit, omnia fingens
> " Aurea.[9] Gaudenti mensas posuere ministri
> " Exstructas dapibus, nec tostæ frugis egentes.
> " Tum vero, sive ille sua cerealia dextra
> " Munera contigerat, cerealia dona rigebant;
> " Sive dapes avido convellere dente parabat,
> " Lamina fulva dapes admoto dente nitebant.
> " Attonitus novitate mali, divesque miserque,
> " Effugere optat opes, et quæ modo noverat odit.
> " Copia nulla famem relevat, sitis arida guttur
> " Urit, et inviso meritus torquetur ab auro."

---

[1] *figmentum miclam*, B.
[2] Ovid. Metamorph. xi. 104.
[3] *at*, Ovid.
[4] *malo*, received text of Ovid; but *dato* is the reading of some MSS.
[5] *Pollicitamque*, Ovid., though some MSS. have *Pollicitique*.
[6] *arentes*, Ovid.
[7] *ceteris*, B.
[8] *Danen*, MSS.
[9] *aurea figens omnia*, Ovid.

Cap. CLXXXIII.

De aleatoribus.

" Alea, labilis es, in te nihil est nisi labes;
" Estque tibi nomen conveniens quod habes."

Vix autem reperies aliquem qui ludum hunc frequenter exerceat, qui non invigilet clandestinæ alienarum rerum surreptioni, immo et libidini collum submittet. Cum ludit, desperando sperat, et sperando desperat. Cum minus ei arridet dominatrix ipsius fortuna, superos jurat esse fallaces. In secundis jactibus, secundas facit. Tesseras colligit rapide, spe pallet, nunc canem eminere, nunc senionem optat. Plumbum etiam nonnunquam per porum subtilem decii infundit, ut beneficio ponderositatis vergat tessera ad nutum suum. Fraudem sæpissime protestatur subesse jactui collusoris, cogit eum ad resumendum talos. Sæpe minatur, persæpe minis verbera adjiciens. Indignanter rapit decios fallaciæ fortunæ proditores, quatit acriter duos, tertium in fraudem legis ludi positurus argute. Post multos Mercurii acervos amissos, cum vix tandem aliquot stipes levat, felicem se esse asserit, penulam collo demittit,[1] brachiorum indumenta replicat. Dehinc brachium alterum arcuatum femori stridens dentibus comprimit, altera manu mentum tenens, felicibus eventibus se non esse destitutum intonat. Si collusor vafer protestetur se non ulterius ludo operam impensurum, dat ei miser aleator tesseras in antecessum. Summa pecuniæ numeratæ major solito in jactibus singulis apponitur, crescit nummorum acervus, invocantur superi,

[1] Quas Teutonici vocant interdictiones.

speratur utrinque, anceps enim est alea fortunæ in ludo alcæ.

" Sic, ne perdiderit, non cessat perdere lusor,
" Et revocat trepidas alea blanda manus."

Post vestium exuvias, prædia perduntur. Sed quid? Si qua miser aleator lucratur, in usus inhonestos prodigit. Æquum est enim ut quæ turpiter adquisita sunt, infeliciter consumantur. Si vero filiusfamilias est lusor noster, ex quo in solis constitutus est et puris et nudis intellectibus Davus efficitur, ad pedes jacet provolutus paternos, ludo pernicioso abrenuntiat. Adhibet fidem dictis pater, pietate victus paterna, vestes nato comparat pretiosas, inconstantiæ juvenilis immemor. Ad ludum pristinum festinans recurrit adolescens, fidei interpositæ neglector. Sed quid? Quis vanitates lusorum scripto comprehenderet?

Cap. CLXXXIV.

De scaccis.

Fateor me plus debere Græcis quam Dardaniis. Unde ex quo de ludo Troum inventioni obnoxio paucis egi, de scaccorum ludo, qui se Ulyxis subtilitati debere fertur a nonnullis, scribere non erit molestum. Pedites igitur in una linea disponuntur, reliquis secundum varias dispositiones varia loca sortientibus. Secundum primitivam tamen ludi adinventionem pedites in secunda linea scaccarii ordinabuntur, dignioribus personis in prima linea dispositis. Pedes directo tramite incedit, nisi cum injurias suas in hoste persequitur. Tunc enim gressum obliquat, cum prædo efficitur. Cum vero expleto cursu ultimam tenet lineam reginæ dignitatem adipiscitur, sed sexus privilegio destitui videtur. Tresiatur veniens ad Gades suas, novoque fruitur incessu,

*Iphis alter. Angulariter incedit postquam sublimatus est qui in directum tendebat quamdiu privata erat persona. Senex Nestoris personam gerens explorator est, qui vulgo alphicus¹ dicitur. Reginæ geminat cursum, gressum obliquans, tanquam insidiator. Miles, illorum militum qui castra sequuntur repræsentans personam, reginæ gressum cum incessu peditis unico transitu metitur, partim obliquans cursum, partim directo tramite legens iter. Rochus expeditissimum militem in re militari² repræsentans, qui et³ ab antiquis Janus biceps dictus est, unde et duobus capitibus munitur, nunquam cursum obliquare dignatur, semper directum iter observans. Rex vero nunc pro nutu dignitatis ipsius gressum obliquat, nunc in directum movetur; cujus hæc est privilegiata dignitas, ut capi non queat. Unde et⁴ rex Francorum Ludovicus grossus, cum a rege Anglorum Henrico primo confectus esset, fugæ sese committens patrocinio, milite quodam strenuo acerrime fugientem persequente, sed et habenas equi apprehendente et proclamante regem esse captum, "Fuge," inquit, "indisciplinate miles et proterve; nec "etiam regem scaccorum fas est capi." Et gladium vibrans, ictu fulmineo corpus militis in duas divisit portiones. *De eo quod rex etiam in ludo scaccorum capi non debeat.*

Sed ad vanitatem ludi scaccorum redeamus, cui tantam diligentiam adhibent ludentes ac si magnum emolumentum ex victoria essent consecuturi. Quid? Immo victori videtur se laurea dignum esse. Confunditur qui ludum amisit ac si magnum discrimen incurrerit. Instauratur iterato ludus,⁵ disponuntur acies altrinsecus,

---

ᵃ Ovidius,⁶

"Sequitur puer⁷ Iphis euntem,
"Quam solita est majore gradu."

---

¹ *alficus*, B.
² *militare*, B.
³ *et* omitted in B.
⁴ *et* omitted in B.
⁵ *ludis*, B.
⁶ Ovid. Metamorph. ix. 785.
⁷ *comes*, Ovid.

exeunt a locis suis pedites, tanquam primitus cum hostibus congressuri. Totum se intra se colligit uterque ludentium, vires ingenii sui uterque ex successu ludi metitur. Et dum ingenii acumen existimatur feliciter exercitari, fatigatum nimis hebetatur. Emergunt repentinæ indignationes, et furorem animi indignantis inclusum prodit nunc pallor oris liventis, nunc igneus rubor vultum accendens. Sæpe in medium convitia proferuntur, et ludus non in serium negotium nobilitatur, sed in rixam degenerat. O quot millia animarum Orco transmissa sunt occasione illius ludi quo Reginaldus filius Eymundi in calculis ludens militem generosum cum illo ludentem in palatio Karoli magni cum uno scaccorum interemit.

Cap. CLXXXV.

De hypocritis.[1]

Hypocrita omnis adulator est, duplex est, cupidus est, proditor est,[2] superstitiosus est. Non est ambidexter cum Aoth, sed ambisinister est. Ejus[3] dextera repleri desiderat muneribus, sed ejus dextera sinistra est. Interponit hic partes suas fallacia secundum quid et simpliciter. Jejuniorum, vigilarum, genuflexionum, obsecrationum, supplicationum, immo et totius sudoris sui finem constituit popularem favorem, ut sic apicem dignitatis alicujus ascendere queat. Totus venalis est, seipsum veno exponit. Cum se ipsum vendit, crimen plagii non incurrit, quia non liberum sed servum vendit. Servus enim est quem in captivitatem et in regionem dissimilitudinis vitia abduxerunt. O exilis quæstus, o contractus infelix, dum quis animam suam, pro qua Christus pati dignatus est, vendit ob pretium auræ popularis. O merx venalis, homo miser, majoris

---

[1] *De ypocrita,* B.
[2] *proditor est* omitted in B.
[3] *Cujus,* B.

es quam credas. Quid? Immo magni esses, si dignitatem tuam attenderes. O dedecus! Exigui muneris porrectione gratiam hypocritæ consequeris, sed gratiam vix diurnam,[1] si tamen recte dixerim gratiam. Cum superstitioni suæ vacat, orat latitans, videri tamen ab hominibus, sed et ab omnibus, desiderans. Gestus habet compositos, sed Dominus non irridetur. Prolixius orat cæteris, suspiria ducit ab imo pectore, sed ut audiatur a circumstantibus. Cum stat, statuam esse credas. Quo tendant locutiones ipsius, etiam cum in secreto convenitur, vix advertes. Alius tamen est in publico, alius in secreto. Numquid exaudit illud apostoli, "Si adhuc hominibus placerem, Christi servus non " essem?"

Quid moror? Sepulcra dealbata sunt hypocritæ intus immunditiis plena, exterius nitentia. Cum loquuntur manus ad sidera levant, ut mendaciis ipsorum detur fides. Isti

"Et Curios simulant et Bacchanalia vivunt."[2]

Verna aura inconstantiores sunt, ob causam exilem rident, sed facile risus in lacrimas mutant. Quid? Immo simul rident et lacrimantur, histrionibus victum gesticulationum variatione quærentibus consimiles. Aeri, ut reor, se conformare student, qui insimul et stillis pluviæ irroratur et radiis solaribus illustratur. Pro dolor! Testimonium conscientiæ repudiant, sed testimonio angelorum destituendi. Gratiam hominum sibi conciliant, ut hostes Dei efficiantur. [a] Vertumnum imitantur, dum in varias se transformant figuras. Novos ritus immo superstitiones excogitant, ut religionis gloriam assecuti videantur.

[a] Vertumnus deus est veris, qui in varias figuras se transfigurare dicitur, tam propter vernæ auræ inconstantia, quam propter varios veris affectus.

---

[1] *divinam*, B.   [2] Juvenal. Sat. ii. 1. 3.

Cap. CLXXXVI.

De inconstantibus.

Primum argumentum mentis bene compositæ est posse consistere et secum morari. Quidam autem mentis inconstantiam certis indiciis exterioribus detegunt, ut cum momentanea vix utantur sessione, statim prosiliant, vagis et nimis licentiosis discursibus utentes. Planetæ terrestres sunt isti, sed, pro dolor! non lucent in terra sacrosanctæ ecclesiæ. In nullo constantes sunt nisi in ipsa inconstantia. Operibus novis se gloriantur insistere, infelices operum summæ, quia ponere totum nesciunt.

"Conveniet nulli qui secum dissidet ipse."

Quid sentis de illo qui destruit, ædificat, mutat quadrata rotundis? Opus ex quo inchoatum est statim displicet. Novum assumitur, sed et ipsum eadem facilitate negligitur.[1] Quid quod quidam aliquod opus utilitati reipublicæ profuturum aggrediuntur, sed ingeniosi, et in quæstui[2] inhiantes, operas suas suspendunt, ut subsidio novo egere videantur? Alii[3] operibus insistunt, ut sub prætextu impensarum petitiones egentium excludant. O quam civiliter tales arguit Martialis,[4] dicens,

"Gellius[5] ædificat semper, modo limina ponit,
"Nunc foribus claves aptat, emitque seras.
"Nunc has, nunc illas, aptat[6] reficitque fenestras,
"Dum tantum[7] ædificet, quidlibet ille facit.
"Oranti nummos ut dicere posset amico
"Unum illud verbum Gellius, ædifico."

---

[1] *neglectitur*, B.
[2] *et quæstui*, B.C.
[3] *Aliis*, B.
[4] Martial. Ep. ix. 47.
[5] *Cellius*, A.
[6] *mutat*, Martial.
[7] *tamen*, Martial, D.

Scholares etiam nonnulli, auditis regulis juris, ad aphorismos Hypocratis, statim se transferunt, deinde indulgent studio liberalium. Sed dum singula degustant, famelici relinquuntur. In mechanicis idem reperies. Pistor enim rudis ad specificandum cerealia dona transit, et a professione litteratoria transitur ad institoriam. Sed audi philosophum. Quam quis novit artem, in hac sese exerceat. Sed quid? Claustrales etiam nonnulli cœnobia mutant, adeo ut quidam a cellis ad monasteria, alii a monasteriis ad cellas, transeant. Sed in vocatione qua quis vocatus est maneat. Non convalescit planta quæ sæpius transfertur. Terræ stabilitatem attendere quis debet, non arundinis vento agitatæ, vento omni cedentis, mutabilitatem. De sancta quidem ecclesia dicit propheta, "Qui fundasti terram super stabilitatem "suam, non inclinabitur in sæculum sæculi."

CAP. CLXXXVII.

De sollicitudine divitum et incerto divitiarum.

Divitiæ in evangelica veritate spinis comparantur, propter sollicitudines pungentes quos ex se generant. Unde et non sine causa fertur Atlas thesaurum suum custodiæ draconis deputasse, per quem sollicitudo pervigil et insomnis designatur. Dives noctes agit insomnes quem

"Cura vigil macerat sollicitatque timor."

Non possidet divitias, sed possidetur a divitiis, non solum divitiarum possessor, sed et servus. Nummicola est, non Christicola. Idolatra est, dum formam nummi colit, transgressor illius præcepti,

"Dilige denarium, sed parce dilige formam."[1]

Sed quid? Quæ tanto tanto sunt parta labore, quæ

---

[1] Cato, Distich. de Moribus, lib. iv.

tanta sollicitudine servata sunt, in ictu oculi amittuntur. Ecce,

"Impiger extremos currit mercator ad Indos,
"Per mare pauperiem fugiens, per saxa, per ignes."

Esto, propitius est ei Neptunus, transit mare, portum tenet; et, ecce, aut navem, aut domum, cum mercibus, consumit Vulcanus. Nonnunquam vespiliones divitias illas occupant, legum contemptores. Utrum proprietarii sint non curant, dummodo aut vi aut quocunque modo possessores efficiantur. Frustra porrigeretur eis libellus conventionalis; citati non comparerent in judicio. Gladii sunt patroni ipsorum, ipsi judices sui sunt. Sententiam dant ad nutum suum, sed neque secundum conscientiam suam neque secundum allegata judicant.

Quid? Agamus mitius cum divitibus. Possideant si placet divitias suas quiete, sed et multiplicent. Sed ecce mors in januis est, edicto citatur dives peremptorio. Comparet reus in judicio, sedente pro tribunali illo illo[1] judice cui flectunt genua cœlestia, terrestria, et inferna.[2] Accusatur, producuntur in ipsum testes, non dabuntur indutiæ, quis ei patrocinabitur? Feretur sententia, nec erit locus remedio appellationis. Non erit iniqua sententia, quia judex justitia est, misericordia est, sapientia est, æquitas est. Mandabitur executioni sententia, tum quia velociter currit sermo judicis nostri, tum quia omnipotens est. O cruciatus in perpetuum cruciatibus continuandi! o vermes læsæ conscientiæ in æternum cor corrosuri! o dolor! o miseria! Quid quod damnandi non magis dolebunt de cruciatibus æternis, quam quod tam dulci consortio, consortio videlicet supernorum civium, semper carituri erunt? Quid proderunt tunc quondam possessæ et multiplicatæ divitiæ, et tanta diligentia conservatæ? Ubi tunc erunt? Sed nec erunt. Ignis enim ille judicium

---

[1] The second *illo* omitted in B.C. | [2] *infernalia*, B.

præcessurus non solum divitias consumet, sed et vias subterraneas, quas avaritia humana aut labor curiosus sibi fecit, sequetur ignis ultoris edacitas.

Quid igitur vanius quam amorem divitiarum præferre amori Creatoris, qui illas tibi, sed et vitam et multas naturæ dotes, munifice contulit? Quid? Sed et pro te crucifigi voluit, ut sanguine tam pretioso te mundaret. Confer igitur hilariter Christi pauperibus divitias, quia

"Quas dederis solas semper habebis opes."

Fidelis esto dispensator, quia tantum depositarius es. Domini enim est terra et plenitudo ejus. Immo si dominus verus[1] te opum tuarum[2] fecit dominum, tanto amplius a te diligendus esset. Distinguendum tamen est inter dominium et dominium.[3] Aurum forte diligis, quia situ non ducit rubiginem, sed certe animo spiritualem rubiginem nimius amor auri adducit. Si aurum cupis possidere, quia præ cæteris metallis sese conservat in esse, cur divitias terræ viventium veras et æternas et sufficientes non desideras? Profecto aurum terræ illius optimum est. "Fulgor," inquies, "auri fulvi rutilans mihi placet." Sed infinito major et commendabilior erit claritas corporis glorificati. Quid vanitatem præfers veritati? Commendabilis est metalli nobilis splendor. Esto. Splendor ille in auro est, non in te est. Auri, inquis, gloria non minuitur propter loci indignitatem in quo reconditur, sed nonne cadaver tuum etiam aureo sarcophago reconditum in cinerem commutabitur? Sed esto quod myrrha et aloe et balsamo inungaris, nonne in districto examine stabis rationem pro te redditurus?

---

[1] *verus dominus*, B.
[2] *te opum tuarum tc*, A.; the first *te* omitted in D.
[3] *dominum et dominum*, B.C.; *dominium et dominum*, D.

Cap. CLXXXVIII.

De iis qui muneribus inhiant.

Suspecta erunt munera viro prudenter consideranti qui legantur fuisse munerum acceptores in Sacra Scriptura. Quinam? inquies. Esau, et Balaam hariolus, et Giezi servus Heliseei. In his tribus præfigurati sunt potentes, et philosophi, et ministri prælatorum sive viri religiosi. Sed Esau excusari potest, cui nescienti a fratre missa sunt munera. Cum tamen ei multa missa sint, nullum remisisse legitur et fratri, a remotis partibus venienti, cum tamen ipse potius muneribus donandus esset. Balaam a Balaac[1] munera accepit, sed compulsus. Philosophi enim non accipiunt munera, nisi compulsi. Consilium tamen dedit Balaam Balaac, vergens in perniciem et exitium filiorum Israel, sed postea manus ipsorum non evasit. Giezi vero, et sui et domini sui proditor, sed et exactor protervus, mendacio munera obtinuit, unde et lepra percussus est. Incurrunt autem lepram spiritualem imitatores ejus, nec excusatione digni sunt claustrales muneribus inhiantes. Beatus qui excutit manus suas ab omni munere. Est enim munus a lingua, ab obsequio, a manu.

Quam detestabile autem sit vitium istud docent antiqui patres qui munera nec respicere volebant. Sed audiamus Samuelem loquentem ad populum: "Loqui-
"mini de me coram Domino et coram Christo ejus,
"utrum bovem cujusquam tulerim an asinum, si quem-
"piam calumniatus sum, si oppressi aliquem, si de
"manu cujusquam munus accepi, et contemnam illud
"hodie restituamque vobis." Et dixerunt, "Non es
"calumniatus nos, neque oppressisti, neque tulisti de
"manu alicujus quippiam. Quis mihi dabit diebus

---

[1] *Balac,* B.D.

"istis alterum Samuelem?" Sed et lex Justiniana illos advocatos arcet a postulando, qui sub nomine honorariorum ex ipsis negotiis quæ tuenda susceperunt emolumentum certæ partis cum gravi damno litigatoris et deprædatione poscentes fuerint inventi. Et alibi, " Si lucro pecuniaque capiantur advocati, veluti abjecti " atque[1] degeneres, inter vilissimos numerabuntur." Si autem in advocatis detestatione dignum est vitium istud, filiis Adæ nimis familiare, quam horribile est in judice! Advocatus linguam habet venalem, judex justitiam vendit. Et dum utraque partium judicis animum in sui favorem et gratiam flectere muneribus contendit, judex vergit cum pondere, et lancem quæ cœlo vicinior est repudiat mens, in abyssum miseriæ tendens. Etiam gentilis poeta[2] arguit avaritiam tam in advocato quam in judice, dicens: *Ovidius.*

"Turpe reos empta miseros defendere lingua;
"Quod faciat magnas turpe tribunal opes."

Nec excidat a memoria tua quod legitur in Deuteronomio, "Judices et magistros constitues in omnibus " portis tuis quas Dominus Deus dederit tibi per sin- " gulas tribus tuas, ut judicent populum justo judicio, " nec in alteram partem declinent. Non accipies per- " sonam nec munera, quia munera excæcant oculos " sapientium et mutant verba justorum. Juste quod " justum est prosequeris, ut vivas et possideas terram " quam Dominus Deus dederit tibi."

Optat avarus se fieri Briareum, ut prodigiosa manuum numerositate multitudini munerum porrectorum simul sufficere possit. Cum interierit, non sumet omnia. Hoc est, omnia non sumet, id est, nulla secum sumet. Vel sarchasmos est, sub hoc sensu: Non sumet omnia, qui in præsenti omnia sumere desiderat. Non descendet cum ipso gloria ejus. Quid? Immo esto, de-

---

[1] *et*, B.   [2] Ovid. I. Amor. x. 40.

ferat secum in nobile mausolæum murenulas ab auribus perforatis dependentes, ambiant torques aurei lacertos, brachia perinchelides. Numquid vermes cadaveri[1] vel unius diei inducias dabunt, aut gloria auri mitiores effecti, aut pristina divitis jam fœtentis potentia perterriti? De avaro in *Ecclesiastico* sic legitur: "Avaro
" nihil est scelestius. Quid superbit terra et cinis?
" Nihil est iniquius quam amare pecuniam. Hic et
" animam suam venalem habet, quoniam in vita sua
" projecit intima sua. Omnis potentatus brevis vita.
" Cum morietur homo, hæreditabit vermes et serpentes."

<small>Optimum exemplum contra gulæ vitium.</small>

Libet hic ædificationis gratia rem gestam scripto commendare. Præfuit igitur jure hæreditario Ponti-Ysaræ comes illustris, armis strenuus, et avito sanguine generosus; sed pro dolor! virum tot gratiæ titulis præditum sibi subjugavit vitium gulæ, pestis tam animæ salutis[2] quam corporis sanitati nociva. Solvit tandem generale naturæ tributum, et cum apparatibus tam pomposis quam superfluis corpus terræ commendatum est. Successit ei filius ejus adolescens,[3] nobilitate animi nobilitatem generis transcendens, pauperum dulce solatium, orphanorum pater, viduarum tutum refugium. Sepulcrum paternum sæpius, arbitro omni remoto, visitare consuevit, in piis lacrimis et multa devotione filium se exhibens. Crebris etiam eleemosynis[4] et opulentis pauperum levavit inopiam, supplicans eis ut pro patris anima intercederent ad Dominum. Quadam die nobile nobilibus invitatis parari jussit convivium, sed antequam solverent jejunia duxit invitatos ad patris sepulcrum. Injungit ministris comes ut lapidem superpositum amoveant. Paretur jussis, et ecce cernunt omnes astantes bufonem teterrimun et horribilem collo potentis ibidem sepulti pedibus protervis inhærentem.

---

[1] *cadaver*, B.
[2] *saluti*, B.
[3] *adolescens filius ejus*, B.
[4] *Crebris etiam pauperum et elimosynis*, B.

Quo viso, oborto lacrimarum imbre, exclamavit filius, "O pater, pater, sollemnes epulæ per meatus colli istius transire solebant in stomachum, sed en qualis est crapulæ inhonestæ remuneratio." Collocato postea lapide in loco suo, discumbunt invitati, comes autem conceptum interius dolorem ob reverentiam mensæ et invitatorum gratiam dissimulavit. Summo diei sequentis diluculo amicos fideles convocat, exponens eis animi secretum. Regem Francorum hæredem suum constituit, et urbem Hierosolimitanam adiens, pauperibus Christi humiliter et affectuose servivit toto tempore vitæ suæ.

Quæramus igitur divitias quæ beatum faciunt. Sed vanitatibus dediti vana quærunt. Crassus aurum sitiens, aurum bibit, sed nec aureus potus sitim auri sedavit. Quid? Sed nec ipsa mors vitium abstulit, etsi enim vitam temporalem perimat, animam tamen perimere non potest. Vitium quidem mors est animæ, sed tamen viventis, sed male et infeliciter viventis. Mors spiritualis vitam subtrahit spiritualem, sed non naturalem. O amor divitiarum perniciosus! Potentes cessuri in fata avaritiæ servi esse non erubuerunt, etiam[1] post fata. Thesauros terræ commiserunt, et [a] Diti divitias legaverunt. O nobilis legatarius, sed legatum codicillis non est exceptum. Avaritiæ æstuantis comes est individua tabescens invidia; invident enim avari divitias posteris. Sed quid? Hæredem habebunt, sed incertum, quem sors dabit, non creabit natura. Invenientur gazæ in terræ penetralibus reconditæ, et Ops opes fortunæ ministrabit. Ridente fortuna indignabitur avaritia se prodigum habere hæredem. Sed revertentur[2] iterum divitiæ ad ditionem Ditis, sed Proserpinæ non cedent in donationem propter nuptias.

[a] Dis, Pluto, qui et terra quasi pluviicto (sic).

---

[1] et, B.
[2] vertentur, B.

Cap. CLXXXIX.

De invidis.[1]

Quam detestabilis pestis sit invidia vix manu notarii aut stili officio potest excipi. Filia est superbiæ, et radice toxicata ramus[2] in venenum pullulat. Primum invidiæ subjectum fuit hostis antiquus, et monstrum monstro inseparabiliter adhæret. Postea primogenitum protoplasti hæc pestis invasit, sed et ipsum ad sanguinis fraterni effusionem sceleratissimam perduxit. Quidni? Possessionis comes est invidia. Cain nempe possessio interpretatur. Invidit Esau Jacob, sed pilosus, sed et terrenus. Edom namque terrenus interpretatur. Sed et semper terrenarum rerum amator persequitur fratrem, invidet Jacob, invidet viro spirituali, qui contra vitia viriliter luctatur. Vicit Jacob angelum, sed fratrem demulcere non potuit. O quot sunt et hodie Cain, quot sunt et Esau! Inviderunt et Joseph, adolescenti generoso, fratres in hoc degeneres, sed et voluntate perniciosa fratricidæ sunt effecti. Solus Ruben nitebatur eum liberare de manibus ipsorum. Per Ruben, primogenitum inter filios Jacob, designatur timor, qui inter dona septiformis gratiæ primum tenet locum. Qui autem Deum timet, nititur fratrem de manibus invidorum liberare. Mittitur Joseph in cisternam veterem, sed a fratribus. Innocens quippe ab æmulis fratribus in infamiæ cisternam mittitur, sed etiam quantum in ipsis est Ismaelitis venditur, per quos hostes invisibiles figurantur. Joseph tamen sublimatus fratribus beneficiorum multiplex confert solatium. Si enim præcipimur non esse memores injuriæ civium nostrorum, quanto magis et fratrum.

Inviderunt Ægyptii successibus filiorum Israel; et

---

[1] *De invidia,* C. [2] *nimis,* B.

adhuc filii tenebrarum invident filiis lucis. Ægyptus quidem tenebræ interpretatur.

Sed et Moysi et Aaron inviderunt Dathan et Abiron; sed quos terrena cupiditas infecit ultrix terra deglutivit. Chore vero et congregationem stantem cum eo ignis egressus a Domino consumpsit. Æstuantes igne avaritiæ igne materiali consumpti sunt.

Quid quod Saul successibus generi sui invidit?

De invidia autem Joab erga Abner, principem militiæ Saulis, et Amasan notum est. Aman etiam, invidia tabescens in Mardocheum, pœnas exsolvit debitas.

Sed ad ethnicorum historias transeamus. Romulus, jam sæpedictæ pestis furiis agitatus, Martis se prolem esse degenerem probavit, dum muros urbis sanguine fraterno infausta dedicatione polluit. Tarquinius Superbus, febribus invidiæ anhelans, solos viros honestos persequi studuit. Stimulis livoris mutui agitati, sese inexorabili odio persecuti sunt Marius et Sylla. Quantum exitium orbi contulerit invidia Magni in socerum, nobile opus eximii vatis quem Corduba genuit declarat. Nero, naturæ flagitium infelix, doctorem suum, virum clarissimum Senecam, invidia ductus peremit.

Invitus autem scripto commendarem quod Aristoteles peste tam læthali laboraverit, nisi proposuissem monstrum tam perniciosum sugillare. Viam igitur universæ carnis ingressurus dictus philosophus, subtilissima scripta sua jussit in sepulcro suo secum recondi, ne utilitati posteritatis suæ deservirent. Sed et nescio qua vi naturæ aut artis potentia, ne dicam magicæ artis prodigio, locum sepulcro suo vicinum circumquaque sibi adeo appropriavit, ut illum nemo etiam diebus istis intrare possit. Sed ad quid scripta illa, quæ usibus aliorum invidit, composuit?[1] Ferunt nonnulli Antichristi versutiis locum dictum cessurum, et scripta ibidem reposita ipsum putant inspecturum.

---

[1] *et posuit*, B.

Afferent namque, ut aiunt, nuntii ipsius secreta Aristotelis conspectui illius qui idolum et abominationis et desolationis erit. Sed incertis fidem adhibere quis audeat? Certum est autem quod dictus philosophus sic rescripserit victori Pellæo Indos subjuganti et impatienter ferenti quod ipse Dialecticam elaborasset, "Ita " edidi, ac si non edidissem." O ostentatio! o inanis gloria! quæ ipsum Dialecticam edere compulit. Sed o invidia! dum anxietate decisæ brevitatis fere singula perstrinxit, adeo ut vel modicum ipsius opus totum sibi vendicet lectorem.

Discipulus ejus Macedo, nimis expresse præceptorem suum volens imitari, cum orbem sibi subhastaret, vitio jam sæpedicto colla submisit. Pro dolor! orbis triumphator a vitio tam turpi triumphari sustinuit; et qui gloriabatur reges vincere servire pesti tam fœdæ non erubuit. O dedecus! Jam gloriosus princeps vitii tam detestabilis servile fuit mancipium. Et qui tot servos manumisit, qui tot liberos gloria ingenuitatis donavit, seipsum miseræ servituti subjecit. Probare igitur audens mors argumento irrefragabili illum esse hominem, quem populus deum esse proclamare sed et asserere publice præsumpsit, rebus humanis Græcorum gloriam Alexandrum exemit. Qui imperiosam fatorum nuntiam[1] jam accedere præsentiens, duodecim constituit sui successores, unico hæredi tantam invidens gloriam. Maluit plures relinquere successores quam parem sibi substituere aliquem.

Quid moror? Infelices Judæi sapientiæ patris invidentes, stulti effecti sunt, et quia solem verum videre non sustinuerunt, excæcari meruerunt. Extra civitatem suam libertatem ejecerunt, unde et postea servi effecti sunt. Nonne igitur Christi ministros ex invidia persequentes generatio sunt prava et perversa? Nonne qui servis Christi invident, Judæorum successores sunt?

---

[1] *nuntia*, B.

Sed de peste ipsa loqui non inutile erit. Regnat hæc pestis in palatiis principum, sed et tuguria pauperum, jam jam nimis sibi familiaria et nota, ingreditur. Etsi enim summa petat[1] livor, novit tamen et humi serpere. Pro dolor! septa claustrorum intrat fidenter, rixarum et discordiæ educatrix nimis sedula. Sub veste lugubri latitat monstrum lugubre, et certis indiciis se prodit. Pectus ignobile, quod tam vilis prodigii vile domicilium est, indignationes conceptas ad os transmittit, quod mentem exprimit. Sermo asper et impetuosus nuntius est pestis interius regnantis. Licet autem aliquando sermonem palliet pallens invidia, vix tamen diu sese continere potest superbiæ filia. Faciem liventem pallida tabe inficit, oculos, ne videant aliorum successus, perstringit, labra morsu crebro terit. Quid quod vultus exterior animi tormenta languentis in ægro corpore enarrat? Tristitiam corde conceptam facies exsanguis protestatur, et attestatur facies faciei exterior interiori.

Quam exquisite autem invidiæ statum Naso in sua *Morphosi* describat,[2] patebit intelligenti lectori. Refert enim quod Pallas Invidiæ domum adiit, ubi dicitur:

" Protinus Invidiæ nigro squalentia tabo
" Tecta petit. Domus est imis in vallibus antri
" Abdita, sole carens, non ulli pervia vento;[a]
" Tristis et ignavi plenissima frigoris, et quæ
" [b] Igne vacet semper, caligine semper abundet.
" Huc ubi pervenit bello[3] metuenda virago,
" Astitit[4] ante domum, neque enim [c] succedere tectis

[a] Quia caret refrigerio mens invida.
[b] I.e. luce.
[c] Sapientia enim non intrat pectus quod[5] inhabitat invidia.

[1] petit, B.
[2] Ovid. Metamorph. lib. II. 760.
[3] belli, Ovid.
[4] constitit, Ovid.
[5] Sapientia enim non inhabitat pectus quod, B. Pectus is omitted in MS. A.

" Fas habet, et postes extrema cuspide pulsat.
" Concussæ patuere fores, videt intus edentem
" Vipereas carnes, vitiorum alimenta suorum,
" Invidiam, visaque oculos avertit. At illa
" Surgit humo pigre,[1] semesarumque reliquit
" Corpora[2] serpentum, passuque incedit inerti.
" Utque deam vidit formaque armisque decoram,
" Ingemuit, vultumque deæ[3] ad suspiria duxit.
" Pallor in ore sedet, macies in corpore toto.
" Nusquam recta acies, livent rubigine dentes,
" Pectora felle virent, lingua est suffusa veneno.
" Risus abest, nisi quem visi fecere[4] dolores;
" Nec fruitur somno, vigilantibus excita curis.
" Sed videt ingratos, intabescitque videndo
" Successus hominum, carpitque et carpitur una,
" Suppliciumque sui est. Quamvis tamen oderit[5] illam,
" Talibus affata est breviter Tritonia dictis.
" ' Infice tabe tua natarum Cecropis[6] unam,
" ' Sic opus est, Aglauros ea est.' Non[7] plura locuta,
" Fugit, et impressa tellurem repulit hasta.
" Illa deam obliquo fugientem lumine cernens
" Murmura parva dedit, successorumque Minervæ
" Indoluit, baculumque capit, quem[8] spinea totum
" Vincula cingebant, adopertaque nubibus atris,
" Quocumque[9] ingreditur florentia proterit arva,
" Exuritque herbas, et summa cacumina carpit;
" Afflatuque suo populosque urbesque domosque
" Polluit, et tandem Tritonida conspicit ªarcem,
" Ingeniis, opibus,[10] et festa pace nitentem;[11]

ª Scilicet Athenas.

---

[1] *pigra*, Ovid.
[2] *corpori*, B.
[3] *ima*, Ovid.
[4] *movere*, Ovid.
[5] *oderat*, Ovid.
[6] *Cicropis*, MSS.

[7] *Haud*, Ovid.
[8] *quod*, Ovid.
[9] *Quacunque*, Ovid.
[10] *opibusque, et*, Ovid.
[11] *nirentem*, Ovid.

"Vixque tenet lacrimas, quia nil lacrimabile cernit.
"Sed postquam thalamos intravit Cecrope[1] natæ,
"Jussa facit, pectusque manu ferrugine tincta
"Tangit, et [a]hamatis præcordia sentibus implet,
"Inspiratque nocens virus, piceumque per ossa
"Dissipat, et medio spargit pulmone venenum."

Aliquot demum intersertis, mutari refert poeta puellam dictam in lapidem, et inquit:

"Nec lapis albus erat, sua mens infecerat illum."

Mens namque invida obstinata efficitur, si in ea regnet perseveranter invidia. Per lapidem siquidem obstinatio intelligitur.

Occurrit et illud Thebaidos memoriæ meæ, quod legitur in principio secundi libri, ubi refertur Laium cum Mercurio Tartara linquentem superas auras adire:[2]

"Tunc steriles luci, possessaque manibus arva,
"Et ferrugineum nemus adstupet,[3] ipsaque tellus
"Miratur patuisse retro, nec livida tabes
"Invidiæ, functis quanquam et jam lumine cassis
"Defuit. Unus ibi ante alios, cui leva voluntas
"Semper, et ad superos, hinc et[4] gravis exitus ævi,
"Insultare malis, rebusque ægrescere lætis,
"'Vade,' ait, 'o felix quoscunque vocaris in usus.
"'Heu! dulces visure polos, solemque relictum,
"'Et virides terras, et puros fontibus amnes,
"'Tristior has iterum tamen intrature tenebras.'"

Quod etiam bellum Trojanum et Pergamorum eversio ex invidiæ insidiis processerint, patet instructo in poetarum figmentis, sub quibus moralis intelligentia latet. Invidia enim inter tres deas, Junonem, Palladem,

---

[a] *I.e.* curvis vel acutis.

---

[1] *Cicrope*, MSS.
[2] Statii Thebald. lib. ii. 12.
[3] *astupet*, MSS.
[4] *est*, Statius.

et Venerem, aureum pomum projecit, in quo scriptum erat ut forma præstantior aurum possideret. In arbitrium Paridis consensu dearum compromittitur, sed is aurum adjudicat Cypridi, quæ arbitrium remunerare volens Lacænam ei promisit. Rapitur, bellum a Græcis indicitur Trojanis, Ilium subvertitur. Paris quidem hominis illecebris vitæ remissioris dediti typum gerit, qui sapientiam et dignitatem abjiciens, figuratas per Pallada et Junonem, voluptati colla submittit.

Sed quæ major invidia illa quam inanis gloria in cordibus potentum generat, dum etiam incinerati aliis sepultura egentibus locum invident occupatum? Quæ major vanitas? Præscriptione longævi temporis utitur cinis, et ne perturbari queat possessio cui cinis incubat, mausolæo aut pyramide locus occupatus munitus est. Sed felix pauperum conditio, qui etiam defuncti et sepulti glebas suas sepultura egentibus impertiunt, immo etiam,[1] si res desiderat, cedunt. Hospitem in domicilio suo juxta se colligunt, et nihil communius esse terra debere ossa ipsorum docent. O dedecus! livor divitum non quiescit post fata. Polynici similes esse videntur etiam divites jam in cinerem redacti, qui Tydea ab ingressu vestibuli communis arcere voluit. Ut quid lapide superposito insculpto artificiose tegitur cinis? Nonne et cinis terra est? Cadaver sepulturam desiderans terra contentum est. Ipsum monumentum corpus admittere paratum est. Quid obstat quo minus recipiatur? Jussio potentis adhuc viventis, jussio, inquam, aut vera aut interpretativa. Voluit enim miser vivens ut lapidis superpositio locum sibi appropriaret in perpetuum. Sunt tamen et talia non solum quales quales[2] vivorum consolationes, sed etiam vivos invitant ad intercedendum pro iis[3] qui obdormierunt jam in Domino. Si enim homines tacent, lapides clamabunt. Sed invidiam et inanem gloriam potentum damno,

---

[1] *et*, B.
[2] The second *quales* omitted in B.
[3] *his*, B.D.; *hiis*, C.

qui etiam post fata lites in pauperes sed et mortuos fovere velle videntur. Mira res! Animae ipsorum cruciatibus deditae sunt, et pulvis eorum contra cadaver sepultura egens causam fovebit injustam.[1] Allegant pro cadavere necessitas, jus naturae, aequitas, honestas reipublicae, nec sic fundant intentionem, ut petant cinerem a loco occupato ejici, sed corpus postulant admitti, cum loci capacitas utrique sufficiat. Nec intendunt petitorium, sed quodammodo possessorium; aut, ut castigatius loquar, non utuntur officio advocatorum, sed supplicatione. Jus enim naturae, quod desiderare videtur omnia esse communia, simplicitate sua contentum est, nec ambiguis causarum fatis sede immiscet. Reservatur juri positivo quod suum est, ita ut aequitas stricto juri praeferatur. Profecto, si cinis qui se possessorem gerit, objiciat, quia facilis est jactura sepulcri, et quod coelo tegitur qui non habet urnam, nonne idem ei objici poterit? Immo etiam minus eget sepulcro pulvis quam corpus exanime.

Sed tempus est ut invidiam ventis et aurae committamus, qua, ut dicit poeta,

"Siculi non invenere tyranni
"Majus tormentum."

CAP. CXC.

De arrogantibus.

Arrogantia superbiae species est. Est autem arrogans qui neminem prae se hominem ducit; et, ut docet Aristoteles, omnis arrogans odiosus est. Nec sedem elegit sibi pestis ista[2] in unico corporis membro, sed fere totum corpus sibi vendicat in usus suos, immo in ostentationes suas pomposas. Arcus superciliorum nunc obliquat, nunc elevat, nunc deprimit, secundum varios

---

[1] *in istam*, B.   [2] *ipsa*, B.

elationis animi motus. In oculis præcipue regnat, quorum ᵃhirquis nunc oblique intuetur aliquem arrogans, nunc torvo sidere et elevatis palpebris alium despicit. Faciem nunc inflammat ignis, indignationis familiaris sibi nuntius, nunc rubore destituit pallor in ore sedens. Nunc manus complodit, nunc extendit. Nonnunquam suram suræ superponit, digitis loquens, ore in rictus ampliato. Thrasonem repræsentaret, nisi quia thrasone thrasonior est. Altero humero seipsum præcedere videtur, altero sequi. Dum enim dexter humerus præcessivus est, sinister retrogradus est. Laborat cervix vergens in gyrum, et sacerdotem Cybeles[1] præferre videtur. Quandoque cœptum iter maturat arrogans, sed maturatio in impetum præcipitem degenerat, impetui[2] fervoris animi attestantem. Nunc castigatum gressum componit, nunc incessu pugilem, nunc pavonem mentitur. Arrogantes igitur incedentes per lineam directam, verticem, id est summitatem capilli, perambulant.[3] Incedunt enim gressu tam festivo, ac si super superficiem capilli incedant in ostentationibus suis. Verumtamen Deus confringet capita inimicorum suorum, verticem capilli perambulantium in delictis suis. Consonum est proposito nostro et illud Isaiæ, "Pro eo quod
" elevatæ sunt filiæ Sion, et ambulaverunt extento
" collo, et nutibus oculorum ibant, et plaudebant, am-
" bulabant et in pedibus suis, composito gradu ince-
" debant, decalvabit Dominus verticem filiarum Sion,
" et Dominus crinem earum nudabit. In die illa auferet
" Dominus ornatum calciamentorum, et lunulas, et
" torques, et monilia, et armillas, et mitras, et discri-
" minalia, et perinchelidas, et[4] murenulas, et olfacto-
" riola, et inaures, et annulos, et gemmas in fronte

ᵃ Hirquus est angulus oculi. Unde Virgilius, in *Bucolicis,*
    "Transversa tuentibus hirquis."

---

[1] *Tibeles,* B.
[2] *impetu,* B.
[3] *perambulabant,* B.
[4] *et* omitted in C.

" pendentes, et mutatoria, et pallia, et linteamina, et
" acus, et specula, et sindones, et vittas, et theristra;
" et erit pro suavi odore fœtor, et pro zona funiculus,
" et pro crispanti crine calvitium, et pro fascia pectorali
" cilicium."

Cum loquitur, nunc Thaidem imitari quadam mollitie fractæ vocis et fictæ pronuntiationis et compositis blesi sermonis lenociniis utendo, nunc Capaneum ore intonantem et capulo manum admoventem repræsentare videtur. Cygnum laudat auctorem generis sui Pomponius noster, et ad olorem Ledæum ascendendo per seriem avorum [1] recurrit. Minis intonat, et tanto horrore perstrepit, ut [2] vocem ejus quandoque putas esse [3] horridam vocem præconis. Naas Ammonites superbum immo arrogantem designat, qui ad viros Jabes ait, " In hoc feriam vobiscum fœdus, ut eruam omnium " vestrum oculos dextros, ponamque vos opprobrium " in universo Israel." Absolon etiam superbum præfigurans, titulum sibi erexit in valle regis in monumentum sui nominis. In quem autem exitum vergat fastus elationis docet liber Danielis, ubi sic legitur, " Nonne hæc est Babylon magna, quam ego ædificavi " in domum regni, in robore fortitudinis meæ et in " gloria decoris mei?" Cum adhuc sermo esset in ore regis, vox de cœlo ruit, " Tibi dicitur, Nabugodonosor " rex, regnum transiit a te, et ab hominibus te ejici" ent, et cum bestiis atque feris erit habitatio tua;
" fœnum quasi bos comedes, et septem tempora muta" buntur super te, donec scias quod dominetur Excel" sus in regno hominum, et cuicunque voluerit det
" illud. Eadem hora sermo completus est super
" Nabugodonosor, et ex hominibus abjectus est, et
" fœnum ut bos comedit, et rore cœli corpus ejus in" fectum est, donec capilli ejus in similitudinem aquila" rum crescerent, et ungues ejus quasi avium."

---

[1] *annorum*, C.
[2] *in*, B.
[3] *esse* omitted in B.

In[1] *Ecclesiastico* autem reperies capitulum de superbia, in quo sic legitur: "Initium superbiæ hominis apostatare a Deo, quoniam ab eo qui fecit illum recessit cor ejus, quoniam initium peccati omnis est superbia. Qui tenuerit illam, adimplebitur maledictis. Radices gentium superbarum[2] arefecit Deus, et plantavit humiles ex ipsis gentibus. Perdidit Deus memoriam superborum, et reliquit memoriam humilium sensu."

De erecta Ismaelis cervice memini me superius disseruisse; sed et Hildebertum audi dicentem:

" Cum bene pugnaris, cum cuncta subacta putaris,
" Quæ magis[3] infestat, vincenda superbia restat."

O homo, oculos sublimes, qui sunt præcipua[4] superbiæ sedes, primo corrumpet putredo, et prius cæteris membris in pulverem redigentur. Monstrum igitur superbiæ præcipue suggillat assidua mortis meditatio, vel saltem frequens.

Cap. CXCI.

De iracundis.

" Ira brevis furor est; animum rege, qui, nisi paret,
" Imperat; hunc frænis, hunc tu compesce catenis."

Si enim ira in odium degenerat, et festuca in trabem crescit, tunc mors animæ adest spiritualis. Principiis igitur obsta, ita in libidinis titillatione et in iræ inflammatione,

" Sero medicina paratur,
" Cum mala per longas convaluere moras."

Cum igitur febris iracundiæ mentem accendit, video ut ephemera[5] sit, ita tamen ut totum diem sibi non

---

[1] This is the commencement of a new chapter, *De superbis*, in C.
[2] *superborum*, B.C.
[3] *vel, post*, interlineal gloss in A.
[4] *præcipue*, B.
[5] *effimera*, A.C.D.; *efimera*, B.

vendicet. "Sol enim," inquit apostolus, "non occidat "super iracundiam vestram." Medici, quorum doctrina et vera est et salubris et utilitati rei publicæ plurimum deserviens, docent quartanam febrem pestem esse magis nocivam corpori quam tertianam; sed in febribus iracundiæ quartanam præpono tertianæ. Hæ febres [a] februum decent. Similis sit ira igni, cujus pabulum et fomes seu materia est avenæ culmus aut farrago. Ignis enim hujuscemodi de facili extinguitur, nec fumum ex se generat. Fumus procreatus ex igne iracundiæ valde nocivus est oculis animæ, scilicet intellectui et rationi. Fumus iste indignatio animi est, in fratris contumeliam parans insidias. Est et alter fumus quem ira ex se creat, scandalum videlicet cum infamia. Iste ascendit, et non extenuatur. Sed præcipue diligens opera est adhibenda, cum incendium iræ domum interiorem inflammat, ne convitia proferantur, languoris impatientiæ argumenta. Quippe,

"Et semel emissum volat irrevocabile verbum."

Legitur in *Numeris*, "Quia vas quod habuerit[1] co-"operculum nec ligaturam desuper immundum erit." Vas istud animus est humanus qui cooperculum non habet discretionis aut patientiæ, cum turpia concipit, et illa in medium proferre cupit. Ligatura vero superius orificium destituitur, cum labia hostio circumstantiæ non muniuntur. O dedecus! cum vir habitu religionis decoratus plenus est rimarum tanquam vas fictile. Nonne vas abjiciendum est quod liquorem sibi commissum statim effundit? Cum majore contendere præsumptuosum, cum pari dubium, cum inferiori turpe.

[a] Februus est Pluto, a quo Februarius, quia ille mensis Diti dicatus erat.

---

[1] *quod non habuerit*, B.; *non* being inserted between the line; *quod non*, C.D.

Ut quid intumescit ranunculus bovis pede læsus? Nec si se ruperit, par erit.

De stultiloquio.

Petierunt ranæ ut natura regem eis præficeret; datus eis est[1] malus, cursui navis ratione vetustatis multæ minus idoneus. Ranæ vero molestæ tulerunt talem sibi datum esse rectorem, qui se pedibus earum conculcari permitteret, et naturam iterato convenientes, ciconiam quæ præesset eis acceperunt a natura, instantia petitionis crebræ ipsarum molestata. Salutant reginam novam, et salutantes a salutata deglutiuntur. Pœnitentia ducitur plebecula [a] coaxantium ranarum, nec factum suum miseræ in irritum revocare potuerunt. Hinc est quod murmure suo coaxando querelas suas exponunt, sed venti murmur ipsarum per aera dissipant. Consumitur inutilis ipsarum labor, et licet hieme accedente propter ciconiæ recessum paulisper respirent, æstate tamen sequenti augmentum miseriæ multiplicis cum gravi fœnere incurrunt.

Item de stultiloquio.

Parra ramo incidens, calorem blandientis auræ jam sentiens in primo die ditioni Martis dediti, Februario convitia inferre cœpit. Indignans super hoc Februarius, fratrem suum Martium adiit, affectuose supplicans ei[2] ut sibi liceret aerem vel duobus diebus turbare. Quo concesso, mirata est parra cœlum sagittas suas in terram mittere repentinas, jaculis enim grandinis terrena perterrita sunt. Regulus vero subita aeris mutatione consternatus in garritus lacrimabiles prorupit, dicens, "Benevenerit dominus Februarius." Sic sic de generis animi[3] inconstantiæ variis eventibus arguuntur.

Quam multos autem præcipitaverit ira effrænis, quam perniciosos molita sit rerum exitus, quam lugubres

[a] Ranarum proprium est coaxare.

---

[1] *datus est eis*, B.D.
[2] *ei supplicans*, B.
[3] *avium*, B.

eventus machinata, stili officio comprehendi non potest. Clitum, fratrem suum collactaneum, peremit Macedo a convivio regio exeuntem. Theodosius, atrocitate succensus, cum apud Thessalonicam seditione exorta quidam vir ex militaribus impetu fuisset populi furentis extinctus, ad ludos Circenses invitari populum fecit, eique ex improviso circumfundi milites atque obtruncare passim, ut quisque occurrisset gladio, jubet, et vindictam dare non crimini sed furori. Superfluum est rabiem Herodis hostis innocentiæ scripto commendare, quam etiam gentilis cynice irridens ait, "Mallem esse Herodis porcus quam filius." Antonius Ciceronis caput præcidi jussit. Bellis intestinis armatam invidia quam ira ministravit.

Sed quotiens ira cor inflammat, aliquid sinistri more *Instructio moralis.* suo persuadere volens, constitue præ oculis cordis David, qui consilio Abigail, fœminæ prudentissimæ acquiescens, Nabal viro stulto pepercit. In turpi enim voto mutandum est decretum. Non est effectui mancipandum quod indicit affectus perturbationis.

Cap. CXCII.

De luxu.

Nomen luxus non solum ad illecebrosas carnis voluptates pertinet, sed tam vitium gulæ quam libidinis continet, et ad omnem superfluitatem ornatuum, vestium, supellectilium, ædificiorum, impensarum, sese extendit. Poeta inter pestes Erebi luxum comprehendit, *Claudianus.* cum dicit:

" Et luxus populator opum, quem semper adhærens
" Infelix humili gressu comitatur egestas."

Sed primo de libidine, postea de superfluitate vo- *De libidine.* luptuariarum expensarum dicemus. O contractus infelix! dum pro momentanea voluptate cruciatus æternos nobis comparamus. Sed et ratione fœditatis quæ individua comes est febrium miseræ libidinis, fugienda est libido. Constitue tibi in exemplum Joseph, qui maluit vitæ dispendium incurrere quam desiderio Ægyptiæ consentire. Imitare et Jehu, qui Jezabel stibio faciem depingentem ut eum illiceret a turri præcipitari jussit, et a pedibus equorum viliter vilis conculcata est. Tribus Benjamin, tam strenua, tam populosa, ad paucitatem sexcentorum[1] virorum redacta est, propter uxorem Levitæ a filiis Belial oppressæ. Oppressa est Thamar a fratre suo Amon, qui postea Absaloni, sororis injuriam persequenti, pœnas dedit. Samson vincula amoris Dalilæ solvere non potuit, qui funes Philistæorum de facili rupit. Postquam vero ornatum capitis amisit, orbatus est et[2] lumine et molæ deputatus nobilis ille triumphator operis servilibus deditus est. Raptum Helenæ deflent Pergama,

"Et jam fœdant tecta greges,
"Ubi nutriit Hecuba reges."

Sed quid? Corporum, ædificiorum, civitatum, levis est jactura habito respectu ad animæ discrimen, pro qua redimenda pretiosus Domini sanguis copiose effusus est. Adinventiones monstruosæ libidinis, legem naturæ evacuantes, minus tutum est vel tangere. Nec vitiis parco, sed naturæ, quæ in turpium relatu erubescere facile consuevit, prodigiosæ veneris inconsulta temeritas naturæ limites nimis licenter ausa transgredi, plagii crimen incurrere non reformidans. Perversa consuetudo serenitatem majestatis naturæ obnubilare contendit, et licet consuetudo altera natura dicatur, pro dolor! hostis naturæ pro certo efficitur Parco teneris medullis rudis lectoris, quibus quandoque venenum inficiens videtur dulce. Mallem tamen lectorem meum monstruosa vitia et abhorrere et detestari, quam curiositatis gratia, immo iniquitatis causa, venenum ipsorum libare.

---

[1] *secentorum*, A.   [2] *et* omitted in B.

De superfluitate aedificiorum memini me aliqua superius dixisse, quorum vanitas sensuum judicium non subterfugit. Construat homo turres cum Membroth coelo comminantes, sed utinam recolat aediculam sibi deberi, cujus fastigium nasi eminentia attingere poterit. Coopertorium murice saepius inebriatum, pellibus cisimi aut martricis luxurians, dives sibi parari jubeat, dummodo cogitet paucos cespites glebarum pro palatio commutandos esse. Homini vivaria et indagines divitias suas ministrent, sed agnoscat corpus suum haereditatem esse vermium. Nisi morti obnoxius esset homo, carnibus mortuorum animalium non sustentaretur. Mortua animalia moriturum hominem sustentant, quem et sola aeris clementia vestiret, et fructus terrae tantum aleret, nisi mortis imperio subditus esset. Si stetisset homo in puritate sua, purus esset aer et incorruptus, protectioni corporum humanorum sufficiens. Quid? Immo si mortis legibus seipsum non supposuisset, fructibus solis sustentandus esset. In statu felicitatis nec necessarius erat usus vestium, nec cibariorum apparatus diligentiae laboris humani obnoxius. Sed, o vanitas superfluitatis! hodie, dum necessitati succurritur, praecipue vanitati ostentatricis jactantiae servitur. Illud enim esse ad gloriam docet Aristoteles, quod nullo consciente quis festinaret in esse. O quanta est vanitas superfluitatis in phaleris, vestibus, cibariis, et supellectile varia. Quis autem se a risu compescat, videns equiferum pectus decoratum pectorali campanulis aureis, aut saltem deauratis, ornato. Quid quod fraenum lupatis munitur, ut equiferi lascivos impetus retardet quem capistrum pro nutu insidentis regeret? Scilicet fraeno opus est pretioso, ne liberum sit caballo terram petere cespitanti et seipsum vix ferenti. Straepae clavis argentum aut aurum mentientibus distinguuntur, ut ostentationi singula potius deserviant quam commoditati. Sella floribus picturabitur, scilicet ut hiemi lutosae flores non desint. Numquid bene conveniunt mantica clunibus equi adhaerens, et sella floribus sed et imaginibus picturata? Parva noto, qui parva novi, qui ad rerum arduarum comprehensionem non ascendi. Ex quo autem in exiguis et exilibus rebus magna est vanitas, nonne in statu sublimi maxima erit vanitas? Sed vestium superfluas adinventiones quis comprehenderet? Commendabilior censeri solet vestis illa, quæ gravitatem autenticam aut honestatem magis infestare videtur. Sed nec in numerum curialium admittetur quis, nisi habitu vestium repræsentet histrionem aut induat. Nec comparantur vestes ut aeris injurias excludant, sed ut admirationem in oculis intuentium procreent. Scilicet novæ vestes aliquid novitatis prætendere debent, ut formæ mutatio novas esse vestes declaret. Hujusmodi mutationes Nasoni minus notæ erant, cum de multiplici rerum morphosi tractavit. Nonne tamen Isis, quæ puella erat, in puerum mutatur, cum adolescentulæ habitu exteriori mentiuntur adolescentulos? Mares videri fœminæ student, sed et fœminæ non solum habitu vestium, sed et tonsura, videri volunt esse mares. Supprimo causam, quia sæpe expressa nocent. Dulce fuit Achilli latere sub habitu Deidamiæ, sed ut furtivis liberius gauderet amplexibus. [a]Calamistrantur ephebi, sed cum pudoris dispendio. Fœminæ comam commutant in cæsariem, mares e contra sæpe crines nutriunt, cæsarie in comam prolixam luxuriante. Superciliorum arcus non naturæ primitivæ beneficio, sed acus artificio, sese debere fatentur, et ne collimitentur summo opere procuratur. Artis imperio succumbit natura, et planities intermedia spatioso[1] tractu libera efficitur, abbreviato tenore superciliorum sibi mutuo occurrere laborantium. Faciei nitor cerussæ aut stibio est obnoxius, et venalis forma fucatis deliciis gloriatur. Quid tibi facies incesta

[a] Calamistrum est ferrum quo capilli crispantur.

[1] *spaciose*, B.

blanderis? Quid alienum decorem prætendis?[1] Immo tuus est.

"Nam quod emis poteris dicere jure tuum."

Aut numquid tua est decoris materia? Decor autem tuus non est, sed ipsius materiæ est. O si superstes esset Absalon, quam preciosi essent temporibus istis crines ipsius. Merces venales ornant corpora venalia. O quam eleganter etiam gentilis poeta illam notavit, qui comam alienam sibi comparavit, ut empta merce probaretur.

"Nunc tibi captivos mittit Germania crines,
"Tuta triumphatæ munere gentis eris."

Venio ad luxum esculentorum et poculentorum, quibus inhonoratur natura dum nimis oneratur. O quot incommoditates crapulam sequuntur, puta amaræ eructationes, nocturnæ illusiones, fœtidæ egestiones, imbecillitas membrorum languentium. Si vero in consuetudinem transeant hujusmodi ingurgitationes, nutriuntur morbi chronici, et virtutes animales operationibus debitis destituuntur. Exactissima diligentia artis cocorum appetitum dominorum suorum irritare studet, nec quid naturæ idoneum sit attenditur, sed quid castrimargia lautum censeat. Heu! dum unius edacitas consumit quod multorum pauperum Christi sustentationi sufficeret. In præsentia ipsorum divitum lento vapore coquuntur aves, ut odor et visus gustui subsecuturo præludant. Militant sensus corporis libidini sensualitatis, et, dum motu proportionali in gyrum ducitur veru colurnum, pascuntur oculi, voluntatis internæ[2] nuntii. Olfactus ibidem suis reficitur deliciis, et nidoris suavitate nares delectantur. Judicio fruminis palati sapor subdetur, dum gustus in deliciis suis gloriabitur. Muræna tot specierum varietatibus conditur, ut ejus sapor in specierum fragrantiam prorsus transire videatur. Nec

---

[1] *prætentis*, B. | [2] *interni*, B.

deerit medici consilium laudantis, ut multo et frequenti haustu vini deliciosissimi omnis suspicio excludatur. O viri ingeniosi! Ante esum censebitur lampreda cibus sanissimus, sed post, cibus suspectus dicetur. Scilicet, opus est tuto remedio; et noctem in vigiliis et sermone protrahi res desiderabit, ut calicibus evacuandis detur fescennina [1] licentia. Paterfamilias sumto se proluet auro, nec pitissando dolia sua relebit,[2] sed saepius cyphum haustu unico evacuando. Variabuntur et calices, ut ipsa varietas taedium excludat. Murrhina pocula cedent aureis, quibus vasa vitrea succedent. Samiis quandoque uti persuadebit voluptas, ut variatis calicibus varientur et vina.

---

[1] *fecennina*, MSS. [2] *telebit*, B.

ALEXANDRI NECKAM

DE LAUDIBUS DIVINÆ SAPIENTIÆ

DISTINCTIONES DECEM.

ALEXANDRI NECKAM
DE LAUDIBUS DIVINÆ SAPIENTIÆ
DISTINCTIO PRIMA.

Gloria, majestas, deitas, sapientia, virtus,
  Est in personis una colenda tribus;
Sed tamen ut cultus sit dignus laude, timori
  Cauto fidus erit associandus amor.
Informet cultum devotio juncta timori
  Discreto, fervor igniat, ornet amor.
Ornat amor, cautum reddit renovatque timorem,
  Quem semel informat, sæpe reformat amor.
Novit amor verus condire sapore timorem,   10
  Conditusque fere novit amare timor.
O vis, o virtus, semel informatus amore
  Vero, non audet degenerare timor?
Huic ne præsumas, amor, associabere. Quidni?
  Audax sæpe tuus impetus esse solet.
Nam timor ingenuus caute castigat amorem,
  Ne spes præsumens luxuriare queat.
Amplexu casto se cingunt fœdere dulci
  Casti, nectuntur, hinc amor, inde timor;
Auctoremque suum veneratur uterque potentem,   20
  Hic timet, ille bonum respicit, optat, amat.
In solem redeunt radii solemque tuentur,
  Et redit ad fontem rivus uterque suum.
Ergo potens Dominus timeatur, ametur amandus;
  Exhibeatur ei latria danda Deo.
Hunc natura potens auctorem sponte fatetur,
  Quæ gaudens flexo poplite servit ei.
Materiam, formas, hunc sancta creasse potenter
  De nihilo mater nostra fidesque docet.
Vestit hylen formis, qui vestit gramine terram,   30
  Qui nuncia in stauro crimina nostra tulit.
Omnia disponit, regit, et conservat in esse,
  Continet, includit, sustinet, ornat, amat.

Cuncta licet vere sit simplex claudit et ambit;
 Nec valet includi, cum sit ubique Deus.
Omnia conservat, regit, ornat trinus et unus,
 Simplicitas triplicem non sinit esse Deum.
Esse Dei Deus est, hæc est sententia summa,
 Summa bonum summum fons et origo boni.
Esse Dei, bonitas, sapientia, vita, potestas,
 Simplicitas, pietas, lux sine fine placens.   40
Sol pater est, splendor natus, calor est ruba sive
 Pneuma, tamen tria sunt prosopa, lumen idem.
Æterni solis æternus splendor ab ævo
 Æterni natum comprobat esse patris.
Materiesque Patri confertur, formaque Nato,
 Doctrinæ causa multa licere putes.
Materiæ formæque decens connectio Sancto
 Spiritui liceat, nota referre datur.
Est Patris ac Nati connexio spiritus orbem
 Qui replet, et renovat corda calore suo.   50
Septem muneribus præclaris climata septem
 Ditat, divitias compluit ille suas.
Nobilis ipse sui dator est et nobile donum,
 Et majestatem res data dantis habet.
Auctoris summi bona, pura, benigna voluntas,
 Principium rerum causaque prima manet.
De non esse potens produxit in esse potenter,
 Res servat placide, cuncta decenter agit.
Disponit recte, circumspecte regit, ornat
 Pulcre, pacifice claudit, amore ligat.   60
Ut frueremur eo nos condidit, atque labori
 Parvo promisit gaudia magna Deus.
Præceptis vitæ nos instruxit, voluitque
 Participes veri luminis esse bonos.
Promissor verax promisit gaudia vera,
 Promissis veris est abhibenda fides.
Servis oppressis dat libertatis honorem,
 Absolvitque reos, o pietatis opus!

Angelicos cives, æterna luce fruentes,
 Distinguit meritis officiisque suis.   70
Nobilis hunc coetus colit et reveratur adorans
 Gaudet in obsequiis quilibet ordo suis.
Laudibus accumulat laudes studiosa voluntas;
 Livor abest, crescunt gaudia, fervet amor.
Obsequiis instat, insistit laudibus ordo
 Ter ternus studiis invigilando piis.
Exemplis informentes, vigilemus, amemus,

Auctori studeat quisque placere suo.
Hi præsunt nobis, præbent solatia, gaudent,
   Dum studium nostrum fervet amore pio.
Arcent insidias hostis, quem gloria fallax
   Atque sui nimius præcipitavit amor.
A regno lucis ejecta superbia præceps,
   In tenebris semper digna manere fuit.
Auctorisque sui livor non immemor audax,
   Præceps præsumptor improbus alta petit.
Ascendit, fumus tamen evanescit in auras,
   Deciduo saltu nonne locusta cadit?
Auctoris meminit livor, timor, ambitus, orbi
   Lætalis proles, digna parente suo.
Sed stilus ad stantes redeat, stemusque, laboris
   Exigui fructus gloria perpes erit.
Subtiles agilesque potens natura beatos
   Efficit hos, clemens gratia, verus amor.

Inflammat Seraphin præ cunctis ardor amoris,
   Igneus accendit plenius ignis eos.
Ad studium per eos nos invitamur amoris,
   Fervens declarat actio quis sit amor.
Instamus per eos cœptis felicibus, et sic
   Læta pluit miseris munera larga manus.

Qua licet ordo sequens nobis arcana revelat
   Officii multa sedulitate sui.
Principium motus ratio docet esse quietem,
   Atque monas numeris contulit esse suum.
Ad requiem velut ad centrum, si consulis ipsam
   Naturam, tendunt singula jure mero.
Fœdere materiam formæ connectit amico
   Simplicitas, ævum tempus adesse vocat.
Mundana multo majus si dixero mole
   Centrum, ridebis, perfide Fauste, tace.
Adde quod esse rei cujuslibet assero majus
   Ipsa re, rides, perfide Fauste, tace.
Æternas fingis tenebras, involveris ipse
   Tam cœcis tenebris, perfide Fauste, tace.
Auctores rerum geminos fingis, miser, esse
   Das vitiis, vitio cuilibet esse suum.
Sed cherubin ratioque monent nos ista negare;
   Quod ratio dictat, astruit ipsa fides.
Sæpe tamen virtus rationis non capit ex se
   Quod docet a Sancto Pneumate docta fides.
Adde quod ipsa fides ratione potentior extat;
   Hinc est quod regit hanc certificatque fides.

Informata fide ratio videt id quod acuti
    Virtus ingenii suppeditare nequit.
Sed plures circumvenit nomen rationis
    Ambiguum, sed ei plura subesse petes.
Vis animi, motus, sententia, causa, potestas
    Arbitrii, mentis scinderesisque vigil.
Et pars inferior animi nomen rationis
    Vendicat; ad cœptum flectere lora libet.   130

Justis, discretis, verisque throni reservandis
    Judiciis præsunt quæ reserare licet.
Sunt quæ nec liceat investigare; sed alti
    Judicis arbitrio discutienda reor.
Ne lædas jus naturæ vel jus positivum
    Judicio, summi Judicis esto memor.
Sunt tractanda fori civilis jura, fideles
    Jurisconsultos consule, tutus eris.
Ecclesiæque foro præsunt sublimia jura,
    Ipsiusque duplex noveris esse forum.   140
Nam solenne forum dictat solennia jura,
    Privatum leges gaudet habere suas.
Publica si restant tractanda negotia retro,
    Consilium genero mente revolve datum.
In causis mediis maturos elige, claros,
    Moribus ornatos, pragmaticosque viros.
Ardua, difficilis, grandis nova causa repente
    Emergit, Moyses ipse subibit onus.
Munera proscribat judex, et censeat hostem
    Munere siquis eum solicitare velit.   150
Judicis officium non turbet turba potentis,
    Nec mendica licet garrula flectat anus.
Sed nec Cæsar eum vincat, nec frangat Amyclas,
    Recta nihil curvi regula juris habet.
In terra digito judex bis scribe, priusquam
    Ambiguæ litis solvere vincla velis.
Insolidæ mentis terra discretio scribat
    Judicii formam, singula mente legat.
Et meritum causæ meditatio crebra revolvat,
    Obscuras latebras devius error habet.   160
Consulat et legum mentes, autentica quærat
    Regula, quid juris approbet, ipso probet.
An veteri legi nova sanctio deroget, an sit
    Consona perquirat solicitudo vigil.
Judicium legis privatio, pronius ultro
    In petram proprii judicis esse decet.
In te districtus, in fratrem candidus esto
    Judex, ha! novit parcere quisque sibi.

Commendas proprios, carpis mores alienos,
    Quæ facis hæc fratri discutienda negas.   170
Excusans alios, accusat se vir honestus,
    Gaudens est ultor criminis ipse sui.
Judex est lictor, ut enim summi cruciatus
    Judicis evadat, se cruciare studet.

Ordo quidem quartus in descensu dominatur
    Hostibus antiquis, nos juvat, arcet eos.
Hujus subsidio freti dominamur eisdem,
    Arcemus, premimus, exsuperamus eos.
Lenimus fratres, hostes tamen, o dolor! hostes,
    Dulcibus obsequiis, sic dominamur eis.   180

Transfert regna sequens ordo, quo principe fastus
    Elatos humilis vincere turba solet.

Bella potestates perhibentur justa movere,
    Discordes fœdus pacis inire jubent.
Pro dolor! Hippoliti nutrix jam claustra reliquit,
    Pax concors abiit, veraque ficta manet.
Immo vix vel ficta manet, discordia regnat,
    Condiri nequeunt melle venena lita.
Quondam vultus erat mentis certissimus index,
    Jam scit conceptos dissimulare dolos.   190
Proditor est blandus, fallax est dissimulator,
    Nam facies melius fallere blanda potest.

Virtutes præsunt signis, quibus orbis in ortu
    Ecclesiæ fulsit, crevit adaucta fides.
His subsunt vires quas rebus summa potestas
    Contulit et verbis, his medicina subest.
Ad vitam quos mons culpæ lethalis obumbrat
    Exemplis, monitis, nos revocare docent.
Vivere defunctis, sic cæcis lumina claudis
    Gressus, sic ægris reddita sæpe salus.   200

Ordo duplex superest, hic nunciat alta, minora
    Alter, abhinc sumpsit nomen uterque suum.
Iste monet, cum res desiderat, alta docere;
    Alter, si prosint, nota referre jubet.

Jocundam Seraphin partem fovisse Mariæ,
    Annæ, Rachelis, deliciasque roer.
Si studeas studiis cœlestibus ipse vacare,
    Subsidiis apto tempore fultus eris.
Si juvat ut studiis te des operum pietatis,
    Succurret Cherubin nobilis ordo tibi.   210

Sponte subibit onus tecum Lia, Martha, Fenenna,
   Cum miseris pietas porriget ipsa manum.

In qua decernit fas, leges, juraque, sedes
   Dicuntur summi Judicis esse throni.

Ordine cui nomen præbet dominatio tutis,
   Hostes antiquos vincere posse datur.

Ordo sequens monet illecebras carnis superare;
   Sexta cohors linqui gaudia vana jubet.
Virtutes virtute sua reddunt patientes;
   Munditiam nobis exhibet ordo sequens.   220

Ultimus eximiam dat nobis simplicitatem;
   Ipsa ministerii verba notare volo.
Consensu, studio, monitis dant, officioque
   Angelici cives, officiosa cohors.
Judicis est mucro, lictor dominoque jubente;
   Quæ dat mancipium munera præbet herus.
Ornatu tanto cœlestis curia fulget,
   Fulget sideribus irradiata suis.

Empyreo cœlo cœlum supponitur illud
   Quod Græcissantes aplanon esse ferunt.   230
Perpetui motus eadem lex, nescia semper
   Erroris, ratio nominis apta fuit.

Empyreum cœlum, quod traxit nomen ab igne,
   Suppositis gelidis continuatur aquis.
Ignis aquæ sese sociat nullo mediante,
   Quæ ratio desunt symbola, Fauste, tace.
Quæ causas rerum rimatur turba sophorum,
   Erroris cœci sæpe magistra fuit.
Seu moveatur aquæ facies, seu stet quasi fixa,
   Aplanon includet ambitus imus aquæ.   240
Cœlos prædictos, species, lux, ordo venustat,
   Empyreum stellas gaudet habere suas.
Stellas lucidius communi sole micantes,
   Quas sol justitiæ sub ditione tenet.
Hæ dedignantur noctis servire tenebris,
   Hæc a sole suo lumina lumen habent.

~~Stellis ornari fixis cœlum perhibetur~~
   Sidereum, causam consule, causa subest.
Stella gradum signi vix centum transit in annis,
   Signum ter denos constat habere gradus.   250
Ergo ter denis annorum millibus adde
   Millia sex, cursum perficit ipsa suum.

Hinc est quod stellas fixas dixere, potenti
  Ingenio quorum sæcula nostra vigent.

Cœlum cujus erat aqua mater, luce secunda,
  Volvitur, immotus axis utrinque manet.
Continueque loco dum circumfertur eodem,
  Contendit secum, se fugit atque premit.
Circuitus velox compensat damna locorum,
  Instat sphæra tibi consequiturque fuga.
Dimidiæ partes mutant loca, non tamen ipsum
  Mutat, vix aliquid planius esse potest.
Volvitur ingenti spatio concentrica terræ
  Sphæra, levis celeri se levitate rapit.
Impetus in medio major liquescit ad arcton,
  Stat spondens requiem fixus uterque polus.
Ad requiem tendunt, spondent tibi cuncta quietem,
  Est rapidi motus terminus ipsa quies.
Desidiam nobis annunciat esse novercam,
  Tam velox motus continuusque labor.
Sic probitas nobis indicitur, inde polorum
  Ut stabiles simus admonet ipse status.
Adde quod et cœlum quod sic rapit impetus instans
  Stabit, sic aderit parta labore quies.
Prævius est licet exiguus labor iste quietis
  Perpetuæ, multis otia multa nocent.
Sed quid? Uterque polus stabit per secula, quidni?
  Pax dabitur paci, pax bona, vera quies.
Activos labor exagitat, quos confero sphæræ;
  Dicatur similis esse Maria polis.
Æquatum motum, mediumque, caputque draconis,
  Cum cauda, zonas quinque, relinquo sophis.
Quid mihi cum geminis imperfectisque coluris?
  Nec tamen immensa respuo membra bonis.
Signifer in bis sex partes distinguitur æquas,
  Quasque tot signant tempora, signa vocant.
Vel quia signantur species animalibus aptæ,
  In stellis stellas astrologia notat.
Zodaico nomen animalia dant, quia zoas
  Est animal, super hoc Græcia testis erit.

Ad stellas redeo, quæ sunt solatia noctis,
  Delicias gaudet Nictis habere suas.
Lux, species, levitas, scintillans splendor et ardor,
  Quod sic in his virtus ignea nonne probat?
Vulgus et Empedocles, Socrates, Academia, Memphis,
  Quod stellarum sit ignis origo docent.
Thalesque, et liquidas ausus Maro dicere flammas,

Quod sic eis mater Tethyos unda volunt.
Summus Aristoteles longe secessit ab ipsis,
   Doctor Athenarum, dux, caput, orbis honos;   300
Quod stellis sit origo potens essentia quinta
   Censuit, ingenio cedere cuncta putans.
Certas præscripsit audax leges elementis,
   His ne lunarem fas sit adire globum.
Ætheris illa decens regio diffusa planetas
   Continet, et stellas sidereumque polum.
Partibus æthereis præfixa lege moventur,
   Excipitur ducens prævia stella Magos.
Expers occasus, æterni nuncia Regis,
   Solis justitiæ stella ministra fuit.   310
In se convertit, o mira potentia formæ,
   Intuitus hominum, fulgida luce micans;
Dumque ferebatur terræ vicinior, orbi
   Insolito cursu signa notanda dedit.

Admittit nubes nebulosus et humidus aer;
   Supremus nebula, nubibus, imbre caret.
A ventis igitur validis agitata frequenter
   Ignitur nubes, ignea flamma micat.
Impetus in longum nubem producit, et illam
   Serpentis formam visus habere putat.   320
Hinc phiponis ei nomen dat Græcia, longam
   Ignitam nubem, lampada sæpe vocant.

Flammigerisque comis rubet exitiale cometes,
   Incendens partes aeris igne novo.
In medio sistunt libratam flamina nubem,
   Quæ solis radiis splendida facta micat.
Mentitur stellam, sed cur crinita videtur?
   Nube jubar solis luxuriare putes.

Ignitusque vapor quamvis conscendat in altum,
   Æthereas nunquam novit adire vias.   330
Mentitur stellam facies nova, flammea, fulgens,
   Adducit formas ignea flamma novas.
Accensus levitate nova novus utitur hospes,
   Discurrit nitida lucida flamma via.
Deciduus tamen est cursus, quia tendit ad ima,
   Dum nescit gravitas immemor esse sui.
Ascensus metuat descensum, gloria casum,
   Sors adversa tamen tutior esse solet.

Sed jam sideream faciem contemplor Olympi,
   Dum non obducunt nubila mæsta polum.   340

Lætior est cœli facies, clementior aura,
　Lucida contendit nox superare diem.

Ecce polus, borealis apex, in vertice summo
　Emicat, hunc cingit parva corona decens.
Nauta vigil cursus sub sidere dirigit isto,
　Stella stat immoto cardine fixa suo.
Hinc est quod fertur ei rosa deliciarum,
　Fœminei sexus gloria, gemma, decus.
Stella maris polus est, sic et regina polorum,
　Si mare vis mundum dicere, causa patet.

Arcturum solus novit septentrio plaustrum,
　Ursam majorem, parasidemve voces.
Stat rutilans signum, septem fulgentibus astris,
　Hand procul a summo cardine, nota loquor.
Bos, terio, plaustrum ducunt septem teriones,
　Lento subsequitur hos cynosura gradu.
Quatuor ex stellis surgit quadrangula forma,
　Nec quadrata tamen, scilicet ursa minor.

Ore minax anguis geminas intersecat ursas,
　Corpus stellarum lucidus ordo notat.

Expertæ tantas Phædræ fraudes Adriadnæ
　Amplo circuitu lucida serta micant.

Pendet ab Herculeis humeris lyra Mercurialis,
　Astra quibus fulsit vir fera monstra domans.

Stat Ledæus olor nitidis argenteus astris,
　Flumina miratur esse remota procul.

Persea quem gremio Danaes dedit aureus imber,
　Stellarum fulvus indicat ipse color.

Errantes hederas, cytisos, virgulta salicti,
　Frondes deesse gemit hædus uterque sibi.
Ortu sæpe suo dant imbres, sæpe serenum,
　Sed tamen in pluvias pronior ortus erit.

Dehinc radians raptu notus Phrygio Jovis ales
　Jam dedignatur Cæsaris arma sequi.

Hunc qui monstriferam fertur domuisse Chimæram,
　Cornipedis stellas respice, terga premit.

Delphin, quem citharista puer revocavit ab undis,
　Invida dilecto fata fuisse gemit.
Æquoreas hæc mallet onus vectare per undas,
　Consuetum lætus sponte subiret onus.

Phryxæum vellus rutilanti fulget in auro;
  Ni fallor, superis fulva metalla placent.
In cœlis Aries vestitur vellere fulvo,
  Delectat superos aureus ipse color.
Cœlum se præfert terris dum ludit in auro,
  Certans divitiis nos superare suis.
Sed quid? numinibus parcendum censeo, tollunt
  Insidias, fraudes, jurgia, bella, minas.
Prospicit ergo solo cœlum, dum subtrahit aurum;
  Aurum si sitias, aureum esse nequis.   390

A pluviis nomen sumunt hyades, quod hyanti
  Ascribit vulgus, Græcia docta negat.
Nomen ab y Græcum sumptum pars altera credit,
  Quod plebs vera putat garrula, vana putes.
Hæ frontem tauri stellis radiantibus ornant,
  Et crebro madidis imbribus arva rigant.

Vergilias etiam taurus sibi vendicat iste,
  Vergilio nomen nonne dedere suo?
Editus istarum fuit ortu, gloria famæ,
  Cujus vix minui crescere non poterit.   400
Hic cecinit silvas gracili modulatus avena,
  Carmen et agricolis utile fecit opus.
Arma virumque stilo descripsit nobiliore;
  Non genuit similem Græcia, Roma, Pharus.

Sirius a tractu nomen sortitus, adhærens
  Cancro, ferventes gaudet habere dies.

Velocem stupet esse suum Silenus asellum,
  Et quod sidereum pergat asellus iter.

Ensifer Orion rutilantibus emicat astris,
  Admirans nullo se genitore satum.
Sidereos humeros ensem zonamque tuere,   410
  Quod signum fulget lucidiore nota.
Fulget utroque genu, sequitur canis assecla fidus,
  Transtulit ad superos hunc quoque verus amor.

Non canis insidias aut venatoris abhorret
  Siderea, tutus jam levitate lepus.

Hinc radiat celebris notis heroibus Argos,
  Quæ primum fluctus ausa domare fuit.
Argivis ducibus dignis cœlo ratis ista
  Terræ muneribus nobilitata fuit.
Præfuit his Jason, sub quo tunc temporis ingens   420
  Floruit Alcides, gloria magna Jovis.

Non ratis æthereæ cursum gravis unda retardat,
  Jam dedignatur Tiphidis arte regi.
Australem Chiron trepidans accedit ad aram,
  Indicens senibus religionis opus.

Pisces qui mensas sic evasisse potentum
  Gaudent, in cœlo sidera nota micant.
Eridani cœlestis aquas intrare feruntur,
  Et tractu longo separat hydrus eos.

At corvus quem vix poterat satiare cadaver, 430
  Jejunans nullo polluit ora cibo.

Phryx, pincerna Jovis, nunc fundit aquarius imbres,
  Mensas consuetus exhilarare mero.

Forma decens oris expugnat castra pudoris,
  Sic obit ha! floris primula læsa thoris.
Numina sollicitat facies incesta Lacænæ,
  Sed queritur quod sit associata Phrygi.
Theseus, Alcides, Menelausque, Hectoris ultor,
  Hujus in amplexu gaudia vana tulit.

Hujus germanos geminos agnosce Laconas, 440
  His par splendor inest, forma, figura, decor.

Temporis examen libræ certissimus index
  Lance pari noctem ponderat atque diem.

Stat rosei vultus stellis circumdata virgo,
  Sublimandus erat virginitatis honor.

Pectore sidereo fulgens rugire videris,
  Herculeis titulis connumerande, leo.

Scorpio blanditur facie, sed pungere cauda
  Novit, et armatus fraude repente nocet. 450
Blandus adulator facie mentitur amicum,
  Si se subducat perfidus hostis erit.
Aures magnatum siquis demulcet in aula,
  Sub lare privato Persius alter erit.

En taurus, vernis redimitus floribus, ortu
  Læta suo vestit prata virore novo.

Arcu lunato, vultu dextraque minaci,
  Degenerans in equum, doctor Achillis adest.

Carcinus, exurens terras furore, serenos
  Et spaciis amplos gaudet habere dies.

Ægoceros madidis se concessisse diebus 460
  Admirans, somno tempora longa dedit.

Lactea, stellarum numerosa plena cohorte,
    Aspectus hominum sollicitare solet.
Lacteus ordo micat dum sic glomerantur in unum
    Sidera, causa rei te, Ptolemæe, latet.

Effectus varios virtus divina planetis
    Contulit; huic parent sidera, terra, mare.
Præesse superna jubet terrenis, dummodo leges
    Rex pro nutu temperet ipsa suo.
Sed præjudicium libertati rationis   470
    Nostræ non generant astra, planeta, polus.

Stella, senex, tua frigoribus zonæque nivali
    Præficitur, regnat sub Jove tuta quies.

Fulminibus ventisque rubens Mars aera turbat.
    Sol nos illustrat luce, calore juvat;
Dat lunæ lumen, indurat mollia, dura
    Emollit, vires ipsius astra docent.

Semina conservat rerum Venus, optima nutrix;
    Mercurio subsunt flumina, stagna, palus.

Cynthia præesse fretis fertur, terrenaque subdi   480
    In multis censet legibus illa suis.
Et critici novere dies quid Cynthia possit;
    Quid possit cerebrum, spina, medulla docet.

Nunc Venus auricomi solis prænunciat ortum,
    Nunc Hermes gaudet anticipare diem.
Lucifer in sidus geminum promittit honorem,
    Promittit vicibus Phœbus utrumque suis.

Circulus est solis eccentricus, auge refulget
    Sol fervens, radiat abside dulce micans.

Hujus defectum quis non exhorreat, orbis   490
    Conspiciens oculum luce carere suo.
Quod, quia subtrahitur terris præsentia lucis,
    Vulgus defectum luminis esse putat.
Objectu lunæ Phœbi contingit eclipsis,
    Nobis non soli gratia lucis abest.
Defectus lunæ varios solisque labores
    Carmine divino Mantua docta canit.

At Phœbe, Phœbi radiis radiata, fatetur
    Quod sol lumen ei conferat atque jubar.
Interjecta quidem fratrem vetat invida tellus   500
    Germanam radiis irradiare suis.

Sic lunæ lumen subducitur, ut sit eclipsis
  Vera, recedet enim luminis omne jubar.
Sed perpes splendor corpus solare perornat,
  Innatæ nunquam gloria lucis abest.
Sed non dat terris solatia lucis amicæ,
  Luna vetat, tenebras mundus adesse gemit.
Terra dolet solitæ quod desunt gaudia lucis;
  Percurrit subito frigidus ossa pavor.
Nititur indignans Phœbus succurrere terris,   510
  Et terras radiis exhilarare cupit.

Sol vultus rosei rubicundus fulget in ortu,
  Incestæ noctis facta rubore notans.

Nempe pudore suo tot damnat damna pudoris,
  Cernere tot Phœbum gesta pudenda pudet;
Tot blandos nexus, tot suavia pressa labellis,
  Tot miseræ Veneris monstra novella videt;
Frigida quod nimium caleat lasciva senectus,
  Ignis quod gelido ferveat amne, stupet.

Aut quia lentus adest ortus, damnatque morosam   520
  Segnitiem, roseus vernat in ore rubor.

Aut humor radiis succensus in aere, Phœbum
  Mentitur roseum flammeus igne novo.
Progressu color est argenteus, igneus inde
  Occasu rutilans es, Philogæe, tuo.

Ignes Phaetontis recolens sub nube, latendo
  Aspectum terris subtrahit ipse suum.
Grata luce micat Admeti pascua regis,
  Dum recolit stellis pascua picta suis.
Tunc cithara mulcet superos crinitus Apollo,   530
  Et celebrant lætum numina læta diem.

Mars Venerem secum deprensam fraude mariti
  Erubuit, superest flammeus ille rubor.
Sævior in sævo rutilat Mars ore leonis,
  Auctorem generis martia Roma colit.

Aureus aurea dat et lætus secula læta
  Jupiter, inde juvans dicitur esse pater;
Aera lætitiæ vultu placidoque serenat,
  Dat mare tranquillum, lætaque regna facit.

Saturnus cum retrograda sit falce nocivus,   540
  Ipse tamen coluit rura, Latine, tua.

A A

In Latio latuit, cui leges atque monetam,
    Arvorum cultus, publica jura dedit.

Orbem ter deno lentus vix circuit anno,
    Lentus causa tamen circulus esse potest;
Dilatat spatio diffusior ambitus orbem,
    Segnius hunc fertur orbe meare suo.

Quod cœli virtus motusque potentior hujus
    Impediant cursum garrula turba putat;
Aut aqua cœlestis glacie constricta retardat   550
    Istum; quid? vulgus fingere multa solet.

Bis seno cursum consummat Jupiter anno;
    Mars, terror regum, gaudet habere duos.

Sed legit et relegit amfractus Cynthia notos,
    Vires expleto mense resumit ovans.

Demulcet fratrem Phœbes renovata juventus,
    O lascive senex, perfide Fauste, tace.
Fingis ad amplexus fratrem Phœbenque redire,
    Blandaque das superis suavia mentis inops.
Sæpe legis coitum lunæ, relegisque libenter,   560
    Hinc licitos coitus asseris esse tuos.
Parce tibi, parcens superis, conjunctio talis
    Non novit coitus, impie Fauste, tuos.
Nunquam, Fauste miser, cœlestia corpora nubunt;
    Dat ne fidem dictis credula turba tuis.
Dat, miror, doleo, turbor, rationis egestas
    Multos seducit; impie Fauste, tace.
Error, Fauste, tuus ratione caret rationis,
    Expers semper eris, perfide Fauste, tace.
Separat a Phœbo Phœben distantia magna,   570
    Maxima debueram dicere, Fauste, tace.
Non furor irritat superos, non blanda voluptas;
    Non furor inflammat, aut malesuada Venus.

Stat solis, lunæ splendor, variatur at ista,
    Ecclesiæ Christi sit typus ille tibi.
Quicquid habet lucis soli debere fatetur,
    Utraque dum lunam lustrat uterque suam.
Sed sol sol solis, lunæ sol est utriusque,
    Huic debet lumen utraque luna suum.
Solus sol solis, sol lunæ, lux, decus orbis,   580
    Phœbum cum Phœbe condidit, astra, polum.
Solem solamen mundi princeps tenebrarum
    Conderet, an terris utilis hostis erit?

Fraudibus armatus inexorabilis hostis
    Dat lumen terris, gaudia, jura, tace.
Invidiæ face succensus solatia tanta
    Conferret mundo, perfide Fauste, tace.
Solem luna sequens, ut Christum membra sequuntur,
    Admonet exemplum nam dare dignus erat.

Motus quinque tuos distinguere, Cynthia, nolo;   590
    Difficilis labor est utilitate carens.
Plus accensa minus succendi luna videtur,
    Arbitrium visus fallere sæpe solet.
Quo magis ascendis virtutum culmina, vulgi
    Judicio pretii nonne minoris eris?

Sed cur lunaris facies fuscata videtur?
    Quæ vultu damnat furta videre solet.
Hoc tamen ascribunt umbræ telluris opacæ,
    Rebus in ambiguis multa juvare solent.

Esse cavernosum corpus lunare docetur,   600
    Depressas partes luce carere ferunt.
At partes aliæ radiis solaribus ignem
    Admittunt, istas luce micare vides.
Obscuræ remanent partes splendoris egenæ,
    Pars obscura manet, pars micat igne nitens.

Adde quod obscuram Phœben assertio vera
    Edocet, hinc nunquam tota micare potest.

Quid morer? e cunctis terræ vicinior astris
    Luna meat motus exagitando suos.
Adde quod astrorum fulgor dispendia sensit,   610
    Hujus causa rei culpa nociva fuit.
Sed quod terrigenis fertur vicinius astrum
    Plenius in macula damna notanda tulit;
Vicinasque magis partes maledictio terræ
    Corrupit, cernis, signa notata nota.

Adde quod ecclesiam, Phœbe, maculæ nota culpam
    Signat, habet maculas utraque luna suas.

Lux aderit qua sponsa Dei Phœbeque carebunt
    His maculis, stabunt sidera signa poli.   620
O festiva dies, celebris lætissima perpes,
    Lux optata micans, tuta, quieta placens.

Mergit in occasum motu nunquam variato
    Aplanos, et secum sidera mota rapit.
Sed licet ista ferat motus violentia motu;

Tendit in oppositum quisque planeta suo.
Sic geminus motus rapit in diversa planetas.
   Quid? proprius motus nonne localis erit?
Effectu gaudere suo poteritne potestas,
   Dum major contra nititur, immo rapit?
Sol medium teneat punctum, quod dicere cenith   630
   Novit Arabs, novit lingua Latina caput.
Quid? motu proprio num sol accedit ad ortum?
   Effectum qualem motio talis habet?
Quæ loca pertransis hoc motu, Phœbe, locali?
   Hoc motu quorsum tendis, Apollo, doce.

Musca rotata rota nisu proprio sibi vires
   Adquirit, quidquid insidet illa rotæ.
Separat a sphæra distantia magna planetas,
   Nec fingas istos vivere, Fauste, tace.

Sed motum pluviæ volitantis in aere, motus   640
   Præpetis ingentis impedit, esto placet.
Sed numquid motum pluviæ tendentis ad eurum
   Siderei motus impedit ille poli.

Vis animos mulcere pios majora? libenter;
   Assum, nam votis opto favere piis.

Prima die primo præcessit lucida nubes,
   Aplanon ac solis illa peregit opus.
Nam firmamentum nondum processit in esse,
   Conatus lucis nempe sequentis erat.
Nondum dextra Patris coelum depinxerat astris,   650
   Nondum læta suo sole refulsit humus.
Nondum subjecit Phœben noctis ditioni,
   Lux Phœbum, Phœben sidera quarta dedit.
Ergo dies primus, quo lux nova fulsit in undis,
   Tempore præcessit aplanon astra, polos.
Hæc nubes cursum girans perfecit, ab ortu
   Incipiens, ad quem jussa reflexit iter.
Hæc uno contenta fuit, motu nec egebat,
   Pluribus officio sol fuit ista suo.
Cur ergo soli geminos audes dare motus?   660
   Si jam dicta placent, sufficit unus ei.
Prima luce novæ nubi nil obfuit, immo
   Arcum descripsit functa tenore suo.
Segnior hujus erat motus, quia luce secunda
   Aplanon in mediis condidit auctor aquis.
Corduba testatur quod eques sol æthera contra
   Torserit, illud idem sæcula nostra docent.

Hoc, Ptolemæe, tibi placet, hoc Academia sensit,
    Incutiunt nobis nomina tanta metum.

Pellæi doctor, quem Pallas deflet Athenis,   670
    Quem solum solem censuit esse soli,
Oppositum sensit, quem vir Theophrastus acuti
    Ingenii sequitur, Eudemiusque potens.
Humida sidera dat Thales, Democritus ardens
    Ignea, philosophus noster utrumque negat.

Distinctio Secunda.

Incipit hic secunda distinctio libri hujus.

Principium rerum præfeci, carminis hujus
    Principio cecini sidera, signa, polos.
Custodes nostros igniti sidera cœli,
    Sidera siderei diximus astra poli.
Ornatus utriusque poli descripsimus hujus
    Astra, sed illius agmina grata Deo.
Continet ordo triplex, ter ternum quilibet ardet,
    Supremus placido plenius igne micat.
Sublimes rerum causas docet ordo secundus,   10
    Judiciis præsunt consiliisque throni.
Ordo sequens mundum docet hostis vincere fraudes,
    Quintus at illecebras, sextus abire jubet.
Signorum radiis illustrat septimus orbem,
    Ardua legatus nunciat ordo sequens.
Sæpe minora quidem sed scitu digna revelat
    Nonus, et in multis utilis esse solet.
Jura, potestates, effectus, munera, vires,
    Conclusit noster sub brevitate stilus.
Laudibus assiduis laudant quem mundus adorat,   20
    Et tremit et metuit et veneratur amans.
Ter repetunt sanctus divina luce fruentes,
    Laus docet hæc ternum ter repetita Deum.
Gaudia festivæ quis promat læta cohortis,
    Gaudet sollennem semper habere diem.
Certamenque caret certamine, dum celebrando
    Certant deliciis invigilare suis.
Signa suis distincta locis stellasque notavi,
    Admirans astris sic radiare polum.
Inde planetarum motus variosque meatus   30
    Angusta studui vincere lege metri.

Suppressi prudens epicyclos abjicit illos
   Divinum magni pectus Aristotelis.

Ad se nos elementa vocant, causæque fugaces,
   Incœptis Christus dux, via, lumen erit,
Empyreum cum stellato speculatio nostra
   Linquit, descendens inferiora petit.
Igniti cœli cœlestem linquimus ignem,
   Lucet, non urit, igneus ille decor.
Ergo levis levitate sui supereminet ignis,
   Et velut innata dote calore viget.   40
Sed meat inferior discurrens humidus aer,
   Unda fluit tamen, est frigiditate gravis.
Pondere fixa suo medio sedet infima tellus,
   Centrum siderei dicitur ista poli.
Humida sit quamvis facies vicinior undis,
   In se natura judice sicca manet.
Symbolico nexu quasi blando fœdere juncta,
   Quatuor ista sibi sic sociata manent.
Mulciber a Vesta distinguitur, ignis ab igne;
   Effectus ignis quis numerare queat.   50
Tres ignis species, lux, carbo, flamma, feruntur,
   Hanc veste claudi noveris esse duas.

Frigida flammigero salamandra fovetur ab igne,
   Forma lumbricis assimulanda feræ.
Inficit Alcinoi fructus salamandra veneno;
   Extinguit flammas frigiditate sua.
Naides insequitur, Driades quoque sæpe napeas,
   Infectas quæritur sæpe viator aquas.
Deflet Aristæus cœlestia munera mollis,
   Deliciasque stupet degenerare suas.   60

Aeris ornatus describere, Musa, jubeto,
   Exultans jussis obsequar ipse tuis.

Fluctibus æquoreis obnoxia flamina credunt,
   Carceris Æoloi claustra referre pudet.
Ventos philosophus motus docet aeris esse,
   Quos in thesauris Conditor ipse tenet.
Subsolano, tonas, sub Phœbo solis ab ortu
   Servis, oppositum sol philogæus amat.
Hic variis pictam tellurem floribus ornat,
   Huic Zephyrus nomen Græcia docta dedit.   70
Germina cum fovet floresque Favonius idem,
   Dicitur hoc Latium nomine signat eum.

Eurus ab eois procedit partibus, hostis
 Iste viatoris invidus esse solet.
Vultum Junonis obnubilat iste serenum,
 Nubilus obducit sidera, turbat aquas.

Corus ab opposita fertur regione, videtur
 Auras involvens ducere velle chorum.
Dum subsolani pars leva tibi datur, euro,
 Vulturus dextrum gaudet habere latus.

Affricus opposita vulturno fronte minatur,
 Cui nomen volitans turbo dedisse potest.
Affricus in dextra zephyri regione locatur,
 Se debet zephyro, core, sinistra tibi.

Auster sive nothus plumas cum flumine mittit,
 Nubilus undarum prodigus auget aquas.

Hic tenet a dextris euraustrum, evolat austro
 Affricus a leva, fervet hic, ille calet,
Circius occurrit primo, boreasque secundo,
 Hic constringit aquas, grandinis ille pater.
Circius est cori socius, conjunctus eidem
 A socio nomen contrahit ille suo.

Nosti hyperboreas boreæ nomen dare partes,
 Et quod aquas aquilo congelat atque ligat.

Respicit oppositum septentrio frigidus austrum,
 Septenus terio nomine ditat eum.
Jam recolo lusisse meam pro tempore Musam,
 Dum sic perstrinxi carmine multa brevi.
Aeris arridet facies borea dominante,
 Regnans nimbosus auster adauget aquas.
Dat flores zephyrus, turbat mare nubifer eurus,
 Officium complet tempore quisque suo.
Ac mea suspirans cœptis insistere Musa,
 Volucrem ventos jussit inire fugam.

Tempora perficiunt solarem quatuor annum;
 Da veniam, lector, nota referre juvat.
Colligit autumnus quæ fervens decoquit æstus,
 Quæ ver producit semina, nutrit hiems.

Directa vento flanti se fronte chorum
 Opponit doctos aspera ferro movens.
Fortunæ contemno minas, contemno favorem;
 Contentus modico tutior esse potes.

Esse ferunt animal Asiæ quod abundat in oris,
　　Aere contentum, chamæleonta vocant.
Non alimenta cibus, non potus unda ministrat.
　　Huic aer potus et cibus esse solet.
Huic avidi semper patulos habet oris hiatus,
　　Ubere Junonis se recreare volens.
Desidia tardos contendit vincere servos,
　　Incessuque pigro Birria semper erit.　　　　　　120
Sed quia pervigil est, hunc fas si est dicere servis,
　　Dissimilem nostri temporis esse pates.
Huic facie perhibes similem selome lacertis,
　　Surgit et in tergum cauda retorta suum.
Proteus est dum mentitur fingitque colores,
　　Rebus vicinis concolor esse solet.
Quid quod non novit album rubeumque colorem
　　Fingere? num ratio causaque certa patet?
Mobilis ipsius color est, mutatur in horas;
　　Huic clipeus cutis est aspera, dura, rigens.　　　130
Subductis oculis procul introrsumque receptis,
　　Fixus semper inest continuusque rigor.
Conficitur corpus macie, vix sanguine fervet,
　　In cordis thalamo parvula stilla latet.
In bruma latebras quærit, clementior aura
　　Veris solamen lucis adire monet.
Infestatque corax hunc, quo si vescitur ales,
　　Jam victor pœnam mortis uterque subit.
Sed ne succumbat victor, natura potenter
　　Phœbeæ lauri fronde medetur ei.　　　　　　140

Inficeris blando palponis forte veneno,
　　Succurret morbo pagina sacra tuo.

Sed jam me volucres nisu cantuque sonoro
　　Demulcent, variis concrepat aura sonis.
Contentus recreor, formas admiror, amara
　　Contristans animum sollicitudo fugit.
Dum scrutor leges naturæ sedulus, ecce
　　Offert se nobis sponte querela vetus.

Cum potu recreentur aves, quare liquor absit
　　Qui colamentum sanguinis esse solet.　　　　　150
Ad nutrimentum plumarum transilit humor,
　　Quid quod vesicæ deficit usus eis?
Rursus in his sicci virtus viget ampla fatebor,
　　Subtiles facilis quæstio sæpe movet.
En jam veloci descensu fulminis ales
　　Linquens astra manus gaudet adire meas.

Exuit igne novo senium renovata juventus,
  Gratior est oculis laeta juventa meis.
Clangentique licet me plaudens ore salutet,
  Praepositum queritur chamaeleonta sibi.
Sed laetus laetum jejunia solvere cogo,
  Et spondet jussis semper adesse meis.
Adducit jussus gratissima pignora secum,
  Applausu mater laeta renidet eis.
Exponit natos radiis solaribus, illi
  Gaudent, o matris gaudia! ferre jubar.
Unum degenerem reputat quae lumina luci
  Subtrahit, et latebras gestit adire novas.
Increpat hunc alius, rastro lacerat, pede calcat,
  Medeam videor cernere, cerno novam.
Exuit ha! matrem mater, sed veste recondo
  Dejectum, misero sedula mater ero.
Tunc mihi grata parens gratos tulit ore lapillos,
  Quorum frigiditas temperat ova patens.
Meque salutato volitans tellure relicta,
  Natos ut repetant aera docta movet.
Sedula ludentes praecedit in aere natos,
  Et fessos humeris subvehit ipsa suis.
Demum flaminibus alatis otior, igni
  Vicinas gaudens fertur adire vias.
Et praedam dumis latitantem cernit ab alto,
  Tunc terris subito fulminis instar adest.
Horroresque poli non formidare tonantis
  Fertur, ad haec motus voce retardat avis.

Corpore par aquilae phoenix Arabum regionem
  Nobilitat, proles est genitorque sibi.
Immo se reparat arcana lege potenter,
  Quod non intereat Atropos ipsa stupet.
Stamina quae rumpit invita volens iterato
  Nexa conjungit impia lege pia,
Ergo senectuti moestae quod laeta juventus
  Succedat laetis aemula parca dolet.
Non Venus huic agitat, non gaudet compare, turtur
  Si phoenica velit vincere, victus erit.
Haec avis est legis maternae nescia, patrem
  Se putet esse sui, se genitore satа.
Ergo relegetur logices speculatio resis,
  In verbis leges gaudet habere suas.
Esse marem phoenica doces galeate decenter,
  Vertex inflammat igneus ore rubor.
Siderei radiant oculi, color aureus ambit

Collum, sed rutilans purpura crura tegit.
Cæruleus roseis caudæ pennis nitor, apte
   Miscetur genius, nobile laudat opus.
Hunc lacrimæ thuris recreant et succus amomi,
   Sobrietas annos multiplicare solet.
Conficitur tandem senio, tunc cinnama myrrhæ
   Cum palmæ foliis associare studet;
Et varias species herbarum congerit apte,
   Singula decernit, ordinat, aptat, agit.   210
Suppositis demum flammis succendit acervum,
   Et sese flammis ingerit ipse suis.
Fit pulvis sic forma decens, sic gratia formæ
   Præterit; ha! fiunt membra decora cinis!
Parvulus in lucem prodit phœnix novus hæres;
   Has natura potens fertque refertque vices.

Mundum describens inscribens singula verbum
   Mira virtutum lege beavit opus.
Artificis virtus sese declarat in ipsis
   Rebus, et artificis luce relucet opus.   220
Intuitu levi caulandrius aspicit ægrum,
   Cum Lachesis volvit stamina læta manu.
Avertens oculos testatur voce dolorem,
   Supremum quotiens cernit adesse diem.
Obtusam visus aciem caro reddit acutam,
   Plumarum fertur lacteus esse color.

Alcinoe quotiens nautæ spes incubat ovis,
   Arridens æquor desinit esse fretum.
Alcinoe nautis gratissima, sed mihi fida,
   Quando procellosum nunciat esse fretum.   230
Læta Jovis facies arrideat, hæc avis ovis
   Incubet, infidum semper habebo mare.

Psittace, te nutrit, te fertilis India gaudet
   Inter delicias connumerare suas.
Histrio nobilis es, nobis avibusque ferisque
   Illudis, varios exprimis ore sonos.
Risum mentiris, hinnitum fingis, amaros
   Gaudes jocunda voce referre sales.
Intenso corpus ornat natura virore,
   Luminibus color hic gratior esse solet.   240
Puniceus colli torques rutilare virorem
   Cogit, et in signum nobilitatis adest.
Rostrum duritie præstat, vertexque flagella
   Cum tot sustineat, nonne fatetur idem.

Verba, minas, ictus audit, formidat, abhorret,
　Doctorisque sui scit nova jussa sequi.
Ne tingatur aquis reddit sollertia cautum,
　Hinc est suspectus aeris humor ei.
Incolit arva Phari non expectantia nimbos, 250
　Et montana quibus gratia roris abest.
Nempe colit montes famosos morte Saulis,
　Et Jonathae, nota est moesta querela David.
Prae cunctis avibus confertur latior iste,
　Lingua potens propriis edere verba sonis.
Ingenuus praestat quivis abjectior ales,
　Contentus digitis dicitur esse tribus.

Invigilans praedae, praebens spectacula laeta,
　Se manibus nostris dat generosa cohors.
Gratior aspectu, major, praestantior artis, 260
　Aptior obsequio, foemina nisa mihi est.
Haec audacior est, praedae pernicius instat,
　Successus complet saepius ista suos.
Sed lex naturae causis innititur, immo
　Quamvis nos lateat causa deesse nequit.
In quavis volucrum cui victum praeda ministrat,
　Praedominans cholerae flammeus humor adest.
Esse mares siccos, lector, calidosque docemur,
　Hinc ille genius corpora parva dedit.
Nam sicci motus ad centrum tendit, et ejus 270
　Casus constrictam rem jubet esse brevem.
Saepe marem tardum cholerae facit humor adustae,
　Saepius haec animos degenerare facit.
In re feminea calor humiditate fovetur,
　Qua prohibente comes luxuriare nequit.
Hinc nunquam torpet audacia, nam moderamen
　Hanc servat, nec eam degenerare sinit.
Extendunt rursus artus calce humiditasque,
　A centro veniens motus utrumque regit.
Nonne caloris erit quod corpus surgit in altum? 280
　Quod dilatatur humiditatis erit.
Elongat calor ascendens, circumfluit humor,
　Sic enodari quaestio mota potest.

Accipitris praeda ditatur mensa potentum,
　Hujus prae cunctis laudibus una placet.
Frigoris insidias brumali tempore nitans,
　Unam consequitur providus hostis avem.
Nocte tenet gelida captam, quae luce sequenti
　Permissam gaudens gaudet inire fugam.

Invigilat prædæ prædo, venator at illam
   Sæpius occurrat, gratis abire sinit.   290
Officii memor est nocturni nobilis ales,
   Hac vincit claros nobilitate viros.

Aerius miles falco spectacula læta
   Præbens, delicium regibus esse solet.
Unguibus armatus falcatis, pectore turbo
   Fulmineus, robur corpore majus habet.
Impetus est agilis, præceps audacia; motus
   Pernix, vis ingens, cor leve, forma decens.
Ludenti credas similem dum sævit in hostes,
   Instat, persequitur, dejicit, arctat aves.   300
Magnas infestat volucres, spes, impetus, ardor;
   Ars vires præbet, excitat, auget, alit.
Alta petit, ruit hinc jaculo velocior, ictu
   In partes prædam separat ille suam.
Sollicitant visus hominum miracula visa,
   Officium gaudet anticipare coci.

Antiquæ fraudis nisus non immemor, ultor
   In Scyllam tanti criminis esse cupit.
Surripuit fulvum crinem sed nata paternum,
   Nota fugam sceleris conscia semper ivit.   310
Ornatum perdit proprium sapientia cantu
   Scylla curarum præveniente diem.
Summa gerendarum rerum dum Scylla penes te
   Substitit, in curas Scylla notata fuit.

Grus, Palamedis avis, quem Græcia fraude peremptum
   Deflet, Ulyxæa calliditate viget.
Cum libet externas partes peragrare catervam,
   Haud modicam gaudet associare sibi.   320
Trajicit in corpus qua sic oneratur arenam,
   Ut nequeat venti flamen obesse sibi.
Alta petunt ut de specula terras speculentur,
   Quas adeunt socias prævia voce regit.
Et quæ primatum tenuit lætissima gaudet,
   Extremo cum res postulat esse loco.
Concors cura tenet omnes, si deficit una,
   Lassatam tollunt, otia ferre jubent.
Dividitur nox excubiis, decimamque manere
   Insomnem quamvis congruus ordo jubet.
At vigiles digitis retinent pondusculus, quorum
   Casus a somno turba citata notat.   330
Pingunt dum ridet clementior aura figuram,
   Flammæ mox curi latera tota perit.

Ætatem prodit color alter, mœsta senectus
  Atra veste tegi nuncia mortis amat.
Stans innixa pedi reliquum sub veste recondit,
  Subsidio fratris frater adesse solet.

Ornatu vario variisque coloribus apte
  Dispositis, pavo picte, decenter ades.
Cur Junonis avem te dicant carmina, monstrat
  Argi centeno lumine cauda nitens.   340
Quid quod vicinum terræ colis? aera nunquam
  Fert animus puri visere regna Jovis.
Frigida compescit complexio siccaque motum
  Infima terrestri præ gravitate petis.
E contra volucres levium suprema levare
  Contendunt, gravitas cum levitate coit.
Sed quid? utrum levitas in te vincat gravitatem
  Ambigo, quid? litem solvere nolo meam.
Dat tibi terrenæ gravitatis signa, nigredo
  In pennæ medio vendicat illa locum.   350
Ad medium velut ad centrum partes onerosæ
  Vergunt accensis, id piger humor agit.
Ignea sed levitas ad partes se leviores
  Transfert, hunc pennas igneus ardor adit.
Se circumfundit rubor igneus, ignea quippe
  Vis se circumfert, ignis in igne micat.
Sed niger et rubeus medium generare virorem
  Noscuntur partes, hic color ornat avis.
Fit venetus color ex albo nigroque colore,
  Hic reliquis mixtus nobilitavit opus.   360
Si Junonis avi blandiris murmure levi,
  Ostentabit opes deliciasque suas.
Adde quod et prolem renuit cognoscere, si non
  Egregiis cristæ sit decorata notis.
Sed ne se titulis Junonius efferat ales,
  Horrida vox hosti displicet, Arge, tuo.
Furtivo metitur iter gressu simulator,
  Callidus auditum fallere sæpe monet.

Cignus adest corpus decoratus veste decora,
  Magnatum mensas exhilarare solet.   370
Ludenti similis paulisper sublevat alas,
  Cedentes tumido pectore sulcat aquas.
Atropos, iste tuis jussis obtemperat ultro,
  Extremum cum jam cernit adesse diem,
Dulce melos resonat, demulcet numina cantu,
  Mellifluo notas ore salutat aquas.

Exequias cantu redeunt contemptor honoris,
   Et gaudet præco funeris esse sui.
Gaudet præsentis se linquere tædia vitæ,
   Et lætus læti fata quieta subit.   380
Jamque valefaciens Lachesi cœlum sibi bustum
   Eligit, et volucres spernere fata monet.

Sed qui rimari rerum subtilius audent,
   Causas quod sentit garrula turba negant.
Ista frui cantu festivo censet olorem,
   Sed prodens veri signa doloris obit.
Namque senecta gravis generare superflua novit,
   Et fumos siccos ista creare solet.
Ex his orta levis stat pennula nare senili,
   Nascitur ex cerebro nuncia mortis avis.   390
Pungentes sentit stimulos, punctura dolorem
   Excitat hic, planctus procreat, auget, alit.
Adde quod instinctu naturæ sentit adesse
   Fata, dolor causam dissimulare nequit.
Quid quod Apollinis est volucris, præsaga futuri,
   Et latuit cigno Jupiter ipse suo.
Ledæam volucrem præmunit Jupiter, ira
   Junonem stimulat, fata venire jubet.
Ergo dolor sese manifestat voce sonora,
   Auditor varios hauriet aure sonos.   400
Angusti circa nares variique meatus
   Formant in modulos cantica falsa novos.
Deinde senex querulus udis se condit in herbis,
   Vitaque cum gemitu victa dolore fugit.

Perdix, livor edax te vitam perdere jussit,
   Cur miser es proprias perdere promptus opes?
Contempsit prolem genitor tuus, ecce patrisses,
   Artibus invidit Dædalus ipse tuis,
Circinus auctorem te laudat, te geometer,
   Te faber arte sua, ut polleat omnis amat.   410
Fertur turba minor vocem novisse paternam,
   Quæ plausu facto vix sua vota capit.
Consiliis natura potens, nec viribus impar,
   Præcipit ut matrem læta sequatur avis.
Ad matrem remeat proles vitrice relicta,
   Huic natura potest, huic alimenta juvant.
Naturæ virtus præstantior est alimentis,
   Sæpe tamen nati vincis, alumne, fidem.
Restituit sobolem dulcis natura parenti,
   Quam tamen infestus proditionis avis.   420
Degenerem reddis victam, vilissime victor,

Prodiga corporis est prodigiosa Venus.
Degener es victum dum cogis degenerare,
　Foedera naturae sordida foedat avis.
Inter aves solam te foedat foeda libido,
　Ha! perdix, sexum perdere dignus eras.
Ultrix ergo sui partes natura sapore
　Destituit, quas faex commaculare solet.
Fraus matrem munit, quia si quem cernit adesse, 　430
　Ne pullos adeat obvia sponte venit.
Morbum vel vulnus simulat, fingitque volentem
　Comprendi, sperans instat, at illa fugit.
Sic auceps spe fallaci delusus oberrat,
　Abductus longe, fit stupefactus, abit.
Saepe caterva minor resupina jaces, pedibusque
　Sustentans glebas, ne capiare lates,

Magnarum volucrum praedo populator et hostis,
　Horridus immenso corpore vultur adest.
Quem cernens statua taciturnior haereo, curae 　440
　Me veteres vexant, sollicitantque novae.
Tunc mecum praesens venatur odore cadaver,
　Humanum volucris me mea fata vocant.
Excubat ante fores mors pallida, janua cedet
　Pulsanti, turres, oppida, templa quatit.
Respergor canis, jam floret amigdalus, aures
　Surdescunt, languent lumina, visus hebet.
Fallitur olfactus, fragrantia censet olere,
　Dulciave mendax gustus amara putat.
Sopitur ratio, tremulos rigor occupat artus, 　450
　Nuncia et vultur fata propinqua mihi.
Visa fuit volucris mihi condoluisse querenti,
　Obliquo quid me sidere cernis, ait.
Limen adire tuum, tua jam me Musa coegit,
　Hospitis adventu laetior esto debet.
Quanta meo regnet clementia pectore nescis,
　Me volucrum censet turba pusilla patrem.
A raptu volucrum magnas compesco minorum,
　Assim quaeque minor tuta volabit avis.
Alis accipitrem caedo lanioque severus, 　460
　Judex et lictor, jus mihi dicto novum.
O si magnatum coetus tumidos premat, o si
　A misera miseros conditione levet.

In prima specie carnem quod judice luxu
　Judicat, ipse sapor phasidos ales habet.
Deliciosus honos mensae, jocunda palati
　Gloria, vix stomacho gratior hospes adest.

Cum soboli fœcunda jubet natura creandæ
    Indulgere, pares nectit amore pari.
Ergo pares pariter habitant natura potenter,
    Legibus hos subdit imperiosa suis,   470
Gaudent temporibus aliis habitare seorsum,
    Hanc damnant legem temporis hujus aves.
Quod nostros genius citius calcaribus ornat,
    Et barbis gallos visne caloris agit.
Simplicitas plures erronea decipit auceps,
    Hanc volucrem blandus proditor arte capit.
Nam gallus, galli delusus imagine picta,
    Audax certamen temptat inire novum.
Nunc simulando fugam, nunc accedendo recedit,
    Anceps sic voti competit ales eum.   480

Ligna novas abiegna salo madefacta, jubente
    Natura, volucres edere fama refert.
Id viscosus agit humor, quod publica fama
    Asserit indignans philosophia negat.

Struthio degenerans cor grandi corpore gestat,
    Torpor desidiam jussit inesse suam.
Ludendo si quis juvat tentare volatum,
    Descendet moles languida, lenta, gravis.
Velocem pennæ motum spondere videntur,
    Ast habitus mendax sæpius esse solet.   490
Exuperat ferrum vis digestiva potenter,
    Constat quod virtus magna caloris adest.
Adde quod ipsius radiorum mira potestas
    Pulvere quæ sterili liquerat ova fovet.
In lucem cogit pullos prodire coloris,
    Vis rerum causas consule, nonne latent.

Ecce bootaurus, vulgaris sermo butaurum
    Dicitur, terribili voce boando venit.
Mugitus imitans rostrum tellure palustri
    Defigit, rauco murmure terra boat.   500
Pullos plumigera teneros sub veste recondit,
    Materna prolem sedulitate fovens,
Natorem rostris escas immittit eundo,
    Sic triplici sobolem provida sorte beat.
Hos cibat, hos alis refovet, demulcet, amico
    Incessu matris gaudia mater habet.
Prole parens gemina graditur stipata, suumque
    Conformat prolis gressibus ipsa suæ.

Carnibus illectus infelix nuncius arcæ,
    Ausus consortem linquere, corvus adest.   510

Te licet ad dominum Josephus ferat esse reversum,
   Attamen ire tuum prorsus abire fuit.
Humanas horrere minas dinosceris, ut quid
   Ausus es infelix linquere jussa Noe.
Oscula das repenta pari, sumisque vicissim;
   Concipis ore, prout garrula turba putat.
Inferior regio pariendi tempora novit,
   Sedulitate parens qua decet ova fovet.
Aerio pulli contenti rore feruntur,   520
   Tunc crocitans nidos spernere fertur avis.
Sordida materies nidi vermes creat illis,
   Nutriri sobolem publica fama refert,
Nonnulli referunt egesta resumere pullos,
   Sed coelestis eos, ut reor, humor alit.
Verior est reliquis doctrinis lectio sacra,
   Corvorum pullos, Fauste, creator alit.
Cum nigra vestis eos similes facit esse parenti,
   Tunc affert escas laetus uterque parens.
Tam Noe quam Phoebum decepit Apollinis ales,   530
   Fraus incepta dolos continuare monet.
Hinc est quod lactens dum pendet in arbore ficus,
   Nasonis fastos consule, vitat aquas.
Ficta luit linguae mendacia garrulus ales,
   Namque sitis multo tempore vexat eum;
Et vitium linguae corvi perpulchra coronis
   Sensit amor Phoebi deliciaeque breves.
Sed quotiens crimen in amantem lingua refundit,
   Verbo palponis vix adhibenda fides.
Gemma puellarum speciosa corona coronis   540
   Pertulit irati tela nociva Dei.
Ha! quod lingua procax, quod rumor iniquus amantem
   Decipit, ha! superos fallere lingua potest!
Lingua loquax pereat, quae foedera solvit amantum,
   Indice qua nemo, nec Cato, tutus erit.
Qui candore nitet niveo, mendacia fingat,
   Pulla veste regis censeo dignus erit.
Nonne meretur avis levis inconstantia nomen,
   Corvus erit cujus lingua proterva nocet.
Horrida dum rauco tempestas murmure surgit,   550
   Territus exiguas sponte relinquit aves
Vera tamen reticere tui praeconia nolo,
   Post imbres mitis incipis esse parens.
Tunc dulces nidos parvamque revisere prolem,
   Atque cibis gaudes pascere, nota cano.
Praesagas pluviae presso das gutture voces,
   Tranquillum laeto praecinis ore diem.

Corve salutator, mihi dicis, Ave tibi, Caesar;
    Saepe salutatus dixerit, Opto, vale.

Sustulit amplexus Neptuni regia virgo
    Candida, completo crimine nigra fuit.   560
Hinc est quod secum cornix spatiatur arena,
    Pristina dum recolens litora nota colit.
Indiciis imbres praenunciat illa futuros,
    Suscipit immersum saepius unda caput.
Candorem veterem frustra revocare laborat,
    Aequoreoque cupit lota placere Deo.
Litora metitur incessu laeta superbo,
    Ostentat gestus saepius illa suos.
Ipsa sui judex se respicit, ornat, adaptat,
    Et secum certat posse placere sibi.   570
Tempora si numeres, excedit Nestoris annos,
    Cumaeae vatis Aemoniique saevis.

Porphyrio cunctis avibus praecellit honoris
    Fastu, non modicae nobilitatis avis.
Escas tingit aqua, quas cum pede comiter ori
    Affert, seu pes sit officiosa manus.
At solus morsu suctu cervice suprema,
    Ac velut infundens caetera turba bibit.

Improba nyctimine quae patris adire cubile
    Ausa fuit, culpae conscia busta colit.   580
Effugit aspectus hominum, solatia, lucem,
    Post sceleris tenebras nubila noctis amat.
Post tenebras mentis tenebras colit exteriores,
    A tenebris tenebras mens tenebrosa subit.

A crotalo crepitans nomen crotalistria sumpsit,
    Huic pietas miro digna favore datur,
Implumem senio confectum veste parentem
    Plumali proles officiosa tegit.
Dulcibus obsequiis mas patrem, foemina matrem,
    Demulcet, refovet, protegit, aptat, alit.   590
Alternantque vices, dulci certamine certant
    Officiis sese vincere posse piis.
Sic plumis artus vestit natura seniles,
    Deformesque prius laeta reformat avis.
Scribo naturae laudes, recitoque libenter,
    Lactavit matrem carcere nata suum.
Officio pietatis erat tunc filia mater,
    O pietas! lactat filia, lactet avus.
Quid? gaudet pietas, ridet natura, fefellit
    Filia custodes carceris arte nova.   600

Fraude pia tandem deprensa mater abire
  Cogitur, ad proprios illa meavit agros.
Damnatam matrem solvit pia nata, potentis
  Materies famæ filia semper erit.
Filia semper erit celeberrima gratia famæ,
  Laudibus insignis fama superstes erit.
Lora reflecto libens ad avem, quæ tempore verno
  Cum ventus spirat lenior exit aquis.
Sub quibus hibernis vetus incola manserat horis,   610
  Frigida cum gelidis philosophatur aquis.
Mundatrix chortis rana, bufone, lacertis
  Vescitur, et colubros vix satiata rapit.
Alvum natura rostro purgare movente
  Dicitur, et medicis contulit artis opem.
Naturæ virtus arti sedebat, at usus
  Subsidiis opifer promptior esse solet.
Efficit ars, natura sed perficit usus,
  Huic succurrit amor assiduusque labor.
Cum partes Asiæ crepitans exercitus intrat,
  Callida dux cornix prævia tentat iter.
Insidias tibi moliri crotalistria, nemo
  Ausus erat, tibi vix tempora nostra nocent.   620
Ficta canam, quia ficta solent quandoque juvare,
  Sed renuit magnas fabula parva moras.
Agmine collecto ranæ coiere, fit ingens
  Concursus, regem garrula turba petit.
Exposita vix subrisit natura querela,
  Et turbæ votis annuit, orsa loqui.
Lignum quod nostis ripa jacuisse sub undis
  Vobis præficio. Dixerat, agmen abit.
Inde coaxantes ademit regem, venerandi
  Causa, pars spernit, pars veneratur eum,   630
Accedunt, tangunt, scandunt, calcant, ruit omnis
  Plebs, ad naturam sedula carpit iter.
Rectorem poscunt, datur his crotalistria, plebis
  Corripit excessus legibus ipsa novis.
Rex novus arma parat, instaurat prœlia, leges
  Abrogat antiquas, instituitque novas.
Exequitur sua jussa, potens fit rector et hostis,
  Judex et lictor, turba pusilla gemit.
Se male delusam sensit plebs læsa licere,
  Rex sibi persuadet, singula terror adest.   640
Exposcit votis regem plebs pressa priorem,
  Et pejora timens irrita vota facit.
Gens quo rectorem mitiorem sibi censuit hostem,
  Pressa jugo miserae conditionis erit.

Milvius a molli nomen sumpsisse volatu
　Dicitur, hunc cornix exagitare solet.
Chortis aves modicas rapit insontes latro pauper,
　Nam prædo prædæ pauperis esse solet.
Milvius aerius lupus est, hunc rite lupire
　Dicitur, unde mihi det tibi silva lupum. 650

Ardea prædicit imbres, quia stagna, paludes,
　Silvas cum nidis deserit, alta petens.
Ardet adire Jovem, petit ardua, nubibus ardet,
　Ardet ne citius ardeat assa cocus.
Judicio procerum grati solet esse saporis;
　Vix horum mensas gratior ornat avis.

Pellicanus nomen sumens a pelle canora,
　Accedit rigidus asperitate cutis.
Hæc avis est eremi cultrix, quæ sævit ut hostis
　In natos, ha! quos dilacerando necat. 660
Rejicit affectum matris, Medea videri
　Appetit, at genius compatiendo gemit.
Excitat a somno mentem, seseque fatetur
　Effusi matrem sanguinis esse reem.
Ergo suæ prolis ultrix cupit esse, frequenti
　Ictu væ! corpus vulnerat ipsa suum.
Impetit ergo cutem rostro penetratque potenti,
　Respersis calido sanguine vita redit.
Quis jam conciperet maternæ gaudia mentis,
　Ludere dum natos cominus ipsa videt. 670
Si Niobe tumidam prolem sors restituisset,
　Non fieret matris femina victa malis.
Femina victa malis tot, tantis, femina matris
　In statuæ formam nonne redacta fuit.

Depinxit vario picam natura colore,
　Quæ turbans logicos jurgia vana movet.
Hospitis adventum prænunciat ore loquaci,
　Nuntia lætitiæ festa parare monet.
Arte struit vigili geminoque foramine munit
　Nidos, et chorti prospicit ipsa suæ. 680
Exploratores deprendit cauta latentes,
　Fraudes sæpe novas præmeditata parans.

Aurifrisius in nostro sibi carmine partem
　Vendicat, huic frigens aura nocere nequit.
Non istum revocat a cœptis frigoris horror,
　Si non in glaciem consolidentur aquæ.
Huic natura pedem digitis armavit aduncis,
　Se civem spondens enatat alter aquis.

Prædo rapit pisces, alter pes remigat undis,
 Ut decet, officium complet uterque suum. 690
Armato fratri melius succurrit inermis,
 Quam si prædo rapax esset uterque pedum.
Sed quid? uter domino melius servire probatur;
 Officium melius utilitate probes.
Ergo quis utilior te judice, candide lector?
 Subsunt judicio carmina nostra tuo.
Ludit in effectu vario sapientia summa,
 Fas erit ut ludat nostra Thalia semel.

Simplicitatis avis fœcunda, fidelis, olivæ
 Ore gerens ramum, nuntia pacis adest. 700
Istius archa fidem probat ad quam jussa redire,
 Ad dominum rediit sponte reversa suum.
Portat adhuc apices in partes ista remotas,
 Portat, et ad dominos fida ministra redit.
Vescitur ista cibis mundis, renuitque cadaver;
 Hanc medici cistim fellis habere negant.
Sed quid? nonne movet certamina dira, cruenta?
 Sæpius instaurat prœlia, victa fugit.
Concurrunt crebro, se cædunt verbere, victa
 Indignans vires sæpe resumit, adest. 710
Congreditur, strepitus alarum concrepat ingens,
 Interdum rostris se laniare solent.
Provocat hæc hostem tumido sub pectore regnans,
 Ira fremit, rauco murmure bella cient.
Spondet quæque sibi palmam, gemebunda marito
 Præsens dat vires femina sæpe novas.
Quod si felle carent, quæ vis dat prœlia tanta?
 Quid sibi vult ingens impetus? unde furor?
Construit hæc nidos modico contenta paratu,
 A vera fastus simplicitate fugit. 720
Cum propriis natis alienos educat ova,
 Accipitris clamor degenerare facit.
Nam tunc maternos gelidus pavor occupat artus,
 Et fugiens linquit debitus ova calor.
Unica succurrit tantum quandoque volanti
 Ala, quid? in turba tutior esse solet.
Dum fugit accipitrem, vitæ discrimen abhorres,
 Tutius humanos censet adire sinus.
Edit pro cantu gemitum cum murmure levi;
 Ista docent quantus pectore regnat amor. 730
Accipitris metuens umbram speculatur in undis,
 Insidias hostis prævidet illa sui.
Lumborum cultum præcedunt oscula multa,

Hunc cultum causam nominis esse putant.
Sed tamen a collo tociens mutanto colores
 Isidorus volucrem nomen habere docet.
Collum coeruleus post glaucum fulgor adornat,
 Nunc aurum rutilat, nunc rosa vernat ibi.
Quae vis, quae ratio facit hanc mutare colores?
 Sed visus tociens fallitur, error adest. 740
Est aliquid quod eum tociens inducere novit,
 Humor eum radio solis adesse potest.
Hinc Iris fulget vario variata colore,
 Cum dictis colli motio crebra facit.
Adde quod exigui collum variique colores
 Ornant, has causas cingere tutus eris.

Quamvis ficedulae det nomen gloria ficus,
 Uva tamen cibus est deliciosus ei.
Sed cum ficu sit multo pretiosior uva,
 Debuerat nomen uva dedisse tibi. 750
Sed quid? humus nomen homini dedit, et tamen ipsum
 Corpus praedominans spiritus intus alit.

En philomena novis modulis systemata frangit,
 Cui clemens verni temporis aura placet.
Tunc reddis volucri linguam, Vertumne, canoram,
 Quam bruma mutam Tereus esse jubet.
Nunc te dulcissonae laudat modulamine vocis,
 Terea clamosis increpat inde sonis.
Sollicitat teneras mentes malesuada voluptas,
 Quam dulci cantu Cypridis ales alit. 760
Insomnes noctes multi duxisse fatentur,
 Quos praeco Veneris frangere voce solet.
Sed philomena vetus juvenum demulceat aures,
 Dummodo psalterium sit philomena mihi.

Laudat alauda diem, praenuncia laeta diei,
 Laudat, et a laudis nomine nomen habet.
Quamvis moesta thorum properans Aurora Tithoni
 Linquat, surgentem laeta salutat avis.
In sublime volat, girando circinat auras,
 Descendens format cantica lege nova. 770
Purpureum crinem semel est furata parenti,
 Ha! quociens poenas dat miseranda patri.
Respuit hanc Creta princeps, facinusque notavit
 Scyllae, quid? Cretam rara frequentat avis.
Asserit hanc vulgus horas distinguere lucis,
 Hanc nycteus amat; cur? quia nocte tacet.

Præcellit cantu reliquis, geleata fatetur
    Hanc præcentricem cætera turba canens.

Rostro ligna cavat picus, quibus ova reponit,
    Quem pastor solita fallitur fraude parat.   780
Sed cuneum volucer admota dejicit herba
    Qua novit clausas fur reserare seras.

Subtiles laqueos devitas, callide passer,
    Prolem fœcundus multiplicare studes.
Lumborum cultu mucis lascivæ columbam,
    Passer es, et nomen a patiendo trahis.
Audes humano persæpe nocere labori,
    Sed quid? nonnunquam damna paterna luis.

Sanguinea respersa nota minturnit hirundo,
    Deplorat querula voce nefanda scelus.   790
Antiquæ memor illa fugæ pernicibus alis
    Utitur, et girans aere flectit iter.
Avolat insidias metuens, interque volandum
    Exigua præda se recreare solet.
Depopulatur apes, muscas, culices, cinifesque,
    At ventris thalamo parvula gemma nitet.
Hic cœli domus lapis est, natura recondit
    Materiam variæ seditionis opes.
Adde quod et nati Prognes de nocte proterva
    Voce petunt escas, cogit acerba fames.   800

Gallus adest cantu distinguens temporis horas,
    Instinctu genii nunciat ore diem.
Excitat a somno sese, se verberat alis,
    Et cantu Scyllam prævenit illo suo.
A mento pendent palearia tincta rubore,
    Ornatus capitis crista decora rubet,
Tibia munitur calcaribus, impetit hostem
    Acrius, occursu prœlia dira movet.
Concurrunt pariter hostes, exurgit uterque,
    Marte sub ancipiti sævior ira furit,   810
Pectora collidunt, superaddunt ictibus ictus,
    Crescit amor belli, concrepat ala, ruunt.
Post varios tandem conflictus eminus astant,
    Et licet indignans parat uterque sibi.
Tempore sed modico respirant, inde resumunt
    Vires, virtutem colligit ira novam.
Tunc motu capitis galeati provocat iram,
    Et gestu tumido sævit uterque minans.

Dat furor incensus animos, certamen initur,
　　Ocius instaurant prœlia Marte novo.　　　　　　　820
Insurgunt, saltuque levi concurritur, ictus
　　Ingeminant, vires sæpius arte juvant.
Vulnera dant stimuli colliso pectore, rostris
　　Se lacerant, fuso membra cruore madent.
Sæpe fugam simulat fessus, fugiendo resumit
　　Vires, congreditur, Parthica bella putes.
Fessi sæpe caput hostilia protegit ala,
　　Fraudibus insidias nectere sæpe solent.
Post varios tandem conatus, post repetita
　　Prœlia, post imbres sanguinis, alter abit.　　　　830
Alter abit, vel forsan obit, victorque superbo
　　Incessu palmam se meruisse docet.
Concludens hosti mox infert ergo canorum
　　Martem, concludit pneumate præco sui.
Non adeo gratas persolvit præco diei
　　Laudes, cum roseos Cynthius urget equos.
Nobile dum reperit granum, tunc murmure levi
　　Munificus socias convocat ille suas.
Corripit errantes promptas parere marito,
　　Blanditiis mulcet obsequiisque juvat.　　　　　　840
Cognita vilescunt, sed quæ sunt rara favorem
　　Norunt propensum consiliare sibi.
Pasceret intuitus hominum recreatio mira,
　　Si tam vulgaris rara fuisset avis.
Hæc præjudicium generat tibi, galle, quod edis
　　In senium vergens ova senecta facit.
Alterat, immutat, corrumpit, et inficit ova;
　　Bufo fovens gaudet sic novus esse pater.
Infaustæ sobolis se credit bufo parentem,
　　Hoc genitore satum te, basilisce, putas.　　　　　850
Degenerat multo proles infecta veneno,
　　Atque prior genius exulat hoste novo.
Primævam vincit legem natura secunda,
　　Et mos longævus vincere jura solet.

Fidus amator adest, qui post connubia prima
　　Delicias spernit, signa pudoris amat.
Radix prima viret, ramus quoque floret amoris;
　　Hinc est quod frondes nescit amare novas.
Tantus amor fido regnat sub pectore, nunquam
　　Isti Lethæi fluminis unda placet.　　　　　　　860
Isti semper erit præsens quem fata tulere,
　　Immo parem verus vivere censet amor.

Horrida fatorum lex non dissolvit amoris
  Foedus, amor gaudet cedere fata sibi.

Nugatur cuculus frustra tociens repetendo,
  Semper ridiculi ludicra vana soni.
Materiam risus praebet puerilibus annis,
  Confert languenti taedia multa seni.
Committit fulicae nido sua pignora mater,
  Subsidium natis subtrahit ipsa suis.
Dum fertur cuculi generare saliva cicadam,
  En querulam natam garrula mater habet.

Est ales modicus ornatus veste decora,
  Naturae virtus condere mira solet.
Cervicem, collum viridis color ornat, et alas,
  Et caput, at venetus terga venusta facit.
Ventrem depingis, candor, sociate rubori,
  Et nescit rutilans crura pedesque rubor.
Munit eum natura potens longo gracilique
  Rostro, sed rostri pars quota tincta rubet.
Advolat insidians praedae quam cernit in undis,
  Piscandique dedit gratia nomen ei.
Gratia successu juvat artem, gratia reddit
  Eventum facilem, gratia condit opus.
Defunctae volucri vires natura ministrat,
  Virtutemque potens subrogat ipsa novam.
Namque reservatur tineas a vestibus arcens,
  Infelix matri filia saepe nocet.

Regulus exiguo contentus corpore regis,
  Nobile cor prodit mobilitate soni;
Affixumque veru corpus quod decoquit ignis,
  Dum se circumfert, non egit artis ope.
Gloria terrigenas superos animalia fertur
  Tangere, quas quondam sollicitavit aves.
Convenere, sibi praeponi curia regem
  Postulat, et vario turba favore strepit.
Imperat acciri volucrem concordia mitis,
  Quae crepitans immo tempore linquit aquas.
Paretur, fieri crepitando silentia jussit,
  Nam caret officio lingula curta suo.
Hupupa, strix, bubo tenebras, lucinia lucem
  Appetit, haec modulis sedula mulcet aves.
Succinit hinc merulus, concentu curia gaudet.
  Indignans varios dat philomena sonos.

Cedere cœpta putans sibi pro dulcedine cantus;
  Præco dat edictum psittacus ore novum.
Quisquis ait fiet stellis vicinior, illum
  In regem certa lege creare libet.
Ambitus instigat volucres, lætus Jovis ales
  Alta petit, cujus, regule, veste lates. 910
Tota cohors Jovis armigerum sibi præficiendum
  Censet, sub plumis callida parra latet.
Victorem læto sese clangore fatetur
  Armiger, at multos fallere vota solent.
Spes mendax, animi cruciatrix, læta frequenter
  Spondet, credula mens gaudia vana fovet.
Regulus e latebris in lucem prodit ad alta
  Tendens, quem palmam promeruisse ferunt.
Sublimare solet multos fraus ambitiosa,
  Exiguusque labor culmen honoris adit. 920
Majorum famam, vires, fastigia, sensum
  Vincere se jactat turba labore brevi.
Ha! miser innixus humeris stas, nane, gigantis;
  Huic ascribe, miser, si qua remota vides.
Palmæ victricis tutus requiesce sub umbra,
  Invide, quis palmam censuit esse rubum.
Thebais insignis Æneida semper adorat
  Divinam, veteres respuis ore procax.
Ætas prisca suos doctores dicere patres
  Suevit, deliros hos, miser, esse putas. 930
Nomen famosum tibi das dum carpis Homerum,
  Zoile, cui dispar, invide, semper eris,
Famosus magnæ combussit templa Dianæ;
  Dum carpis magnos, Zoile, parvus eris.

Insula, tam tumulo quam templo nota tyranni,
  Finibus Apuliæ dat Diomedis aves.
Hæc avis est fulicæ par forma, sed color albus
  Hanc tegit, ignea sunt lumina, clara micant.
Et natura potens munivit dentibus ora,
  In cursu geminos fertur habere duces. 940
Dux erit istæ viæ notæ certissimus ille,
  Segnibus improperans carpere suadet iter.
Hæc foveam rostro parat aptam tempore fœtus,
  Appositis virgis dehinc tegit artis opus.
Hæc fovea nidum molitur biforo valva,
  Hæc Eurum, Zephirum respicit illa suum.
Aera proluvies corrumpit sordida, quare
  Hæc avis a nido longius ire solet.

Applaudit Graecis, alienos effugit, aedem
   Sacratam quovis visitat ista die.
Immergit corpus limphis, purgata recedit;
   Carmine finito, laeta recedit avis.

Distinctio Tertia.

Incipit hic tertia distinctio libri hujus.

Aeris ornatus distinxi carmine, quamvis
   Non satis ornato, sed grave restat onus.
Ardua materies, labor ingens, improba lingua
   Lectoris tetrici linquere coepta monet.
Poenitet incoepti galeatum sero duelli,
   Augur saepe timor pessimus esse solet.
Linquimus augurium, fortunam spernimus, omen
   Dicimus esse nihil; perfide Fauste, tace.
Aequoreis navem jamjam commisimus undis,
   En micat e summo cardine stella maris.
Stella maris, mater solis, dulcissima virgo,
   Insignis matrum gloria, praestet opem.
Effectus elementares perstringere, ventos
   Bis senos libuit claudere lege metri.
Rognantis venti gallus certissimus index,
   Carmine non renuit esse cerucha meo.
Aere contentum descripsi chamaleonta,
   Clangentes aquilas jam cecinisse libet.
Phoenicem docui cernentem saecula multa
   Floribus ornato se reparare choro.
Descripsi volucrem quae prospera nunciat aegris,
   Stamina cum Lachesi nectere longa placet.
Sed cum prae foribus residet mors pallida, certis
   Indiciis seriem nunciat illa rei.
Alcinoen cecini, cum qua mare foedus inivit,
   Fallere nec Juno nec Thetis audet eam.
Psittace, te viridis ornavi veste coloris,
   Mores perstrinxi sub brevitate tuos.
Accipitris laudes, falconis nobile dixi
   Certamen, gazas defleo, nise, tuas.
Et Palamedis aves cecini, quas Africa lautas
   Inter delicias enumerare solet.
Pavoni flores cristae nitidosque colores,

Gressum terrestri cum gravitate dedi.
Cignum concentu docui contemnere fata,
　Perdix, livorem fata dedisse tibi.
Te cecini parvas cui gloria magna tueri,
　Cui magnas volucres perdere fervor inest.
Insula Medeæ mihi miseret ave
　Famosas volucres ligna dedere mihi.　　　　　40
Cum ferro volitans coram me struthio lusit
　Visu, mira loquor, ova relicta fovens.
Conspexi geminam gemina latitare sub ala
　Prolem quam spacians sæpe, butaure, cibas.
Corve loquax, nocuere tibi mendacia, cornix
　Garrula te sequitur improbitate pari.
Quamvis immundum reputet lex porphyrionem,
　Laude tamen dignum nostra Thalia putat.
Nyctimine noctis tenebras colit invida luci,
　Quæ rostro crepitat, est pietatis avis.　　　　　50
Degener est prædo milvus, volat ardea nimbos
　Spondens, pellicanus sanguinis imbre madet.
Hospitis adventum spondet tibi garru' pica,
　Aurifrisius est prædo nocivus aquis.
Fida columba, nihi da ramum pacis, oliva
　In nostris hortis crescere nulla solet.
Dulcis ficedulam recreat cibus, et philomena
　Dulce sonat, cantu laudat alauda diem.
Picum qui Driades clamosa voce salutat
　Dixi, qui fures instruit arte levi.　　　　　60
Astutus passer titiat, minturnit hirundo,
　Gallus discretor temporis esse solet.
Exemplar turtur nec non solamen amantum,
　Desertum veri cultor amoris amat.
Se recreat cuculus, redimitque silentia longa
　Multa continui garrulitate soni.
Depinxi volucrem dum vivit piscibus hostem,
　Mortua jam tineas arcet odore sui.
Regula, sceptra dedi tibi, quæ clangens Jovis ales
　Vendicat, hinc superest gloria, fastus, honos.　70
Si Diomedis aves lustrantes sæpius undis
　Indicunt nobis relligionis opus.
Sed stilus ad pisces nunc se transferat, horum
　Quæ volucrum mater primitus unda fuit.

Undas insipidas gelidas censebis et albas,
　Si vis naturæ subdere jura tibi.
Non vis naturæ primævæ reddere salsam
　Novit aquam, virtus ignea solis adest.

Æquoreas undas do luce fuisse secunda,
    Nondum salsa tamen æquoris unda fuit.
Nondum sol fulsit, nondum fulsere planetæ,
    Erippus nondum fervuit igne novo.
Sed quid? numquid erat tunc æquoris ille refluxus,
    Quo mare se vicibus fertque refertque suis.
Nondum lunaris effectum senserat horæ,
    Nondum se lunæ debuit unda maris.
Esse tamen potuit tunc illa vorago Charybdis,
    Quæ prius absorptas inde refundit aquas.
Conclusit natura potens tellure cavernas,
    Quas parere suis legibus illa jubet.
Æquoreas undas salsedine destituisse
    Talibus instructos novimus arte levi.
Admotas, Vulcane, cum decoquis illas,
    Ignitæ partes, ut decet, alta petunt,
Exhalat salsus, subsidit grossior humor,
    Salsaque colari sæpius unda solet.

Quis rerum causas comprehendat? fulmina, nubes
    Concursu vario multiplicique creant.
Exagitant venti nubes, concurritur, aer
    Emicat ignitus, lucida flamma nitet.
Dum colliduntur nubes, collisio magnum
    Magna sonum reddit, territa corda pavent.
Mentibus inducit terrorem præco tonantis,
    Et quod magnus sit conditor iste docet.
Errores revocare monet terrore minaci,
    Terroris magni spondet adesse diem.

Si te vera juvant, si te ratione juvari
    Delectat, tonitrus quæ sit origo vide.
Novimus imbriferis extingui nubibus ignem,
    Aures offendens provenit inde fragor.
Immittatur aquis igniti lamina ferri,
    Emittet sub aquis stridula flamma sonum.
Exiguis rebus componere magna solemus,
    Conferri magnis sæpe minora solent.
Pollæi doctor divini pectoris ipsum
    Censuit ignita nube tonare Jovem.
Collisas alii nubes et flamina consent
    Materiam tonitrus, vera latere solent.

Cernit bruma nivem, sed spicula grandinis æstas,
    Unaque materies est utriusque liquor.
Dura rotundatur, mollis diffunditur imber,
    Aere suspenso sit tibi fumus aquæ.

Quis causas rerum virtutes vincula reddat,
  Declaret, solvat? clausa latere volunt.
Exposuit cui se natura pudica libenter,
  Ut secreta sinus panderet ipsa sui.
En tellure, prout consent, est altius æquor,
  Cur terræ facies non operitur aquis?
Limite præfixo cursum moderatur aquarum,
  Qui res quas voluit condere servat, alit.   130
Unica sphæra tamen est et telluris et undæ,
  Ut consent cives, astronomia, tui.
Namque terra super undas fundata docetur,
  Ad diversa solet significata trahi.
Baptismus per aquam, vexatio, gratia, virtus,
  Signatur, tellus stans notat ecclesiam.
Propter aquas etiam locat urbes, oppida, turres,
  Ars, ita quod tellus celsior extat aquis.
Ut tamen excipias Paradisi culmen, aquarum
  Telluris facie celsior augis erit,   140
Cur igitur Cybelen totam tam labilis humor
  Non operit, metas præbuit Auctor aquis.

In formam surgit connexi corporis unda,
  Hinc teretem formam sphærica stilla facit

Et licet unica sit species specialis aquarum,
  Pluribus ista tamen est variata modis.
Clara juvat si fons sit ei vel flumen origo;
  Turbida si fuerit, nonne nocebit aqua,
Siquis aquam calidam jejunus sumpserit, affert
  Sumenti nisi sit sumpta frequenter opem.   150
Digestiva viget virtus si sumptio rara,
  Crebraque si fuerit sumptio, languor adest.
Imber cœlestis, quem vulgus aquam pluvialem
  Dicit, constipat, ut, Galiene, doces.
Quod subtilius est virtute caloris in altum
  Tendit, ob hoc reliquis purior extat aquis.
Salsa quidem stomachum laxat, sed sumpta frequenter
  Tussim cum scabie procreat atque sitim.
Sumptio crebra tamen valet infrigidantibus artus,
  Morbis hydropicis utilis esse solet.   160
Et licet infrigident magis artus psyllia nostros,
  Intensæ magis est frigiditatis aqua.
Conveniunt melius membris nascentia terræ,
  Disponuntque magis corpora lege sua.
Est elementorum commixtio prima, secunda,
  Iterum quas mater gignere terra solet.

Convertit mutaetque cibos, specieque olorat
    Sanguinis, et chimos corporis esse facit.[1]
Tertia chimorum, membrorum quarta patenter,
    Carmine quis poterit claudere cuncta brevi.   170

Esse ferunt fontem naturæ prodigiosum,
    Munus quam semet impetiisse queror.
Alterat intrantem sexus mutatio, fortis
    In sexum fragilem degenerare solet.
Curia magnatum virtutum dejicit artem,
    In qua nunc virgo, nunc puer Iphis erit.
Immutat mores, animos effeminat, orbem
    Confundit, leges abrogat, æra sitit.
Lucrum venatur, indignos promovet, arcet
    Jura, colit fraudes, vi rapit, arte nocet.   180
Regnat ibi vitium quod nomen traxit ab aula,
    Livor edax, fastus, ambitus, ira, Venus.
Spes fructus cruciat, auræque favor popularis,
    Illam demulcet sollicitatque timor.
Curia se curis agitat, ferit alta securis,
    Rebus securis ha! peritura furis.

Sed fontes ardor choleræ me cogit adire,
    Hunc reprimunt quia quæ fonte bibuntur aquæ.
Vellere vestitas nigro candore nitentes
    Fons quidam certo tempore reddit oves.   190
Occurrit jam pura meæ confessio menti,
    Nam lacrimis nostris innovat ista senes.
Fons in corde scatens Paradisum mentis amœnat,
    Quem perflat clemens flaminis aura sacer.

Fons alius nigras reddit quas lacteus ornat
    Candor, pervertit singula fraudis amor.
In tenebras vertit lucem, depravat honesta,
    Et centum linguas quisque bilinguis habet.

Accedat rubea vestitus veste, movetur
    Cujusdam rapido turbine fontis aqua.   200
Ebullit fervens scaturigo citata (?) rubore,
    Ignea sub roseo flamma rubore latet.
Adde quod et tellus mater, seu fontis origo,
    Applaudens simili tincta rubore nitet.
Sic ancile rubens, nans flumine mersa recenter,
    Index gyrando corpora prodit aqua.
Venatur prædam defunctam, nobilis iste
    Venator motum continuare solet.

---

[1] Vulgo tamen dici solet cacochimus et cuchimus.

Amfractu vario velox discurrit in unda,
    Quærenti similis scribere visa licet.   210
Post varios tandem discursus pelta cadaver
    Inventum gyris pluribus esse docet.
Vendicat istud opus sibi vel natura, vel artis
    Virtus, aut quænam causa subesse potest.

Virgine parcit dum ferrum flamma resolvit,
    Cum terrena petunt ignea tela Jovis.
Subtilis, velox, agilis, penetrans, levis, amplos
    Percurrit poros, incute flamma volans.
Materiem duram volentem cedere vinci
    Difficilem gaudet vincere flamma potens.   220

Est fons lene fluens, quem rupta silentia cogunt
    Indignanter aquas præcipitare suas.
Interrupta quies clamore silentia nobis
    Commendat quociens garrula lingua nocet.
Fons est qui vincit jocundo vina sapore,
    Illa licet vitis deliciosa creet.
Divitias cresci multo reor esse minores,
    Hunc fontem garis præfero, Roma, tuis.
O me felicem si nobilis Anglia tanto
    Thesauro semper nobilitata foret.   230
Plurimus in cotes fons vertit ligna, metalla
    Exacuunt, reprobant, falsa probanda probant.
Ferrum cos acuit, non exacuenda, magistro
    Utilis ars aliis esse nociva solet.
Extinctas adolere faces, extinguere tædas
    Accensas, fontis dicitur unda potens.
Indignans tangi fons se fervore tuetur,
    Vendicat effectus ignis in amne suos.
Solis ab occasu fervet fons dictus, in ipsa
    Noctis ferventer frigiditate calet.   240
Stat fonti vicina silex, qua fonte rigata
    Signuntur nebulæ, multiplicantur aquæ.
Obducit cœli vultum caligo repente,
    Junonis faciem turbida turbat aqua.
Vulnera curando, voces reddendo canoras,
    Artem fons vicit, o Galiene, tuam.
Fons virtute potens incendia Cypridis aufert,
    Incendit flammas ipsius alter aquis.
Sic ad notitiam quæ sunt elapsa reducit,
    Cognita perturbat illius unda nocens.   250
Est lacus in quo res quævis fluitare feruntur,
    In reliquo mergi corpora quæque ferunt.

Fons est cujus aquæ potæ reddunt furiosum,
　Quævis istius causa furoris erit.
Fœtontes fœtens nebulas exhalat Avernus,
　Esse lacum Latii lectio vera docet.
Cocytus, Phlegethon, quæ Phari sunt flumina nota
　Vatibus, estque Pharus nota palude Stygis.
Tristitiæ metuenda palus, qua bella dedere
　Insignem, cum diis fœdera pacis habet.　　　　　260
Nam favit superis victoria quæ Stygis esse
　Filia censetur, prisca referre libet.
Sed dudum tenebras paleam lateremque lutumque
　Liquimus Egypti, flumina, stagna, lacus.
Ad fontes, Paradise, tuos me transfero lœtus,
　Gaudes bis bini fluminis esse pater.
Tigris et Euphrates, Ganges, Nilusque potenter,
　Multa terrigenas utilitate juvant.
Frugifer Euphrates, Tigris velocior aura,
　Leve fluit Nilus, limpida Gangis aqua.　　　　　270
Bathoniæ thermis vix præfero Virgilianas;
　Confecto prosunt balnea nostra seni.
Præsunt attritis, collisis, invalidisque,
　Et quorum morbis frigida causa subest.
Prævenit humanum stabilis natura laborem,
　Servit naturæ legibus artis opus.
Præcedit natura potens, industria solers
　Subvenit, his junctis nobile surgit opus.
Præsternit natura viam quam dirigit artis
　Regula, si fidus sit comes usus ei.　　　　　　280
Arti sunt igitur obnoxia balnea partim,
　Partim naturæ, sulphure fervet aqua.
Sulphur nempe soli pyr dicitur, ignis in ipso
　Vivit, et effectum nutrit in amne suum.
Igne suo succensa quibus data balnea fervent,
　Ænea subtus aquas vasa latere ferunt.
Errorem figmenta solent inducere passim,
　Sed quid? sulphureum novimus esse locum.
Suave tamen redolent virtutum cinnama, myrrha,
　Cassia, cum gutta, fistula spirat ibi.　　　　　290
Nam suavem Domino devotio reddit odorem,
　Et floret sancta relligione locus.
Ad fontes iterum sitiens properansque revertor,
　Est aliquid puro vincere fonte sitim.

Sunt fontes calidi brumali tempore, cum sint
　Æstivo gelidi, certane causa subest?
Conclusis poris terræ brumalibus horis

Fumi descendunt, interiora calent.
Exhalat liber aestivo tempore fumus,
 Exclusis fumis frigida terra manet.   300
Sic stomachis regnat calor auctus tempore brumae,
 Quo cultus mensae lautior esse solet.
Sed stomachus friget dum terra perusta calore
 Ignis Phaetontis commemorando timet.
Adjice quod puteus censetur nomine fontis,
 Telluris thalamo frigidiore latens.

Gignitur ex glacie crystallus, qui radioso
 Fulgori solis subditus igne micat.
Ignem scintillat illaesus; nobile matris
 Exemplum sanctae virginitatis habes.   310
In glaciem transit modo mater, filia tandem
 Si non in geminam consolidetur aqua.
Sed qui naturis rerum subtilius instant,
 Certius evincunt ista carere fide.
Sed dum naturae rerum miracula pando,
 Occurrunt animo flumina nota meo.
Alphaeus, veteris index tam certus amoris,
 Dilectam sequitur; cur, Arethusa, fugis?
Haec fugit, hic instat, et consequitur fugientem;
 Nexibus hinc blandis associatur ei.   320.
Quid vis, quid virtus, quid amoris magna potestas
 Efficit, in fluvio pristina flamma viget.
Post varios tandem concursus aequoris undas
 Intrat, et tamen his nomina prisca manent.
In facie pelagi fluvialis labitur unda,
 Qua sedare sitim navita saepe solet.
Nec permisceri salsis se sustinet undis,
 Nativus superest hinc calor, inde sapor.

Flumina quid referam pelagi quae sorbet abyssus?
 In mare, nota loquor, flumina cuncta fluunt.   330
Blanditur pelagi facies clementior aura,
 Ridet et in tuto quaelibet esse putas.
Fallis interius quam multa pericula regnant,
 Neptuni nunquam sit tibi tuta fides.
Dicere si nimium fallax quaecunque liceret,
 Damnarem numerum, Thetyos unda, tuum.
Illud idem censent Hellae, Palmaris, et Hero,
 Et pius Aeneas, Ypomedonque ferus.
Ergo licet mare sit tranquillum, rideat aer,
 Et lateant latebris flamina clausa, timeo.   340
Exibunt venti, subito turbabitur aer;
 Tunc fraudes notas deteget unda ferens.

Exurgent fluctus tumidi cœloque minantes,
    Ventorum rauco murmure cuncta tremont.
Et tamen inter tot fluctus tantasque procellas,
    Parvula pertransit magna pericla ratis.
Evadit rabiem ventorum, saxa, Charybdim,
    Cum Scylla, syrtes, insidiasque maris.
Sæpe tamen tabulata gemunt, stridentque rudentes,   350
    Flatus compagem solvere sæpe putes.
Nonnunquam rimas furtim maris unda subintrat,
    Paulatim vires stillula crebra capit.
Sollicitudo vigil, sollers cautela, juvabit,
    Artem rectoris torpor obesse solet.
Officium nautæ munit discretio prudens,
    Ignavus languor subruit artis opem.
Immemor Æneæ Palinurus opumque suique,
    Dum somnum morti continuavit, erat.
Respersus ramo lethei fluminis unda   360
    Incincto somni victus amore fuit.
Seductor blandus, somnum loquor, hostis amicus,
    Impulsu levi præcipitavit herum.
Undis succubuit tociens qui vicerat undas,
    Atque freti victor æquore victus erat.
Mors conclusit ei, dum se conclusit in undis,
    Undis exclusum terra cadaver habet.
Corpora quæ vegetat, regit, ornat nobilis hospes,
    Spiritus ad tempus sustinet unda maris.
Quæ rectore carent, quæ præside destituuntur,   370
    Dejicit indignans exanimata mare.

Post mare, post fluvios, de piscibus edere pauca
    Mens cupit, ordo monet, metonymia jubet.
Quorum naturam Pellæus scire laborans,
    Inclusus vitreo vase latebat aquis.
Insidias, latebras, conflictus, prœlia vidit,
    Militiæ speculum, gloria, culmen, honos.
Eductus bene dispositos tutosque receptus
    Advertit, tacita singula mente notans.
Instructus rexit acies prout agmine facto,   380
    Congressus varios sæpe notarat aquis.
Ha! quod notitiæ nostræ perpauca vetustas
    Contulit, ecce tamen pauca referre juvat.

Semina mittentes pro sexus lege gemellos,
    Poros pisciculos constet habere maros.
Sed gazas, dolphine, tuas natura recondit,
    Nam testes sexus interiora tegunt.

Nam gemini fratres seriem generis reparantes
　　Intra ventriculum sponte latere volunt.
Ovula dat matris fœcunda potentia, sed mas
　　Vim generativam spermate præbet eis.　　　　390
Vitalem dat eis genitoris sperma calorem,
　　Et genitor lactes, ovula mater habet.

Adjice quod cilio pisces natura carere
　　Jussit, ocellorum lumen obumbrat aqua.
Palpebra judicii si non præcedit honestos
　　Actus, munditiæ non tibi desit aqua.
Sed nec dicavit pisces natura tracheis,
　　Nec spirant, pulmo vendicat istud opus.
Discernunt album, nigrum, rubeumque colorem,
　　Qui fraudem nectunt piscibus ista docent.　　400
Norunt extremos pisces vitare colores,
　　His vestis medio tincta colore nocet.

Adjice quod per aquas sibi trajicit aera piscis,
　　Spissior est aer associatus aquis.
Hinc cedit fatis transvectus in aera purum,
　　Si nutrice sua destituatur aqua.
Displicet ista tamen multis assertio, quidni?
　　Numquid Aristotelem fallere fassa queunt?
Hinc species dignum duxi distinguere metro,
　　Pulcrius elucent ordine quæque suo.　　　　410

Deliciæ Thetidis, Neptuni gloria, cœtus,
　　Nautarum terror piscibus horror, adest.
Quid morbis confert, effundit semen in undis,
　　Ambræ censeri nomine fama refert.
Ambram nonnulli grumiam nucis esse fatentur,
　　Nux solet æquoreas crescere subtus aquas.
Hospes sorte data Jove fuit in mare missi,
　　Evomitum gaudens terra recepit herum.

Delphinus citharæ capitur dulcedine, terras
　　Dum petit aerias, spondet adesse minas.　　420
Utilis ipsius pinguedo legumina condit,
　　Utilis est, quamvis deliciosa minus.
Ludenti similis hostem circumvenit arte,
　　Provocat ad nandum te, crocodille, sua.
Serrata dorsi pinna mox impetit hostem,
　　Ventris mollitiem perforat ense suo.
Concursus, delphine, tui ludique procellas
　　Prædicunt, nautis incutiendo metum.

Divitibus mensis congrus bene congruit, ipsum,
　　Herbis servatum præparat arte cocus.　　　430

Sturio magnatum cibus exquisitior ore
   Regali, dignus creditur esse Jovis.

Lautior est cultus mensæ quam mulio dicat,
   Etsi non rubeis splendeat ille notis.
Plectæ quam placidam dicunt seu pectinis ossa,
   Formam barriti pectinis instar habent.
Discolor ornat eam vestis, candore nitescit
   Venter, et est rubeis pars nigra tincta notis.
Utraque pars placido, placido recreare sapore
   Vescentes poterit, plus tamen alba placet.   440

Siccam vix uno munitam novimus osse,
   Quod formam modicæ fertur habere ratis.
Cum furor exagitat plenas horrore procellas,
   Fimbriolis hæret rupibus illa suis.
Infrigidat stomachum, si non virtute potentis
   Bacchi confestim subveniatur ei.

Pallentes generat famosa ragadia morbos,
   Si non est albo succiduata mero.
Sed tamen alma Ceres defectum supplet Iacchi;   450
   Frater abest, facies grata sororis erit.
Sed quid? dum solidam carnem gratumque saporem
   Perpendo, medico quam mihi credo minus.

Allia si piperi sociata fideliter assint,
   Elixa megaris plus placet assa caro.

Militis et monachi formas prætendere pisces,
   In quibus et faciem virginis esse putes.

Cum canis æquoreis præda potiatur in undis,
   Audax sæpe lepus associatur ei.

Vincis, echine, favum mellis dulcedine magna;
   Corporis exigui calliditate viges.   460
Insultu validæ ne concutiare procellæ,
   Libramen certi ponderis ore geris.
Te regit in tumido pelagi fervore lapillus,
   Miror rectorem tu vehis ore tuum.
Sic bene prospiciens sibi navim nauta saburrat,
   Ne fluctus vel vis aeris obstet ei.

Allec, cui cibus est aqua vitaque mater et aula
   Quanti sit, multa commoditate docet.
Delicias, Neptune, tuas commendo, sed istum

Piscem deliciis praefero jure tuis. 470
Insidias fugiens cautus magno comitatu
  Stipatus tumidas aequoris ambit aquas.
Hic raro generat fastidia, sive recenter
  Sumptus, seu caro sit siccior igne salis.
Caesaris hic ornat, sed mensam ditat Amiclae,
  Hoc nos laetificat munere larga Thetis.

Acephalum piscis genus ostrea, judice vulgo,
  Pectus cum stomacho grata sapore juvant.
Dum testas aperit, ut liberiore fruatur
  Aura pisciculus, perfidus hostis adest. 480
Innata cancer armatus fraude lapillum
  Intra pisciculi testea tecta jacit.
Ostia claudendi non suppetit ulla facultas,
  Osteolae cancri vincitur illa dolo.
Exponi solis radio tibi dulce videtur,
  Tutius est propria velle latere domo.
O si magnatum me nunquam curia nosset,
  Heu! multis mundi gloria vana nocet.
Esse reor tutum claustri latitare sub ala,
  O quantum nocuit Caesaris aula mihi. 490
Ostentare suas gazas minus esse salubre,
  Insidiis hostis ostrea capta docent.

At lupus, aequoreae turbae populator avarus,
  Praedo piscanti praeda fit artis ope.
In mensa lupus est mansueto mitior agno,
  Hic avidam novit vincere saepe famem.

Mirantur subitum piscantis membra stuporem,
  Unco dum narchos laesus habere stupet.
Nam stupor ad digitos calamo mediante recurrit,
  Et fit piscator immemor ipse sui. 500
Hinc est quod quamvis narcotica rite feruntur,
  Quae vim letheam sive stuporis habent.

Pruritum, carnem, Venerem, male relligioni
  Conveniens, stinchus excitat, urit, alit.
Sollicitat castam, facit insanire petulcas,
  Contristat faciem Palladis iste cibus.
Arceri procul hunc a mensis docta Minerva
  Praecipit, at Lais atque Lacaena vetant.

At conchas reparat genium lunaribus horis,
  Nascitur ex istis unio, gemma nitens. 510
Ephemerae debet uni se vita diei,
  Hinc febri nomen historiaeque datur.

Defectus varios crementaque consule, cernes
  Quod se conformat, Cinthia, mense tibi.

Fronte situm compar clipeo lumen radiosum,
  Uno contentus lumine piscis habet.
Non timet iste tuas fraudes Polyphemus, Ulixe,
  Incussit nautis sæpius iste metum.
Infelix felix magnatum curia sine,
  Felix infelix deliciosa cupit.
Vincere delicias mensæ murena putatur;
  Sic sentit Cæsar, curia censet idem.
Hoc fallax medicus, lucri venator, amore
  Auri seductus, asserit, optat, amat.
Sed si delicias murenam dicere cogor;
  Horrorem potero dicere delicium.
Deliciæ horribiles, aut horror deliciosus,
  Dicetur sapidum virus, amica lues.
Lætitiæ multis læti quampluribus ista
  Causa fuit, morbos pessima mater alit.
Inter murenas reperitur femina tantum,
  Hæc species sexus re melioris eget.
Huic generi natura mares irata negavit,
  Hinc est quod coitu dispare nexus adest.
Nam murena furens gaudet serpente marito,
  Est talis tali digna marita viro.
Quis neget infectam murenam tabe veneni?
  Nonne picem tangens commaculatur ea?
Sed ne sit suspecta gulæ murena potenti,
  Cogitur exhausto tota natare mero.
Flet medicus, dum se rutilanti proluit auro,
  Dives de facili spes fugitiva fugit.
Conditur variis speciebus danda sepulchro,
  Summergique timet in mare missa novum.
Nux muscata, piper, gingiber, cinnama, cumin,
  Conficiunt medici, melle venena linunt.
In caudæ regione viget pars maxima vitæ,
  Cauda contrita vita repente fugit.
Miror discernens quas naribus admovet escas,
  Isto se reficit simia læta cibo.

Innovat et reparat salmonem, nobilitatque,
  Et sapidum reddit æquoris unda potens.
Ardua si rupes fluvialibus obstet in undis,
  Ut saliat caudam complicat ore suam.
Inflexum corpus dum sic curvatur in orbem,
  Explicat optatum, sic tenet arte locum.

Sic agili saltu victor conscendit in altum,
   Dum petit æquoreas nobilitandus aquas.
Sæpe tamen nimius labor istum degenerare
   Cogit, et in rostro signa notanda manent,   560

Gustum doreæ, quæ nomen sumpsit ab auro,
   Crasso quia Parthis plus placuisse reor.

Sub solis radio ludentem cernis in unda
   Umbram, quæ mensis nos recreare solet.

Est specie gratus placidoque sapore thymallus;
   Hunc a flore thymo nomen habere putant.
Hic instar floris jocundum spirat odorem,
   Vescentes recreat deliciosus odor,

Est piscis modicus, si corpus consul, at si
   Vires respicias, corpore major erit.   570
Firmit hic hærens navi virtute potenti,
   Quamvis Argos sit, stare repente facit.

Lucius in vulgus degrassatur, propriosque
   Cives persequitur, improbitate probus.
Multiplici gaudet præda, dehinc præda futurus,
   Quique sibi prædo est, præda sit ipse mihi.
Plus sapit atque magis maris est caro deliciosa,
   Carnem nos solidam plus recreare putant.
Istius insidias evadit perca pericla,
   Horrens dum pinnas erigit hirta suas.   580
Hic cibus ægrotis confert, sit tinctus aceto,
   Condiat hunc viridis salsa vel herba potens.

Brenna lupi fauces devitans sive senecis,
   Ad cænosa fugit gnaraque turbat aquas.

Tincta luto, cultrixque luti, vitæque tenacis,
   Febre laboranti tencha nocere solet.
Ipsa tamen vitio splenis sed vina medetur,
   Addita si lateri sit patientis, erit.

Hunc piscem fertur vexare nephando libido,
   Turpiter hunc cogit ludere turpis amor.   590
Conqueritur natura gemens, respersa rubore,
   Complosis manibus dilaniata comam;
Infando coitu pollutas cernit et undas,
   Bufonem pisci se sociare videt.

Corporibus nitidis delectari perhibetur
   Piscis, quem solita navita fraude capit.

Nam puer, ut mos est nautis, demissus in æquor
   Gratior exposito corpore fulget aquis.
Piscis adest, puer extrahitur, supponitur albens
   Pannus, formatus arte sophista puer.   600
Prædam cernit amans, nitor allicit, incitat ardor;
   Impellit votum, spes monet, urget amor.
Accelerat, capitur unco, jam captus amoris
   Hamo, dum finis fraudibus ullus erit.

Auditum juvat anguillæ pinguedo, sed illam
   Dum carnis legem consulo, laudo minus.
Si tamen ingenuæ sit præsens gloria vitis,
   Baccho plus credo quam, Galiene, tibi
Utile fel medicis, quia visum clarificando   610
   Vix oculis maratrum gratius esse potest.
Has non instaurat fœcundi gratia partus;
   Immo tenax limus procreat, edit, alit.

Naturæ virtus croceo velamine vestit
   Rufum, sed notulis est variata nigris.
Est gustus placidi conservativa salutis,
   Ægris ac neutris gratior esse solet.

Tergum fusca, rubens ventrem, deformis hiatu
   Oris, lumpa cutis asperitate riget.
Fluctibus expositas rupes colit illa marinis,   620
   In quarum latebris tutius ipsa latet.
At cum Neptunus intra sua claustra recepit
   Fluctus, et vires colligit ille suas,
Hanc canis instructus prodit certissimus index,
   Demum subtrahitur hispida pellis ei.
Jocundus sapor est, pinguedine vincit alosam,
   Et pinguedo placet, et caro dulce sapit.

At capito tu te gaudes præponere trutæ,
   Gustus virtute præminet illa cute.
Præmineat placidi gustus gratique saporis,   630
   Deliciis cedunt forma nitorque cutis.

Anassa socium per partes extrahit imas
   Scaurus, at inter nos vix viget ulla fides.
In terris quondam regnavit amor, sed amoris
   Veri deliciis tempora nostra carent.

Scaurus quem fallax inclusit nassa, retrorsum
   Tendens, molitur rumpere claustra dolis.

Apprensum cauda compar vigil extrahit illum,
  Nescit amor fidus immemor esse sui.

Barbule, te parvi reputat Londonia, cum te
  Parisius magni nominis esse sciat.   640
Barbule, barba tibi, gustus capitis, capitoni
  Dat nomen, sicut trudere, truta, tibi.

Turdum nobilitat jocundi gratia gustus,
  Vix inter pisces gratior ullus adest.
Escas diminuis nocuos febrisque calorem,
  A candore nitens, albula nomen habens.

Gobio pauperibus mensis notissimus, amplas
  Aulas magnatum rarior hospes adit.

A vario tu quæ nomen sortita colore
  Diceris es variis picta, nenora, notis.   650
Sed dum naturæ vires considero, leges
  Approbo virtutum, consiliumque noto.
Pisces cerno suis contentos finibus, at nos
  Pro dolor! in præceps cæca cupido trahit.
Arripit arma furor, alienas occupat urbes,
  Gazas, rura, domos, oppida, regna, dolus.
Maxima sæpe tamen instaurant prælia pisces,
  Moliri fraudes insidiasque student.

Polypus ha! novit se conformare colori
  Cautis, ut incautos implicet arte sua.   660
Qualiter assumit silicis fingitve colorem,
  Forsan adit similem, teste colore, petram.
Grex adit incautus cautem spaciando per undas,
  Deprendi metuens se premit hostis atrox.
Sollicitat spes longa dolum, dolus excitat illam;
  Spes trepidat, sed fraus spem jubet esse ratam.
Cum tempus gratum voto nanciscitur, hostem
  Se probat, et præda vescitur ipse sua.
Tot restant pisces, quorum nec nomina novi,
  Dictis contentus, candide lector, eris.   70

Ad fluvios quos tam celebris præconia famæ
  Reddunt insignes, flectere lora libet.

Terminus Europæ Tanays, celeberrimus amnis,
  Riphæas silvas amnibus auctus adit.
Hic geminas mundi partes præterfluit undis,
  Rex Tamis illustris nominis ultor erit.

In mare festinat Tyberis descendere, Roma,
  Descensus ne sis immemor ipsa tui.
Nam quamvis Tyberis Romanas visitet arces,
  Si fluvius fias, Roma, Meander eris.   680
Mutavit nomen fluvius Tyber inclitus hæres
  A candore, prius Albula dictus erat.

Influit Eridanus lacum cui fontis origo,
  [1] cum nive, præbet aquas.
Alpes vestitæ nivibus dant fontibus ortum;
  Tertius illorum dicitur esse Padus.
Indigenæ fluvium censent hoc nomine, Græcus
  Flumen ab Eridano nomen habere putat.
Nam puer Eridanus, qui Phaeton dicitur, hujus
  Fluminis extremum clausit in amne diem.   690
Fulmine succensus puer est submersus in undis,
  Irato parent ignis et unda Jovi.
Succendi metuit orbis succensor, et ingens
  Extingui tanto debuit amne calor.
En mundo nocuit ardor non puerilis,
  Nam præceps levitas semper obesse solet.
Quod male promisit, cur non revocavit Apollo?
  In male promissis est revocanda fides.
Dediscant parvi currus optare paternos,
  Ascensum sequitur sæpe ruina gravis.   700
Ascensor currus solaris corruit, amnem
  Hæredem fecit nominis esse sui.
Amnis ter denis fluviis feliciter auctus,
  Ravennam veniens, in mare flectit iter.
Congere divitias, transcendas Nestoris annos,
  Antropos insidians excubat ante fores.
Bellica terra, potens armis, Germania, sese
  Felicem censet amnibus esse suis.

Influit Hister eam bis ter deno comitatu,
  Auctus sic pelagus maximus hospes adit.   710
Efficitur civis divisus in hostia septem,
  Reddit securos æquoris ille deos.
Collectas vires Neptuni regna timerent,
  Divisus Thetidi gratior æquor erit.
Viribus esse minor dinoscitur, utilitate
  Major, idem pagi, mœnia, rura docent.

Ascribit gazas opulenta Colonia Reno,
  Mœnibus hanc altis cinxit Agrippa potens.

---

[1] The previous words are omitted in the MS.

Hanc ornant reges qui regia munera Regi
    Uni, sed trino, trina dedere Deo.   720
Lilia virginei coetus numerasse rubore
    Martyrii roseo novimus urbe data.
In numerum veniunt electæ milia dena,
    Martyrii palmam promeruisse scias.
Adjice chiliadem, tantus tam nobilis una
    Luce chorus vera luce beatus erat.
Tellurem reddunt felicem corpora, cœlo
    Exultant animæ, quæ velut astra micant.

Quamvis sit facies Rodani tranquilla, sereno
    Tempore vix tutus navita sulcat aquas.   730
Nam rapido cursu flumen fluit, estque timori
    Quod certant fluvio sæpe fluenta maris?
Isto ditatur Lugdunum, maxima sedes
    Gallorum, felix urbs, opulenta, potens.
Influit et Rodanus præclaræ rura Viennæ,
    Quam anxit Karolus obsidione diu.

Sed famæ titulis majores inde Girardi,
    Inde nepos Karoli, sed probitate pares.
Experti vires dextras junxere, nec unquam
    In paribus potuit certior esse fides.   740

Sed jam Lugdunum, dum tempora prisca revolvo,
    Excursus revocat atque Vienna meos.
Polluit hanc hostis Baptistæ, polluit illam
    Pilatus, sceleris dux, homicida sui.
Præscripsit formam Neroni, qui sibi vitam
    Abstulit, atque orbis hostis et ultor erat.
Fæx hominum periit, ne mundi tota periret
    Machina, se lictor perdere dignus erat.
Quis fœdare manus miseras in corpore fœdo,
    Fœdo tam fœdo dignior esset eo.   750

Cognita jam mundo Rodano se debet Aganno,
    Thebæis hieme nobilitata rosis.
Persolvit totum, decimam persolvere jussa,
    Vexilloque crucis signa dedere locum.
Nobile certamen invenit Thebæa juventus,
    Præclue martyrii præmeruisse decus.
Festinate, viri; nocuit differre paratis,
    Occurrit nobis curia, Christus adest.
Munificus princeps prælarga stipendia nobis
    Conferet en bravium, currite, Christus adest.   760

DE LAUDIBUS DIVINAE SAPIENTIAE.

Influit excelsam praeceps Garunna Tolosam;
   Burdegalis recipit fluminis hujus aquas.
Post cursus varios, fluvium transmittet ad aequor
   Follandi tumulo Blavia nota ducis.

At, Martine, tuam Ligeris praeterfluit urbem,
   Pontificum splendor, gloria, gemma, decus.
Andegavense solum placidis interfluit undis,
   Dehinc te Namnetum visitat, inde mare.
Quam sapidos mittat pisces Aquitania novit,   770
   Novit et Andegavis, Armonicique sinus.
Quas dat ei Ligeris umbras amat Aurelianis,
   Sole sub aestivo pluribus umbra placet.
Lampredas Ligeris, mensas ditante Falerno,
   Laudat Namnetis deliciasque vocat.

Secana te gremio nutrit, Borgundia, magnum,
   Francia majorem, Neustria laeta videt.
Collectas vires praerupta crepido Chaleti
   Excipit, et Thetidis sub ditione lates.
Tot ditas urbes, tot rura rigas, tot amoenas   780
   Hortos cum pratis, tot fluis auctus aquis.
Absorptus subito, mox nomen perdis et undas,
   Ha! cum maximus es, desinis esse tuus.
Cursus aquae labor est vitae, mare, mortis imago,
   Quae sorbet puncto tempora longa brevi.

Curia sortitur nomen maris, ista procellis,
   Fluctibus, et ventis est agitata suis.
Absorbet fluvios mare dites curia semper;
   Suspectum tibi sit illud et ista mihi.

Urbs Senonum, sapidos pisces tibi mittit Yona,   790
   Romule, qui gazas diripuere tuas.
Dux Senonum quem se genuisse Britannia major
   Gaudet, Brennus erat, gloria magna ducum.
Colligit armatos conjuratosque maniplos,
   Alpes armato milite cinctus adit.
Obsidet hinc Romam, capit urbem, dejicit arces;
   Dicitur hinc atros urbs habuisse dies.

Secana Parisius geminos divisus in arcus
   Ambit, et in medio stat Mediamna decens.
Hanc munit situs, ars ornat, quam Secana ditat;   800
   Sed clerus munit, ditat, et ornat eam.
Consilio munit, re ditat, moribus ornat;

Hanc ego majorem Palladis urbe reor.
Pagina coelestis munit, ditat Galienus,
   Et leges, Pallas artibus ornat eam.
Ingenuas tradit locus ille fideliter artes,
   Dii bene si semper floreat ille locus.
Quidquid Chaldaei, quidquid docuistis, Athenae,
   Quidquid Roma potens tradidit atque Pharus,
Accepit, docuit urbs haec, feliciter auxit;
   Hic fons doctrinae semper abundat aquis.   810
Secana gens armis promptissima fulminat ense;
   Nunc hastis hostes impetit, arte potens.
In gyros agili motu cito flectere lora
   Novit gens, pollens moribus, arte, fide.
Naufragiis portus fugitivis, porta salutis,
   Exemplar terris nobile semper erit.
Relligionis amans, gens prudens, orbis asylum,
   Gens pia, gens comis, bellica, docta, potens.

Pons Ysarae dicti ditatur fluminis undis,
   Hinc Ysium mirae nobilitatis opus.   820
Et quia par Ysio fertur vel imagine formae,
   Parisius nomen a paritate trahit.

Mantham, Veronam pertranseo, Rothomagumque;
   Jam, dilecte, tibi, Secana, dico vale.

Influit et Thamisis Trinovantum, cui fugientes
   Romani gemina terga dedere vice.
Condidit hanc urbem Brutus, vir strenuus armis
   Largus, maturo pectore, clarus avis.
Sanguine Trojanus, sceptro dignissimus urgens
   Successus, pressis ferre paratus opem.   830

Bellinus, frater Brenni, requiescat in urbe
   Dicta, sed Brenno major honore fuit,
Et major natu, rex inclitus, alter Achilles
   In bello, pacis tempore mitis erat.
Hic partem regni fratri concessit, at ille
   Exuit ha! fratrem, bella movere studens.
Sed Norhwegenses quos duxerit insula victrix
   Stravit, sed pauci vix iniere fugam.
Ad Gallos Brennus se transfert, pluribus inde
   Accitis, regnum fratris adire cupit.   840
Jam congressuros fratres, pia mater, abortis
   Maternis lacrimis, foedus inire jubet.
Parent jam fratres, dextras jungunt, pia mater
   Flet gaudens, fratres flentibus ora rigant.

Obsessam capiunt Romam, regem remeantem,
  Sed solum, cernit insula læta, dolens.

Gorbonianus in hac rex inclitus urbe quiescit,
  Justitiæ cultor, munificusque dator.

Militiæ speculum, Lud, regum gloria, fama
  Major amans æqui, nobilitavit eam.
Urbis adauxit opes, munivit classibus urbem,
  Construxit turres, mœnia, templa, domos.
Invictus victor, sed mitus morte, recondi
  Corpus dilecta jussit in urbe suum.
Hinc Nova Troja novo Londonia nomine dicta,
  Felix a claro principe nomen habet.

Nennius, insignis vir, qui cum Cæsare Gaio
  Audax certamen ausus inire fuit,
Urbe quiescit in hac, hic ensem, maxime Cæsar,
  Fertur pugnando præripuisse tibi.
Hunc gladium mortem croceam dixere, recondi,
  Quem cum fratre tuo, Cassibilane, jubes.

Quo nec largior ullus erat, nec amantior æqui,
  Vortimerus in hac urbe sepultus erat.
Hic foribus Jani reseratis Hectora vicit
  Militia clausis, forma Catonis erat.
Quatuor instaurans sævissima prælia, vicit
  Hostes quem coluit, rite favente Deo.

Cadwallo, rex insignis, successibus alter
  Julius, in bellis strenuus, acer, atrox.
Post multos tandem conflictus, bella, triumphos,
  Indiguit tanto curia summa viro.
Corpus conditum cives in imagine clausum
  Aptant, quem solers ars fabricarat ejus.
Ingenii vires laudandas ars probat arti,
  Naturæ virtus id licuisse stupet.
Urbis porta decens zephiro vicinior arti
  Paret, nam super hanc arte locatur opus.
Hostibus illud opus putat incussisse timorem
  Bruti posteritas, principe tuta suo.
Sic Constantini se censet imagine tutam
  Urbs Lisantia, cui sancta Sophia præest.

At Wigornia pontificum sublimis honore,
  Urbs quoque Sabrinis Claudia gaudet aquis.
Intrat et auget aquas Sabrini fluminis Osca,
  Princeps, tostis erit vilia strata mihi.

850

860

870

880

Avena Bathoniæ fluit: hujus nominis amnes
    Insignes plures insula dives habet.

Mittit Trenta tibi pisces, Lincolnia, sed te,
    Nec dedignaris, Withmia parvus adit.   890
Fluctibus æquoreis nautæ suspectior Humber,
    Indignans urbem visere, rura colit.
Hunnorum princeps, ostendens terga Locrino,
    Submersus nomen contulit Humber aquæ.

Urbem, rex Ebrauce, tuam præterfluit Usa,
    Ditavit spoliis, Gallia victa, tuos.
Sturam cum Sora, Tynam Tesamque relinquo,
    Linquo multa suis flumina nota locis.

Anglos a Pictis sejungit limite certo
    Flumen quod Tuedam pristina lingua vocat.   900
Inde vagos Vaga Cambrenses, hinc respicit Anglos,
    Quos ad certamen provocat ira frequens.

Exoniæ fama celeberrimus Esia nomen
    Præbuit, ornat eam pontificalis honos.

Loagriæ Tameris divisor Cornubiæque
    Indigenas ditat pinguibus isiciis.[1]

Nitatur fluviis Albania, saxea, ligna
    Dat lunam multa frigiditate potens.

Speh, loca mutantis præceps agitator arenæ,
    Inconstans certas nescit habere vias.   910
Officium lintris, corbis subit, hunc regit audax
    Cursus labentis nauta fluenta sequens.
Dehinc humeris cymbam fert navita vimine textam,
    Ut superas adeat fluminis hujus aquas.
Transis, ample Thay, per rura, per oppida, per Perth,
    Regnum sustentant istius urbis opes.

Fluminibus magnis lætatur Hibernia, Sined
    Inter Connaciam Momoniamque fluit.
Transit per muros Limerici Suoc,[2] patrit illum,
    Oceani clausum sub ditione videt.   920

Urbem Lissimor pertransit flumen Avennor,
    Ardmor cernit ubi concitus æquor adit.

---

[1] *i.e.* salmonibus.   [2] mons est.

Surius insignem gaudet ditare Waterfort,
   Æquoreis undis associatur ibi.
Dessia te ditat divisor Momoniamque,
   Lageniam munit mercibus ille suis.
Ditat in Escorti fluvium quod Slane vocatur,
   Nunc cernit Wesefort se sociare sibi.
Visere Castelenoc non dedignantur Avendeth,
   Istum Dublinii suscipit unda maris.   930
Kildare, Lechlinum quoque ditat Barva, Waterfort
   Gaudens Neptuno cedere cernit eum.
Ecce Boing qui Traum celer influit, istius undas
   Subdere se salsis Dropheda cernit aquis.
Tyrconiel et Kaneliim Kilewiskia ditat,
   Quas tanquam limes dividit unda fluens.
Legder, aquis dives, lacus est Ultonia novit,
   Commodus indigenis, utilitate placet.

Miraris, nares in rugam contrahis, audis,
   Lector, judicio nomina vana tuo.   940
Sed quid? barbaries sibi barbara nomina fingit,
   Sed subdi renuit legibus ipsa metri.
Utiliora petis, sed quid servare tenorem
   Materiæ sicut exigit ordo decet.
Non aures semper demulcent seria, sæpe
   Quæ non delectant utilitate juvant.
Est etiam vultus speciosi grata venustas,
   Qua venc candor associatus erit.
Cum miscetur item violis decor ipse rosarum,
   Vernans aspectu gratior hortus erit.   950
Eminus inspectam statuam condemnat Apelles,
   Admotam proprius nobile censet opus.
Adde quod et curis angor mordacibus, illas
   E thalamo cordis pellere cura mihi.
Sed ne me curæ perdant, ego perdere curas,
   Decrevi saltem simplicitate stili.
Fallere fallaces non est fallacia, curas
   Fallere, nec falli, sæpe licere puto.
Mens sibi prospiciens, curis occurrere curat,
   Curaque ne possit cura subesse subest.   960
Quamvis exili recreo me carmine, carmen
   Expellit curas lætitiamque parit.
Quamvis sit sterilis, generat mihi curia curas,
   Hæc mater dici jure noverca potest.
Unda fluit, nos effluimus; fugit unda, sed anni
   Effugiunt, properat tempus inire fugam.

D D

Ipsam nempe fugam fugiendo vincere certat,
   Quid? tempus fugiens arbitror esse fugam.
Num censebo moram quod vix admitto morari?
   Nonne fugam prudens esse negabo moram?   970
Mundus abit, fluit unda, fugit cum tempore vita;
   Unda fugit, fugiunt tempora, vita fugit.
Dii bene si fugeret aut si transiret ut hospes,
   Quam cordis tineam nuncupo, cura vigil.
Expellit curas oratio, lectio, carmen;
   Hæc tria divitiis præfero, Croese, tuis.
Phryxæum vellus Jason perquirat, Ulyxes
   Iliacas quærat et Palamedis opes.
Gaudeat Ægides Labyrinthi vincere monstrum,
   Et captis Thebis gloria detur ei.   980
Hectore prostrato magnus lætetur Achilles,
   Comburat Pyrrhus Pergama, templa, deos.
Oenone spreta rapiat sociam Menelai,
   Qui propriæ gentis magna ruina fuit.
Congerat hic gazas, urbes hic construat, ille
   Rura colat, colo te, rex bone, Christe Jhesu.
Cor lux illustra, rege rex, sapientia vero[1]
   Informa, verbum commoda verba dato.
Quid mihi cum Musis? tu dux, sapientia, doctor,
   Dirigis, informas, instruis ipse tuos.   990
Vatibus ingenio claris sit numen Apollo,
   Carminis istius auctor es, auctor eris.
Tu mihi dux operis, princeps in rebus agendis,
   Principium, finis, gloria, vita, salus.
Deliciosus amor mundi, spes unica, dulce
   Solamen, virtus, splendor, imago patris.
Seu prosa liber discurram, sive metrorum
   Servando leges, ut decet, arte regar.
Tu mihi rector eris, tu lex, ars, regula, judex;
   Zoilus invideat, te duce, tutus ero.   1000
Carminis ergo mei cœptum servabo tenorem,
   Labentes fluvios consequar artis ope.
Sed numquid cursu fugientia flumina vincam?
   Quid? rapido citius flumine vita fugit.

Hesperiam munit, colit, ornat, ditat, Iberus,
   Hic patriæ nomen contulit ipse suæ.

---

[1] i.e. veritate.

Bœtis velleribus tinguendis aptus, olivis
   Miro dispositis ordine notus adest.
Dicitur a minio Mineus, quo dives abundat,
   Crasso tempestas est preciosa Tagi.   1010
Inachus Achaiam ditat, quæ sub Boanarge[1]
   Præsule læta, potens, tuta, quieta fuit.
Nominis ejusdem flumen dat mons Erymanthus,
   Hoc tellus gaudet flumine dicta prius.
Arcadibus se concessit velox Erymanthus;
   Hebri sæpe rubet unda cruore novo.
Pactolus nitidis dives flavescit arenis,
   Fertilitate potens, ditia rura rigat.
Erini fluctus obstans avertit arena;
   Mœander curvis ludere gaudet aquis.   1020
Indus, ebur mittens, confert nomen regioni;
   Eppatus et Ganges Indaque ditat eam,
Tigrim Parthus amat, Ararim Germania laudat;
   Euphrates Syriam fertilitate juvat.
Antiochi pulsat muros undosus Orontes;
   Jordanis gemini fontis abundat aquis,
Hunc lavit vitæ fons, cum de virgine sumptum
   Munditiæ corpus sanctificavit aquas.
Ornatus Libanis Libanus, Jordanaque mittit;
   Candenti cigno Taurus origo datur.   1030
Irrigat arva Phari Nilus sine murmure labens,
   Utilitate sua flumina cuncta præit;
Hippotamum nutrit, qui, dum sol aera lustrat,
   Subtus aquas latitat, noctibus arva petit.
Utens retrogrado gressu vestigia turbat,
   Ne deprendatur dum populatur agros.
Si solum fluctus tumidos attendis, Araxim
   De facili credas credulus esse fretum,
Indignans pontem dissolvit funditus arte
   Constructum mira, nobile vicit opus.   1040
Orbis victorem Pellæum vicit Araxis,
   Sed victum credas ingemuisse ducem.

---

[1] Johanne.

Iratoque duci pœnas Armenia solvit,
  Fastum victa sui fluminis illa luit.
Fines Persarum ditant Axis et Hydaspes,
  A Bactro regio Bactria nomen habet.
Lydia te ditant Helles, Pactolus, et Hermus;
  Pactolo cedit dives arena Tagi.
Undam Pactoli præferres, Crasse, Lyæo,
  Delicias Thetidi præfero, Bacche, tuas.   1050
Nunquam, Bacche, valefaciam tibi, sed mare, fontes
  Jam valeant, valeant flumina, stagna, lacus.

Distinctio Quarta.

Incipit hic quarta distinctio libri hujus.

Ornatus igitur terræ, variasque potentis
  Naturæ leges, enucleare libet.
Est ignis calidus, siccus, subtilis, acutus,
  Et levis et lucens, nobilitate vigens.
Attrahit, ascendit, indurat mollia, dura
  Emollit, penetrat, destruit, urit, alit.
Depurat, purgat, dissolvit, consolidatque
  Materiam vestit sæpe colore novo.
Candida nonnunquam spoliat candore nitenti,
  Obfuscans eadem sæpe colore nigro.   10
Rursum quod quædam vestita nigredine candor
  Illustrat, subito Lemnia flamma facit,
Partes dissolvit, in fumum plura resolvit,
  Et vetus immutat, innovat, ornat opus.
Æthereogeneas partes disjungit, adunat
  Consimiles, flammis actio fortis inest.

Mobilis, humidus est, levis, et spirabilis aer,
  Aeris hoc proprium philosophia docet.
Subtilis, levis, obtusus, lenisque, fovensque,
  Transparens, sed idem diaphania facit.   20
Igni conveniunt levitas sub mobilitate,
  Humiditas Thetidi convenit atque Jovi.
Attrahitur tanquam vitæ spiramen aperte,
  Os, nares, pulmo, cor, jecur, ista docent.
Non tamen aptus erit membris purissimus aer
  Id nosti, Menbrot, follibus use tuis.
Lenus artifices attractus densior aer
  Artis naturæ subsidium dat opus.

Temperie gaudet cœlo vicinior aer,
  Turbidus inferior, expositusque notis,
Lampas seu phiton, infestans septra ....
  Fulgura cum ventis inferiora tenent.
Nam ventus vapor est siccus, prout humidus imber,
  Si quis Aristotelem vera docere putat.
Hinc est quod venti rabiem sedat levis imber,
  Nam ventus modico concidit imbre furens.

Aera vicinum nobis taumantias ornat
  Iris, quæ vario picta colore nitet.
Ignea pars nubis rutilat succensa rubore,
  Aerisque color partibus indus inest.
Advertes aqueas glaucum vestire colorem,
  Terrestris fertur esse nigredo color.
Conveniant æque candor, rubor, atque nigredo,
  Concursus talis causa viroris erit,
Hinc e telluris gremio nascentibus herbis,
  Nox placidi facies grata viroris adest.
Terra nigredo tibi, rubor igni convenit, albent
  Lactea, cum glaucis karopos, albet aqua.

Si tamen esse nigram terram, tria cætera censes
  Candida, non deerunt qui tueantur idem.
Sed quid? Vulcano dat visus in esse ruborem,
  Respondent, sed quid afficit ille rubor?
Materiam flammamque potens connectit in unum
  Naturæ virtus, rebus amica comes.
Ergo Ceres Bacchusque simul cyatho sociati,
  Unum constituunt, quod gravitate caret.
Hæc igitur vigili prudens si mente revolvit,
  Perpendet rubeus quod sit in igne color.
Particulasque rosæ quas vestit purpura vernans,
  Sese succensas igne, rubore docent.[1]
  Ut dici valeat igneus ille rubor.
Dant alii nigras undam matremque deorum,[2]
  Junoni similis candidus ignis erit.
Dant igitur visum qui congregat esse colorem[3]
  Undæ, crystallus, spumaque, nixque negant.
Aeris esse ferent istum fortasse nitorem;
  Aer namque levis associatur aquis.
Ergo quod fertur nasci de frigiditate
  Candor, in urinis constat habere locum.

---

[1] A line is here omitted in the MS.
[2] scilicet, terram.
[3] scilicet, nigredinem.

Allia salque calent, quamvis candore nitenti 70
  Ornentur; sed quid? sunt quibus ista placent.
Si tamen hinc aqueas partes attendis, et inde
  Pervigil aspicias quæ sit origo salis?
Ut reor advertes multos causa novitatis
  Invia directæ præposuisse viæ.
Sed cum solaris radius penetrare feratur,
  Quem clarum reddit aera luce sui.
An poros habeat aer dubitatur, at illos
  Censebis plenos aeris, an vacuos?
Quid? vacuus nequit esse locus, sed si caret aer 80
  Poris, quo pacto rarior esse potest.
Subtili ne dabis, lector, poros elemento,[1]
  Quos etiam plenos aeris esse putes.
Numquid et octavæ poros censebis adesse
  Spheræ, perstringo carmine multa brevi.

Quod vero natura locum tam provida nullum
  Esse sinat vacuum, dant tibi plura fidem.
Quæ tanquam vulgo notissima sponte relinquo,
  Sed tamen e multis unica causa placet.
Segnior in vacuo non esset spongia plumbo; 90
  Immo descensus par utriusque foret.
Vincit item numeros graduum quivis in inani
  Motus, et immensus non aliquantus erit.
Mox spatium transit quantumlibet, omnia motu
  Gaudent æquali, si qua moventur ibi.
Ergo locum si des vacuum, si des quod inane
  Sit, censor vacuus, censor inanis erit,
Ergo locus ne sit vacuus, natura retardat,
  Ignis velocem dum petit alta fugam.
Nam loca quæ linquit ignis, non segnius intrat 100
  Aer, par motu, sed levitate minor.
Ignis enim motum vincit levitatis origo,
  Qui minus ascensu, plus levitate potest.
Ascensus velox obnoxius est levitati,
  Et gradibus motus præminet ista statu.
Ascensus libet ascendat nunquam levitati,
  Par erit in flamma, lucida causa subest.
Succedens reprimit flammæ motum fugientis
  Aer, attractum prævia flamma juvat.
Succurrit præbens vires natura sequenti, 110
  Mater fraterni fœdus amoris amat.

---

[1] scilicet igni.

Foedus inane foret, si solveret illud inane;
   Numquid, summe parens, auctor inanis oris?
Numquid ab æterno cæcum permansit inane?
   Quid censes vacuum, cum sit ubique Deus?

Paucula de ventis dixi, sed paucula dictis
   Addam, lectorem paucula sæpe juvant.
Ventum de sicco generat natura vapore,
   Ergo materiam consule, siccus erit.
Sed quid? si dotes nativas inspicis, aer,   120
   Ut vulgo constat, humidus omnis erit.
Eurus item de natura siccus perhibetur,
   Sed sic naturæ nomen origo dedit.
Fervet ab ignito regio Nabathæa calore,
   Id solis nitidi flammiger orbis agit.
Ferventes radii solis tendentis in altum
   Accendunt partes aeris igne suo.
Humet ab oceano zephirus, frigetque, sed auster
   Humentem calidum torrida zona facit.
At boream cogit frigere remotio solis,   130
   Qui, dum non transit per mare, siccat humum.
Adde quod effectus varios dant sidera rebus,
   Climaque disponit quisque planeta suum.
Æquorei fluctus ventos generare feruntur,
   Horribilem cogit impetus esse sonum.
Sed quid? eritne pavor siccus resolutus ab undis?
   Sic nam terrestris pars sociatur aquis.
Adde quod ascendens in motus purior esse
   Cogitur, exutus jam gravitate sua.
Adde quod undarum concursibus impetuosis   140
   Exiliens aer igneus alte petit.
Fumum desiccat, fumum subtiliat aer
   Ignitus, sed quis solvere tanta queat?
Ingenium premitur magnarum pondere rerum,
   Exiguas vires vincere magna queunt.
Ecce vapor tractat de fumo fumus inanis,
   Ad modicum parens deciduusque vapor.
Quid cineri nebulæ, fumus, fastusque tumori?
   Ascensum nebulæ deflet aquosa dies.
Hic signare potest fastum tibi, candide lector,   150
   Descensus lætum spondet adesse diem.
Causa liquet, varias si partes aeris aptas
   Officiis prudens concipis esse suis.
Nam vapor alta petens partes adit, in quibus aer
   Condensat nebulam frigiditate sua.
Descendens gravitas non novit adire supernas

Partes, ima petit pondere pressa suo.
Vestitas gelidis nivibus si respicis Alpes,
  Aer regnat ibi frigidus, aura gravis.
Aerias igitur partes frigere remotas   160
  A terra, grando, flamina, nixque docent.

Mane Jovis facies, confessa rubore pudorem,
  Ægre fert tristem tristis adesse diem.
Sed vespertinus rubor est gratissimus index
  Lætitiæ nautis, alcinoenque juvat.
Psittacus indiciis certis sua gaudia promit,
  Hero lætitiam spe recreata fovet.
Sed quid? nunc nimbos cœlum quandoque serenum
  Præbet, cum rubeus signet utrumque color.
Luxuriant radii solares nube, sed ortu   170
  Spissior, occasu rarior esse solet.
Ergo rubor primus dat nimbos fusca nigredo,
  Nubis prælargo compluit imbre solum.

Collisæ nubes ventos, collisio quorum
  Fulgura dant magnum flamina rauca sonum.
Nube tamen quociens extinguitur ignis aquosa,
  Fit stridor, candens lamina stridet aqua.
Dicta prius repetens, addam nonnulla relata
  Explanaturus lucidiore stilo.

Quæ lapidis sit origo patet, qui robora fingit   180
  Fortia vi multa dejicit, alta ferit.
Digna quidem fertur plagis elatio magnis,
  Est in res humiles parcior ira Jovis.
In massam quasi grandineam nubes sed aquosa
  Transit, dehinc grando fit, lapis ima petens.
Descensum fieri cum pondere flamina cogunt,
  Descensus tamen est ignea flamma comes.

Nix est gutta levis, leviterque gelu solidata;
  Grando spissior est, et mage stricta gelu.
Quod nix præfulget, vis aeris efficit, at quid?   190
  Longe dissimilis causa subesse potest.
In nive subtiles partes aqueæ dominantur,
  Candorem minuit grandine terra latens.

Frigiditas nubes condensat, idem datur igni,
  Qui liquidas partes consolidare solet.
Frigiditas proprie res condensare fertur;
  Sed calor improprie dissona scripta leges.

Dissona, sed prima facie quæ consona prorsus,
   Si mens interius inspiciatur, erunt.

Se vapor humori quasi causæ materiali   200
   Debet, at efficiens sit tibi causa calor.
Ergo superficiem mediam dabo frigidiorem,
   Illa quæ terræ regna propinqua tenet.
Transitus efficit hoc jubarisque reflexio solis,
   Per mediam tantum transitus esse solet.
Sic in valle calor exuberat amplior, aer
   Luce repercussus fortius igne micat.
Nix interstitium medium sibi, grando supernum
   Vendicat, imber, ros inferiora tenent.
De terra ros ascendit virtute caloris,   210
   Quo languente cadens ubera matris adit.

Dehinc quibus ex causis modo frigens æstuet, inde
   Aer, lectorem certificare libet.
Ergo qui solem fontem dixere caloris,
   Voce sub ambigua plura notare queunt.
Soli non ullus censebit inesse calorem,
   Quo calor aerius luxuriare solet.
Sed quid? Aristoteles magnus subjecta calori,
   Plebs licet oppositum sentiat, astra negat.
Et tamen ex motu solaris corporis amplo   220
   Velocique nimis inferiora calent.
Sol quoque nativum radiosa luce calorem
   Excitat aerium, vimque ministrat ei.

Turbo soli faciem turbans e nubibus ortum
   Sumit, descensus impetuosus ei;
Oppositique ruunt venti, discurritur unus,
   Involvit reliquum, comprimit, arctat, obit.[1]
Sicque rotundatur et circumvolvitur aer,
   Dum fugit indignans impatiensque moræ.
Implicitis replicans sinuosa volumina giris,   230
   Naturæ notos gaudet adire lares.

Mobilis, humidus est aqueus liquor, insipidusque,
   Ductilis et fluidus, frigiditate potens.
Obtusus, liquidus, inundans gravis alteritati
   Parens diaphanus, albet ut urso docet.
Rumpere livor edax liceat mihi vera fateri,
   Laudassent tantum sæcula prisca virum,

---

[1] circuit.

Hoc tamen et medici senserunt philosophique,
   Sed sunt qui nigras Naiades esse volunt.
Jampridem nostræ ditioni se dedit unda,   240
   Unda maris, fontes, flumina, stagna, lacus.
Sed tamen ut paucis superaddam pauca, sedentes
   Pauperis ad mensam fercula pauca juvant.

Undæ quas virtus rapit attractiva caloris,
   Herbas et fructus, gramina, prata rigant.
Sed cum nec minui possit nec crescere Phœbus,
   Non alitur nec eget ut recreetur aquis.

Usum dulcis aquæ præbebit copia salsæ,
   De facili novit salsus abire sapor.
Æquoreis mergatur aquis vas ore recluso,   250
   Intrabit poros stillula dulcis aquæ.

En dum naturæ considero ludicra, ludo
   Ejus maturos seria jure voco.
Seria sunt ludi, ludi sunt seria, ludo,
   Et quamvis sero, seria sera sero.
Lusit ab æterno summi sapientia patris,
   Singula disponens, ars, noys, ordo, decor.
Singula componens, ludit, creat, ordinat, ornat,
   Æqualis patri cum patre cuncta regens.
Certis de causis sapientia ludere fertur,   260
   Quas sermo poterit enucleare brevis.
De facili variisque modis gaudens operatur;
   Jocundus sermo nos recreare solet.
Lux dat lætitiam, radians sol ludit in undis,
   Ars lusit, cum se nobile fecit opus.
Sermo patris, lux, sol, ars est quæ fraudibus hostis
   Conclusit, cum lux facta lucerna fuit.
Coram patre Deus par patri lusit ab ævo,
   Coram matre nova tempore lusit homo.
Auctorem nati si verba priora recenses,   270
   Pagina cœlestis innuit esse patrem.
O quæ deliciæ regnant in corde paterno,
   Coram quo species ludit imago patris.

Ludit et in rebus istis sapientia patris,
   Mensura, numero, pondere cuncta creans.
Mensura, quia cuique rei præfigitur aptum
   Tempus, quo cursum compleat ipsa suum.
Turbaret fœdus rerum confusio multa,
   Si non arceret meta localis eas.

Telluri servare fidem, Neptune, teneris, 280
 Lex reprimit fluctus imperiosa tuos.
Non sinit incerto stellas errore vagari,
 Ignem castigat circulus, ordo, situs.
Lege coerceri vult rex qui praesidet orbi;
 Hic orbem claudit simplicitate sua.
Viribus et reliquis naturae dotibus aptas
 Praescripsit metas, regula cuncta regens.
Mensura sine mensura metitur easdem,
 Immensus mensus quaelibet arte pari.
Haec arctat brevitas, distensio protrahit illa, 290
 Quaedam nobilitat simplicitatis honos.

Qui tribus appendit digitis res, ponderat illas,
 Evehit hanc levitas, sed gravis ima petit.
Ad pondus spectat quicquid conducit ad esse,
 Et virtus qua res dicitur esse potens.
Sed se mensurae quaevis intentio debet,
 Si rerum libras pondere lance pari.
Quod res tam gravis est, mensurae legibus adde;
 Sed quod res gravis est ponderis esse putes.

Sub numero certo claudit sapientia cives 300
 Angelicos, coelos, sidera, signa, polos,
Cyclos distantes aequaliter atque coluros,
 Zonas cum ventis temporibusque, notat.
Concentus volucrum varios, variasque figuras,
 Nereides, fluctus, aequoreosque sinus;
Fontes, stagna, lacus, fluvios, et monstra marina,
 Et pisces, rupes, litora, lustra, feras;
Tot facies hominum, ritus, linguas, regiones,
 Quot motus tociens mente revolvit homo;
Quot ludunt atomi radiis, quot in orbe lapilli 310
 Novit, quot stillas det pluvialis aqua.
Frondes cum foliis, flores, fructusque, metalla,
 Herbas, cum gemmis, enumerando videt.
Tot species, causas, effectus, foedera, leges,
 Conclusas certa sub ratione tenet.
Ad numerum spectat decor ornatusque figurae,
 Si veterum dictis est adhibenda fides.
Sed nisi majorum gravitas obstaret, id ipsum
 Mensurae ratio certaque causa darent.
Si numeras partes, discretio, forma, venustas 320
 Occurrit, gaudent singula lege sua.
Da primam numero, mensurae redde secundam,
 Illam quae restat ponderis esse decet.

Ecce potestates animæ, seu dicere vires
    Mavis, in numerum rite venire volunt.
Quatuor humores, tot virtutes animales,
    Naturæ totidem sic elementa notes.
Hebdomades, menses, ætates, tempora, ventos,
    Solis equos vulgo quatuor esse liquet.

Et dum sollicitus de tempore plura revolvo,   330
    An tempus careat pondere scire velim.
Sed quid pondus habet? quia conservatur in esse,
    Est etiam motus clausula, meta, tenor.
Si cujusque rei pondus discernere quæris,
    Distincte cur sit quæque creata vide.
Utilitas est causa rei, res quælibet in se
    Utilis est, igitur pondere nulla caret.
Tempus metitur, ætates ordinat actus,
    Quorum distingit multiplicatque vices.
Complet stellarum cursus, crementaque rerum,   340
    Tempore subducto, motio nulla foret.
Tempore proficimus, Domino servimus, amamus
    Quem colimus, qui cor cordis, amoris amor.
Temporis amissi jacturam defleo, de me
    Conqueror, annus abit, non rediturus abit.
Ha! quociens, ha! quot amisi tempora, morum
    Prodigus, ha! studui proditor esse mei.
Justitiæ liber, vitiorum servus, honesti
    Contemptor vilis, transfuga, prædo, miser.
Præda voluptatis, sed prædo mei, meus hostis,   350
    In me vix quisquam sævior hostis erat.
Sed quamvis tociens mihi tempus inutile reddam,
    Primæva numquid utilitate caret?
Si tenebras noctis sol non illustrat honore,
    Numquid privatur luminis ille sui?
Delicias Bacchi nunquam censebo minores,
    Quamvis ægrotis conferat ille minus.
Legem præscriptam conservant tempora rite,
    Erroremque tuum temporis esse neges.
Addere præmissis liceat, quod gloria perpes   360
    Mensura non est destituenda sua.
Pondus erit quidquid superaddet gratia clemens,
    Sub numero stabili gloria certa manet.
Est impassibilis, agilis, subtilis, honore
    Fulgens præclaro, glorificata caro.

Postmodo naturæ ludentis seria tangam,
    Cum virga Jonathæ tangere mella libet.

Cœlum sideribus ornavit dextra potentis,
   Sidera disponens ludere visa mihi.
Quid cœlo et monstris? varias ibi cerne figuras, 370
   Sidera sunt anguis, scorpius, ursa, leo.
Anguis es invidia, vel scorpio proditione,
   Ursus sævitia, sive tumore leo.
Sidus eris fulgens, veteres si deseris actus;
   Dextræ divinæ morphosis ista placet.
En stellata volunt cœlo contendere prata,
   Ornatur stellis æmula terra suis.
Audet naturæ virtus contendere secum,
   Dum flores stellis æquiparare studet.
Victa sed et victrix gaudet se vincere posse, 380
   Auctori flexo poplite grata suo.
Ejus posse vigor, virtusque relucet in illo;
   Est speculum speculi conditor ipse sui.
Ad flores redeo, cur floret amigdalus, horum
   Suavis odor, species grata, venusta, decens.
Hic juvat olfactum, sed visus pascitur illa,
   Divinum ratio sedula laudat opus.
Naturæ virtus in fructu seria ludit,
   Dum ramos ornat flore, virore, coma.
Sed ludos, Neptune, tuos exhorreo, ludens 390
   Insultu vario littora victor adis.
Dehinc fluctus revocas, sed demum tempore certo
   Assueto cursu littora nota petis.

Aspera sermoni plano servire coegi,
   Et clausi victor ardua lege metri.
Jam fas esse puto magnis subvectere parva,
   Stantibus est cedris associata salix.
Protegit et frutices non indignata cupressus,
   Mons celsus valli proximus esse solet.
Instar avis quæ post sublimem fessa volatum 400
   Tellurem repetit, haud piger ima peto.
In minimis probat exercens sapientia vires,
   Nam parvis virtus maxima rebus inest.
Myrrha, siler, piper hoc docet, et contrita sinapis,
   Siroque tam modico corpore bella movens.
Vix puncto major congressu provocat hostem,
   Et prædam victor subvehit ipse suam.
Glande latent radix, stipes, cum subere cortex,
   Rami cum foliis, et coma summa tenens.
Glande etiam claudit naturæ mira potestas 410
   Tot glandes, fagos, robora tanta, nemus.
Umbrosum patulæ fagi tegmen, recubanti

Quod tibi dat thalamos, Tityre, glande latet.
Sed numquid fagum totam sub glande latere
  Tota censebis, ecce querela vetus.
Ecce querela vetus, semper nova, semper acutos
  Sollicitans, semper sollicitare potens.
Cerne quod ex uno nascuntur plurima grana;
  Hinc Ops, aut Hecate, dicitur esse Rhea.
Septem, nota loquor, humanæ corpora formæ
  Uno nonnunquam semine clausa latent.
Adde quod in costa protoplasti, respice tantum
  Partes corporeas, femina tota fuit.
Sic in parte viri, quamvis tamen excipe partem
  Quæ ratione viget, clausa virago fuit.
Hæc tamen aptior est ad epar, pars seminis illa
  Ad cor formandum, ceu medicina docet.
Quæ sedeat potius animo sententia nostro,
  Incertum fateor quæstio tanta facit.
Sed puto quod quivis ne costa segnius artus
  Evæ formandæ sponte dedisset opem.
Spica latet grano, cum nodis, culmus, arista,
  Granaque sub thecis jussa latere suis.

Visum delectant levium spectacula rerum,
  Dum causas certa mens ratione videt.

In salsa quia densior est superenatat ovum,
  Undis immissum dulcibus ima petit.
Inclusi musto fumi cum fæce natante,
  Illud supportant, ni comes assit aqua.
Cedit ei quæ sceptra domat substantia vini,
  Quod purum musto rarius esse liquet.

Humida, dum rerum naturas consulo, nostram
  Exposcunt operam, nec mora, promptus ero.

In vino dominans regnat calor, et tamen ipsum
  Constringit vincens frigiditate gelu.
Sed sibi subtilis succurrit acumen aceti,
  Quamvis sit propria frigiditate potens.
Quod cum nativa penetret virtute, sed humor
  Obtusus sit aquæ, quæstio parva subest.
Effusam quare tellus mox obibat illam,
  Illud suppositam segnius introet humum.
In foribus residet vulgata solutio lippis;
  Nota tamen vero consona causa subest.
Quod sibi dulce putat vis attractiva, libenter
  Attrahit atque sibi fida recondit humus.

Sic undas vino præponit sobria mater,
 Nati degeneres pro dolor! esse volunt.
Sed si quadratum corpus mittatur in undam,
 Quo pacto motus circulat illa suos?
Postquam submissum corpus concluditur undis,
 A puncto medio volvitur unda rotans.
Vis motus amplos sese dilatat in orbes;
 Hinc Perdix doctus circinat artis opus.
Naturæ fido, legit ars, vestigia gressu
 Obsequitur matri filia docta suæ.

Humida dum crescit Phœbi soror, humida crescunt,
 Et decrementi lege sequuntur eam.

Ars quotiens rivos ab origine ducit aquarum,
 Illa sese plus elevat unda parum.

Si vitreo vasi fervens infunditur unda,
 Frangitur, et fracta se probat esse vitrum.
Admotum prunis illæsum vas manet, unda
 Frigida cui sese fervida facta dedit.
Cum ferventis aquæ violentia magna subintrat
 Vas, natura stupet hospite læsa suo,
Tam subitus fervor dicetur verius hostis,
 Dum thalamos frangit hospitis ipse sui.
Effluit exclusus liquor, hanc dat talio legem,
 Ut qui magna dedit magna pericla ferat.
Sed cum paulatim crescit calor atque gradatim,
 Incipiunt fumi consolidare vitrum.
Provida prospiciens vasi natura, calentem
 Undam cum vitro fœdus inire jubet.

Tempore nimboso pluviæ prænuntia magnæ
 Est ampulla natans, promptula causa subest.
Grossitie stillæ dum nimbos parturit aer,
 Altius exurgens, bulla resultat aquis.
Jam gravidæ nimbo Junonis dum tumet alvus,
 Undis suppositis forma tumoris adest.

Polta rubens corpus humanum prodit in undis,
 Et girando notans indicat ipsa locum.
Quis tamen Orion vonandi tradidit artem,
 Polta, tibi, vel quæ causa subesse potest?
En clipeus, vivi protector militis, usum
 Exanimi præbens, corpus obumbrat aquis,
Præbuit obsequium vivis, nec subtrahit illud
 Defunctis, sed eis officiosus adest.

Sed nisi sit clipei facies perfusa rubore,
 Inventor mersi funeris esse nequit.
Ergo color clipei cum sanguine foedus inire
 Dicetur, quidni? regnat utrinque rubor.
Nam res consimiles, commercia, symbola, leges
 Concordes, foedus pacis habere solent.

Non aqua sed penetrans virtus extinguit aceti
 Ignem cui nomen Græcia nota dedit.

Sunt quibus ardor inest, sunt frigiditate nociva,
 Sicca tamen quævis esse venena ferunt.
Humiditate sua sese natura tuetur,
 Ne noceant pullo sumpta venena cito.
Sed gallum perimunt, quia posse resistere siccis,
 Si recte sapimus, humiditatis erit.
Est gallus siccus, sunt et male sicca venena,
 Gallinæ forti fortius ista nocent.
Debilis evadit, succumbit fortior, ecce
 Naturæ ludos seria jure voco.
Ludit in effectu quamvis sit seria causa,
 Servit in his, lector, pagina nostra tibi.
Ergo relegetur livoris livida pestis,
 Vis carmen cynico carpere dente meum.
Appellare mihi ne sit fas arbiter esto,
 Arbitrium volui sponte subire tuum.
Carpere si gaudes aliena volumina, tanquam
 Jurisconsultus, consulo jure tibi.
Ne scribas, aut si coepisti, desine, judex,
 Lector es, at scriptor incipis esse reus.
Sed quid? non scribes? num sic tibi prospicis? esto,
 Quis non exoptet discere, disco docens.
Me damnas mea si condemnas carmina, summi
 Ne te condemnet judicis esto memor.

Qui fluxum ventris patitur, se mittat in amnem,
 Sic ut subtus aquas ponat utrinque genu;
Extis et genibus nervis mediantibus apte
 Concors privati nexus amoris inest.
Intestina igitur genuum calefactio talis
 Confortat, quæ sunt sæpe probata probo.

Balnea scito sitim dare; sed cui? non sitienti;
 Si sitiens intras, destituere siti,
Ne sitias, sitiens introbis balnea; quidni?
 Thermæ nempe sitis terminus esse solent.

Quanquam sit calidi contermina flamma hebetis   540
  Fundo, vis tamen est segnior ignis ibi.
Nam calor ascendens summa dominatur aeni
  Parte, calor, cujus vis viget alta petens.
Adde quod accensus aer vas undique claudit,
  Et vapor ampullis testibus alta petit.

Offas conditas vino conferre minutis
  Ne credas, in aquam mitte, juvare solent.
Sanguine subtracto venis, suppletio velox,
  Perdita restaurans, facta repente nocet.
Fumos dat grossos quæ Baccho nubit ofella,   550
  Præsertim rubei tincta colore meri.
Frigiditas Thetidis, domitæ Cereri sociatæ,
  Gratior efficitur interiora rigans.
Sed ne credar aquam vino præponere velle,
  Rara deæ, Bacchi sumptio crebra placet.
Lætior est somnus post pocula læta Lyæi;
  Plus dabit urinæ potio tristis aquæ.

Consule naturæ vires, motus, rationem,
  Vivus aquæ faciem, mortuus ima petit.

Stillula vix manat a vaso liquore repleto,   560
  Si fuerit levi missa cathena manu.
Nam liquor exurgens per aperta foramina sursum
  Tendit, dum ferrum cedere cogit aquam.

Ad terram matrem protoplasti terra revertor;
  Nos alit, et placido suscipit ipsa sinu.
Hanc laudat matrem Karolus, Cæsar, Cato, Codrus;
  Omnibus una parens Ops, Rhea, terra, solum.
Ops quia præbet opes, Rhea res terræ, Ceres orbis
  Dat nomen, solidi stat ratione soli.
Frigida sicca nigret, immobilis aspera, dura,   570
  Est obtusa, petens infima, spissa, gravis.
Nam gravis et levis est æque, vel lex gravitatis
  Primævæ terram non sinit esse levem.
Aut levis est actu, gravis est habitu, velut unda;
  Respice naturam, frigida sæpe calet.
Aut numquid gravis est mons, et non portio quævis,
  Exiguus ne tenor rem vetat esse gravem.
Ad centrum tendit totalis maxima moles,
  Totaque descendit de gravitate sua.
Bractea pertenuis faciem superenatat undæ;[1]   580

---

[1] *i.e.* aquæ.

Cum tamen ima petat aurea gutta teres.
Ecce licet pondus causalem det gravitatem,
  Legibus ipsius forma nocere potest.
Et ne par gravitas aequalia pondera reddat,
  Aer qui poris regnat obesse solet.
Et ne descensus det legem ponderis aequam,
  Impediunt aer, metonymia, situs.
Lance retardatur descensus ponderis, ipsum
  Lance carens per se promptius ima petit.
Nonne situs gravitas prima minor est gravitate? 590
  Sed numquid geminae res gravitatis erit?
Sed quotiens quaecumque situ gravis esse feretur
  Res, causam dicti cerne, figura subest.
Consule descensum pro lancis lege regentis
  Pondus, et in verbis certior esse potes.
Quid quod descensus intenditur ima petendo?
  Ne tamen obsistat causa nociva vide.
Descensus quoque directus velocior esse
  Obliquo fertur, ars probat artis opus.
Rursum quadratis spatio distantibus apte 600
  Dispositis, unum tardius ima petit.
Primum descendit directius, ut probat arctus
  Angulus, et primus Euclidis ista docet.
Totius gravitas partem descendere motu
  Pernici cogit, sit licet illa brevis.
Si non alterius subjecta foret ditioni,
  Tenderet ad centrum segnius illa soli.
Constat item vulgo quod motus in aere velox
  Languet aquis, motum rarior aura juvat.
Sed numquid motus in inani vinceret omnem 610
  Aereum motum? perlege dicta prius.
Salva sit auctorum gravitas, absit quod inane
  In numerum rerum posse venire rear.
Sed detur vacuum subsistere legibus, aptum
  Motus, id cum sit, prorsus inane nego.
In cellis item cum terra subtrahit ipsum
  Centrum, num motus orbicularis erit?
Nullus descensus fiet, me judice, lector,
  His esto vigilans, addere plura potes.
Vincere quadrati descensum crede rotundum, 620
  Par illi pondus forma rotunda juvat.
Inquirunt logici cui se det principiorum
  Pondus, id in quantum garrula turba trahit.
Sed quamvis qualem facit esse potentia, pondus
  Jura potestatis vendicat, optat, habet.
Augmentoque carens res jam mage ponderat, absque

Jactura partis, ponderat illa minus.
Conpressis poris supportans rem fugit aer,
    Et rem majoris ponderis esse dabis.
Quid quod mutata forma res pondera mutat?   630
    Quanta fuit mutans pondera tanta manet.
Pluribus aequalis est spongia, pondere dispar,
    Admiranda magis subdere pauca libet.
Res est aucta tamen, fit ponderis illa minoris,
    Decrescat, pondus amplius esse potest.
Quae jam praemisi declarant ista potenter,
    Exemplumque datis certior esse potes.
Scito quod implumis mage ponderat ales, homoque
    Fit gravior quotiens nobilis hospes abit.
Nec gravitas igitur nec pondus rem facit amplam,   640
    Aut modicam, levitas comprobat illud idem.
Et quod ponderis est intensio, rem satis urget;
    Ponderat ecce magis, suscipit atque minus.
Quid quod dissociat aequalia corpora pondus?
    Par limphae limus pondere vincit eam.
Nam terrae gravitas undae superat gravitatem,
    Hinc mundi centrum praegravis illa tenet.
Sed subtilius haec investigare laboris.
    Horror dissuadet, vult revocare motus.
Spes tamen assistit, audax monet, imperat, urget,   650
    Prorsum proficiens me muat ipse labor.
Frigiditas igitur fertur gravitatis origo,
    Sic agilis levitas nata caloris erit.
Hinc circa centrum terrae stat frigiditatis
    Vis dominans, centrum frigida quaeque petunt.
Veraque telluris species centro reperitur,
    Ad sphaeram tendit pro levitate calor.
Assistens siccum calido dat vim levitati;
    Motus intendit, dirigit, auget, alit.
Intendit pondus gravitatis frigiditati   660
    Assistens siccum, nota referre libet.
Sic sic pressa jacet, sic terra gravissima substat,
    Evolat in summa lux levitate micans.

Ludens Alcinous pueris sic poma ministrat,
    Sic mel Aristaei nos recreare solet.
Sic nos praedulci demulcent voce Sirenes;
    Sic potuit Circes fallere dulce melos.
Sub sermone solent festivo sponte latere
    Thrasones, verum promere nonne licet?
Quaestio restat adhuc grandis; qua rite soluta   670
    Certius instructus, candide lector, eris.

Quaero quae summam det terrae vis gravitatem,
    Aut quo frigiditas sustineatur ita.
Innatasne cupis proprie discernere vires?
    Humidus est aer, regnat in igne calor,
Frigiditas se debet aquae terram dare siccam,
    Quis neget? an quaeris symbola? promptus ero.
Igni da calidum siccumque calore potenter,
    Nectitur hinc aer humiditate potens.
Qua' mediante suae connectitur ipse sorori.   680
    Frigiditas terrae foedere nectet aquam.
Sic elementa suae conservant foedera pacis;
    Sic ea concordi foedere jungit amor.
Frigiditas igitur si summam dat gravitatem,
    Summa quidem gravitas danda videtur aqua.
Par est frigiditas; quid disparis has gravitatis
    Censes? terrane plus frigiditatis habet?
Igne minus calidum si forsan aera sentis,
    Attendens quod ei fortior actus inest,
Cur non das et aquam sic vincere frigiditate   690
    Terram, qua gravior esse feratur aqua.
Si siccum sentis causam summae gravitatis,
    Aer praecipuum jus levitatis habet.
Est etenim levitas praecellens humiditati
    Subdita, si siccum dat gravitatis onus.
Respicit humiditas e diversa regione,
    Siccum ceu levitas a gravitate fugit.
Ergo si siccum summam generat gravitatem,
    Et levitas proles humiditatis erit.
Non solvet causas solvens maturius ista,   700
    Immo connectens associabit eas.
Nam geminae dotes velut unica causa ferentur,
    Siccum consolidat frigiditatis opus.
Hi dotes summam terrae praebent gravitatem;
    Sed quid? ad oppositas flectere lora decet?
Nam sic humiditas calido nubens levitatem,
    Efficiet summam quam Jovis uxor amat.
Sic ignem vincens levitas erit aeris ingens,
    Quod, licet admittant nomina magna, nego.
Fluxibus est aiunt fluidus diffundere sese   710
    Promptior, et multo rarior igne; nego.
Quodque docent ratione volunt evincere certa,
    Absit quod primae sit gravitatis aqua.
At calido siccum quod fertur luna caloris
    Adveniens, facit ut regnet in igne leve.[1]

---

[1] levitas.

Humiditas igitur veniens cum frigiditate
   Efficit, ut primæ sit gravitatis aqua.

Si tamen hæc ratio vigilantius inspiciatur,
   Nomen cum merito vix rationis habet.
Exacuit sociam siccum sed frigiditatem,
   Consors occumbit lentius atque premit.
Sic elidetur objectio quæ levitatem
   Intendit primam solvere, Juno, tibi.
Nam quamvis siccum connexum frigiditati,
   Aut conjuncta duo dent gravitatis onus;
Non tamen humiditas calido sociata rependit,
   Aeris ut primus sit levitatis honos.
Num magis est velox aut est subtilior igne?
   Ignea vis, virtus, actio, sphæra negat.
Regnet in arce sua levitas, speculam sibi visus
   Vendicat auditus, sponte subesse cupit.
Igneus est visus, obnoxius est tibi, Juno,
   Auditus, gaudent singula lege sua.
Aera concludens subjectum continet ignis,
   Si sunt mota prius, rite soluta placet.
Si tamen exoptas ut vera solutio detur,
   Primo causa potens est adeunda tibi.
Hæc est efficiens formalis, materialis,
   Numquam finalis, finis, origo, caput.
Huic causæ parent effectus, foedera, leges,
   Imperio gaudent cuncta subesse suo.
Causas instituit, regit, ordinat unica cunctas,
   Causis effectus causa subesse jubet.
Hæc variis rebus varias novit dare causas,
   Effectus varios dat variosque modos.
Alterius legis sunt componentia prima,
   Quam corpus quod ab his contrahit esse suum.
Quatuor hoc ornat variis elementa decenter
   Formis, quas toties enumerare pudet.
Præditus est ignis calido siccoque potenter,
   Connexis levitas connumeretur eis.
Non se præferat hæc causa, non illa sequatur
   Effectu, sunt hac conditione pares.
In primis igitur subjectis nulla sororum
   Dignior est causa tempore, lege, statu.
Da formas elementares, da tam levitatem,
   Supprime causæ quam gravitatis onus.
Non levitas calido, gravitas se frigiditati
   Non debet, levat, hanc premit alta manus.
Alta manus patris æterni, quæ sustinet orbem,

Quæ simul inscripsit omnia dextra potens.
Igni qui confert calidum, confert levitatem;
 Res licet exiguæ sæpe juvare solent.
Frigidus est siccusque lepus, sed num gravis? immo
 Nomen sotitur a levitate pedum.
Huic quoque dat celerem membrorum formula sic sic
 Depositis membris cum levitate fugam.
Sic in diversas me transfero, Proteus alter,
 Formas, nec notis singula subdo meis.
Forsan Aristæus si me constringere nodis   770
 Perplicitis vellet, mellea dona darem.
Blandior ipse mihi proprios absolvere nexus;
 Vix scio me major pro dolor! esse volo.
Vulneror ense meo gravius quam si jaculorum
 Grandine me pugnans Parthica turba petat.
Solvere perfectæ quas induxi rationes
 De gravitate graves, arbitror esse grave.
Rem tetigi solvens, superest objectio, crescit,
 Lector munificus, multa reservo tibi.
Examen subitura tuum nonnulla supersunt,   780
 Glorior arbitrio subditus esse tuo.
En quæ delectent et prosint plurima restant,
 Materiæ novitas utilitasque juvant.
Humida cum siccis patiuntur, agit calor atque
 Frigiditas, varios motibus adde modos.
A centro sursum tendit calor, illa deorsum,
 Has leges rebus unica causa dedit.
Adjice prædictis, in quanto si dominetur
 Ignis, et in quali, tantus in igne vigor.
Si dominatur aquæ vis in quali, dominatur   790
 In quanto; certam dat tibi flegma fidem.
Sese debet aquæ dimersio quoque liquoris,
 Sed virtus variis est variata modis

Nunc aqua, nunc ignis, sibi vim nunc vendicat aer,
 Igni vinum, mel, undaque salsa subest.
Aer nunc sola regnat quanti ratione,
 Sæpe data tantum ni dominatur erit.
Sic obnoxia fit terræ distentio sola,
 Sæpe potestatis optinet illa decus.
In fumo vini tibi se diffusio debet,   800
 Aer sed cujus vis sit, origo probat.
Rebus aromaticis, cum sint siccæ, dominatur
 Terra, piperque sibi subdit utroque modo.
Plus habet aereum quam terræ Palladis humor,
 Quem siccum genio judice terra dedit.

Zinziberi præbet vis aeris humiditatem,
　　Sed sibi vis quanti cedere terra probat.
Terræ se debet auri dimensio, cujus
　　Vires vivaces aeris esse putes.
In longum quercus crescentes ignea virtus
　　Erigit, in spissum crescere terra facit.
Aer cervinam linguam dilatat, at ignis
　　Virtuti sese formula longa dedit.
Crassura terrestris gravitas intensa profundum
　　Dat tibi, quod lata es, aeris esse liquet.
Est subjecta tribus alces dimensio trina,
　　In longum ducit ignis acumen eam.
Aeris hanc virtus extendit, terra tumorem
　　Dat, sic est series subdita trina tribus.
Sic variis variare modis elementa potenter
　　Novit, qui rebus omnibus esse dedit.

Dehinc libet effectu socias res associare,
　　Multa tenore brevi claudere sæpe juvat.
Artis erit minus obscura res sub brevitate
　　Stringere, pensetur utilitate labor.
Hæc connexa sibi firmo sociantur amore,
　　Hæc humentia sunt atque calore vigent.
Ver, auster, sanguis, heptas quoque prima dierum
　　Lunæ, lac, butirum, dactilus, et zukarum.
Unctosus sapor et dulcis mel vendicat ignis;
　　Hinc prudens pure dulcia melle neget.
Ætas prima cibos virtus quæ digerit aer,
　　Aurum cum tiria consocientur eis.
Æstas sicca calet eurum, choleramque secundam
　　Hebdomadam lunæ connumerare licet.
Ecce sapor vino se salsus, amarus, acutus
　　Jungit, at exemplis certior esse potes.
Sit tibi salsi sal aloeque saporis amari,
　　Allia, cepe, piper, simus acumen habent.
Certa juventutis comes est vis quæ petit escas,
　　Igni ne pudeat assimulare cuprum.
At lepra, cui nomen præbet leo, flammea restat;
　　Hanc ardor choleræ luxuriantis alit.
Autumno boream choleramque nigram sociabis,
　　Et comes his heptas tertia mensis erit.
Stipticus addetur, et cui dat nomen acetum;
　　Et comes his gaudet ponticus esse sapor.
Doctrinam dat lux exempli lucidiorem;
　　Sæpius exemplis gratia grata subest.
Stiptica sit tibi glans, sit pontica galla, sapori

Mali granati tertius ordo subest.
Hujus enim succus similis vel par fit aceto,
 Si constat verus teste sapore sapor.
Adde senectuti vim quæ novit retinere,
 Et terræ ferrum connumerare licet.
At lepræ species superest elephantia tabes,
 Horribilis choleræ filia nigra nigræ.
Restat hiems, zephirus cum flegmate, quartaque mensis,
 Et violæ succus insipidusque sapor.
Jungat se senio vis expulsiva, nitenti   860
 Argento nitidam consociabis aquam.
Restat adhuc lepra, quam designant nomine certo
 Allopedes, prolem flegmatis esse putes.
En jam clausa suum distinctio quarta tenorem
 Claudit, erit victo grata labore quies.
Respirare licet, viresque resumere fessis,
 Ingenium recreant otia parva meum.
Otia torporis ignavi sint procul illa,
 Quæ recreant animo sunt placitura meo.

Distinctio Quinta.

Incipit quinta distinctio hujus libri.

Cum prodesse tibi studeat mea pagina, lector,
 Cur inferre mihi vulnera crebra studes?
Ne totiens jaculis infestans impetis, at quid?
 Vitari melius tela secunda solent.
Prætendet clipeum patientia, tela potenter
 Excipiens, noceat garrula lingua sibi.
Et nunc subsannas, nunc rides, sed sine risu
 Nuncius est iræ flammeus ille rubor,
Ha! quotiens judex silet, et sententiat ira;
 Iræ judicium quis putet esse ratum?   10
Cur mihi succensus majorum scripta recenses,
 Hæc etiam petulans carpere lingua potest.
Zoile, divinum depravas carmen Homeri,
 Nec minor est tanti gloria tanta viri.
Invide, corrodis evangelo scripta Maronis,
 Splendorem solis diminuisse cupis.
Gaudent nonnulli subvertere templa deorum,
 Ut sic famosi nominis esse queant.

Scilicet obscuræ famæ decet esse minores,   20
    Et claros clari nominis esse decet.
Evehit in fastum multos præsumptio fallax,
    Ut sese venæ divitis esse probent.
Deliros reputant patres, et lumina mundi
    Tanti fulgoris luce carere putant.
Hæc nisi fulsissent doctrinæ lumine terris,
    Languerent tenebris tempora nostra suis.
Ni præcessisset patrum veneranda senectus,
    Omnino sterilis nostra juventa foret.
Judicium, fastus, majorum dicta, minorum   30
    Carpere vel tenui murmure, turpe puta.
A vena veniæ, veniam supplex pete, formam
    Indue discipuli, si meus esse cupis.
Sed decet ut cœptis insistam, vota secundet
    Qui justos vera prosperitate beat.

Ausi sunt veteres terram censere rotundam,
    Quamvis emineat montibus illa suis.
Quid quod deliciis ornatus apex paradisi
    Lunarem tangit vertice pene globum?
Hunc spaciosa locum generosaque vitis amœnat,   40
    Et nitidi fontes fontiferumque nemus.
Hortum nobilitat precioli gloria fructus,
    Non arbor sterilis crescere novit ibi.
Ventorum rabiem cum densis nubibus infra
    Se videt, insultus aeris omnis abest.
Ultrices scelerum non sensit aquas cataclismi,
    Nec novit tumidas Deucalionis aquas.
Raptus Enoch subito, curruque levatus Helias,
    Illic tranquillæ gaudia pacis amat;
Athletæ Domini præcursoresque secundi   50
    Adventus, fidei lumina clara sacræ.
Convincetur ab his sanctorum publicus hostis,
    Mons Olei mortis conscius ejus erit.
Hic mons, a prima nascentis origine mundi
    Conditus, auroræ regna propinqua tenet.
Ergo diluvium juga præcessere, quod ipsa
    Testatur Genesis, lectio digna fide.
Nam successive sunt juncta cacumina terræ,
    In primis radix, dehinc latus, inde jugum.
Sed tamen ex certis causis consurgit in altum   60
    Pars terræ, sed pars altera pressa jacet.
Nam vi vel flatus vel aquæ glomerantur in unum
    Exiles atomi particulæque leves.

Sic et de terra lapides crebro generantur,
   Et montes variis eminuere locis.
Et nova dat de se tellus persæpe metalla,
   Crebro terrigenis exitiale malum.
Rarior est autem tellus elata superne,
   Unde vapor clausus concitus alta petit.
Hinc est quod fundunt montana cacumina fontes,
   Ima sæpe tamen valle fluenta scatent.   70
Surgit et in magnum tellus concussa tumorem,
   Flaminis inclusi vi quatientis eam.
Indignans furit e latebris exire laborans
   Ventus, vix vires sustinet ipse suas.
Augetur virtus in se collecta, furorem
   Contestans rauco murmure sinit atrox.
Impulsam demum terram sibi cedere cogit,
   Quæ quasi sit stupido victa pavore tremit.
Sæpe solum quamvis solidum vis sublevat ingens,
   Sæpe ruunt turres, mœnia, templa, domus.   80
Amplo nonnunquam cava terra dehiscit hiatu,
   Complicibusque Dathan ingerit illa minas.
Exteriora dabis terræ loca sæpe moveri;
   Sed stabilis centro terra propinqua manet.
Martham turbari, tranquilla pace Mariam
   Uti, sed studio dispare cerno libens.
Ventus discurrens vaga sit tibi solicitudo,
   At centrum verum novimus esse Deum.
Quæ stat in æternum terram de jure vocabis
   Ecclesiam, causam discere forte cupis.   90
Calcatur, teritur, premitur, sed pressa superstat,
   Vincit quo magis est pressa labore gravi.
Attritus vomer splendet, patientia duris
   Gaudet, in adversis fortior esse solet.
Conculcata viret, splendescit trita, minuta,
   Ecclesiæ tellus crescit adaucta malis.
Pressa potentior est, ditatur re spoliata,
   Pulcrior est solis igne perusta sui.
O mater, quæ sublata fœcundior extat
   Prole, nec ablata, virgo pudica parens.   100
Rursum terra rosis vernantibus est decorata,
   Candoris nivei lilia gignit humus.
Dat violas dulci pictas ferrugine, sponsa
   Christi floribus est sic redimita suis.
Quos rosa martyrii, flos campi, donat honore,
   Tanto purpureas dicimus esse rosas.
Hos assertores fidei, stabilesque columnas,

Invictosque duces, ecclesiæque decus.
Quis neget? allegant caput hi roseumque cruorem,
    Nec pretio procerum mors pretiosa caret,   110
Mors est discrimen hujus caliginis atque
    Lucis quæ nubis nescia semper erit.
Lilia sunt quos munditiæ commendat honestas,
    Quorum cum vita cœlibe suavis odor.
Angelicam datur his in terris ducere vitam,
    Dum mens in casto corpore casta nitet.
Quid? reor angelicis præcellere civibus illum,
    Qui de tam fragili carne triumphat ovans.
Nam quanto magis est fragilis, tanto magis instat,
    Inclusus vires ignis ab hoste capit.   120
Et legem mentis solet infestare tyrannus
    Naturæ, Saram vincere tentat Agar.
Blanditiis quandoque virum circumvenit Eva,
    Prætendens pomum quo capiatur herus.
Gloria feminei sexus est maxima mundum,
    Hostem, carnem se subdere posse sibi.
Candida purpureo si sint respersa cruore,
    Fiunt vernantes lilia sæpe rosæ.
Sunt violæ qui jam studiis felicibus instant,
    Dum veteris vitæ displicet error eis.   130
Pro dolor! has violas violavit blanda voluptas,
    Sed tenet ac punit corpora pœna tenax.
Hi lacrimis delicta lavant, conditur ab illis
    Esca brevis, fletus potio dulcis erit.
Corpore jejuno recreat sacra pagina mentem,
    Et longum claudit parva dieta diem.
Exiguum tempus somno conceditur, ingens
    Fletibus et lacrimæ pondera vocis habent.
Fletibus ora rigans magis est oratio grata,
    Lectio dulcescit, sed juvat illa magis.   140
Nunc huic, nunc illi, se mens pro tempore subdit,
    Hæc placet, illa placet; hæc magis, illa magis.
Alterius vicibus succurrit grata sorori
    Lectio, porro cibus utraque mentis erit.
Hæc cibat, illa cibat, animus recreatur utraque,
    Curarum strepitus atque tumultus abest.
Ignitum pectus devotio fervida reddit,
    Deliciisque stupet mens recreata novis.
Certa fides mentem regit, at spes erigit, intus
    In thalamo cordis deliciatur amor.   150
Dulces amplexus optat speratque Rachelis,
    Hinc onus, inde jugum, dat leve, suave facit.

Dilecti faciem suspirans cernit amatam,
    Tunc vix delicias sustinet ipse suas.
Tunc visus regis perlustrat nobile corpus,
    Mox dulces animus audet adire pedes.
Leniter admovet his oculos faciemque, sed ore
    Sugit delicias deliciosus amor.
Tunc spinas, clavos, mucronem, vulnera, mortem,
    Defectum solis, scissaque saxa videt.   160
Motum telluris auctori compatientis
    Conspicit, hisque diu mens agitata tremit.
In terræ motu mentis quoque terra movetur;
    Inspecto terræ terra tremore tremit.
Tranquillis etiam cœlo pelagoque fragorem
    Dat tellus, magni concava mota soni
Terra tremit Phœbi defectibus atque sororis;
    Tunc tempestatum jurgia sæva vacant,
Motus item terræ fit nocte frequentius unda,
    Turbida tunc putei præstat odore minus.   170

Fervens luxuriat compressis vallibus aer,
    Et maturus in his fructus adesse solet.
Solaris facit id radiosa reflexio lucis,
    Et quasi stans levis aura quiescit ibi.

Europam, Lybien, Asiam, partes liquet esse
    Orbis, et est spatio dispare terra triplex.
Trino terra triplex, trino quoque machina trina,
    Hierarchia triplex ordine trina subest.
Scito parem Libien Europæ, tertia major,
    Quæ restat spatio vincit utramque duplo.   180

Primitus Europæ mea pagina serviet, in qua
    Roma stat, orbis apex, gloria, gemma, decus.
Urbs titulis claris tam lætis clara triumphis,
    Quondam bisseno Cæsare tuta fuit.
Hæc genuit Magnum tam magni nominis, Eurus
    Imperio vidit regna subacta suo.
Hæc genuit Brutum, qui victor ab urbe tyrannum
    Expulit, iste pater urbis et orbis erat.
Victorem Magnum genuit Carthaginis altæ,
    Fulsit in hac geminum sidus uterque Cato.   190
Urbe Boetius hac consul, Symmachusque senator
    Fulsit, sub Fabio consule læta fuit.
Quis non miretur linguam Ciceronis, et ausus
    Tantos, eloqui maximus auctor erat.

Artis rhetoricæ fuit arx, fons, manna, columna;
 Cessit et invitus huic Catalina ferox.
Clarus avos fulsit hac urbe Sallustius, isti
 Par aliquis, nemo major, in urbe fuit.

Gallia trina tuis titulis est subdita, Juli,
 Atque Britannica gens bellica, sæva, potens. 200
Huic bissextilis auctori serviit annus,
 Huic lunæ cursus assecla fidus erat.
Unica nam fateor me nexat epula, Cæsar
 Dictavit quinas, non semel, immo simul.
Armis magnus erat maturo pectore major,
 Teuthaton Marti succubuisse queror.

Augusto cessit Antonius et Pharus, immo
 Liber ob hoc totus serviit orbis ei.
Salvator voluit sub tanto principe nasci;
 Nam pax sub pacis principe nata fuit. 210
Marmoream moriens vidit lætissimus urbem,
 Quæ tantum muri coctilis ante fuit.

Titus eo major, Romam sed tempore parvo
 Rexit, amor mundi deliciæque breves.
Hunc decuit mortis ultorem numinis esse,
 Dum deleta fuit gens mala, digna mori.
Unum quo nullo ditarat munere quenquam
 Consumptum frustra censuit esse diem.
Hæc Titi pietas, hæc munificentia, Crœsi
 Vicit delicias et Salomonis opes. 220
Ostensum terris rapuerunt numina vivum,
 Ne fieret cœlum numine terra suo.
A Tito titulum dici reor, hic fuit orbis
 Titan, et titulus, inficit ora rubor,
Parva loquor titulum commendaturus honoris,
 En summæ laudis gloria Titus erat.
Tito, tuum nomen producet fama perennis,
 Hinc est quod primam nominis esse nolo.
Productam quoque Titanis mihi nomine semper,
 Ac mundo toti gratius esse dabo. 230

Trajanum superis æquat clementia summa;
 Quis posset laudes claudere, Roma, tuas?
Nutrix Roma deum, decus imperiale potentum,
 Gildria christicolas imperiosa regit.

Cæsaribus major Petrus solium tenet orbis,
 Et claves cœli, pontificalis honos.

Fulminat ense minax Paulus, Romamque tuetur;
  Porro ferox urbis hostibus esse solet.
Pauli dextra tenet gladium, sed leva libellum;
  Sed quid? cum res sit mystica, clausa latet. 240
Mucro potestatem designat, dextra perennem
  Vitam, doctrinæ forma libellus erit.
Læva statum vitæ præsentis nunciat, in qua
  Nobis doctrinæ commodus usus adest.
Traxit in errorem multos pictura, putantes
  Quod regio boreæ sit tibi danda, Petre.
Dextera depictæ majestatis tibi, Paule,
  Debetur, cedit, Petre, sinistra tibi.
Quarum doctor erat Paulus, septentrio gentes
  Signat, Judææ gloria Petrus erat. 250
Ergo notus Petrum teneat, septentrio Paulum;
  Si tamen advertis, altera causa subest.
Militiam Pauli præcessit gloria Christi,
  Quam signat sanctæ dextera sancta crucis.
Miles erat Christi Petrus, sed tempore quo sol
  Indutus vera carne refulsit humo.
Hinc est læva Petro donanda, sed altera Paulo;
  Martyrii decus his contulit una dies.
Coelum luminibus tantis et Roma refulgent;
  Hos coelo genuit et sibi terra viros. 260
Coelum spiritibus ornatur, corpora coelis
  Expectata diu læta reservat humus.
Matthias, cujus electio digna supernis
  Enituit signis, associatur eis.
Roma patrociniis tantis se jure beatam
  Censet, censebit, censeat opto diu.
Accinere sibi socios Romæque patronos,
  Quorum subsidiis floreat urbis honos.
Simon cum Juda, Laurentius, et protomartyr,
  Urbem solantur, immo tuentur eam. 270
Hanc humero fulsit Mattheus munere claro,
  Præclaram reddit Bartholomeus eam.
Coetus martyrii dignos palma numerare
  Quis poterit, quorum corpora Roma tenet.
Germanos fratres, cum Paulo, jungo Johannem,
  Almachio compar urbe, Marine, jaces.
Virgineos ornat coetus Cecilia, coeli
  Lilia, quæ Romam coelica virgo beat.
Palma quam Romæ meruit martyr generosa,
  Agnes, in coelis agnita virgo micat. 280
Sic florem vallis virgo, campi quoque martyr,
  Sic sequitur patrem filia, sponsa virum.

Sic Agnes, agni vestigia semper adorans,
  Gaudet dilecto se recreare suo.
Effigiem nostri Salvatoris venerandam
  Impressam panno gens veneranda colit.
Vincor non sola metrorum lege coactus,
  Me vincit nr's (*sic*) materiesque gravis.

Delicias operum si quæris, cerne colossum
  Et quam tutata est Juno moneta domum.
A cultu solis nomen sumpsisse colossum
  Fertur, materiam nobile vicit opus.
Gemmas sidereas rutilantes igni micanti
  Cœlum stelliferum vincere posse putes.
Ars vires experta suas contendere secum,
  Si laudes operis consulis, ausa fuit.
Quælibet hic propria regio signata figura,
  At medium tenuit inclita Roma locum.
Reginam decuit vultus, reverentia, sceptrum,
  Præfulgens vestis, et diadema decens.
Insidias si gens Romanis ulla parabat,
  Vultu detexit ejus imago scelus;
Vertice demisso, defigens lumina terræ,
  Sese declarans criminis esse ream.
Et pulsata manu statuæ campanula, plebem
  Accinit, populus arma fremebat ovans.
Hoc opus humanus labor, ars, industria, virtus,
  Ingenii laudem censuit esse suam.
Corruit hoc templum solis, sed solis in ortu
  Justitiæ, Phœbus lunaque servit ei.
Solis in adventu veri nox atra recessit
  Erroris, tenebras expulit orta dies.
Orto de terra vero[1] fallacia cessit,
  Sectarum casus idola fracta docent.
Julia stat cinerum servatrix fida tuorum,
  Juli, materiam consulis, error adest.
Marmoreus pulvis contritus, aquæ sociatus,
  Trullam commendat artificisque manum.
Sic surrexit opus, sic est erecta columna,
  Basis bis bino fulta leone sedet.
Ad Romæ titulos accedit, quod Laterani
  Clausa sub altari fœderis arca manet.
Ista tamen non sunt Jeremiæ consona, sed quid?
  Vulgo non semper est adhibenda fides.

---

[1] i.e. veritate.

Roma, vale, papam, dominos quoque cardinis orbis,
   Romulidasque tuos opto valere, vale.
Roma, vale, nunquam dicturus sum tibi, salve;
   Compressas valles diligo; Roma, vale
Roma, Jovis montes, alpes nive semper amictas,
   Hannibalisque vias horreo; Roma, vale. 330
Annum totalem Septembrem censeo Romae;
   Horas Septembres horreo; Roma, vale.
Includi claustro, privatam ducere vitam,
   Opto; me terret curia; Roma, vale.
Romae quid facerem? mentiri nescio, libros
   Diligo, sed libras respuo; Roma, vale.
Numquid adulabor? faciem jam ruga senilis
   Exarat, invitus servio; Roma, vale,
Mausolea mihi non quaero pyramidesve,
   Glebae contentus gramine; Roma, vale. 340
Respuo delicias tantas, tantosque tumultus;
   Cornutas frontes horreo; Roma, vale.
Sed ne nugari videar tociens repetendo,
   Roma, vale, cesso dicere, Roma, vale.

En Mediolani muros, coeloque minantes
   Turres munitas, moenia celsa peto.
Gens exercitiis armorum docta, feroxque,
   Hostes impugnat, deprimit, arctat, ovans.
Efficit augustam felix Ambrosius urbem,
   Cujus vena potens mellea lingua fuit. 350
Cujus doctrina cum tot felicibus actis
   Nobilis Itala gens est solidata fide.
Thessalonica tibi cladem Theodosius, igne
   Irae succensus, intulit, immo furens.
Dehinc Mediolanum petit, hinc dictus pater urbis
   Ecclesiae sanctum limen adire vetat.
Paruit Augustus praecepto praesulis, et se
   Judicio tanti subdidit ipse viri.
O veterum mores! o tempora! subdere colla
   Ecclesiae ducibus gloria magna fuit. 360
A suae cujus erat vestitum vellere lanae
   Dimidium corpus, urbs data nomen habet.
Hac cum Prothasio dormit Gervasius urbe,
   Et cum Nazario, Celse, quiescis ibi.
Corpora Naboris, Basilidis, atque Cirini,
   In dicta tociens urbe sepulta jacent.

Ravennam docuit a Petro missus Apollinaris, cui fidei semina prima dedit.

Ex his læta seges operum surrexit, amoris
　Ingens maturam reddidit æstus eam. 370
Usus sum themesi, sed nomen consule, stare
　Non potuit melius syllaba quina metro.
Vir sanctus templum subvertit Apollinis orans,
　Censuit esse reum perfida turba virum.
Tot fera quis credat certamina, tot cruciatus,
　Tot mortes, unum sustinuisse virum.
Dicta promeruit vitam Vitalis in urbe,
　Compensans longum vivere morte brevi.
Hic tibi, Vitalis, mors vitæ contulit ortum,
　Vita tibi pretium mors pretiosa fuit. 380
Transiit ad superos hinc Germanus, venerandum
　Suscepit corpus Gallia læta dolens.
Autisiodorus, cui præfuit, ossa reservat,
　Crebro lux radians cœlica fulget ibi.

Papiam celebrem reddit decor inclitus orbis,
　Lux cleri, fidei firma columna sacræ.

Moribus augustis fuit Augustinus, honesti
　Exemplar, radios lux radiosa dedit.
Ingenuas artes septem florentibus annis
　Transcursu leviter vicerat ille brevi. 390
Notitiæque suæ cessit sacra pagina, Marco
　Eloquio compar, pectore major erat.
Corpora ter denis Petrus defuncta diebus,
　Communis vitæ vivere lege facit.
Spiritibus cæcis dat lumina, famina mutis,
　Consolidans plantas gressibus aptat eas.
Fausti convictor, hæresum quoque malleus, orbem
　Scriptis ditavit; rumpere, livor edax.
Numquid Aristoteles, numquid Plato, num Galienus,
　Aut Hippocras, tanto munere ditat humum? 400
Ossa viri tanti, tanti doctoris, in urbe
　Lutprandi regis aurea cella tenet.
Sæpe tamen cœlum pro cella, candide lector,
　Legi, quid litem lana caprina movet.

Fertur in hac magnus dormire Boetius urbe,[1]
　Felix sub tanto consule Roma fuit.
Transtulit interpres quam plura volumina fidus,
　Insuper obscurum luce serenat opus.
Qui clarum sidus logices commenta peregit,
　Qui magnæ fructus utilitatis habent. 410

---

[1] Papia.

Urbs felix radiat tam claris clara patronis,
    Exultat tantis curia summa viris.

Fertur civiles sensisse Cremona tumultus,
    Cum periit Cæsar Julius urbe sua.
Cassius et Brutus, auctores proditionis,
    Altis inclusi mœnibus ejus erant.
Obsedit minis indignans Antonius urbem,
    Affectans ultor Cæsaris esse sui.
Mittitur Augustus ut opem clausis ferat, at quid?
    Res suadet tantos fœdus inire duces.   420
Dii bene si fœdus initum servasset amoris
    Gratia, cessasset Leucadis ille furor.

Consimiles Mutinæ populus sensisse labores
    Dicitur, historiæ cordula testis adest.

Justiniane, tibi Bolonia libera servit;
    Humanum genus hæc non regit, immo legit.

Ut Venetus præsens Marci corpus veneratur,
    Hanc præfert opibus quam colit urbis opem.

Noster, Agrippa, tuam liber effert laudibus urbem,
    Quamvis non egeat laudibus illa meis.   430
Quæ sunt dicta prius repetantur, nam repetita
    Invidiæ desit flamma placere reor.
Multas prætereo præclari nominis urbes;
    Claudere res tantas, parve libelle, nequis.
Ut, Pannonia, te laudem, Hieronimus, ingens
    Doctor, laudis erit gloria summa tuæ.
Quid quod Martinum genuit Pannonia, cujus
    Actus eximios pagina nulla capit?

Nomen aquæ tibi dant, Aquitannia, pene reversus
    In se, te Ligeris circuit amne suo.   440
Narbonam linquo, cum Claromonte, Lemonis,
    Et plures valeant; pulchra Tolosa, veni.
Arte situque decens, munita, potens, opulenta,
    Urbs famæ celebris, hostibus horror eras.
Sed respersa nota turpi jam fama laborat
    Gentis, quæ cœpit dogmata prava sequi.
Tempora nostra carent lætis successibus, error
    Præceps pervertit dogmata, jura, fidem.
Gens quondam famæ titulis pollens, meritorum
    Quondam luce micans, cur tenebrosa peris?   450
Cur Fausti sequeris errores, cur Manichæi?

Nil creat obscurus Lucifer ille tuus.
Ni Saturninus Exuperiusque Tolosam
   Dudum servassent, diruta sæpe foret.
Hic candens inter coelestia lilia fulget;
   Illi debetur purpura tincta rosis.
Ergo, Tolosa, vale; resipiscens, filia, veri,
   Errorem sequeris, ergo dolosa peri.

Me revocat promtum jussis parere Lemonis,   460
   Ostensura quibus dives habundat opes.
Illum prætendit, quem complexus venerandis
   Est ulnis dominus conveniendo suos.
Quem statuit medium medius noster mediator;
   Qui doctor veræ simplicitatis erat.
Invitavit ad hanc quos verus amor sociarat,
   Magnus erit quisquis parvulus esse potest.
Ætas illa minor, humilis, mansueta, pudica,
   Angelicæ faciem simplicitatis habet.
Haud procul hac sanctus Leonardus ab urbe quiescit,
   Virtutum cujus gloria magna fuit.   470

Pictavis insigni titulorum laude coruscans,
   G. Porretanum laudibus adde tuis.
Laudibus immo tuis titulum præpone magistrum,
   G. qui te rexit, filius atque pater,
Quem sibi debuerat caput orbis proposuisse,
   Deesse tibi natus noluit esse tuus.
Nomen quod totus potuit vix claudere mundus,
   Non licuit totum claudere lege metri.

Præfuit huic doctor ingens Hilarius urbi,   480
   Qui fuit ingenio præcluis, arte potens.
Hic sublime volans penetrat mysteria rerum,
   Præcedens alios nobilitate stili.
Iste tuas hæreses vellens radiciter, Arri,
   Utile felici fine peregit opus.
Subtilis lector relegat simplex venerando,
   Vix inspecturus nobile laudet opus.
Gamaliele suo Paulus, Hierominus isto,
   Gaudeat, o tantis terra beata viris.
Martinus tanti lateri doctoris adhæsit,   490
   Gavisus tanto subditus esse viro.
Auditore suo felicem crede magistrum,
   Auditorque suo patre beatus erat.
Dormit in urbe data Maxentius et Benedictus,
   Lætaturque comes esse Sabinus eis.

Presbyter hic florens floret Florentius, hic flos
  Horto coelesti suavis odore nitet.

Lugdunum reputat primam sibi Gallia sedem,
  Quae tot sed tantis est decorata viris.
Urbe Lupus, custos omnium fidissimus, ista
  Dormit, saepe lupos efficit agnus oves.   500
Lugdunum lucis donum tibi Gallia quondam
  Praebuit, ut fidei prima magistra tuae.
Quae tibi jura fori dederat civilis, honeste
  Vivendi formam contulit atque fidem.
Sed quid? magnatum, quos lex Romana probarat
  Damnandos, carcer horridus ista fuit.
Ergo Lugduno luctus nomen dedit, ossa
  Herodis dicto sunt tumulata loco.

Ædua, Romuleae veneratrix sedula gentis,
  Vix unquam voluit esse rebellis ei.   510
Hanc fulgens virtute Leodegarius urbem
  Rexit, cui coelos inclita vita dedit.
Symphorianus eam martyr, reginaque virgo,
  Pontifices Proculus Simpliciusque beant.
Dormit in hac praesul et amans et amatus Amator,
  Est verus fidei furis, amoris amor.
Ædua quae marmoreis nomen sortitur ab aedis,
  Quos invenit ibi conditor urbis arans.

Dum, praeclare, tuam regeres, Mamerte, Viennam,
  Saepius est saevis exagitata lupis.   520
Irruit in plebem densissima turba luporum,
  Praedaque praedonum plebs miseranda fuit.
At praesul mox injunxit jejunia genti,
  Prodiit in medium sic letania minor.
O virtus! o mira Dei clementia! silvas
  Hi velut attoniti dehinc adire suas,
Vera sequens ista requiescit in urbe Severus,
  Qui serit in lacrimis, gaudia vera metet.
Praesul Avitus in hac dormit, flos gentis Avitae,
  Fulta fuit tanto Gallia tota viro.   530
Letiferam pestem qua polluit Arrius orbem
  Doctor praedictus expulit urbe procul.
Nobilis urbs annis est consummata duobus,
  Huic nomen quasi sit dicta Bianna trahit.
Forte, Vianna, tibi nomen bis contulit annus,
  Aut numquid gemino nomen ab amne trahis?

Urbs Senonum gaudet subjectam Parisiensem
  Esse sibi quondam, filia mater erat.

Auctor transpositæ Landricus erat ditionis,
   Id fieri jussit imperiosa fames.   540
Vernantem stupet esse rosam prædicta columbam,
   Urbs in qua moriens mansit ab urbe volans.
Exiit ut fulvum purgatior igne metallum,
   Sed demum gladio cæsa superna tenet.
Sabinianus et hanc illustrem reddidit urbem,
   Et collega potens, hancque beata beat.
Et clarum sidus Sidronius urbe coruscat,
   Fulget lucidius lucidiore polo.
Commendare Trecas poteris, si præsulis istam
   Urbem præclari nominis esse Lupi.   550
Hic cum Germano partes adiere remotas,
   Excelsis meritis clarus uterque fuit.
Suscepisse viros lætata Britannia tantos,
   Audivit fidei dulcia verba sacræ.
Dehinc extirpatis erroribus ad sua læti,
   Post tot sudores, vix rediere loca.
Urbem commendant insignia gesta Patrocli,
   Præsul hic quovis Hectore major erat.

Autisiodorum Jovianus martyr honorat,
   Vani contemnens idola vana Jovis.   560
Virginis hanc Helenæ ditat præsentia; starent
   Pergama, si similis rapta fuisset ei.

Parisius quidam, paradisus deliciarum,
   Est major cum sit maxima laude mea.
Mercurium coluit error gentilis ibidem,
   Reseos et legum gloria floret ibi.
Hic exercitium logicos præludit, amice,
   Cum rerum causis, pagina sacra, tibi.
Hic florent artes, cœlestis pagina regnat,
   Stant leges, lucet jus, medicina viget.   570

Quem Martis pagus genuit Dionysius urbem
   Convertit, ritus instituendo novos.
Ecclesiamque novam gaudens construxit ibidem,
   In qua virtutum lucida signa micant.
Lumine doctrinæ fulsit subtilis, aperte
   Res nimis obscuras explicuisse potens.
Angelicos cœtus distinxit limite certo,
   Officiis, gradibus, muneribusque suis,
Quod tamen in Latio magnus Dionysius, hospes,
   Exutus fuerit carne probare volunt.   580

Sed quid? nota sequor, famæ vestigia nota,
  Quamvis id Beda displicuisse sciam.
Quid quod me recreant urbis præconia dictæ,
  Quam cum Marcello tu, Genovefa, regis?
Urbe data fulgens meritis, rutilans velut aurum,
  Aureolam meruit aurea virgo decens.
Junonis templum Vincentius obtinit, illud
  Præsul Germanus vendicat esse suum.
Indicat et circi descriptio magna, theatrum
  Cypridis illud idem vasta ruina docet.   590
Diruit illud opus fidei devotio sancti,
  Victoris prope stat religiosa domus.
Est ibi thermarum munitio maxima quondam,
  Quæ Monti Martis ferre solebat opem;
A quo sub terris ad Thermas ars iter aptum
  Duxerat, atque tuas, Secana, subtus aquas.
Insula quæ melius dici Mediamna videtur,
  Perpetuo placide læta decore viret.
Illic se recreant spaciando philosophorum
  Agmina, grandis amat otia læta labor.   600
Inclitus Arturus Follonem vicit ibidem,
  Arpennus fertur conscius esse necis.

Aurelianis ave, devota crucis veneratrix,
  Quæ confertur ei tam specialis honor.
Lætus lætitiam finem statuens sibi veram,
  Hic lætum subiit, lætior astra petens.
Non se Parnassus tibi conferat Aurelianis,
  Parnassi vertex cedet uterque tibi.
Carmina Pieridum multo vigilata labore
  Exponi, nulla certius urbe reor.   610

Jam Cenomannis adest, cui magnus præficit Hilde-
  bertus, flos cleri, pontificumque decus.
Plurima festive scripsit dictamina, scripsit
  Sicut hyems laurum, Pergama flere nolo.
Altarisque sacri docuit mysteria, necnon
  Causam qua Christus et Deus est et homo.
Depinxitque stilo placide mores muliebres,
  Multaque quæ gravis est enumerare labor.

Præfuit hic tandem tibi, Martinopolis, hæc est
  Turonis, a Turni nomine dicta Phrygis.   620
Rexerat hanc signis fulgens coelestibus, orbis
  Splendor, Martinus, urbis et orbis amor.
Paruit huic quævis vis, morbus, mors, elementa,
  uantus me fuerit, judicat ille globus.

Igneus ille globus, ignis cœlestis amore
   Cœlesti plenum cor docet esse viri.
Inclita gesta cupis Martini claudere scripto,
   Dinumeres guttas æquoris, astra poli.

Andegavis salve, generosa parens generosi,   630
   G. rex, dux, comes, H. filius ejus erat.
Cujus tres natos summi clementia regis
   Sublimans, illis regia sceptra dedit.
Præfuit imperio Romano mater, at uxor,
   Clara genus facie, clara, venusta, decens.

Ornat Remensem sanctus Remigius urbem,
   Qui nondum natus sanctificatus erat.
Conformatus in hoc, baptistæ cum Jeremia,
   Luctantique Jacob, et, Nicholae, tibi.
Remis ob insidias fratris Remum fugientem   640
   Construxisse ferunt, conscia Roma negat.
Rursum fraterno primos maduisse cruore
   Muros, si recolis, Corduba docta docet.
Sic Paridem dant Parisius fundasse, sed illum
   Raptorem victum Pergama victa tenent.
Remis item, veteres nisi mutet Francia ritus,
   Regibus excellens dat diadema suis.

Dum bona pauperibus, superis impendit honorem,
   Dat mel diis Meldis, læta, modesta, placens.
Militiæ Karoli docti ducis atque potentis,
   Ogeri Daci, corpus honorat eam.   650

Neustria Rotomago, quia prima sede beatam
   Se censet, magnos nutriit illa duces.
Magnos magnanimos magna virtute potentes,
   Regna, potentatus subdidit ista sibi.
Wiscardum genuit, in quo Calabros Siculosque,
   Apuliam domuit Neustria, vicit Afros.
Augusti, quorum tibi Græcia præfuit unus,
   Alter Romanis, terga dedere viro.
Et solvens alios se solvere papa nequivit,   660
   Quique ligare solet, ipse ligatus erat.
Rollo, Rollando par, te, Normannia, rexit,
   Gentis Dacorum gloria, gemma, decus.
Senserunt Franci quid gens, quid dextera posset
   Rollonis; nomen ipsius horror erat.
Ausus, conatus, molimina, prælia nomen
   Expavit tanti Gallia tota viro.
Urbs opulenta, potens, ingens, urbs Parisiensis,
   A Dacis flammis dedita sæpe fuit.

O dolor! o gemitus! o luctus! Aurelianis
   In cinerem prorsus tota redacta fuit.   670
Inviso felix Carnotum restitit hosti,
   Victor tunc coepit victus inire fugam.
Laudibus eximiæ matris natique potentis
   Hanc ascribendam novimus esse fugam.
Virginis interulam tunc gessit signifer urbem,
   Egrediens, fugiens, territus hostis abit.
O virtus! jam dux visus amiserat usum;
   Paucos instanter Gallica turba premit.
Vix dux evasit, vix ad sua castra reversus,
   Vix spes exulibus ulla relicta fuit.   680
Rollonem tandem respexit gratia summi
   Regis, nam sacro fonte renatus erat.
Rotomagumque duci proprios concessit in usus
   Præsul, cui fuerat subditus urbis honos.
A primo duce sextus erat Bastardus, avorum
   Transcendens vires, nomina, gesta, decus.
Subdita serviit hinc tanto duce Neustria felix,
   Victaque paruit huic Locria, terra ferax.
Cambria cessit ei, simul et tellus Corinæi,
   Pictos cum Scotis subdidit iste sibi.   690

Ad[1] natale solum quod Plinius Albion olim
   Dictum commemorat, flectere lora libet,
Dehinc Bruti tellus est dicta Britannia major,
   Nam minor Armonicos gaudet habere sinus.
Exuperat cunctas hæc insula fertilitate,
   Et spatio quævis insula cedit ei.
Ditat eam natura potens, flavoque metallo,
   Et stanno, reliquas quis numeraret opes.
Nulla magis regio studiis est apta Minervæ,
   Arcadiæ vincit pascua, rura Phari;   700
Dives frumento, lana, sale, melle, metallis;
   Flumina dant pisces, dat mare, silva feras,
Tam Lybiæ volucres quam phasidos, Anglia, ditant
   Mensas sæpe tuas; transeo chortis aves.
In mensa nusquam vultus jocundior, hospes
   Gratior, aut cultus lautior esse solet.
Ornatus mensæ nequit exquisitior esse,
   Gaudet in obsequiis officiosa manus.
Anglicus a puero, velut id natura ministret,
   Aut jubeat, donat munera digna dari.   710

---

[1] Laudes Albaniæ, Britanniæ, seu Angliæ.

Erigitur porrecta manum stans curva senectus,
  Ad dandum manus hic nulla senilis erit.
Siderei vultus, hic munificentia regnat,
  Hic nescit munus vendere lenta manus.
Absque mora detur munus, sine murmure vultus,
  Lætitiæ mentis nuncius esse solet.
Condit sed geminat donum dandi modus ipsum,
  Spes crucians animum degenerare facit.
Præ reliquis hanc exercet venatio gentem;
  Cederet Orion et Meleager ei.   720
Ingenium dat ei genius subtile, quod artes
  Mechanicas subdit ingenuasque sibi.

Admiranda tibi præbet spectacula tellus
  Bruti; summatim tangere pauca libet.

Balnea Bathoniæ ferventia tempore quovis
  Ægris festina sæpe medentur ope.

Nobilis est lapidum structura Chorea Gigantum,
  Ars experta suum posse peregit opus,
Quod ne prodiret in lucem segnius artem,
  Se viresque suas consuluisse reor.   730
Hoc opus ascribit Merlino garrula fama,
  Filia figmenti fabula vana refert.
Dicta congerie fertur decorata fuisse
  Tellus quæ nutrit tot Palamedis aves.
Dehinc tantum munus suscepit Hibernia gaudens,
  Nam virtus lapidum cuilibet ampla subest.
Nam respersus aquis magnam transfundit in illas
  Vim, qua curari sæpius æger eget.
Uterpendragon hanc molem tranvexit ad Ambri
  Fines, devicto victor ab hoste means.   740
O quot nobilium, quot corpora sancta virorum,
  Illic Hengisti proditione jacent?
Intercepta fuit gens inclita, gens generosa,
  Intercepta, nimis credula, cauta minus.
Sed tunc enituit præclari consulis Eldol
  Virtus, qui leto septuaginta dedit.

Est specus Æoliis ventis obnoxia semper,
  Impetus e gemino maximus ore venit.
Cogitar injectum velamen adire supernas
  Partes, descensum præpedit aura potens.   750

Est sabulum cito discurrens, quo forte viator
  Si præsumit iter carpere, terra tremit.

Incessu lento gradiens se sæpe periclis
   Subdit, et absorptus protinus ima petit.
Sed quid succurret inclusis orbicularis
   Motus, et exclusus Orpheus alter erit?
Dicitur a Ditis rediisse penatibus igne
   Euridices ferveus Orpheus, immo furens.
Evomitus vix est Jove successibus impar,
   Sed memor inclusus, Amphiorae, tui.   760
Ergo discrimen evasurus fugienti
   Sit similis, discat accelerare fugam.

En mausolæi formam lapis arte cavatus
   Se commensurans cuilibet aptat hero.

Cingere quam poteris ulnis mirare columna,
   Ni forsan conjunx sit tibi fida minus.

Est flumen cujus ripa, quæ respicit eurum,
   Dulces ac varios dat philomena modos;
Altera, quæ zephyro vicinior esse probatur,
   Dulcia prædictæ cantica nescit avis.   770

Confinis fonti lapis est, qui vel semel unda
   Fontis respersus, nubila cæca parit.

Nominis esse locum ditatum ducibus undis,
   Cum tamen hic salsis semper abundet aquis.
Quid quod separat has ab eis distantia parva,
   Et quod abhinc ingens ad mare restat iter?

Est arbor quam gratus honos nescit foliorum,
   Flos ornat, fructus gloria ditat eam;
Numquam tota tamen juvenescit portio semis,
   Ni fallor, læto tota virore caret.   780

Mugitu lacus est eventus præco futuri,
   Cujus aquis fera se credere nulla solet.
Instet odora canum virtus, mors instet amara,
   Non tamen intrabit exagitata lacum.

Est stagnum cui si vestitam cortice virgam
   Immittas, tunicam deseret illa suam.

Transeat ad notas stilus urbes, sed Trinovantum
   Præferri reliquis publica fama jubet.
Gloria, divitiæ, mores, decor, et situs urbis
   Præponi merito te, Nova Troja,[1] decent.   790

---

[1] Troja nova Londinum seu Londonia dicitur.

Hac series regum veneranda quiescit in urbe,
   Quos forma poterit claudere sermo brevi.
Ad praemissa tamen lectorem mitto, supersunt
   Plurima quae scripto postulat ordo dari.
Hanc urbem muris Helenam cinxisse decenter
   Constat, si scriptis est adhibenda fides.
Haec crucis inventrix coelestes contulit orbi
   Divitias, coelis debita, digna Deo.
In signo crucis aethereae gentes superasti,
   Constantine, decus orbis et urbis amor.   800
O generosa parens, tanto dignissima nato,
   Tu crucis inventrix, hic cruce victor erat.

Guintoniam titulis claram, gazisque repletam,
   Noverunt veterum tempora prisca patrum.
Sed jam sacra fames auri, jam caecus habendi
   Urbibus egregiis parcere nescit amor.
Quot vitiis premeris, tot servus eris dominorum;
   Sis Nero, servilis conditionis eris.
Quid confert tibi si toti dominaberis orbi,
   Ni te compescas, ni dominere tui?   810

Ad praetaxatam mens laeta revertitur urbem,
   Quam flammis tociens gens aliena dedit.
Hinc facies urbis tociens mutata, dolorem
   Praetendit, casus nuncia vera sui.
Amphibalo quondam se sedes pontificalis
   Debuit, et cessit gloria, Petre, tibi.
Sic res mutantur, mutantur tempora, mundus
   Sese transformans Proteus esse cupit.
Urbe data regum venerabilis ordo quiescit,
   Tangere quos breviter copia tanta votat.   820

Cantia te reddit metropolis illa potentem,
   Qua quondam fulsit gloria magna patrum.
Ortus in occasu novus est sol, lumine claro
   Irradians, gaudet Cantia sole suo.
Totius occasus solis fuit, ortus eidem,
   Principium vitae mors tibi sola dabit.

Visito quam felix Ebraucus condidit urbem,
   Petro se debet pontificalis apex.
Civibus haec tociens viduata, novisque repleta,
   Diruta prospexit moenia saepe sui.   830
Quid manus hostilis quoties est experta frequenter;
   Sed quid? cum pacis otia longa fovent.

Jam se felicem censeret, si dominatus
    Parcere subjectis sciret avara manus.

Lindisiæ columen Lincolnia sine columna,
    Munifica, felix gente, repleta bonis,
Par tibi nulla foret, si te tuus ille magister
    Informaret adhuc moribus atque fide.
Montanus, sed mons stabilis fideique columna,
    Cui se cœlestis pagina tota dedit.   840
Montanus, meritis, pius, et servator honesti,
    Veraque simplicitas digna favore fuit.
Contulit huic primam cathedram Genovefa, secundam
    Mater virgo, sacræ virginitatis honos.
Transiit ad montem Montanus, monte relicto;
    En montana Syon et loca celsa tenet.
Hæc digressio sit signum seu testis amoris;
    Condigna fateor laus erit ista minor.

Arte situque loci munita, Dunelmia, salve,
    Qua floret sanctæ relligionis honos.   850
Pontificum sedes Cuthberto cessit ibidem;
    Beda, vir egregius, associatur ei;
Ingenium cujus nec mundus claudere posset,
    Corpus honorandum capsula parva capit.

Claudia, relligio tua nunquam claudicat, immo
    Semper constanti constitit illa gradu.
Dormit in ecclesia Petri venerabilis ille
    Consul Robertus, gloria magna ducum.

Urbs insignis erat Verolamia, plus operosæ
    Arti, naturæ debuit illa minus.   860
Pendragon Arturi patris, hæc obsessa laborem
    Septennem sprevit, cive superba suo.
Hic est martyrii roseo decoratus honore
    Albanus, civis, inclita Roma, tuus.
Flos vernans, noster Stephanus, protomartyr eorum
    Quos Bruti claudit insula clausa mari.
Hujus in ecclesia miracula sæpe coruscant;
    Fragrat ibi mire relligionis odor.
Intima cœlorum pulsat devotio fervens;
    Dant illic suaves cantica læta modos.   870
Hymni cum jubilis, gemitus, suspiria, fletus,
    Exiles somni, continuusque labor,
Cum studiis Phædræ jejunia crebra perorant,
    Et cogunt iram judicis esse brevem.

Effulsit sidus in te, Colocestria, lumen
   Septem climatibus lux radiosa dedit.
Sidus erat Constantinus, decus imperiale;
   Serviit huic flexo poplite Roma potens.

Merlini tumulus tibi, Merleburgia, nomen
   Præbuit, est testis Anglica lingua mihi.   880

Prima Britannorum fidei lux Lucius esse
   Fertur, qui rexit mœnia, Brute, tua.

Munditiæ[1] titulis polleret Hibernia, si non
   Moribus incultis barbara tota foret.
Reptilibus nocuis letali peste veneni
   Indicit bellum, fata subire jubens.
Est locus, ut referunt, ambitus dulcibus undis,
   Quo nil juris habet tertia parca quærens.
Sed cum jam languet natura mori cupientis,
   Cogitur affinem corpus adire locum.   890
Tunc mors lenta prius pernicibus advolat alis,
   Complet et officium parca severa suum.

Asserit esse locum solennis fama dicatum
   Brandano, quo lux lucida sæpe micat.
Purgandas animas dant hic transire per ignem,
   Ut dignæ facie judicis esse queant.

Et si simplex sit cruciatus spiritus igne
   Corporeo, sed quid? perfide Fauste, tace.
Res simplex corpus regit, et sociatur eidem;
   Ex istis unum causa suprema facit.   900
Linea cum puncto nihil efficit, ut quid in unum
   Conveniunt hominis spiritus atque caro.
Hic simplex corpus reddit dimensio trina,
   Et tamen hæc duo sunt associata sibi.
Res simplex est corporeæ conjuncta decenter,
   Se puncto corpus sic sociare nequit.
Est dives fulvo regio prædicta metallo,
   In bellis munit sæva bipennis eam.
Sed quid? jam victæ gladiis cessere bipennes;
   Angligenis servit gens fera, victa tamen.   910
Albinis nomen dedit Albanectus, eisdem
   Palladius fidei semina prima dedit.

Orchadas imperio Romano subdidit ille
   Claudius, a quo nunc Claudia nomen habet.

---

[1] De Hibernia.

Corduba, Lucani Senecæque parens, ad Iberos
  Me vocat, his astris læta refulsit humus.
Tantis Roma viris felicem se reputavit,
  Quamvis a sævo principe pressa foret.
Usus cordubani sese tibi, Corduba, debet,
  Si famæ semper est adhibenda fides. 920

Cum Morinis flavos pertranseo sponte Ruthenos,
  Et Daci valeant, gens fera, marte potens.

Urbe qua vita mori voluit, mortem moriendo
  Vincens, sancta Salem, visio pacis, ave.
In te victricem victor conscendere palmam
  Elegit, victis hostibus, astra petens.
En virtute crucis a perpetuo cruciatu
  Eripimur, vetus est hac crucifixus homo.
Tota minabaris moles mundana ruinam,
  Cum te sustinuit firma columna crucis. 930

Nazareth, urbs florens, salve, qua floruit hortus
  Virgineus, florem virgula sicca dedit.
Virgula concepit florem, virguncula fructum,
  Flos vernans, fructus deliciosus erat.
Est in flore decor et odoris gratia spirans;
  Fructum commendas, deliciose sapor.
Cerno candorem floris, mirorque ruborem;
  Lacteus est candor purpureusque rubor.
Hic flos, hic fructus, fructus, sed fructus honoris,
  Fructus honestatis, fructus odore placens. 940
Gaudet odor sese placido sociare sapori,
  Et flos et fructus gratus odore juvat.
Visum delectat species, videas speciosum,
  Sed speciem veram, cum sit imago Patris.
Olfactus suam recreatur odore, voluptas
  Te trahat, et cursus actus honestus erit.
At gustum reficit sapor, en gustabis amando;
  O quam jocundus est in amore sapor.

Effrata, quæ domus est panis, cœleste recepit
  Manna die solis sole tenente solum. 950
Tunc sol in terris media de nocte refulsit,
  Et tamen elegit nube latere levi.
Pacis in adventu pax est promissa supernæ,
  Cœlestisque cohors nuncia pacis erat.

Urbs famæ celebris Tyrus est, quam sumptibus amplis
  Vicit Alexander atque labore gravi.

Ad laudes urbis facit ingens laus Origenis;
  Tanti doctoris corpus honorat eam.
Hæc fertur mater Cartaginis, Hanibal illi
  Præfuit, infestus, inclita Roma, tibi.   960

Ardua designat fastum Babilonica turris,
  Firmiter ima sedent, alta repente ruunt.

Pergama quis recolens tantam non defleat urbem,
  Militiam, gazas, mœnia, castra, duces.

Creta fuit quondam centum munita decoris
  Urbibus, et vitis fertilitate potens.
Prima sagittandi dedit artem, duxit equestres
  Turmas, dactilicis primitus usa metris.
Vulpibus atque lupis caret ac serpentibus, aura
  Purior et clemens atque salubris adest.   970
Noctua non audet dulces ibi rumpere somnos,
  Nec solet horroris edere bubo sonos.

Distinctio Sexta.

Incipit hic sexta distinctio hujus libri.

Terram depingunt urbes, ornantque decenter,
  Quas mihi summatim tangere cura fuit.
Jam libet in lucem naturæ munera ferre,
  Quas thalamis propriis terra recondit opes.
Sic natis Adæ prudens natura pepercit,
  Nam res mens visas appetit, ardet, avet.
Amplius irritant animum conspecta metalla,
  Et visum gemmæ sollicitare solent.
Annulus in digito geminæ splendore refulgens
  Et juvat intuitum sollicitatque magis.   10
Ferrea materies venis abscondita terræ
  Non nocet, at multis sæpius arma nocent.
Sed quid? quid confert aurum tellure reclusum?
  Arma nocent, immo colla superba domant.
Dant pacem turres, res mœnia, castra tuentur,
  Et lites liteos solvere sæpe vides.
Sed prius ad fulvum liceat transire metallum,
  Hoc etiam superis gratius esse puto.
Temperie grata præcellet cuique metallo,
  Quamvis auri sit immoderata fames.   20

Munditiam, speciem, virtutus consule tantas,
  Hoc reliquis multo dignius esse dabis.
Delectat visum, stomachum confortat, amorem
  Conciliat, vincit numina, claustra, forum.
Corporis humores depurat purius, ejus
  Adventu gaudent interiora simul.
Nam reddit lætum celebris digestio corpus;
  Attenuat mœror, gaudia corpus alunt.
Affectus reliqui desiccant corpora, virtus
  Lætitiæ corpus irrigat, ornat, alit. 30
Curas, languores, morbos dolor anxius affert;
  Gaudia conservant corpus in esse suo.
Hinc et cardiaco confert lepramque timenti,
  Si lautis dapibus id sociare velis.
Limatura quidem nonnullis aurea prodest,
  Et calefacta valet lamina tincta mero.
Depurat, cum nulla tamen resolutio fiat,
  Particulæ, virtus, causa, modusque latent.
Non auro rubigo nocet, non temporis ingens
  Tractus, non urens flamma nocebit ei. 40
Formas admittit quamplures, cum faber arte
  Ductile diversis usibus aptat opus.
Humiditas aurum disponit juncta calori,
  Id lex virtutum tam moderata docet.
Sese conformat naturæ sanguinis aurum,
  Et quociens instat sanguinis hora, madet.
Forsitan externis hæc efficit aeris humor,
  Forsitan interior vis operatur idem.
Auri fulgorem rutilantis crescere disce,
  Cum datur et fulgor gratior esse solet. 50
Nam splendor doni vultus splendore juvatur,
  Et rutilans geminæ gloria lucis adest.
Lætitiæ lumen in munus transit, et ipse
  Fulgor lætitiæ nuncius esse solet.
Tractet avara manus, aurum pallere videtur,
  Et velut indignans signa doloris habet.
Si tamen interius rem contempletur avarus,
  Dicet massa quid est? aurea, terra rubens.
Quæ decocta diu tandem transibit in aurum,
  Flumina dant aurum quod paleale ferunt. 60
Cadmia fæx auri purgari comprobat aurum
  Id fornax purgans purius esse facit.
Sis auro similis, tibi sit vexatio fornax,
  Vinceri si vis aureus esse juvat.
Sic exercetur virtus, ignavia torpens
  Militiam Christi degenerare facit.

Auro victa Jovi Dane, sed et Hippodomia
    Mirtolo cessit, aurea mala legens.
Quot vellus rutilans discrimina contulit orbi,
    Vota vide regis perniciosa legis.   70

Durities si poroso sit juncta, metalla
    Quamvis humida sint esse sonora jubet.
Argenti sonus est placidus, vincitque Sirenes,
    Non adeo gratos dat philomena sonos.
Campanæque sonus fit gratior auribus, æri
    Purius argentum si sociare velis.

Ut de campana scribam, vel pauca facultas
    Suppetit, ad mentem quæstio prisca redit:
Si nola pulsetur modico circumdata filo,
    Findetur; quænam causa subesse potest?   80
Clausus pororum latebris aer latet, illum
    Expellit virtus impetuosa soni.
Sed ne consummet egressum, præpedit obstans
    Filum, sicque novum rimula præbet iter.
Nam sic campanam præceps allisio reddit
    Fissam, sed sonitum reddere fissa nequit.
Si tamen ornetur pars summa foramine rite
    Facto, non deerit gratia grata soni.

Argenti vivi vires, miracula, motus,
    Effectus multis scribere cura fuit.   90
Majorum dictis inniti gaudeo, quamvis
    Nonnunquam placeant ficta, referre pudet.
Auro vestiri facies nequit ulla metalli,
    Ni vis argenti mobilis addat opem.
Sæpe tamen nocet artifici molestia fumi,
    Huic nervos laxat humiditate sui.
Inde resolvit eos virtus activa caloris,
    Bacchus adest opifex, tutior esse potest.
Rursus in argenti vivi mutatur acervum,
    Absorptus subito tendit ad ima lapis.   100
Porro chalybs sic immissus superenatat, at quid?
    Massa minor plumbi mergitur ima petens.
Sed porosior est, cui sic natura sonoro
    Esse dedit, quod sit siccior ecce liquet.
Malleus hoc non emollit, teriturque libenter;
    Hoc dat defectus humiditatis ei.
In vasis vitreis melius servatur in escis,
    At potu fiet perniciosa lues.
Annulus immisso jam dicto sæpe metallo,
    Cernentis populi pectora læta facit.   110

Multiplici motu saltat novus histrio, risum
  Provocat, et ludens gaudia vana movet.

Ars ferro chalybem sociali foedere jungit,
  Sic ars naturae saepe ministrat opem.
Ferrum cum sit hebes de primae conditionis
  Lege, tamen chalybis vis dat acumen ei.
Extinctusque chalybs splenem subtiliat, ista
  Plusquam ferrugo potio sumpta juvat.
Adde quod ignitum non crebris ictibus apte
  Duretur, raro stabit in esse diu.   120
Aes mentitur idem, cum rite linitur aceto,
  Aeris splendorem praebet alumen ei.

Nota referre mihi lector non displicet, ignis
  Quamvis tactu sit frigida, calce latet.
Perfundatur aqua, clausus mox aestuat ignis,
  Et sumit vires ignis ab amne novas.
Si superinfundas quem fundit oliva liquorem,
  Qui nutrit flammas, protinus ignis obit.

Gemmas commendat virtutum mira potestas,
  Fulgor scintillans, munditiaeque decus.   130
Has ego naturae miracula, munera grata,
  Delicias, studium, divitiasque voco.
Se speculatur his ridens natura benigne,
  Et proprium laeto sidere lustrat opus.

Contendit coelo saphirus pura sereno,
  Cujus virtuti foeda libido nocet.
Gaudet Penelopes digitos ornare, Lacaenae
  Contrectata manu fit pretiosa minus.
Coelestis color est, lapis est coelestis, et ipsum
  Gestantem vitae coelibis esse decet.   140
Munditiam coeleste datum servare monemur,
  Nigra prius per eam candida vestis erit.
Innata nocuum reprimit virtute calorem,
  Nam pellit febres, luxuriamque premit.

Calcedon pallens causarum fata secundat;
  Mercurii studio convenit iste color.
Sub divo fulget, thalamis fulgore videtur
  Destitui, multis utilis esse cupit.
Nulla nocebit ei limae ferrive potestas,
  Sculpturam renuit, rejicit artis opem.   150
Et tamen expositus soli digitisque decenter
  Confrictus, paleas attrahit igne novo.

Visum delectat recreatque virore smaragdus,
  Vix oculis aliquid gratius esse potest.
Lenit quos pestis epilempseos horrida vexat,
  Griphibus hunc lapidem gens Arimaspa dedit.

Sardonicis facies fertur respersa rubore,
  Sed candor medium gaudet habere locum.
At fuscus partem color obtinet inferiorem,
  Ornatur trina veste, decoris honor.   160
Sic candor rutilat, candore nigredo nitescit,
  Vernant purpureis lilia juncta rosis.

Somnos turbat onyx, vanissima somnia fingens,
  Lites, horroris semina sæpe serit.
Has illi vires sic præsens sardius aufert,
  Fertur ei tellus concolor esse rubens.

Jaspidis est species intenso grata virore,
  Fidum solamen partubus esse solet.
Lucet in argento scintillans gratius, artis
  Felici gemmæ vis geminatur ope.   170

Visibus humanis subducere fertur achates
  Gestantem, morbos atque venena fugat.
Rebus in adversis solatia plurima confert,
  Æneasque fuit tutus achate suo.
Hunc lapidem Pyrrhus digitis aptare solebat,
  Sedassetque sitim, Tantale, forte tuam.
Sed quæ, Crasse, tuam potuisset vincere gemma,
  Tanta sitis Romam te genuisse docet.

Nomen chrysolito color aureus indidit, arcet
  Compescitque metus degeneremque fugam.   180

Altilis in thalamo nutrit natura lapillum,
  Gestanti palmæ laus in agone datur.
Novit magnatum sibi conciliare favorem,
  Gestet eum Codrus, Tullius alter erit.

Est oleo similis præstans virtute beryllus,
  Curat epar, mentes exhilarare solet.
Cui si forma datur sexangula, fulget ut unda
  Qua solis ludens lux radiosa micat.
Splendorem lapidis acuit faciesque polita,
  Atque repercussus angulus igne nitens.   190
Sæpe viror pallens pallorque virere videtur,
  Nec sic degenerans esse, berylle, potes.

Auro conformat sese topazion, ornans
    Splendor et ætherei luminis ardor adest.
Quid quod hemorrhoidas sanat, compescit aquarum
    Fervorem, fertur regius esse lapis?
Ut tangam comptos, sibi naturæque relictus
    Clarior, obscurus si poliatur erit.
Quid quod in hoc speculo transversa relucet imago?
    Sollicitat multos quæstio, causa latet.   200
A topian nomen sortitur, gaudet habere
    Nomen, quod mundo Græcia docta dedit.
Nam tepan sonat hoc totum quod convenit orbi,
    Et lapidis laudes clausula parva notat.

In chrysoprasso viridis color associatur
    Rufo, sed virtus est mihi nota minus.

Nomen jacincto præbet flos nominis hujus,
    Solatur mœstos, lætitiamque fovet.
Quem non obscurum neque perspicuum sinit esse,
    Optima temperies gratior esse solet.   210
Cogit eum natura potens variare colorem;
    Aer si nitidus rideat, ille nitet.
Nubila fit facies Junonis, abit nitor ille;
    Sic evanescit res fugitiva decor.
Hunc manus artificis signis inscribere gaudet,
    Sed vincit victrix vis adamantis eum.

Blandiri violas, vernare rosas, amethistum
    Pinguentes visu judice sæpe reor.

Felix censetur pretio quam gestat hirundo,
    In parvo magnas corpore servat opes.   220
Nobis delicias causam, quæ necis sibi nutrit,
    Utilis est aliis, perniciosa sibi.
Spes lucri volucrum rimari viscera gaudet,
    Sedari nunquam novit avara sitis.
Hic lapis expellit febres, oculosque serenat,
    Spleni contritus utilis esse solet.

Delicias varias nobis natura ministrat,
    Dona quibus volucres ditia sæpe ferunt.
Bufonem jubet hæc nobis servire, lapillus
    Quem nutrit capitis cella venena fugat.   230
Quid quod serpentes lapidem formare feruntur,
    Qui magnæ titulos utilitatis habet?

Mittit in externas partes fœcunda gagatem
    Anglia, præditus est laudibus iste suis.

Menstrua restituit, paleas levat, arcet ab æde
  Serpentes, tutor parturientis erit.

Coralius noctis arcet fantasmata, pugnans
  Ejus tutela tutus in arma ruit.
Herba tenella virens, dum crescit Tethyos undis,
  In lapidem transit sub ditione Jovis.

Illustrat tenebras radians carbunculus, auri
  Fulgorem vincit ignea flamma micans.

Iram corneolus et fluxum sanguinis arcet,
  Et cum luxuriant menstrua stare facit.

Ictericis confert stomachumque juvat lapis ille,
  Cui lyncis stillans contulit esse liquor.

In mensa fraudes hostis manifestat ætites,
  Quem gratum nosti præpes adunce tibi.

Aluna quam majores dixere silenen,
  Rite silenitem nomen habere putant.
Defectus Phœbes cum crementis imitatur,
  Et tisicis quovis tempore præbet opem.

O virtus lapidis! O mira potentia! per quam
  Herculis imbellis gloria tanta fuit.

Præditus est varia virtute ceraunius, illum
  Gestes, vix anceps alea Martis erit.
Gestanti Bellona favet, victoria cedit;
  Vix illi Thetidis, vix Jovis ira nocet.

Vi lapidis radii solis color esse videtur
  Sanguineus, dum sol fulget in amne micans.
Virtutis tantæ lapis heliotropia fertur,
  Vendicat et nomen utilis herba sibi.
Nullus deprendet visu simul ista ferentem,
  Junctis virtutum gratia major adest.
Plus confert virtus, virtuti juncta potestas
  Augetur, gaudet læta sorore soror.
Adde quod in facie lapidis qui nomen ab ipso
  Sole trahit, solis lucis imago nitens.
Rursum supposito lunari corpore solis,
  Eclipsim fieri nunciat iste lapis.

Asbestus lapis est qui Vesta judice nescit
  Extingui, licet id carmina multa præbent.
Neptunum laudat genitorem sadda, carinæ
  Hæret fixa, capi merx preciosa cupit.

Nefreticis medus confert, oculisque medetur,
　Ni fallor, visum restituendo fere.
Lactrito lapidi, quod sugit res melioris
　Sexus, paulisper associare stude.
Deinde super cotem distillet lacteus humor,
　Quem mandet ciliis pluma reducta manu.　　　　280
At permixtus ovis lacti lenire podagrum
　Fertur, præcedat potio danda cibum.

Leviter ut timidus te tango, gelacia, frigus
　Horrens, quod fervens vincere flamma nequit.

Quis decies senos modica lucere colores
　Gemma, non stupeat, ordine quemque suo?

Didonem lætus sibi conciliasset Iarbas,
　Si gerarchitis non caruisset ope.

Arcet epistites iram, convitia, lites,
　Teque, locusta satis perniciosa, fugat,　　　　290
Aerias pestes, ferventes mitigat undas,
　Ut perhibent, læva parte gerendus erit.

Virus Hæmatites serpentis non sinit esse
　Letiferum, sistit menstrua, mundat epar.
Carnes consumit putridas, te, calcule, solvit;
　Ut visum recreet mel sociatur ei.

Quos impressit atrox fera morsus curat orites;
　A lustris revocas mox, liparea, feras.

Perpetuo tales alter lacrimatur enydros,
　Gaudet fons venæ divitis esse lapis.　　　　300
Seria si ludis, fas est superaddere vitæ
　Fontem, justitiæ novimus esse petram.

Arcus cœlestis imitatur gemma colores,
　Dummodo sit radiis obvia, Phœbe, tuis.

Fauste futura tibi si prædicit chelonites,
　Defectu proprio certior esse potes.
Inspice te, lege te, tuus esto tibi chelonites,
　Tu tibi sis speculum, tu liber esto tibi.

Humida crystallus ardoris subdita solis,
　Scintillans radium concipit atque parit.　　　　310
Sol pater, at radius proles, sed spiritus ardor,
　Humor gratia sit gemma beata parens.

Dant in crystallum glaciem transire, sed ipsum
    Sæpe creat glacie fervida terra carens.
Lacteus attriti sapor est gelactidis, hujus
    Virtus fœcundat ubere lacte novo.

Cœlesti fertur obnoxius unio rori
    Candens, eximiæ nobilitatis erit.
Concha parit lapidem, sed roris concipit orbem,
    Exiguum fuscum degenerare ferunt.   320

Abscondit de luce suum chrysopasius ignem,
    In tenebris lucem detegit ille suam.
Rebus in adversis multi probitate refulgent,
    Quos novit segnes reddere læta dies.

Ferrum quod rapuit magnes, sibi vis adamantis
    Subtrahit, et prædam vendicat illa suam.
Ferro molliri nescit, quem vincit acetum,
    Si cruor hircinus associetur ei.

Fœda ceraumææ manifestat furta maritæ
    Magnes, dum turpes detegit ipse notas.   330
Successus furi gemmas dare forte putabis,
    Tutus, si Cacus sit tibi testis, ero.
Error gentilis est ausus fingere multa
    Quæ scripto nimium credula turba dedit.
Quid quod laudis amor, sed et ostentatio vana,
    Famæ venatrix, plura referre solent.
Sed quæ majorum profert veneranda senectus,
    Digna fide nobis scribere cura fuit.
Sidere jam video gemmas rutilare corusco,
    Dum certant radios vincere, Phœbo, tuos.   340
Miror cœlestes terram producere stellas,
    Cerno novum stupidus irradiare diem.
Officium solis usurpant luce diurna
    Astra soli, geminos miror adesse dies.
Grates suppliciter mihi solvere velle videntur,
    Augetur fulgor, lux geminata micat.

Has dum perlustro visu, nitet osse pyrites,
    Qui si tractetur durius igne nocet;
Sed præmunitus contactu blandior illi,
    Qui mea mulcenti membra calore juvat.   350

Cerno panteron pallentem, quem color ornat
    Flavescens, vernans, candidus, atque niger.
Glaucus ad ornatum facit, hinc rubor igneus ardet,
    Hinc viror aspectu gratior ornat eum.

Occurrunt multæ quarum decor allicit in se
  Visum, sed vires quis numerare queat.
Has dum scrutari studeo, latebras sibi quærunt,
  Disparens subito tantus acervus abit.
Sic evanescit mundani gloria circi,
  Sic bona diffugiunt, sic peritura volant. 360
Sed jam materiæ tenor exigit addere quædam
  Dictis, dummodo sit utile, crescit opus.
Verborum phaleras et schemata sponte relinquo,
  Res præponendas vocibus esse reor.

Distinctio Septima.

Incipit hic septima distinctio hujus libri.

Herbarum species paucis perstringere paucas,
  Quamvis difficilis sit labor iste, libet.
Harum virtutis vetus experientia tentans,
  Scriptis festivo carmine plura dedit.
Macer lege metri diffusius explicat ista,
  Atque Dioscorides liberiore stilo.
Cellula posterior capitis distincta reservat,
  Lucida si fuerint, abbreviata juvant.
Si longum metiris iter, compendia prosunt,
  Amfractus vito, semita recta placet. 10

Matricis vitium levat artemisia, confert
  Ictericis, si sit associata mero.
Feminei sexus morbis specialibus apta
  Fertur, solamen renibus hausta dabit.
Demulcet stomachum, lenit caput, atque tenasmo
  Quem tamquam mater frigida causa parit.
Succurrit sterili melli sociata, nucique
  Muscatæ, lauri junge virentis opes.
Nec præfer foliis radicem, glandula virus,
  Calculus atque tumens pustula cedit ei. 20

Betonicæ vires summatim tangere dignum
  Duxi, subsidium dat cephalææ tibi.
Auribus et spleni confert, oculisque modetur,
  Et stomachum laxat, hydropicosque juvat.
Limphatici sanat morsum canis, atque trementi
  Quem malo vexat, lux tertia præbet opem.

Usibus humanis prosunt absinthia, sanant,
  Solvuntur, purgant, ulcera, pectus, opar.

Prosunt luminibus, spleni, virgæque virili,
  Cogunt lumbricos hausta subire fugam. 30
Abrotanum præbet nervis lumbisque juvamen,
  Et tussim reprimit, disnoicis dat opem.

Exilis meriti reputat communia vulgus,
  Sed quæ commendat rarior usus habet.
Sed num judicium plebis natura tenetur
  Velle sequi? virtus maxima sæpe latet.
Num rebus præbent vires præconia famæ?
  Fallitur arbitrio sæpius illa suo.
Quæ lux gratior est solari luce per orbem
  Diffusa? radios cui negat illa suos? 40
Cum vix urtica detur communior herba,
  Non tamen est titulis destituenda suis.
Ditat eam natura potens virtute potenti,
  Et varias species utilitatis habet.
Ut celebris fiat digestio sumpta juvabit;
  Uvula si tumeas, proderit ista tibi.
Semen aristæi dulci sociata liquori
  Succurrit cholicis, pleureticosque juvat.
Pectus lætificat, morsus contusa caninos
  Sanat, pulmoni pota salubris erit. 50
Utilis est spleni, specialis cura podagræ,
  Ejus vi morbus articularis obit.

Æstu ferventi messoribus allia prosunt,
  Et levius reddunt sumpta laboris onus.
Ista piperque gradu quarto residere probantur,
  Quartanæ tamen hoc subvenit, illa nocent.
Ista secundinas educunt, ista tumorem
  Vesicæ sedant, morsibus apta canis.
Arrepturus iter istis jejunia solvat
  Sumptis, hydropicos nefreticosque juvant. 60

Utraque plantago laudem de jure meretur,
  Dicitur hæc major, lanceolata minor.
Gratia major inest majori, quam tamen ista
  Efficit, illa potest, hæc magis, illa minus.
Dens, auris, visus, sacer ignis, fistula succo
  Leniter, vulnus seminis optat opem.
Hæc fluxum ventris sistit molli sociata,
  Febribus occurrit, et tisicis dat opem.

Fœtorem naris virus capitisque dolorem
  Ruta fugat, cholicos hydropicosque juvans. 70
Pulmonem, pectus, renes, latus, et jecur, aures,

Et visum, si sit virgo saliva, juvat.
Artheticis, tussi, febri, tiasique medetur.
   Leniter educit paturientis onus.
Fervor ea Veneris ut aneto vincitur, agno
   Casto vim similem castoreoque dabis.
Fervida fervorem reprimunt, sapientia rebus,
   Ut voluit, leges, nec sine lege, dedit.

Virtutes apii dignas reor esse relatu,
   Sunt tamen et casus in quibus illud obest.   80
Mater cauta minus ipsum si sumpserit, esus
   Inclusae proli perniciosus erit.
Confert hydropicis, spleni, jecorique, febremque,
   Quamvis vexantem corpora luce, fugat.
Si tumor aut oculos aut mammas obsidet, ejus
   Succo sit candens addita mica, juvat.
Provocat urinas, ventrem vomitumque coercet,
   Hujus subsidio tussis anhela fugit.
Radicem foliis, radici praefero semen,
   In multis poteris hos reperire gradus.   90

Artubus elisis ustisque medetur agrestis
   Malva, secundinas linquere claustra jubet.
Nervos, matricem, vesicam, vulnera curat,
   Ipsius inferior porta juvatur ope.
Praebet opem dissentericis, sedatque tumores,
   Scrofis et lapidi, morsibus apta salus.

Ubera nutricis sumptum foecundat anetum,
   Vix unquam stomacho gratior hospes adest.
Provocat urinam, matrici subvenit, uvae
   Laesae dat pulvis seminis ejus opem.   100
Seminis ejusdem curat cinis ulcera virgae,
   Quod tamen officio Cypridis herba nocet.
Sanguinis et fluxum quo pars quandoque laborat
   Inferior, cogit sistere semen idem.
Flos oleo junctus nervis capitisque dolori,
   At radix oculis tuta juvamen erit.

Savinae virtus anthracis vim fugat atram,
   Vertigo capitis viribus ejus eget.

Ictericis, stomacho, jecori camomilla medetur,
   Passio sub costis indiget ejus ope.   110
Gingivis prodest laesis, purgatque lienem,
   Lenimen sedans frigora febris erit.

Vexatis tiasi confert superaddita coxæ,
  Asmaticosque juvat nepta, venena fugans.
Præbet opem jecori, lateri, stomachoque dolenti,
  Lepræ quæ nomen ex elephante trahit.
Fumum serpentes, succum lumbricus abhorret,
  Singultum tollit associata mero.

Pulmo, jecur, pectus, stomachus, splen, lacteus humor,
  Matrix pulegii sæpe juvatur ope.   120
Vim nigræ choleræ reprimit, solamine cujus
  Spasmus, pruritus, nausea, tussis eget.
Cum papulis cedit illi tumor atque podagra,
  Confert serpentis morsibus atque canis.

Serpentis visum reparat renovatque juventam
  Fœniculus, relevans ebrietatis onus.
Hydropicis confert, vermes necat aure latentes,
  Vesicæ, stomacho, renibus apta comes.
Morsus, fracturas, ictus, virgæque dolorem
  Lenit, nutricis ubera lacte replet.   130

Acidulæ cedit ignis sacer, ulcera, virus,
  Cum fluxu ventris; menstrua stare jubet.
Turgentes oculos sedat, lenire podagram
  Innata calidam frigiditate solet.
Lumbricos pellit, auri capitique medetur,
  Vi gaudet simili frigida barba Jovis.

Si portulacæ vires experta fuisset
  Judith, sol fervens non viduasset eam.
Quod dabis acidulæ, concedit Plinius isti,
  Effectus harum judicat esse pares.   140

Lac lactuca parit, stomacho gratissima, semen
  Haustum cum Baccho somnia vana fugat.
Obtundit visus aciem sed sumpta frequenter;
  Non tamen id certum cuilibet esse liquet.

Si fœcundari virgo jam nubilis optat,
  His votis porri sumptio crebra favet.
Sanguineis confert spumis, et vulnera curat,
  Sucus item tussi leve juvamen erit.

Fit, saturea, timo tua vis concessa, senectam
  In juvenum ludos sumpta redire facis.   150
Letalem morbum quem dat letargus aceto
  Mixta fugas, pectus exhilarare soles.
Vino mixta jubes ventris cessare querelas,
  Vexatæ votis parturientibus ades.

Salvia grata cocis, medicis spes fida, salubris
    Est ægris, epulis deliciosa comes.
Associata sali tollit fastidia, succus
    Cum vino sumptus renibus aptus erit.
Sanguinis hoc reprimit cursum, virgæ jecorique
    Est et matrici salvia certa salus.   160

Menstrua deducunt cholicisque ligustica prosunt,
    Quæ Venus arcanis usibus apta putat.
Hæc stomachi sedant cum vino sumpta tumorem,
    Radici semen æquiparare potes.

Ostricii radix fœtorem temperat oris,
    Et vitio splenis sumpta juvamen erit.
Consulit et morbo jecoris, lapidemque resolvit,
    Ictericis succus gratior esse solet.
O succi virtus, cui lepræ pustula cedit,
    Quo sumpto capitis noxius humor abit.   170

Vis cerofolii lateris capitisque dolori
    Imperat, o virtus, cancer obedit ei.

Atriplici parent ignis sacer atque podagra
    Fervens; sedatur hac ope quisque tumor.
Sumpta nimis crebro partem dat prodigiosum,
    Quod transmontanas non latuisse reor.

Et triduana febris eget auxilio coriandri,
    Et gemini testes, dum tumor ambit eos.
Lumbricos pellit, tineas delet, sacer ignis,
    Quam pestem metuit Gallia, cedit ei.   180

Quæ dives nutrit hortus nasturcia fervent,
    Plus fervoris habent quæ resident in aquis.
Anthraci, sciasi, tussi, dentisque dolori
    Occurrunt, spleni pectoribusque placent.

Sæpius erucam si Birria sumat in esum,
    Ictus quos meruit fit tolerare potens.
Hæc etiam dat opem confractis ossibus aptam;
    Cum cibus efficitur, digeret ipsa cibos.
Hostis Penelopes, Helenæ gratissima votis,
    Pruritus carnis excitat, ignit, alit.   190

Esse soporiferum censet medicina papaver,
    Cui vis lethei multa stuporis inest.
Sed quod flos candens ornat præstantius esse
    Scitur, cujus vi victa podagra fugit.

Compescit fluxum ventris, capitisque dolorem,
 Auribus ipsius utilis usus erit.

Prodit cepa caput variis munita galeris,
 Auram non metuit tot tunicata togis.
Est qui praeclaris titulis hanc laudet, eandem
 Plures indignam laudibus esse putant,
Morsibus ipsa canis serpentinisque medetur,
 Et succus gratus auribus esse solet.
Amissae fertur usum revocare loquelae,
 Succus pro fluvio sanguinis aptus erit.

Lingua bovis purgat choleram rubeamque nigramque,
 Et vix cardiaco gratior herba datur.
Vim juvat occipitis quociens sibi tradita differt,
 Solvere cum fidei desinit esse bonae.

Conditura dapes mensis est grata sinapis,
 Pulmonem purgat et caput atque jecur.

Comprimit ardores febris artheticosque dolores
 Brassica, cujus opem fistula splenque petunt.
Uvula laesa, podagra tumens, cancerque potentes
 Effectus varios ipsius esse probant.

Vim pastinacae renum dentisque dolores
 Norunt, quae spleni commoda curat epar.

Non sinit origani virtus aconita nocere;
 Hydropicis confert, inferiora juvat.

Serpillum virus arcet, capitisque dolorem
 Sedat, curat epar, sputa cruenta premit.

Aristologiae speciem medicina rotundam
 Dicit, nam radix esse rotunda datur.
Spleneticis, spasmo, febri, morboque caduco
 Confert, pleureticos teque, podagra, juvat.

Marrubium pectus solatur, lumina reddit
 Limpida, Lucinae vota secunda facit.

Enula nefreticis, ruptis, ventrique medetur
 Stipato, sciasim cogit inire fugam.

Splen, auris sonitus, dens, livor, pulmo, catarrhus,
 Hydropisis vires laudat, hysope, tuas.

Subsidium praebet jecoris vulgago dolori;
 Confert hydropicis, ictericosque juvat.

Vim digestivam solatur menta, salubrem
  Hanc medici censent morsibus esse canis.
Accelerat partus, sanandis testibus apta,
  Hæc hæmoptoicis sumpta juvamen erit.

Hydropicus laudat cyperum, vulnus, stomachusque,
  Humor siccandus, calculus, atque lien.
Dant vesica, jecur, stera, splen, renes, epilempsis,
  Dandam pæoniæ viribus esse fidem. 240

Mellificis apibus placidum boraginis usum
  Novit Aristæus, dat Galienus idem.
Si tibi vespa nocet stimulo, vel aranea morsu,
  Artheticumve malum, trita salubris erit.

Peniteo nervos, præcordia, vulnera curat,
  Subsidio cujus tortio ventris eget.
Mira chelidoniæ virtus clarissima reddit
  Lumina, docta tibi præbet hirundo fidem.

Centaurea tibi notissima, doctor Achillis,
  Absque Machaonia vulnera sanat ope. 250

Polypus et cancer, dolor auris, egent colubrina;
  Luminibus variis subvenit ista modis;
Succurritque pedum vitiis, reprimitque catarrhum,
  Compescit tussim, fistula laudat eam.

Postulat hydropisis, tiasis, limphaticus albi
  Vires hellebori, lepraque sentit idem.
Hujus vi quartana fugit, vertigo recedit,
  Vix ope cujus quam plus epilempsis eget.

Hellebori nigri minor est violentia, sed quid?
  Quis nigrum dignum laudibus esse neget? 260
Fistula, gutta, furor, paralyticus hydropicusque,
  Atque podagra, citam postulat ejus opem.

At verbena febri, cui lux dat tertia nomen,
  Confert, et vitio pectoris atque tisi.
Glandula, pulmo, dolor capitis, quartana, venenum,
  Hæc eget, ictericus hac ope tutus erit.

Mille, tibi, folium, grates persolvere mille
  Debent, quos vexant calculus atque febris.
Hydropisi tumidæ dat germandræa levamen,
  Et male quassatis artubus apta venit. 270

Contrahit a Mauro nomen maurella, sed ejus
   Vim dolor auriculæ commoditate probat.
Igni succurrit sacro, capitisque dolori,
   Et tenebris visus imperiosa fugat.

Discat jusquiamum fervens laudare podagra,
   Reuma, dolor dentis, testiculique tumor.

Malva venenosis occurrit potibus, anum,
   Ulcera matricis interiora juvat.

Dat dissentericis gratum paratella juvamen,
   Scropha, tumor splenis, uvula, paret ei,   280

Maturat partum, sed et apostemata rumpit,
   Sit licet agricolis grata nigella minus.

Mammæ turgenti tritam superadde acutam,
   Qua color apposita quisque nocivus abit.

Formam mandragoris humanam fictio plebis
   Ascribit, sed plebs fingere vana solet.
Cortex radicis febri succurrit acutæ,
   Somniferam cum vi frigiditatis habens.
Hinc cui corpus erit morbo cogente secandum,
   Radix in vinum missa bibenda datur.   290

Est radice carens medicis tradentibus herba,
   Sola superficies fluminis hortus ei.
Est sempervivæ similis, sacroque medetur
   Igni, vulneribus utilis esse datur.

Et rosa, purpereo vestita rubore decenter,
   Vernans est horti gloria, lætus honos.
Flos est virginibus aptus, gratusque juventæ,
   Grataque virginei signa pudoris habet.
Virginis est speculum rosa vernans, sed cito marcens,
   Et quod sit species res fugitiva docet.   300
Flos gratus specie, flos gratus odore, sed ejus
   Virtutum celebris gloria pluris erit.
Impiger ad partes supremas evolat ignis,
   Hinc est quod facies læta rubore nitet.
Rursus aromaticum vis ignea præbet odorem,
   Nonne sapor monstrat cum sit amarus idem.
Non tamen esse rosam calidam censebo, potestas
   Regnantis major frigiditatis adest.
Id probat effectus, sed jam perstringere floris
   Prædicti vires utilitatis erit.   310

Conferet hæc oculis, sacroque medebitur igni,
  Cedet ei capitis hinc calor, inde dolor.
Matricis sistit fluxum stomachique, dolori
  Dentis consuevit ferre potenter opem,

Candida vernanti succedant lilia flori,
  Quæ multæ vires commoditatis habent.
In medio residens centrum flos aureus ambit,
  Condidit istud opus filius ille fabri.
Filius ille fabri qui solem condidit, atque
  Auroram, fabri filius atque faber.   320
Hic opifex cœlos ornavit sidere, prata
  Flore, nemus foliis, gramine vestit humum.
Aera tot volucrum speciebus, piscibus æquor
  Ditat, terra bonis est opulenta suis.
Floribus ornat eam summi sapientia patris,
  Flores delicias jussit habere suas.
Dulcis ferrugo violas, sed lilia candor
  Depingit niveus, at rosa dulce rubet.
Sed me jam vires vel tangere, lilia, vestras
  Hortantur tempus propositique tenor.   330
Plagis siccandis, usturis, atque tumori
  Sedando celerem ferre soletis opem.
Cogitis invisum urens discedere, vobis
  Præcisos nervos consolidare datur.

Si violæ cedit violenta podagra, gravedo
  Lenitur capitis, crapula fœda fugit.
Trita locis confert calidis epilempticus, illi
  Supplicat, amissos dat tibi lingua sonos.
Auribus infusus succus violaceus aufert
  Suspectum medico murmur in aure sonans.   340

Tot restant herbæ, tot flores, nomina rebus
  Inclita, nota minus conqueror esse modo.
Sed quid? nominibus notis quandoque potentes
  Effectus rerum sponte latere volunt.
Rebus item natura potens tot contulit usus,
  Ut nequeat numerus claudere certus eos.
Rursus multa sibi sapientia summa reservat,
  Sunt quæ nos nostris usibus apta docet.
Eximias vires vetus experientia novit,
  Quarum notitiam dat medicina suis.   350
Herbarum vires nonnullas me tetigisse
  Glorior, at florum vis mihi nota minus.
Quorum naturas tetigit veneranda vetustas,
  Sed sunt notitia subdita pauca meæ.

Depinxit vario Bernardus schemate flores,
  Depinxit flores floribus ille novis.
Floribus ex variis contexit serta poesis,
  Flores et Floram florida verba decent.
Quis vetet et nostram pro tempore ludere musam, 360
  Saepe placent animo seria mixta jocis.
Inter jacinctos quos vestit purpura vernans,
  Jacinctum puerum fata dedere neci.
Narcissus fit narcissus candore nitescens,
  Hic periit stulto captus amore sui.
Ha! prout propriae delusus imagine formae,
  Quem male decepit umbra, figura, decor.
Virginibus gratam dat mollis amaracus umbram,
  Armis muniris, asper achanthe, tuis.
Mella thymo redolent fragrantia, dulcis origo, 370
  Condiri dulci mella sapore facit.
Sic achonita ferax herbarum gignit achone,
  Filia saepe docet quam sit amara parens.

Distinctio Octava.

Incipit hic octava distinctio hujus libri.

Ad terrae fructus, coelestis munera Regis,
  Gratanter mentis lumina flecto meae.
Triticeum granum praecedat, gloria frugum,
  Cui calor in primo fertur inesse gradu.
At panis calor eximii residere secundo
  Gaudet, hic est Cereris deliciosus honos.
Competit humanae naturae nobile granum,
  Humanum corpus assimulatur ei.
Granum mundificans laxat, succusque farinae
  Lenimen placidum pectoris esse solet. 10
Ordea frigida sunt, hepatis stomachique calorem
  Sumpta premunt quotiens frigidus aestus adest.
Innataque sibi virtute relaxat avena,
  Duraque mollificat, aspera plana facit.
Haec sursum tendit, surgens levitate caloris,
  Ordea frigiditas pigra sedere jubet.
Si praeferre fabam pisis non audeat error,
  Dissimula, quod sit praeficienda liquet.
Plus nutrit, turbatque minus lens, pisa, lupinus,
  Phaseolus, vicia modica cedit ei. 20
Et cicer excelso nomen praebens Ciceroni,
  Qui fuit eloquii gloria, Roma, tui.

H H

En Bacchus, cœtus Driadum dux, collis amator,
   Palmite pampineo tempora cinctus adest.
Matris lætitiæ, generosæ gloria vitis,
   Herbis præcellit arboribusque simul.
Hæc generat vinum, naturæ deliciosum
   Munus, quod superis terrigenisque placet.
Pampinus et palmes, et turio, botrus, agresta
   Innatæ multum commoditatis habent.   30
Vitis dat vitam, quia vinum vita; salutem
   Et das et servas, deliciose liquor.
Lætam nobilitat mensam præsentia vini,
   Quod placidum reddunt, hinc color, inde sapor.

Balsamus eximii guttas desudat odoris,
   At lauro nunquam fulminis ira nocet.

Latior in summo flecti quoque nescia palma
   Non nisi centennis fructificare solet.
Pars riget inferior, sed pars suprema decenti
   Planitiæ gaudens, asperitate caret.   40
Dactylus hanc ditat, laurus baccis decoratur,
   Stat libano libanus, thuris odora parens.

Est medicina, cibus, lucis solamen, olivum,
   Attica quod nobis pacis oliva creat.

Muneris apta comes redolet montana cupressus;
   Nescia corrumpi, sidera cedrus adit.

Subtus se nubes abies discurrere cernis;
   Distillans myrrham myrrha fruteeta tenet.

Quercus erat veterum nutrix fidissima patrum;
   Successit Cereris lautior usus ei.   50

Populus alta petit, sita ripæ margine lenta
   Radices bibulas gaudet habere salix.
Et platanus vino lætatur, fraxinus apta
   Bellis humano læta cruore madet.

Tecta virore caput, sed truncum pallida, buxus,
   Hostis apri cornus, invida taxus api.
Antiquis gratas quondam dedit esculus escas,
   His fructus fagi commodus usus erat.
Tunc minuisse famen, sedasse sitim, fuit ingens
   Copia sobrietas, gloria magna viris.   60
At gula luxuriæ, lascivis dedita votis,
   Excessu nimio se satiare nequit.

Evacuat sylvas, coelum, mare, flumina, terras;
　Exitio gaudet invigilare suo.
Flammae contemptrix ebenus fit saxea moles
　Caesa, nec id proprium vendicat ipsa sibi.

Quanta sit utilitas aceris privatior usus
　Novit, et ars torvi commoda, prompta, lenis.

Pocula sambucus dat mensis apta potentum,
　Florem delicias splendida mensa putat.　　　　70

Rebus servandis sub ea manet optima nutrix
　Pinus, sed ficus esse noverca solet.
Floris jacturam compensat gloria fructus,
　Flore carens, gaudet fructibus esse ferax.
Hanc ter sive quater fertur ditare quotannis,
　Ficus maturae saepe novella subest.
Ista senum rugas distendit sumpta frequenter,
　Tauros mansuetos arboris umbra facit.
Undis immissum lignum mox tendit ad ima,
　Limosa madidum faece, superna petit.　　　　80

Corporibus functis succurrit myrrha potenter,
　Quam Cinarae regis filia Myrrha creat.

Punica mala negant medici nutrire, mederi
　Admittunt, minuunt granula sumpta sitim.

Cum dat maturos fructus, dat citria flores,
　Cum quibus ejusdem poma novella leges.

Nos recreant placido condita citonia melle;
　Ad fluxum ventris sumpta juvare solent.

De ficu dita, nisi parvi sit tibi vita;
　Persica devita, sint tibi felle lita.　　　　90

Mespila cum cerasis et prunis sponte relinquis,
　Mora tibi celsus, dat tibi mora rubris.

At pira laetitiae potus gratissima reddit,
　Quae, si non dentur vina, nocere solent.
Nempe calor vini moderatur frigiditate
　Illorum, per quam grossior humor adest.
Rursum durities digestivae nocet, at quid?
　Bacchi subtilis actio solvit eam.
Jejuno fructus molles, post prandia duri
　Dentur, tunc etenim pondere sumpta promunt.　100

Persica volamen teneri lanuginis, hirtam
  Castaneæ fructus gaudet habere togam.
Portio muscatæ nucis aut jejunia solvat,
  Aut nares patulas mulceat ejus odor.
Hæc cerebro confert, stomachoque minus juvat ipsa
  Indica nux, cum qua pontica cedit ei.

Philli, tuæ virtute nucis tibi non nocuere,
  Toxica quod nocuit, languor amoris erat.
Nempe tibi nocuit Veneris male dulce venenum,
  Non nocuere tamen toxica sumpta tibi.   110

Sub nuce cui dives præbet natura juglandem
  Ne somnum capias, spissior umbra nocet.
Quid quod subtilis fumus resolutus ab illa,
  Dum poros penetrat, interiora petit?

Si piperis levis est substantia, crede vetustum,
  Si gravis, absit fraus, des piper esse novum.
Arbor junipero similis, fert nobile granum,
  Servat serpentum turba nociva nemus.
Audet de piperis natura fingere multa
  Garrula plebs, medicis est adhibenda fides.   120

Cinnamus a cannis nomen sortita, palati
  Judicio, gemino cortice dulce sapit.
Gratius est suber placidi virtute saporis,
  Sit cortex tenuis, gratior usus erit.
Cinnamus est arbor, fruticem censebis eodem
  Nomine, vis fruticis dicitur esse minor.

Fida pudicitiæ servatrix, frigida myrtus,
  Perdit myrtillis nobilitata suis.
Quæ igitur fertur Veneri gratissima, Nycti
  Sic gallus, Cereri sus, capra, Bacche, tibi.   130

Ignea juniperus tendens in acinum olivum
  Usibus eximium dat, Galiene, tuis.

Lontisci cortex resinam sudat, at illam
  Præpono cunctis quam, terebinthe, paris.

Ingenium reddit oleastrum, ramus olivæ
  Insitus, at lentrix sentibus hirta riget.
Exoriturque storax, miræ virtutis odore
  Præstans, resinæ confero nomen idem.

Quæ vola vix claudit oblonga volema volemi
  Si fuerint lento cocta calore placent.   140

At tremulus motu foliorum concitat auram
 Ulmus, adest viti conjuga, grata comes.
Lenta salix lento saltu non exilit, at quid?
 Hostis Lucinæ, pro dolor! esse solet?

Et jam laurus adest iterum, jam, nuncia pacis,
 Tractari manibus gaudet oliva meis.
Perpetuo laurus stat nobilitata virore,
 Ornatus meritis nos retinere monens.
Tempore brumali novit servare virorem,
 Discat in adversis tuta virere fides.

Fructu fœcundam generoso reddit olivam
 Tunsio, desidiam verbera sæpe fugat;
Emollit ferrum calor ignis, malleus aptat,
 Arti succurrit sedulitate labor.

Ornatus terræ variis ornatibus ornat,
 Qui patris est splendor, forma, figura, decor.
Arbor vestitur foliis, thalamum facit umbra,
 Quid? fessis thalamo gratior esse solet.
Flore venustatur, munitur cortice, fructu
 Ditatur, gaudet stipite, fronde, coma.
Aeris insultus excludit corticis usus,
 Sed nostras pulsat quæstio parva fores.
Cum sit terrestris cortex, cur exteriora
 Vendicat? ad centrum tendere terra solet.
Subtiles partes grossas includere norunt,
 Inclusas ignis evehit alta petens.

Hæc me sollicitat magis anxia quæstio, Quare
 Flos nullus viridis, sit tamen herba virens.
Cornis ut hi flores niveo candore nitescunt,
 Illos purpureo vestit honore rubor.
Sunt et quos croceus vel cœruleus color ornat,
 Sunt et quos ebeno nota nigredo tegit.
In viridi regnant æque subtilia grossis,
 Florem subtilis portio sola dabit.
Producunt ex se cum puris grossa virorem,
 Munditiam floris non nisi pura decent.
Partes terrestres in nigro prædominantur,
 In niveo fluidas vincere flora dabis.
Assit flos rubeus, licet id plebs inficietur,
 Ignitæ partes causa ruboris erunt.

Distinctio Nona.

Incipit hic nona distinctio hujus libri.

Res monet ut quædam terris degentia scripto
    Commendem, curas fallere cura mihi.
Hæc mihi cura placet, cum scripsit et altera cura,
    Quæ semper studiis esse noverca solet.
Hæc mihi cura placet, quæ curas eripit, affert
    Solamen, studium gratius esse facit.
Hæc mihi cura placet, quæ mentis vulnera curat,
    Quæ cor non urit, sed refovere juvat.
Cura relegetur quæ cor corrodit amaro
    Morsu, ceu Titio vultur obesse solet.   10

Insignem reddit dives natura leonem,
    Largaque multiplici munere ditat eum.
Regia nobilitas, vires, audacia prompta,
    Strenuitas, horror sed speciosus adest.
Aspectus torvus, obliquans luminis hirquos,
    Fastus regalis nuncius esse solet.
Æstu febrili quavis æstate laborat,
    Sed quid? brumali tempore sanus erit.
Instaurando fugam cauda vestigia turbat,
    Ne venatori littera monstret iter.   20
Stridorem flammæ, gallos candore nitentes,
    Et strepitum currus axe gemente timet.
Numquam tuta satis dominabitur ulla potestas,
    Conditio Codri tutior esse solet.
Conceptum cantus scit dissimulare timorem,
    Indignans torvo palliat ore metum.
Prætendens faciem plenam terrore minaci,
    In venatoris obvius arma ruit.
Sed cum luminibus sese subduxerit hostis,
    Utile jam censet esse duploma sibi.   30
Parcere supplicibus tumidisque resistere gaudet,
    Hunc titulum claræ nobilitalis habet.
Quid quod consuevit orbem describere latum,
    Insidias prædæ dum parat ipse suæ?
Rugitum patris catulo motum dare, vulgus,
    Pagina cœlestis, philosophia docet.
Nam quamvis calidus et siccus sit leo, fœtus
    Multum, causa patet, humiditatis habet.
Quæ viscosa tegit poros, cerebrique meatus,
    Obturat, cessat actio, motus abest.   40

Sed dum virtutes foetus vox excitat intrans
    Poros, effectum vis animalis habet.
Sic quæ localis adest motus, sumitque vigorem
    Paulatim catuli membra tenella novum.
Adde datis, quia luminibus leo dormit apertis,
    Et vox stare feras inperiosa jubet.

Artus non flectit elephas, hinc casus ei, dum
    Desit subsidium, perniciosus erit.
Cui se commisit succiso robore, casum
    Barritu prodit, præda fit artis ope.
Lascivos motus reprimit cruor ejus, eburque
    Innatæ vires frigiditatis habet.
Adde quod ictericis confert trifeæ sociatum,
    Si tamen unda tepens associetur eis.
Captus adulatur domino gratesque rependit,
    Et jussis paret obsequiturque novis.
Mendicatque stipem domino, torvoque negantem
    Respicit indignans lumine, sæva minans.
Danti blanditur, rectorem plebis adorat,
    Si tamen occurrit forte tyrannus, abit.
Legibus hunc solers subjicit natura modestis,
    Surrepit certo tempore lenta Venus.
Mas decimo proli vacat anno, foemina quinto,
    Ille tamen vix stat quinque diebus amor.
Sed nec adire gregem præsumunt ni prius unda
    Lustrentur, brutis dii bene munda placent.
Subvehit in bellis turres, visoque cruore
    Armatos tumido pectore turbat atrox.
Quid quod vestitur cute vix armis penetranda,
    Quæ tumet ulceribus, asperitate riget?
Annis vivacem cervum phœnicaque vincit,
    Victricem palmam vincere sæpe solet.
Ductum præbet ei, si forte viator oberrat,
    Et certum recto tramite monstrat iter.
Quisque sua vivit contentus compare, fœdus
    Servant, inter se prœlia nulla movent.
Acriter infestant hostes, hinc stant elephantes,
    Inde sibi sociat rinocerontа draco.
Pugnatur, læsis elephantum cura medetur,
    Prospicit et fossis solicitudo vigil.
Palmis vescuntur, sub palma stando quiescunt,
    Nec cibus est palmis gratior ullus eis.
Motibus exortus solis pro posse salutant,
    Respergi nitido sæpius amne solent.

Luminibus parvis, aspectus regius, horror
  Indignans, fastus imperiosus inest.
At nivei dentis candore juventa probatur,
  Et juvenes eboris lacteus ordo decet.
Suspectumque sibi muris devitat odorem,
  Et fraudem metuens hostis, in amne parit.   90

Nostras expressæ voces imitatur hyæna,
  Fraudibus insidias nectere docta novas.
Artubus humanis cupiens implere lacunar
  Ventris, ad hoc fraudes applicat illa suas.
Furtivo gressu casulas sub nocte silenti,
  Ut voti compos efficiatur, adit.
Tunc vocem simulans humanam, nomine noto,
  Servum quem fallax evocat, arte necat.

Quas natura sibi dedit, hosti castor avaro
  Linquit opes, audax cogitur esse timor.   100
Prodigus esse sui proprio convincitur actu,
  Sed medici consent ista carere fide.

Artus informat catuli perpensius ursa,
  Bestia crudelis, officiosa parens.
Si non formicis urso succurritur, ipsi
  Mandragoræ fructus perniciosus erit.

Simia ridiculis imitatur gestibus actus,
  Quos solers vigili sedulitate notat.

Mira camelorum lex, si præbenda vel uni
  Desit, jejunat anxia tota cohors.   110
His sedare sitim luculenta gratius unda,
  Turbant si puræ copia detur aquam.

Æthiopum populus recreatur carne draconis,
  Leniturque calor frigiditate cibi.
Ipsius insidias fugiens, elephas petit undas,
  Cum parienti sit tutior unda solo.

At lupus aspectu subito tibi præripit usum
  Vocis, naturæ consona causa subest.
Nam vitio radii medius corrumpitur aer,
  At qui membra recens occupat, unde stupor.   120

Effodiunt aurum gryphes, ejusque nitore
  Mulcentur, visum fulva metalla juvant.
Has si consimiles credis magnatibus esse,
  Falleris; hos auri vexat avara fames;

Illæ naturæ studio placidoque labore
    Gaudent, lucri spes anxia nulla subest.

Tigris, sublato fœtu, velocior aura
    Instat atrox, sed nec segnius hostis abit.
Iram consumit speculo delusa petito,
    Sic orbata redit ad sua lustra dolens.   130

Instaurat natura potens tibi, cerve, quot annis
    Cornua longævos dant tibi fata dies,
Serpentis virtute soles reparare juventam;
    Aures demulcet fistula blanda tuas.
Obsequium tibi dat socius, dum clune natantem
    Sustinet, et facili vincitur arte labor.

Viribus olfactus lyncis concede, quod error
    Dandum virtuti luminis esse putat.

Frendit aper dum fulmineo desævit in hostem,
    Dente ferox, morsu porca proterva nocet.   140
Sed quis non stupeat servari dentis acumen,
    Quamvis elapsi, dummodo vivat aper.
Quem si fata sibi rapiant, dens mox hebetatur
    Partem, cum toto fœdus habere liquet.

Humano generi natura placere volebat,
    Concedens variis usibus ejus equum.

Dum petit abruptas onager rupes fugiendo
    Hostem, vexat eum vix toleranda sitis.
Certas præco rudens distinguens temporis horas,
    Cum gallo lucis nuncius esse solet.   150

Tardos efficeret lepores complexio, si non
    Formula membrorum cursibus apta foret.

Est caro capreoli prædulcis, visus acutus;
    Hinc dedit a visu Græcia nomen ei.

Nunc terram crocodrillus amat, nunc incolit undas,
    Nec prædæ cessat invigilare suæ.
Asperitate cutis illatos excipit ictus;
    Hinc in conflictu tutior esse solet.
Vescitur humano nonnunquam corpore, sed tunc
    Tanquam compatiens fletibus ora rigat.   160
Hic comedendo molam nunquam movet inferiorem,
    Hoc tanquam proprium vendicat ipse sibi.

Argutæ vulpis fallaci fraude, labore
  Constructa nimio taxus ab æde fugit,

Desidia torpens glis brumæ tempore quovis
  Languida continuo membra sopore fovet.

Rhinoceros capitur amplexu virginis, at quis
  Consimili renuat proditione capi?

Utile mancipium datur in solatia nobis
  Obsequiis domini promptus adesse canis.   170
Viscosus teneros oculos conglutinat humor,
  Hinc catulo visus tardior usus adest.
Mustelæ fervens audacia, promptula virtus,
  Spes armata dolis, strenuus actus inest.
Partus, si vulgo credas, effunditur aure,
  Sed numquid nugis est adhibenda fides?
Commentis variis lector deluditur, ore
  Conceptum fieri credula turba putat.
Sed quis non stupeat a mustela basiliscum
  Vinci, quo pacto tanta venena fugit?   180
Viribus herbarum læsæ succurrere proli
  Novit, sed prorsus vincere fata nequit.

Muricipes melius atræ caligine noctis
  Quam de luce vident, cognita causa subest.
Exilis virtus radii lumen radiosum
  Ægre fert, tenebras sustinet, optat, amat.
Sed si forte juvat aliam prætendere causam,
  Causa rei clarus spiritus esse potest.
Hunc lucis virtus dispergit, colligit aer
  Obscurus, sic sic fortior usus adest.   190
Ut fœcundetur naturæ munere mula,
  Formula matricis non sinit, apta minus.
Nam naturalis impressio certa monetæ
  Conceptus etiam legibus apta deest.
Constat et angustos matricis obesse meatus,
  Necnon durities sicca nocere solet.

Humiditas disponit ovem sociata calori,
  Siccum cum socia frigiditate capram.
Ergo cum sanguis sit lactis origo, capellæ
  Quo pacto major copia lactis adest.   200
Frigiditas cogit capram plus sumere, rursum
  Augent læ sumpti multiplicantque cibi.
Distendunt hederæ foliciis ubera capræ,
  Quid quod læ cytisi multiplicare solent?

Adde quod ad fauces revocare cibaria cogit
  Frigiditas, ut quid ruminat ergo bidens.
Quid? munivit eam paucis natura ministris,
  Officio quorum conterat ipsa cibos.
Adde quod exiguus in ea regnat calor, unde
  Pinguedo signum frigiditatis habet. 210
Alternando latus solarem dividit annum
  Vervex, hoc æstas vendicat, illud hiems.

In minimis etiam rebus sapientia summa
  Lucet, vis modicis maxima rebus inest.
Sese formicæ sepelire student, imitando
  Humanæ gratum conditionis opus.
Ingens tantillo prudentia corpore regnat,
  Grana secat, nequis mucor obesse queat.
Discurrit, properat, quærit, reperit, legit, aptat,
  Ordine disponens granula quæque suo. 220
Horrea sub terris granis ditantur opimis,
  Æstatis studio dives abundat hiems.

Ingeniosus apum labor ingenuusque laborem
  Humanum vincit, vincit et artis opus.
Quæ manus artificis operi respondeat illi,
  Quod labor instituit mellificantis apis.
Cœlestes dat opes, cœlestia dona ministrat,
  Præbet materiam luminis atque cibi.
Vivendi formam, leges, et fœdera cerne,
  Qualis publica res debeat esse docet. 230
Communis labor est amor unus et una voluntas,
  Obsequitur regi læta juventa suo.
Hunc colit, hunc metuit, hunc ambit, amat, veneratur,
  Tota cohors quotiens præcipit arma fremunt.
Regalem formam produnt insignia, vincit
  Rex animo, specie, strenuitate suos.
An stimulo careat rex? disceptatur ab illis,
  Quos talis vexat sollicitatque labor.
Examen fugiens ferri sonitu revocatur,
  Luxurians fervor cessat amorque fugæ. 240
Naturam, mores, animos, et prælia, leges
  Mellificæ gentis Mantua docta canit.
Mellifluis verbis describens mellea dona,
  Carmen Virgilii nobile mella sapit.
Mella latent collis, thalamisque recondita fragrant;
  Cellula vita tibi, candide lector, erit.
Ista cocus varios prudens traducit in usus;
  Hæc medicus novit usibus apta suis.

Consule naturam mellis, fæx enatat, ima
    Inferius residens portio pura tenet,   250
Præbet item puero maculam, si vescitur illo
    Mater, dum ventris cellula claudit eum.
Rursum nativa dulcedine destituetur,
    Quod tractu longo decoquit ignis edax.

Serica dum texit bombyx, placidoque labori
    Sedulus insistit, est labor ipse cibus.
At foliis celsi recreatur, dum minor ætas
    Expers sudoris otia blanda colit.
Solicitans animum labor ingens respuit escas,
    Escis nempe labor gratior esse solet.   260
Post operum cursus completos, semina linquens,
    Jacturam generis vult reparare sui.

Fauste venenatis animalibus esse creator
    Contulit, ipse creat, singula cuncta regit.
Ni processisset Adæ transgressio, virus
    Non tibi, non pestis ulla nociva foret.
Præbet et antidotum serpens infecta veneno,
    Et bufo medicis sæpe ministrat opem.
Ergo licet noceant res multæ, numquid easdem
    Destitui censes utilitate sua?   270
Certa de causa deducit in esse potenter,
    De non esse Deus quidquid ad esse vocat.

Sed quis naturæ vires causasque latentes,
    Arcanas leges enucleare queat?
Compluat imbre suo mus quod dedit uncia vulnus,
    Nulla curatur saucius artis ope.
Nec labor humanus mures arcere valebit;
    Non arcebit eos ars, locus, ignis, aqua.
Olfactus vis tanta canum præfertur odore
    Virtuti, sed quis allicit ardor eos.   280
Sollicitat murem similis complexio, virtus,
    Symbola, concordi fœdere junctus amor.
Hinc hostes Cereris nimis impetuosa voluptas
    Urget, quæ fertur verius esse furor.
Aures demulcet exilis causa frequenter,
    Solvere tot nodos Protea posse putas.

Morsus glandosæ fœtent, infaustaque mater,
    Vipera, vi pariens desinit esse parens.

Obstrusas aures aspis sibi prospicit arte,
    Artem prævenieus solicitantis eam.   290

A Tiria sumens nomen tiriana, venenum
  Expugnans, multis commoda sæpe fuit.

Dat natura tibi geminum caput amphisebena;
  Quem lædit dipsas æstuat igne novo.
Læsum plus sæva cruciat sitis ignea morte,
  Vix sitis ardorem vincere fata queunt.

Ejus quem lædit hæmorrhois, improba pestis,
  Effuso penitus sanguine vita fugit.

Subtrahit humanam formam læso tumor ingens,
  Quem prester sævo sauciat ore furens.

Effluit in saniem corpus quod vulnerat asper;
  Seps jaculi velox impetus esse solet.

Quis non miretur quos texit aranea casses
  Subtiles, motus accelerantis opus.
Nec casses omni reor utilitate carere,
  Quorum materiam cellula ventris habet.

Quis non obstupeat quod ciro potenter in hostem
  Irruit, insultus multiplicando novos.

Rege locusta regens turmas disponit in hostes,
  Conflictuque fero prælia sæva movet.

Has species species patris produxit in esse,
  Sed cunctas, at quis cuncta referre queat.
Restat adhuc labor inmensus tamen utilitatis,
  Inspecta, fiet gratior iste labor.

Formatis rebus, rerum dignissima sexta
  Prodiit in lucem luce creatus homo.
Carnis origo fuit tellus, sed virgo, sed Adæ
  Cœlestis mater virgo beata fuit.
Nesciu ætatis puerilis erat protoplastus,
  Mens simplex, fraudis nescia prorsus erat.
Spiritus ingenuis donis pollebat, acuto
  Ingenio fulgens, et ratione potens.
Majestas vultus, rationis gloria, morum
  Gratia, quod magni sis homo rite docet.
Spiritus humano regnans in corpore totum
  Corpus vivificat, et monet, atque regit.
Quod sit imago Dei data, quod similis sit eidem,
  Efficiunt quæ dat gratia dona Dei.
Et licet instanter curis crucietur amaris,
  Officium membris exhibet ipse suum.

Qui dum supra se tendens coelestia quaerit,
　Felix internae gaudia pacis habet.
Et dum divinae lucis fulgore coruscat,
　Spes crescit, crescunt gaudia, crescit amor.
Laudibus adjicias hominis, quod regna polorum
　Promittuntur ei, pax mera, vera quies.
Consilio rursus alto deitatis inesse
　Prodiit, adde cohors coelica servit ei.
Praefuit et cunctis animalibus ante reatum,
　Ut dominus Phoebus, Cynthia lucet ei. 340
Volvitur huic coelum, fulgent et sidera, frondet
　Silva, canunt volucres, terra ministrat opes.
Sed libet ad corpus humanum flectere lora;
　Naturae vires tangere dulce mihi.
Fons humoris epar, cor fons et origo caloris,
　Splen laeva residet, dextera servat epar.
Aer sanguineum depurat rite liquorem,
　Naturae virtus sanguine membra fovet.
Est igitur sedes animae dignissima cordis
　Hospitium, nam vis regnat amoris ibi. 350

Cellis distinctum caput est, phantastica prora,
　In medio residet vis ratione potens.
Vis memorans in puppe sedet, memoranda reservans
　Quae commissa sibi reddere sponte solet.
Igneus excelsa visus speculatur ab arte,
　Judicio cujus forma colorque subest.
Auditum sed et olfactum sibi vendicat aer,
　In gustu potius vis sibi dictat aqua.
Sed tactus terrae ditioni subditur usum,
　Cunctis indicit artubus ipse suum. 360
Membraque diffusus percurrit singula terra,
　Plus in terreno corpore juris habet.
Huic tamen esse volam sedem perhibent specialem,
　Vis tactus, nusquam certior esse potest.

Sed jam sollicitat me quaestio mota frequenter,
　Nota quidem medicis, nota, soluta minus.
Qua causa maribus dederit natura mamillas,
　Num fuit ornatus gratia causa rei?
Femineum pectus ornatur jure papillis,
　Hoc lex femineae conditionis habet. 370
Menstruus id sanguis quo partus pascitur optat
　De maribus restat, quomodo causa subest.
Humiditate vigent mammae, cordisque calori
　Lenimen praebent humiditate sua.

Sic humectatur cor siccum, sicque calori
   Consulitur, gratum sic moderamen erit.

Sed majora meum studium certamina poscunt,
   Ingens restat adhuc difficilisque labor.
Per nervos liquet opticos lucem radiosam   380
   Mitti, sic oculis gloria lucis adest.
Sed dubitatur utrum radii sit tanta potestas,
   Ut subito solis corpus adire queat;
Numquid item tanti percurrere corporis orbem
   Exilis radius exiguusque potest;
Emissusque semel radius poteritne reversus
   Includi nervo quo generatus erat;
Numquid et ad stellas porrectus crescit, et istud
   Crementum semper additione caret;
Rursus si radii concurrunt, impedietur   390
   Visus, et ut cedat debilioris erit.
Cum tamen in tenebris positus res luce micantes
   Cernat, in oppositum flectere lora potes.
Depinget candor distans oculum patientem,
   Si visus etiam passio causa datur.
Adde quod in speculo se conspiciens basiliscus,
   Vita privatus, fata repente subit.
Adde quod inficitur speculum, si femina morbo
   Lunari languens intueatur idem.
Dantur item ratio visus miracula lyncis,   400
   Si non olfactus vendicet illa sibi.
Adde quod in speculo quam cernis imago resultans
   Judicium poterit certius esse rei.
Dextera cernentis directe tendit in illam
   Partem cui dextram debet icona suam.
Accedas, in aquis lucens accedat imago,
   Indicio visus cognita causa subest.
Nam radii minor est distantia, fascinat agnos
   Lux oculi teneros, Mantua testis adest.
Quod si forte lupi videant te, meri priores   410
   Officio linguæ destituere tuæ.
Cur in devexo comparet imago reversa,
   Convexo speculo formula rite nitet?
Has antiquorum lites quis solveret ipsas
   Majores fateor viribus esse meis.
Sunt animata quibus nec visus subtrahat usum
   Nox, en quod radius exeat ista docent.
Disgregat et visum candor, ratione relata,
   Ad radium vir quis fingere vana velit.
Fragmina quot speculi toties effulget imago,

Sed num tot lucet lux radiosa locis. 420
Consona delectant auditum, dissona turbant.
Olfactum redolens spiret, aroma juvat.
Gustum demulcet dulcedo, lenia tactum,
Illa nocent quæ plus asperitatis habent.

Distinctio Decima.

Incipit hic decima distinctio hujus libri.

Naturæ quædam dixi miracula, sed jam
  Scitu digna licet, nota referre libet.
Primam temperiem transgressio prima peremit,
  Hinc natura suos jussit adesse gradus.
Dant gradui primo medici nomen dominatus,
  Nomen ab æquando jure secundus habet.
Læsio tertius est, quartus destructio, cerno
  Distinctum muneris quælibet esse gradum.
Sic tot morborum species oriuntur, et ipsum
  Corpus tam misera conditione premunt. 10
Corporis humani tantis medicina resistit
  Pestibus, et gratum sæpe juvamen adest.
Corpus conservat sanum, causasque nocivas
  Expellit, varia commoditate juvans.
Naturæ reserat vires, tenebrisque latentes
  Causas in lucem docta venire jubet.
Subtiles investigat solvitque querelas,
  Vix ars majoris utilitatis erit.
Scit quod non maculat Helenam Giezi lepra, quamvis
  Compleri votum gaudeat ipse suum.
Dardanus accedat pastor, post gaudia flebit
  Œnoen sese deseruisse suam. 20
Obstat durities ne matrix inficiatur
  Semine, cum sit idem causa nociva viro.
Semen corruptum matrix villosa reservat,
  Quod speciem Paridis degenerare facit.
Si tot naturæ dotes, si tanta datoris
  Munera, si sese cernere curet homo!
O si se non contempnat, si gratus ad ipsum
  Auctorem læta mente recurrat homo! 30
O si primævæ memor esset nobilitatis!
  O si vitaret turpia, vana, dolos!
O vires animæ, rationis mira potestas,
  Civibus angelicis nos facit esse pares.

Artes in lucem ratio produxit, et ipsas
  Excoluit variis exposuitque modis.

Artes ingenuæ sunt septem lumina mundi,
  Quæ magnæ radios lucis adesse jubent.
Grammaticam coluit veterum veneranda senectus,   40
  Ætas jam refugit et puerilis eam.
Imperiis ejus se recta locutio subdit,
  Legibus ipsius orthographia subest.
Admittit proprias placide toleratque figuras;
  Injungit vitio prorsus inire fugam.
Synthesis, antithesis, conceptio, zeuma, prolemsis,
  Gaudent grammaticæ subdere colla jugo.
Artis principium simplex censent elementum,
  Syllaba subsequitur, dictio deinde subit.
Sic sic consurget constructio recta loquela,   50
  Grammatico rhesi forma venusta placet.
Ad logicum spectat veri discretio, nulla
  Hunc super eloquio solicitudo monet.
Grammaticus recta contentus erit, logicusque
  Vera, rhetoricam nobile schema juvat.
Regula grammaticæ logicæ se maxima debet,
  Communisque locus rhetoris esse datur.
Dimicat in gladio logicus, cum syllogizando
  Disserit, et victus terra dat hostis ei.
Enthymema tamen jaculi vice mittere novit,   60
  Cum festinant res properare monet.
Prætendit clipeum cum se solvendo tuetur,
  Sic in conflictu tutior esse potest.
Est autem logicæ pars tentativa, sed illam
  Censetur prudens edocuisse Plato.
Pars apochris eam consummat analysis illa
  Posterior, partem topica prima docent.
Portio quarta suis sese concessit elenchis,
  Utitur hac studiis parte sophista suis.
Confert prudenti tumidos obtundere fastus,   70
  Cum nimis elatus impetit hostis eum.
Quid quod Aristotelis medius quoque terminus alti
  Viribus ingenii cedere promptus erat?
Paruit in lucem veniens habitudo localis
  Philosopho, cui dat Græcia tota manus.
Græcia? sed mundus; mundus? sed numina. Quidni?
  Divinum pectus et Jove majus erat.
Quæ sunt artis ei dabis, et quod spectat ad artem
  Admittes alios edocuisse viros.
Argumenta quibus falsi convincitur error

Explicat, his servit forma, figura, modus. 80
Cum pars anterior sublata conditione
  Ponitur, occurret mox tibi forma prior.
Formula posterior aderit, si pars perimatur
  Postera, dat plures prima figura modos.
Rhetoricæ servit sermonis grata venustas,
  Hæc ars Mercurio gratior esse solet.
Orpheus hac cithara Ditis revocavit ab aula
  Euridicem; Ditem flectere sermo potest.
Hac cithara Thebas muris cinxisse docetur
  Amphion; quid non lingua diserta queat? 90
Stans pro Deiotaro lenivit Cæsaris iram
  Tullius, et victo Cæsare victor erat.
Gloria magna fuit victorem vincere mundi,
  Rhetor quem vicit Cæsare major erat.
Pectus Aristotelis miror, linguam Ciceronis,
  Et flores laudo, Quintiliane, tuos.
Gaudet Aristotiles se distinxisse colores
  Rhetoricæ, cujus maximus auctor erat.
Consule rhetoricam Theodectis, consule furtum;
  Decepit misere gloria vana virum. 100
Nunc conjecturas attendit, judicialem
  Orator causam sæpe potenter init.
Demonstrativa nunc contendit ratione;
  In conjecturis, Quintiliane, vales.
Nunc confutando, nunc confirmando perorans,
  Se causa gaudet obtinisse sua.

Cum sit arismeticæ numeris obnoxia, virtus
  Ipsorum leges explicat artis opus.
Imparibus postpone pares, divisio cogit,
  Quod non dividitur dignius esse liquet. 110
Rursum par numerus ad corpus pertinet, impar
  Ad mentem, numeris mystica clausa latent.
Palladis est numerus heptas, quæ nec generatur,
  Nec generat, quamvis huic sit origo monas.
Quatuor esse scias monades, primam numerorum
  Radicem, fertur esse secunda decas.
Tertia centeno subsistit limite, quartam
  Nomine chiliadis significare solent.
Major abundanti numero se copia debet,
  Perfectum numorum rarior usus habet. 120
Plures inveniet etiam piger esse minutos,
  Exemplis sumptis certior esse potes.
Innumeras numeris reddunt aphorismata leges,
  Ipsa quidem nomen a novitate trahunt.

Musica vocales licet in systemata ducat,
  Quæ pueros alit ars, has elementa vocat.
Quid diesis, quid lima docet, cantus moderatur,
  Organa cum citharis psalterioque regit.
Qua se lege tonus teneat? cur musicus illum   130
  In partes æquas non secet artis ope?
Cur ars naturæ non semper jura sequatur?
  Namque toni partes ars negat esse pares.
Quod natura jubet, virtus non sustinet artis,
  Quis negat? hæc artis prævia semper erit.
Dulce melos reddunt stellæ septemque planetæ,
  Si dandam credis artibus esse fidem.
Humanæ sese coelestis musica præfert,
  Si res attendas, utraque mira docet.
Cur natura potens, oculis contenta duobus,   140
  Dumtaxat gemina muniat aure caput.
Cur nares geminæ docet ars, testesque gemelli,
  Suntque manus geminæ, brachia, crura, pedes.
Cur natura novem portis distinguere corpus
  Humanum voluit, mystica causa subest.

Terras metiris, geometer, plana profundum,
  Altaque judicio subdita cerne tuo.
Basis opem tibi dat, cathetus, et hypotenusa
  Servit, cum curva linea recta tibi.
Nomen habens a contactu miracula præbet   150
  Angulus, ingenii gloria victa stupet.
Circine sæva tui reddit revolutio circum;
  Quis causam poterit enucleare rei?
Quæ secat oblique quadratum linea, costam
  Vincit, vix aliquid certius esse potest.
Nulla tamen numeralis eas proportio nectit,
  Aut impar numerus par datur esse pari.

Astrorum quæ sit virtus, dimensio, motus,
  Ars docet, hinc nomen astra dedisse dabis.
Sæpe planetarum concursibus imperiosa   160
  Mortalesque premens regnat in orbe fames.
Annis fertilibus nonnunquam cedit egestas,
  Et pleno cornu copia læta redit.
Inferiora movent coelestia corpora, mentem
  Horum suppositam legibus esse nega.
Subdita sideribus mens libertate careret,
  Quæ summi Regis gratia ditat eam.

His studiis Adæ successio tempora præbet;
  His studiis animus se recreare solet.

His studiis curas expellere sit tibi curæ;
  His studiis studium continuare stude. 170
Exercent animos artes, languentia pellunt
  Otia, vix mores degenerare sinunt.

Attendit summam cœlestis pagina causam,
  Agnus in hoc peditat amne, camele, natas.
Hæc nobis fidei sacræ mysteria pandit,
  Et post hanc vitam spondet adesse novam.
Spondet et æternæ nobis solennia lucis,
  Veraque promittit gaudia vera fides.
Separat a vitiis virtutes, et Babylonem
  Oppositam Solymæ lectio sacra docet. 180
Fraudibus illa suis justos infestat, honestis
  Invidet, impugnat, jura nefanda colit.
Legibus ista suos cives informat, honestat;
  Moribus expellit turpia vana suis.
Rarior hanc civis sed plurimus incolit illam,
  Hæc sese munit legibus, illa dolis.
Illius impatiens elatio regnat in arce,
  Præparat insidias livor ubique suas.
Incolit hanc cœtus virtutum, gratia pacis, 190
  Et cives stabili fœdere nectit amor.
Illicitos motus anima carnisque refrænans,
  Virtus australi mœnia parte tenet.
Opponit boreæ se virtus, nescia frangi
  Adversis, duris cedere turpe putans.
Respicit occasum prudentia, justitiæque
  Virtus sceptra tenet partibus, eure, tuis.
Ut sit cautus amor, timor associatur amori,
  Numquam tutus erit ni timorasset amor.
Degenerare timor non audet, si sit amoris
  Assecla, sed nec amor luxuriare potest. 200
Cui non incutiat majestas summa timorem,
  Cui servit mundus, inferus, astra, solum.
Quod mundi rector sit cultu dignus honoris,
  Ni fallor, fidus sponte fatetur amor.
Constat quod bonitas sit amanda, timenda potestas,
  Quam res de nihilo quasque creasse ferunt.
Condidit ex nihilo formas, et hylon, animasque,
  Et de se sentit angelus illud idem.
Conditor in primis cœlum terramque creavit,
  Angelicos cœtus, materiamque rudem. 210
Condita post in aquis effulsit lucida nubes,
  Et subitam tenebræ corripuere fugam.
Aplanon inter aquas statuit, sed luce secunda

Densataeque locum dehinc petiistis aquae.
Clausus litoribus undas lux tertia vidit,
  Et virides herbas fructiferumque nemus.
Æthere fulgentes vidit lux quarta planetas,
  Effulsit stellis nox stupefacta novis.
Quinta luce dedit volucres cum piscibus unda,
  Unda, parens volucrum, piscis origo fuit.   220
Sed pecus, armentum, fera bestia, nobile plasma,
  De cujus costa sumpta virago fuit,
Sexta luce solum conspexit, at in paradisum
  Adam translatus gaudia mente fovet.
Adam dormit ibi vigilans, quia tunc requiescit
  Contemplans quotiens mente superna videt.
Hortus significat ortum, somnusque soporem,
  Christe, salus mundi, mors tibi somnus erat.
Mors vitae, mors mortis erat, capitisque dolore   230
  Artus sanatos, nec dubitare licet.
O si primus homo victus non succubuisset,
  Si nunquam vitiis subditus esset homo,
Lucida fulgorem servassent sidera primum,
  Nec fieret solis lux radiosa minor.
Nullum servilis premeret lex conditionis,
  Sed libertatis publicus esset honos.
Exultans mundus floreret pace perenni,
  Nec quenquam fraudis sollicitaret amor.
At simul infelix miseros vexavit egestas,   240
  Fraudibus argutis invigilavit egens.
Fraudibus insidiisque novis defectus abundat,
  Et misera miseros invenit arte dolos.
Et timidis animos praeceps audacia donat,
  Pro quaestu quid non audeat ipse timor.
Esuriens nullum discrimen abhorret egestas,
  Se fugiens, quaevis sponte pericla subit.
Mutari cupit in luxum mutatio talis,
  Nasonem latuit, Morphosis ista nova est.
Arma parat, causas fingit, certamina poscit,   250
  Nec cum sit vitae prodiga, fata timet.
Ut damnum fugiat damnis exponitur, at quid?
  Nil homini sese vilius esse potest.
En vitam tumidis committit nauta procellis,
  Nec mare nec ventos caeca cupido timet.
Naufragium passus repetit temerarius undas,
  Immo fretum jurat tutius esse solo.
Se cum Neptuno testatur foedus inisse,
  Iratos miseris bis negat esse deos.
Sic sibi blanditur, sic se seducit avarus

Spes mentis, tanquam sit rationis inops. 260
In terrae latebras spes lucri mittit egenum,
   Quem sequitur casus, Amphiorae, tuus.
Sed cum tot curis animos involvit egestas,
   Numquid erit luxus solicitudo minor.
Sors adversa gemit, queritur fortuna secunda,
   Curarum spinas gignit uterque status.
Elige fortunam mediam, quae semper abundat,
   Prospera sors crebro prosperitate caret.

Felix qui sese scrutatur, et acta revolvit;
   Felix qui mundum, se, vitiumque fugit. 270
Principium vitae medium finemque tuere,
   Jam prout vitae linea longa tuae.
Exuis infantem juvenis, dehinc curva senectus,
   Mors quaedam, queruli plena doloris adest.
Terrae terra datur, sed spiritus in regionem
   Quae debetur ei tendit, imago Dei.
Judicis examen superest, qui singula novit,
   Imperio cujus cuncta subesse liquet.

Vive meae mentis speculum prolesque, libelle;
   Non erit, aut fallor, Claudia clausa tibi. 280
Haec tibi causa fuit ortus, hanc laetus adire
   Festines, nusquam tutior esse potes.
Te laetis manibus tractabit laeta juventus,
   Gaudebitque sinu te refovere suo.
Offer te tuto manibus pastoris honesti,
   Est aliquid tanto posse placere viro.
Illius poteris gremio requiescere tutus,
   Cui certi certum pignus amoris eris.
Te releget quamvis tantae vix otia curae,
   Admittant curae te genuere meae. 290
Si non lusissem, delusus forsitan essem,
   Ludere quam falli tutius esse reor.
Immemor esse sui, fateor, solet aegra senectus,
   Delirusque senex incipit esse puer.
Principium sumis a rerum principe, cui se
   Subdidit officiis curia summa suis.
Ordinis ornat eam ter terni gloria nobis,
   Ut res exposcit quisque ministrat opem.
Coelos depinxi signis, cecinitque Camoena
   Aeris ornatus, et maris atque soli. 300
Artes cum curis libuit perstringere finem;
   Examen volui carminis esse mei.
Judicis adventum qui nutu concutit orbem,

Exspecto; det opem virgo beata mihi.
Degenerans timor id refugit, quod amor generosus
    Optat, praesentem quem colit esse sibi.
Hunc cursus metam statuas finemque laboris,
    Hic est mercedis deliciosus honos.
Spretis verborum phaleris devotio simplex,
    Sermonem purae simplicitatis amat.
Ornatus vitium cum sit deforme requirit,
    Ad cultum virtus sufficit ipsa sibi.
Sub sermone minus culto sententia fulget,
    Haec quasi mens vocis, vox quasi corpus erit.
Regia majestas humili sub veste latebat,
    Cum sol nube levi carnis amictus erat.
Quod si forte fores claudat tibi Claudia claustrum,
    Martyris Albani sit tibi tuta quies.
Hic locus aetatis nostrae primordia novit,
    Annos felices, laetitiaeque dies.
Hic locus ingenuis pueriles imbuit annos
    Artibus, et nostrae laudis origo fuit.
Hic locus insignes magnosque creavit alumnos,
    Felix eximio martyre, gente, situ.
Militat hic Christo noctuque dieque labori
    Indulgens sancto religiosa cohors.
Haec te suscipiet placito gratoque favore,
    Optabit tutor quilibet esse tuus.
Hic locus hospitibus sese debere fatetur,
    Quos admittit honor, janitor iste loci.
Hortarer te Parisius partesque remotas
    Visere, sed terret me maris unda tumens.
Vix aliquis locus est dicta mihi notior urbe,
    Qua Modici Pontis parva columna fui.
Hic artes didici docuique fideliter, inde
    Accessit studio lectio sacra meo.
Audivi canones, Hippocratem, cum Galieno,
    Jus civile mihi displicuisse neges.
Si suspecta tibi loca sunt solennia, nostrae
    Inter septa domus tutior esse potes.
Urbs vires experta tuas, Gurmunde, per annos
    Septem, ni fallor, vix tibi deesse volet.
Non moriar totus, dum tu servaris in esse,
    Cum sis ingenii gloria magna mei.

GLOSSARIAL INDEX.

GLOSSARIAL INDEX.

A.

affectare, 255.
albula, 410; the name of a fish.
allec, 405; the herring, for *halec*.
ambra, 404; the name of a fish.
ancillare, 192; to reduce to the condition of a servant.
apalus, 261.
aplanos, 371.
aprinus, 146; belonging to a boar.
aquilus, 298.
area, 274; a bed in a garden.
assertor, 257.
augmastica, 242.
aurifrisius, 108; the name of a bird.

B.

barbulus, 410; the barbel.
bernekke, 99; the bird called a barnacle.
brenna, 147; a fish, the bream.

C.

caduceator, 287.
calamistrare, 359; to curl the hair with a curling iron.
capito, 409; the chub (?).
castrimargia, 353, for *gastrimargia*, gluttony.
castrimargus, 146; a glutton.
cavilla, 279; a wooden peg.
cenith, 372; the zenith.
cheruca, 109; for *ceruchus*.
cirritus, 115; for *cirratus*.
cisimus, 351.
clarigator, 287.
clistere, 112; a clister.
congrus, 404; a conger.
cotillidones, 213; for *cotyledones* (κοτυληδόνες).
crotolistria, 112; applied as a name to the stork.

D.

dextrarius, 260; a war-horse, A.N. *destrier*.
diffiduciator, 287.
dorea, 408; a fish, the dory.

E.

echinus, 405; the tench.
epaugmastica, 242.
epilempticus, 109; epilenticus, 240; for *epilepticus*.

F.

fagolidorus, 147.
falconarius, 81; a falconer.
ficedula, 104; interpreted in the medieval glosses as the nuthatch, but probably used by Neckam in the ancient sense of the word.

G.

gabio, 116; the parrot.
gerula, 279; a pannier.
grumia, 404; the name of a fish.

H.

histrio, 210; a jougleur, or minstrel. *Histrionatus*, ib., his profession.

I.

indago, 112, 351; a fishpond.
inebriatum, 351; trimmed.

L.

lampreda, 354; the lamprey.
liciatorium, 281; the web-beam.
lidoriæ, 147, 255; abusive reproaches, Gr. λοιδορία.
limo, 279.
lumpa, 409; the name of a fish.
lupire, 388.
lurcire, 83; to eat greedily.
lurcisca, 83; the lure in hawking.

M.

martrix, 351; the fur of the martin.
mataxa, 281; a reel of thread.
megarus, 405; the mackerel.
melota, 207; the badger.
mulio, 405; a fish, the mullet.
murena, 154; the lamprey.
muriceps, 490; a cat.
mutari, 84; to mute or molt, a term in falconry.

N.

navicula, 281; an instrument in weaving, the shuttle.
nisus, 82; the sparrowhawk.
noys, 426; apparently intended for the Gr. νοῦς.
nyctimine, 396; the owl (Gr. νυκτιμένη).

O.

omothona, 242.

P.

palefridus, 260; a palfrey.
papagabio, 87; the parrot.
parra, 348; the wren.
pecten, 152; interpreted in the English medieval glosses as meaning the fish called the plaice.
pipare, 82; to pipe.
pistatus, 256; kneaded.
plancha, 265; a plank.

R.

ragadia, 405 ; the ray.
radix, 166 ; the radish.
rheda, 279 ; used in the sense of a cart.
ricus, 298.
rufus, 409 ; the name of a fish, perhaps the ruff.

S.

salarium, 257.
scinderesis, 211, 360.
selome, 376.
seneciæ, 147, 255.
sicca, 151 ; the name of a fish.
stillare, 265 ; to make water.
strofilus, 107 ; a corruption of *trochilos*, the name given to this bird by Solinus.
struthio, 101 ; the ostrich.
sturio, 405 ; a fish, the sturgeon.
subhastare, 338 ; to conquer.
systema, 115.

T.

taumantias, 421 ; a name from the rainbow, evidently formed from the Gr. θαῦμα.
taxus, 207 ; the badger.
tencha, 408 ; the tench.
tercellus, 82 ; the hawk.
thymallus, 157 ; the smelt (?).
tiresiare, 67 ; to be of both sexes.
tiria, 439.
torneamentum, 210 ; a tournament.
totalum, 268.
transpontani, 223 ; lepers, who, when a town was situated on a river, had their abode on the other side of the bridge over it.
turdus, 145 ; the name of a fish.
tympanizare, 255 ; to play on the tabor or drum.

U.

umbra, 148, 149 ; the grayling.

V.

venetus, 84, 381 ; a colour, blue.
volitellus, 280.

Z.

zukarum, 439 ; sugar.

INDEX.

INDEX.

A.

Acidula, the plant, 475.
Acteon, classical legend of, 217.
Æmatites, the stone, 470.
Ætites, the stone, 469.
Agannus, the river, 412.
Agate, the stone, 177, 467.
Air, nature of, 62, 420.
Albans, St., account of, 460.
    praise of, 503.
Albula, the fish so called, 410.
Alexander the Great, descended to the bottom of the sea in a vessel of glass, 141, 403.
    he was influenced by the vice of envy, 338.
Allectorius, the precious stone so called, 179.
Aluna, a gem, 469.
Amaracus, the plant, 481.
Ambition, its evils, 321.
Amethyst, the, 468.
Amphisibæna, a two-headed serpent, 197, 493.
Angels, on the nature of the, 17, 358.
Angelica (*ostricium*), its virtues, 476.
Anger, the sin of, 346.
Angiers, 455.
Animals in general, 184.
    of venemous animals, 192.
    why animals chew the cud, 268.
Ant, the, 491.
Ape, account of the, 207, 488.
    story of the female ape and the bear, 208.
    of the shoemaker and the ape, 209.
    of the aged minstrel and his ape, 209.
Apollinaris, 449.

Apples, 174.
Aquitaine, 450.
Araris, the river, 419.
Araxes, the river, 419.
Ardmore, in Ireland, 416.
Aristolochia, the plant birthwort, 477.
Aristotle, story of his destruction of one of his books, 337.
Arithmetic, 498.
Arrogance, description of, 343.
Arts, the seven, which formed the course of medieval learning, 283, 497.
Asbestus, 178, 469.
Asp, its qualities, 194, 492.
Ass, the, 266.
Ass, wild (*onager*), 231, 489.
Attractive force of different things, especially of the magnet, 181.
Augustine, St., 449.
Augustus, the emperor, 445.
Aurifrisius, the bird so named, 108, 388.
Autun (*Ædua*), 452.
Auxerre, 453.
Avarice, the vice of, 232.
Avendeth, a river in Ireland, 417.
Avon, the river, 416.
Avonmore, the river (the Blackwater), 416.
Axis, the river, 420.

B.

Babylon, the tower of, 463.
Bœtis, the river in Spain, 419.
Baker, the, his art, 280.
Balsam, 171, 482.
Barbel, the fish, 410.
    different estimation of in London and Paris, *ib.*

Barley, 481.
Barnacle, account of the, 99, 384.
Barrow, the river in Ireland, 417.
Basil, the plant (*basilisca*), 168.
Basilisk, the, 198.
Bat, the, (*nyctimine*), 386.
Bath, the town of, account of its waters, 401, 457.
Baths, different kinds of, 401, 432.
Beans, 481.
Bear, qualities of the, 211, 212, 488.
Beaver, account of the, 220, 488.
Beech, the tree, 482.
Bees, their nature and qualities, 268, 491.
Bellinus, the British king, 414.
Bells, 69, 465.
Beryl, the stone, 179, 467.
Betony, 167, 472.
Birds in general, 70.
    the bird which grows from a sea-weed, 121.
    of birds of prey, 123.
    why birds do not emit urine, 124, 376.
Bishop's staff, reason of its form, 184.
Blaye, the town (*Blavia*), 413.
Boar, account of the, 219, 489.
Bologna, the city, 450.
Borage, its virtues, 478.
Box, the tree, 482.
Boyne, the river in Ireland, 417.
Brandan, St., purgatory of, 461.
Bream, the fish, 147, 148.
Brennus, 413, 414.
Britain, account of, 456.
Brutus, the British king, 414.
Brutus, the Roman patriot, 444.
Bugloss, the plant (*lingua bovis*), 477.
Buildings, grandeur of, in the middle ages, 281.
    methods of building, 282.
    the walls ought not to be parallel, but at an angle, ib.
Bullhead, the fish so called, 152.
Bur, the plant (*lappa*), 169.
Butaurus, or Bootaurus, the bird so called, 105, 384.

C.

Cabbage (*brassica*), its virtues, 477.
Cadwalla, the British king, 415.
Cæsar, Julius, 445.
Calcedony, the gem, 466.
Camomile, the plant, its virtues, 474.
Camel, account of the, 221, 488.
Canterbury, account of, 459.
Carbuncle, the gem, 469.
Cart, the construction and parts of a, 279.
Cat, the (*muriceps*), 490.
Caulandrius, the bird so called, 378.
Celandine, the plant, its virtues, 478.
Ceraunius, the stone, 469.
Chameleon, the, 68, 376.
Char, the fish (*scaurus*), 409.
Chartres, its resistance to the Danes, 456.
Chelidonius, the stone so called, 178.
Chelonites, the stone, 470.
Cherry, the, 483.
Chervill (*cerofolium*), 476.
Chess, description of the game of, 324.
Chough, the, 386.
Chrysolite, the gem, 467.
Chrysoprase, its qualities, 468, 471.
Chub, the (*capito*), 409.
Cicero, 444.
Cinnamon, 172, 484.
Circle, quadrature of the, 279.
Ciro, a serpent, 493.
Citonius, a tree, 493.
Coal, account of, 160.
Cock, the, and its qualities, 120,
    its pugnacity, 391, 432.
    description of a cock-fight, 392.
Colchester, account of, 461.
Cologne, the city, 411.
Colubrina, a plant (probably columbine), 478.
Comets, 364.
Conger, account of the, 404.
Constellations, the, 365.
Coral, 469.
Corduba, in Spain, 462.
Coriander, its virtues, 478.
Cornel, the tree (*cornus*), 482.
Corneolus, the gem, 469.

INDEX.

Court life, vanity of, 314.
Crab, the shell-fish, 149.
Crane, account of the, 97, 98, 380.
Cremona, account of the city of, 450.
Cresses, their virtues, 476.
Crete, account of, 463.
Crocodile, the, 185, 489.
Crow, description of the, 111, 386.
Crystal, 136, 181, 402, 470.
Cuckoo, qualities of the, 118, 393.
     its spit breeds grasshoppers, 118, 393.
Cypress, the, 482.

D.

Darnel (*lolium*), 169.
Deer, the, 489.
Dessia, a river in Ireland, 417.
Detractors, their character, 320.
Devil, the, his sin irremediable, 20.
Dialectics, or logic, 284.
    the scholars to whom this science owed its development, 284, 285.
    its fallacies, 285–307.
Diamond, the (*adamas*), 180, 471.
Dice and dice-playing, 323.
Dill, the plant (*anetum*), 474.
Diomedis avis, 394.
Dionysius, St., the patron of Paris, 453.
Dipsas, a species of serpent, 195.
Dog, account of the, 252, 490.
    story of the dog and the knight's child, 253.
    the story of the lord and his jongleur, 255.
Dog-fish, the, 405.
Dog's-tongue (*cynoglossa*), 168.
Dolphin, account of the, 145, 146, 403, 404.
Dormouse, the (*glis*), 490.
Dory, the fish (*dorca*), 408.
Dove, the, its qualities, 106, 389.
Dragon, accounts of the, 226, 488.
    the dragon-stone taken from its brain, 226.
Drogheda, in Ireland, 417.
Duck, Martial's opinion of it, 114.
Durham, account of, 460.

E.

Eagle, 71, 376, 377.
Earth, 421.
    its form, 441.
    its divisions, 444.
Earthquakes, explanation of, 158, 442.
Ebony, 177, 483.
Echinus, the fish, 149, 405.
Echo, 66.
Eclipses, 369.
Eel, the, 409.
Effrata, 462.
Elder tree (*sambucus*), 483.
Elecampane, the plant (*enula*), its virtues, 477.
Elements, of the, 55, 374, 437, 438.
Elephant, account of the, 222–226, 487.
    hostility between the elephant and the dragon, 225.
Elm, the, 485.
Emerald, the (*smaragdus*), 179.
England, praise of, 456.
    its wonders, 457, 458.
    produces the jet stone, 468.
Envy, the vice of, 336.
    Ovid's description of, 339.
Enydros, the stone, 470.
Ephemera, the fish so called, 406.
Epistites, the stone, 470.
Eppatus, the river, 419.
Eridanus, the river (the Po), 411.
Erinus, the river, 419.
Erymanthus, a mountain and river in Greece, *ib*.
Euclid, 434.
Euphrates, the river, 419.
Exe, the river, 416.

F.

Falcon, nature of the, 77, 380.
    story of the falcon which defeated the eagle, 78.
    falcons to hunt hares, 82.
Fascination by the eye explained, 387.
Fennel (*fœniculus*), its virtues, 475.

Ficedula, the bird so named by the ancients, 104, 390.
Ficus Ægyptia, the fruit, 176.
Fig, the, 483.
Filbert, the (*nux Phillidis*), 484.
Fire, on the nature of, 57, 420, 422.
Firmament, doctrines relating to the, 34.
Fishes, their nature, 142, 143.
    a fish with one eye, 144.
    of monstrous fishes, *ib.*
    the fish which stops the course of a ship, 156, 408.
    the fish which was fond of people with white skins, 156, 408.
    general remarks on, 403, 404.
Flatterers, their character, 316.
Fountains, accounts of remarkable, 128–133, 399, 401.
Fox, account of the, 204.
    its cunning, 205.
    fable of the raven and the fox, 206.
    of the badger and the fox, 207.
Frogs, fable of the frogs wanting a king, 348, 387.
Fruit trees, 276.
Furies, the three, 134.

G.

Galactite, 181.
Galingale, the plant (*cyperus*), its virtues, 478.
Gambling in the middle ages, 323.
Ganges, the river, 419.
Garden, the, and the plants which should be grown in it, 274.
Garlic, its virtues, 473.
Garonne, the river, 413.
Gelacia, the stone, 470.
Gems, nature of, 466.
Geometry, 294, 299, 499.
Gerarchitis, the stone, 470.
Germander, the plant, its virtues, 478.
Germanus and Lupus, Saints, visited Britain, 453.
Ginger, 439.
Girfalcon, the, 77, 81.

Glandosa, the serpent so called, 186, 492.
Gloucester, account of, 460.
Gluttony, story illustrative of, 334.
Goat, account of the, 267, 490.
Gold, account of, 162, 463.
Goose, the, its watchfulness, 117.
Gorbonianus, the British king, 415.
Grafting trees, principles of, 173, 175.
Grammar, its objects, 284, 497.
Grayling, the fish (*umbra*), 148, 149, 408.
Greek fire, 432.
Griffins (*gryphes*), 488.
Gudgeon, the (*gobio*), 148, 410.
Guiscard, the Norman leader, 455.

H.

Hæmorrhois, the serpent, 195, 493.
Hail, 424.
Hare, account of the, 215, 489.
Hawk, story of the king of Britain who hanged the hawk because it had killed the eagle, 75.
    nature of the hawk, 76, 82, 379.
Hebrus, the river, 419.
Heliotrope, the stone, 469.
Hellebore, its virtues, 478.
Henbane (*jusquiamus*), its virtues, 479.
Heron, prophetic of the weather, 112.
    account of the, 388.
Herring, account of the, 405.
Herrings, the bird which goes in advance of them, 122.
Hilarius, St., 451.
Hippopotamus, account of the, 146.
Horehound (*marrubium*), its virtues, 477.
Horse, account of the, 258, 259, 489.
Hours of the day, 46–49.
Humber, the river, 416.
Hydaspes, the river, 420.
Hydrophobia, its nature and treatment, 256.
Hyena, account of the, 232, 488.
Hypnale, a species of serpent, 193.
Hypocrites, their character, 326.
Hyssop, the plant, its virtues, 477.

I.

Iberus, the river in Spain (Ebro), 418.
Ibex, the Egyptian bird, 105.
Inachus, a river of Greece, 419.
Inconstancy, the vice of, 328.
Indus, the river, 419.
Ireland, rivers of, 416.
    account of, 461.
Iron, account of, 162, 466.
Ister, the river (the Danube), 411.
Ivy, 177.

J.

Jacinth, or hyacinth, the gem, its qualities, 468.
Jaspis, its qualities, 467.
Jerusalem, 462.
Jet (*gagates*), 181, 468.
Jordan, the river, 419.
Juniper, 177, 484.
Junonius ales, a name given to the peacock, 90, 91, 387.

K.

Kid (*capreolus*), 489.
Kilwisky, a river in Ireland, 417.
Kite, the bird, 388.
Knights, character of, in the middle ages, 313.

L.

Lamprey, the (*murena*), 154, 407.
Lark, account of the, 115, 390.
Laurel, the, 170, 484.
Leek, the plant, its virtues, 475.
Lemon, the (*citria*), 483.
Lettuce (*lactuca*), its virtues, 475.
Light, 426.
Lily, the, 169.
Lime, account of, 160, 480.
Limerick, 416.
Limoges, the city (Lemonis), 451.

Lincoln, account of, 460.
Lion, natures of the, 227–231, 486.
    story of the knight and the lion, 229.
Lismore, in Ireland, 416.
Locust, the, 493.
Loire, the river, 413.
London, account of, 458.
    account of its British kings, 414.
Lough-Derg (*Legder*), 417.
Louis-le-Gros, king of France, anecdote of, 325.
Lud, the British king, 415.
Lumpa, the fish so named, 409.
Lupus, St., 452.
Luxury, the vice of, 349.
Lynx, qualities of the, 219, 489.
    the stone produced from its urine, 469.
Lyons, the city, 412, 452.

M.

Mackerel, the fish, 405.
Mæander, the river, 419.
Magnet, the, 178, 180, 183.
Mahomet, how his iron statue was supported in the air, 183.
Mallow, the plant, account of, 166, 474, 479.
Man, his nature, 232, 240, 248, 493–495.
Mandrake, the, 479.
Mans, le, the city, 454.
Mantes, the town, 414.
Maple, the tree, 483.
Margerum, the plant (*origanum*), 477.
Mariner's compass, early allusion to, 183.
    See the Preface, p. xxxiv.
Marlborough, account of, 461.
Martin, St., of Tours, 454.
Mast-tree, the (*esculus*), 482.
Mastic-tree (*lentiscus*), 484.
Mathematics, 434.
Meaux, in France, 455.
Medical directions, 432.
Medicon, the stone so called, 177.
Medlar, the, 483.
Medus, the stone, 470.
Menstrual discharge, superstitions relating to it, 251.

Merlin, raised Stonehenge, 457.
    buried at Marlborough, 461.
Metals, reflections on the, 161, 463.
Milan (Mediolanum), 448.
Milfoil (*millefolium*), its virtues, 478.
Mineus, a river in Spain, 419.
Mint, its virtues, 478.
Mirror, nature and principle of the, 239.
Moles, account of, 200.
Montpellier, the school of medicine at, 311.
Moon, on the, 49, 370, 371.
    spots in the, 53, 371.
    early notice of the man in the moon, 54, and Preface.
Mugwort (*artemisia*), its virtues, 168, 472.
Mulberry, the, 483.
Mule, account of the, 264, 490.
    story of the mule and its rider, 265.
Mullet, account of the, 405.
Music, 499.
Mustard, its use, 477.
Mutina, the city, 450.
Myrrh, 170, 482.
Myrtle, 484.

N.

Namnetis, the city (Nantes), 413.
Narcos, the fish so called, 156, 406.
Nazareth, 462.
Neckam, Alexander, refers to some of his own writings, 16.
    his account of himself, 502, 503.
Nennius, the British king, 415.
Nepa, a serpent, 188.
Nepta, the plant, 475.
Net, construction of a, 157.
Nettle, the, its virtues, 473.
Nigella, the plant, its virtues, 479.
Nightingale, the, 102, 390.
    river in Wales, where the nightingale is heard on one bank and not on the other, *ib.*, 458.
Nightshade (*maurella*), its virtues, 479.
Nile, the river, 419.
Nobility, in what it consists, 243, 244.
Nobles, their character, 314.

O.

Oak, the tree, 482.
Oats, 481.
Ogier le Danois, the story of his latter days, 261, 455.
Olive, the, 482, 485.
Olive, wild (*oleaster*), 484.
Onager, or wild ass, account of the, 231.
Onion, its virtues, 477.
Onyx, qualities of the, 467.
Optics, Neckam's notions of, 234.
Orach (*atriplex*), its virtues, 476.
Orcades, the islands, 461.
Orites, the stone, 470.
Orleans, 454.
    burnt by the Danes, 456.
Orontes, the river, 419.
Oska, the river, 415.
Ostrich, nature of the, 101, 384.
Ouse, the river, 416.
Ox, qualities of the, 266.
Oxford, antiquity of the university of, 311.
Oyster, account of the, 149, 406.
    story relating to the, 150.

P.

Pactolus, the river, 419.
Palamedis avis, a name given to the crane, 97, 380.
Palm, the tree, 172, 482.
Pannonia, 450.
Panteron, the stone, 471.
Panther, account of the, 214.
Paradise, 441.
Paratella, a plant, 479.
Paris, account and praise of the city of, 413, 453.
    ruins of ancient buildings at, 454.
    burnt by the Danes, 455.
    university of, 453.
Parrot, description of the, 87, 379.
    story of the parrot belonging to the British knight, 89.
    breeds especially in Mount Gilboah, 88.
    brought from India, 90.

INDEX.

Parsley (*apium*), its virtues, 474.
Parsnip (*pastinaca*), 477.
Partridge, account of the, 96, 97, 382.
Pavia, the city of, 449.
Peach, the, 484.
Peacock, account of the, 90-94, 381.
Pears, 174, 483.
Peas, 481.
Pelican, account of the, 118, 388.
    its qualities, 119.
Peniteo, a plant, 478.
Pennyroyal (*pulegium*), its virtues, 475.
Peony, the plant, its virtues, 478.
Pepper, account of, 484.
Perch, the, 147, 148.
Pergama, 463.
Perth, the town, 416.
Pheasant, qualities of the, 95.
    mode of taking them, *ib.*
    account of the, 383.
Phœnix, the, 84-87, 377.
Pie, the, or magpie, 115, 388.
Pike (the fish), 147, 148, 408.
Pine-tree, favourable to other plants which grow under its shade, 176.
    account of the pine, 483.
Plaice, account of the, 152.
    story of the plaice which was turned over in the plate, 153.
Planets, the, 39-46, 368.
Plantain (*plantago*), its virtues, 473.
Plants, why green, 163.
    why different plants are endowed with different effects, 164.
    their medicinal virtues, 472-480.
    why no flower is green, 485.
Plough, construction of the, 280.
Plum, the, 483.
Poitou, 451.
Polypus, the, 410.
Pomegranate (*malum punicum*), 483.
Pons-Ysaræ, 414.
    story of the count of, 334.
Poplar, the tree, 482.
Poppy, its virtues, 476.
Porphyrio, the bird so named in Latin, 386, 396.
Porretanus, G., 451.

Poultry, kept in the court, 273.
Prester, a species of serpent, 196, 493.
Privet, the plant (*ligusticum*), 476.
Purselaine (*portulaca*), its virtues, 475.
Pyrites, the stone, 471.

Q.

Quail, the, account of, 116.
Quicksilver, its nature, 163, 465.

R.

Radish, account of the, 167.
Rainbow, the, 421.
Raven, account of the, 110, 384.
Ravenna, the city of, 411, 448.
Ray, the fish (*ragadia*), 405.
Resurrection, all people are to appear at the resurrection of the age at which Christ died, 30.
Rheims, the city, 455.
Rhetoric, 497.
Rhine, the river, 411.
Rhinoceros, account of the, 186, 187, 490.
Rhone, the river (*Rodanus*), 412.
Riches, the cares and troubles connected with, 329.
Rivers, the four rivers of Paradise, 127, 401.
    of the infernal regions, 133.
    why rivers flow into the sea, 136, 402.
    account of the principal rivers in the world, 410.
Rocket, the plant (*eruca*), 476.
Rolla, duke of Normandy, 455.
Rome, 444-448.
    wonders of Rome, 447.
Rose, the, 168, 479.
Rouen, the city of, 414, 455.
Rue, the plant, 473.
Rufus, the name of a fish, 409.

S.

Sadda, a gem, 470.
Sage (*salvia*), its virtues, 476.
Sailors and seafarers, 139.
    the sailor who used to cross the British channel in a boat, 141.
Salamander, the, 374.
Salerno, the school of medicine at, 311.
Salmon, account of the, 155, 407.
Salt, nature of, 422.
Sapphire, nature of the, 466.
Sardonix, its qualities, 467.
Savery, the plant (*satureia*), its virtues, 475.
Savin, the plant, 474.
Scelerata, the herb so called, 167.
Schools. *See* Universities.
Sea, its tides, 138.
    its insecurity, 139, 402.
Seine, the river, 413.
Sens, the town, *ib.*, 452.
Seps, a species of serpent, 197, 493.
Serpent, the, 190, 193.
Servility, its legal nature, 242.
Severn, the river, 416.
Shannon, the river (*Sined*), *ib.*
Sheep, 267, 490.
Shell-fish, their nature, 150, 406.
Sicca, the fish so named, 151, 405.
Silk-worms, and the manufacture of silk, 272, 492.
Silver, its nature, 465.
Slaney, the river in Ireland, 417.
Smaragdus, the gem, its qualities, 467.
Smelt, the (*thymallus*), 157, 408.
Snakes, 193.
Snow, nature of, 414.
Solsequium, the plant, 165.
Sora, the river, 416.
Southernwood (*abrotanum*), 473.
Sparrow, account of the, 109, 391.
Sparrowhawk (*nisus*), 82, 379, 380.
    story of the sparrowhawk and the weasel, 83.
Speh, the river (in Scotland), 416.
Spider, account of the, 193, 493.
Sponsa Solis, the plant, 165.

Squirrel, account of the, 203.
Stag, account of the, 216, 217.
Stars, nature of the, 37, 362, 363.
Steel, 466.
Stinchus, the fish so called, 406.
Stone, notions on the formation of, 424.
Stonehenge, account of, 457.
Stork, account of the, 112–114.
    story of the adulterous stork, 112.
Stour, the river, 416.
Sturgeon (*sturio*), 405.
Suire, the river (in Ireland), 417.
Sun, on the, 49.
    the origin of heat, 425.
Swallow, description of the, 103, 391.
    precious stone found in the, 468.
Swan, account of the, 100, 381.

T.

Talk, foolish, 348.
Tamar, the river, 416.
Tanais, the river, 410.
Tees, the river, 416.
Tench (*tencha*), 408.
Thames, the river, 414.
Thay, the river (in Scotland), 416.
Theodactes pirated one of Aristotle's writings, 17.
Thunder, explained, 397.
Thyme (*serpillum*), its virtues, 477.
Tiber, the river, 411.
Tides, nature of the, 138.
Tiger, the, 489.
Tigris, the river, 419.
Tiria, a venomous serpent, 189, 493.
Titus, the emperor, 445.
Toad, account of the, 198.
Toad-stone, its qualities, 468.
Topaz, its qualities, 468.
Toulouse, 450.
    heresy had established itself there, *ib.*
Tours, the city, 454.
Traders, their dishonesty, 315.
Trajan, the emperor, 445.
Trees, or trees in general, 173.
    of grafting trees, *ib.*, 175.
Trent, the river, 416.

Trim, in Ireland, 417.
Trochilus, the, account of, from Solinus, 107.
Trout, the, 153.
Troyes, in Champagne (*Trecæ*), 453.
Turdus, the fish so called, 145.
Turtle-dove, account of the, 108.
Tweed, the river, 416.
Tyne, the river, ib.
Tyre, 462.

U.

Unio, the stone, 471.
Universities and Schools, in what countries they flourished, 308.

V.

Vacuum, contrary to nature, 63, 422.
Venice, 450.
Verulamium (St. Albans), 460.
Vervain (*verbena*), its virtues, 478.
Vienne, in France, 412, 452.
Vine, the, 481, 482.
Vineyard, the, and its cultivation, 275.
Violet, the, 480.
Viper, the, 187.
Virgil, story of the gnat which saved Virgil's life, 190, 191.
  his poem, entitled Culex, 191.
  legends relating to him, 309, 310.
Vision, medieval doctrines on, 234.
Voice, nature of the, 65.
Vortimerus, the British king, 415.
Vulgago, the plant, its virtues, 477.
Vulture, account of the, 94, 389.

W.

Walnut, the (*juglans*), 176, 484.
Warden-tree, (*volema*), 484.
Water, nature of, 425, 426.
  why sea-water is salt, 127, 396.
  of well-water, 135.
  why water naturally takes a spherical form, 135, 328.
  frozen water, 136.
  that the water is not lower than the earth, 159, 398.
Waterford, 217.
Weasel, the, 83.
  account of the, 201, 490.
  anecdotes of the weasel, ib., 202.
Weaver, the, his art, 281.
Wheat, 481.
Will, case of an equivocal, 296.
William the Bastard, duke of Normandy, 456.
Willow, the tree, 484.
Winchester, 459.
Wind, nature of, 62, 65, 423.
  the different winds, 374, 375.
Wine, its qualities, 430.
Witham, the river, 416.
Wolf, account of the, 213, 488.
Worcester, the city, 415.
Wormwood, its virtues, 472.
Wren, account of the, 122, 393.
  story why it was called *regulus*, ib., 394.
  fable of the wren, 348.
Wye, the river, 416.

Y.

Yew, the tree, 170, 482.
Yonne, the river, 413.
York, account of, 459.

LONDON:
Printed by GEORGE E. EYRE and WILLIAM SPOTTISWOODE,
Printers to the Queen's most Excellent Majesty.
For Her Majesty's Stationery Office.

LIST OF WORKS

PUBLISHED

By the late Record and State Paper Commissioners, or under the Direction of the Right Honourable the Master of the Rolls, which may be purchased of Messrs. Longman and Co., London; Messrs. J. H. and J. Parker, Oxford and London; Messrs. Macmillan and Co., Cambridge and London; Messrs. A. and C. Black, Edinburgh; and Mr. A. Thom, Dublin.

PUBLIC RECORDS AND STATE PAPERS.

ROTULORUM ORIGINALIUM IN CURIA SCACCARII ABBREVIATIO. Henry III.—Edward III. *Edited by* HENRY PLAYFORD, Esq. 2 vols. folio (1805—1810). *Price* 25s. boards, or 12s. 6d. each.

CALENDARIUM INQUISITIONUM POST MORTEM SIVE ESCAETARUM. Henry III.—Richard III. *Edited by* JOHN CALEY and JOHN BAYLEY, Esqrs. Vols. 2, 3, and 4, folio (1806—1808; 1821—1828), boards: vols. 2 and 3, *price* 21s. each; vol. 4, *price* 24s.

LIBRORUM MANUSCRIPTORUM BIBLIOTHECÆ HARLEIANÆ CATALOGUS. Vol. 4. *Edited by* The Rev. T. H. HORNE, (1812), folio, boards. *Price* 18s.

ABBREVIATIO PLACITORUM, Richard I.—Edward II. *Edited by* The Right Hon. GEORGE ROSE and W. ILLINGWORTH, Esq. 1 vol. folio (1811), boards. *Price* 18s.

LIBRI CENSUALIS vocati DOMESDAY-BOOK, INDICES. *Edited by* Sir HENRY ELLIS. Small folio (1816), boards (Domesday-Book, vol. 3). *Price* 21s.

LIBRI CENSUALIS vocati DOMESDAY-BOOK, ADDITAMENTA EX CODIC. ANTIQUISS. *Edited by* Sir HENRY ELLIS. Small folio (1816) boards (Domesday-Book, vol. 4). *Price* 21s.

[NECKAM.]

STATUTES OF THE REALM, large folio. Vols. 4 (in 2 parts), 7, 8, 9, 10, and 11, including 2 vols. of Indices (1819—1828). *Edited by* Sir T. E. TOMLINS, JOHN RAITHBY, JOHN CALEY, and WM. ELLIOTT, Esqrs. *Price* 31*s.* 6*d.* each, except the Alphabetical and Chronological Indices, *price* 30*s.* each.

VALOR ECCLESIASTICUS, temp. Henry VIII., Auctoritate Regia institutus. *Edited by* JOHN CALEY, Esq., and the Rev. JOSEPH HUNTER. Vols. 3 to 6, folio (1810, &c.), boards. *Price* 25*s.* each.

*** The Introduction is also published in 8vo., cloth. *Price* 2*s.* 6*d.*

ROTULI SCOTIÆ IN TURRI LONDINENSI ET IN DOMO CAPITULARI WESTMONASTERIENSI ASSERVATI. 19 Edward I.—Henry VIII. *Edited by* DAVID MACPHERSON, JOHN CALEY, and W. ILLINGWORTH, Esqrs., and the Rev. T. H. HORNE. 2 vols. folio (1814—1819), boards. *Price* 42*s.*

"FŒDERA, CONVENTIONES, LITTERÆ," &c.; or, Rymer's Fœdera, A.D. 1066—1391. New Edition, Vol. 2, Part 2, and Vol. 3, Parts 1 and 2, folio (1821—1830). *Edited by* JOHN CALEY and FRED. HOLBROOKE, Esqrs. *Price* 21*s.* each Part.

DUCATUS LANCASTRIÆ CALENDARIUM INQUISITIONUM POST MORTEM, &c. Part 3, Calendar to the Pleadings, &c., Henry VII.—Ph. and Mary; and Calendar to the Pleadings, 1—13 Elizabeth. Part 4, Calendar to Pleadings to end of Elizabeth. (1827—1834.) *Edited by* R. J. HARPER, JOHN CALEY, and WM. MINCHIN, Esqrs. Folio, boards, Part 3 (or Vol. 2), *price* 31*s.* 6*d.*; and Part 4 (or Vol. 3), *price* 21*s.*

CALENDARS OF THE PROCEEDINGS IN CHANCERY, IN THE REIGN OF QUEEN ELIZABETH; to which are prefixed, Examples of earlier Proceedings in that Court from Richard II. to Elizabeth, from the Originals in the Tower. *Edited by* JOHN BAYLEY, Esq. Vols. 2 and 3 (1830—1832), folio, boards, *price* 21*s.* each.

PARLIAMENTARY WRITS AND WRITS OF MILITARY SUMMONS, together with the Records and Muniments relating to the Suit and Service due and performed to the King's High Court of Parliament and the Councils of the Realm. Edward I., II. *Edited by* Sir FRANCIS PALGRAVE. (1830—1834.) Folio, boards, Vol. 2, Division 1, Edward II., *price* 21*s.*; Vol. 2, Division 2, *price* 21*s.*; Vol. 2, Division 3, *price* 42*s.*

ROTULI LITTERARUM CLAUSARUM IN TURRI LONDINENSI ASSERVATI. 2 vols. folio (1833—1844). The first volume, 1204—1224. The second volume, 1224—1227. *Edited by* THOMAS DUFFUS HARDY, Esq. *Price* 81*s.*, cloth; or separately, Vol. 1, *price* 63*s.*; Vol. 2, *price* 18*s.*

PROCEEDINGS AND ORDINANCES OF THE PRIVY COUNCIL OF ENGLAND, 10 Richard II.—33 Henry VIII. *Edited by* Sir N. HARRIS NICOLAS. 7 vols. royal 8vo. (1834—1837), cloth, 98s.; or separately, *price* 14s. each.

ROTULI LITTERARUM PATENTIUM IN TURRI LONDINENSI ASSERVATI, A.D. 1201—1216. *Edited by* THOMAS DUFFUS HARDY, Esq. 1 vol. folio (1835), cloth. *Price* 31s. 6d.

*** The Introduction is also published in 8vo., cloth. *Price* 9s.

ROTULI CURIÆ REGIS. Rolls and Records of the Court held before the King's Justiciars or Justices. 6 Richard I.—1 John. *Edited by* Sir FRANCIS PALGRAVE. 2 vols. royal 8vo. (1835), cloth. *Price* 28s.

ROTULI NORMANNIÆ IN TURRI LONDINENSI ASSERVATI, A.D. 1200—1205; also, from 1417 to 1418. *Edited by* THOMAS DUFFUS HARDY, Esq. 1 vol. royal 8vo. (1835), cloth. *Price* 12s. 6d.

ROTULI DE OBLATIS ET FINIBUS IN TURRI LONDINENSI ASSERVATI tempore Regis Johannis. *Edited by* THOMAS DUFFUS HARDY Esq. 1 vol. royal 8vo. (1835), cloth. *Price* 18s.

EXCERPTA E ROTULIS FINIUM IN TURRI LONDINENSI ASSERVATIS. Henry III., 1216—1272. *Edited by* CHARLES ROBERTS, Esq. 2 vols. royal 8vo. (1835, 1836), cloth, *price* 32s.; or separately, Vol. 1, *price* 14s.; Vol. 2, *price* 18s.

FINES, SIVE PEDES FINIUM: SIVE FINALES CONCORDIÆ IN CURIA DOMINI REGIS. 7 Richard I.—16 John (1195—1214). *Edited by* the Rev. JOSEPH HUNTER. In Counties. 2 vols. royal 8vo. (1835—1844), cloth, *price* 11s.; or separately, Vol. 1, *price* 8s. 6d.; Vol. 2, *price* 2s. 6d.

ANCIENT KALENDARS AND INVENTORIES OF THE TREASURY OF HIS MAJESTY'S EXCHEQUER; together with Documents illustrating the History of that Repository. *Edited by* Sir FRANCIS PALGRAVE. 3 vols. royal 8vo. (1836), cloth. *Price* 42s.

DOCUMENTS AND RECORDS illustrating the History of Scotland, and the Transactions between the Crowns of Scotland and England; preserved in the Treasury of Her Majesty's Exchequer. *Edited by* Sir FRANCIS PALGRAVE. 1 vol. royal 8vo. (1837), cloth, *Price* 18s.

ROTULI CHARTARUM IN TURRI LONDINENSI ASSERVATI, A.D. 1199—1216. *Edited by* THOMAS DUFFUS HARDY, Esq. 1 vol. folio (1837), cloth. *Price* 30s.

REGISTRUM vulgariter nuncupatum "The Record of Caernarvon," e codice MS. Harleiano, 696, descriptum. *Edited by* Sir HENRY ELLIS. 1 vol. folio (1838), cloth. *Price* 31s. 6d.

REPORT OF THE PROCEEDINGS OF THE RECORD COMMISSIONERS, 1831 to 1837. 1 vol. folio, boards. *Price 8s.*

ANCIENT LAWS AND INSTITUTES OF ENGLAND; comprising Laws enacted under the Anglo-Saxon Kings, from Æthelbirht to Cnut, with an English Translation of the Saxon; the Laws called Edward the Confessor's; the Laws of William the Conqueror, and those ascribed to Henry the First; also, Monumenta Ecclesiastica Anglicana, from the 7th to the 10th century; and the Ancient Latin Version of the Anglo-Saxon Laws; with a compendious Glossary, &c. *Edited by* BENJAMIN THORPE, Esq. 1 vol. folio (1840), cloth. *Price 40s.*

—— 2 vols. royal 8vo. cloth. *Price 30s.*

ANCIENT LAWS AND INSTITUTES OF WALES; comprising Laws supposed to be enacted by Howel the Good; modified by subsequent Regulations under the Native Princes, prior to the Conquest by Edward the First; and anomalous Laws, consisting principally of Institutions which, by the Statute of Ruddlan, were admitted to continue in force. With an English Translation of the Welsh Text. To which are added, a few Latin Transcripts, containing Digests of the Welsh Laws, principally of the Dimetian Code. With Indices and Glossary. *Edited by* ANEURIN OWEN, Esq. 1 vol. folio (1841), cloth. *Price 44s.*

—— 2 vols. royal 8vo. cloth. *Price 36s.*

ROTULI DE LIBERATE AC DE MISIS ET PRÆSTITIS, Regnante Johanne. *Edited by* THOMAS DUFFUS HARDY, Esq. 1 vol. royal 8vo. (1844), cloth. *Price 6s.*

THE GREAT ROLLS OF THE PIPE FOR THE SECOND, THIRD, AND FOURTH YEARS OF THE REIGN OF KING HENRY THE SECOND, 1155—1158. *Edited by* the Rev. JOSEPH HUNTER. 1 vol. royal 8vo. (1844), cloth. *Price 4s. 6d.*

THE GREAT ROLL OF THE PIPE FOR THE FIRST YEAR OF THE REIGN OF KING RICHARD THE FIRST, 1189—1190. *Edited by* the Rev. JOSEPH HUNTER. 1 vol. royal 8vo. (1844), cloth. *Price 6s.*

DOCUMENTS ILLUSTRATIVE OF ENGLISH HISTORY in the 13th and 14th centuries, selected from the Records in the Exchequer. *Edited by* HENRY COLE, Esq. 1 vol. fcp. folio (1844), cloth. *Price 45s. 6d.*

MODUS TENENDI PARLIAMENTUM. An Ancient Treatise on the Mode of holding the Parliament in England. *Edited by* THOMAS DUFFUS HARDY, Esq. 1 vol. 8vo. (1846), cloth. *Price 2s. 6d.*

MONUMENTA HISTORICA BRITANNICA, or, Materials for the History of Britain from the earliest period. Vol. 1, extending to the Norman Conquest. Prepared, and illustrated with Notes, by the late HENRY PETRIE, Esq., F.S.A., Keeper of the Records in the Tower of London, assisted by the Rev. JOHN SHARPE, Rector of Castle Eaton, Wilts. Finally completed for publication, and with an Introduction, by THOMAS DUFFUS HARDY, Esq., Assistant Keeper of Records. (Printed by command of Her Majesty.) Folio (1848). Price 42s.

REGISTRUM MAGNI SIGILLI REGUM SCOTORUM in Archivis Publicis asservatum. A.D. 1306—1424. Edited by THOMAS THOMSON, Esq. Folio (1814). Price 15s.

THE ACTS OF THE PARLIAMENTS OF SCOTLAND. 11 vols. folio (1814—1844). Vol. I. Edited by THOMAS THOMSON and COSMO INNES, Esqrs. Price 42s. Also, Vols. 4, 7, 8, 9, 10, 11; price 10s. 6d. each.

THE ACTS OF THE LORDS AUDITORS OF CAUSES AND COMPLAINTS. A.D. 1466—1494. Edited by THOMAS THOMSON, Esq. Folio (1839). Price 10s. 6d.

THE ACTS OF THE LORDS OF COUNCIL IN CIVIL CAUSES. A.D. 1478—1495. Edited by THOMAS THOMSON, Esq. Folio (1839). Price 10s. 6d.

ISSUE ROLL OF THOMAS DE BRANTINGHAM, Bishop of Exeter, Lord High Treasurer of England, containing Payments out of His Majesty's Revenue, 44 Edward III., 1370. Edited by FREDERICK DEVON, Esq. 1 vol. 4to. (1835), cloth. Price 35s.

——— Royal 8vo. cloth. Price 25s.

ISSUES OF THE EXCHEQUER, containing similar matter to the above; James I.; extracted from the Pell Records. Edited by FREDERICK DEVON, Esq. 1 vol. 4to. (1836), cloth. Price 30s.

——— Royal 8vo. cloth. Price 21s.

ISSUES OF THE EXCHEQUER, containing similar matter to the above; Henry III.—Henry VI.; extracted from the Pell Records. Edited by FREDERICK DEVON, Esq. 1 vol. 4to. (1837), cloth. Price 40s.

——— Royal 8vo. cloth. Price 30s.

NOTES OF MATERIALS FOR THE HISTORY OF PUBLIC DEPARTMENTS. By F. S. THOMAS, Esq. Demy folio (1846). Price 10s.

HANDBOOK TO THE PUBLIC RECORDS. By F. S. THOMAS, Esq. Royal 8vo. (1853.) Price 12s.

STATE PAPERS DURING THE REIGN OF HENRY THE EIGHTH. 11 vols. 4to., cloth, (1830—1852), with Indices of Persons and Places. Price 5*l.* 15*s.* 6*d.* ; or separately, *price* 10*s.* 6*d.* each.

Vol. I.—Domestic Correspondence.
Vols. II. & III.—Correspondence relating to Ireland.
Vols. IV. & V.—Correspondence relating to Scotland.
Vols. VI. to XI.—Correspondence between England and Foreign Courts.

HISTORICAL NOTES RELATIVE TO THE HISTORY OF ENGLAND; from the Accession of Henry VIII. to the Death of Queen Anne (1509—1714). Designed as a Book of instant Reference for ascertaining the Dates of Events mentioned in History and Manuscripts. The Name of every Person and Event mentioned in History within the above period is placed in Alphabetical and Chronological Order, and the Authority whence taken is given in each case, whether from Printed History or from Manuscripts. By F. S. THOMAS, Esq., Secretary of the Public Record Office. 3 vols. 8vo. (1856.) *Price* 40*s.*

CALENDARS OF STATE PAPERS.

[IMPERIAL 8vo. *Price* 15s. each Volume.]

CALENDAR OF STATE PAPERS, DOMESTIC SERIES, OF THE REIGNS OF EDWARD VI., MARY, and ELIZABETH, 1547–1580, preserved in Her Majesty's Public Record Office. *Edited by* ROBERT LEMON, Esq., F.S.A. 1856.

CALENDAR OF STATE PAPERS, DOMESTIC SERIES, OF THE REIGN OF JAMES I., preserved in Her Majesty's Public Record Office. *Edited by* MARY ANNE EVERETT GREEN. 1857–1859.
    Vol. I.—1603–1610.
    Vol. II.—1611–1618.
    Vol. III.—1619–1623.
    Vol. IV.—1623–1625, with Addenda.

CALENDAR OF STATE PAPERS, DOMESTIC SERIES, OF THE REIGN OF CHARLES I., preserved in Her Majesty's Public Record Office. *Edited by* JOHN BRUCE, Esq., V.P.S.A. 1858–1863.
    Vol. I.—1625–1626.
    Vol. II.—1627–1628.
    Vol. III.—1628–1629.
    Vol. IV.—1629–1631.
    Vol. V.—1631–1633.
    Vol. VI.—1633–1634.

CALENDAR OF STATE PAPERS, DOMESTIC SERIES, OF THE REIGN OF CHARLES II., preserved in Her Majesty's Public Record Office. *Edited by* MARY ANNE EVERETT GREEN. 1860–1863.
    Vol. I.—1660–1661.
    Vol. II.—1661–1662.
    Vol. III.—1663–1664.
    Vol. IV.—1664–1665.

CALENDAR OF STATE PAPERS relating to SCOTLAND, preserved in Her Majesty's Public Record Office. *Edited by* MARKHAM JOHN THORPE, Esq., of St. Edmund Hall, Oxford. 1858.
    Vol. I., the Scottish Series, of the Reigns of Henry VIII., Edward VI., Mary, and Elizabeth, 1509–1589.
    Vol. II., the Scottish Series, of the Reign of Elizabeth, 1589–1603; an Appendix to the Scottish Series, 1543–1592; and the State Papers relating to Mary Queen of Scots during her Detention in England, 1568–1587.

CALENDAR OF STATE PAPERS relating to IRELAND, preserved in Her Majesty's Public Record Office. *Edited by* H. C. HAMILTON, Esq. 1860.

    Vol. I.—1509–1573.

CALENDAR OF STATE PAPERS, COLONIAL SERIES, preserved in Her Majesty's Public Record Office, and elsewhere. *Edited by* W. NOËL SAINSBURY, Esq. 1860–1862.

    Vol. I.—America and West Indies, 1574–1660.
    Vol. II.—East Indies, China, and Japan, 1513–1616.

CALENDAR OF STATE PAPERS, FOREIGN SERIES, OF THE REIGN OF EDWARD VI. *Edited by* W. B. TURNBULL, Esq., of Lincoln's Inn, Barrister-at-Law, and Correspondant du Comité Impérial des Travaux Historiques et des Sociétés Savantes de France. 1861.

CALENDAR OF STATE PAPERS, FOREIGN SERIES, OF THE REIGN OF MARY. *Edited by* W. B. TURNBULL, Esq., of Lincoln's Inn, Barrister-at-Law, and Correspondant du Comité Impérial des Travaux Historiques et des Sociétés Savantes de France. 1861.

CALENDAR OF STATE PAPERS, FOREIGN SERIES, OF THE REIGN OF ELIZABETH. *Edited by* the REV. J. STEVENSON, M.A., of University College, Durham. 1863.

    Vol. I.—1558–1559.

CALENDAR OF LETTERS AND PAPERS, FOREIGN AND DOMESTIC, OF THE REIGN OF HENRY VIII., preserved in the Public Record Office, the British Museum, &c. *Edited by* J. S. BREWER, M.A., Professor of English Literature, King's College, London. 1862.

    Vol. I.—1509–1514.

CALENDAR OF LETTERS, DESPATCHES, AND STATE PAPERS relating to the Negotiations between England and Spain, preserved in the Archives at Simancas, and elsewhere. *Edited by* G. A. BERGENROTH. 1862.

    Vol. I.—Hen. VII.—1485–1509.

In the Press.

CALENDAR OF STATE PAPERS RELATING TO IRELAND, preserved in Her Majesty's Public Record Office. *Edited by* H. C. HAMILTON, Esq. Vol. II.

CALENDAR OF LETTERS AND PAPERS, FOREIGN AND DOMESTIC, OF THE REIGN OF HENRY VIII., preserved in Her Majesty's Public Record Office, the British Museum, &c. *Edited by* J. S. BREWER, M.A., Professor of English Literature, King's College, London. Vol. II.

CALENDAR OF STATE PAPERS, DOMESTIC SERIES, OF THE REIGN OF CHARLES II., preserved in Her Majesty's Public Record Office. *Edited by* MARY ANNE EVERETT GREEN. Vol. V.

CALENDAR OF STATE PAPERS, DOMESTIC SERIES, OF THE REIGN OF ELIZABETH (continued), preserved in Her Majesty's Public Record Office. *Edited by* ROBERT LEMON, Esq., F.S.A.

CALENDAR OF STATE PAPERS, DOMESTIC SERIES, OF THE REIGN OF CHARLES I., preserved in Her Majesty's Public Record Office. *Edited by* JOHN BRUCE, Esq., F.S.A. Vol. VII.

CALENDAR OF STATE PAPERS relating to ENGLAND, preserved in the Archives of Venice, &c. *Edited by* RAWDON BROWN, Esq.

CALENDAR OF STATE PAPERS, FOREIGN SERIES, OF THE REIGN OF ELIZABETH. *Edited by* the Rev. J. STEVENSON, M.A., of University College, Durham. Vol. II.

In Progress.

CALENDAR OF LETTERS, DESPATCHES, AND STATE PAPERS relating to the Negotiations between England and Spain, preserved in the Archives at Simancas, and elsewhere. *Edited by* G. A. BERGENROTH. Vol. II. Henry VIII.

CALENDAR OF STATE PAPERS, COLONIAL SERIES, preserved in Her Majesty's Public Record Office, and elsewhere. *Edited by* W. NOËL SAINSBURY, Esq. Vol. III. East Indies, China, and Japan.

THE CHRONICLES AND MEMORIALS OF GREAT BRITAIN AND IRELAND DURING THE MIDDLE AGES.

[ROYAL 8vo. Price 10s. each Volume or Part.]

1. THE CHRONICLE OF ENGLAND, by JOHN CAPGRAVE. *Edited by* the Rev. F. C. HINGESTON, M.A., of Exeter College, Oxford.
2. CHRONICON MONASTERII DE ABINGDON. Vols. I. and II. *Edited by* the Rev. J. STEVENSON, M.A., of University College, Durham, and Vicar of Leighton Buzzard.
3. LIVES OF EDWARD THE CONFESSOR. I.—La Estoire de Seint Aedward le Rei. II.—Vita Beati Edvardi Regis et Confessoris. III.—Vita Æduuardi Regis qui apud Westmonasterium requiescit. *Edited by* H. R. LUARD, M.A., Fellow and Assistant Tutor of Trinity College, Cambridge.
4. MONUMENTA FRANCISCANA; scilicet, I.—Thomas de Eccleston de Adventu Fratrum Minorum in Angliam. II.—Adæ de Marisco Epistolæ. III.—Registrum Fratrum Minorum Londoniæ. *Edited by* J. S. BREWER, M.A., Professor of English Literature, King's College, London.
5. FASCICULI ZIZANIORUM MAGISTRI JOHANNIS WYCLIF CUM TRITICO. Ascribed to THOMAS NETTER, of WALDEN, Provincial of the Carmelite Order in England, and Confessor to King Henry the Fifth. *Edited by* the Rev. W. W. SHIRLEY, M.A., Tutor and late Fellow of Wadham College, Oxford.
6. THE BUIK OF THE CRONICLIS OF SCOTLAND; or, A Metrical Version of the History of Hector Boece; by WILLIAM STEWART. Vols. I., II., and III. *Edited by* W. B. TURNBULL, Esq., of Lincoln's Inn, Barrister-at-Law.
7. JOHANNIS CAPGRAVE LIBER DE ILLUSTRIBUS HENRICIS. *Edited by* the Rev. F. C. HINGESTON, M.A., of Exeter College, Oxford.
8. HISTORIA MONASTERII S. AUGUSTINI CANTUARIENSIS, by THOMAS OF ELMHAM, formerly Monk and Treasurer of that Foundation. *Edited by* C. HARDWICK, M.A., Fellow of St. Catharine's Hall, and Christian Advocate in the University of Cambridge.

9. EULOGIUM (HISTORIARUM SIVE TEMPORIS), Chronicon ab Orbe condito usque ad Annum Domini 1366; a Monacho quodam Malmesbiriensi exaratum. Vols. I., II., and III. *Edited by* F. S. HAYDON, Esq., B.A.

10. MEMORIALS OF KING HENRY THE SEVENTH: Bernardi Andreæ Tholosatis Vita Regis Henrici Septimi; necnon alia quædam ad eundem Regem spectantia. *Edited by* JAMES GAIRDNER, Esq.

11. MEMORIALS OF HENRY THE FIFTH. I.—Vita Henrici Quinti, Roberto Redmanno auctore. II.—Versus Rhythmici in laudem Regis Henrici Quinti. III.—Elmhami Liber Metricus de Henrico V. *Edited by* C. A. COLE, Esq.

12. MUNIMENTA GILDHALLÆ LONDONIENSIS; Liber Albus, Liber Custumarum, et Liber Horn, in archivis Gildhallæ asservati. Vol. I., Liber Albus. Vol. II. (in Two Parts), Liber Custumarum. Vol. III., Translation of the Anglo-Norman Passages in Liber Albus, Glossaries, Appendices, and Index. *Edited by* H. T. RILEY, Esq., M.A., Barrister-at-Law.

13. CHRONICA JOHANNIS DE OXENEDES. *Edited by* Sir H. ELLIS, K.H.

14. A COLLECTION OF POLITICAL POEMS AND SONGS RELATING TO ENGLISH HISTORY, FROM THE ACCESSION OF EDWARD III. TO THE REIGN OF HENRY VIII. Vols. I. and II. *Edited by* T. WRIGHT, Esq., M.A.

15. The "OPUS TERTIUM," "OPUS MINUS," &c., of ROGER BACON. *Edited by* J. S. BREWER, M.A., Professor of English Literature, King's College, London.

16. BARTHOLOMÆI DE COTTON, MONACHI NORWICENSIS, HISTORIA ANGLICANA (A.D. 449—1298). *Edited by* H. R. LUARD, M.A., Fellow and Assistant Tutor of Trinity College, Cambridge.

17. BRUT Y TYWYSOGION; or, The Chronicle of the Princes of Wales. *Edited by* the Rev. J. WILLIAMS AB ITHEL.

18. A COLLECTION OF ROYAL AND HISTORICAL LETTERS DURING THE REIGN OF HENRY IV. Vol. I. *Edited by* the Rev. F. C. HINGESTON, M.A., of Exeter College, Oxford.

19. THE REPRESSOR OF OVER MUCH BLAMING OF THE CLERGY. By REGINALD PECOCK, sometime Bishop of Chichester. Vols. I. and II. *Edited by* C. BABINGTON, B.D., Fellow of St. John's College, Cambridge.

20. ANNALES CAMBRIÆ. *Edited by* the Rev. J. WILLIAMS AB ITHEL.

21. THE WORKS OF GIRALDUS CAMBRENSIS. Vols. I., II., and III. *Edited by* J. S. BREWER, M.A., Professor of English Literature, King's College, London.

22. LETTERS AND PAPERS ILLUSTRATIVE OF THE WARS OF THE ENGLISH IN FRANCE DURING THE REIGN OF HENRY THE SIXTH, KING OF ENGLAND. Vol. I. *Edited by* the Rev. J. STEVENSON, M.A., of University College, Durham, and Vicar of Leighton Buzzard.

23. THE ANGLO-SAXON CHRONICLE, ACCORDING TO THE SEVERAL ORIGINAL AUTHORITIES. Vol. I., Original Texts. Vol. II., Translation. *Edited by* B. THORPE, Esq., Member of the Royal Academy of Sciences at Munich, and of the Society of Netherlandish Literature at Leyden.

24. LETTERS AND PAPERS ILLUSTRATIVE OF THE REIGNS OF RICHARD III. AND HENRY VII. Vol. I. *Edited by* JAMES GAIRDNER, Esq.

25. LETTERS OF BISHOP GROSSETESTE, illustrative of the Social Condition of his Time. *Edited by* H. R. LUARD, M.A., Fellow and Assistant Tutor of Trinity College, Cambridge.

26. DESCRIPTIVE CATALOGUE OF MANUSCRIPTS RELATING TO THE HISTORY OF GREAT BRITAIN AND IRELAND. Vol. I. (in Two Parts); Anterior to the Norman Invasion. *By* T. DUFFUS HARDY, Esq., Deputy Keeper of the Public Records.

27. ROYAL AND OTHER HISTORICAL LETTERS ILLUSTRATIVE OF THE REIGN OF HENRY III. From the Originals in the Public Record Office. Vol. I., 1216–1235. *Selected and edited by* the Rev. W. W. SHIRLEY, Tutor and late Fellow of Wadham College, Oxford.

28. THE SAINT ALBANS' CHRONICLES :—THE ENGLISH HISTORY OF THOMAS WALSINGHAM, MONK OF SAINT ALBANS. Vol. I., 1272–1381. *Edited by* HENRY THOMAS RILEY, Esq., M.A., Barrister-at-Law.

29. CHRONICON ABBATIÆ EVESHAMENSIS, AUCTORIBUS DOMINICO PRIORE EVESHAMIÆ ET THOMA DE MARLEBERGE ABBATE, A FUNDATIONE AD ANNUM 1213, UNA CUM CONTINUATIONE AD ANNUM 1418. *Edited by* the Rev. W. D. MACRAY, M.A., Bodleian Library, Oxford.

30. RICARDI DE CIRENCESTRIA SPECULUM HISTORIALE DE GESTIS REGUM ANGLIÆ. Vol. I., 447–871. *Edited by* JOHN E. B. MAYOR, M.A., Fellow and Assistant Tutor of St. John's College, Cambridge.

31. YEAR BOOKS OF THE REIGN OF EDWARD THE FIRST. *Edited and translated by* ALFRED JOHN HORWOOD, Esq., of the Middle Temple, Barrister-at-Law.

32. NARRATIVES OF THE EXPULSION OF THE ENGLISH FROM NORMANDY, 1449-1450.—Robertus Blondelli de Reductione Normanniæ: Le Recouvrement de Normendie, par Berry, Herault du Roy: Conferences between the Ambassadors of France and England. *Edited, from MSS. in the Imperial Library at Paris,* by the Rev. J. STEVENSON, M.A., of University College, Durham.

33. THE HISTORY AND CARTULARY OF ST. PETER'S MONASTERY AT GLOUCESTER. Vol. I. *Edited by* W. H. HART, Esq., F.S.A.; Membre correspondant de la Société des Antiquaires de Normandie.

34. ALEXANDRI NECKAM DE NATURIS RERUM LIBRI DUO PRIORES; with NECKAM'S METRICAL TREATISE on the same subject. *Edited by* THOMAS WRIGHT, Esq., M.A.

In the Press.

LE LIVERE DE REIS DE BRITTANIE. *Edited by* J. GLOVER, M.A., Chaplain of Trinity College, Cambridge.

RECUEIL DES CRONIQUES ET ANCHIENNES ISTORIES DE LA GRANT BRETAIGNE A PRESENT NOMME ENGLETERRE, par JEHAN DE WAURIN. *Edited by* W. HARDY, Esq.

THE WARS OF THE DANES IN IRELAND: written in the Irish language. *Edited by* the Rev. J. H. TODD, D.D., Librarian of the University of Dublin.

A COLLECTION OF SAGAS AND OTHER HISTORICAL DOCUMENTS relating to the Settlements and Descents of the Northmen on the British Isles. *Edited by* GEORGE W. DASENT, Esq., D.C.L. Oxon.

A COLLECTION OF ROYAL AND HISTORICAL LETTERS DURING THE REIGN OF HENRY IV. Vol. II. *Edited by* the Rev. F. C. HINGESTON, M.A., of Exeter College, Oxford.

LETTERS AND PAPERS ILLUSTRATIVE OF THE WARS OF THE ENGLISH IN FRANCE DURING THE REIGN OF HENRY THE SIXTH, KING OF ENGLAND. Vol. II. *Edited by* the Rev. J. STEVENSON, M.A., of University College, Durham.

POLYCHRONICON RANULPHI HIGDENI, with Trevisa's Translation. *Edited by* C. BABINGTON, B.D., Fellow of St. John's College, Cambridge.

Letters and Papers illustrative of the Reigns of Richard III. and Henry VII. Vol. II. *Edited by* James Gairdner, Esq.

Official Correspondence of Thomas Bekynton, Secretary to Henry VI., with other Letters and Documents. *Edited by* the Rev. George Williams, B.D., Senior Fellow of King's College, Cambridge.

Royal and other Historical Letters illustrative of the Reign of Henry III. From the Originals in the Public Record Office. Vol. II. *Selected and edited by* the Rev. W. W. Shirley, Tutor and late Fellow of Wadham College, Oxford.

Original Documents illustrative of Academical and Clerical Life and Studies at Oxford between the Reigns of Henry III. and Henry VII. *Edited by* the Rev. H. Anstey, M.A.

The Saint Albans' Chronicles :—The English History of Thomas Walsingham, Monk of Saint Albans. Vol. II. *Edited by* Henry Thomas Riley, Esq., M.A., Barrister-at-Law.

Roll of the Privy Council of Ireland, 16 Richard II. *Edited by* the Rev. James Graves.

Chronicles and Memorials of the Reign of Richard the First. Vol. I. Ricardi Regis Iter Hierosolymitanum. *Edited by* the Rev. William Stubbs, M.A., Vicar of Navestock, Essex, and Lambeth Librarian.

Annals of Tewkesbury, Dunstaple, Waverley, Margan, and Burton. *Edited by* Henry Richards Luard, M.A., Fellow and Assistant Tutor of Trinity College, and Registrary of the University, Cambridge.

Ricardi de Cirencestria Speculum Historiale de Gestis Regum Angliæ. Vol. II., 872-1066. *Edited by* John E. B. Mayor, M.A., Fellow and Assistant Tutor of St. John's College, Cambridge.

Leechdoms, Wortcunning, and Starcraft of the Anglo-Saxons; being a collection of inedited Documents illustrating the History of Science during the Anglo-Saxon period. *Edited by* the Rev. T. Oswald Cockayne, M.A., of St. John's College, Cambridge.

Vita S. Hugonis Episcopi Lincolniensis. *Edited by* the Rev. James F. Dimock, M.A., Minor Canon of Southwell.

Year Books of the Reign of Edward the First. *Edited and translated by* Alfred John Horwood, Esq., of the Middle Temple, Barrister-at-Law.

The Works of Giraldus Cambrensis. Vol. IV. *Edited by* J. S. Brewer, M.A., Professor of English Literature, King's College, London.

THE HISTORY AND CARTULARY OF ST. PETER'S MONASTERY AT GLOUCESTER. Vol. II. *Edited by* W. H. HART, Esq., F.S.A.; Membre correspondant de la Société des Antiquaires de Normandie.

DESCRIPTIVE CATALOGUE OF MANUSCRIPTS RELATING TO THE HISTORY OF GREAT BRITAIN AND IRELAND. Vol. II. *By* T. DUFFUS HARDY, Esq., Deputy Keeper of the Public Records.

In Progress.

HISTORIA MINOR MATTHÆI PARIS. *Edited by* Sir F. MADDEN, K.H., Keeper of the Department of Manuscripts, British Museum.

CHRONICA MONASTERII DE MELSA, AB ANNO 1150 USQUE AD ANNUM 1400. *Edited by* EDWARD AUGUSTUS BOND, Esq., Assistant Keeper in the Department of Manuscripts, and Egerton Librarian, British Museum.

November 1863.

www.ingramcontent.com/pod-product-compliance
Lightning Source LLC
Chambersburg PA
CBHW060401230426
43663CB00008B/1345